1987年，中国科学技术信息研究所（ISTIC，原中国科学技术情报研究所）受科技部（原国家科委）的委托，开始对中国科技人员在国内外发表论文的数量和被引用情况进行统计分析，并利用统计数据建立了《中国科技论文与引文数据库》（CSTPCD）。这项工作开展后受到了社会各界的普遍重视和广泛好评。30多年来，中国科学技术信息研究所通过艰苦繁杂的劳动，积累了大量的宝贵数据，为科技部等各级管理部门、高等院校、科研机构、期刊编辑部和科研工作者提供了各类论文统计基础数据和期刊评估指标。

《中国科技期刊引证报告》（CJCR）的研制出版始于1997年，是一种专门用于期刊引用分析研究的重要检索评价工具。利用CJCR所提供的统计数据，可以清楚地了解期刊引用和被引用的情况，以及进行引用效率、引用网络、期刊自引等统计分析。同时，利用CJCR中的期刊评价指标，还可以方便地定量评价期刊的相互影响和相互作用，正确评估某种期刊在科学交流体系中的作用和地位。CJCR自问世以来，在开展科研管理和科学评价期刊方面一直发挥着巨大的作用。

《中国科技期刊引证报告》选用的"中国科技核心期刊（中国科技论文统计源期刊）"是在经过严格的定量和定性分析的基础上选取的各学科的重要科技期刊。《2023年版中国科技期刊引证报告（核心版）自然科学卷》收录了自然科学与工程技术领域期刊共2151种。"中国科技核心期刊（中国科技论文统计源期刊）"上刊发的论文构成了CSTPCD，即中国科学技术信息研究所每年进行中国科技论文统计与分析的数据库。该数据库的统计结果编入国家统计局和科技部编制的《中国科技统计年鉴》，统计结果被科技管理部门和学术界广泛应用。

中国科学技术信息研究所在与国际评价机制接轨的同时，充分利用长期积累的科技论文和期刊评价工作经验和丰富数据，选择了总被引频次、影响因子等重要的期刊科学计量指标进行统计和分析，同时注意结合中国科技期刊发展的实际情况，创新了基金论文比、地区分布数、机构分布数、核心他引率、离均差率等多种期刊评价指标。《中国科技期刊引证报告》从一个角度反映出我国学术期刊取得的长足进步。期刊的发展带动了相关的指标和评价体系研究工作的不断进步，我们将研究成果应用在《中国科技期刊引证报告》中，适时进行指标的增补和修正。《2023年版中国科技期刊引证报告（核心版）自然科学卷》中使用了24项科学计量指标，并发布200多幅插图。

读者可以看到，每一年的《中国科技期刊引证报告》都有新的变化和进步。我们衷心希望《中国科技期刊引证报告》能成为广大读者开展工作时检索查询的友好助手和得力工具，并愿为大家奉献一份独一无二的科技期刊分析与评价报告。

考虑到我国英文科技期刊的特点和发展状况，为了更加科学准确地评价我国科技期刊的学术质量和影响状况，同时也为了促进我国英文科技期刊的繁荣发展，根据同类比较的统计分析和评价原则，《2023 年版中国科技期刊引证报告（核心版）自然科学卷》仍将中国科技核心期刊中以中文出版的期刊和以英文出版的期刊列入不同的表格分别统计。

《中国科技期刊引证报告》的出版，是我国科技界和知识界的一件大事。这些丰富和适用的期刊评价指标使我国的广大科技工作者、期刊编辑（部）和科研管理部门能够科学、快速、准确地选择和利用期刊，为科技期刊出版单位和科研人员客观地了解期刊的学术影响力，提供公正、合理、科学、客观的评价依据。同时，也为决策管理部门科学地评价我国科学活动的宏观水平、微观绩效，以及建立科学交流传播机制积累了基础数据。多年来，《中国科技期刊引证报告》已经为国家期刊奖的评定，中国科学技术协会、国家自然科学基金委员会、中国科学院和地方省市及行业机构的期刊管理部门提供了大量的各类评估数据，大大提高了我国科技期刊科学管理的水平，促进我国科技期刊评价管理工作进一步向科学化、定量化和规范化方向发展。同时，《中国科技期刊引证报告》也有力地填补了我国关于期刊评价数据的空白。

在整个编写过程中，我们力求严格规范，细致准确，精益求精。但由于一些实际情况，如期刊的更名合并、期刊引用文献著录不规范等，给我们的统计、分析与编辑工作带来很大困难。因此错误和疏漏在所难免，诚望广大读者不吝赐教，批评指正。

中国科学技术信息研究所

2023 年 9 月

本书列入中国科学技术信息研究所学术著作出版计划

2023年版
中国科技期刊引证报告（核心版）
自然科学卷

中国科技核心期刊（中国科技论文统计源期刊）

中国科学技术信息研究所

科学技术文献出版社
SCIENTIFIC AND TECHNICAL DOCUMENTATION PRESS
·北京·

图书在版编目（CIP）数据

2023年版中国科技期刊引证报告：核心版. 自然科学卷 / 中国科学技术信息研究所编著. —北京：科学技术文献出版社，2023. 9

ISBN 978-7-5235-0646-2

Ⅰ. ①2… Ⅱ. ①中… Ⅲ. ①自然科学—科技期刊—期刊索引—中国—2023 Ⅳ. ① Z89：N55

中国国家版本馆 CIP 数据核字（2023）第 160753 号

2023年版中国科技期刊引证报告（核心版）自然科学卷

策划编辑：张 丹 责任编辑：张 丹 邱晓春 李 鑫 责任校对：王瑞瑞 责任出版：张志平

出 版 者 科学技术文献出版社
地 址 北京市复兴路15号 邮编 100038
编 务 部 （010）58882938，58882087（传真）
发 行 部 （010）58882868，58882870（传真）
邮 购 部 （010）58882873
官方网址 www.stdp.com.cn
发 行 者 科学技术文献出版社发行 全国各地新华书店经销
印 刷 者 北京地大彩印有限公司
版 次 2023 年 9 月第 1 版 2023 年 9 月第 1 次印刷
开 本 787 × 1092 1/16
字 数 696千
印 张 29
书 号 ISBN 978-7-5235-0646-2
定 价 180.00元

2023年版中国科技期刊引证报告（核心版）

自然科学卷

主任编委　赵志耘

副主任编委　姚长青　潘云涛

主　　编　杨代庆　高继平

编写人员　俞征鹿　田瑞强　许晓阳　焦一丹　盖双双
杨　潇　王海燕　翟丽华　宋　扬　杨　帅
冯家琪　刘亚丽

本书受国家科技统计专项工作“中国科技论文统计”资助。

通信地址：北京市海淀区复兴路15号　100038
中国科学技术信息研究所　科学计量与评价研究中心
网　　址：www.istic.ac.cn
电　　话：010-58882027，58882537，58882539，58882552
传　　真：010-58882028
电子信箱：cstpcd@istic.ac.cn

2022 年自然科学领域中国科技核心期刊（中国科技论文统计源期刊）* 主要计量指标分布情况

指标名称	平均值	统计数字
核心总被引频次	1683 次 / 刊	≥ 2000 次的期刊共有 517 种，≥ 10000 次的期刊共有 27 种
核心影响因子	1.048	≥ 1.000 的期刊共有 852 种，≥ 2.000 的期刊共有 192 种
核心即年指标	0.183	≥ 0.100 的期刊共有 1321 种，≥ 0.500 的期刊共有 132 种
基金论文比	0.66	≥ 0.80 的期刊共有 785 种，≥ 0.95 的期刊共有 118 种
海外论文比	0.03	≥ 0.20 的期刊共有 95 种（其中 94 种是英文期刊） 1086 种期刊无海外论文
核心他引率	0.83	≥ 0.95 的期刊共有 244 种
平均作者数	4.9 人 / 篇	≥ 5 人 / 篇的期刊共有 926 种
平均引文数	28.3/ 篇	≥ 20 条 / 篇的期刊共有 1627 种，≥ 50 条 / 篇的期刊共有 152 种
综合评价总分	40.4 分	≥ 50 分的期刊共有 591 种

* 中国科技核心期刊（中国科技论文统计源期刊）包括 1996 种中文期刊和 155 种英文期刊。

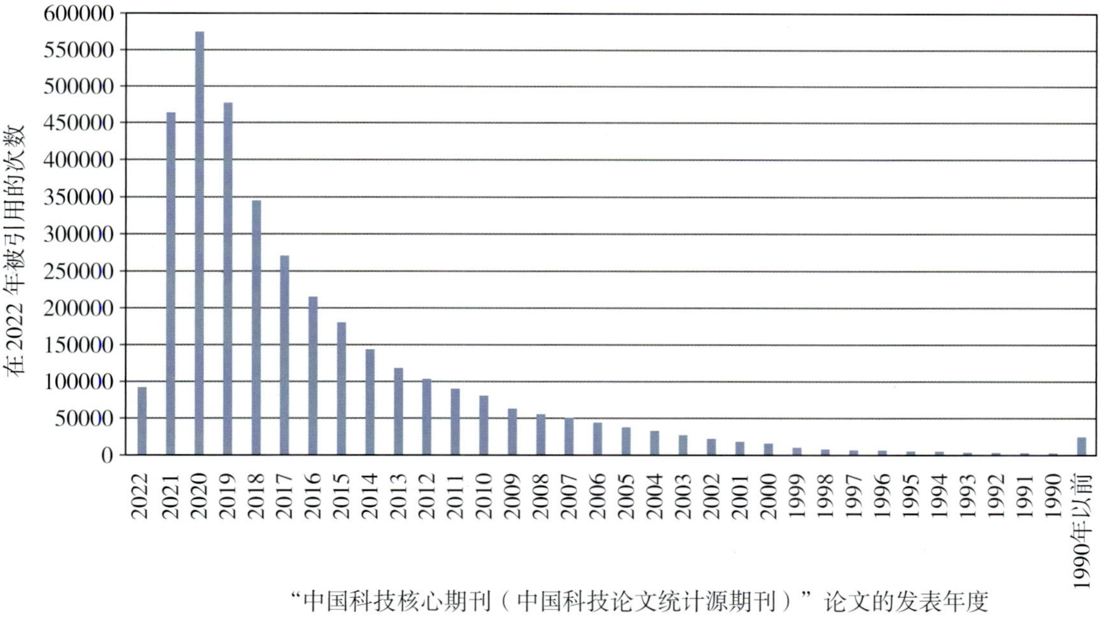

2022 年被引用的“中国科技核心期刊（中国科技论文统计源期刊）”论文的发表时间分布图

说明：图中被引用次数统计来源为《2022 年度中国科技论文与引文数据库》（CSTPCD 2022）。柱状图示分别表示“中国科技核心期刊（中国科技论文统计源期刊）”各年度发表的论文在 2022 年被引用的次数。

目 录

1 编制说明

《2023年版中国科技期刊引证报告（核心版）自然科学卷》以《中国科技论文与引文数据库》（CSTPCD）为基础，采用科学客观的研究方法与评价方式，遴选中国自然科学领域各学科分类的重要期刊作为统计来源期刊。《2023年版中国科技期刊引证报告（核心版）自然科学卷》收录了在中国（不含港澳台地区）正式出版的1996种中文期刊和155种英文期刊，共2151种中国科技核心期刊（中国科技论文统计源期刊）。自然科学卷与社会科学卷收录的期刊范围有少量重复。

1.1 总体设计说明

《2023年版中国科技期刊引证报告（核心版）自然科学卷》包括4个主要部分：

（1）期刊指标总表：期刊被引用指标和期刊来源指标；

（2）各学科期刊指标：各学科期刊整体情况和期刊在学科内相对位置的主要指标和图表；

（3）期刊综合评价指标：综合评价总分、核心影响因子和核心总被引频次的总排名；

（4）中国科技核心期刊（中国科技论文统计源期刊）名录和变更情况。

这4个部分独立成系统，又互相联系，构成《2023年版中国科技期刊引证报告（核心版）自然科学卷》的综合评价指标体系，从各个角度对期刊进行统计描述和分析评价。根据这些数据，读者可以对期刊的学术水平、学科地位、编辑状况、交流范围，以及对读者满意程度有一个客观、概括的了解。在内容组织和编排上，设计了多角度、多层次查询和评价期刊的丰富功能，图文并茂，可以满足读者在多样化的评估、管理和研究工作中的不同需求。

1.2 各类统计表格的编排

《2023年版中国科技期刊引证报告（核心版）自然科学卷》采用了多种形式的排序格式，包括全部期刊名称字顺排序、学科内期刊名称排序、全部期刊综合评价总分排序和来源期刊总目录等，帮助读者综合全面地评价分析期刊，迅速有效地检索出所需要的期刊统计信息。

（1）期刊被引用计量指标和来源指标是本报告的主体部分，分为4个主表：

• “表4-1　2022年中国科技核心期刊（中文）被引用指标刊名字顺索引”包含中文期刊被引用方面的8项指标数据。全表按照期刊名称汉语拼音字顺排列。

• “表4-2　2022年中国科技核心期刊（中文）来源指标刊名字顺索引”包含中文期刊来源文献方面的10项指标数据。全表按照期刊名称汉语拼音字顺排列。

• “表5-1　2022年中国科技核心期刊（英文）被引用指标刊名字顺索引”包含英文

期刊被引用方面的 8 项指标数据。全表按照期刊名称英文字母顺序排列。

• “表 5-2　2022 年中国科技核心期刊（英文）来源指标刊名字顺索引”包含英文期刊来源文献方面的 10 项指标数据。全表按照期刊名称英文字母顺序排列。

（2）各学科分类期刊情况是本报告的另一个重要组成部分，包括 1 个学科分类主表，以及112个分类学科的数据分表与总被引频次、影响因子和互引图，其编排格式和指标如下：

• 2022 年各学科分类期刊整体情况——各学科期刊数量、核心总被引频次平均值和中值，以及核心影响因子的平均值和中值。用于了解由于学科差异所导致的各学科指标差异的整体情况。

• 各学科分类期刊核心总被引频次和核心影响因子离均差率的分布散点图——根据各学科分类中，核心期刊总被引频次和核心影响因子数值相对于学科平均水平的距离，分别计算每个期刊核心总被引频次和核心影响因子的“离均差率”，并分别作为横坐标和纵坐标位置绘制各学科的核心总被引频次和核心影响因子离均差率的分布散点图。通过核心总被引频次和核心影响因子离均差率的分布散点图，可以了解整个学科期刊的指标分布情况和期刊绝对影响能力（核心总被引频次方面）和相对影响效率（核心影响因子方面）的平衡程度。

• 各学科分类期刊基于互引网络的互引关系示意图——根据各学科中所收录的期刊相互引用次数的统计数据，以图形方式显示学科内不同期刊之间的引用强度和相似性。图中每个节点代表一个期刊，节点面积大小表示期刊综合评价总分的大小，节点之间连线的粗细程度表示期刊引用关系关联程度。为了图示更加清晰，两个互相遮挡的节点，显示其中综合评价总分值较大的节点标签。通过互引网络的互引关系示意图，可以清晰地看到学科内期刊相互之间的联系与聚合状态。

• 各学科分类期刊主要指标与排名——分别列出按各学科分类中，按期刊名称排序的 112 个数据分表，分表列出了各学科期刊的核心总被引频次和核心影响因子的数值与在学科内的排位，以及核心总被引频次和核心影响因子的离均差率。同时还排出了各期刊的综合评价总分和在学科中的排名，便于读者评价和查询期刊。

（3）综合评价总分排名表——将中国科技核心期刊按综合评价总分排序，并列出了各期刊核心影响因子和核心总被引频次的数值及在全部期刊中的排名，可以大致了解期刊学术质量和影响在全国范围内所处的综合排名。被引用计量指标显示期刊被读者使用和重视的程度，以及在科学交流中的地位和作用，是评价期刊影响的重要依据和客观标准。综合评价总分是对期刊整体状况的一个综合描述。根据中国科学技术信息研究所研制的中国科技期刊综合评价指标体系，计算多项科学计量指标，采用层次分析法确定重要指标的权重，分学科对每种期刊进行综合评定，计算出每个期刊的综合评价总分。

（4）刊名目录和变更情况——“中国科技核心期刊（中文）目录”和“中国科技核心期刊（英文）目录”包括将收录的期刊编码（CODE）、刊名、主编姓名和学科分类，按期刊名称排序——中文期刊按汉语拼音字顺排列，英文期刊按英文字母顺序排列。期刊的变更情况是指与上一年度引证报告相比，收录期刊名称的变化情况和下一年度新入选的核心期刊名称。期刊改名后，按新刊名计算被引用指标；原刊名被引用数据计入新刊名的统计指标中。新入选的自然科学领域中国科技核心期刊（中国科技论文统计源期刊）的各项指标会在下一年度的统计分析中体现。

1.3 期刊评价指标

为了全面、准确、公正、客观地评价和使用期刊，《2023 年版中国科技期刊引证报告（核心版）自然科学卷》借鉴国际通用评价体系，并在此基础上，结合我国期刊的实际情况，设计计算了 24 项学术计量指标，基本涵盖和描述了期刊的各个方面。计算各项指标的数据范围仅为正式刊期中的数据，“增刊”等正刊以外的数据未予以计入。这些指标包括：

（1）期刊被引用计量指标

核心总被引频次、核心影响因子、核心即年指标、核心他引率、核心引用刊数、核心开放因子、核心扩散因子和核心被引半衰期。

（2）期刊来源计量指标

来源文献量、文献选出率、AR 论文量、平均引文数、平均作者数、地区分布数、机构分布数、海外论文比、基金论文比和引用半衰期。

（3）学科分类内期刊计量指标

综合评价总分、学科扩散指标、学科影响指标、红点指标、核心总被引频次（数值、排名与离均差率）和核心影响因子（数值、排名与离均差率）。

此外，报告还分别计算了期刊综合评价总分、核心总被引频次和核心影响因子在其所在学科分类内和全部自然科学领域“中国科技核心期刊（中国科技论文统计源期刊）”中的排名。

《2023 年版中国科技期刊引证报告（核心版）自然科学卷》引用部分指标是采用《中国科技论文与引文数据库》（CSTPCD）2547 种自然科学和社会科学期刊作为统计源，而《2023 年版中国科技期刊引证报告（扩刊版）》是采用 6000 多种期刊作为数据源，因此“影响因子”等引用部分指标数值会有所不同。为了方便读者使用，从 2012 年版开始，《中国科技期刊引证报告（核心版）自然科学卷》以“核心影响因子”和“核心总被引频次”等名称来替代以前出版的“核心版”报告中相应的“影响因子”和“总被引频次”等指标，与“扩刊版”报告中的“扩展影响因子”和“扩展总被引频次”等指标加以区别。尽管指标名称有所改变，但是相关指标与往年出版的“核心版”报告计算方法仍然保持一致。

1.4 期刊的学科分类

学科是随着科学技术的发展而不断融合、衍生和变化的。一些交叉领域的期刊，刊载内容是跨学科的科研成果。《2023 年版中国科技期刊引证报告（核心版）自然科学卷》根据每个期刊刊载论文的主要分布领域，将覆盖多学科和跨学科内容的期刊复分归入 2 个或 3 个学科分类类别。依据《学科分类与代码》（GB/T 13745—2009）和《中国图书资料分类法（第四版）》的学科分类原则，同时考虑到我国科技期刊的实际分布情况，《2023 年版中国科技期刊引证报告（核心版）自然科学卷》将来源期刊分别归类到 112 个学科类别（表 1–1）。

表 1-1 学科分类

领域	学科分类		
自然科学综合	·自然科学综合	·自然科学综合大学学报	·自然科学师范大学学报
理学	·数学 ·信息科学与系统科学 ·力学 ·物理学 ·化学 ·天文学	·地球科学综合 ·大气科学 ·地球物理学 ·地理学 ·地质学 ·海洋科学、水文学	·生物学基础学科 ·生态学 ·植物学 ·昆虫学、动物学 ·微生物学、病毒学 ·心理学
农学	·农业综合 ·农业大学学报 ·农艺学 ·园艺学	·土壤学 ·植物保护学 ·林学 ·畜牧、兽医科学	·草原学 ·水产学
医学	·医学综合 ·医药大学学报 ·基础医学 ·临床医学综合 ·临床诊断学 ·保健医学 ·内科学综合 ·呼吸病学、结核病学 ·消化病学 ·血液病学、肾脏病学 ·内分泌病学与代谢病学、风湿病学 ·感染性疾病学、传染病学 ·外科学综合	·普通外科学、胸外科学、心血管外科学 ·心血管病学 ·泌尿外科学 ·骨外科学 ·烧伤外科学、整形外科学 ·妇产科学 ·儿科学 ·眼科学 ·耳鼻咽喉科学 ·口腔医学 ·皮肤病学 ·性医学 ·神经病学、精神病学 ·核医学、医学影像学 ·肿瘤学	·护理学 ·预防医学与公共卫生学综合 ·流行病学、环境医学 ·优生学、计划生育学 ·军事医学与特种医学 ·卫生管理学、健康教育学 ·药学 ·中医学 ·中医药大学学报 ·中西医结合医学 ·中药学 ·针灸、中医骨伤
工程技术	·工程与技术科学基础学科 ·工程技术大学学报 ·信息与系统科学相关工程与技术 ·生物工程 ·农业工程 ·生物医学工程学 ·测绘科学技术 ·材料科学综合 ·金属材料 ·矿山工程技术 ·冶金工程技术 ·机械工程设计 ·机械制造工艺与设备	·动力工程 ·电气工程 ·能源科学综合 ·石油天然气工程 ·核科学技术 ·电子技术 ·光电子学与激光技术 ·通信技术 ·计算机科学技术 ·化学工程综合 ·高聚物工程 ·精细化学工程 ·应用化学工程 ·仪器仪表技术	·兵器科学与技术 ·纺织科学技术 ·食品科学技术 ·建筑科学与技术 ·土木工程 ·水利工程 ·交通运输工程 ·公路运输 ·铁路运输 ·水路运输 ·航空、航天科学技术 ·环境科学技术及资源科学技术 ·安全科学技术
管理	·管理学		

2 使用说明

《中国科技期刊引证报告》是用于中国科技期刊分析与评价的科学计量工具。报告可用于定量分析和科学评价期刊的学术特征和学科地位，较为客观地反映期刊发展的趋势和规律，为科研管理和决策提供依据。因此，本报告在期刊分析评价和科学计量学研究与应用等方面具有其他检索评价工具无法取代的独特功能。正确使用和充分开发本报告，可以使其成为科研工作者、期刊编辑（部）、图书情报人员、科研管理人员和科学计量学家的得力助手和有效工具。

2.1 主要功能

《中国科技期刊引证报告》应用引文分析方法及各种量化指标，可以清楚地表明：

- 某一学科领域内，哪些期刊学术影响力较大；
- 某一学科领域内，期刊之间指标分布情况和互引关系分布情况如何；
- 某一种期刊被引用了多少次；
- 某一种期刊出版后多久被引用；
- 某一种期刊引用其他期刊多少次；
- 某一种期刊的各项学术指标在学科中所处的位置。

根据使用者的工作性质，本报告可以给使用者不同的有益提示。例如：

- 帮助科研人员发表论文时，选择相关领域最适合的期刊，提高论文的知名度和影响力；
- 帮助期刊编辑与同类刊物相比较并评估自刊的地位，从而确定编辑和出版策略；
- 帮助科研管理人员科学地评价管理期刊，为开展期刊评比和择优资助提供决策依据；
- 帮助图书情报人员更有效地管理馆藏期刊文献，合理运用有限的预算订购重要期刊；
- 帮助科学计量学家开展相关的期刊评价与分析研究，以及进行学科的科学评估。

2.2 查阅方法

2.2.1 查询期刊指标

在报告的第 4 和第 5 部分，包括 4 个表格：“表 4-1　2022 年中国科技核心期刊（中文）被引用指标刊名字顺索引”“表 4-2　2022 年中国科技核心期刊（中文）来源指标刊名字顺索引”“表 5-1　2022 年中国科技核心期刊（英文）被引用指标刊名字顺索引”“表 5-2　2022 年中国科技核心期刊（英文）来源指标刊名字顺索引”。这 4 个表格分别按照期刊名称的汉语拼音字顺和英文字母顺序排列，列出了期刊的多项科学计量指标。

2.2.2 期刊在学科领域内学术指标位置

如果读者希望了解某一种期刊在其所属学科领域中的位置，可查询“表 9-1 2022 年中国科技核心期刊（中文）目录”和“表 9-2 2022 年中国科技核心期刊（英文）目录”，找到该刊所在的分类。再到“表 6-1 2022 年各学科分类期刊数量、核心总被引频次和核心影响因子”中检索到这一分类的具体位置，也就是在第 7 部分中相应的表格。在第 7 部分各学科分类的插图和数据表中，可以进一步查阅该刊在期刊核心总被引频次和核心影响因子的分类排序，以及综合评价总分的数值，还可以对照各学科平均总被引频次和平均影响因子，以及离均差率分布图，了解期刊在学科中的具体位置和在期刊群的互引关系。在使用时需要考虑指标分布的整体情况及其由于学科不同所造成的指标差异。

2.2.3 期刊在所有期刊中的学术指标位置

根据查询所得的期刊综合评价指标，可以在“表 8-1 2022 年中国科技核心期刊综合评价总分排名（自然科学）”中检索出该期刊在全部期刊中的学术指标位置。同时还可以检索出中国科技核心期刊的核心总被引频次总排名和核心影响因子总排名及各期刊在全国期刊中的排名。

2.3 评价方法

利用《2023 年版中国科技期刊引证报告（核心版）自然科学卷》评价期刊有两种方式，即单一指标评价和综合指标评价。具体方法分述如下。

2.3.1 单一指标评价

单一指标评价主要是指按照影响因子和总被引频次这两个国际通行评价指标，对期刊进行评价。这时可通过期刊的核心影响因子排序表和核心总被引频次排序表确定该期刊在同类期刊中所处的位置，从而对该期刊的学术影响力和学科地位进行评价和评估。还可以通过核心影响因子总排序表和核心总被引频次总排序表在不同学科领域中进行横向比较，确定该期刊的位置。单一指标评价也可以通过期刊来源指标刊名字顺索引表对期刊的编辑状况、交流范围、论文质量和老化速率等进行统计、分析、比较和评估。

2.3.2 综合指标评价

由于期刊评价工作是一项非常复杂的工作，涉及领域广，学科差异大，因此单一指标往往难以全面、准确地评价期刊的学术水平和学科地位，这时一般需要通过综合指标评价，以使期刊评价更加客观、全面和准确。要进行期刊的综合指标评价，首先需要建立期刊综合评价指标体系，利用数学方法确定各指标的权重值，然后求出综合指标排序值，最终得到期刊指标的综合排序。

这种期刊评价方法已被广泛地推广和使用，1999 年中国科学技术信息研究所在国内首先提出了中国科技期刊综合评价指标体系。根据这一指标体系，计算得出的综合评价总分，即是一种综合评价的结果。中国科学技术信息研究所在每年的中国科技论文统计结果发布中提出的“中国百种杰出学术期刊”，就是利用几个主要学术指标通过隶属度转换、加权评分，最终得出每一种期刊的综合指标排序值，完成对期刊的评价。

3 名词解释

核心总被引频次：期刊自创刊以来所登载的全部论文在统计当年被引用的总次数，可以显示该期刊被使用和受重视的程度，以及在科学交流中的绝对影响力的大小。

核心影响因子：期刊评价前两年发表论文的篇均被引用的次数，用于测度期刊学术影响力。

$$核心影响因子=\frac{该期刊前两年发表论文在统计当年被引用的总次数}{该期刊前两年发表论文总数}$$

核心即年指标：期刊当年发表的论文在当年被引用的情况，表征期刊即时反应速率的指标。

$$核心即年指标=\frac{该期刊当年发表论文的被引用次数}{该期刊当年发表论文总数}$$

核心他引率：期刊总被引频次中，被其他期刊引用次数所占的比例，测度期刊学术传播能力。

$$核心他引率=\frac{被其他期刊引用的次数}{该期刊被引用的总次数}$$

核心引用刊数：引用被评价期刊的期刊数，反映被评价期刊被使用的范围。

核心开放因子：期刊被引用次数的一半所分布的最小施引期刊数量，体现学术影响的集中度。

核心扩散因子：期刊当年每被引100次所涉及的期刊数，测度期刊学术传播范围。

$$核心扩散因子=\frac{总被引频次涉及的期刊数\times 100}{总被引频次}$$

学科扩散指标：在统计源期刊范围内，引用该期刊的期刊数与其所在学科全部期刊数之比。

$$学科扩散指标=\frac{引用期刊数}{所在学科期刊数}$$

学科影响指标：指期刊所在学科内，引用该期刊的期刊数占全部期刊数量的比例。

$$学科影响指标=\frac{所在学科内引用被评价期刊的数量}{所在学科期刊数}$$

核心被引半衰期：指该期刊在统计当年被引用的全部次数中，较新一半是在多长一段时间内发表的。核心被引半衰期是测度期刊老化速度的一种指标，通常不是针对个别文献或某一组文献，而是对某一学科或专业领域的文献的总和而言。

来源文献量：指符合统计来源论文选取原则的文献的数量。在期刊发表的全部内容中，只有报道科学发现和技术创新成果的学术技术类文献用于中国科技论文统计工作的数据来源。

文献选出率：指来源文献量与期刊全年发表的所有文献总量之比，用于反映期刊发表内容中，报道学术技术类成果的比例。

AR 论文量：指期刊所发表的文献中，文献类型为学术性论文（Article）和综述评论性论文（Review）的论文数量，用于反映期刊发表的内容中学术性成果的数量。

平均引文数：指来源期刊每一篇论文平均引用的参考文献数。论文所引用的全部参考文献数是衡量该期刊科学交流程度和吸收外部信息能力的一个指标。

平均作者数：指来源期刊每一篇论文平均拥有的作者数，是衡量该期刊科学生产能力的一个指标。

地区分布数：指来源期刊登载论文所涉及的地区数，按全国 31 个省（自治区、直辖市）计（不含港澳台地区）。这是衡量期刊论文覆盖面和全国影响力大小的一个指标。

机构分布数：指来源期刊论文的作者所涉及的机构数。这是衡量期刊科学生产能力的另一个指标。

海外论文比：指来源期刊中，海外作者发表论文占全部论文的比例。这是衡量期刊国际交流程度的一个指标。

基金论文比：指来源期刊中，国家、省部级以上及其他各类重要基金资助的论文占全部论文的比例。这是衡量期刊论文学术质量的重要指标。

引用半衰期：指该期刊引用的全部参考文献中，较新一半是在多长一段时间内发表的。通过这个指标可以反映出作者利用文献的新颖度。

离均差率：指期刊的某项指标与其所在学科的平均值之间的差距与平均值的比例。通过这项指标可以反映期刊的单项指标在学科内的相对位置。

$$\text{某项指标的离均差率} = \frac{\text{被评价期刊的指标} - \text{所在学科内该项指标的平均值}}{\text{所在学科内该项指标的平均值}}$$

红点指标：指该期刊发表的论文中，关键词与其所在学科排名前 1% 的高频关键词重合的论文所占的比例。通过这个指标可以反映出期刊论文与学科研究热点的重合度。

综合评价总分：根据中国科技期刊综合评价指标体系，计算多项科学计量指标，采用层次分析法确定重要指标的权重，分学科对每种期刊进行综合评定，计算出每个期刊的综合评价总分。

综合评价总分是根据科学计量学原理，系统性地综合考虑被评价期刊的各影响力指标（核心总被引频次、核心影响因子、核心他引率、基金论文比、平均引文数等）在其所在学科中的相对位置，并按照一定的权重系数将这些指标进行综合集成。

具体的算法如下：

$$\text{综合评价总分} = \sum_{i=1}^{n} \mu_i k_i$$

其中，μ_i 为各指标的权重系数，k_i 为影响力指标的相对位置的得分。k_i 的计算公式如下：

$$k_i = \frac{x - x_{\min}}{x_{\max} - x_{\min}}$$

其中，x 为影响力指标的得分，如对于总被引频次指标来说就是该期刊的总被引频次。$x_{\max}$ 为该期刊所在学科的影响力指标的最大值，如对于总被引频次指标来说就是该期刊所在学科期刊的总被引频次的最大值。$x_{\min}$ 为该期刊所在学科的影响力指标的最小值，如对于总被引频次指标来说就是该期刊所在学科期刊的总被引频次的最小值。

各影响力指标对期刊的作用不是同等重要的。因此，不同的指标被赋予了不同的权重系数 μ，权重系数是采用专家打分和层次分析法确定的。在《2023 年版中国科技期刊引证报告（核心版）自然科学卷》中，权重系数总和为 100，即综合评价总分在 0 ~ 100。数值越大，说明该期刊的综合学术质量和影响力越高。

根据综合评价指标体系的设计原理，综合评价总分已经屏蔽了各学科之间总体指标背景值的差异，可以进行跨学科比较。

中国科学技术信息研究所每年定期出版《中国科技期刊引证报告》，公布《中国科技论文与引文数据库》（CSTPCD）收录的中国科技论文统计源期刊的多项科学计量指标。从1999年开始，中国科学技术信息研究所就开始以这些指标为基础，研制发布了“中国科技期刊综合评价指标体系”，采用层次分析法，由专家打分确定了重要指标的权重，并分学科对每种期刊进行了综合评定。并且从2002年开始应用于“中国百种杰出学术期刊”的评价中。其后随着研究的深入，又不断开发出新的评估和计量指标。10多年以来，根据各界对评价结果的反馈，先后召开了20余次由科学计量学专家、自然科学学术领域科学家、科技与期刊管理部门专家学者共同参与的专家研讨会，对指标的设置和权重进行了更新和调整，从而形成了目前这一套日臻完善的科技期刊评价体系和方法。

4 2022 年中国科技核心期刊（中文）指标

4.1 期刊（中文）被引用指标刊名字顺排序

表 4-1 2022 年中国科技核心期刊（中文）被引用指标刊名字顺索引

CODE	刊名	核心总被引频次	核心影响因子	核心即年指标	核心他引率	核心引用刊数	核心开放因子	核心扩散因子	核心被引半衰期
E626	CT 理论与应用研究	307	0.413	0.084	0.84	139	14	45.28	4.5
G549	癌变・畸变・突变	305	0.542	0.046	0.91	186	43	60.98	4.5
G011	癌症	582	0.726	0.213	0.99	317	76	54.47	7.3
A003	安徽大学学报自然科学版	273	0.509	0.047	0.88	188	52	68.86	4.3
H002	安徽农业大学学报	1093	0.747	0.020	0.97	339	56	31.02	6.0
A009	安徽师范大学学报自然科学版	187	0.217	0.038	0.91	133	40	71.12	6.7
G012	安徽医科大学学报	1782	0.826	0.100	0.83	476	49	26.71	3.7
G786	安徽医学	1594	0.679	0.099	0.88	424	48	26.60	3.6
Q906	安徽医药	2550	0.677	0.110	0.86	510	54	20.00	3.7
G013	安徽中医药大学学报	1131	1.354	0.211	0.94	225	23	19.89	4.4
E625	安全与环境工程	1217	1.153	0.150	0.79	380	33	31.22	4.2
Z549	安全与环境学报	3022	1.256	0.317	0.83	648	37	21.44	4.5
H340	桉树科技	201	0.472	0.043	0.60	60	3	29.85	6.0
R024	半导体光电	568	0.690	0.063	0.87	168	11	29.58	3.5
R063	半导体技术	450	0.373	0.034	0.85	142	14	31.56	5.5
U521	包装与食品机械	643	1.747	0.118	0.65	126	5	19.60	3.0
Q921	保健医学研究与实践	584	0.568	0.037	0.72	125	2	21.40	4.1
U645	保鲜与加工	1127	1.080	0.181	0.87	199	9	17.66	3.0
E045	暴雨灾害	1125	1.546	0.224	0.76	106	5	9.42	5.1
N017	爆破	1142	1.578	0.152	0.51	127	2	11.12	5.0
N012	爆破器材	359	0.634	0.097	0.84	77	6	21.45	5.5
N006	爆炸与冲击	1884	1.318	0.199	0.82	255	10	13.54	5.8
H395	北方农业学报	624	0.504	0.079	0.91	190	27	30.45	5.3
H128	北方水稻	314	0.240	0.045	0.75	86	9	27.39	6.9
A652	北华大学学报自然科学版	424	0.325	0.020	0.94	261	65	61.56	4.8
G002	北京大学学报医学版	1520	0.990	0.117	0.97	551	100	36.25	5.3
A005	北京大学学报自然科学版	1686	1.072	0.158	0.98	592	95	35.11	7.5
J030	北京工业大学学报	1209	0.900	0.109	0.95	479	85	39.62	5.9
Y001	北京航空航天大学学报	2516	1.178	0.344	0.94	512	54	20.35	4.7
T020	北京化工大学学报自然科学版	461	0.605	0.023	0.94	247	52	53.58	6.1
X014	北京交通大学学报	822	0.929	0.056	0.94	326	49	39.66	4.9
G500	北京口腔医学	379	0.591	0.011	0.65	102	5	26.91	4.2
N001	北京理工大学学报	1658	1.084	0.138	0.79	429	35	25.87	5.0
H025	北京林业大学学报	2775	1.439	0.205	0.92	380	25	13.69	6.9
G004	北京生物医学工程	362	0.630	0.067	0.90	172	24	47.51	3.9

表 4-1　2022 年中国科技核心期刊（中文）被引用指标刊名字顺索引（续）

CODE	刊名	核心总被引频次	核心影响因子	核心即年指标	核心他引率	核心引用刊数	核心开放因子	核心扩散因子	核心被引半衰期
A010	北京师范大学学报自然科学版	979	1.086	0.222	0.96	389	67	39.73	6.0
G016	北京医学	1047	0.528	0.036	0.85	392	61	37.44	4.1
R018	北京邮电大学学报	524	0.707	0.058	0.94	224	31	42.75	4.0
G620	北京中医药	2777	1.056	0.164	0.82	254	15	9.15	4.7
G017	北京中医药大学学报	3390	2.286	0.438	0.89	299	16	8.82	7.7
G741	蚌埠医学院学报	1351	0.603	0.095	0.81	358	36	26.50	3.3
G410	标记免疫分析与临床	1722	0.807	0.114	0.78	357	29	20.73	3.2
T098	表面技术	3503	1.377	0.156	0.75	372	11	10.62	3.5
E135	冰川冻土	3259	1.462	0.202	0.78	404	24	12.40	9.0
N008	兵工学报	3199	1.064	0.127	0.79	410	17	12.82	5.9
R730	兵工自动化	912	0.582	0.063	0.76	209	8	22.92	4.7
N085	兵器材料科学与工程	752	0.545	0.146	0.89	193	20	25.66	5.7
T094	兵器装备工程学报	2083	0.732	0.065	0.78	372	14	17.86	3.5
G018	病毒学报	867	0.909	0.180	0.91	241	22	27.80	3.9
C060	波谱学杂志	249	0.875	0.111	0.57	100	5	40.16	4.6
M005	材料保护	1561	0.571	0.039	0.82	250	7	16.02	4.7
M103	材料导报	6782	1.003	0.209	0.90	734	45	10.82	4.6
Y007	材料工程	2237	1.103	0.184	0.87	355	20	15.87	5.5
M010	材料开发与应用	375	0.257	0.020	0.88	157	19	41.87	7.4
M008	材料科学与工程学报	1004	0.518	0.076	0.91	326	40	32.47	8.2
M006	材料科学与工艺	649	0.755	0.284	0.95	218	28	33.59	8.3
N026	材料热处理学报	1998	0.819	0.064	0.81	202	8	10.11	6.5
M009	材料研究学报	796	0.690	0.055	0.85	220	20	27.64	5.8
K512	采矿与安全工程学报	3326	2.498	0.405	0.90	173	6	5.20	5.9
K504	采矿与岩层控制工程学报	871	2.735	0.833	0.89	101	7	11.60	4.5
H009	蚕业科学	618	0.475	0.056	0.75	157	14	25.40	7.3
H525	草地学报	4392	2.690	0.503	0.67	296	5	6.74	3.8
H234	草业科学	4253	1.514	0.157	0.89	355	10	8.35	6.0
H527	草业学报	5526	2.414	0.362	0.91	368	13	6.66	6.4
H538	草原与草坪	866	1.226	0.113	0.78	149	6	17.21	4.9
E616	测绘地理信息	852	0.759	0.124	0.65	187	4	21.95	3.9
E543	测绘工程	534	0.651	0.042	0.91	185	13	34.64	5.8
E600	测绘科学	2485	1.085	0.091	0.87	465	17	18.71	4.5
E510	测绘通报	2955	1.365	0.117	0.85	469	15	15.87	4.0
E152	测绘学报	4120	2.713	0.518	0.78	434	8	10.53	5.4
L017	测井技术	1110	0.593	0.059	0.76	138	8	12.43	8.7
Y022	测控技术	1003	0.488	0.153	0.85	301	27	30.01	4.6
R711	测试技术学报	246	0.328	0.035	0.93	152	35	61.79	5.5
H001	茶叶科学	1181	1.545	0.219	0.89	208	14	17.61	6.8
X036	长安大学学报自然科学版	956	1.291	0.242	0.92	234	21	24.48	6.9
N056	长春理工大学学报自然科学版	400	0.420	0.000	0.74	164	18	41.00	4.9
G992	长春中医药大学学报	1950	0.808	0.145	0.93	292	22	14.97	4.1
W010	长江科学院院报	2488	1.013	0.270	0.84	454	30	18.25	4.8

表 4-1　2022 年中国科技核心期刊（中文）被引用指标刊名字顺索引（续）

CODE	刊名	核心总被引频次	核心影响因子	核心即年指标	核心他引率	核心引用刊数	核心开放因子	核心扩散因子	核心被引半衰期
Z029	长江流域资源与环境	4836	2.233	0.425	0.92	541	42	11.19	4.5
G264	肠外与肠内营养	687	1.167	0.225	0.80	214	18	31.15	4.7
N024	车用发动机	266	0.453	0.012	0.78	89	8	33.46	5.1
E113	沉积学报	3528	2.169	0.581	0.93	205	17	5.81	10.2
E102	成都理工大学学报自然科学版	1227	0.913	0.113	0.95	203	22	16.54	9.9
G670	成都医学院学报	555	0.658	0.046	0.97	274	55	49.37	3.2
V050	城市规划	3512	2.051	0.564	0.90	316	8	9.00	6.0
V028	城市规划学刊	3069	4.373	0.917	0.73	215	4	7.01	5.7
X043	城市轨道交通研究	1403	0.345	0.026	0.70	245	9	17.46	4.2
X046	城市交通	435	0.711	0.195	0.79	102	8	23.45	4.8
V062	城乡规划	255	0.500	0.026	0.84	79	8	30.98	3.4
J021	重庆大学学报自然科学版	1196	0.841	0.235	0.95	457	77	38.21	6.8
X029	重庆交通大学学报自然科学版	1549	0.962	0.139	0.82	364	26	23.50	4.2
N757	重庆理工大学学报自然科学版	1482	0.821	0.115	0.80	487	37	32.86	3.0
A512	重庆师范大学学报自然科学版	419	0.519	0.099	0.89	233	49	55.61	5.3
G186	重庆医科大学学报	1171	0.566	0.106	0.98	439	86	37.49	4.0
G225	重庆医学	4950	0.724	0.131	0.97	711	77	14.36	4.2
R559	重庆邮电大学学报自然科学版	668	1.345	0.162	0.93	193	16	28.89	2.9
L508	储能科学与技术	1759	1.600	0.584	0.54	255	3	14.50	2.6
G432	川北医学院学报	989	0.651	0.128	0.95	307	40	31.04	3.0
N060	传感技术学报	1682	0.772	0.053	0.85	373	27	22.18	4.4
R532	传感器与微系统	2561	0.958	0.184	0.72	451	14	17.61	3.4
G458	传染病信息	693	1.122	0.320	0.84	256	35	36.94	3.5
X010	船舶工程	1397	0.729	0.030	0.85	292	10	20.90	3.9
X633	船舶力学	1115	0.621	0.088	0.85	206	7	18.48	7.1
X635	船海工程	703	0.410	0.024	0.79	173	7	24.61	6.0
G322	创伤外科杂志	999	0.835	0.147	0.90	249	28	24.92	3.5
G085	创伤与急危重病医学	320	0.587	0.063	0.97	160	34	50.00	2.9
G552	磁共振成像	1436	1.206	0.260	0.72	281	8	19.57	2.6
G229	卒中与神经疾病	548	0.543	0.068	0.99	226	46	41.24	3.5
E144	大地测量与地球动力学	1702	0.861	0.086	0.85	254	11	14.92	5.9
E146	大地构造与成矿学	2158	1.953	0.215	0.95	147	11	6.81	8.5
R051	大电机技术	357	0.659	0.310	0.73	90	5	25.21	4.2
H038	大豆科学	1490	1.074	0.100	0.80	219	14	14.70	7.2
X024	大连海事大学学报	409	0.583	0.100	0.91	178	22	43.52	6.6
H005	大连海洋大学学报	1206	1.180	0.161	0.88	212	12	17.58	5.0
X001	大连交通大学学报	338	0.251	0.039	0.87	170	30	50.30	5.2
J024	大连理工大学学报	623	0.573	0.051	0.97	322	73	51.69	9.1
G020	大连医科大学学报	350	0.377	0.077	0.99	237	64	67.71	4.6
E109	大气科学	3060	1.809	0.286	0.87	263	10	8.59	10.4
E091	大气科学学报	1328	1.768	0.329	0.80	219	11	16.49	6.1
L512	大庆石油地质与开发	1625	2.610	0.226	0.70	138	5	8.49	3.6
S055	大数据	336	1.177	0.414	0.82	140	20	41.67	2.9

表 4-1 2022 年中国科技核心期刊（中文）被引用指标刊名字顺索引（续）

CODE	刊名	核心总被引频次	核心影响因子	核心即年指标	核心他引率	核心引用刊数	核心开放因子	核心扩散因子	核心被引半衰期
S086	单片机与嵌入式系统应用	464	0.340	0.057	0.76	122	6	26.29	3.6
H040	淡水渔业	894	0.955	0.084	0.86	139	11	15.55	7.2
N004	弹道学报	536	0.835	0.081	0.82	99	6	18.47	8.4
N009	弹箭与制导学报	1025	0.434	0.045	0.91	200	15	19.51	8.1
T941	当代化工	2114	0.598	0.136	0.57	388	6	18.35	3.5
Y503	导弹与航天运载技术	804	0.526	0.045	0.85	165	13	20.52	6.5
Y591	导航定位学报	443	0.702	0.093	0.78	139	10	31.38	3.5
Y563	导航定位与授时	431	0.754	0.092	0.83	138	19	32.02	3.5
Y585	导航与控制	290	0.531	0.040	0.86	130	23	44.83	3.5
N019	低温工程	374	0.336	0.040	0.83	133	14	35.56	10.0
C055	低温物理学报	64	0.070	0.020	0.80	42	10	65.63	5.8
E133	地层学杂志	869	0.975	0.176	0.91	110	11	12.66	13.3
E130	地理科学	7280	3.926	0.391	0.93	603	26	8.28	5.4
E584	地理科学进展	6516	4.071	0.495	0.91	615	25	9.44	5.9
E639	地理空间信息	1046	0.415	0.061	0.64	260	6	24.86	3.8
E315	地理信息世界	486	0.487	0.067	0.81	185	13	38.07	4.3
E305	地理学报	13674	5.951	0.803	0.94	748	26	5.47	6.1
E310	地理研究	8676	3.983	0.738	0.94	668	23	7.70	5.6
E527	地理与地理信息科学	1927	1.902	0.393	0.84	391	30	20.29	5.7
E024	地球化学	1873	0.596	0.033	0.98	207	16	11.05	16.7
E570	地球环境学报	343	0.615	0.115	0.95	162	29	47.23	4.9
E142	地球科学	7084	3.086	0.693	0.76	377	9	5.32	4.5
E115	地球科学进展	3786	1.676	0.294	0.96	580	62	15.32	10.6
E004	地球科学与环境学报	1015	1.722	0.316	0.95	230	25	22.66	7.2
E153	地球物理学报	11536	2.354	0.289	0.69	458	6	3.97	7.9
E308	地球物理学进展	5039	1.879	0.401	0.71	368	6	7.30	6.0
E656	地球信息科学学报	2800	2.167	0.349	0.89	527	31	18.82	4.1
E300	地球学报	3035	2.310	2.584	0.86	302	12	9.95	9.0
E549	地球与环境	1438	1.718	0.298	0.96	342	41	23.78	7.5
V031	地下空间与工程学报	3719	1.075	0.130	0.71	340	10	9.14	5.4
E357	地学前缘	7156	2.239	0.648	0.96	441	20	6.16	9.2
S741	地域研究与开发	2263	1.860	0.151	0.71	336	15	14.85	4.5
E306	地震	897	0.648	0.000	0.92	91	5	10.14	11.6
E150	地震地质	2257	1.366	0.188	0.86	163	7	7.22	10.5
E307	地震工程学报	1307	0.735	0.154	0.82	217	13	16.60	6.1
E118	地震工程与工程振动	1921	0.895	0.076	0.79	207	9	10.78	9.6
E143	地震学报	1590	1.094	0.207	0.90	154	6	9.69	14.0
E112	地震研究	794	0.863	0.159	0.87	141	6	17.76	7.4
E362	地质科技通报	2616	2.308	0.405	0.73	283	14	10.82	5.7
E139	地质科学	1798	1.340	0.311	0.91	165	11	9.18	15.4
E026	地质力学学报	1494	2.484	0.513	0.75	207	10	13.86	4.1
E009	地质论评	3984	2.294	0.470	0.81	264	11	6.63	10.0
E127	地质通报	5214	1.639	0.311	0.93	310	11	5.95	10.4

表 4-1 2022 年中国科技核心期刊（中文）被引用指标刊名字顺索引（续）

CODE	刊名	核心总被引频次	核心影响因子	核心即年指标	核心他引率	核心引用刊数	核心开放因子	核心扩散因子	核心被引半衰期
E010	地质学报	8765	2.652	0.930	0.86	323	11	3.69	8.3
E151	地质与勘探	2313	1.639	0.205	0.72	208	7	8.99	7.9
E525	地质与资源	835	1.330	0.128	0.78	148	9	17.72	5.9
E132	地质找矿论丛	686	0.517	0.079	0.95	99	11	14.43	10.6
G005	第二军医大学学报	1357	0.679	0.117	0.95	504	87	37.14	4.5
G021	第三军医大学学报	1877	0.747	0.099	0.94	592	101	31.54	4.3
E301	第四纪研究	3107	2.391	0.370	0.61	292	8	9.40	8.9
R007	电波科学学报	723	0.952	0.137	0.70	168	12	23.24	5.7
R673	电测与仪表	4994	2.548	0.729	0.89	329	15	6.59	3.0
R003	电池	511	0.818	0.182	0.72	156	7	30.53	3.6
T508	电镀与精饰	580	0.717	0.085	0.68	130	3	22.41	5.1
T598	电镀与涂饰	982	0.462	0.077	0.67	168	3	17.11	4.6
R010	电工电能新技术	1012	1.444	0.136	0.76	171	13	16.90	3.9
R043	电工技术学报	12759	3.648	0.591	0.71	462	8	3.62	3.9
R740	电光与控制	1373	0.877	0.204	0.80	262	18	19.08	3.7
N067	电焊机	805	0.364	0.135	0.68	129	3	16.02	5.0
D036	电化学	296	0.556	0.057	0.90	121	21	40.88	5.5
R088	电机与控制学报	2018	1.722	0.250	0.81	273	13	13.53	3.9
R045	电机与控制应用	776	0.637	0.063	0.77	162	10	20.88	3.8
N027	电加工与模具	309	0.310	0.030	0.77	85	7	27.51	6.7
R011	电力电子技术	1159	0.485	0.049	0.80	192	14	16.57	3.7
R769	电力工程技术	1354	2.382	0.406	0.89	155	11	11.45	2.5
A199	电力建设	2273	2.365	0.519	0.87	269	15	11.83	3.6
R654	电力科学与技术学报	1752	3.702	0.433	0.89	161	6	9.19	2.5
N102	电力系统保护与控制	10582	5.170	0.750	0.77	364	10	3.44	2.8
R071	电力系统及其自动化学报	2335	1.901	0.305	0.89	245	18	10.49	3.4
S019	电力系统自动化	17403	5.052	1.008	0.82	400	9	2.30	4.0
R745	电力信息与通信技术	956	1.399	0.343	0.75	152	7	15.90	2.7
R750	电力需求侧管理	603	1.270	0.187	0.68	94	5	15.59	3.1
R090	电力自动化设备	6741	3.465	0.503	0.78	344	10	5.10	3.5
R044	电气传动	1004	0.730	0.057	0.65	171	8	17.03	3.4
R428	电气工程学报	329	0.767	0.164	0.84	115	13	34.95	3.5
R058	电气自动化	451	0.438	0.077	0.89	147	25	32.59	3.3
R039	电网技术	15268	4.110	1.103	0.84	464	10	3.04	4.1
R116	电网与清洁能源	1948	2.787	0.359	0.90	210	7	10.78	2.6
R684	电信科学	950	0.860	0.198	0.77	208	13	21.89	3.4
R754	电讯技术	977	0.704	0.131	0.70	208	12	21.29	3.7
R019	电源技术	1744	0.641	0.044	0.79	319	23	18.29	4.1
R055	电子测量技术	2750	0.901	0.203	0.74	407	5	14.80	2.8
R021	电子测量与仪器学报	3176	2.375	0.261	0.84	371	4	11.68	3.0
R067	电子技术应用	1057	0.483	0.059	0.88	263	15	24.88	3.9
R036	电子科技大学学报	874	1.027	0.163	0.95	364	57	41.65	4.7
R512	电子器件	793	0.511	0.016	0.86	205	15	25.85	3.6

表 4-1　2022 年中国科技核心期刊（中文）被引用指标刊名字顺索引（续）

CODE	刊名	核心总被引频次	核心影响因子	核心即年指标	核心他引率	核心引用刊数	核心开放因子	核心扩散因子	核心被引半衰期
R724	电子设计工程	2776	0.704	0.103	0.71	380	8	13.69	2.9
R001	电子显微学报	680	0.862	0.044	0.57	231	8	33.97	5.7
R006	电子学报	3384	1.414	0.105	0.85	484	29	14.30	4.7
R022	电子与信息学报	3409	1.569	0.267	0.84	439	24	12.88	3.5
R020	电子元件与材料	692	0.491	0.082	0.68	186	15	26.88	5.1
J023	东北大学学报自然科学版	1835	0.795	0.073	0.95	532	66	28.99	5.5
H262	东北林业大学学报	2446	0.988	0.066	0.90	405	25	16.56	6.8
H006	东北农业大学学报	1438	0.980	0.187	0.92	358	41	24.90	7.9
H227	东北农业科学	1154	0.705	0.192	0.63	227	8	19.67	5.5
A030	东北师大学报自然科学版	335	0.391	0.032	0.93	212	54	63.28	5.6
L004	东北石油大学学报	873	1.676	0.200	0.76	163	13	18.67	5.1
U014	东华大学学报自然科学版	493	0.411	0.043	0.92	202	20	40.97	6.3
G057	东南大学学报医学版	787	0.789	0.100	0.99	330	55	41.93	4.1
J028	东南大学学报自然科学版	1560	0.902	0.064	0.97	483	65	30.96	7.2
G944	东南国防医药	613	0.705	0.103	0.77	224	20	36.54	3.8
P003	动力工程学报	1315	1.087	0.190	0.80	256	10	19.47	5.5
P018	动力学与控制学报	316	0.603	0.091	0.69	109	6	34.49	5.0
F043	动物学杂志	1036	0.545	0.040	0.89	195	14	18.82	10.5
G775	动物医学进展	1540	0.644	0.075	0.89	341	17	22.14	4.8
F231	动物营养学报	7147	2.100	0.509	0.80	315	3	4.41	3.4
X034	都市快轨交通	578	0.527	0.124	0.74	121	3	20.93	4.7
G542	毒理学杂志	515	0.657	0.059	0.94	230	40	44.66	5.6
T241	断块油气田	1981	2.323	0.312	0.74	148	7	7.47	4.0
N070	锻压技术	1561	1.146	0.047	0.67	178	3	11.40	2.6
G920	儿科药学杂志	747	0.458	0.121	0.80	254	30	34.00	3.9
R575	发电技术	681	2.294	0.709	0.73	119	5	17.47	2.3
C071	发光学报	918	1.081	0.239	0.60	174	5	18.95	3.2
G199	发育医学电子杂志	190	0.510	0.077	0.78	96	14	50.53	3.4
G874	法医学杂志	593	0.402	0.031	0.61	169	2	28.50	5.1
Z544	防灾减灾工程学报	1010	0.690	0.107	0.88	256	31	25.35	5.8
U013	纺织高校基础科学学报	220	0.816	0.123	0.74	64	2	29.09	2.8
Q418	纺织科学与工程学报	219	0.560	0.127	0.89	92	11	42.01	3.9
U053	纺织学报	2413	1.037	0.106	0.70	285	4	11.81	4.4
G608	放射学实践	2218	1.289	0.186	0.79	318	7	14.34	3.6
Y006	飞行力学	585	0.760	0.099	0.86	134	15	22.91	6.4
K002	非金属矿	1020	0.902	0.097	0.79	205	8	20.10	4.5
D022	分析测试学报	2362	1.583	0.196	0.82	396	17	16.77	4.5
D005	分析化学	2426	1.198	0.176	0.88	509	28	20.98	6.3
D026	分析科学学报	727	0.808	0.130	0.87	234	19	32.19	4.6
D004	分析试验室	1574	0.806	0.225	0.83	325	16	20.65	5.3
D062	分析仪器	413	0.327	0.051	0.92	198	33	47.94	4.5
D015	分子催化	506	1.651	0.904	0.58	107	3	21.15	3.6
D035	分子科学学报	204	0.252	0.016	0.74	98	12	48.04	5.0

表 4-1 2022 年中国科技核心期刊（中文）被引用指标刊名字顺索引（续）

CODE	刊名	核心总被引频次	核心影响因子	核心即年指标	核心他引率	核心引用刊数	核心开放因子	核心扩散因子	核心被引半衰期
Q931	分子影像学杂志	312	0.511	0.071	0.82	164	27	52.56	2.4
G556	分子诊断与治疗杂志	1550	1.091	0.156	0.76	280	7	18.06	2.5
H845	分子植物育种	4728	0.893	0.346	0.86	327	25	6.92	3.3
V052	粉煤灰综合利用	274	0.224	0.024	0.91	106	13	38.69	5.5
M105	粉末冶金工业	638	1.188	0.186	0.55	107	2	16.77	3.6
M039	粉末冶金技术	451	0.728	0.221	0.74	109	7	24.17	5.4
V048	风景园林	1128	1.069	0.205	0.71	140	3	12.41	3.5
Q006	辐射防护	406	0.290	0.063	0.82	116	11	28.57	9.6
Q005	辐射研究与辐射工艺学报	239	0.536	0.134	0.68	108	9	45.19	5.5
H268	福建农林大学学报自然科学版	956	0.818	0.200	0.93	273	41	28.56	6.1
H265	福建农业学报	1229	0.739	0.096	0.93	266	35	21.64	5.6
A078	福建师范大学学报自然科学版	351	0.488	0.058	0.95	213	54	60.68	5.2
G024	福建医科大学学报	287	0.392	0.011	0.99	203	60	70.73	4.1
A029	福州大学学报自然科学版	549	0.715	0.101	0.94	306	67	55.74	4.6
M505	腐蚀与防护	1255	0.545	0.024	0.80	208	6	16.57	7.3
G068	复旦学报医学版	822	1.090	0.155	0.99	418	100	50.85	4.1
A001	复旦学报自然科学版	441	0.659	0.034	0.97	309	89	70.07	6.1
Y019	复合材料学报	3461	1.495	0.495	0.74	438	20	12.66	4.0
B029	复杂系统与复杂性科学	295	0.726	0.094	0.86	151	26	51.19	6.4
G957	腹部外科	353	0.645	0.126	0.93	138	21	39.09	3.3
G338	腹腔镜外科杂志	1093	0.979	0.122	0.75	198	14	18.12	3.5
A034	甘肃科学学报	257	0.242	0.043	0.88	186	58	72.37	4.5
H047	甘肃农业大学学报	1187	0.942	0.064	0.85	294	30	24.77	5.1
H844	甘蔗糖业	455	0.600	0.289	0.45	73	1	16.04	7.6
Q956	肝癌电子杂志	107	0.800	0.111	0.86	66	16	61.68	2.3
G879	肝胆外科杂志	471	0.490	0.034	0.90	162	21	34.39	4.5
G690	肝胆胰外科杂志	625	0.841	0.149	0.86	188	21	30.08	3.4
G803	肝脏	984	0.432	0.034	0.90	317	46	32.22	3.5
H045	干旱地区农业研究	3133	1.430	0.191	0.90	333	25	10.63	6.4
E048	干旱气象	1638	1.256	0.183	0.79	229	8	13.98	5.7
E020	干旱区地理	2512	2.299	0.573	0.80	356	22	14.17	4.4
E105	干旱区研究	2851	2.349	0.383	0.84	361	22	12.66	5.0
M050	钢铁	3012	2.354	0.444	0.71	188	3	6.24	4.3
M013	钢铁钒钛	554	0.452	0.047	0.73	113	6	20.40	4.8
M019	钢铁研究学报	1673	1.373	0.221	0.72	169	4	10.10	5.8
D020	高等学校化学学报	1829	0.857	0.177	0.81	418	33	22.85	4.5
B002	高等学校计算数学学报	32	0.098	0.000	0.81	23	7	71.88	8.3
R038	高电压技术	10059	3.418	0.770	0.74	485	7	4.82	4.0
T001	高分子材料科学与工程	1921	0.789	0.052	0.86	310	16	16.14	5.5
T002	高分子通报	992	0.839	0.108	0.80	266	19	26.81	6.1
D021	高分子学报	1257	1.210	0.254	0.79	233	13	18.54	5.1
A080	高技术通讯	564	0.709	0.023	0.86	253	32	44.86	3.6
T078	高科技纤维与应用	288	0.560	0.045	0.91	110	14	38.19	7.6

表 4-1 2022 年中国科技核心期刊（中文）被引用指标刊名字顺索引（续）

CODE	刊名	核心总被引频次	核心影响因子	核心即年指标	核心他引率	核心引用刊数	核心开放因子	核心扩散因子	核心被引半衰期
E358	高校地质学报	1781	0.846	0.157	0.97	219	14	12.30	13.4
T016	高校化学工程学报	840	0.526	0.019	0.87	296	34	35.24	6.3
B003	高校应用数学学报	101	0.172	0.060	0.80	57	13	56.44	7.2
R037	高压电器	3804	1.940	0.314	0.72	263	6	6.91	3.4
C056	高压物理学报	574	0.702	0.084	0.84	169	12	29.44	5.0
E005	高原气象	3519	2.870	0.439	0.76	251	7	7.13	7.3
E546	高原山地气象研究	469	0.633	0.026	0.59	109	3	23.24	6.7
V021	给水排水	2225	0.937	0.104	0.81	309	6	13.89	5.0
N105	工程爆破	808	1.235	0.050	0.66	85	2	10.52	4.6
E574	工程地球物理学报	974	0.960	0.127	0.63	153	3	15.71	6.9
E360	工程地质学报	4460	3.605	0.685	0.62	358	6	8.03	4.6
S712	工程管理学报	447	0.520	0.123	0.59	132	4	29.53	3.6
V030	工程勘察	881	0.444	0.073	0.72	223	15	25.31	8.2
V033	工程抗震与加固改造	475	0.260	0.023	0.89	114	12	24.00	7.6
M030	工程科学学报	2581	1.820	0.754	0.87	506	26	19.60	4.5
J051	工程科学与技术	1718	1.265	0.362	0.94	518	65	30.15	5.8
C002	工程力学	5964	1.649	0.302	0.77	463	19	7.76	6.4
C073	工程热物理学报	2326	0.576	0.028	0.89	422	26	18.14	6.4
N590	工程设计学报	439	0.573	0.057	0.93	188	28	42.82	4.8
B031	工程数学学报	189	0.235	0.013	0.85	108	21	57.14	7.5
T003	工程塑料应用	1964	0.939	0.275	0.70	251	4	12.78	4.0
N064	工具技术	1049	0.465	0.030	0.69	182	8	17.35	4.7
K018	工矿自动化	1947	1.840	0.254	0.73	210	5	10.79	3.3
T563	工业催化	535	0.336	0.007	0.86	139	9	25.98	6.3
J057	工业工程	418	0.433	0.033	0.83	176	18	42.11	4.5
N110	工业工程与管理	915	0.888	0.179	0.85	237	18	25.90	4.5
P009	工业加热	234	0.184	0.010	0.76	97	9	41.45	5.8
V010	工业建筑	1928	0.380	0.053	0.86	324	21	16.80	7.2
P005	工业炉	128	0.155	0.023	0.80	45	4	35.16	6.3
Z013	工业水处理	1946	1.092	0.179	0.80	301	12	15.47	4.1
G025	工业卫生与职业病	595	0.616	0.099	0.85	136	5	22.86	3.9
N037	工业仪表与自动化装置	357	0.612	0.079	0.79	119	7	33.33	2.8
Z032	工业用水与废水	569	0.711	0.081	0.58	116	3	20.39	5.0
G207	公共卫生与预防医学	1600	1.650	0.350	0.67	308	8	19.25	3.0
X579	公路	2697	0.486	0.058	0.77	343	13	12.72	4.6
X022	公路工程	1209	0.535	0.111	0.87	243	14	20.10	5.0
X026	公路交通科技	2195	0.976	0.099	0.79	357	14	16.26	6.3
N039	功能材料	2092	0.685	0.066	0.92	474	50	22.66	5.8
D503	功能高分子学报	390	1.109	0.200	0.75	134	15	34.36	3.9
R095	供用电	1156	2.140	0.361	0.74	127	6	10.99	2.6
E601	古地理学报	1903	1.821	0.181	0.89	153	13	8.04	7.3
E304	古脊椎动物学报	308	0.081	0.000	0.76	47	4	15.26	29.4
E022	古生物学报	824	0.460	0.565	0.67	95	3	11.53	21.4

表 4-1　2022 年中国科技核心期刊（中文）被引用指标刊名字顺索引（续）

CODE	刊名	核心总被引频次	核心影响因子	核心即年指标	核心他引率	核心引用刊数	核心开放因子	核心扩散因子	核心被引半衰期
G478	骨科	349	0.668	0.150	0.87	129	20	36.96	3.1
R047	固体电子学研究与进展	173	0.324	0.057	0.75	62	6	35.84	4.4
Y013	固体火箭技术	1270	0.680	0.119	0.74	153	5	12.05	8.2
C103	固体力学学报	514	0.688	0.125	0.87	211	27	41.05	7.5
W007	管理工程学报	1398	1.357	0.323	0.86	271	15	19.38	4.8
W018	管理科学	1165	1.397	0.043	0.86	242	18	20.77	5.6
W008	管理科学学报	2062	1.707	0.065	0.87	305	17	14.79	5.9
W025	管理评论	4543	1.769	0.282	0.78	476	21	10.48	4.4
S744	管理世界	18868	13.251	2.255	0.96	573	42	3.04	5.3
S745	管理现代化	439	0.518	0.065	0.96	222	41	50.57	3.5
W016	管理学报	2957	1.827	0.379	0.82	369	16	12.48	4.6
H226	灌溉排水学报	2470	1.707	0.195	0.79	305	14	12.35	4.2
R026	光电工程	883	1.018	0.026	0.86	223	14	25.25	4.8
R082	光电子技术	130	0.343	0.038	0.85	72	14	55.38	4.9
C091	光谱学与光谱分析	4697	1.004	0.128	0.92	775	62	16.50	4.9
C097	光散射学报	173	0.259	0.077	0.88	86	14	49.71	7.2
R688	光通信研究	176	0.343	0.000	0.90	70	8	39.77	4.1
N015	光学技术	717	0.701	0.042	0.89	231	18	32.22	6.0
N033	光学精密工程	3406	1.782	0.185	0.80	425	12	12.48	4.7
C050	光学学报	6194	2.165	0.258	0.74	472	3	7.62	3.2
R097	光学与光电技术	328	0.416	0.078	0.74	115	10	35.06	5.7
C037	光子学报	1842	1.003	0.180	0.81	316	8	17.16	4.0
R547	广东电力	1316	1.620	0.175	0.73	174	6	13.22	3.0
H272	广东海洋大学学报	764	1.014	0.182	0.86	183	14	23.95	4.8
H228	广东农业科学	3013	1.163	0.198	0.83	437	31	14.50	8.2
G027	广东药科大学学报	770	0.838	0.130	0.95	262	35	34.03	4.0
G026	广东医学	3266	0.755	0.067	0.97	627	77	19.20	4.7
A042	广西大学学报自然科学版	669	0.395	0.047	0.88	360	74	53.81	5.2
A535	广西科学	465	0.609	0.068	0.84	204	25	43.87	5.0
H364	广西林业科学	513	0.531	0.085	0.76	131	11	25.54	5.3
A062	广西师范大学学报自然科学版	532	0.958	0.182	0.75	240	34	45.11	4.1
G028	广西医科大学学报	1303	0.568	0.046	0.96	437	69	33.54	3.7
G816	广西医学	1898	0.508	0.022	0.97	481	72	25.34	3.4
F028	广西植物	1737	1.096	0.312	0.90	310	31	17.85	4.8
G030	广州中医药大学学报	2337	0.918	0.182	0.94	344	24	14.72	3.5
V572	规划师	2513	1.218	0.219	0.78	252	8	10.03	4.3
T004	硅酸盐通报	3898	0.969	0.127	0.81	475	14	12.19	4.7
T005	硅酸盐学报	2750	1.155	0.166	0.80	390	8	14.18	6.4
M048	贵金属	480	0.554	0.098	0.56	93	2	19.38	6.2
A077	贵州大学学报自然科学版	379	0.419	0.221	0.87	227	50	59.89	4.8
H275	贵州农业科学	1967	0.449	0.042	0.94	373	38	18.96	6.9
A527	贵州师范大学学报自然科学版	433	0.670	0.135	0.91	228	47	52.66	4.1
G031	贵州医科大学学报	728	0.489	0.066	0.95	333	67	45.74	3.6

表 4-1 2022 年中国科技核心期刊（中文）被引用指标刊名字顺索引（续）

CODE	刊名	核心总被引频次	核心影响因子	核心即年指标	核心他引率	核心引用刊数	核心开放因子	核心扩散因子	核心被引半衰期
M033	桂林理工大学学报	902	0.791	0.171	0.82	282	20	31.26	6.4
A040	国防科技大学学报	966	0.802	0.076	0.94	309	41	31.99	5.9
G495	国际病毒学杂志	451	1.117	0.103	0.91	136	16	30.16	2.7
V529	国际城市规划	1627	1.825	0.545	0.91	226	9	13.89	5.5
G936	国际儿科学杂志	816	0.749	0.187	0.78	281	32	34.44	3.6
G497	国际放射医学核医学杂志	248	0.391	0.081	0.75	105	14	42.34	3.3
G659	国际妇产科学杂志	759	0.872	0.119	0.94	248	36	32.67	3.7
G498	国际骨科学杂志	385	0.714	0.088	0.97	172	31	44.68	4.7
G938	国际呼吸杂志	1457	0.700	0.098	0.89	363	41	24.91	4.0
G362	国际检验医学杂志	2495	0.597	0.093	0.94	546	62	21.88	3.9
G929	国际精神病学杂志	1098	0.676	0.057	0.79	258	21	23.50	3.3
G997	国际口腔医学杂志	633	0.806	0.108	0.95	189	18	29.86	4.7
G496	国际老年医学杂志	415	1.000	0.238	0.70	179	18	43.13	2.6
G930	国际流行病学传染病学杂志	401	0.622	0.352	0.92	178	30	44.39	3.3
G975	国际麻醉学与复苏杂志	1072	0.871	0.112	0.73	284	21	26.49	3.3
G349	国际泌尿系统杂志	699	0.411	0.077	0.85	215	24	30.76	3.4
G983	国际免疫学杂志	416	0.609	0.134	0.81	196	33	47.12	3.6
G939	国际脑血管病杂志	651	0.656	0.072	0.67	195	15	29.95	3.9
G415	国际内分泌代谢杂志	488	1.105	0.077	0.97	249	52	51.02	3.1
G426	国际神经病学神经外科学杂志	477	0.556	0.092	0.89	219	44	45.91	4.0
S157	国际生殖健康 / 计划生育杂志	516	0.668	0.112	0.95	187	24	36.24	4.1
B525	国际输血及血液学杂志	180	0.317	0.000	0.96	107	24	59.44	4.3
G954	国际外科学杂志	831	0.616	0.159	0.88	292	43	35.14	4.5
G660	国际消化病杂志	404	0.520	0.049	0.92	195	40	48.27	4.4
G940	国际心血管病杂志	308	0.486	0.051	0.97	171	41	55.52	4.5
Q911	国际眼科杂志	2095	0.728	0.129	0.77	294	14	14.03	3.9
G661	国际医学放射学杂志	647	0.927	0.153	0.88	211	14	32.61	3.6
G934	国际中医中药杂志	1129	0.760	0.092	0.90	230	20	20.37	3.7
G937	国际肿瘤学杂志	532	0.576	0.158	0.87	214	31	40.23	3.7
E578	国土资源科技管理	236	0.377	0.034	0.97	145	36	61.44	6.7
E591	国土资源遥感	1546	1.516	0.176	0.88	351	29	22.70	4.9
R683	国外电子测量技术	1645	1.315	0.205	0.75	240	2	14.59	2.6
H028	果树学报	3556	1.693	0.240	0.85	243	14	6.83	5.7
T008	过程工程学报	1134	0.761	0.226	0.83	310	25	27.34	5.9
X025	哈尔滨工程大学学报	1628	0.695	0.087	0.93	455	54	27.95	5.1
J003	哈尔滨工业大学学报	2336	0.917	0.224	0.96	604	88	25.86	5.3
J013	哈尔滨理工大学学报	607	0.729	0.042	0.71	237	23	39.04	3.9
G033	哈尔滨医科大学学报	295	0.242	0.029	0.97	193	52	65.42	4.9
J055	海军工程大学学报	479	0.327	0.047	0.94	196	25	40.92	7.0
Y029	海军航空工程学院学报	252	0.342	0.052	0.94	108	16	42.86	8.0
G899	海军医学杂志	946	0.843	0.100	0.62	231	5	24.42	3.2
G416	海南医学院学报	1944	0.879	0.398	0.98	432	52	22.22	3.9
L037	海相油气地质	701	1.610	0.140	0.91	92	11	13.12	6.6

表 4-1 2022 年中国科技核心期刊（中文）被引用指标刊名字顺索引（续）

CODE	刊名	核心总被引频次	核心影响因子	核心即年指标	核心他引率	核心引用刊数	核心开放因子	核心扩散因子	核心被引半衰期
E651	海洋测绘	593	0.527	0.010	0.73	139	6	23.44	6.6
E569	海洋地质前沿	863	0.979	0.061	0.80	176	12	20.39	5.9
E155	海洋地质与第四纪地质	1844	0.830	0.118	0.88	213	12	11.55	10.5
E131	海洋工程	1449	0.784	0.135	0.91	304	22	20.98	4.8
E312	海洋湖沼通报	829	0.695	0.044	0.93	234	23	28.23	6.5
Z010	海洋环境科学	1284	0.937	0.178	0.89	270	24	21.03	6.4
E564	海洋技术学报	491	0.293	0.000	0.88	201	29	40.94	7.7
E145	海洋科学	1743	0.724	0.057	0.91	373	25	21.40	8.4
E006	海洋科学进展	681	0.597	0.095	0.93	193	18	28.34	10.2
E311	海洋通报	996	0.893	0.026	0.88	251	23	25.20	8.8
E003	海洋学报	2253	0.884	0.102	0.91	348	21	15.45	8.0
E149	海洋学研究	379	0.456	0.023	0.94	144	22	37.99	11.4
H284	海洋渔业	862	1.095	0.125	0.84	126	8	14.62	6.9
E008	海洋与湖沼	1965	0.848	0.208	0.91	279	18	14.20	9.6
E108	海洋预报	453	0.592	0.045	0.74	128	11	28.26	7.4
L586	含能材料	1551	1.023	0.161	0.71	131	3	8.45	6.4
N076	焊接	777	0.651	0.161	0.74	119	4	15.32	5.5
N624	焊接技术	641	0.218	0.051	0.69	125	4	19.50	4.8
N021	焊接学报	2306	1.201	0.207	0.81	216	6	9.37	5.8
A191	杭州师范大学学报自然科学版	226	0.241	0.043	0.92	160	47	70.80	4.7
Y556	航空兵器	622	1.145	0.082	0.80	158	12	25.40	3.7
Y027	航空材料学报	1059	1.321	0.059	0.94	223	21	21.06	6.8
Y017	航空动力学报	3161	0.719	0.135	0.82	306	8	9.68	7.9
Y554	航空发动机	726	0.518	0.025	0.78	149	7	20.52	7.1
Y052	航空工程进展	411	0.523	0.180	0.71	135	11	32.85	3.9
Y031	航空计算技术	571	0.370	0.073	0.73	159	11	27.85	5.0
Y012	航空精密制造技术	290	0.311	0.033	0.89	110	17	37.93	7.7
Y002	航空学报	5500	2.019	0.500	0.79	495	22	9.00	5.1
Y014	航空制造技术	2460	0.861	0.133	0.81	297	17	12.07	6.2
Y034	航天返回与遥感	660	0.971	0.106	0.75	156	10	23.64	5.0
Y015	航天控制	464	0.669	0.014	0.78	125	11	26.94	5.8
Y033	航天器工程	852	0.693	0.074	0.80	201	13	23.59	5.9
Y032	航天器环境工程	639	0.488	0.031	0.82	170	14	26.60	8.5
T057	合成材料老化与应用	712	0.578	0.145	0.72	171	7	24.02	2.8
D602	合成化学	281	0.211	0.014	0.79	117	17	41.64	5.0
T505	合成树脂及塑料	601	0.724	0.144	0.88	126	7	20.97	4.7
T067	合成纤维	465	0.545	0.069	0.80	103	7	22.15	4.5
T065	合成纤维工业	521	0.637	0.167	0.68	106	4	20.35	5.0
T018	合成橡胶工业	364	0.456	0.080	0.77	94	6	25.82	6.6
J053	合肥工业大学学报自然科学版	1056	0.472	0.037	0.92	465	78	44.03	5.5
A031	河北大学学报自然科学版	299	0.380	0.044	0.93	208	59	69.57	5.8
K032	河北工程大学学报自然科学版	185	0.341	0.032	0.95	134	42	72.43	5.6
J017	河北工业大学学报	224	0.253	0.014	0.96	161	49	71.88	6.1

表 4-1　2022 年中国科技核心期刊（中文）被引用指标刊名字顺索引（续）

CODE	刊名	核心总被引频次	核心影响因子	核心即年指标	核心他引率	核心引用刊数	核心开放因子	核心扩散因子	核心被引半衰期
J019	河北工业科技	183	0.352	0.046	0.74	109	20	59.56	4.9
J058	河北科技大学学报	311	0.659	0.071	0.90	200	47	64.31	5.0
H244	河北农业大学学报	948	0.738	0.058	0.89	298	40	31.43	7.6
A076	河北师范大学学报自然科学版	152	0.225	0.011	0.94	117	41	76.97	7.2
G035	河北医科大学学报	1292	0.667	0.070	0.96	402	66	31.11	3.7
G641	河北医学	1817	0.773	0.090	0.96	413	42	22.73	3.3
G898	河北医药	3061	0.608	0.087	0.92	525	48	17.15	3.5
G384	河北中医	1901	0.590	0.030	0.92	247	20	12.99	4.6
G301	河北中医药学报	528	0.899	0.106	0.96	152	20	28.79	3.8
W012	河海大学学报自然科学版	1333	2.263	0.233	0.87	335	17	25.13	6.5
A067	河南大学学报自然科学版	367	0.790	0.105	0.76	216	42	58.86	4.3
U004	河南工业大学学报自然科学版	868	0.910	0.068	0.88	167	8	19.24	5.4
J014	河南科技大学学报自然科学版	510	0.942	0.267	0.69	228	24	44.71	4.1
A011	河南科学	572	0.279	0.062	0.86	339	73	59.27	4.6
K526	河南理工大学学报自然科学版	732	0.786	0.268	0.91	283	33	38.66	4.4
H011	河南农业大学学报	1352	1.460	0.411	0.85	290	22	21.45	4.5
H356	河南农业科学	2586	1.245	0.245	0.90	327	24	12.65	5.5
A058	河南师范大学学报自然科学版	455	0.795	0.231	0.85	263	52	57.80	3.8
Q004	核动力工程	1216	0.527	0.048	0.74	233	6	19.16	6.2
Q002	核化学与放射化学	295	0.338	0.047	0.81	100	11	33.90	7.6
Q001	核技术	721	0.510	0.102	0.73	212	9	29.40	6.3
C092	核聚变与等离子体物理	141	0.185	0.000	0.57	52	3	36.88	6.3
Q009	核科学与工程	426	0.198	0.015	0.81	133	7	31.22	7.2
H042	核农学报	3812	1.928	0.249	0.88	376	29	9.86	4.4
A084	黑龙江大学自然科学学报	251	0.265	0.032	0.93	160	37	63.75	4.9
K505	黑龙江科技大学学报	287	0.380	0.036	0.83	161	34	56.10	4.2
R535	红外技术	1149	1.023	0.084	0.79	250	11	21.76	4.2
C035	红外与毫米波学报	643	0.622	0.102	0.83	202	15	31.42	5.2
R084	红外与激光工程	3266	1.036	0.182	0.80	391	9	11.97	4.4
A039	湖北大学学报自然科学版	270	0.423	0.065	0.90	200	65	74.07	4.4
H203	湖北农业科学	3642	0.416	0.032	0.93	595	58	16.34	6.1
G334	湖北中医药大学学报	986	0.664	0.093	0.91	204	23	20.69	4.3
A028	湖南大学学报自然科学版	1772	1.039	0.144	0.79	481	43	27.14	4.9
K016	湖南科技大学学报自然科学版	292	0.489	0.032	0.96	176	42	60.27	6.7
H060	湖南农业大学学报自然科学版	1075	0.954	0.180	0.93	276	33	25.67	7.5
G548	湖南师范大学学报医学版	945	0.513	0.063	0.87	288	29	30.48	3.2
A055	湖南师范大学自然科学学报	372	0.819	0.330	0.91	222	48	59.68	3.4
G041	湖南中医药大学学报	2406	1.196	0.247	0.86	346	21	14.38	3.8
E111	湖泊科学	3855	3.003	0.524	0.83	363	18	9.42	5.3
G336	护理管理杂志	1622	1.486	0.269	0.75	213	6	13.13	3.9
G987	护理学报	2941	1.341	0.259	0.77	312	7	10.61	3.6
G503	护理学杂志	7393	1.725	0.247	0.78	449	7	6.07	3.7
G654	护理研究	6590	1.171	0.166	0.88	522	13	7.92	3.8

表 4-1　2022 年中国科技核心期刊（中文）被引用指标刊名字顺索引（续）

CODE	刊名	核心总被引频次	核心影响因子	核心即年指标	核心他引率	核心引用刊数	核心开放因子	核心扩散因子	核心被引半衰期
G734	护士进修杂志	3529	1.168	0.175	0.81	341	8	9.66	3.8
H665	花生学报	518	1.029	0.104	0.84	122	10	23.55	5.8
E141	华北地震科学	270	0.381	0.031	0.87	65	7	24.07	7.9
R046	华北电力大学学报自然科学版	662	1.373	0.395	0.92	208	27	31.42	3.8
H032	华北农学报	2690	0.993	0.185	0.93	282	27	10.48	7.1
W543	华北水利水电大学学报自然科学版	570	0.941	0.049	0.83	203	17	35.61	4.5
X003	华东交通大学学报	370	0.495	0.046	0.83	188	34	50.81	4.2
A054	华东师范大学学报自然科学版	505	0.430	0.061	0.94	289	71	57.23	6.7
E103	华南地震	391	0.264	0.014	0.80	77	5	19.69	12.3
G340	华南国防医学杂志	629	0.377	0.084	0.84	261	32	41.49	4.0
J004	华南理工大学学报自然科学版	1422	0.722	0.096	0.94	502	84	35.30	5.8
H013	华南农业大学学报	1279	1.354	0.278	0.97	344	50	26.90	5.5
A052	华南师范大学学报自然科学版	452	0.707	0.043	0.82	251	47	55.53	4.9
G525	华南预防医学	1173	1.102	0.120	0.63	254	5	21.65	2.4
A021	华侨大学学报自然科学版	343	0.369	0.114	0.89	225	54	65.60	4.5
G043	华西口腔医学杂志	923	0.970	0.124	0.95	220	16	23.84	4.7
G044	华西药学杂志	1020	1.032	0.200	0.82	266	19	26.08	4.7
G294	华西医学	1326	0.656	0.105	0.93	452	73	34.09	4.0
G077	华中科技大学学报医学版	676	0.809	0.131	0.98	356	89	52.66	4.1
J033	华中科技大学学报自然科学版	1917	0.949	0.224	0.89	526	71	27.44	5.1
H003	华中农业大学学报	1461	1.463	0.280	0.91	338	43	23.13	6.2
A004	华中师范大学学报自然科学版	691	0.751	0.305	0.95	351	72	50.80	4.4
Z009	化工环保	740	0.889	0.051	0.86	216	22	29.19	4.8
T006	化工机械	332	0.164	0.025	0.86	135	17	40.66	6.4
T101	化工进展	5520	1.170	0.387	0.81	614	27	11.12	4.3
T532	化工科技	261	0.370	0.010	0.88	140	28	53.64	5.9
T146	化工设备与管道	298	0.397	0.042	0.67	84	3	28.19	5.9
T007	化工学报	4915	0.989	0.204	0.81	634	33	12.90	5.1
T066	化工自动化及仪表	336	0.285	0.032	0.88	168	29	50.00	6.5
T009	化学反应工程与工艺	203	0.158	0.062	0.94	95	15	46.80	7.7
D604	化学分析计量	836	0.650	0.156	0.71	227	11	27.15	3.7
T025	化学工程	673	0.310	0.033	0.85	229	19	34.03	7.2
T567	化学工程师	838	0.563	0.056	0.91	321	49	38.31	3.6
T076	化学工业与工程	340	0.763	0.096	0.80	148	18	43.53	6.9
D506	化学进展	1622	0.895	0.121	0.89	466	48	28.73	6.8
D011	化学试剂	718	0.493	0.130	0.83	246	22	34.26	3.6
D018	化学通报	783	0.587	0.070	0.87	317	48	40.49	5.9
D030	化学学报	1813	1.828	0.229	0.72	386	15	21.29	5.4
D501	化学研究	284	0.362	0.083	0.83	147	27	51.76	5.2
D037	化学研究与应用	1194	0.638	0.076	0.64	321	14	26.88	3.9
T931	化学与粘合	403	0.564	0.127	0.91	138	14	34.24	4.9
T553	化学与生物工程	615	0.458	0.088	0.95	286	51	46.50	6.4

表 4-1　2022 年中国科技核心期刊（中文）被引用指标刊名字顺索引（续）

CODE	刊名	核心总被引频次	核心影响因子	核心即年指标	核心他引率	核心引用刊数	核心开放因子	核心扩散因子	核心被引半衰期
Z017	环境保护科学	644	0.700	0.065	0.93	247	31	38.35	4.7
Z005	环境工程	3481	1.184	0.236	0.86	574	23	16.49	4.1
Z550	环境工程技术学报	1499	2.397	0.511	0.66	272	3	18.15	2.7
Z021	环境工程学报	4497	1.144	0.185	0.89	561	21	12.47	6.0
D024	环境化学	3516	1.332	0.186	0.86	494	21	14.05	4.7
Z500	环境技术	336	0.189	0.012	0.76	142	12	42.26	4.8
Z554	环境监测管理与技术	715	1.127	0.054	0.70	201	12	28.11	4.6
Z525	环境监控与预警	386	0.743	0.078	0.89	147	17	38.08	4.0
Z506	环境科技	526	0.950	0.209	0.71	160	12	30.42	4.1
Z004	环境科学	14897	3.759	1.008	0.78	760	15	5.10	4.3
Z003	环境科学学报	7680	2.048	0.323	0.86	729	22	9.49	5.2
Z002	环境科学研究	5428	3.110	1.027	0.79	631	11	11.62	3.6
Z521	环境科学与管理	1230	0.271	0.069	0.93	404	37	32.85	6.5
Z025	环境科学与技术	3720	1.117	0.039	0.95	643	38	17.28	6.2
H049	环境昆虫学报	1531	0.964	0.160	0.85	186	7	12.15	4.8
Z518	环境生态学	329	0.627	0.059	0.86	154	26	46.81	2.4
Z035	环境卫生工程	465	0.689	0.069	0.80	117	9	25.16	4.7
G971	环境卫生学杂志	527	0.538	0.152	0.81	194	16	36.81	5.2
Z019	环境污染与防治	1929	1.014	0.094	0.92	418	25	21.67	4.3
Z031	环境与健康杂志	1074	0.196	0.000	0.92	332	27	30.91	7.5
G882	环境与职业医学	1365	0.998	0.236	0.85	311	12	22.78	4.2
G656	环球中医药	3288	1.092	0.183	0.88	287	15	8.73	3.6
M631	黄金	1093	0.592	0.123	0.64	122	5	11.16	6.8
M600	黄金科学技术	705	1.011	0.136	0.80	129	7	18.30	4.9
V560	混凝土	2744	0.726	0.042	0.74	259	8	9.44	5.9
Y040	火箭推进	564	0.519	0.067	0.71	107	3	18.97	7.1
N005	火力与指挥控制	1879	0.607	0.042	0.80	267	11	14.21	4.8
N007	火炸药学报	1149	0.908	0.241	0.73	106	3	9.23	7.6
X011	机车电传动	495	0.381	0.030	0.69	125	7	25.25	4.7
N069	机床与液压	3589	0.688	0.044	0.74	396	11	11.03	3.9
N672	机电工程	1212	1.073	0.145	0.86	278	21	22.94	3.1
S004	机器人	1450	2.393	0.242	0.93	286	31	19.72	5.1
N040	机械传动	1664	0.722	0.065	0.73	231	9	13.88	4.5
M004	机械工程材料	1219	0.647	0.041	0.90	235	20	19.28	6.2
N051	机械工程学报	10452	1.730	0.130	0.85	665	29	6.36	5.7
N050	机械科学与技术	1858	0.802	0.238	0.91	364	27	19.59	5.3
N057	机械强度	1283	0.703	0.047	0.76	292	24	22.76	5.5
N047	机械设计	1549	0.887	0.073	0.75	311	15	20.08	4.3
N054	机械设计与研究	1354	0.807	0.030	0.63	260	6	19.20	4.2
N028	机械设计与制造	3538	0.529	0.077	0.76	471	17	13.31	4.8
N063	机械设计与制造工程	559	0.262	0.022	0.88	233	30	41.68	4.5
N053	机械与电子	396	0.307	0.059	0.96	191	34	48.23	4.2
N515	机械制造与自动化	854	0.432	0.011	0.78	257	21	30.09	3.9

表 4-1　2022 年中国科技核心期刊（中文）被引用指标刊名字顺索引（续）

CODE	刊名	核心总被引频次	核心影响因子	核心即年指标	核心他引率	核心引用刊数	核心开放因子	核心扩散因子	核心被引半衰期
G003	基础医学与临床	1333	0.582	0.141	0.84	477	60	35.78	4.0
H245	基因组学与应用生物学	2301	0.497	0.042	0.98	593	81	25.77	4.1
R025	激光技术	921	1.059	0.254	0.78	187	6	20.30	4.1
F045	激光生物学报	310	0.420	0.041	0.95	198	51	63.87	5.7
R514	激光与光电子学进展	5446	1.524	0.217	0.73	547	4	10.04	2.7
R521	激光与红外	1486	0.866	0.014	0.83	303	12	20.39	4.6
R028	激光杂志	1218	0.471	0.076	0.83	344	21	28.24	3.4
E116	吉林大学学报地球科学版	3395	2.072	0.226	0.88	356	17	10.49	8.6
J042	吉林大学学报工学版	2135	1.183	0.507	0.81	485	39	22.72	4.3
A035	吉林大学学报理学版	728	0.686	0.142	0.87	278	23	38.19	3.3
R586	吉林大学学报信息科学版	393	0.665	0.070	0.75	175	20	44.53	3.9
G014	吉林大学学报医学版	1147	0.911	0.192	0.96	425	71	37.05	3.8
H243	吉林农业大学学报	1206	1.377	0.626	0.88	288	37	23.88	6.4
G719	吉林中医药	2969	1.044	0.105	0.93	322	18	10.85	4.1
E007	极地研究	358	0.629	0.043	0.73	113	10	31.56	6.5
G452	疾病监测	1817	1.404	0.204	0.87	247	14	13.59	3.9
A656	济南大学学报自然科学版	313	0.653	0.168	0.93	222	66	70.93	3.4
G439	脊柱外科杂志	414	0.784	0.113	0.70	108	7	26.09	4.0
N014	计量学报	1665	1.320	0.211	0.44	278	1	16.70	3.2
S050	计算机测量与控制	2732	0.688	0.130	0.66	449	11	16.43	4.1
S049	计算机仿真	3447	0.462	0.039	0.85	588	34	17.06	3.9
S013	计算机辅助设计与图形学学报	1483	0.918	0.120	0.89	351	29	23.67	4.5
S012	计算机工程	3754	1.349	0.475	0.85	564	22	15.02	3.4
S034	计算机工程与科学	1504	0.939	0.114	0.87	374	22	24.87	3.6
S022	计算机工程与设计	2656	0.914	0.091	0.91	514	26	19.35	3.6
S025	计算机工程与应用	7651	1.713	0.449	0.89	841	36	10.99	3.3
S030	计算机集成制造系统	3993	1.534	0.472	0.78	461	21	11.55	4.2
S520	计算机技术与发展	1457	0.508	0.050	0.87	400	27	27.45	4.0
S006	计算机科学	5168	1.100	0.207	0.91	685	27	13.25	3.7
S085	计算机科学与探索	1286	1.673	0.504	0.88	304	15	23.64	2.5
S509	计算机系统应用	1620	0.634	0.102	0.85	436	27	26.91	3.4
S018	计算机学报	3529	2.620	0.257	0.96	556	28	15.76	4.7
S021	计算机研究与发展	3010	1.855	0.311	0.91	494	24	16.41	4.5
S029	计算机应用	4644	1.220	0.271	0.91	675	27	14.53	3.6
S016	计算机应用研究	4570	1.101	0.224	0.89	634	26	13.87	3.6
S009	计算机应用与软件	2593	0.705	0.042	0.89	555	29	21.40	3.7
S048	计算机与数字工程	1022	0.295	0.044	0.91	340	27	33.27	3.8
S500	计算机与现代化	646	0.509	0.044	0.88	255	28	39.47	3.6
S507	计算技术与自动化	322	0.516	0.016	0.94	138	20	42.86	3.3
C003	计算力学学报	862	0.635	0.097	0.84	287	33	33.29	7.5
B014	计算数学	104	0.194	0.000	0.87	49	10	47.12	7.4
C094	计算物理	482	0.623	0.078	0.50	139	1	28.84	5.6
G292	寄生虫与医学昆虫学报	148	0.523	0.026	0.88	53	7	35.81	4.7

表 4-1　2022 年中国科技核心期刊（中文）被引用指标刊名字顺索引（续）

CODE	刊名	核心总被引频次	核心影响因子	核心即年指标	核心他引率	核心引用刊数	核心开放因子	核心扩散因子	核心被引半衰期
A045	暨南大学学报自然科学与医学版	423	0.815	0.143	0.95	289	78	68.32	5.1
H240	家畜生态学报	1253	0.827	0.051	0.93	178	6	14.21	4.8
G638	检验医学	1097	0.714	0.078	0.89	348	39	31.72	3.7
V051	建筑材料学报	2648	1.727	0.583	0.87	278	10	10.50	5.8
V057	建筑钢结构进展	448	0.506	0.098	0.71	97	5	21.65	4.5
V523	建筑节能中英文版	855	0.526	0.035	0.58	169	3	19.77	3.7
V014	建筑结构	3209	0.553	0.292	0.64	301	6	9.38	5.0
V044	建筑结构学报	4974	1.712	0.502	0.83	281	11	5.65	6.5
V005	建筑科学	1572	0.621	0.101	0.78	281	10	17.88	5.1
V013	建筑科学与工程学报	738	0.864	0.136	0.89	181	16	24.53	5.8
V047	建筑学报	1189	0.490	0.117	0.85	154	7	12.95	7.2
Y522	舰船电子工程	1179	0.334	0.037	0.80	270	13	22.90	4.7
Y564	舰船科学技术	2290	0.290	0.030	0.76	366	14	15.98	4.3
G453	江苏大学学报医学版	363	0.692	0.184	0.75	166	19	45.73	3.6
J035	江苏大学学报自然科学版	730	1.100	0.234	0.95	281	34	38.49	4.2
H700	江苏农业科学	6862	0.761	0.094	0.91	677	51	9.87	4.4
H199	江苏农业学报	1994	1.542	0.157	0.94	336	33	16.85	4.8
G397	江苏中医药	2199	0.795	0.165	0.97	249	19	11.32	5.2
H283	江西农业大学学报	1439	1.128	0.090	0.93	309	42	21.47	6.3
H701	江西农业学报	1706	0.695	0.053	0.94	348	36	20.40	6.5
A112	江西师范大学学报自然科学版	370	0.719	0.033	0.79	169	21	45.68	3.7
X020	交通信息与安全	660	0.825	0.182	0.79	188	16	28.48	4.1
X672	交通运输工程学报	1597	2.036	0.100	0.89	330	27	20.66	4.6
X685	交通运输系统工程与信息	2096	1.668	0.286	0.79	288	15	13.74	4.2
X516	交通运输研究	308	0.527	0.108	0.81	130	14	42.21	5.1
L587	节能技术	528	0.926	0.152	0.68	125	2	23.67	4.1
W567	节水灌溉	1671	1.065	0.226	0.71	264	9	15.80	4.6
K553	洁净煤技术	1305	1.465	0.545	0.71	187	9	14.33	3.3
V049	结构工程师	631	0.299	0.000	0.76	151	10	23.93	6.5
G869	结直肠肛门外科	598	0.867	0.140	0.85	202	29	33.78	3.2
G316	解放军护理杂志	2561	1.449	0.189	0.91	321	11	12.53	4.1
G187	解放军医学院学报	1161	0.797	0.060	0.84	427	62	36.78	3.8
G048	解放军医学杂志	1636	1.629	0.327	0.87	485	55	29.65	3.6
G507	解剖科学进展	615	0.668	0.005	0.70	224	22	36.42	3.5
G049	解剖学报	616	0.641	0.087	0.78	252	32	40.91	4.0
G358	解剖学研究	433	0.519	0.075	0.67	161	10	37.18	3.6
G050	解剖学杂志	615	0.564	0.053	0.78	226	18	36.75	4.4
G886	介入放射学杂志	1819	1.005	0.092	0.71	338	15	18.58	3.9
N048	金刚石与磨料磨具工程	497	0.867	0.043	0.79	94	7	18.91	4.5
M051	金属功能材料	365	0.697	0.218	0.80	125	8	34.25	4.7
K022	金属矿山	3598	1.398	0.278	0.76	322	9	8.95	4.8
N083	金属热处理	2884	0.703	0.120	0.63	214	4	7.42	4.6
M012	金属学报	3089	2.051	0.143	0.92	259	14	8.38	7.1

表 4-1 2022 年中国科技核心期刊（中文）被引用指标刊名字顺索引（续）

CODE	刊名	核心总被引频次	核心影响因子	核心即年指标	核心他引率	核心引用刊数	核心开放因子	核心扩散因子	核心被引半衰期
E599	经济地理	9284	4.077	0.605	0.89	578	22	6.23	4.8
H333	经济动物学报	259	0.583	0.423	0.81	87	9	33.59	5.8
S759	经济管理	2895	3.003	0.557	0.91	324	30	11.19	4.3
S762	经济理论与经济管理	1071	1.537	0.281	0.94	252	42	23.53	4.7
H266	经济林研究	1385	1.733	0.125	0.82	178	13	12.85	4.9
S773	经济与管理研究	1174	1.805	0.340	0.95	292	42	24.87	3.7
G953	精神医学杂志	466	0.568	0.031	0.87	166	23	35.62	4.4
T102	精细化工	1697	0.963	0.192	0.73	324	17	19.09	3.4
T955	精细化工中间体	247	0.326	0.081	0.65	106	7	42.91	6.4
T542	精细石油化工	285	0.322	0.019	0.92	106	13	37.19	5.9
G677	颈腰痛杂志	848	0.647	0.047	0.85	193	25	22.76	3.5
Z553	净水技术	1248	0.631	0.149	0.62	214	3	17.15	3.3
G553	局解手术学杂志	696	0.571	0.069	0.96	294	58	42.24	3.4
T512	聚氨酯工业	478	0.868	0.107	0.60	82	3	17.15	5.4
R016	绝缘材料	1233	0.951	0.123	0.61	166	5	13.46	4.2
G052	军事医学	755	0.493	0.047	0.88	336	46	44.50	5.2
F018	菌物学报	2199	1.711	0.180	0.74	270	9	12.28	4.5
C325	菌物研究	325	1.203	0.088	0.88	117	12	36.00	5.4
M018	勘察科学技术	208	0.111	0.000	0.91	113	24	54.33	8.9
Q933	康复学报	685	1.593	0.188	0.88	190	23	27.74	3.8
A645	科技导报	2591	0.906	0.199	0.94	963	162	37.17	5.5
S812	科技管理研究	4199	0.930	0.179	0.81	649	32	15.46	4.0
R588	科技进步与对策	4362	1.626	0.484	0.84	467	14	10.71	4.0
A083	科技通报	923	0.286	0.008	0.95	445	74	48.21	5.0
S816	科学管理研究	809	0.761	0.103	0.85	237	15	29.30	4.6
A537	科学技术与工程	11184	1.166	0.147	0.59	1116	21	9.98	3.2
A075	科学通报	8277	1.434	0.755	0.95	1227	79	14.82	8.9
W514	科学学研究	5525	2.775	1.480	0.94	606	20	10.97	5.0
S818	科学学与科学技术管理	2623	2.493	0.350	0.91	335	12	12.77	5.9
W531	科研管理	4775	2.490	0.431	0.88	412	15	8.63	4.1
L516	可再生能源	2307	1.307	0.148	0.79	464	24	20.11	3.9
E140	空间科学学报	453	0.489	0.057	0.71	155	14	34.22	6.4
Y051	空间控制技术与应用	351	0.694	0.039	0.73	118	12	33.62	4.0
J059	空军工程大学学报自然科学版	419	0.508	0.053	0.92	171	28	40.81	5.0
Q907	空军航空医学	561	0.652	0.028	0.74	186	13	33.16	3.7
Y016	空气动力学学报	1230	0.881	0.208	0.87	230	9	18.70	5.8
Y571	空天技术	1164	0.894	0.213	0.96	197	13	16.92	5.0
S503	控制工程	1816	0.946	0.158	0.88	395	38	21.75	3.7
R060	控制理论与应用	2292	1.372	0.202	0.84	404	33	17.63	4.6
S001	控制与决策	4267	1.695	0.660	0.86	573	39	13.43	4.1
G672	口腔材料器械杂志	124	0.402	0.036	0.79	54	8	43.55	3.9
G246	口腔颌面外科杂志	311	0.280	0.042	0.95	118	15	37.94	7.6
G894	口腔颌面修复学杂志	410	0.719	0.231	0.63	89	4	21.71	4.0

表 4-1　2022 年中国科技核心期刊（中文）被引用指标刊名字顺索引（续）

CODE	刊名	核心总被引频次	核心影响因子	核心即年指标	核心他引率	核心引用刊数	核心开放因子	核心扩散因子	核心被引半衰期
G390	口腔疾病防治	571	0.789	0.241	0.87	185	17	32.40	3.3
G594	口腔生物医学	120	0.439	0.075	0.94	70	16	58.33	3.3
G325	口腔医学	824	0.568	0.064	0.82	193	13	23.42	3.9
G266	口腔医学研究	1251	0.865	0.073	0.85	247	13	19.74	3.8
K525	矿产保护与利用	1167	1.331	0.183	0.81	207	13	17.74	3.6
V054	矿产勘查	1295	0.765	0.124	0.62	179	5	13.82	3.6
K025	矿产与地质	1121	0.527	0.013	0.71	124	6	11.06	8.2
K004	矿产综合利用	1553	1.496	0.116	0.55	170	2	10.95	3.4
E106	矿床地质	3490	2.007	0.176	0.87	131	9	3.75	11.2
K014	矿山机械	748	0.303	0.058	0.72	166	8	22.19	7.9
E350	矿物学报	1643	0.914	0.190	0.94	206	14	12.54	10.1
E354	矿物岩石	923	0.775	0.208	0.90	155	16	16.79	13.3
E504	矿物岩石地球化学通报	1816	1.417	0.204	0.92	240	15	13.22	7.2
M101	矿冶	615	0.502	0.092	0.86	137	8	22.28	6.1
M045	矿冶工程	1515	1.060	0.100	0.69	234	6	15.45	4.7
K554	矿业安全与环保	1314	1.329	0.192	0.72	153	5	11.64	4.5
K010	矿业研究与开发	2184	1.278	0.136	0.64	246	5	11.26	3.1
F015	昆虫学报	2051	1.010	0.246	0.85	215	7	10.48	8.6
J020	昆明理工大学学报自然科学版	512	0.577	0.087	0.93	306	71	59.77	5.6
G053	昆明医科大学学报	1093	0.546	0.096	0.93	431	67	39.43	3.5
G395	兰州大学学报医学版	370	0.682	0.109	0.83	208	42	56.22	3.3
A016	兰州大学学报自然科学版	1028	1.028	0.058	0.87	360	49	35.02	7.6
J008	兰州理工大学学报	652	0.476	0.095	0.88	295	47	45.25	5.3
G628	老年医学与保健	811	0.645	0.133	0.77	256	27	31.57	2.8
R096	雷达科学与技术	383	0.422	0.021	0.80	88	8	22.98	5.1
R758	雷达学报	792	2.072	0.313	0.77	138	7	17.42	3.4
T010	离子交换与吸附	223	0.552	0.020	0.86	124	30	55.61	7.5
M001	理化检验化学分册	1546	0.766	0.059	0.83	311	15	20.12	5.5
C101	力学季刊	400	0.503	0.032	0.81	178	26	44.50	6.8
C001	力学学报	1998	1.281	0.232	0.73	406	20	20.32	4.7
C104	力学与实践	779	0.582	0.188	0.65	258	14	33.12	7.4
G580	立体定向和功能性神经外科杂志	152	0.280	0.014	0.89	84	18	55.26	4.3
U055	粮食与饲料工业	823	0.633	0.074	0.96	157	10	19.08	7.8
U626	粮油食品科技	753	0.662	0.114	0.89	145	7	19.26	5.4
C032	量子电子学报	281	0.478	0.023	0.69	88	6	31.32	4.2
K008	辽宁工程技术大学学报自然科学版	811	0.679	0.036	0.97	311	31	38.35	9.4
H261	辽宁农业科学	457	0.279	0.084	0.90	171	28	37.42	7.4
G850	辽宁中医药大学学报	5351	1.422	0.326	0.94	450	22	8.41	3.9
G646	辽宁中医杂志	6141	1.104	0.154	0.94	393	20	6.40	4.8
U037	林产工业	787	1.219	0.130	0.54	133	2	16.90	2.7
T017	林产化学与工业	718	0.643	0.133	0.86	226	21	31.48	6.2
H740	林业工程学报	1287	1.280	0.299	0.81	302	18	23.47	4.3

表 4-1 2022 年中国科技核心期刊（中文）被引用指标刊名字顺索引（续）

CODE	刊名	核心总被引频次	核心影响因子	核心即年指标	核心他引率	核心引用刊数	核心开放因子	核心扩散因子	核心被引半衰期
H280	林业科学	4480	1.282	0.079	0.92	425	23	9.49	8.5
H281	林业科学研究	2136	1.466	0.178	0.90	273	17	12.78	7.5
H102	林业调查规划	456	0.239	0.029	0.81	159	16	34.87	6.0
H289	林业与生态科学	276	0.523	0.063	0.83	127	24	46.01	5.4
T231	磷肥与复肥	619	0.385	0.051	0.74	160	11	25.85	6.3
G880	临床超声医学杂志	986	0.669	0.150	0.92	260	27	26.37	3.6
G607	临床儿科杂志	1230	0.630	0.120	0.96	363	46	29.51	5.4
G276	临床耳鼻咽喉头颈外科杂志	2198	1.006	0.239	0.85	351	10	15.97	4.9
G271	临床放射学杂志	3197	1.118	0.135	0.72	352	5	11.01	3.7
Q908	临床肺科杂志	2218	0.761	0.147	0.94	434	52	19.57	3.8
G501	临床肝胆病杂志	4338	1.379	0.337	0.84	512	41	11.80	3.4
G291	临床骨科杂志	952	1.122	0.104	0.66	166	7	17.44	2.7
G664	临床和实验医学杂志	2825	0.710	0.085	0.90	547	53	19.36	3.5
G345	临床急诊杂志	1008	1.148	0.248	0.79	267	23	26.49	3.2
G204	临床检验杂志	887	0.682	0.060	0.86	318	31	35.85	4.1
G310	临床精神医学杂志	800	0.694	0.044	0.94	242	29	30.25	8.8
G881	临床军医杂志	1597	0.639	0.147	0.96	399	52	24.98	3.3
G287	临床口腔医学杂志	1016	0.895	0.184	0.66	185	6	18.21	3.6
G222	临床麻醉学杂志	2571	1.397	0.271	0.81	362	27	14.08	3.9
G317	临床泌尿外科杂志	1028	0.849	0.174	0.75	209	8	20.33	3.6
G257	临床内科杂志	1048	1.119	0.154	0.79	324	30	30.92	2.8
G230	临床皮肤科杂志	1075	0.397	0.029	0.79	227	7	21.12	5.9
G309	临床神经病学杂志	575	0.721	0.071	0.89	238	41	41.39	4.1
G802	临床神经外科杂志	500	0.817	0.097	0.80	192	19	38.40	2.9
G423	临床肾脏病杂志	675	0.667	0.110	0.89	245	35	36.30	3.2
G797	临床输血与检验	616	0.702	0.134	0.84	164	7	26.62	3.7
G256	临床外科杂志	1329	0.735	0.107	0.82	353	43	26.56	3.4
G942	临床误诊误治	1531	0.983	0.138	0.91	373	28	24.36	3.5
G855	临床消化病杂志	356	0.392	0.102	0.98	177	40	49.72	4.3
Q909	临床小儿外科杂志	858	0.680	0.085	0.67	210	7	24.48	3.7
G261	临床心血管病杂志	1372	1.102	0.156	0.80	287	25	20.92	3.5
G293	临床血液学杂志	720	0.921	0.179	0.65	200	6	27.78	2.7
Q913	临床眼科杂志	341	0.302	0.021	0.93	125	16	36.66	4.6
G673	临床药物治疗杂志	847	0.701	0.177	0.95	279	29	32.94	3.5
G350	临床与病理杂志	1412	0.579	0.113	0.97	479	80	33.92	3.3
G274	临床与实验病理学杂志	1838	0.795	0.084	0.71	381	13	20.73	3.8
Q910	临床肿瘤学杂志	1333	1.013	0.157	0.97	410	73	30.76	4.3
G491	岭南心血管病杂志	382	0.411	0.058	0.96	171	32	44.76	3.8
N023	流体机械	1722	1.709	0.162	0.69	224	6	13.01	4.1
H748	麦类作物学报	2961	1.479	0.184	0.85	229	14	7.73	6.8
T060	煤化工	331	0.399	0.126	0.66	94	6	28.40	5.2
K558	煤矿安全	3263	0.817	0.140	0.76	286	6	8.76	4.3
K517	煤矿机械	2221	0.404	0.077	0.62	253	5	11.39	5.3

表 4-1　2022 年中国科技核心期刊（中文）被引用指标刊名字顺索引（续）

CODE	刊名	核心总被引频次	核心影响因子	核心即年指标	核心他引率	核心引用刊数	核心开放因子	核心扩散因子	核心被引半衰期
K038	煤炭工程	3132	1.123	0.289	0.64	275	4	8.78	3.8
K005	煤炭科学技术	6964	3.156	0.542	0.82	368	6	5.28	3.9
K017	煤炭学报	14210	4.547	1.003	0.86	557	8	3.92	5.1
D027	煤炭转化	577	0.957	0.269	0.72	122	7	21.14	6.7
K009	煤田地质与勘探	2380	1.861	0.593	0.77	254	6	10.67	4.0
R119	密码学报	263	0.658	0.026	0.85	81	10	30.80	3.5
U036	棉纺织技术	897	0.667	0.121	0.58	102	2	11.37	3.8
H037	棉花学报	978	1.633	0.000	0.93	147	9	15.03	7.7
G056	免疫学杂志	1010	1.142	0.209	0.83	339	41	33.56	3.7
B017	模糊系统与数学	371	0.386	0.038	0.74	147	15	39.62	6.3
S015	模式识别与人工智能	913	1.232	0.109	0.89	281	28	30.78	4.2
T077	膜科学与技术	661	0.737	0.148	0.68	146	7	22.09	4.4
N084	摩擦学学报	1363	1.324	0.383	0.72	238	7	17.46	6.4
N107	模具技术	122	0.243	0.030	0.80	35	3	28.69	5.2
U533	木材工业	471	0.835	0.241	0.61	73	3	15.50	5.1
A013	南昌大学学报理科版	313	0.351	0.011	0.85	177	35	56.55	5.7
G047	南昌大学学报医学版	404	0.419	0.033	0.98	250	68	61.88	5.1
R117	南方电网技术	2051	2.277	0.843	0.63	183	5	8.92	3.4
V089	南方建筑	541	0.932	0.117	0.72	108	4	19.96	3.6
H069	南方农业学报	3156	1.262	0.168	0.88	393	29	12.45	4.3
H068	南方水产科学	1016	1.422	0.130	0.84	153	12	15.06	5.4
G023	南方医科大学学报	2041	1.205	0.176	0.96	634	103	31.06	4.1
A025	南京大学学报自然科学版	844	0.734	0.028	0.96	386	66	45.73	7.4
T011	南京工业大学学报自然科学版	643	0.867	0.220	0.85	282	41	43.86	5.9
Y026	南京航空航天大学学报	1000	0.875	0.066	0.94	336	43	33.60	6.3
N011	南京理工大学学报自然科学版	811	1.156	0.168	0.78	301	29	37.11	4.5
H033	南京林业大学学报自然科学版	2431	1.759	0.402	0.88	359	23	14.77	5.3
H021	南京农业大学学报	1692	1.214	0.348	0.93	313	37	18.50	6.5
A061	南京师大学报自然科学版	444	0.611	0.107	0.91	274	69	61.71	5.4
E120	南京信息工程大学学报自然科学版	406	0.565	0.145	0.92	224	51	55.17	4.3
G058	南京医科大学学报自然科学版	1248	0.674	0.136	0.82	461	67	36.94	3.6
R008	南京邮电大学学报自然科学版	485	0.978	0.167	0.74	176	15	36.29	3.4
G059	南京中医药大学学报	1913	1.789	0.321	0.95	296	23	15.47	4.5
A008	南开大学学报自然科学版	221	0.320	0.030	0.97	170	60	76.92	4.5
S776	南开管理评论	3972	3.086	0.900	0.95	297	22	7.48	5.5
W590	南水北调与水利科技	1559	1.585	0.273	0.83	308	15	19.76	4.8
G288	脑与神经疾病杂志	517	0.553	0.095	0.97	220	46	42.55	3.5
G662	内科急危重症杂志	596	0.681	0.316	0.72	219	25	36.74	3.7
G523	内科理论与实践	223	0.384	0.441	0.96	148	37	66.37	3.2
A026	内蒙古大学学报自然科学版	308	0.429	0.034	0.79	159	23	51.62	7.4
A111	内蒙古师范大学学报自然科学汉文版	198	0.234	0.041	0.91	144	45	72.73	6.1
G513	内蒙古医科大学学报	548	0.431	0.031	0.92	251	45	45.80	3.7
R533	内燃机工程	551	0.811	0.090	0.83	126	9	22.87	5.7

表 4-1 2022 年中国科技核心期刊（中文）被引用指标刊名字顺索引（续）

CODE	刊名	核心总被引频次	核心影响因子	核心即年指标	核心他引率	核心引用刊数	核心开放因子	核心扩散因子	核心被引半衰期
P004	内燃机学报	643	1.049	0.086	0.74	132	7	20.53	6.0
T501	能源化工	281	0.357	0.022	0.90	121	16	43.06	4.9
K570	能源与环保	1489	0.754	0.063	0.41	196	1	13.16	2.7
W002	泥沙研究	1057	1.072	0.136	0.75	159	10	15.04	9.5
U504	酿酒科技	2248	0.763	0.114	0.70	138	2	6.14	7.2
A506	宁波大学学报理工版	269	0.277	0.040	0.90	172	42	63.94	5.6
A110	宁夏大学学报自然科学版	144	0.161	0.014	0.96	115	43	79.86	6.5
G665	宁夏医科大学学报	808	0.565	0.036	0.97	350	69	43.32	4.1
H071	农产品质量与安全	445	0.696	0.204	0.83	133	16	29.89	3.8
H105	农学学报	1137	0.706	0.099	0.93	279	34	24.54	4.3
T034	农药	1698	0.852	0.172	0.81	244	11	14.37	5.9
T924	农药科学与管理	565	0.541	0.083	0.86	139	10	24.60	5.8
H404	农药学学报	1467	1.543	0.367	0.82	245	13	16.70	4.2
H072	农业工程	613	0.350	0.047	0.75	203	16	33.12	3.6
H279	农业工程学报	20288	2.435	0.391	0.80	919	29	4.53	5.7
Z008	农业环境科学学报	6260	2.174	0.296	0.91	526	30	8.40	5.8
H278	农业机械学报	10937	3.166	0.516	0.71	729	13	6.67	4.2
H286	农业生物技术学报	1296	0.845	0.104	0.91	259	28	19.98	4.6
H222	农业现代化研究	1462	1.698	0.352	0.88	340	34	23.26	4.9
H773	农业资源与环境学报	1410	2.241	0.787	0.96	334	36	23.69	3.3
V032	暖通空调	1500	0.751	0.131	0.69	216	3	14.40	5.7
H219	排灌机械工程学报	1455	1.230	0.222	0.83	261	11	17.94	4.3
Q384	皮肤科学通报	262	0.323	0.009	0.98	127	27	48.47	4.6
U602	皮革科学与工程	688	1.362	0.175	0.55	75	2	10.90	3.6
U604	皮革与化工	253	0.860	0.200	0.68	58	2	22.92	4.0
G595	器官移植	731	1.416	0.398	0.84	181	11	24.76	3.1
E021	气候变化研究进展	1579	3.042	0.443	0.94	365	38	23.12	4.8
E361	气候与环境研究	1059	1.110	0.081	0.93	233	20	22.00	10.0
Y504	气体物理	151	0.452	0.216	0.91	50	5	33.11	3.6
E352	气象	4158	2.204	0.346	0.79	301	8	7.24	7.3
E566	气象科技	1780	1.609	0.218	0.62	247	6	13.88	6.1
E359	气象科学	1177	0.893	0.036	0.82	216	12	18.35	7.5
E001	气象学报	3046	2.632	0.219	0.92	260	10	8.54	9.9
E521	气象与环境科学	982	1.487	0.241	0.68	176	4	17.92	4.8
E633	气象与环境学报	1191	1.444	0.054	0.67	226	9	18.98	5.3
X532	汽车安全与节能学报	430	0.740	0.108	0.87	155	14	36.05	5.2
X018	汽车工程	2022	1.275	0.132	0.85	278	16	13.75	4.6
X500	汽车工程学报	202	0.455	0.093	0.88	104	19	51.49	5.1
X013	汽车技术	561	0.550	0.149	0.87	174	20	31.02	4.7
P001	汽轮机技术	546	0.555	0.016	0.71	101	3	18.50	5.4
Y009	强度与环境	406	0.809	0.169	0.65	101	4	24.88	7.0
C007	强激光与粒子束	1498	0.504	0.105	0.73	234	8	15.62	8.0
X021	桥梁建设	1846	2.443	0.462	0.75	158	3	8.56	3.6

表 4-1 2022 年中国科技核心期刊（中文）被引用指标刊名字顺索引（续）

CODE	刊名	核心总被引频次	核心影响因子	核心即年指标	核心他引率	核心引用刊数	核心开放因子	核心扩散因子	核心被引半衰期
G061	青岛大学学报医学版	311	0.235	0.025	0.94	202	52	64.95	4.5
T012	青岛科技大学学报自然科学版	311	0.531	0.222	0.72	152	19	48.87	4.0
U535	轻工机械	291	0.406	0.030	0.90	143	23	49.14	4.8
J001	清华大学学报自然科学版	2361	1.580	0.423	0.94	786	128	33.29	7.5
L044	全球能源互联网	601	2.674	0.469	0.81	96	7	15.97	2.5
D002	燃料化学学报	1569	0.979	0.195	0.85	232	12	14.79	6.7
P011	燃烧科学与技术	529	0.746	0.074	0.81	149	16	28.17	6.6
G448	热带病与寄生虫学	384	1.058	0.333	0.75	84	4	21.88	3.1
E563	热带地理	1372	1.662	0.265	0.85	323	30	23.54	5.6
E642	热带海洋学报	1002	0.930	0.239	0.87	220	17	21.96	10.4
H516	热带农业科学	1281	0.510	0.088	0.88	273	18	21.31	5.7
E110	热带气象学报	1148	0.908	0.037	0.81	156	9	13.59	9.3
H415	热带生物学报	312	0.474	0.093	0.97	154	32	49.36	5.8
F228	热带亚热带植物学报	876	0.994	0.218	0.90	228	30	26.03	6.6
G609	热带医学杂志	1613	0.919	0.095	0.69	354	17	21.95	3.3
H223	热带作物学报	3081	1.070	0.179	0.90	332	27	10.78	4.9
T105	热固性树脂	411	0.771	0.068	0.83	121	15	29.44	5.1
N071	热加工工艺	4328	0.493	0.133	0.80	356	11	8.23	5.2
C134	热科学与技术	308	0.518	0.013	0.76	131	15	42.53	5.1
R501	热力发电	2157	1.429	0.351	0.74	287	8	13.31	3.6
P006	热能动力工程	1278	0.698	0.065	0.82	263	16	20.58	3.8
T013	人工晶体学报	1079	0.457	0.063	0.72	249	14	23.08	5.2
N106	人类工效学	206	0.230	0.023	0.81	101	14	49.03	6.9
F041	人类学学报	787	0.591	0.152	0.64	72	3	9.15	12.2
W555	人民黄河	3059	1.223	0.259	0.73	396	14	12.95	4.4
W504	人民长江	3206	0.965	0.086	0.78	440	17	13.72	4.7
T070	日用化学工业	741	0.591	0.054	0.79	188	10	25.37	5.2
U515	肉类研究	1321	1.445	0.185	0.85	127	5	9.61	3.7
H097	乳业科学与技术	463	1.145	0.078	0.86	80	6	17.28	5.2
S011	软件学报	3799	2.307	0.198	0.84	499	19	13.14	4.3
N029	润滑与密封	1885	0.645	0.047	0.71	267	9	14.16	6.6
R086	三峡大学学报自然科学版	462	0.545	0.073	0.91	231	40	50.00	4.7
D012	色谱	1978	1.445	0.357	0.89	334	18	16.89	4.9
H382	森林工程	934	2.141	0.461	0.82	215	7	23.02	2.8
H051	森林与环境学报	935	1.657	0.363	0.93	221	23	23.64	4.0
E635	沙漠与绿洲气象	1015	1.250	0.108	0.65	135	4	13.30	4.7
H070	山地农业生物学报	563	0.767	0.148	0.87	197	33	34.99	5.6
E101	山地学报	1530	1.358	0.041	0.92	310	36	20.26	8.7
G742	山东大学耳鼻喉眼学报	657	0.667	0.161	0.68	192	8	29.22	3.7
J022	山东大学学报工学版	558	0.794	0.056	0.94	301	70	53.94	4.8
A020	山东大学学报理学版	470	0.368	0.064	0.85	229	36	48.72	4.7
G062	山东大学学报医学版	995	0.694	0.078	0.95	447	88	44.92	3.7
A141	山东科技大学学报自然科学版	495	0.671	0.101	0.85	227	39	45.86	6.0

表 4-1　2022 年中国科技核心期刊（中文）被引用指标刊名字顺索引（续）

CODE	刊名	核心总被引频次	核心影响因子	核心即年指标	核心他引率	核心引用刊数	核心开放因子	核心扩散因子	核心被引半衰期
A637	山东科学	289	0.337	0.020	0.93	202	58	69.90	5.0
H031	山东农业大学学报自然科学版	827	0.492	0.090	0.98	362	74	43.77	5.1
H804	山东农业科学	2144	0.771	0.134	0.93	318	30	14.83	5.2
G511	山东医药	5436	0.765	0.106	0.97	709	72	13.04	4.1
G063	山东中医药大学学报	1231	1.004	0.233	0.96	187	18	15.19	6.4
G574	山东中医杂志	1891	0.826	0.163	0.96	240	20	12.69	5.2
A014	山西大学学报自然科学版	359	0.333	0.099	0.92	242	64	67.41	5.0
H393	山西农业大学学报自然科学版	661	0.951	0.141	0.96	230	38	34.80	5.4
H390	山西农业科学	1862	0.779	0.234	0.87	303	28	16.27	4.4
G064	山西医科大学学报	797	0.466	0.045	0.97	372	67	46.68	4.0
H217	陕西农业科学	872	0.304	0.025	0.90	258	29	29.59	5.5
A066	陕西师范大学学报自然科学版	563	0.769	0.038	0.92	308	68	54.71	6.5
G630	陕西医学杂志	2697	1.301	0.328	0.73	399	6	14.79	3.3
G725	陕西中医	4537	1.742	0.348	0.78	339	11	7.47	3.6
V088	上海城市规划	749	0.714	0.101	0.83	117	6	15.62	4.8
A056	上海大学学报自然科学版	385	0.455	0.086	0.95	273	81	70.91	4.8
U528	上海纺织科技	547	0.387	0.053	0.77	104	4	19.01	4.5
X038	上海海事大学学报	358	0.903	0.113	0.89	135	10	37.71	3.4
H292	上海海洋大学学报	1226	1.311	0.255	0.82	186	10	15.17	6.2
Y555	上海航天中英文版	701	0.823	0.033	0.74	185	19	26.39	3.9
X006	上海交通大学学报	1759	0.795	0.142	0.94	534	71	30.36	6.9
G066	上海交通大学学报医学版	1308	0.740	0.092	0.98	540	114	41.28	4.4
M021	上海金属	497	0.593	0.104	0.77	86	4	17.30	5.0
G283	上海口腔医学	628	0.641	0.056	0.93	185	16	29.46	4.5
H282	上海农业学报	770	0.581	0.083	0.93	240	34	31.17	5.6
G069	上海医学	659	0.612	0.059	0.95	333	67	50.53	4.0
Q219	上海预防医学	1077	0.892	0.201	0.73	269	17	24.98	3.6
G596	上海针灸杂志	2439	1.042	0.147	0.92	235	15	9.64	5.2
G946	上海中医药大学学报	1112	1.311	0.242	0.97	222	24	19.96	5.7
G389	上海中医药杂志	2924	1.385	0.346	0.93	328	21	11.22	5.6
T763	深空探测学报中英文版	419	0.840	0.087	0.78	98	8	23.39	4.2
A515	深圳大学学报理工版	400	0.659	0.156	0.87	244	53	61.00	4.2
G329	神经疾病与精神卫生	425	0.374	0.090	0.88	176	25	41.41	4.1
G070	神经解剖学杂志	431	0.573	0.158	0.84	189	31	43.85	3.9
G319	神经损伤与功能重建	837	0.843	0.086	0.79	287	35	34.29	3.0
A074	沈阳大学学报自然科学版	195	0.401	0.029	0.84	132	35	67.69	4.4
J052	沈阳工业大学学报	689	0.963	0.110	0.80	259	26	37.59	3.7
V011	沈阳建筑大学学报自然科学版	711	0.595	0.036	0.78	247	22	34.74	5.6
H024	沈阳农业大学学报	1045	0.970	0.103	0.97	290	46	27.75	7.3
A586	沈阳师范大学学报自然科学版	187	0.271	0.000	0.78	122	29	65.24	5.3
G071	沈阳药科大学学报	1005	0.803	0.149	0.91	301	27	29.95	5.5
G202	肾脏病与透析肾移植杂志	711	0.774	0.083	0.85	242	31	34.04	4.4
F203	生理科学进展	642	0.839	0.057	0.98	324	69	50.47	4.9

表 4-1　2022 年中国科技核心期刊（中文）被引用指标刊名字顺索引（续）

CODE	刊名	核心总被引频次	核心影响因子	核心即年指标	核心他引率	核心引用刊数	核心开放因子	核心扩散因子	核心被引半衰期
F001	生理学报	653	0.979	0.245	0.93	310	52	47.47	4.5
F042	生命的化学	892	0.575	0.069	0.87	361	56	40.47	3.1
F215	生命科学	1125	0.608	0.061	0.99	497	99	44.18	5.9
F046	生命科学研究	424	0.702	0.093	0.96	243	59	57.31	6.2
Z034	生态毒理学报	1567	1.075	0.044	0.80	340	17	21.70	5.2
H784	生态环境学报	6342	2.200	0.202	0.92	617	41	9.73	6.7
Z512	生态科学	1690	1.146	0.189	0.92	377	48	22.31	4.7
Z014	生态学报	30106	3.505	0.736	0.87	783	39	2.60	6.0
Z028	生态学杂志	8588	2.080	0.386	0.94	602	44	7.01	6.3
Z023	生态与农村环境学报	2481	2.018	0.230	0.89	445	35	17.94	4.3
H080	生物安全学报	422	1.063	0.132	0.81	120	7	28.44	4.6
F049	生物多样性	4339	2.073	0.679	0.82	392	17	9.03	6.7
F003	生物工程学报	1901	1.148	0.829	0.74	469	29	24.67	2.9
G401	生物骨科材料与临床研究	400	0.686	0.061	0.69	118	6	29.50	3.8
F016	生物化学与生物物理进展	715	0.721	0.175	0.91	374	75	52.31	5.6
F229	生物技术	363	0.354	0.016	0.96	197	44	54.27	8.0
F214	生物技术进展	617	0.965	0.256	0.84	256	35	41.49	5.0
F205	生物技术通报	2642	1.137	0.376	0.93	461	44	17.45	4.4
F204	生物加工过程	428	0.752	0.167	0.94	189	28	44.16	3.7
F040	生物信息学	177	0.556	0.091	0.91	117	29	66.10	5.1
F213	生物学杂志	847	0.636	0.182	0.94	343	59	40.50	5.0
G006	生物医学工程学杂志	868	0.905	0.139	0.85	378	48	43.55	4.7
G332	生物医学工程研究	245	0.563	0.015	0.92	144	33	58.78	3.7
G603	生物医学工程与临床	376	0.497	0.035	0.97	218	42	57.98	3.6
H083	生物质化学工程	400	1.067	0.190	0.93	174	29	43.50	5.0
F044	生物资源	498	0.754	0.111	0.97	242	48	48.59	5.3
G624	生殖医学杂志	1703	1.020	0.174	0.75	270	11	15.85	3.7
C033	声学技术	612	0.483	0.045	0.84	223	23	36.44	6.4
C054	声学学报	1158	0.725	0.107	0.78	192	7	16.58	8.6
E302	湿地科学	1293	1.432	0.162	0.79	247	13	19.10	6.1
E636	湿地科学与管理	332	0.715	0.103	0.63	96	5	28.92	4.8
A615	石河子大学学报自然科学版	579	0.532	0.065	0.95	278	49	48.01	6.0
T933	石化技术与应用	303	0.335	0.059	0.84	81	6	26.73	5.5
X042	石家庄铁道大学学报自然科学版	233	0.397	0.026	0.75	106	15	45.49	5.4
L016	石油地球物理勘探	2960	2.079	0.320	0.61	190	3	6.42	6.3
L015	石油化工	1154	0.520	0.087	0.80	203	10	17.59	7.3
L034	石油化工高等学校学报	342	0.718	0.123	0.89	122	14	35.67	4.2
L021	石油化工设备技术	135	0.141	0.000	0.81	55	7	40.74	8.6
L019	石油机械	1794	1.053	0.104	0.61	221	5	12.32	5.5
L031	石油勘探与开发	7063	6.308	0.822	0.92	294	15	4.16	6.5
L043	石油科学通报	412	1.736	0.423	0.86	113	12	27.43	3.0
L030	石油炼制与化工	1352	0.711	0.087	0.68	152	4	11.24	5.7
E126	石油实验地质	2548	3.772	0.333	0.86	145	12	5.69	5.7

表 4-1　2022 年中国科技核心期刊（中文）被引用指标刊名字顺索引（续）

CODE	刊名	核心总被引频次	核心影响因子	核心即年指标	核心他引率	核心引用刊数	核心开放因子	核心扩散因子	核心被引半衰期
L005	石油物探	1514	1.563	0.226	0.82	139	4	9.18	6.0
L028	石油学报	6778	4.339	0.614	0.87	327	18	4.82	7.3
L012	石油学报石油加工	1378	1.207	0.836	0.61	195	3	14.15	4.7
L006	石油与天然气地质	4371	4.342	1.000	0.86	171	14	3.91	5.8
L008	石油钻采工艺	1289	0.996	0.059	0.89	164	10	12.72	6.7
L025	石油钻探技术	1707	2.482	0.350	0.68	166	6	9.72	4.2
U049	食品安全质量检测学报	5754	0.917	0.216	0.79	521	14	9.05	3.1
F257	实验动物科学	379	0.344	0.021	0.85	167	21	44.06	7.0
G387	实验动物与比较医学	274	0.703	0.049	0.84	136	20	49.64	3.9
C009	实验力学	710	0.621	0.043	0.74	256	25	36.06	7.1
Y018	实验流体力学	770	0.611	0.027	0.85	182	10	23.64	8.1
A115	实验室研究与探索	2792	0.620	0.029	0.43	500	1	17.91	4.1
G534	实用放射学杂志	2981	0.827	0.031	0.58	299	3	10.03	4.0
G586	实用妇产科杂志	1653	0.979	0.141	0.96	338	39	20.45	4.1
G746	实用肝脏病杂志	1467	1.043	0.202	0.81	342	27	23.31	3.7
G457	实用骨科杂志	1039	0.710	0.146	0.80	220	14	21.17	3.6
G224	实用口腔医学杂志	1039	0.791	0.089	0.81	206	11	19.83	4.0
G700	实用老年医学	1036	0.620	0.093	0.93	312	45	30.12	3.2
Q919	实用临床医药杂志	3077	0.707	0.119	0.86	494	41	16.05	3.6
G652	实用皮肤病学杂志	386	0.418	0.010	0.80	136	11	35.23	4.4
G469	实用器官移植电子杂志	591	1.194	0.246	0.52	121	2	20.47	3.2
G766	实用心脑肺血管病杂志	1734	1.063	0.168	0.91	374	42	21.57	3.5
G834	实用药物与临床	1046	0.680	0.105	0.98	346	46	33.08	3.8
G324	实用医学杂志	5342	1.434	0.258	0.81	667	55	12.49	3.7
G760	实用医院临床杂志	1428	0.624	0.093	0.95	398	51	27.87	3.5
G768	实用预防医学	2501	1.140	0.164	0.77	459	18	18.35	3.6
G856	实用肿瘤学杂志	416	0.954	0.143	0.90	189	33	45.43	2.9
G890	实用肿瘤杂志	653	1.222	0.365	0.77	255	34	39.05	3.3
U005	食品工业科技	13569	1.563	0.550	0.82	616	9	4.54	4.0
U006	食品科学	19746	2.527	0.751	0.87	664	8	3.36	4.7
A117	食品科学技术学报	815	1.371	0.210	0.91	190	9	23.31	3.7
U617	食品研究与开发	6510	1.311	0.160	0.90	496	9	7.62	4.0
U035	食品与发酵工业	8266	1.592	0.492	0.84	450	6	5.44	3.0
U641	食品与发酵科技	774	0.815	0.123	0.92	167	8	21.58	4.5
U547	食品与机械	3333	1.170	0.184	0.78	410	7	12.30	3.9
U029	食品与生物技术学报	1186	0.790	0.177	0.94	229	11	19.31	5.7
G748	食品与药品	642	0.720	0.092	0.97	248	37	38.63	4.9
H838	食用菌学报	656	0.927	0.181	0.86	139	7	21.19	5.3
E655	世界地理研究	1238	1.992	0.588	0.89	276	15	22.29	3.4
E363	世界地震工程	737	0.714	0.080	0.90	166	13	22.52	7.9
E548	世界地质	781	0.688	0.143	0.88	165	13	21.13	7.0
E054	世界核地质科学	386	0.695	0.224	0.74	85	3	22.02	8.5
G906	世界科学技术－中医药现代化	4084	1.333	0.096	0.90	437	21	10.70	3.7

表 4-1　2022 年中国科技核心期刊（中文）被引用指标刊名字顺索引（续）

CODE	刊名	核心总被引频次	核心影响因子	核心即年指标	核心他引率	核心引用刊数	核心开放因子	核心扩散因子	核心被引半衰期
G485	世界临床药物	621	0.560	0.027	0.96	262	49	42.19	4.3
X538	世界桥梁	988	1.913	0.626	0.67	98	2	9.92	2.9
G484	世界中西医结合杂志	2988	0.986	0.099	0.91	299	19	10.01	4.1
G483	世界中医药	6088	1.846	0.304	0.94	449	20	7.38	3.3
Q957	首都公共卫生	449	0.751	0.055	0.89	119	12	26.50	3.8
A023	首都师范大学学报自然科学版	312	0.366	0.082	0.87	207	51	66.35	7.1
G073	首都医科大学学报	955	0.909	0.137	0.98	424	83	44.40	4.1
F033	兽类学报	1033	1.401	0.211	0.62	123	3	11.91	8.7
R005	数据采集与处理	680	0.800	0.100	0.92	276	36	40.59	4.5
W009	数理统计与管理	738	1.057	0.244	0.76	300	27	40.65	4.8
B015	数学的实践与认识	1853	0.284	0.014	0.89	580	66	31.30	4.5
B007	数学进展	200	0.089	0.011	0.90	62	10	31.00	15.0
B004	数学年刊 A	108	0.136	0.000	0.93	44	9	40.74	12.5
C036	数学物理学报	264	0.292	0.014	0.68	73	6	27.65	5.1
B006	数学学报	202	0.097	0.011	0.90	59	10	29.21	12.0
B012	数学杂志	86	0.060	0.000	0.98	47	12	54.65	8.1
H847	水产科学	1289	0.933	0.219	0.84	166	11	12.88	6.9
H008	水产学报	2748	1.404	0.301	0.88	219	11	7.97	7.2
Z016	水处理技术	1941	0.860	0.074	0.84	307	11	15.82	4.5
X533	水道港口	665	0.734	0.051	0.49	108	1	16.24	5.4
P007	水电能源科学	2904	0.713	0.074	0.81	483	17	16.63	4.4
W004	水动力学研究与进展 A	830	0.656	0.048	0.90	228	27	27.47	9.6
W013	水科学进展	3111	3.169	0.420	0.88	350	20	11.25	7.9
R050	水力发电	1129	0.516	0.105	0.86	269	14	23.83	4.7
R049	水力发电学报	2758	2.231	0.539	0.69	316	7	11.46	5.8
R587	水利经济	376	0.839	0.073	0.66	106	5	28.19	3.7
W011	水利水电技术	2015	0.977	0.189	0.90	391	21	19.40	4.5
W502	水利水电科技进展	1164	1.924	0.213	0.82	265	11	22.77	5.5
W006	水利水运工程学报	889	1.100	0.152	0.83	210	13	23.62	5.7
W003	水利学报	5379	3.063	0.424	0.89	506	19	9.41	8.3
F010	水生生物学报	2029	1.117	0.203	0.86	260	15	12.81	7.9
H850	水生态学杂志	1327	1.391	0.241	0.90	245	24	18.46	7.0
H015	水土保持通报	3265	1.380	0.108	0.91	412	29	12.62	5.3
H287	水土保持学报	6577	2.323	0.279	0.90	440	24	6.69	6.0
H056	水土保持研究	4945	2.152	0.427	0.90	466	31	9.42	4.5
E540	水文	1026	0.938	0.074	0.88	232	16	22.61	8.3
E154	水文地质工程地质	2514	2.051	0.394	0.86	350	20	13.92	6.8
N907	水下无人系统学报	505	0.505	0.010	0.75	120	7	23.76	4.8
X528	水运工程	1562	0.355	0.049	0.49	212	1	13.57	5.8
R566	水资源保护	2160	4.152	0.691	0.72	291	10	13.47	3.0
W570	水资源与水工程学报	1540	0.928	0.088	0.84	364	25	23.64	4.8
U056	丝绸	715	0.536	0.100	0.54	110	2	15.38	4.1
G045	四川大学学报医学版	1051	0.852	0.228	0.97	468	98	44.53	4.4

表 4-1　2022 年中国科技核心期刊（中文）被引用指标刊名字顺索引（续）

CODE	刊名	核心总被引频次	核心影响因子	核心即年指标	核心他引率	核心引用刊数	核心开放因子	核心扩散因子	核心被引半衰期
A006	四川大学学报自然科学版	737	0.750	0.149	0.84	348	56	47.22	4.0
F027	四川动物	886	0.847	0.063	0.83	187	10	21.11	9.4
Z007	四川环境	865	0.634	0.043	0.59	223	6	25.78	4.6
G710	四川精神卫生	372	0.492	0.159	0.72	131	10	35.22	4.1
H007	四川农业大学学报	845	1.000	0.130	0.97	280	49	33.14	5.0
A033	四川师范大学学报自然科学版	271	0.364	0.046	0.85	164	38	60.52	4.8
G575	四川医学	915	0.413	0.061	0.98	376	72	41.09	4.1
G745	四川中医	3810	0.663	0.032	0.89	306	17	8.03	4.3
H862	饲料工业	2088	0.885	0.240	0.92	217	4	10.39	5.7
H864	饲料研究	2872	1.169	0.276	0.55	213	2	7.42	2.3
T106	塑料	961	0.767	0.157	0.79	172	4	17.90	5.0
T014	塑料工业	2010	0.766	0.171	0.80	257	5	12.79	3.9
T536	塑料科技	1308	0.723	0.187	0.74	200	4	15.29	3.4
T079	塑料助剂	215	0.405	0.032	0.83	69	8	32.09	4.9
T580	塑性工程学报	1680	1.288	0.091	0.68	174	2	10.36	3.0
X634	隧道建设中英文版	2824	1.427	0.367	0.68	262	4	9.28	3.9
R652	太赫兹科学与电子信息学报	474	0.341	0.026	0.66	151	12	31.86	4.0
L009	太阳能学报	4188	1.184	0.148	0.74	507	22	12.11	3.5
J011	太原理工大学学报	646	0.793	0.117	0.89	307	56	47.52	4.5
M544	钛工业进展	447	0.762	0.140	0.77	110	7	24.61	7.9
T500	弹性体	407	0.652	0.042	0.73	103	8	25.31	5.4
T015	炭素技术	328	0.425	0.033	0.76	127	15	38.72	7.0
N043	探测与控制学报	547	0.678	0.034	0.80	151	13	27.61	4.8
V531	陶瓷学报	423	0.570	0.102	0.71	149	10	35.22	3.9
H041	特产研究	550	0.699	0.108	0.92	206	31	37.45	4.6
L505	特种油气藏	1792	1.993	0.133	0.91	164	11	9.15	4.3
N065	特种铸造及有色合金	1251	0.588	0.058	0.65	141	3	11.27	4.7
A041	天津大学学报	1337	0.913	0.144	0.87	475	75	35.53	5.9
U017	天津工业大学学报	277	0.471	0.053	0.90	149	30	53.79	5.4
A504	天津师范大学学报自然科学版	256	0.565	0.058	0.82	135	19	52.73	4.5
G076	天津医药	1114	0.733	0.138	0.93	431	76	38.69	3.8
G626	天津中医药	1993	1.120	0.271	0.92	268	20	13.45	3.8
G914	天津中医药大学学报	909	1.091	0.160	0.98	226	25	24.86	3.8
T611	天然产物研究与开发	2994	1.557	0.270	0.91	451	27	15.06	4.9
L518	天然气地球科学	3661	2.030	0.385	0.86	176	15	4.81	6.5
L029	天然气工业	6619	4.461	0.690	0.85	367	17	5.54	5.1
T074	天然气化工	591	0.699	0.156	0.73	122	7	20.64	4.3
L507	天然气与石油	505	0.574	0.143	0.71	136	7	26.93	5.0
E023	天文学报	201	0.331	0.060	0.76	72	6	35.82	6.8
E114	天文学进展	89	0.148	0.000	0.87	43	8	48.31	10.3
X521	铁道工程学报	1482	0.680	0.028	0.86	238	14	16.06	5.9
X007	铁道科学与工程学报	2058	0.781	0.147	0.78	339	21	16.47	4.0
X005	铁道学报	2632	1.047	0.161	0.81	364	16	13.83	5.6

表 4-1　2022 年中国科技核心期刊（中文）被引用指标刊名字顺索引（续）

CODE	刊名	核心总被引频次	核心影响因子	核心即年指标	核心他引率	核心引用刊数	核心开放因子	核心扩散因子	核心被引半衰期
G238	听力学及言语疾病杂志	962	0.743	0.179	0.78	176	6	18.30	4.8
R065	通信学报	2350	1.812	0.170	0.86	326	21	13.87	3.7
G965	同济大学学报医学版	676	0.985	0.176	0.86	319	59	47.19	3.5
J032	同济大学学报自然科学版	2910	0.809	0.064	0.96	624	62	21.44	8.1
Q003	同位素	221	0.447	0.070	0.63	79	5	35.75	4.6
N061	图学学报	711	1.012	0.167	0.90	254	30	35.72	3.6
T103	涂料工业	788	0.477	0.079	0.73	159	8	20.18	5.9
V029	土木工程学报	5130	2.263	0.294	0.95	385	23	7.50	8.3
V035	土木工程与管理学报	743	0.618	0.030	0.90	235	26	31.63	4.0
V019	土木与环境工程学报中英文版	1113	1.088	0.466	0.91	325	38	29.20	5.5
H043	土壤	3334	1.971	0.142	0.93	396	28	11.88	6.4
H057	土壤通报	3592	1.676	0.156	0.95	405	34	11.28	7.9
H012	土壤学报	5531	3.579	1.208	0.94	443	24	8.01	7.6
H048	土壤与作物	460	1.421	0.229	0.93	158	28	34.35	4.2
Y025	推进技术	2766	0.995	0.203	0.61	246	4	8.89	5.2
S795	外国经济与管理	1703	2.450	0.385	0.94	303	17	17.79	4.4
G601	外科理论与实践	469	0.630	0.095	0.98	187	26	39.87	4.0
G996	皖南医学院学报	352	0.353	0.042	0.96	210	48	59.66	3.7
S017	网络新媒体技术	120	0.459	0.000	0.63	51	3	42.50	3.6
S082	网络与信息安全学报	325	0.819	0.156	0.76	104	10	32.00	3.1
R070	微波学报	580	0.643	0.054	0.70	147	12	25.34	5.4
G866	微创泌尿外科杂志	307	0.660	0.011	0.92	101	12	32.90	4.1
R057	微电机	815	0.549	0.034	0.67	163	5	20.00	4.4
R064	微电子学	390	0.365	0.011	0.75	113	9	28.97	4.5
R004	微电子学与计算机	1018	0.690	0.106	0.87	259	18	25.44	4.0
R098	微纳电子技术	478	0.494	0.091	0.79	162	15	33.89	4.5
F004	微生物学报	2033	1.120	0.240	0.91	419	40	20.61	4.6
F206	微生物学免疫学进展	341	0.371	0.151	0.89	142	20	41.64	5.3
F011	微生物学通报	3399	1.322	0.266	0.89	549	42	16.15	4.3
F225	微生物学杂志	665	0.746	0.074	0.94	275	42	41.35	5.4
G651	微生物与感染	183	0.325	0.058	0.95	128	37	69.95	4.5
R085	微特电机	503	0.355	0.055	0.79	136	9	27.04	4.6
E052	微体古生物学报	434	0.354	0.000	0.86	82	8	18.89	13.3
S033	微型电脑应用	777	0.396	0.038	0.62	171	3	22.01	2.6
G210	微循环学杂志	261	0.496	0.077	0.97	152	39	58.24	4.6
S813	卫生软科学	768	0.796	0.245	0.82	177	12	23.05	2.7
G079	卫生研究	1432	0.978	0.169	0.92	392	30	27.37	5.2
G800	胃肠病学	986	0.461	0.010	0.97	302	42	30.63	5.7
G326	胃肠病学和肝病学杂志	1291	0.628	0.095	0.96	377	54	29.20	4.0
G702	温州医科大学学报	478	0.428	0.056	0.91	283	70	59.21	3.6
D003	无机材料学报	1127	0.884	0.166	0.89	294	22	26.09	5.4
D023	无机化学学报	1042	0.668	0.122	0.73	228	17	21.88	4.2
T072	无机盐工业	1476	0.937	0.270	0.66	271	9	18.36	3.8

表 4-1　2022 年中国科技核心期刊（中文）被引用指标刊名字顺索引（续）

CODE	刊名	核心总被引频次	核心影响因子	核心即年指标	核心他引率	核心引用刊数	核心开放因子	核心扩散因子	核心被引半衰期
N044	无损检测	809	0.384	0.038	0.74	204	18	25.22	6.4
W014	武汉大学学报工学版	1200	1.019	0.108	0.93	420	58	35.00	5.3
A024	武汉大学学报理学版	405	0.817	0.072	0.92	260	60	64.20	5.3
E107	武汉大学学报信息科学版	4387	2.031	0.581	0.86	532	12	12.13	5.2
G038	武汉大学学报医学版	618	0.553	0.108	0.97	323	73	52.27	3.7
M032	武汉科技大学学报自然科学版	334	0.578	0.141	0.96	180	37	53.89	5.8
X017	武汉理工大学学报交通科学与工程版	981	0.649	0.066	0.83	299	25	30.48	4.8
J018	武汉理工大学学报信息与管理工程版	363	0.565	0.074	0.71	181	21	49.86	4.3
G707	武警医学	701	0.400	0.049	0.80	285	39	40.66	3.8
D001	物理化学学报	2255	2.277	1.144	0.84	359	17	15.92	3.6
C006	物理学报	6495	0.837	0.162	0.77	779	27	11.99	5.9
C509	物理与工程	274	0.337	0.058	0.33	68	1	24.82	4.0
E136	物探化探计算技术	567	0.309	0.010	0.85	137	8	24.16	8.4
E138	物探与化探	2363	1.101	0.065	0.86	257	10	10.88	7.6
R009	西安电子科技大学学报自然科学版	831	1.054	0.153	0.75	242	22	29.12	3.8
U030	西安工程大学学报	549	1.023	0.243	0.77	154	7	28.05	3.5
J036	西安工业大学学报	214	0.284	0.024	0.95	152	45	71.03	5.9
V018	西安建筑科技大学学报自然科学版	733	0.602	0.054	0.85	262	31	35.74	6.3
X030	西安交通大学学报	2575	1.363	0.325	0.81	516	40	20.04	4.8
G081	西安交通大学学报医学版	906	0.852	0.154	0.98	423	92	46.69	3.8
A150	西安科技大学学报	1099	1.082	0.122	0.78	277	13	25.20	4.5
J002	西安理工大学学报	363	0.765	0.058	0.95	227	55	62.53	4.4
L010	西安石油大学学报自然科学版	856	0.712	0.083	0.87	203	19	23.71	6.5
R671	西安邮电大学学报	271	0.441	0.052	0.58	103	4	38.01	4.1
A032	西北大学学报自然科学版	965	0.886	0.283	0.95	437	79	45.28	7.2
E125	西北地质	1378	1.107	0.248	0.76	162	9	11.76	8.5
Y023	西北工业大学学报	1149	1.083	0.012	0.95	344	44	29.94	4.7
H224	西北林学院学报	2751	1.318	0.166	0.78	388	23	14.10	5.5
H018	西北农林科技大学学报自然科学版	3143	1.358	0.342	0.97	501	59	15.94	7.7
H288	西北农业学报	2538	1.138	0.061	0.94	314	34	12.37	6.7
A022	西北师范大学学报自然科学版	386	0.451	0.062	0.93	233	56	60.36	4.9
G792	西北药学杂志	1319	1.170	0.089	0.72	304	18	23.05	3.6
F020	西北植物学报	4055	1.333	0.186	0.88	341	31	8.41	7.9
H385	西部林业科学	1034	1.490	0.120	0.86	228	17	22.05	3.6
V573	西部人居环境学刊	523	1.095	0.117	0.67	109	4	20.84	3.3
G588	西部医学	1454	0.703	0.104	0.84	418	46	28.75	3.6
G699	西部中医药	2261	0.824	0.178	0.76	307	15	13.58	3.6
J045	西华大学学报自然科学版	299	0.464	0.033	0.96	197	55	65.89	4.6
H004	西南大学学报自然科学版	1946	1.174	0.190	0.87	548	54	28.16	4.8
X032	西南交通大学学报	1770	1.125	0.301	0.93	418	37	23.62	5.9
H270	西南林业大学学报	1439	1.783	0.252	0.88	292	25	20.29	3.7
A060	西南民族大学学报自然科学版	292	0.401	0.042	0.93	188	46	64.38	6.3
H061	西南农业学报	3634	1.023	0.180	0.91	396	34	10.90	5.5

表 4-1　2022 年中国科技核心期刊（中文）被引用指标刊名字顺索引（续）

CODE	刊名	核心总被引频次	核心影响因子	核心即年指标	核心他引率	核心引用刊数	核心开放因子	核心扩散因子	核心被引半衰期
A064	西南师范大学学报自然科学版	1056	0.548	0.083	0.84	443	52	41.95	4.7
L002	西南石油大学学报自然科学版	1416	1.113	0.091	0.88	202	15	14.27	7.9
M041	稀土	911	0.678	0.137	0.85	192	14	21.08	7.1
M029	稀有金属	1773	1.751	0.148	0.82	241	9	13.59	4.6
M052	稀有金属材料与工程	3814	0.635	0.048	0.79	349	13	9.15	6.0
S505	系统仿真技术	103	0.406	0.000	0.94	67	16	65.05	4.7
S003	系统仿真学报	2684	1.042	0.310	0.90	568	56	21.16	5.4
B028	系统工程	1036	0.927	0.165	0.93	331	31	31.95	6.2
B025	系统工程理论与实践	4434	2.158	0.491	0.82	633	20	14.28	5.5
B018	系统工程学报	775	0.659	0.017	0.75	200	8	25.81	5.8
R059	系统工程与电子技术	3345	1.204	0.211	0.83	441	25	13.18	4.4
B027	系统管理学报	924	0.983	0.232	0.86	247	15	26.73	4.7
B021	系统科学与数学	648	0.605	0.054	0.74	242	21	37.35	3.9
G188	细胞与分子免疫学杂志	1128	0.879	0.051	0.86	368	54	32.62	4.9
A063	厦门大学学报自然科学版	748	0.602	0.108	0.97	387	75	51.74	8.5
V087	现代城市研究	1341	0.713	0.115	0.84	234	14	17.45	5.2
E027	现代地质	2387	1.193	0.177	0.89	277	20	11.60	8.8
R089	现代电力	754	1.774	0.517	0.86	156	17	20.69	3.3
R748	现代电子技术	3024	0.580	0.103	0.83	491	14	16.24	3.5
Y561	现代防御技术	628	0.714	0.091	0.86	154	12	24.52	5.8
U634	现代纺织技术	383	0.515	0.222	0.74	85	4	22.19	4.0
G300	现代妇产科进展	1223	1.013	0.116	0.95	302	35	24.69	3.5
T063	现代化工	2310	0.685	0.119	0.86	476	36	20.61	3.6
G653	现代检验医学杂志	1056	0.834	0.095	0.69	289	14	27.37	3.4
N100	现代科学仪器	234	0.079	0.010	0.93	147	35	62.82	10.0
G321	现代口腔医学杂志	291	0.341	0.069	0.86	105	11	36.08	4.9
R087	现代雷达	980	0.556	0.106	0.73	168	11	17.14	5.9
G438	现代临床护理	724	0.795	0.082	0.85	167	10	23.07	3.6
G798	现代泌尿生殖肿瘤杂志	178	0.198	0.024	0.89	83	13	46.63	4.0
G341	现代泌尿外科杂志	917	0.602	0.081	0.86	248	16	27.04	3.8
G067	现代免疫学	442	0.813	0.133	0.95	231	50	52.26	3.6
H417	现代农药	431	0.771	0.212	0.86	129	9	29.93	5.5
F250	现代生物医学进展	4329	0.758	0.078	0.84	682	51	15.75	3.8
U010	现代食品科技	4265	1.318	0.205	0.92	420	9	9.85	4.6
T929	现代塑料加工应用	376	0.634	0.073	0.90	92	6	24.47	4.5
X673	现代隧道技术	2017	0.799	0.190	0.81	224	7	11.11	4.7
G451	现代消化及介入诊疗	1297	0.754	0.027	0.81	305	33	23.52	3.1
G421	现代药物与临床	2241	0.732	0.124	0.94	380	30	16.96	3.6
G223	现代医学	806	0.408	0.047	0.86	290	43	35.98	3.6
C093	现代应用物理	161	0.421	0.029	0.68	54	4	33.54	3.8
G963	现代预防医学	6720	1.305	0.220	0.84	715	23	10.64	3.5
N111	现代制造工程	1251	0.712	0.103	0.84	284	17	22.70	4.0
G951	现代中西医结合杂志	5633	0.964	0.104	0.95	517	30	9.18	3.9

表 4-1　2022 年中国科技核心期刊（中文）被引用指标刊名字顺索引（续）

CODE	刊名	核心总被引频次	核心影响因子	核心即年指标	核心他引率	核心引用刊数	核心开放因子	核心扩散因子	核心被引半衰期
G486	现代中药研究与实践	752	0.823	0.082	0.97	212	24	28.19	5.6
G896	现代中医临床	827	1.069	0.170	0.93	144	17	17.41	5.1
G826	现代肿瘤医学	3412	0.677	0.175	0.87	538	60	15.77	3.3
T073	香料香精化妆品	563	0.695	0.038	0.65	131	5	23.27	4.4
A018	湘潭大学学报自然科学版	168	0.190	0.038	0.88	122	38	72.62	5.1
T064	橡胶工业	781	0.862	0.115	0.73	159	4	20.36	4.0
T953	消防科学与技术	1546	0.553	0.084	0.62	268	5	17.34	4.0
Q937	消化肿瘤杂志电子版	138	0.365	0.024	0.81	79	15	57.25	4.1
P010	小型内燃机与车辆技术	166	0.193	0.000	0.76	73	8	43.98	4.8
S027	小型微型计算机系统	2530	1.279	0.270	0.73	376	12	14.86	3.2
G817	协和医学杂志	850	1.264	0.497	0.95	388	79	45.65	3.2
G083	心肺血管病杂志	1140	0.821	0.172	0.74	309	24	27.11	3.1
S918	心理科学	2193	0.742	0.057	0.92	385	16	17.56	8.5
S919	心理科学进展	3776	1.072	0.373	0.88	561	25	14.86	8.5
E046	心理学报	3044	1.407	0.098	0.93	458	24	15.05	10.2
G476	心脑血管病防治	858	0.749	0.083	0.97	291	46	33.92	3.4
G419	心血管病学进展	861	0.521	0.097	0.96	299	50	34.73	3.5
G578	心血管康复医学杂志	560	0.500	0.078	0.96	193	32	34.46	3.6
G260	心脏杂志	451	0.515	0.109	0.94	205	40	45.45	3.7
Q368	新发传染病电子杂志	453	1.341	0.338	0.68	154	10	34.00	3.2
A087	新疆大学学报自然科学版中英文版	294	0.531	0.094	0.64	139	12	47.28	4.3
E159	新疆地质	903	0.589	0.043	0.88	118	10	13.07	11.6
H276	新疆农业科学	1934	0.803	0.076	0.82	283	24	14.63	6.0
L007	新疆石油地质	2195	2.741	0.250	0.83	148	14	6.74	5.6
G980	新疆医科大学学报	1168	0.550	0.085	0.88	399	66	34.16	3.9
R516	新能源进展	326	0.696	0.085	0.89	162	28	49.69	3.9
G328	新乡医学院学报	857	0.608	0.127	0.92	327	49	38.16	3.5
V056	新型建筑材料	1666	0.574	0.048	0.72	230	8	13.81	4.2
M102	新型炭材料	574	1.041	0.313	0.81	197	22	34.32	4.5
G721	新医学	631	0.495	0.117	0.79	276	41	43.74	4.1
R034	信号处理	1298	1.035	0.235	0.72	264	15	20.34	3.4
S081	信息安全学报	284	1.289	0.100	0.91	91	12	32.04	2.9
S087	信息安全研究	496	0.628	0.336	0.59	149	6	30.04	3.0
R519	信息技术	824	0.419	0.041	0.85	250	18	30.34	3.5
S046	信息网络安全	570	0.837	0.102	0.85	161	17	28.25	3.3
S002	信息与控制	717	1.306	0.261	0.91	258	35	35.98	4.0
A510	信阳师范学院学报自然科学版	363	0.547	0.147	0.71	197	28	54.27	4.0
G565	徐州医科大学学报	370	0.429	0.117	0.92	192	37	51.89	3.0
H023	畜牧兽医学报	2391	1.041	0.162	0.81	250	6	10.46	4.5
H218	畜牧与兽医	1487	0.699	0.070	0.93	215	8	14.46	4.9
H247	畜牧与饲料科学	741	0.502	0.107	0.95	179	8	24.16	6.1
Q958	血管与腔内血管外科杂志	333	0.411	0.038	0.74	119	10	35.74	2.7
G627	循证医学	339	0.303	0.045	0.99	194	44	57.23	8.2

表 4-1　2022 年中国科技核心期刊（中文）被引用指标刊名字顺索引（续）

CODE	刊名	核心总被引频次	核心影响因子	核心即年指标	核心他引率	核心引用刊数	核心开放因子	核心扩散因子	核心被引半衰期
R069	压电与声光	642	0.482	0.031	0.75	185	18	28.82	4.8
N052	压力容器	1105	1.608	0.174	0.61	146	3	13.21	4.0
H200	亚热带农业研究	278	0.638	0.089	0.86	114	18	41.01	5.5
E047	亚热带资源与环境学报	292	0.705	0.061	0.84	140	22	47.95	6.0
U562	烟草科技	2050	1.163	0.218	0.69	219	5	10.68	6.7
J025	燕山大学学报	453	0.858	0.111	0.80	205	28	45.25	4.5
E053	岩矿测试	1643	2.164	0.210	0.78	262	10	15.95	6.8
E157	岩石矿物学杂志	1695	1.647	0.274	0.89	172	8	10.15	10.5
C005	岩石力学与工程学报	14860	4.047	0.746	0.94	501	23	3.37	9.5
E309	岩石学报	12858	2.621	1.133	0.79	224	6	1.74	10.2
V574	岩土工程技术	216	0.245	0.011	0.70	93	10	43.06	6.5
V037	岩土工程学报	9275	1.654	0.416	0.91	421	23	4.54	8.5
C004	岩土力学	12700	2.307	0.281	0.91	497	26	3.91	7.8
E163	岩性油气藏	1579	1.830	0.505	0.75	130	10	8.23	4.8
S821	研究与发展管理	1233	2.099	0.308	0.92	227	11	18.41	4.8
E500	盐湖研究	459	0.600	0.164	0.81	127	7	27.67	10.4
T054	盐科学与化工	437	0.298	0.044	0.65	143	5	32.72	5.3
G962	眼科	355	0.302	0.094	0.86	105	8	29.58	5.3
G554	眼科新进展	1189	0.766	0.113	0.90	232	12	19.51	3.8
H016	扬州大学学报农业与生命科学版	666	0.691	0.081	0.92	217	29	32.58	4.9
S031	遥测遥控	209	0.416	0.032	0.86	99	16	47.37	4.8
Z543	遥感技术与应用	1684	1.306	0.090	0.87	375	33	22.27	5.3
S024	遥感信息	949	0.825	0.009	0.93	280	32	29.50	5.6
Z006	遥感学报	3070	2.741	0.364	0.84	464	20	15.11	5.6
G403	药物不良反应杂志	713	0.602	0.065	0.87	170	10	23.84	4.8
G087	药物分析杂志	2789	1.222	0.108	0.87	326	16	11.69	5.3
G877	药物流行病学杂志	698	0.636	0.140	0.88	195	15	27.94	3.8
G836	药物评价研究	1988	0.984	0.291	0.92	379	29	19.06	3.2
G514	药物生物技术	555	0.591	0.089	0.81	235	33	42.34	5.2
G440	药学实践杂志	538	0.563	0.087	0.96	220	34	40.89	4.9
G008	药学学报	3920	1.602	0.311	0.84	527	19	13.44	4.5
G331	药学研究	797	0.586	0.072	0.95	267	36	33.50	4.6
G527	药学与临床研究	520	0.633	0.060	0.96	219	33	42.12	4.7
M023	冶金分析	1195	0.896	0.099	0.51	153	2	12.80	5.7
M047	冶金能源	261	0.596	0.042	0.73	66	2	25.29	4.2
C503	液晶与显示	740	1.026	0.219	0.66	154	6	20.81	2.9
N079	液压气动与密封	878	0.382	0.053	0.58	142	2	16.17	4.9
N035	液压与气动	2844	2.001	0.081	0.52	221	2	7.77	3.2
G605	医疗卫生装备	1410	0.759	0.049	0.68	289	6	20.50	4.2
G482	医学动物防制	958	0.508	0.067	0.72	197	8	20.56	3.9
G333	医学分子生物学杂志	282	0.417	0.023	0.93	117	10	41.49	4.1
G281	医学研究生学报	1690	1.211	0.174	0.76	469	39	27.75	3.7
G480	医学研究杂志	1629	0.482	0.061	0.95	520	75	31.92	4.3

表 4-1　2022 年中国科技核心期刊（中文）被引用指标刊名字顺索引（续）

CODE	刊名	核心总被引频次	核心影响因子	核心即年指标	核心他引率	核心引用刊数	核心开放因子	核心扩散因子	核心被引半衰期
G265	医学影像学杂志	2711	0.638	0.072	0.69	356	7	13.13	4.0
G964	医学与社会	1837	1.228	0.202	0.82	274	13	14.92	3.2
G308	医学与哲学	2439	0.948	0.152	0.79	456	17	18.70	4.5
G844	医药导报	2070	0.997	0.244	0.86	440	29	21.26	3.9
G088	医用生物力学	839	0.939	0.104	0.58	207	3	24.67	4.1
N074	仪表技术与传感器	1408	0.782	0.059	0.79	292	15	20.74	3.9
N066	仪器仪表学报	5630	2.661	0.261	0.85	585	15	10.39	4.1
F024	遗传	1452	1.030	0.347	0.94	420	52	28.93	7.9
G455	疑难病杂志	1480	1.044	0.193	0.89	355	35	23.99	3.3
T104	印染助剂	426	0.365	0.048	0.69	112	7	26.29	5.0
G089	营养学报	1414	1.350	0.097	0.97	428	40	30.27	6.6
D014	影像科学与光化学	450	0.885	0.079	0.89	211	30	46.89	2.4
G649	影像诊断与介入放射学	379	0.613	0.227	0.78	127	10	33.51	3.9
B008	应用概率统计	115	0.207	0.017	0.83	64	12	55.65	8.9
C109	应用光学	1109	0.985	0.103	0.75	207	8	18.67	4.4
E123	应用海洋学学报	736	0.966	0.190	0.92	202	23	27.45	8.5
T949	应用化工	3114	0.864	0.123	0.74	521	24	16.73	3.5
D016	应用化学	840	0.860	0.095	0.83	266	26	31.67	4.7
A580	应用基础与工程科学学报	1186	1.211	0.090	0.85	402	53	33.90	5.2
R033	应用激光	1243	1.263	0.053	0.58	182	3	14.64	3.6
X693	应用科技	327	0.440	0.040	0.91	189	43	57.80	4.3
A015	应用科学学报	393	1.006	0.081	0.93	213	43	54.20	3.4
F035	应用昆虫学报	2102	0.959	0.060	0.88	240	8	11.42	9.1
C008	应用力学学报	1108	0.514	0.109	0.87	339	37	30.60	4.6
E122	应用气象学报	2484	3.203	0.900	0.77	281	9	11.31	8.7
Z018	应用生态学报	14666	3.055	0.474	0.93	643	41	4.38	6.8
C052	应用声学	736	0.594	0.108	0.86	230	22	31.25	4.8
B011	应用数学	149	0.153	0.039	0.84	77	15	51.68	4.8
B020	应用数学和力学	759	0.831	0.129	0.72	270	24	35.57	5.6
B001	应用数学学报	233	0.319	0.047	0.91	106	18	45.49	6.5
F100	应用与环境生物学报	2486	1.511	0.568	0.91	418	48	16.81	5.1
M014	硬质合金	274	0.433	0.238	0.58	57	3	20.80	6.2
L027	油气储运	1923	1.500	0.542	0.63	260	5	13.52	4.3
L504	油气地质与采收率	1704	2.316	0.188	0.82	145	10	8.51	4.5
L359	油气藏评价与开发	648	1.651	0.129	0.96	92	11	14.20	2.6
L033	油田化学	1032	0.996	0.066	0.78	106	7	10.27	5.3
E051	铀矿地质	1461	1.011	0.193	0.68	92	5	6.30	11.6
K020	铀矿冶	396	0.492	0.197	0.53	70	2	17.68	8.2
T916	有机硅材料	459	0.708	0.022	0.62	89	3	19.39	5.4
D025	有机化学	1596	0.568	0.124	0.55	207	3	12.97	3.8
M036	有色金属工程	1070	0.993	0.149	0.76	236	11	22.06	3.4
M504	有色金属科学与工程	810	0.860	0.102	0.78	192	12	23.70	5.7
K013	有色金属矿山部分	525	0.656	0.189	0.77	106	5	20.19	3.9

表 4-1　2022 年中国科技核心期刊（中文）被引用指标刊名字顺索引（续）

CODE	刊名	核心总被引频次	核心影响因子	核心即年指标	核心他引率	核心引用刊数	核心开放因子	核心扩散因子	核心被引半衰期
K580	有色金属选矿部分	1004	1.061	0.234	0.66	83	4	8.27	4.6
M020	有色金属冶炼部分	1226	0.863	0.225	0.63	187	4	15.25	4.1
H998	渔业科学进展	1377	1.190	0.422	0.76	161	8	11.69	5.6
H220	渔业现代化	600	0.885	0.083	0.72	121	8	20.17	5.8
Y020	宇航材料工艺	740	0.611	0.043	0.91	203	28	27.43	7.9
Y008	宇航计测技术	276	0.280	0.065	0.86	117	20	42.39	5.5
Y024	宇航学报	2587	1.682	0.333	0.72	294	11	11.36	6.3
Y054	宇航总体技术	242	0.811	0.109	0.90	89	10	36.78	3.6
H909	玉米科学	2293	1.476	0.133	0.87	189	14	8.24	7.0
G479	预防医学	1821	1.145	0.295	0.79	354	15	19.44	3.3
G518	预防医学情报杂志	1169	0.750	0.121	0.86	265	13	22.67	3.6
H039	园艺学报	4766	2.149	0.361	0.86	264	16	5.54	6.8
C108	原子核物理评论	159	0.188	0.000	0.72	63	5	39.62	6.6
Q008	原子能科学技术	1618	0.495	0.076	0.73	270	6	16.69	6.2
A038	云南大学学报自然科学版	951	1.048	0.107	0.84	412	69	43.32	4.4
A654	云南民族大学学报自然科学版	190	0.317	0.017	0.89	135	40	71.05	4.0
H269	云南农业大学学报	1373	1.084	0.134	0.96	310	39	22.58	6.0
A053	云南师范大学学报自然科学版	251	0.503	0.173	0.78	155	31	61.75	4.7
B013	运筹学学报	106	0.273	0.000	0.89	66	16	62.26	4.7
B522	运筹与管理	1745	0.705	0.061	0.78	334	17	19.14	4.0
H989	杂草学报	477	1.204	0.000	0.79	110	9	23.06	8.1
H293	杂交水稻	1078	0.620	0.192	0.61	119	3	11.04	7.2
E148	灾害学	1654	1.043	0.238	0.85	392	37	23.70	5.8
Y057	载人航天	557	0.432	0.018	0.81	159	11	28.55	6.1
U643	造纸科学与技术	279	0.542	0.154	0.45	82	1	29.39	3.0
C100	噪声与振动控制	1353	0.600	0.034	0.82	304	26	22.47	4.9
M043	轧钢	912	1.440	0.180	0.45	62	1	6.80	3.9
T569	粘接	924	0.326	0.177	0.60	165	3	17.86	3.2
Y521	战术导弹技术	634	0.736	0.206	0.87	130	11	20.50	4.7
A017	浙江大学学报工学版	2486	1.017	0.100	0.94	664	96	26.71	5.6
A002	浙江大学学报理学版	480	0.608	0.086	0.95	303	77	63.13	6.3
H035	浙江大学学报农业与生命科学版	999	1.193	0.176	0.99	305	47	30.53	7.2
G091	浙江大学学报医学版	579	1.085	0.078	0.98	348	91	60.10	3.7
R777	浙江电力	881	0.978	0.088	0.78	148	10	16.80	3.1
J016	浙江工业大学学报	634	0.855	0.082	0.68	279	25	44.01	4.3
H019	浙江农林大学学报	1428	1.151	0.219	0.91	307	30	21.50	5.5
H201	浙江农业学报	1895	1.116	0.131	0.93	379	46	20.00	4.6
G810	浙江医学	1746	0.500	0.052	0.97	527	84	30.18	3.4
G092	浙江中医药大学学报	1802	1.082	0.111	0.81	243	15	13.49	4.4
G093	针刺研究	2860	2.426	0.349	0.85	264	13	9.23	4.1
G488	针灸临床杂志	2419	1.269	0.127	0.92	221	15	9.14	4.7
N086	真空	397	0.274	0.054	0.71	127	7	31.99	8.4
C038	真空与低温	313	0.494	0.099	0.74	108	9	34.50	5.7

表 4-1　2022 年中国科技核心期刊（中文）被引用指标刊名字顺索引（续）

CODE	刊名	核心总被引频次	核心影响因子	核心即年指标	核心他引率	核心引用刊数	核心开放因子	核心扩散因子	核心被引半衰期
G259	诊断病理学杂志	813	0.416	0.017	0.79	241	19	29.64	4.6
G615	诊断学理论与实践	478	0.820	0.066	0.96	260	60	54.39	3.6
Y010	振动测试与诊断	1366	1.049	0.080	0.86	319	20	23.35	5.2
Y004	振动工程学报	1433	1.042	0.123	0.88	291	20	20.31	5.8
N030	振动与冲击	8974	1.234	0.100	0.78	602	33	6.71	5.0
E316	震灾防御技术	464	0.474	0.127	0.72	97	7	20.91	5.8
J012	郑州大学学报工学版	572	0.851	0.175	0.85	294	52	51.40	4.8
A019	郑州大学学报理学版	343	0.904	0.192	0.78	184	28	53.64	3.5
G036	郑州大学学报医学版	949	0.987	0.178	0.90	383	60	40.36	3.4
G835	职业卫生与应急救援	619	0.835	0.122	0.84	119	4	19.22	3.3
G884	职业与健康	2884	0.688	0.087	0.70	397	11	13.77	3.5
H577	植物保护	3804	1.534	0.185	0.85	257	13	6.76	4.6
H014	植物保护学报	2427	1.527	0.395	0.79	212	11	8.74	5.4
H052	植物病理学报	1396	1.024	0.417	0.93	179	19	12.82	8.3
H584	植物检疫	791	0.623	0.344	0.80	133	5	16.81	8.8
F008	植物科学学报	1095	0.864	0.068	0.96	247	32	22.56	7.2
F038	植物生理学报	3589	1.456	0.263	0.90	315	28	8.78	6.7
F009	植物生态学报	5166	2.627	0.358	0.95	397	21	7.68	10.3
F023	植物学报	1745	1.368	0.304	0.92	323	34	18.51	11.3
F050	植物研究	1210	1.114	0.188	0.90	237	24	19.59	6.6
H238	植物遗传资源学报	2879	1.754	0.564	0.86	220	16	7.64	5.6
H890	植物营养与肥料学报	7197	2.974	0.200	0.90	332	21	4.61	7.0
Z551	植物资源与环境学报	812	1.432	0.143	0.90	217	27	26.72	7.0
N091	指挥控制与仿真	721	0.527	0.138	0.88	141	7	19.56	5.1
N094	指挥与控制学报	427	1.455	0.103	0.64	91	3	21.31	3.6
U011	制冷学报	713	0.776	0.059	0.74	165	8	23.14	4.8
U640	制冷与空调（四川）	272	0.303	0.019	0.68	83	3	30.51	5.0
N046	制造技术与机床	1121	0.501	0.085	0.79	198	10	17.66	3.8
S023	制造业自动化	1239	0.448	0.044	0.85	323	27	26.07	4.5
C034	质谱学报	689	0.939	0.208	0.93	216	23	31.35	5.5
R072	智慧电力	2598	4.473	0.941	0.84	197	6	7.58	2.3
H106	智慧农业中英文	238	1.479	0.212	0.76	76	4	31.93	2.7
S052	智能系统学报	966	1.207	0.116	0.87	349	39	36.13	3.8
G007	中草药	15133	3.067	0.582	0.86	682	20	4.51	4.0
G520	中成药	6476	1.504	0.259	0.89	518	23	8.00	4.0
G546	中国 CT 和 MRI 杂志	2612	0.707	0.161	0.69	340	8	13.02	3.5
Q940	中国癌症防治杂志	418	0.856	0.198	0.80	209	33	50.00	2.9
G538	中国癌症杂志	1737	2.702	0.319	0.97	413	71	23.78	3.3
G985	中国艾滋病性病	2477	1.209	0.212	0.72	207	8	8.36	3.7
G129	中国安全科学学报	3914	1.727	0.187	0.77	543	14	13.87	4.7
Z552	中国安全生产科学技术	2689	1.048	0.120	0.80	464	17	17.26	4.5
F048	中国比较医学杂志	1508	1.033	0.208	0.84	397	29	26.33	3.8
N103	中国表面工程	1046	1.247	0.040	0.74	190	5	18.16	5.0

表 4-1　2022 年中国科技核心期刊（中文）被引用指标刊名字顺索引（续）

CODE	刊名	核心总被引频次	核心影响因子	核心即年指标	核心他引率	核心引用刊数	核心开放因子	核心扩散因子	核心被引半衰期
G750	中国病案	1625	0.698	0.053	0.51	270	2	16.62	3.5
G769	中国病毒病杂志	614	1.716	0.286	0.94	214	23	34.85	3.4
G096	中国病理生理杂志	2525	1.356	0.258	0.83	477	44	18.89	3.7
G339	中国病原生物学杂志	1374	0.649	0.028	0.86	329	20	23.94	4.2
M053	中国材料进展	1072	0.950	0.096	0.97	294	30	27.43	6.2
H213	中国草地学报	2266	2.444	0.304	0.79	221	5	9.75	4.7
N830	中国测试	1790	1.320	0.208	0.66	430	17	24.02	3.1
G097	中国超声医学杂志	2527	1.549	0.239	0.75	354	14	14.01	3.4
G529	中国卒中杂志	1491	1.345	0.136	0.93	329	47	22.07	3.6
G901	中国当代儿科杂志	1881	1.441	0.294	0.94	428	52	22.75	3.9
H939	中国稻米	1361	1.290	0.315	0.85	173	12	12.71	4.1
E351	中国地震	1045	1.035	0.288	0.84	107	5	10.24	8.9
E654	中国地质	5210	2.646	1.071	0.85	317	11	6.08	7.2
E169	中国地质调查	534	1.188	0.256	0.87	146	14	27.34	3.6
E604	中国地质灾害与防治学报	1330	1.591	0.366	0.81	242	14	18.20	5.4
R040	中国电机工程学报	25694	4.228	1.125	0.82	629	10	2.45	4.8
R511	中国电力	3804	2.856	0.836	0.85	356	14	9.36	2.9
G234	中国动脉硬化杂志	1436	1.461	0.321	0.81	325	32	22.63	3.4
H891	中国动物传染病学报	654	1.071	0.276	0.67	121	5	18.50	3.7
G825	中国儿童保健杂志	1998	0.998	0.173	0.85	364	28	18.22	4.2
G270	中国耳鼻咽喉颅底外科杂志	598	0.609	0.140	0.74	187	10	31.27	3.9
G543	中国耳鼻咽喉头颈外科	989	0.597	0.083	0.83	250	14	25.28	4.6
G100	中国法医学杂志	767	0.686	0.186	0.60	129	2	16.82	5.1
G290	中国防痨杂志	1871	1.684	0.433	0.72	234	9	12.51	3.4
V023	中国非金属矿工业导刊	680	0.876	0.171	0.53	110	2	16.18	6.8
G320	中国肺癌杂志	1514	1.613	0.248	0.97	395	58	26.09	4.0
G402	中国分子心脏病学杂志	327	0.618	0.025	0.92	163	25	49.85	3.1
V568	中国粉体技术	385	0.516	0.078	0.83	195	33	50.65	6.6
G587	中国辐射卫生	845	0.947	0.156	0.58	125	3	14.79	3.7
M007	中国腐蚀与防护学报	1196	1.754	0.271	0.64	182	3	15.22	5.5
G456	中国妇产科临床杂志	1292	1.110	0.157	0.85	283	26	21.90	3.3
G687	中国妇幼健康研究	1504	0.709	0.084	0.90	369	42	24.53	3.9
G475	中国肝脏病杂志电子版	303	0.902	0.047	0.85	130	13	42.90	4.1
G631	中国感染控制杂志	2146	2.346	0.281	0.90	405	36	18.87	3.5
G337	中国感染与化疗杂志	1388	2.292	0.207	0.95	308	36	22.19	3.2
X035	中国港湾建设	934	0.565	0.035	0.38	109	1	11.67	5.4
V036	中国给水排水	3924	0.870	0.084	0.77	371	6	9.45	5.4
N089	中国工程机械学报	503	0.834	0.058	0.91	176	23	34.99	4.0
N754	中国工程科学	2633	3.387	0.720	0.95	920	150	34.94	4.7
G244	中国工业医学杂志	737	0.607	0.053	0.85	155	5	21.03	4.7
G102	中国公共卫生	3988	1.377	0.383	0.87	670	30	16.80	4.5
X031	中国公路学报	5033	2.721	0.423	0.86	426	22	8.46	4.4
G103	中国骨伤	1932	1.120	0.353	0.77	289	14	14.96	4.4

表 4-1　2022 年中国科技核心期刊（中文）被引用指标刊名字顺索引（续）

CODE	刊名	核心总被引频次	核心影响因子	核心即年指标	核心他引率	核心引用刊数	核心开放因子	核心扩散因子	核心被引半衰期
G249	中国骨与关节损伤杂志	2161	0.902	0.085	0.71	245	10	11.34	3.4
G857	中国骨与关节杂志	805	0.772	0.067	0.95	226	24	28.07	4.0
G663	中国骨质疏松杂志	3664	1.758	0.219	0.78	411	24	11.22	3.6
W021	中国管理科学	4223	2.044	0.558	0.79	477	13	11.30	4.3
N104	中国惯性技术学报	1106	1.297	0.164	0.74	210	15	18.99	4.4
C099	中国光学	1175	1.770	0.322	0.82	204	4	17.36	3.6
G637	中国国境卫生检疫杂志	352	0.494	0.121	0.74	124	7	35.23	3.5
H215	中国果树	1283	0.976	0.148	0.75	162	10	12.63	3.8
L013	中国海上油气	1709	1.422	0.217	0.85	215	17	12.58	5.6
E313	中国海洋大学学报自然科学版	1772	0.663	0.101	0.94	444	34	25.06	7.6
L026	中国海洋平台	343	0.319	0.009	0.79	100	8	29.15	6.9
G104	中国海洋药物	400	0.561	0.068	0.84	126	14	31.50	6.4
X039	中国航海	469	0.665	0.082	0.82	137	7	29.21	4.9
G973	中国呼吸与危重监护杂志	838	0.997	0.144	0.89	300	44	35.80	3.8
G417	中国护理管理	3983	1.532	0.188	0.89	352	9	8.84	4.0
Z030	中国环境监测	1785	1.561	0.135	0.88	339	16	18.99	5.6
Z001	中国环境科学	8978	2.173	0.480	0.81	804	17	8.96	4.3
N059	中国机械工程	4452	1.486	0.290	0.91	557	27	12.51	5.5
A079	中国基础科学	310	0.408	0.042	1.00	228	73	73.55	6.9
R066	中国激光	5563	2.455	0.341	0.74	406	3	7.30	3.1
R013	中国激光医学杂志	287	0.523	0.017	0.80	106	7	36.93	4.3
G852	中国急救复苏与灾害医学杂志	1346	0.808	0.061	0.47	215	1	15.97	3.0
G241	中国急救医学	1891	1.265	0.330	0.94	407	47	21.52	4.1
G192	中国脊柱脊髓杂志	1536	1.062	0.127	0.90	251	14	16.34	5.5
G105	中国寄生虫学与寄生虫病杂志	1357	1.455	0.193	0.77	165	6	12.16	4.3
H414	中国家禽	1877	0.866	0.136	0.75	162	4	8.63	5.4
G560	中国计划生育和妇产科	1016	0.794	0.092	0.91	257	27	25.30	3.2
G907	中国计划生育学杂志	1998	0.918	0.088	0.75	300	16	15.02	2.8
G787	中国健康教育	1997	1.249	0.079	0.87	295	16	14.77	4.2
N108	中国舰船研究	1125	1.224	0.188	0.79	228	5	20.27	3.9
T075	中国胶粘剂	787	0.753	0.261	0.65	129	3	16.39	4.3
G233	中国矫形外科杂志	3415	0.993	0.160	0.64	317	6	9.28	4.2
G239	中国介入心脏病学杂志	1035	1.336	0.285	0.80	230	19	22.22	3.7
G206	中国介入影像与治疗学	970	1.086	0.165	0.83	256	18	26.39	3.6
G323	中国康复	1323	1.445	0.181	0.77	257	16	19.43	3.7
G400	中国康复理论与实践	2781	1.498	0.376	0.83	433	25	15.57	4.9
G106	中国康复医学杂志	3638	1.371	0.197	0.87	466	30	12.81	4.9
G107	中国抗生素杂志	1314	1.120	0.168	0.84	349	39	26.56	4.0
A098	中国科技论坛	1983	1.260	0.208	0.88	382	17	19.26	4.3
A108	中国科学 地球科学	6206	2.303	0.791	0.94	513	30	8.27	9.9
A106	中国科学 化学	1173	0.649	0.183	0.95	447	66	38.11	9.1
A109	中国科学 技术科学	1733	1.336	0.478	0.92	558	75	32.20	6.3
A107	中国科学 生命科学	1706	1.640	0.490	0.97	630	106	36.93	4.5

表 4-1　2022 年中国科技核心期刊（中文）被引用指标刊名字顺索引（续）

CODE	刊名	核心总被引频次	核心影响因子	核心即年指标	核心他引率	核心引用刊数	核心开放因子	核心扩散因子	核心被引半衰期
A105	中国科学 数学	453	0.446	0.038	0.95	232	45	51.21	7.7
A103	中国科学 物理学 力学 天文学	903	0.661	0.109	0.89	324	38	35.88	4.8
Z317	中国科学 信息科学	1282	1.790	0.172	0.91	414	54	32.29	4.1
A081	中国科学基金	997	1.396	0.315	0.88	390	50	39.12	3.6
A007	中国科学技术大学学报	398	0.192	0.000	0.99	283	84	71.11	8.1
Q442	中国科学数据中英文网络版	213	0.536	0.060	0.75	108	15	50.70	2.9
A102	中国科学院大学学报	613	0.745	0.079	0.90	337	73	54.98	5.0
A636	中国科学院院刊	3419	3.394	0.795	0.95	825	85	24.13	3.9
Y003	中国空间科学技术	615	1.577	0.376	0.59	155	5	25.20	4.1
G441	中国口腔颌面外科杂志	449	0.527	0.053	0.85	164	17	36.53	4.4
K030	中国矿业	2968	0.769	0.237	0.85	457	24	15.40	4.3
K015	中国矿业大学学报	3444	2.744	0.418	0.91	417	18	12.11	6.5
U001	中国粮油学报	3231	1.362	0.321	0.82	308	8	9.53	4.7
G447	中国临床保健杂志	849	0.857	0.133	0.83	301	45	35.45	3.3
G108	中国临床解剖学杂志	854	0.574	0.103	0.86	289	28	33.84	5.7
G536	中国临床神经科学	479	0.638	0.101	0.76	213	30	44.47	4.1
G794	中国临床神经外科杂志	991	0.608	0.097	0.70	250	17	25.23	3.5
G221	中国临床心理学杂志	3079	1.228	0.128	0.78	360	11	11.69	6.6
G583	中国临床新医学	797	0.505	0.142	0.70	315	34	39.52	3.4
G754	中国临床研究	1584	0.808	0.137	0.86	402	41	25.38	3.1
G870	中国临床药理学与治疗学	1344	0.935	0.205	0.90	385	43	28.65	4.9
G109	中国临床药理学杂志	4230	1.013	0.140	0.85	594	41	14.04	3.2
G544	中国临床药学杂志	360	0.590	0.058	0.89	151	20	41.94	3.6
G814	中国临床医生杂志	2683	1.267	0.191	0.89	510	42	19.01	3.1
G974	中国临床医学	853	0.873	0.126	0.95	369	66	43.26	3.4
G304	中国临床医学影像杂志	1326	0.769	0.103	0.83	282	15	21.27	4.0
G110	中国麻风皮肤病杂志	904	0.580	0.137	0.74	226	11	25.00	4.2
H212	中国麻业科学	340	0.537	0.064	0.61	82	5	24.12	8.2
G613	中国慢性病预防与控制	1984	1.727	0.210	0.89	381	23	19.20	3.5
G598	中国媒介生物学及控制杂志	1880	1.727	0.389	0.65	118	2	6.28	4.8
K579	中国煤炭	1264	1.096	0.319	0.84	226	9	17.88	3.8
K037	中国煤炭地质	1300	0.649	0.124	0.67	190	6	14.62	5.9
G582	中国煤炭工业医学杂志	641	0.585	0.083	0.92	233	20	36.35	4.7
G428	中国美容医学	2122	0.600	0.059	0.54	289	2	13.62	3.7
G297	中国美容整形外科杂志	956	0.616	0.082	0.77	172	3	17.99	3.8
K036	中国锰业	470	0.636	0.048	0.62	114	5	24.26	4.8
H211	中国棉花	946	0.752	0.106	0.53	99	2	10.47	5.5
G111	中国免疫学杂志	3355	1.276	0.158	0.83	561	47	16.72	3.1
K550	中国钼业	300	0.391	0.028	0.73	73	6	24.33	8.4
G303	中国男科学杂志	713	1.150	0.119	0.88	181	13	25.39	4.6
H273	中国南方果树	1532	0.955	0.062	0.75	164	8	10.70	5.5
G422	中国脑血管病杂志	1281	2.395	0.707	0.94	326	52	25.45	2.8
G277	中国内镜杂志	1376	1.198	0.188	0.82	310	39	22.53	4.1

表 4-1　2022 年中国科技核心期刊（中文）被引用指标刊名字顺索引（续）

CODE	刊名	核心总被引频次	核心影响因子	核心即年指标	核心他引率	核心引用刊数	核心开放因子	核心扩散因子	核心被引半衰期
R524	中国能源	481	0.767	0.081	0.90	224	36	46.57	3.7
U609	中国酿造	4233	1.484	0.204	0.71	301	4	7.11	4.0
W005	中国农村水利水电	2761	0.939	0.269	0.84	416	11	15.07	4.1
H958	中国农学通报	8949	0.908	0.111	0.92	642	49	7.17	7.8
H027	中国农业大学学报	2968	1.527	0.257	0.94	506	49	17.05	4.7
H567	中国农业科技导报	1983	1.249	0.263	0.94	395	44	19.92	4.1
H030	中国农业科学	12538	2.388	0.230	0.93	530	36	4.23	7.4
H210	中国农业气象	1616	1.747	0.157	0.84	264	22	16.34	7.5
H221	中国农业资源与区划	3367	1.589	0.452	0.81	453	26	13.45	3.6
G311	中国皮肤性病学杂志	1509	0.708	0.154	0.82	296	18	19.62	4.3
U020	中国皮革	1141	1.169	0.161	0.52	101	2	8.85	3.0
G226	中国普通外科杂志	1786	1.500	0.294	0.75	357	23	19.99	3.9
G269	中国普外基础与临床杂志	1139	0.705	0.223	0.82	293	30	25.72	3.6
G776	中国全科医学	8083	1.987	0.673	0.93	741	65	9.17	3.5
H081	中国热带农业	498	0.693	0.227	0.86	103	7	20.68	5.0
G629	中国热带医学	1606	1.123	0.263	0.86	321	15	19.99	3.7
Z546	中国人口资源与环境	7630	4.120	0.431	0.93	672	41	8.81	5.5
G112	中国人兽共患病学报	1351	0.846	0.133	0.89	257	15	19.02	4.9
U052	中国乳品工业	929	0.779	0.081	0.83	146	6	15.72	5.5
S825	中国软科学	4738	2.352	0.340	0.93	554	41	11.69	4.9
H793	中国森林病虫	560	0.789	0.462	0.78	100	8	17.86	7.0
E124	中国沙漠	3246	1.981	0.199	0.80	385	14	11.86	7.8
G366	中国社会医学杂志	789	0.712	0.110	0.90	246	25	31.18	3.9
G114	中国神经精神疾病杂志	1015	0.703	0.069	0.89	319	42	31.43	5.2
G242	中国神经免疫学和神经病学杂志	656	1.469	0.103	0.93	258	41	39.33	3.1
H555	中国生态农业学报中英文版	4777	2.473	0.589	0.94	456	35	9.55	6.3
H044	中国生物防治学报	1851	1.429	0.374	0.80	209	11	11.29	5.7
F255	中国生物工程杂志	858	0.726	0.252	0.93	352	51	41.03	5.2
F002	中国生物化学与分子生物学报	854	0.640	0.257	0.93	369	67	43.21	4.5
G115	中国生物医学工程学报	544	0.657	0.070	0.89	268	37	49.26	5.2
G258	中国生物制品学杂志	890	0.511	0.086	0.81	270	24	30.34	4.1
G715	中国生育健康杂志	508	0.643	0.121	0.96	222	41	43.70	3.5
L001	中国石油大学学报自然科学版	2191	1.465	0.098	0.86	316	22	14.42	8.2
L532	中国石油勘探	2633	6.444	0.682	0.84	133	12	5.05	3.5
F047	中国实验动物学报	891	1.291	0.138	0.91	266	24	29.85	4.2
G604	中国实验方剂学杂志	12973	2.883	0.871	0.89	659	21	5.08	3.9
G883	中国实验血液学杂志	1503	0.736	0.086	0.82	342	30	22.75	3.9
G853	中国实验诊断学	1960	0.558	0.092	0.97	515	71	26.28	3.7
G273	中国实用儿科杂志	1779	1.159	0.203	0.92	399	39	22.43	4.4
G228	中国实用妇科与产科杂志	3552	2.808	0.886	0.76	390	16	10.98	3.4
G305	中国实用护理杂志	2996	0.897	0.116	0.86	360	10	12.02	4.0
G867	中国实用口腔科杂志	718	0.638	0.118	0.76	138	7	19.22	4.6
G267	中国实用内科杂志	2477	1.174	0.162	0.95	529	80	21.36	4.6

表 4-1　2022 年中国科技核心期刊（中文）被引用指标刊名字顺索引（续）

CODE	刊名	核心总被引频次	核心影响因子	核心即年指标	核心他引率	核心引用刊数	核心开放因子	核心扩散因子	核心被引半衰期
G686	中国实用神经疾病杂志	1961	0.999	0.436	0.70	364	23	18.56	3.5
G272	中国实用外科杂志	4708	3.016	0.715	0.85	480	24	10.20	3.9
U635	中国食品添加剂	1770	1.080	0.201	0.82	271	7	15.31	4.4
G429	中国食品卫生杂志	1292	1.036	0.114	0.80	236	10	18.27	4.9
U007	中国食品学报	4471	1.475	0.165	0.92	414	8	9.26	4.1
U563	中国食物与营养	1380	0.913	0.160	0.95	353	25	25.58	4.9
H317	中国兽药杂志	524	0.418	0.061	0.83	175	16	33.40	6.0
H326	中国兽医科学	1007	0.786	0.221	0.76	147	6	14.60	4.0
H225	中国兽医学报	1924	0.832	0.106	0.79	236	8	12.27	4.1
H207	中国蔬菜	1916	0.780	0.232	0.83	238	18	12.42	6.0
G796	中国输血杂志	2142	0.776	0.141	0.57	243	2	11.34	4.6
G926	中国数字医学	1539	0.815	0.112	0.81	316	9	20.53	3.4
H290	中国水产科学	2053	1.272	0.119	0.86	186	9	9.06	6.8
H020	中国水稻科学	1838	2.207	0.629	0.93	191	16	10.39	9.0
W557	中国水利水电科学研究院学报	613	1.368	0.234	0.74	183	13	29.85	4.6
H295	中国水土保持科学	1363	1.230	0.102	0.91	267	18	19.59	6.6
T022	中国塑料	1494	1.047	0.171	0.83	233	5	15.60	4.1
G211	中国糖尿病杂志	1645	1.226	0.331	0.95	391	54	23.77	4.5
G521	中国疼痛医学杂志	1774	1.433	0.250	0.78	334	30	18.83	4.4
G444	中国体外循环杂志	344	0.853	0.111	0.79	127	18	36.92	3.3
U501	中国调味品	4784	2.238	0.173	0.43	235	1	4.91	3.1
X004	中国铁道科学	1636	1.135	0.124	0.85	295	16	18.03	7.5
G437	中国听力语言康复科学杂志	355	0.449	0.141	0.69	103	5	29.01	3.7
R083	中国图象图形学报	2093	1.569	0.176	0.86	439	29	20.97	3.9
H350	中国土地科学	3343	3.704	0.571	0.80	337	16	10.08	3.9
H233	中国土壤与肥料	3163	1.897	0.216	0.84	300	20	9.48	4.7
G373	中国微创外科杂志	1756	1.000	0.186	0.88	339	40	19.31	4.0
G517	中国微生态学杂志	1797	0.972	0.078	0.91	464	62	25.82	3.9
S725	中国卫生经济	2278	1.466	0.413	0.74	256	7	11.24	3.7
G253	中国卫生统计	2664	1.399	0.104	0.87	535	26	20.08	4.8
G540	中国卫生信息管理杂志	974	1.374	0.280	0.69	180	3	18.48	3.0
G716	中国卫生政策研究	1471	2.092	0.389	0.87	242	9	16.45	3.9
G752	中国卫生质量管理	1337	1.206	0.186	0.59	189	4	14.14	2.9
G541	中国卫生资源	850	1.393	0.150	0.90	193	12	22.71	3.1
K035	中国钨业	366	0.508	0.045	0.67	77	5	21.04	7.0
M022	中国稀土学报	1068	1.186	0.336	0.71	198	7	18.54	6.3
F025	中国细胞生物学学报	1035	0.582	0.072	0.95	438	82	42.32	3.9
G841	中国现代普通外科进展	816	0.673	0.050	0.92	249	37	30.51	3.5
G623	中国现代神经疾病杂志	845	0.715	0.103	0.89	311	50	36.80	4.3
G885	中国现代手术学杂志	254	0.391	0.041	0.96	139	34	54.72	3.9
G237	中国现代医学杂志	2931	1.021	0.178	0.97	601	72	20.50	3.8
G849	中国现代应用药学	2973	1.153	0.238	0.82	465	20	15.64	3.2
G377	中国现代中药	2538	1.399	0.298	0.91	349	24	13.75	3.8

表 4-1 2022 年中国科技核心期刊（中文）被引用指标刊名字顺索引（续）

CODE	刊名	核心总被引频次	核心影响因子	核心即年指标	核心他引率	核心引用刊数	核心开放因子	核心扩散因子	核心被引半衰期
G284	中国消毒学杂志	1434	0.770	0.075	0.65	265	6	18.48	3.9
G765	中国小儿急救医学	922	0.754	0.062	0.77	248	24	26.90	3.6
G845	中国小儿血液与肿瘤杂志	244	0.398	0.035	0.91	132	27	54.10	4.5
G298	中国斜视与小儿眼科杂志	239	0.500	0.061	0.80	65	7	27.20	4.4
G117	中国心理卫生杂志	3051	1.251	0.292	0.91	448	23	14.68	10.0
G718	中国心血管病研究	907	0.876	0.281	0.86	268	32	29.55	3.0
G380	中国心血管杂志	1518	1.746	0.412	0.87	371	43	24.44	3.3
G203	中国心脏起搏与心电生理杂志	554	0.515	0.054	0.75	164	13	29.60	4.3
G250	中国新药与临床杂志	935	0.950	0.183	0.96	319	40	34.12	4.2
G747	中国新药杂志	3395	1.258	0.237	0.90	526	28	15.49	4.4
G727	中国性科学	1839	0.601	0.106	0.83	313	25	17.02	3.5
G232	中国胸心血管外科临床杂志	1199	1.092	0.341	0.85	326	39	27.19	2.9
G118	中国修复重建外科杂志	1941	1.254	0.214	0.91	306	20	15.77	3.8
H294	中国畜牧兽医	3203	0.984	0.181	0.82	312	7	9.74	4.5
H242	中国畜牧杂志	3301	1.052	0.349	0.83	280	4	8.48	3.6
G908	中国学校卫生	3234	1.084	0.200	0.76	351	11	10.85	4.1
G464	中国血管外科杂志电子版	388	0.483	0.034	0.87	158	17	40.72	5.2
G675	中国血吸虫病防治杂志	1599	2.016	0.380	0.74	157	4	9.82	3.9
G633	中国血液净化	1160	0.802	0.146	0.86	234	18	20.17	3.6
G119	中国循环杂志	4544	4.495	0.672	0.90	567	52	12.48	3.4
G756	中国循证儿科杂志	747	1.050	0.120	0.94	268	38	35.88	5.2
G645	中国循证心血管医学杂志	2017	0.746	0.095	0.91	391	42	19.39	3.8
G396	中国循证医学杂志	2583	1.903	0.209	0.94	517	49	20.02	4.5
H208	中国烟草科学	1659	1.898	0.241	0.87	187	10	11.27	6.8
U647	中国烟草学报	1384	1.181	0.141	0.89	188	9	13.58	6.8
E303	中国岩溶	1435	1.018	0.122	0.73	252	12	17.56	6.4
G619	中国眼耳鼻喉科杂志	423	0.409	0.105	0.87	169	18	39.95	4.4
G318	中国药房	5870	1.630	0.275	0.91	650	31	11.07	4.4
G120	中国药科大学学报	741	0.864	0.078	0.94	274	35	36.98	6.3
G121	中国药理学通报	3457	1.723	0.237	0.79	530	29	15.33	4.3
G122	中国药理学与毒理学杂志	1121	0.953	0.096	0.98	337	44	30.06	3.9
G878	中国药师	2664	0.889	0.162	0.83	437	23	16.40	3.6
G913	中国药事	1118	0.867	0.223	0.89	258	16	23.08	4.2
G220	中国药物化学杂志	388	0.578	0.110	0.92	155	24	39.95	5.9
G227	中国药物警戒	1292	0.942	0.245	0.75	243	12	18.81	4.2
G248	中国药物依赖性杂志	307	0.432	0.043	0.73	116	15	37.79	5.4
G713	中国药物应用与监测	463	0.622	0.182	0.76	141	9	30.45	4.3
G009	中国药学杂志	3259	1.101	0.102	0.90	490	23	15.04	5.9
G755	中国药业	2752	0.662	0.106	0.75	447	23	16.24	3.7
M628	中国冶金	1601	1.795	0.257	0.70	141	2	8.81	3.1
G809	中国医刊	1965	1.115	0.228	0.83	466	35	23.72	3.0
G123	中国医科大学学报	1111	0.694	0.132	0.98	412	72	37.08	3.9
G124	中国医疗器械杂志	414	0.527	0.042	0.89	172	14	41.55	4.1

表 4-1　2022 年中国科技核心期刊（中文）被引用指标刊名字顺索引（续）

CODE	刊名	核心总被引频次	核心影响因子	核心即年指标	核心他引率	核心引用刊数	核心开放因子	核心扩散因子	核心被引半衰期
G679	中国医疗设备	2173	0.753	0.121	0.66	390	5	17.95	3.6
G306	中国医师进修杂志	1131	0.840	0.142	0.68	312	18	27.59	3.6
G313	中国医师杂志	1880	0.707	0.069	0.87	462	48	24.57	3.4
G236	中国医学计算机成像杂志	610	0.731	0.063	0.85	189	12	30.98	4.2
G125	中国医学科学院学报	984	0.976	0.170	0.98	446	95	45.33	4.4
G471	中国医学前沿杂志电子版	1704	1.078	0.075	0.99	485	89	28.46	3.7
G622	中国医学物理学杂志	1076	0.679	0.093	0.87	317	19	29.46	3.6
G127	中国医学影像技术	3051	1.145	0.167	0.84	430	13	14.09	4.1
G193	中国医学影像学杂志	1624	1.186	0.149	0.79	331	13	20.38	3.6
S591	中国医学装备	2131	0.811	0.106	0.67	392	8	18.40	3.1
G519	中国医药	2208	1.237	0.377	0.90	403	23	18.25	2.7
G644	中国医药导报	6523	0.835	0.109	0.83	704	46	10.79	3.3
T019	中国医药工业杂志	1075	0.594	0.070	0.87	234	17	21.77	5.2
G531	中国医药生物技术	356	0.508	0.118	0.96	208	49	58.43	4.1
Q918	中国医院	1680	1.086	0.381	0.78	220	9	13.10	2.9
G454	中国医院管理	3203	2.002	0.495	0.79	337	9	10.52	3.4
G243	中国医院药学杂志	3736	1.344	0.340	0.82	490	20	13.12	3.7
G625	中国医院用药评价与分析	1207	0.621	0.084	0.93	303	31	25.10	3.5
G314	中国疫苗和免疫	1411	1.768	0.237	0.74	165	7	11.69	3.9
G130	中国应用生理学杂志	910	1.204	0.107	0.71	306	25	33.63	4.1
G706	中国优生与遗传杂志	1092	0.322	0.049	0.89	281	32	25.73	4.5
H205	中国油料作物学报	1806	1.416	0.318	0.88	227	19	12.57	5.6
U032	中国油脂	2796	1.188	0.340	0.75	305	6	10.91	4.1
M028	中国有色金属学报	4090	1.397	0.237	0.79	401	16	9.80	6.6
H099	中国预防兽医学报	1171	0.755	0.098	0.75	135	5	11.53	4.7
G753	中国预防医学杂志	1162	0.860	0.127	0.96	367	39	31.58	3.7
V039	中国园林	3073	1.192	0.194	0.70	275	5	8.95	4.9
X012	中国造船	934	0.842	0.037	0.86	186	7	19.91	6.3
U033	中国造纸学报	234	0.740	0.078	0.69	90	5	38.46	4.0
H204	中国沼气	378	0.628	0.060	0.78	122	16	32.28	5.0
G600	中国针灸	6007	2.302	0.406	0.88	333	14	5.54	5.4
H067	中国真菌学杂志	383	0.651	0.037	0.71	138	16	36.03	4.6
G945	中国职业医学	1355	1.526	0.606	0.70	203	3	14.98	4.0
G347	中国中西医结合耳鼻咽喉科杂志	429	0.498	0.019	0.90	161	25	37.53	4.5
G843	中国中西医结合急救杂志	1069	0.836	0.144	0.77	227	8	21.23	4.0
G757	中国中西医结合皮肤性病学杂志	799	0.559	0.041	0.94	180	19	22.53	4.3
G846	中国中西医结合肾病杂志	2050	0.910	0.044	0.77	302	17	14.73	4.5
G758	中国中西医结合外科杂志	924	0.764	0.122	0.91	266	33	28.79	3.6
G528	中国中西医结合消化杂志	1829	1.230	0.151	0.89	274	21	14.98	4.5
G678	中国中西医结合影像学杂志	525	0.512	0.149	0.84	187	22	35.62	3.9
G182	中国中西医结合杂志	5155	1.986	0.685	0.94	442	24	8.57	6.0
G132	中国中药杂志	15944	3.231	1.082	0.85	751	18	4.71	4.3
G240	中国中医骨伤科杂志	1583	1.045	0.167	0.79	219	15	13.83	3.9

表 4-1 2022 年中国科技核心期刊（中文）被引用指标刊名字顺索引（续）

CODE	刊名	核心总被引频次	核心影响因子	核心即年指标	核心他引率	核心引用刊数	核心开放因子	核心扩散因子	核心被引半衰期
G632	中国中医基础医学杂志	5600	1.366	0.170	0.92	344	17	6.14	5.0
G524	中国中医急症	4197	0.994	0.158	0.89	352	19	8.39	4.2
G749	中国中医眼科杂志	973	1.029	0.194	0.51	128	2	13.16	3.2
G832	中国中医药信息杂志	3439	1.617	0.404	0.94	382	22	11.11	4.6
G642	中国肿瘤	2136	2.523	0.632	0.85	444	41	20.79	3.6
G133	中国肿瘤临床	1901	0.977	0.147	0.98	479	89	25.20	4.1
G255	中国肿瘤生物治疗杂志	781	0.791	0.195	0.87	293	45	37.52	3.3
G576	中国肿瘤外科杂志	368	0.617	0.120	0.93	200	49	54.35	3.2
G667	中国综合临床	485	0.667	0.175	0.98	234	45	48.25	4.4
G299	中国组织工程研究	6896	1.141	0.514	0.87	806	64	11.69	4.0
G134	中国组织化学与细胞化学杂志	299	0.349	0.029	0.95	193	50	64.55	4.6
G502	中华保健医学杂志	660	0.646	0.077	0.98	283	56	42.88	3.5
G135	中华病理学杂志	1931	1.097	0.144	0.88	407	30	21.08	4.0
G195	中华超声影像学杂志	1845	1.607	0.293	0.82	324	18	17.56	3.9
G136	中华传染病杂志	1206	1.147	0.236	0.92	320	40	26.53	3.8
G408	中华创伤骨科杂志	2145	1.641	0.274	0.85	242	12	11.28	4.2
G137	中华创伤杂志	1656	1.414	0.273	0.83	302	20	18.24	4.0
G098	中华地方病学杂志	1213	1.012	0.146	0.48	213	1	17.56	4.0
G138	中华儿科杂志	4251	1.772	0.488	0.93	506	41	11.90	6.1
G139	中华耳鼻咽喉头颈外科杂志	2884	1.153	0.407	0.82	377	10	13.07	5.9
G743	中华耳科学杂志	1377	0.988	0.150	0.71	195	5	14.16	4.1
G140	中华放射学杂志	3282	2.182	0.325	0.88	427	11	13.01	4.1
G141	中华放射医学与防护杂志	1100	0.991	0.114	0.85	236	13	21.45	3.9
G251	中华放射肿瘤学杂志	1331	0.912	0.103	0.88	254	12	19.08	4.2
G474	中华肺部疾病杂志电子版	956	0.833	0.155	0.61	272	12	28.45	3.3
G286	中华风湿病学杂志	1120	0.585	0.107	0.91	332	53	29.64	7.0
G142	中华妇产科杂志	3834	3.052	0.521	0.95	436	32	11.37	5.1
G689	中华妇幼临床医学杂志电子版	449	0.592	0.031	0.90	207	39	46.10	4.7
G262	中华肝胆外科杂志	1563	1.347	0.227	0.78	264	16	16.89	3.5
G231	中华肝脏病杂志	2445	1.491	0.561	0.86	431	36	17.63	3.8
G054	中华肝脏外科手术学电子杂志	499	0.941	0.054	0.84	139	12	27.86	3.0
G235	中华高血压杂志	1557	1.026	0.196	0.84	370	40	23.76	4.3
G143	中华骨科杂志	3065	2.256	0.317	0.90	352	19	11.48	4.6
G648	中华骨与关节外科杂志	1062	0.916	0.138	0.90	243	22	22.88	3.7
G728	中华骨质疏松和骨矿盐疾病杂志	1017	1.109	0.093	0.90	289	30	28.42	4.6
G691	中华关节外科杂志电子版	948	0.607	0.000	0.83	225	17	23.73	6.4
G335	中华航海医学与高气压医学杂志	858	0.815	0.130	0.56	158	2	18.41	3.4
G145	中华核医学与分子影像杂志	1043	1.176	0.250	0.72	232	10	22.24	4.0
G146	中华护理杂志	7753	2.317	0.493	0.82	490	7	6.32	4.3
G555	中华急诊医学杂志	2965	1.683	0.463	0.78	476	32	16.05	3.7
G302	中华疾病控制杂志	2793	1.496	0.486	0.92	486	22	17.40	3.9
G055	中华肩肘外科电子杂志	236	0.619	0.015	0.82	72	8	30.51	3.8
G174	中华检验医学杂志	1801	1.542	0.613	0.84	402	29	22.32	3.8

表 4-1　2022 年中国科技核心期刊（中文）被引用指标刊名字顺索引（续）

CODE	刊名	核心总被引频次	核心影响因子	核心即年指标	核心他引率	核心引用刊数	核心开放因子	核心扩散因子	核心被引半衰期
G751	中华健康管理学杂志	857	1.105	0.292	0.74	279	25	32.56	4.0
G147	中华结核和呼吸杂志	4277	2.705	0.487	0.92	518	55	12.11	4.9
G060	中华结直肠疾病电子杂志	630	1.009	0.162	0.81	191	16	30.32	3.6
Q905	中华解剖与临床杂志	437	0.669	0.112	0.84	192	31	43.94	3.4
Q948	中华介入放射学电子杂志	260	0.627	0.013	0.88	126	20	48.46	3.6
G159	中华精神科杂志	1005	1.296	0.423	0.95	287	34	28.56	5.9
G579	中华口腔医学研究杂志电子版	267	0.679	0.000	0.90	100	15	37.45	4.3
G148	中华口腔医学杂志	1617	1.458	0.241	0.84	234	11	14.47	4.1
G280	中华口腔正畸学杂志	242	0.408	0.050	0.88	52	7	21.49	5.4
G149	中华劳动卫生职业病杂志	1488	1.039	0.070	0.77	277	5	18.62	4.3
G639	中华老年多器官疾病杂志	859	0.769	0.078	0.97	334	62	38.88	3.5
Q949	中华老年骨科与康复电子杂志	279	0.849	0.050	0.70	96	6	34.41	3.8
G833	中华老年口腔医学杂志	369	0.698	0.054	0.79	109	8	29.54	4.1
G876	中华老年心脑血管病杂志	2036	0.966	0.128	0.96	395	57	19.40	3.7
G150	中华老年医学杂志	2412	1.480	0.156	0.87	457	53	18.95	3.5
G692	中华临床感染病杂志	746	1.621	0.177	0.95	269	45	36.06	3.6
G693	中华临床免疫和变态反应杂志	398	0.552	0.034	0.95	210	43	52.76	3.7
G504	中华临床医师杂志电子版	1273	0.321	0.013	0.98	523	114	41.08	7.5
G824	中华临床营养杂志	416	0.877	0.037	0.90	169	26	40.63	4.7
G152	中华流行病学杂志	6316	3.032	0.442	0.92	659	27	10.43	4.4
G153	中华麻醉学杂志	1882	0.899	0.073	0.87	350	30	18.60	3.8
G154	中华泌尿外科杂志	2219	1.603	0.218	0.76	289	7	13.02	4.5
G282	中华男科学杂志	1578	1.024	0.230	0.83	284	17	18.00	4.9
Q926	中华脑科疾病与康复杂志电子版	141	0.283	0.043	0.92	88	21	62.41	3.5
G770	中华脑血管病杂志电子版	155	0.778	0.082	0.87	88	17	56.77	2.4
G155	中华内分泌代谢杂志	2093	2.694	0.147	0.96	475	73	22.69	4.1
G736	中华内分泌外科杂志	485	0.798	0.111	0.90	213	39	43.92	3.3
G156	中华内科杂志	3807	2.902	0.596	0.96	592	98	15.55	4.7
G157	中华皮肤科杂志	2094	1.362	0.174	0.88	340	21	16.24	4.3
G461	中华普通外科学文献电子版	488	0.677	0.188	0.92	217	38	44.47	3.6
G254	中华普通外科杂志	1707	0.826	0.180	0.90	330	29	19.33	4.5
G462	中华普外科手术学杂志电子版	815	1.120	0.076	0.56	146	4	17.91	3.1
G158	中华器官移植杂志	674	0.579	0.087	0.74	171	10	25.37	4.1
G473	中华腔镜泌尿外科杂志电子版	489	0.665	0.085	0.70	105	5	21.47	3.7
G463	中华腔镜外科杂志电子版	433	0.735	0.026	0.81	132	17	30.48	4.1
G526	中华全科医师杂志	1910	1.659	0.150	0.90	439	56	22.98	3.5
G515	中华全科医学	3376	1.199	0.127	0.79	536	38	15.88	3.4
G505	中华乳腺病杂志电子版	309	0.487	0.000	0.92	159	38	51.46	4.8
G472	中华疝和腹壁外科杂志电子版	650	0.740	0.067	0.55	79	2	12.15	3.6
G900	中华烧伤与创面修复杂志	1635	1.827	0.544	0.71	259	6	15.84	3.2
Q950	中华神经创伤外科电子杂志	260	0.594	0.028	0.80	110	13	42.31	3.6
G197	中华神经科杂志	4858	1.575	0.173	0.95	465	49	9.57	4.8
G160	中华神经外科杂志	2005	1.087	0.139	0.84	342	26	17.06	4.6

表 4-1 2022 年中国科技核心期刊（中文）被引用指标刊名字顺索引（续）

CODE	刊名	核心总被引频次	核心影响因子	核心即年指标	核心他引率	核心引用刊数	核心开放因子	核心扩散因子	核心被引半衰期
G446	中华神经医学杂志	1217	0.922	0.153	0.92	317	40	26.05	3.7
G065	中华肾病研究电子杂志	222	0.630	0.000	0.95	112	23	50.45	3.7
G161	中华肾脏病杂志	1391	1.418	0.291	0.88	343	36	24.66	4.1
G737	中华生物医学工程杂志	376	0.552	0.033	0.96	191	38	50.80	3.7
G072	中华生殖与避孕杂志	1181	1.260	0.129	0.85	237	17	20.07	3.8
G162	中华实验和临床病毒学杂志	584	0.748	0.039	0.91	189	21	32.36	4.0
G703	中华实验和临床感染病杂志电子版	475	0.850	0.048	0.79	189	22	39.79	5.0
G163	中华实验外科杂志	1922	0.578	0.122	0.74	438	35	22.79	3.5
G773	中华实验眼科杂志	1114	0.760	0.134	0.75	196	6	17.59	4.5
G875	中华实用儿科临床杂志	3230	1.281	0.232	0.87	475	43	14.71	4.0
G367	中华实用诊断与治疗杂志	2031	1.178	0.261	0.70	464	31	22.85	3.4
G848	中华手外科杂志	1450	0.939	0.019	0.50	131	1	9.03	5.9
G506	中华损伤与修复杂志电子版	523	0.741	0.200	0.77	186	17	35.56	4.3
G739	中华糖尿病杂志	3141	3.931	0.387	0.86	451	51	14.36	3.1
G164	中华外科杂志	3091	2.355	0.728	0.95	499	56	16.14	4.8
G165	中华微生物学和免疫学杂志	683	0.806	0.137	0.82	242	32	35.43	3.7
G116	中华危重病急救医学	3259	1.971	0.324	0.82	471	27	14.45	3.7
G761	中华危重症医学杂志电子版	449	1.017	0.000	0.72	202	24	44.99	3.6
G296	中华围产医学杂志	1430	1.368	0.285	0.87	262	25	18.32	4.2
G740	中华卫生杀虫药械	789	0.699	0.062	0.61	80	2	10.14	5.0
Q952	中华胃肠内镜电子杂志	184	1.027	0.026	0.82	94	12	51.09	3.7
G793	中华胃肠外科杂志	2960	2.352	0.470	0.86	396	27	13.38	4.4
G166	中华物理医学与康复杂志	2668	1.433	0.224	0.84	371	22	13.91	4.2
G470	中华细胞与干细胞杂志电子版	128	0.491	0.000	0.95	95	31	74.22	3.3
G847	中华现代护理杂志	5975	1.312	0.122	0.71	418	7	7.00	3.2
G468	中华消化病与影像杂志电子版	298	0.636	0.053	0.97	166	44	55.70	3.5
G285	中华消化内镜杂志	1774	1.197	0.182	0.87	279	22	15.73	4.4
G978	中华消化外科杂志	2836	3.104	0.819	0.90	368	22	12.98	3.3
G168	中华消化杂志	2073	1.816	0.361	0.92	380	47	18.33	4.2
G169	中华小儿外科杂志	1235	0.721	0.074	0.81	260	21	21.05	4.7
Q284	中华心力衰竭和心肌病杂志中英文	257	0.712	0.106	0.89	121	21	47.08	4.2
G892	中华心律失常学杂志	656	0.833	1.039	0.75	167	11	25.46	3.7
G170	中华心血管病杂志	4830	1.941	0.497	0.96	492	51	10.19	4.8
Q231	中华心血管病杂志网络版	62	0.683	0.034	0.89	45	14	72.58	2.5
G082	中华新生儿科杂志中英文版	644	0.785	0.080	0.85	186	22	28.88	4.0
G263	中华行为医学与脑科学杂志	1867	1.231	0.267	0.81	381	25	20.41	5.0
G171	中华胸心血管外科杂志	837	0.672	0.127	0.90	251	35	29.99	4.7
G172	中华血液学杂志	1842	1.573	0.139	0.88	366	30	19.87	4.7
Q209	中华炎性肠病杂志中英文版	298	0.929	0.203	0.82	122	15	40.94	3.1
G191	中华眼底病杂志	719	0.564	0.114	0.83	148	9	20.58	4.2
G075	中华眼科医学杂志电子版	167	0.458	0.016	0.83	77	10	46.11	3.7
G173	中华眼科杂志	2068	1.881	0.148	0.87	285	8	13.78	5.2
G873	中华眼视光学与视觉科学杂志	753	0.591	0.116	0.71	130	4	17.26	4.3

表 4-1　2022 年中国科技核心期刊（中文）被引用指标刊名字顺索引（续）

CODE	刊名	核心总被引频次	核心影响因子	核心即年指标	核心他引率	核心引用刊数	核心开放因子	核心扩散因子	核心被引半衰期
S590	中华医学教育探索杂志	816	0.480	0.047	0.66	165	3	20.22	3.4
Q920	中华医学超声杂志电子版	1246	0.815	0.009	0.85	296	22	23.76	4.4
G705	中华医学教育杂志	921	0.793	0.172	0.67	165	3	17.92	3.2
G307	中华医学科研管理杂志	317	0.547	0.138	0.68	90	6	28.39	3.6
G489	中华医学美学美容杂志	741	0.634	0.074	0.49	88	1	11.88	4.2
G175	中华医学遗传学杂志	1137	0.654	0.056	0.77	246	16	21.64	3.8
G176	中华医学杂志	9546	2.114	0.572	0.91	781	114	8.18	4.2
G194	中华医院感染学杂志	6196	1.247	0.137	0.90	606	49	9.78	3.8
G591	中华医院管理杂志	1711	1.184	0.233	0.77	214	9	12.51	3.6
G610	中华胰腺病杂志	421	0.537	0.074	0.91	158	23	37.53	3.7
G897	中华移植杂志电子版	301	0.483	0.017	0.92	108	12	35.88	3.7
G177	中华预防医学杂志	3507	2.132	0.364	0.87	564	28	16.08	4.4
G178	中华整形外科杂志	1173	0.720	0.076	0.76	196	4	16.71	4.0
G859	中华中医药学刊	8778	1.806	0.499	0.94	564	23	6.43	4.2
G910	中华中医药杂志	16521	1.558	0.137	0.82	611	16	3.70	4.1
G858	中华肿瘤防治杂志	2081	1.147	0.178	0.94	459	66	22.06	3.7
G179	中华肿瘤杂志	2984	2.794	0.610	0.97	523	86	17.53	3.6
Q954	中华重症医学电子杂志	235	0.595	0.000	0.92	132	31	56.17	3.5
G039	中南大学学报医学版	1392	0.932	0.133	0.98	547	105	39.30	4.6
K001	中南大学学报自然科学版	4536	1.179	0.126	0.89	702	63	15.48	6.6
H053	中南林业科技大学学报	2844	2.023	0.204	0.86	374	18	13.15	4.3
G599	中南药学	1978	0.776	0.137	0.85	375	23	18.96	3.6
G682	中南医学科学杂志	1032	1.337	0.232	0.92	297	32	28.78	3.1
G180	中日友好医院学报	326	0.571	0.041	0.97	196	50	60.12	3.6
G181	中山大学学报医学科学版	699	0.835	0.143	0.95	366	78	52.36	4.5
A036	中山大学学报自然科学版	1001	0.767	0.325	0.94	482	99	48.15	10.2
X539	中外公路	1740	0.401	0.023	0.70	228	6	13.10	5.1
S020	中文信息学报	1386	1.207	0.056	0.83	221	12	15.95	3.9
G842	中西医结合肝病杂志	859	0.741	0.103	0.83	204	19	23.75	3.4
G597	中西医结合心脑血管病杂志	4879	0.829	0.097	0.91	436	28	8.94	3.6
R775	中兴通讯技术	219	0.623	0.137	0.85	92	14	42.01	3.2
G183	中药材	5585	1.104	0.127	0.93	500	23	8.95	5.7
G564	中药新药与临床药理	2010	1.509	0.209	0.95	337	27	16.77	3.6
G685	中医学报	3853	1.206	0.199	0.91	358	20	9.29	3.7
G681	中医药导报	3961	0.984	0.143	0.84	396	19	10.00	3.9
G812	中医药学报	2224	1.700	0.400	0.97	300	24	13.49	3.6
G010	中医杂志	9985	2.707	0.496	0.93	421	17	4.22	5.5
G643	中医正骨	1163	1.024	0.097	0.81	177	13	15.22	3.8
Q968	中医肿瘤学杂志	297	1.020	0.145	0.90	97	14	32.66	2.3
G184	肿瘤	632	0.959	0.048	0.94	288	59	45.57	4.8
Q929	肿瘤代谢与营养电子杂志	505	1.010	0.236	0.74	180	17	35.64	3.5
G185	肿瘤防治研究	953	1.151	0.188	0.95	366	69	38.41	3.0
G412	肿瘤学杂志	634	0.529	0.098	0.95	279	51	44.01	3.9

表 4-1　2022 年中国科技核心期刊（中文）被引用指标刊名字顺索引（续）

CODE	刊名	核心总被引频次	核心影响因子	核心即年指标	核心他引率	核心引用刊数	核心开放因子	核心扩散因子	核心被引半衰期
G522	肿瘤研究与临床	559	0.532	0.078	0.94	246	44	44.01	3.5
G196	肿瘤药学	422	0.681	0.118	0.96	204	42	48.34	3.1
G838	肿瘤影像学	294	0.551	0.048	0.92	133	23	45.24	3.8
G695	肿瘤预防与治疗	603	0.892	0.112	0.90	279	54	46.27	3.0
Q225	肿瘤综合治疗电子杂志	633	3.546	0.348	0.97	287	62	45.34	1.9
H103	种子	2442	1.008	0.124	0.80	247	17	10.11	4.7
G094	中风与神经疾病杂志	989	0.537	0.073	0.95	313	50	31.65	3.8
N022	轴承	842	0.601	0.052	0.72	170	8	20.19	6.5
H026	竹子学报	325	0.280	0.000	0.78	83	7	25.54	11.8
N075	铸造	1115	0.557	0.057	0.53	142	2	12.74	6.8
G407	转化医学杂志	291	0.733	0.106	0.79	172	33	59.11	3.1
N034	装备环境工程	1160	0.506	0.048	0.76	253	9	21.81	5.5
Z022	资源科学	6737	4.336	0.577	0.89	651	34	9.66	5.8
R737	自动化技术与应用	1046	0.587	0.108	0.81	266	7	25.43	2.7
S026	自动化学报	4929	2.765	0.843	0.87	636	40	12.90	4.6
N013	自动化仪表	986	0.568	0.099	0.59	224	5	22.72	3.8
S501	自动化与仪表	557	0.403	0.077	0.90	196	24	35.19	3.4
R611	自动化与仪器仪表	1065	0.332	0.064	0.80	252	11	23.66	3.2
A905	自然杂志	641	0.614	0.146	0.99	401	103	62.56	10.6
E137	自然灾害学报	2423	1.419	0.096	0.75	409	29	16.88	8.7
Z012	自然资源学报	8136	5.214	0.779	0.89	624	32	7.67	5.0
N088	组合机床与自动化加工技术	2017	0.819	0.091	0.81	303	11	15.02	3.6
G701	组织工程与重建外科杂志	403	0.473	0.033	0.88	159	15	39.45	3.7
L018	钻井液与完井液	1136	0.833	0.069	0.69	93	4	8.19	6.0
G720	遵义医科大学学报	398	0.489	0.024	0.83	221	39	55.53	4.4
H034	作物学报	6462	2.447	0.760	0.92	308	21	4.77	8.9
H410	作物研究	856	0.672	0.065	0.91	185	19	21.61	6.5
H202	作物杂志	2180	1.515	0.214	0.94	239	23	10.96	4.9

4.2 期刊（中文）来源指标刊名字顺排序

表 4-2　2022 年中国科技核心期刊（中文）来源指标刊名字顺索引

CODE	刊名	来源文献量	文献选出率	AR论文量	平均引文数	平均作者数	地区分布数	机构分布数	海外论文比	基金论文比	引用半衰期
E626	CT 理论与应用研究	83	0.90	83	22.7	5.1	19	55	0.01	0.39	5.8
G549	癌变·畸变·突变	87	0.98	84	23.9	5.4	21	58	0.00	0.68	5.1
G011	癌症	47	0.81	47	45.1	7.9	16	41	0.15	0.51	5.7
A003	安徽大学学报自然科学版	85	1.00	84	23.0	4.0	26	53	0.00	0.91	6.3
H002	安徽农业大学学报	148	0.96	148	30.3	5.8	26	66	0.00	0.80	7.2
A009	安徽师范大学学报自然科学版	80	1.00	80	21.3	3.1	15	42	0.01	0.89	6.5
G012	安徽医科大学学报	371	0.99	368	14.4	5.8	27	131	0.00	0.97	4.4
G786	安徽医学	363	0.95	298	18.7	4.2	23	212	0.00	0.45	4.2
Q906	安徽医药	581	1.00	554	21.3	4.2	28	395	0.00	0.30	4.9
G013	安徽中医药大学学报	128	1.00	114	20.8	5.5	13	33	0.00	0.80	5.2
E625	安全与环境工程	180	0.95	180	30.4	4.4	28	95	0.00	0.88	6.5
Z549	安全与环境学报	438	0.95	431	22.5	4.1	29	178	0.00	0.73	6.6
H340	桉树科技	46	0.92	43	21.2	4.8	6	27	0.00	0.57	8.8
R024	半导体光电	176	0.98	176	25.5	4.7	21	92	0.00	0.63	6.2
R063	半导体技术	149	0.94	149	19.1	5.0	21	83	0.00	0.45	6.1
U521	包装与食品机械	110	1.00	110	17.6	4.5	22	82	0.00	0.71	4.3
Q921	保健医学研究与实践	514	0.98	457	17.5	3.0	23	298	0.00	0.33	3.5
U645	保鲜与加工	177	0.94	177	31.1	4.7	27	118	0.00	0.58	5.8
E045	暴雨灾害	76	0.95	76	31.6	4.7	23	50	0.00	0.89	8.5
N017	爆破	112	1.00	111	29.4	4.7	22	71	0.00	0.67	5.0
N012	爆破器材	62	1.00	62	17.5	4.8	15	37	0.02	0.45	8.5
N006	爆炸与冲击	166	1.00	166	27.8	5.1	19	72	0.01	0.83	9.9
H395	北方农业学报	101	0.99	101	29.0	6.1	20	53	0.00	0.68	7.1
H128	北方水稻	112	1.00	56	10.2	6.0	12	45	0.00	0.46	8.5
A652	北华大学学报自然科学版	148	1.00	142	18.2	4.2	14	37	0.00	0.86	5.7
G002	北京大学学报医学版	188	0.98	184	24.1	6.4	10	32	0.02	0.55	6.2
A005	北京大学学报自然科学版	120	0.97	120	32.9	4.5	14	32	0.02	0.80	8.2
J030	北京工业大学学报	128	0.91	128	34.4	4.3	13	25	0.05	0.95	6.5
Y001	北京航空航天大学学报	270	0.95	270	24.6	4.3	25	113	0.01	0.74	6.5
T020	北京化工大学学报自然科学版	86	0.96	86	23.0	4.3	14	25	0.00	0.63	5.8
X014	北京交通大学学报	108	0.97	108	20.8	3.9	17	51	0.01	0.95	5.5
G500	北京口腔医学	92	0.83	71	18.0	4.2	18	45	0.00	0.49	6.4
N001	北京理工大学学报	159	0.94	159	19.1	4.5	18	55	0.00	0.70	6.1
H025	北京林业大学学报	185	0.95	185	37.9	5.3	21	37	0.01	0.78	8.1
G004	北京生物医学工程	104	0.78	101	20.0	4.6	18	61	0.01	0.60	5.7

表 4-2　2022 年中国科技核心期刊（中文）来源指标刊名字顺索引（续）

CODE	刊名	来源文献量	文献选出率	AR论文量	平均引文数	平均作者数	地区分布数	机构分布数	海外论文比	基金论文比	引用半衰期
A010	北京师范大学学报自然科学版	117	0.91	117	38.2	4.6	16	34	0.02	0.90	6.9
G016	北京医学	277	0.97	199	20.1	4.7	19	118	0.00	0.38	4.9
R018	北京邮电大学学报	120	0.97	120	14.3	4.0	20	43	0.02	0.83	4.5
G620	北京中医药	360	0.95	210	16.6	4.9	19	98	0.00	0.60	5.8
G017	北京中医药大学学报	194	0.97	192	26.8	5.4	20	57	0.00	0.89	5.7
G741	蚌埠医学院学报	422	0.97	372	18.6	4.4	24	230	0.00	0.52	4.7
G410	标记免疫分析与临床	428	1.00	419	19.7	4.8	29	237	0.00	0.50	4.3
T098	表面技术	486	0.99	486	37.9	5.5	28	229	0.02	0.77	6.3
E135	冰川冻土	168	0.95	167	47.0	5.6	26	86	0.04	0.84	8.7
N008	兵工学报	323	1.00	323	24.4	4.9	23	114	0.00	0.64	6.9
R730	兵工自动化	238	0.96	224	13.1	3.9	25	121	0.00	0.17	6.4
N085	兵器材料科学与工程	158	0.99	158	18.8	4.1	26	106	0.00	0.62	4.3
T094	兵器装备工程学报	554	1.00	554	19.4	4.3	27	189	0.00	0.45	6.5
G018	病毒学报	178	0.97	178	33.7	6.4	30	117	0.01	0.69	6.5
C060	波谱学杂志	45	1.00	45	29.7	5.3	12	19	0.04	0.76	8.3
M005	材料保护	361	1.00	358	25.7	5.0	27	246	0.01	0.45	7.9
M103	材料导报	765	1.00	764	46.9	5.2	30	295	0.01	0.86	6.5
Y007	材料工程	212	0.96	212	42.8	5.4	25	117	0.02	0.76	5.9
M010	材料开发与应用	102	0.97	102	15.4	4.6	16	48	0.00	0.19	7.5
M008	材料科学与工程学报	158	0.96	158	25.9	4.7	22	98	0.00	0.78	6.9
M006	材料科学与工艺	67	0.99	67	28.0	5.0	22	53	0.00	0.78	4.6
N026	材料热处理学报	266	1.00	266	26.0	5.3	28	136	0.00	0.77	6.6
M009	材料研究学报	110	1.00	110	29.8	5.5	24	71	0.02	0.81	7.3
K512	采矿与安全工程学报	131	0.98	131	25.1	5.6	16	37	0.01	0.93	6.6
K504	采矿与岩层控制工程学报	54	0.90	54	29.5	5.0	15	35	0.00	0.83	5.9
H009	蚕业科学	71	0.96	71	27.9	6.0	17	31	0.00	0.89	7.5
H525	草地学报	400	1.00	400	40.3	6.5	27	89	0.01	0.83	7.2
H234	草业科学	261	0.90	261	35.6	6.0	29	106	0.00	0.74	7.2
H527	草业学报	229	0.97	229	42.7	6.1	27	80	0.00	0.90	8.0
H538	草原与草坪	115	1.00	115	33.8	5.4	18	40	0.01	0.75	8.0
E616	测绘地理信息	194	1.00	169	16.1	3.6	22	106	0.00	0.82	7.3
E543	测绘工程	71	0.99	71	17.2	4.3	22	47	0.00	0.69	6.7
E600	测绘科学	320	1.00	320	22.3	4.2	28	119	0.00	0.80	5.8
E510	测绘通报	376	1.00	371	19.3	4.3	29	202	0.01	0.74	5.0
E152	测绘学报	218	0.80	218	48.4	4.8	18	92	0.06	0.85	6.8
L017	测井技术	118	0.96	118	16.7	5.2	14	50	0.00	0.28	8.4
Y022	测控技术	222	0.95	222	17.3	4.1	21	135	0.00	0.47	6.4
R711	测试技术学报	85	0.93	85	15.1	3.9	17	35	0.01	0.61	6.1
H001	茶叶科学	73	0.99	73	39.8	6.5	13	30	0.00	0.81	6.0
X036	长安大学学报自然科学版	66	0.86	66	35.9	4.9	18	23	0.00	1.00	5.5
N056	长春理工大学学报自然科学版	122	1.00	122	14.5	3.9	6	15	0.01	0.86	5.6
G992	长春中医药大学学报	332	0.99	298	20.9	4.4	24	158	0.01	0.77	4.4
W010	长江科学院院报	289	0.96	289	22.4	4.3	27	154	0.01	0.79	8.0

表 4-2 2022 年中国科技核心期刊（中文）来源指标刊名字顺索引（续）

CODE	刊名	来源文献量	文献选出率	AR论文量	平均引文数	平均作者数	地区分布数	机构分布数	海外论文比	基金论文比	引用半衰期
Z029	长江流域资源与环境	240	0.98	240	35.7	4.4	25	128	0.02	0.92	6.4
G264	肠外与肠内营养	71	0.92	67	26.4	5.0	19	53	0.00	0.42	4.5
N024	车用发动机	81	1.00	81	16.2	4.8	19	55	0.00	0.54	6.6
E113	沉积学报	129	1.00	129	61.4	5.7	23	68	0.03	0.83	12.7
E102	成都理工大学学报自然科学版	71	1.00	71	29.0	5.9	13	39	0.00	0.72	9.4
G670	成都医学院学报	174	1.00	173	22.4	4.8	15	70	0.00	0.67	4.6
V050	城市规划	133	0.75	132	32.1	2.7	18	70	0.05	0.55	8.9
V028	城市规划学刊	84	0.62	82	32.9	3.2	12	39	0.07	0.51	5.7
X043	城市轨道交通研究	578	0.87	518	6.8	2.9	25	264	0.00	0.31	6.3
X046	城市交通	82	0.74	79	16.6	3.2	12	50	0.04	0.28	4.7
V062	城乡规划	77	0.93	77	29.4	3.0	12	45	0.03	0.39	7.9
J021	重庆大学学报自然科学版	153	0.94	153	20.5	4.5	22	71	0.03	0.88	6.8
X029	重庆交通大学学报自然科学版	252	1.00	252	17.2	3.8	24	100	0.00	0.85	6.2
N757	重庆理工大学学报自然科学版	453	1.00	453	20.6	4.1	28	156	0.00	0.85	5.3
A512	重庆师范大学学报自然科学版	101	1.00	101	23.0	3.4	18	34	0.00	0.98	8.4
G186	重庆医科大学学报	274	0.93	247	27.7	5.0	27	167	0.00	0.60	5.7
G225	重庆医学	878	0.99	836	21.6	4.6	29	503	0.00	0.81	4.3
R559	重庆邮电大学学报自然科学版	130	1.00	130	21.4	3.7	20	46	0.00	0.82	5.0
L508	储能科学与技术	392	0.91	389	34.7	5.2	29	222	0.07	0.64	3.9
G432	川北医学院学报	398	1.00	375	18.0	4.0	27	270	0.00	0.64	3.8
N060	传感技术学报	244	1.00	243	18.5	4.2	28	130	0.00	0.84	5.0
R532	传感器与微系统	478	1.00	458	14.0	4.0	29	172	0.00	0.71	5.7
G458	传染病信息	100	0.89	98	29.8	5.6	20	77	0.04	0.56	4.1
X010	船舶工程	336	0.91	334	15.4	4.0	19	129	0.00	0.49	6.4
X633	船舶力学	171	0.96	171	19.8	4.1	20	69	0.01	0.76	10.1
X635	船海工程	169	0.98	167	7.9	3.7	14	77	0.00	0.21	5.7
G322	创伤外科杂志	197	0.97	163	21.6	4.8	29	138	0.00	0.34	4.5
G085	创伤与急危重病医学	128	1.00	83	18.9	4.5	23	66	0.00	0.48	4.0
G552	磁共振成像	434	0.98	380	35.5	5.3	29	223	0.00	0.68	3.5
G229	卒中与神经疾病	117	0.89	108	27.3	4.1	21	83	0.00	0.55	4.7
E144	大地测量与地球动力学	233	0.95	231	14.2	4.6	27	102	0.00	0.85	8.0
E146	大地构造与成矿学	79	0.96	78	68.7	5.9	18	39	0.01	0.92	11.9
R051	大电机技术	84	0.99	84	19.5	4.4	21	57	0.00	0.33	7.6
H038	大豆科学	100	0.95	100	26.1	6.3	23	62	0.00	0.80	7.6
X024	大连海事大学学报	60	0.95	60	20.6	4.1	8	10	0.00	0.85	5.0
H005	大连海洋大学学报	124	1.00	124	36.3	6.3	17	36	0.01	0.82	8.6
X001	大连交通大学学报	128	0.98	124	12.7	3.4	16	32	0.00	0.64	6.1
J024	大连理工大学学报	79	0.99	79	20.4	4.1	15	26	0.04	0.91	7.0
G020	大连医科大学学报	117	0.95	103	25.4	3.4	13	54	0.00	0.25	5.5
E109	大气科学	105	1.00	105	44.0	4.9	20	41	0.04	0.93	11.2
E091	大气科学学报	82	0.99	82	44.2	4.3	16	32	0.01	0.98	8.1
L512	大庆石油地质与开发	124	0.99	124	25.7	4.7	15	70	0.03	0.87	6.6
S055	大数据	70	0.93	70	28.5	4.0	18	61	0.00	0.61	4.6

表 4-2　2022 年中国科技核心期刊（中文）来源指标刊名字顺索引（续）

CODE	刊名	来源文献量	文献选出率	AR论文量	平均引文数	平均作者数	地区分布数	机构分布数	海外论文比	基金论文比	引用半衰期
S086	单片机与嵌入式系统应用	246	0.84	229	10.6	3.2	25	160	0.00	0.26	3.9
H040	淡水渔业	83	0.95	83	31.4	6.7	18	48	0.00	0.78	8.5
N004	弹道学报	62	0.94	62	15.0	4.1	17	30	0.00	0.24	8.0
N009	弹箭与制导学报	134	0.99	134	15.5	4.2	19	73	0.00	0.28	7.0
T941	当代化工	632	1.00	631	19.7	4.3	30	303	0.00	0.70	5.6
Y503	导弹与航天运载技术	176	0.99	174	10.3	4.5	12	38	0.00	0.07	9.8
Y591	导航定位学报	151	1.00	151	18.5	4.0	22	79	0.01	0.59	4.9
Y563	导航定位与授时	120	0.95	120	21.9	4.3	15	59	0.01	0.58	5.3
Y585	导航与控制	75	0.95	75	23.7	4.5	14	42	0.00	0.45	6.4
N019	低温工程	75	1.00	75	10.4	5.0	15	40	0.00	0.69	8.2
C055	低温物理学报	50	1.00	50	28.3	4.4	11	26	0.00	0.60	8.4
E133	地层学杂志	34	0.83	34	54.3	5.8	13	23	0.03	0.82	16.0
E130	地理科学	215	0.99	215	36.0	4.2	28	120	0.05	0.97	6.6
E584	地理科学进展	186	0.99	186	55.8	3.6	24	77	0.03	0.95	6.8
E639	地理空间信息	477	1.00	390	13.2	3.4	30	266	0.00	0.52	5.9
E315	地理信息世界	134	1.00	131	17.2	4.2	24	99	0.00	0.41	4.9
E305	地理学报	198	0.93	197	52.1	4.4	21	73	0.05	0.95	7.3
E310	地理研究	206	0.97	206	51.9	3.7	26	87	0.04	0.96	6.4
E527	地理与地理信息科学	112	1.00	112	34.5	4.1	27	76	0.04	0.93	5.4
E024	地球化学	60	1.00	60	54.6	5.2	14	28	0.03	0.88	12.5
E570	地球环境学报	61	0.90	59	46.5	4.7	12	34	0.03	0.92	8.0
E142	地球科学	368	0.95	308	62.4	5.4	29	118	0.03	0.73	8.7
E115	地球科学进展	102	0.89	102	65.0	4.9	19	53	0.02	0.82	8.8
E004	地球科学与环境学报	79	0.90	79	52.1	5.4	15	44	0.01	0.91	9.2
E153	地球物理学报	363	0.99	363	61.3	5.4	23	103	0.03	0.94	9.9
E308	地球物理学进展	274	0.98	274	46.3	5.1	25	142	0.01	0.77	8.4
E656	地球信息科学学报	172	0.89	172	39.6	4.4	19	72	0.03	0.89	5.6
E300	地球学报	77	0.91	77	68.6	6.9	15	33	0.01	0.86	10.2
E549	地球与环境	94	0.97	94	46.8	5.7	24	58	0.01	0.88	8.4
V031	地下空间与工程学报	230	1.00	230	22.4	4.0	27	143	0.01	0.78	7.6
E357	地学前缘	193	0.96	193	65.0	6.3	20	75	0.06	0.86	11.8
S741	地域研究与开发	172	0.99	172	29.4	3.5	28	120	0.02	0.90	6.1
E306	地震	57	0.93	57	28.6	5.0	17	26	0.02	0.86	11.9
E150	地震地质	96	0.96	96	40.4	6.2	23	39	0.01	0.89	13.1
E307	地震工程学报	169	0.97	169	23.4	4.7	26	98	0.01	0.83	9.9
E118	地震工程与工程振动	158	0.99	158	24.7	4.1	25	72	0.02	0.94	8.6
E143	地震学报	87	0.98	87	36.5	4.2	20	41	0.01	0.84	11.5
E112	地震研究	69	0.96	69	32.7	4.8	20	42	0.00	0.83	10.8
E362	地质科技通报	215	0.96	215	37.9	5.1	24	96	0.02	0.81	8.2
E139	地质科学	74	1.00	74	54.6	5.9	19	49	0.00	0.82	11.5
E026	地质力学学报	76	0.94	76	86.1	6.2	19	35	0.01	0.78	9.3
E009	地质论评	166	0.92	160	85.7	6.0	24	91	0.01	0.80	10.8
E127	地质通报	180	0.93	179	47.9	6.1	26	81	0.01	0.71	12.0

表 4-2 2022 年中国科技核心期刊（中文）来源指标刊名字顺索引（续）

CODE	刊名	来源文献量	文献选出率	AR论文量	平均引文数	平均作者数	地区分布数	机构分布数	海外论文比	基金论文比	引用半衰期
E010	地质学报	272	0.96	268	101.3	6.2	27	97	0.03	0.88	11.7
E151	地质与勘探	117	1.00	117	66.4	6.0	23	78	0.02	0.76	8.0
E525	地质与资源	94	0.90	93	30.0	5.3	23	48	0.00	0.68	9.6
E132	地质找矿论丛	63	0.98	63	21.3	4.4	19	43	0.00	0.46	10.4
G005	第二军医大学学报	247	1.00	229	25.5	5.6	20	82	0.01	0.54	5.5
G021	第三军医大学学报	332	0.98	332	25.5	6.0	24	101	0.00	0.62	4.9
E301	第四纪研究	138	0.97	138	68.5	5.5	24	65	0.08	0.96	10.4
R007	电波科学学报	139	0.98	139	20.1	4.7	21	63	0.00	0.72	8.0
R673	电测与仪表	325	1.00	325	22.5	4.5	27	156	0.01	0.55	4.8
R003	电池	159	0.88	144	12.3	3.7	28	111	0.02	0.57	4.3
T508	电镀与精饰	164	1.00	161	17.1	4.1	28	138	0.00	0.48	6.7
T598	电镀与涂饰	299	0.94	289	14.0	4.6	27	210	0.00	0.36	7.0
R010	电工电能新技术	110	1.00	110	25.2	5.2	23	80	0.01	0.65	5.4
R043	电工技术学报	555	0.95	555	29.9	4.5	27	113	0.02	0.86	4.9
R740	电光与控制	260	0.98	259	15.9	3.7	25	106	0.00	0.58	5.9
N067	电焊机	200	0.99	200	17.0	4.9	23	122	0.01	0.39	6.6
D036	电化学	87	0.84	87	49.0	5.4	21	55	0.06	0.80	5.2
R088	电机与控制学报	180	1.00	180	22.2	4.2	22	63	0.01	0.89	5.7
R045	电机与控制应用	175	1.00	175	15.7	3.7	23	104	0.00	0.50	5.0
N027	电加工与模具	67	0.97	66	19.6	4.5	13	34	0.03	0.88	7.0
R011	电力电子技术	428	1.00	360	5.9	3.5	31	233	0.00	0.49	5.9
R769	电力工程技术	180	0.97	180	25.5	4.9	24	82	0.01	0.82	4.0
A199	电力建设	181	0.99	181	25.5	5.4	28	90	0.02	0.67	3.6
R654	电力科学与技术学报	150	0.96	150	19.5	5.1	25	86	0.01	0.69	3.3
N102	电力系统保护与控制	464	1.00	464	29.1	4.9	29	180	0.01	0.83	3.6
R071	电力系统及其自动化学报	226	1.00	226	20.2	4.2	30	128	0.00	0.50	4.8
S019	电力系统自动化	506	0.99	506	32.0	5.0	26	105	0.03	0.74	3.7
R745	电力信息与通信技术	172	0.97	172	22.5	4.9	27	93	0.01	0.24	3.9
R750	电力需求侧管理	107	0.98	107	15.5	4.7	22	74	0.00	0.45	3.7
R090	电力自动化设备	366	0.99	366	21.2	5.0	26	100	0.01	0.75	4.2
R044	电气传动	280	1.00	280	15.9	4.5	28	172	0.00	0.60	5.0
R428	电气工程学报	116	0.97	116	24.7	4.4	27	82	0.01	0.57	4.3
R058	电气自动化	208	1.00	137	9.3	3.6	29	131	0.00	0.31	4.6
R039	电网技术	514	1.00	514	29.1	5.2	28	127	0.02	0.68	4.3
R116	电网与清洁能源	217	1.00	217	24.3	5.0	27	136	0.01	0.70	3.0
R684	电信科学	207	1.00	207	23.0	4.4	19	103	0.02	0.46	3.5
R754	电讯技术	274	0.96	274	14.7	3.5	23	122	0.00	0.53	5.4
R019	电源技术	338	0.97	302	13.9	3.8	29	213	0.00	0.49	5.4
R055	电子测量技术	636	1.00	636	19.4	3.8	30	236	0.00	0.68	3.8
R021	电子测量与仪器学报	341	1.00	341	22.7	4.2	26	126	0.02	0.85	3.9
R067	电子技术应用	321	1.00	319	15.1	3.7	28	188	0.00	0.41	5.3
R036	电子科技大学学报	123	1.00	123	27.6	4.1	25	74	0.00	0.84	6.2
R512	电子器件	253	0.98	253	15.9	3.9	27	162	0.01	0.56	5.6

表 4-2　2022 年中国科技核心期刊（中文）来源指标刊名字顺索引（续）

CODE	刊名	来源文献量	文献选出率	AR论文量	平均引文数	平均作者数	地区分布数	机构分布数	海外论文比	基金论文比	引用半衰期
R724	电子设计工程	959	1.00	959	16.8	3.2	31	521	0.00	0.29	3.4
R001	电子显微学报	90	0.85	89	28.1	5.0	19	53	0.01	0.82	8.2
R006	电子学报	314	1.00	314	29.4	4.5	25	148	0.02	0.88	5.6
R022	电子与信息学报	483	1.00	483	24.1	4.4	26	166	0.02	0.90	4.7
R020	电子元件与材料	196	1.00	196	23.1	4.0	27	109	0.01	0.78	5.1
J023	东北大学学报自然科学版	234	1.00	234	18.3	3.6	22	37	0.01	0.95	6.5
H262	东北林业大学学报	258	0.97	253	28.1	5.1	29	92	0.01	0.78	7.6
H006	东北农业大学学报	123	0.99	123	27.0	6.2	24	41	0.00	0.95	6.4
H227	东北农业科学	203	0.97	188	22.5	5.9	29	101	0.00	0.81	8.8
A030	东北师大学报自然科学版	93	0.99	90	18.7	3.7	19	48	0.00	0.99	7.9
L004	东北石油大学学报	60	0.87	60	35.5	5.9	15	30	0.03	0.78	6.1
U014	东华大学学报自然科学版	115	0.97	115	21.5	4.2	5	12	0.01	0.69	5.8
G057	东南大学学报医学版	150	0.96	147	23.4	4.3	21	109	0.01	0.51	4.6
J028	东南大学学报自然科学版	141	0.99	141	23.4	4.5	18	32	0.01	0.94	5.8
G944	东南国防医药	155	0.96	108	20.7	4.6	22	111	0.00	0.23	4.3
P003	动力工程学报	163	0.94	163	18.9	4.8	20	65	0.00	0.66	5.0
P018	动力学与控制学报	66	0.97	66	26.5	3.6	12	44	0.00	0.91	8.2
F043	动物学杂志	99	0.84	98	33.2	6.1	28	72	0.02	0.66	10.9
G775	动物医学进展	335	0.97	325	21.2	6.6	31	123	0.00	0.77	5.2
F231	动物营养学报	763	1.00	763	45.5	6.3	31	139	0.01	0.85	6.4
X034	都市快轨交通	153	0.92	152	13.0	3.5	18	86	0.01	0.48	5.1
G542	毒理学杂志	102	0.98	102	22.5	6.1	24	79	0.06	0.69	5.7
T241	断块油气田	141	0.96	141	25.5	5.6	19	76	0.00	0.62	6.1
N070	锻压技术	424	0.96	424	16.0	4.4	27	267	0.01	0.70	6.2
G920	儿科药学杂志	215	0.94	182	22.4	3.8	25	112	0.00	0.21	6.5
R575	发电技术	103	0.96	103	31.8	4.6	24	68	0.03	0.83	4.2
C071	发光学报	180	0.98	180	45.8	6.0	25	106	0.03	0.96	5.3
G199	发育医学电子杂志	78	0.98	72	33.0	4.4	21	66	0.00	0.58	5.3
G874	法医学杂志	160	0.99	109	22.1	5.5	25	88	0.00	0.44	7.2
Z544	防灾减灾工程学报	150	0.96	149	23.4	4.4	23	85	0.01	0.94	8.8
U013	纺织高校基础科学学报	65	0.94	65	28.6	4.4	11	19	0.00	0.97	5.1
Q418	纺织科学与工程学报	71	1.00	70	17.5	4.6	9	18	0.00	0.54	4.5
U053	纺织学报	358	0.98	358	23.4	4.7	24	76	0.03	0.81	5.2
G608	放射学实践	295	0.92	252	21.5	5.2	27	196	0.00	0.41	4.9
Y006	飞行力学	81	0.93	81	16.4	3.4	17	41	0.01	0.51	7.2
K002	非金属矿	154	1.00	137	14.6	5.1	25	87	0.00	0.75	5.1
D022	分析测试学报	235	0.98	235	35.7	5.7	28	154	0.00	0.74	4.7
D005	分析化学	199	0.96	198	38.2	5.5	28	146	0.00	0.86	5.1
D026	分析科学学报	131	0.96	130	22.8	5.2	28	106	0.01	0.77	5.5
D004	分析试验室	244	0.99	242	27.5	5.2	29	171	0.01	0.82	5.3
D062	分析仪器	138	0.99	128	12.3	4.5	27	112	0.00	0.20	6.2
D015	分子催化	52	0.96	52	48.7	5.1	19	39	0.00	0.85	5.1
D035	分子科学学报	64	0.98	64	28.0	4.4	21	47	0.00	0.92	7.0

表 4-2　2022 年中国科技核心期刊（中文）来源指标刊名字顺索引（续）

CODE	刊名	来源文献量	文献选出率	AR论文量	平均引文数	平均作者数	地区分布数	机构分布数	海外论文比	基金论文比	引用半衰期
Q931	分子影像学杂志	183	1.00	182	26.8	4.7	24	147	0.00	0.60	3.6
G556	分子诊断与治疗杂志	524	0.98	524	17.1	4.2	26	366	0.00	0.68	3.2
H845	分子植物育种	977	0.97	977	22.9	5.5	31	361	0.00	0.81	8.2
V052	粉煤灰综合利用	127	0.93	127	14.2	3.2	23	85	0.00	0.53	5.3
M105	粉末冶金工业	129	0.96	128	24.9	4.2	24	93	0.02	0.62	6.5
M039	粉末冶金技术	68	0.92	68	31.9	5.3	20	52	0.00	0.60	5.9
V048	风景园林	224	0.89	200	36.2	2.8	17	84	0.15	0.57	7.2
Q006	辐射防护	80	0.85	80	19.5	5.3	18	48	0.01	0.24	9.6
Q005	辐射研究与辐射工艺学报	67	0.96	67	26.2	5.5	19	50	0.00	0.55	7.3
H268	福建农林大学学报自然科学版	115	0.99	112	32.1	6.0	17	37	0.02	0.82	7.8
H265	福建农业学报	197	1.00	197	30.0	6.2	25	90	0.01	0.89	7.3
A078	福建师范大学学报自然科学版	86	1.00	86	29.2	4.1	9	16	0.00	0.94	6.5
G024	福建医科大学学报	91	0.92	87	24.1	4.3	6	49	0.00	0.46	4.6
A029	福州大学学报自然科学版	119	0.96	119	19.4	3.9	7	16	0.01	0.99	5.9
M505	腐蚀与防护	208	0.97	206	18.6	4.6	27	154	0.00	0.40	8.2
G068	复旦学报医学版	148	0.99	144	28.5	5.0	6	33	0.00	0.66	5.9
A001	复旦学报自然科学版	88	0.90	88	33.1	4.4	16	36	0.06	0.67	7.8
Y019	复合材料学报	548	0.97	548	37.3	5.0	28	205	0.02	0.85	5.5
B029	复杂系统与复杂性科学	53	0.93	53	24.7	3.1	17	39	0.00	0.96	6.5
G957	腹部外科	95	0.99	87	25.1	5.0	23	61	0.01	0.45	5.2
G338	腹腔镜外科杂志	213	0.91	168	19.6	4.7	26	167	0.00	0.26	4.5
A034	甘肃科学学报	141	1.00	141	16.9	3.1	24	68	0.01	0.46	6.6
H047	甘肃农业大学学报	157	0.97	156	30.7	5.3	19	73	0.01	0.78	6.9
H844	甘蔗糖业	76	0.89	76	17.1	6.1	10	41	0.01	0.59	6.7
Q956	肝癌电子杂志	36	0.80	34	24.5	5.2	16	26	0.00	0.28	4.3
G879	肝胆外科杂志	116	0.94	98	21.9	4.2	22	78	0.00	0.30	5.3
G690	肝胆胰外科杂志	161	0.93	138	21.2	4.7	28	125	0.00	0.32	4.7
G803	肝脏	356	0.98	263	19.1	4.2	28	222	0.00	0.46	4.4
H045	干旱地区农业研究	183	0.98	182	32.8	6.2	24	81	0.00	0.85	7.1
E048	干旱气象	109	0.95	109	33.8	5.2	26	79	0.00	0.91	7.7
E020	干旱区地理	185	0.98	185	35.2	4.7	26	98	0.01	0.88	6.6
E105	干旱区研究	188	0.98	188	35.9	5.2	16	72	0.02	0.88	6.7
M050	钢铁	216	0.99	216	30.9	4.9	20	58	0.00	0.79	6.1
M013	钢铁钒钛	172	0.97	172	17.9	4.4	24	88	0.00	0.59	7.2
M019	钢铁研究学报	163	0.93	163	34.1	5.1	19	45	0.00	0.85	7.0
D020	高等学校化学学报	282	0.94	282	51.4	5.1	29	136	0.01	0.95	4.8
B002	高等学校计算数学学报	26	0.87	26	18.7	2.5	12	21	0.00	0.96	11.1
R038	高电压技术	505	1.00	505	29.4	5.2	29	135	0.02	0.78	4.8
T001	高分子材料科学与工程	286	1.00	286	22.0	5.4	29	127	0.00	0.81	5.7
T002	高分子通报	195	0.98	191	28.5	4.5	28	127	0.00	0.58	5.7
D021	高分子学报	138	0.98	135	50.2	4.6	22	65	0.00	0.90	5.7
A080	高技术通讯	132	0.92	132	24.1	4.1	18	38	0.00	0.97	5.7
T078	高科技纤维与应用	66	0.80	66	12.7	4.2	14	46	0.00	0.14	6.3

表 4-2　2022 年中国科技核心期刊（中文）来源指标刊名字顺索引（续）

CODE	刊名	来源文献量	文献选出率	AR 论文量	平均引文数	平均作者数	地区分布数	机构分布数	海外论文比	基金论文比	引用半衰期
E358	高校地质学报	89	0.97	89	41.6	5.1	14	38	0.00	0.76	12.0
T016	高校化学工程学报	106	0.95	106	30.8	5.2	20	54	0.01	0.83	7.2
B003	高校应用数学学报	50	1.00	50	18.2	2.2	19	40	0.00	0.90	11.3
R037	高压电器	360	1.00	360	27.7	5.5	29	167	0.00	0.43	5.3
C056	高压物理学报	119	1.00	119	25.6	4.7	23	56	0.00	0.80	9.2
E005	高原气象	132	0.99	132	39.4	4.8	14	45	0.00	0.91	8.6
E546	高原山地气象研究	78	1.00	78	25.8	4.0	10	31	0.00	0.87	8.5
V021	给水排水	309	0.94	300	13.1	4.3	25	179	0.01	0.40	6.7
N105	工程爆破	119	0.95	119	15.7	4.1	25	94	0.01	0.49	6.4
E574	工程地球物理学报	110	0.99	110	22.0	3.9	23	78	0.00	0.65	7.6
E360	工程地质学报	181	0.99	181	57.6	5.1	25	85	0.02	0.81	7.6
S712	工程管理学报	163	1.00	163	18.0	3.2	21	78	0.02	0.69	4.3
V030	工程勘察	164	0.93	164	13.1	3.3	25	131	0.00	0.37	6.8
V033	工程抗震与加固改造	130	0.76	128	15.3	3.7	27	100	0.00	0.62	9.9
M030	工程科学学报	207	0.95	207	40.1	4.8	21	70	0.00	0.93	6.1
J051	工程科学与技术	141	0.95	141	31.3	5.2	24	83	0.04	0.93	5.8
C002	工程力学	275	0.96	275	30.7	4.1	26	98	0.01	0.92	7.8
C073	工程热物理学报	434	1.00	434	21.9	4.6	27	125	0.04	0.91	7.9
N590	工程设计学报	88	0.95	88	20.1	4.7	21	55	0.01	0.91	5.7
B031	工程数学学报	80	0.96	80	20.3	2.8	24	65	0.00	0.96	10.9
T003	工程塑料应用	342	0.97	342	22.8	5.1	28	205	0.00	0.53	4.4
N064	工具技术	328	0.96	296	13.7	4.2	28	163	0.00	0.56	6.6
K018	工矿自动化	240	0.99	240	18.5	4.2	19	98	0.01	0.77	3.7
T563	工业催化	142	0.99	138	23.5	4.5	27	101	0.01	0.48	7.3
J057	工业工程	120	0.98	120	18.5	2.9	22	69	0.00	0.92	5.8
N110	工业工程与管理	140	0.99	140	22.1	3.1	21	68	0.02	0.94	6.8
P009	工业加热	198	0.99	174	11.3	3.1	29	146	0.00	0.27	4.8
V010	工业建筑	412	0.54	381	18.4	4.0	29	234	0.01	0.66	7.8
P005	工业炉	88	0.88	74	7.1	3.3	17	60	0.00	0.13	9.0
Z013	工业水处理	324	0.96	323	29.2	4.7	28	232	0.00	0.61	5.6
G025	工业卫生与职业病	141	0.90	81	13.4	4.4	28	111	0.00	0.22	5.6
N037	工业仪表与自动化装置	152	0.97	146	13.3	3.6	27	119	0.00	0.32	3.2
Z032	工业用水与废水	111	1.00	104	15.0	4.0	22	91	0.02	0.36	4.9
G207	公共卫生与预防医学	220	0.99	194	20.2	4.5	26	166	0.00	0.36	3.2
X579	公路	809	0.98	792	12.6	3.6	31	418	0.00	0.44	6.9
X022	公路工程	171	1.00	171	16.2	3.6	26	99	0.00	0.93	7.7
X026	公路交通科技	282	0.96	282	20.1	3.8	26	181	0.00	0.73	6.8
N039	功能材料	394	0.98	394	31.7	5.0	29	179	0.01	0.90	5.2
D503	功能高分子学报	65	0.93	65	31.5	4.7	17	29	0.00	0.88	5.3
R095	供用电	155	0.99	155	25.3	5.2	23	100	0.01	0.53	3.5
E601	古地理学报	83	0.89	83	51.6	5.9	18	39	0.01	0.75	11.2
E304	古脊椎动物学报	18	0.95	17	41.0	3.9	4	7	0.17	0.89	21.6
E022	古生物学报	46	0.85	45	73.9	3.8	13	22	0.09	0.96	20.0

表 4-2　2022 年中国科技核心期刊（中文）来源指标刊名字顺索引（续）

CODE	刊名	来源文献量	文献选出率	AR论文量	平均引文数	平均作者数	地区分布数	机构分布数	海外论文比	基金论文比	引用半衰期
G478	骨科	113	0.94	95	22.8	5.4	20	82	0.00	0.35	5.7
R047	固体电子学研究与进展	88	0.93	88	12.6	4.9	18	46	0.00	0.51	7.6
Y013	固体火箭技术	126	0.96	125	23.0	5.3	18	54	0.00	0.40	8.1
C103	固体力学学报	64	0.91	64	32.5	3.8	22	48	0.02	0.84	8.9
W007	管理工程学报	130	0.99	130	44.5	3.1	21	77	0.02	1.00	8.2
W018	管理科学	69	1.00	69	51.2	3.0	22	51	0.01	0.96	6.0
W008	管理科学学报	77	0.86	77	51.0	3.3	17	46	0.06	0.99	9.6
W025	管理评论	340	0.98	340	48.2	3.0	27	148	0.02	0.96	8.9
S744	管理世界	192	0.89	175	57.3	2.7	20	74	0.02	0.77	8.9
S745	管理现代化	124	1.00	124	30.8	2.6	25	93	0.02	0.94	5.6
W016	管理学报	195	0.99	195	31.9	3.1	26	102	0.01	0.98	6.7
H226	灌溉排水学报	215	0.60	215	29.6	5.4	26	100	0.00	0.86	6.3
R026	光电工程	76	0.99	76	47.4	5.2	20	53	0.05	0.87	5.6
R082	光电子技术	53	0.95	53	16.5	4.6	14	32	0.00	0.30	6.9
C091	光谱学与光谱分析	600	0.98	600	16.4	5.8	31	307	0.02	0.93	5.4
C097	光散射学报	52	0.95	52	20.4	4.6	17	38	0.04	0.85	8.4
R688	光通信研究	82	1.00	82	13.5	4.1	20	53	0.00	0.66	5.5
N015	光学技术	119	1.00	118	19.3	4.5	23	71	0.00	0.69	6.0
N033	光学精密工程	287	0.99	287	26.5	4.7	25	132	0.01	0.89	5.9
C050	光学学报	685	0.98	684	32.8	5.5	27	214	0.01	0.89	6.5
R097	光学与光电技术	116	1.00	116	18.9	3.5	16	49	0.00	0.29	7.2
C037	光子学报	372	0.99	372	37.0	5.3	26	160	0.01	0.95	6.5
R547	广东电力	183	0.99	183	24.6	5.2	26	113	0.00	0.49	4.0
H272	广东海洋大学学报	110	0.96	110	32.6	5.9	13	27	0.00	0.83	6.8
H228	广东农业科学	227	0.95	227	35.8	5.8	24	92	0.01	0.80	5.5
G027	广东药科大学学报	138	0.93	137	22.6	5.0	18	91	0.00	0.62	4.1
G026	广东医学	299	0.99	297	23.4	4.8	24	205	0.00	0.63	4.3
A042	广西大学学报自然科学版	169	0.97	169	19.8	4.6	20	74	0.00	0.98	5.9
A535	广西科学	133	0.94	133	34.4	5.3	17	76	0.00	0.88	6.9
H364	广西林业科学	130	0.96	127	28.0	5.1	19	61	0.00	0.77	8.0
A062	广西师范大学学报自然科学版	143	0.97	143	44.5	4.0	24	70	0.01	0.98	5.6
G028	广西医科大学学报	326	0.98	326	20.0	5.2	24	131	0.00	0.80	4.2
G816	广西医学	623	0.99	598	23.8	4.7	28	363	0.00	0.83	4.8
F028	广西植物	221	0.98	221	36.1	5.5	31	114	0.00	0.93	9.0
G030	广州中医药大学学报	488	0.98	487	21.0	4.5	21	157	0.00	0.64	5.6
V572	规划师	256	0.97	256	19.5	3.3	20	116	0.00	0.54	4.2
T004	硅酸盐通报	498	0.96	494	27.7	5.1	29	218	0.01	0.80	6.1
T005	硅酸盐学报	343	0.97	342	45.2	5.4	28	165	0.01	0.90	6.5
M048	贵金属	61	0.98	61	23.0	5.4	18	42	0.00	0.67	7.9
A077	贵州大学学报自然科学版	104	1.00	101	22.0	3.4	15	41	0.01	0.88	5.9
H275	贵州农业科学	238	0.98	238	23.0	6.0	25	153	0.00	0.80	7.7
A527	贵州师范大学学报自然科学版	104	1.00	100	26.7	3.8	20	56	0.00	0.86	6.0
G031	贵州医科大学学报	243	0.98	243	25.2	5.1	23	131	0.00	0.81	3.7

表 4-2　2022 年中国科技核心期刊（中文）来源指标刊名字顺索引（续）

CODE	刊名	来源文献量	文献选出率	AR论文量	平均引文数	平均作者数	地区分布数	机构分布数	海外论文比	基金论文比	引用半衰期
M033	桂林理工大学学报	123	0.99	123	26.6	4.5	17	49	0.01	0.94	7.3
A040	国防科技大学学报	144	1.00	144	23.6	4.3	20	57	0.02	0.81	6.5
G495	国际病毒学杂志	107	0.94	104	18.1	6.7	18	69	0.00	0.48	3.3
V529	国际城市规划	99	0.86	97	36.6	2.7	14	59	0.21	0.63	8.1
G936	国际儿科学杂志	187	0.95	182	32.1	1.9	26	82	0.00	0.53	4.8
G497	国际放射医学核医学杂志	124	0.96	119	26.9	4.4	27	90	0.00	0.40	4.7
G659	国际妇产科学杂志	151	0.99	144	27.2	3.4	23	85	0.00	0.46	3.8
G498	国际骨科学杂志	80	0.93	76	33.3	4.0	18	49	0.00	0.36	4.2
G938	国际呼吸杂志	307	0.97	306	32.3	4.5	28	205	0.00	0.70	4.0
G362	国际检验医学杂志	644	1.00	616	20.3	4.4	30	458	0.00	0.68	3.9
G929	国际精神病学杂志	318	1.00	267	12.8	3.9	24	174	0.00	0.52	3.8
G997	国际口腔医学杂志	102	0.98	102	42.3	3.5	24	48	0.01	0.65	5.9
G496	国际老年医学杂志	181	0.97	163	23.6	4.1	25	126	0.00	0.69	4.5
G930	国际流行病学传染病学杂志	91	0.94	79	20.2	5.3	21	70	0.00	0.42	4.6
G975	国际麻醉学与复苏杂志	260	0.97	254	27.4	4.3	27	138	0.00	0.49	4.9
G349	国际泌尿系统杂志	311	0.98	268	20.2	4.1	29	258	0.00	0.30	5.5
G983	国际免疫学杂志	112	0.99	109	28.8	3.7	25	75	0.00	0.57	4.9
G939	国际脑血管病杂志	152	0.70	150	41.8	4.7	23	112	0.00	0.42	4.6
G415	国际内分泌代谢杂志	91	0.88	89	23.4	3.4	23	69	0.00	0.47	5.2
G426	国际神经病学神经外科学杂志	109	1.00	107	27.4	4.9	26	90	0.00	0.51	4.6
S157	国际生殖健康 / 计划生育杂志	107	0.99	102	27.6	4.1	23	77	0.00	0.51	3.8
B525	国际输血及血液学杂志	81	1.00	81	35.6	3.6	20	61	0.00	0.56	5.4
G954	国际外科学杂志	164	0.98	164	28.2	4.5	25	95	0.00	0.47	3.8
G660	国际消化病杂志	81	0.93	79	27.7	3.8	21	64	0.00	0.43	4.5
G940	国际心血管病杂志	98	0.99	67	25.4	4.1	22	70	0.00	0.56	4.6
Q911	国际眼科杂志	428	0.99	404	30.1	4.5	30	270	0.01	0.51	5.0
G661	国际医学放射学杂志	118	0.87	116	27.1	3.9	19	85	0.00	0.47	4.2
G934	国际中医中药杂志	292	0.99	257	20.8	5.3	28	152	0.02	0.70	4.8
G937	国际肿瘤学杂志	146	0.95	127	26.4	4.8	26	109	0.00	0.35	3.3
E578	国土资源科技管理	59	0.89	59	27.3	2.7	16	37	0.02	0.66	6.0
E591	国土资源遥感	131	1.00	131	28.5	4.8	28	87	0.01	0.82	6.3
R683	国外电子测量技术	322	0.97	322	19.2	3.7	30	164	0.00	0.72	3.6
H028	果树学报	263	0.99	245	29.7	6.7	28	96	0.00	0.84	7.6
T008	过程工程学报	177	0.93	177	35.8	5.2	26	83	0.00	0.81	6.4
X025	哈尔滨工程大学学报	241	1.00	241	20.4	4.4	21	94	0.01	0.82	7.4
J003	哈尔滨工业大学学报	219	0.95	219	21.9	4.3	23	75	0.01	0.88	7.1
J013	哈尔滨理工大学学报	120	0.97	120	23.1	4.3	18	44	0.00	0.90	5.4
G033	哈尔滨医科大学学报	137	0.99	129	16.2	4.1	11	50	0.00	0.54	4.3
J055	海军工程大学学报	107	0.96	107	13.0	3.9	9	15	0.00	0.55	5.3
Y029	海军航空工程学院学报	58	0.89	58	22.0	4.0	14	27	0.00	0.31	7.4
G899	海军医学杂志	370	0.96	243	15.8	4.4	21	145	0.00	0.18	4.3
G416	海南医学院学报	274	1.00	274	32.2	5.8	23	80	0.00	0.80	4.6
L037	海相油气地质	43	0.91	43	26.4	6.6	10	17	0.02	0.47	7.8

表 4-2　2022 年中国科技核心期刊（中文）来源指标刊名字顺索引（续）

CODE	刊名	来源文献量	文献选出率	AR论文量	平均引文数	平均作者数	地区分布数	机构分布数	海外论文比	基金论文比	引用半衰期
E651	海洋测绘	99	0.94	99	15.5	4.3	15	52	0.00	0.68	7.1
E569	海洋地质前沿	115	0.97	115	34.9	5.5	15	44	0.00	0.68	10.2
E155	海洋地质与第四纪地质	110	0.96	110	51.5	6.3	17	48	0.02	0.80	11.8
E131	海洋工程	104	0.98	104	21.4	4.5	17	43	0.01	0.88	8.6
E312	海洋湖沼通报	137	0.96	137	27.3	4.7	18	56	0.00	0.81	10.3
Z010	海洋环境科学	129	1.00	129	24.1	5.1	14	61	0.00	0.82	9.0
E564	海洋技术学报	81	0.93	81	21.8	3.6	14	53	0.00	0.64	8.0
E145	海洋科学	192	1.00	192	38.4	5.4	14	65	0.01	0.90	9.5
E006	海洋科学进展	63	0.94	63	52.3	5.1	12	36	0.05	0.73	10.3
E311	海洋通报	76	0.99	76	33.1	4.6	12	35	0.03	0.84	8.3
E003	海洋学报	177	0.95	177	37.8	5.4	19	75	0.01	0.86	10.4
E149	海洋学研究	44	0.88	44	31.6	4.8	13	26	0.00	0.89	10.4
H284	海洋渔业	72	1.00	72	36.2	5.9	12	27	0.00	0.82	8.7
E008	海洋与湖沼	154	0.98	154	38.6	5.6	18	58	0.01	0.90	9.6
E108	海洋预报	66	0.97	66	23.3	4.3	12	36	0.00	0.85	10.1
L586	含能材料	149	0.83	149	31.7	5.7	16	45	0.01	0.58	7.5
N076	焊接	118	1.00	118	18.1	4.6	23	97	0.00	0.52	5.7
N624	焊接技术	332	0.94	316	9.6	3.7	29	216	0.00	0.17	6.5
N021	焊接学报	198	0.94	198	20.3	5.1	25	102	0.05	0.82	4.9
A191	杭州师范大学学报自然科学版	93	0.90	93	27.2	4.6	11	28	0.00	0.75	8.5
Y556	航空兵器	98	0.98	98	24.4	3.9	15	43	0.00	0.44	5.7
Y027	航空材料学报	68	0.93	68	33.3	5.1	18	44	0.01	0.66	6.6
Y017	航空动力学报	267	0.96	267	26.6	4.5	24	81	0.00	0.67	10.0
Y554	航空发动机	119	0.95	119	21.0	4.1	15	45	0.01	0.40	11.3
Y052	航空工程进展	122	0.95	122	24.3	3.8	17	47	0.00	0.39	7.6
Y031	航空计算技术	179	0.97	172	10.8	3.6	11	35	0.00	0.54	5.0
Y012	航空精密制造技术	92	0.88	79	8.4	3.3	14	48	0.00	0.11	8.5
Y002	航空学报	492	0.97	492	40.6	4.6	24	131	0.02	0.74	8.0
Y014	航空制造技术	270	0.96	270	32.1	5.0	25	115	0.00	0.73	6.3
Y034	航天返回与遥感	85	0.91	85	25.4	5.2	18	41	0.00	0.42	6.1
Y015	航天控制	71	0.99	71	15.5	4.0	11	38	0.00	0.31	6.5
Y033	航天器工程	136	0.88	136	13.0	5.2	11	38	0.00	0.26	8.2
Y032	航天器环境工程	97	0.98	97	17.6	5.7	12	53	0.00	0.35	9.6
T057	合成材料老化与应用	304	0.95	125	13.9	3.1	28	206	0.00	0.18	5.4
D602	合成化学	140	0.97	139	21.6	4.9	24	97	0.00	0.79	7.1
T505	合成树脂及塑料	111	1.00	105	14.9	3.8	24	89	0.00	0.30	6.9
T067	合成纤维	173	0.91	154	14.7	3.7	19	100	0.00	0.28	6.0
T065	合成纤维工业	108	0.94	107	16.8	4.1	20	63	0.00	0.27	6.0
T018	合成橡胶工业	88	0.83	87	21.9	4.6	17	53	0.02	0.45	7.1
J053	合肥工业大学学报自然科学版	269	0.99	269	17.6	4.0	24	55	0.01	0.89	7.6
A031	河北大学学报自然科学版	91	1.00	88	20.6	4.5	14	34	0.01	0.93	6.3
K032	河北工程大学学报自然科学版	63	0.98	63	18.2	4.5	15	28	0.00	0.92	6.5
J017	河北工业大学学报	74	0.99	74	25.6	4.1	9	15	0.00	0.95	6.0

表 4-2　2022 年中国科技核心期刊（中文）来源指标刊名字顺索引（续）

CODE	刊名	来源文献量	文献选出率	AR论文量	平均引文数	平均作者数	地区分布数	机构分布数	海外论文比	基金论文比	引用半衰期
J019	河北工业科技	65	0.98	65	22.0	4.3	18	33	0.00	0.68	5.6
J058	河北科技大学学报	70	0.93	70	29.8	4.5	14	30	0.03	0.91	4.6
H244	河北农业大学学报	104	0.97	104	27.1	5.8	10	17	0.00	0.90	6.3
A076	河北师范大学学报自然科学版	87	0.91	87	21.5	3.5	16	41	0.00	0.84	7.1
G035	河北医科大学学报	301	0.96	294	21.9	3.9	25	180	0.00	0.64	3.5
G641	河北医学	433	1.00	424	11.9	4.2	27	291	0.00	0.93	3.0
G898	河北医药	952	1.00	807	21.0	4.2	29	486	0.00	0.36	4.2
G384	河北中医	440	1.00	437	24.7	4.3	26	255	0.00	0.60	4.0
G301	河北中医药学报	94	1.00	86	19.7	5.3	11	39	0.00	0.80	5.1
W012	河海大学学报自然科学版	103	0.94	103	26.6	5.0	19	39	0.03	0.90	7.7
A067	河南大学学报自然科学版	76	1.00	76	29.0	4.3	12	21	0.00	0.95	5.4
U004	河南工业大学学报自然科学版	103	1.00	103	32.9	4.9	12	25	0.00	0.77	5.1
J014	河南科技大学学报自然科学版	90	0.94	90	26.2	4.6	17	29	0.03	0.99	4.5
A011	河南科学	258	0.96	258	23.1	3.6	25	131	0.01	0.82	5.4
K526	河南理工大学学报自然科学版	142	1.00	142	22.0	4.5	19	60	0.01	0.96	7.3
H011	河南农业大学学报	112	0.97	112	35.3	6.3	17	26	0.01	0.91	5.4
H356	河南农业科学	233	0.98	233	33.4	6.5	28	117	0.00	0.89	5.5
A058	河南师范大学学报自然科学版	117	0.92	117	24.6	4.2	22	63	0.01	0.97	6.6
Q004	核动力工程	230	0.98	230	12.5	5.6	17	54	0.00	0.39	8.8
Q002	核化学与放射化学	64	0.93	64	35.5	5.3	12	27	0.00	0.41	9.6
Q001	核技术	157	0.92	157	21.2	5.9	22	62	0.00	0.76	7.4
C092	核聚变与等离子体物理	60	0.98	60	12.8	6.0	8	15	0.03	0.68	9.7
Q009	核科学与工程	196	0.97	196	10.9	4.4	17	57	0.00	0.32	10.1
H042	核农学报	277	0.68	266	35.1	6.0	31	122	0.00	0.86	6.0
A084	黑龙江大学自然科学学报	94	0.97	94	22.0	3.4	18	34	0.01	0.97	5.3
K505	黑龙江科技大学学报	137	0.96	137	14.8	3.5	14	31	0.01	0.66	5.1
R535	红外技术	178	0.99	178	22.0	5.1	26	117	0.01	0.49	6.9
C035	红外与毫米波学报	127	0.99	127	30.2	6.5	21	65	0.03	0.88	7.8
R084	红外与激光工程	561	0.97	559	29.8	5.2	27	229	0.01	0.74	6.2
A039	湖北大学学报自然科学版	108	1.00	108	19.8	4.4	15	46	0.00	0.70	6.4
H203	湖北农业科学	1059	1.00	1033	20.0	4.3	31	458	0.00	0.69	6.7
G334	湖北中医药大学学报	214	1.00	118	17.8	4.2	23	147	0.00	0.88	4.4
A028	湖南大学学报自然科学版	271	0.99	271	24.6	4.5	26	86	0.02	0.96	6.4
K016	湖南科技大学学报自然科学版	63	1.00	63	18.6	4.4	18	42	0.02	0.84	6.5
H060	湖南农业大学学报自然科学版	111	1.00	111	24.1	6.0	17	47	0.00	0.93	7.0
G548	湖南师范大学学报医学版	320	1.00	294	18.3	4.2	23	221	0.00	0.34	3.9
A055	湖南师范大学自然科学学报	94	0.97	94	30.8	4.3	20	62	0.00	0.91	5.5
G041	湖南中医药大学学报	360	1.00	356	25.5	5.2	23	98	0.02	0.86	3.6
E111	湖泊科学	170	0.97	170	50.6	6.1	28	102	0.03	0.91	8.1
G336	护理管理杂志	182	0.92	181	28.5	5.0	30	136	0.01	0.40	4.5
G987	护理学报	370	1.00	343	24.9	5.2	27	208	0.01	0.60	4.0
G503	护理学杂志	713	1.00	558	22.9	5.3	28	295	0.01	0.45	4.6
G654	护理研究	905	0.99	790	28.3	4.5	30	370	0.00	0.46	4.9

表 4-2　2022 年中国科技核心期刊（中文）来源指标刊名字顺索引（续）

CODE	刊名	来源文献量	文献选出率	AR论文量	平均引文数	平均作者数	地区分布数	机构分布数	海外论文比	基金论文比	引用半衰期
G734	护士进修杂志	474	1.00	449	25.4	4.7	27	276	0.01	0.46	4.8
H665	花生学报	48	1.00	48	25.0	7.0	15	27	0.00	0.85	6.2
E141	华北地震科学	65	0.96	65	15.4	4.4	18	34	0.00	0.85	8.9
R046	华北电力大学学报自然科学版	81	1.00	81	22.4	4.4	7	12	0.00	0.62	4.8
H032	华北农学报	162	1.00	162	32.0	7.0	27	80	0.00	0.86	7.1
W543	华北水利水电大学学报自然科学版	81	0.98	81	27.5	4.5	14	35	0.00	0.93	7.2
X003	华东交通大学学报	87	0.91	87	22.1	3.9	16	34	0.00	0.87	5.1
A054	华东师范大学学报自然科学版	99	0.99	99	24.9	3.6	18	32	0.03	0.75	8.4
E103	华南地震	71	0.95	71	16.9	3.9	22	39	0.01	0.76	10.0
G340	华南国防医学杂志	226	0.97	204	22.8	4.9	26	142	0.00	0.46	4.5
J004	华南理工大学学报自然科学版	187	0.97	187	24.3	4.2	25	52	0.01	0.98	5.8
H013	华南农业大学学报	90	0.93	90	40.7	5.6	16	29	0.01	0.96	6.3
A052	华南师范大学学报自然科学版	92	0.95	92	27.0	4.4	20	56	0.00	0.97	6.7
G525	华南预防医学	401	0.99	348	20.0	4.3	25	269	0.00	0.27	3.3
A021	华侨大学学报自然科学版	105	0.97	105	20.7	3.7	10	15	0.03	0.93	6.1
G043	华西口腔医学杂志	97	0.91	97	22.5	5.1	20	58	0.00	0.71	6.2
G044	华西药学杂志	150	0.96	126	12.2	5.1	24	71	0.02	0.61	6.1
G294	华西医学	334	0.99	318	31.8	4.7	28	165	0.01	0.60	5.1
G077	华中科技大学学报医学版	145	0.98	140	30.6	5.2	22	76	0.00	0.83	5.1
J033	华中科技大学学报自然科学版	241	0.98	241	28.7	3.9	25	87	0.01	0.92	5.7
H003	华中农业大学学报	186	0.99	186	33.4	5.4	17	46	0.01	0.94	6.3
A004	华中师范大学学报自然科学版	128	0.91	128	27.2	3.7	23	82	0.01	0.93	7.1
Z009	化工环保	118	0.96	118	25.3	4.6	28	84	0.00	0.60	5.3
T006	化工机械	163	0.98	159	12.7	4.3	20	81	0.02	0.39	7.7
T101	化工进展	659	1.00	659	45.6	5.2	29	248	0.02	0.81	5.4
T532	化工科技	96	1.00	94	23.9	5.4	12	26	0.00	0.69	5.6
T146	化工设备与管道	96	0.99	95	13.1	3.3	22	78	0.00	0.18	7.9
T007	化工学报	511	1.00	511	44.0	5.1	28	140	0.01	0.92	6.3
T066	化工自动化及仪表	125	0.89	117	11.5	3.2	27	73	0.00	0.32	6.0
T009	化学反应工程与工艺	65	0.92	65	26.7	5.1	19	38	0.00	0.58	7.6
D604	化学分析计量	244	0.95	244	19.5	4.4	26	191	0.00	0.22	6.0
T025	化学工程	180	0.70	173	14.4	4.6	25	117	0.00	0.63	6.2
T567	化学工程师	302	0.99	254	13.7	3.4	29	173	0.00	0.51	5.0
T076	化学工业与工程	83	1.00	83	30.5	4.6	15	30	0.00	0.70	6.1
D506	化学进展	190	0.99	180	96.8	4.8	25	111	0.04	0.85	5.3
D011	化学试剂	253	1.00	253	29.6	5.3	30	181	0.00	0.75	5.5
D018	化学通报	201	0.96	200	41.4	4.4	29	143	0.01	0.74	5.8
D030	化学学报	175	1.00	174	61.4	5.3	25	95	0.01	0.93	5.2
D501	化学研究	72	0.96	72	27.6	4.6	21	44	0.01	0.78	5.7
D037	化学研究与应用	407	1.00	407	22.7	4.8	31	258	0.00	0.72	6.0
T931	化学与粘合	134	0.97	110	15.9	4.1	23	76	0.00	0.21	5.6
T553	化学与生物工程	159	1.00	159	19.2	4.7	24	93	0.00	0.65	6.1
Z017	环境保护科学	139	1.00	137	25.4	4.5	25	103	0.01	0.74	6.3

表 4-2　2022 年中国科技核心期刊（中文）来源指标刊名字顺索引（续）

CODE	刊名	来源文献量	文献选出率	AR论文量	平均引文数	平均作者数	地区分布数	机构分布数	海外论文比	基金论文比	引用半衰期
Z005	环境工程	402	0.35	402	35.2	5.5	30	221	0.01	0.82	5.7
Z550	环境工程技术学报	262	0.98	262	40.4	5.2	27	121	0.00	0.71	5.8
Z021	环境工程学报	421	0.98	419	33.6	5.8	29	209	0.02	0.81	5.6
D024	环境化学	397	0.97	387	44.9	5.6	30	237	0.01	0.85	6.3
Z500	环境技术	251	0.88	243	8.6	3.7	26	126	0.00	0.09	8.1
Z554	环境监测管理与技术	93	1.00	89	18.9	5.0	23	75	0.00	0.86	5.4
Z525	环境监控与预警	102	0.99	102	24.5	4.9	21	71	0.00	0.78	6.1
Z506	环境科技	86	0.97	86	20.2	4.5	20	69	0.00	0.67	4.6
Z004	环境科学	639	0.98	639	48.0	6.3	30	237	0.01	0.88	4.9
Z003	环境科学学报	557	0.99	557	39.5	6.0	28	226	0.03	0.90	6.1
Z002	环境科学研究	294	0.98	294	44.5	6.1	26	143	0.01	0.88	5.0
Z521	环境科学与管理	447	0.89	445	8.3	3.0	29	327	0.00	0.36	2.7
Z025	环境科学与技术	332	0.99	332	36.3	5.2	28	222	0.00	0.86	5.8
H049	环境昆虫学报	175	0.99	175	34.8	6.1	28	97	0.02	0.83	10.1
Z518	环境生态学	202	0.94	201	27.1	4.1	28	131	0.00	0.45	5.9
Z035	环境卫生工程	87	0.71	86	24.0	4.3	18	65	0.01	0.59	5.6
G971	环境卫生学杂志	145	0.91	141	24.7	5.8	28	88	0.01	0.42	5.1
Z019	环境污染与防治	288	0.99	288	27.2	5.1	30	213	0.00	0.81	6.0
Z031	环境与健康杂志	113	0.98	100	23.1	5.3	25	71	0.00	0.62	6.2
G882	环境与职业医学	220	0.96	217	32.4	6.0	28	99	0.02	0.77	5.4
G656	环球中医药	498	0.96	401	24.7	5.0	28	153	0.01	0.67	5.9
M631	黄金	228	1.00	215	14.6	3.9	23	143	0.02	0.51	7.4
M600	黄金科学技术	88	0.73	88	49.3	4.6	20	33	0.00	0.83	6.3
V560	混凝土	478	0.98	465	17.5	4.4	28	241	0.01	0.86	7.2
Y040	火箭推进	75	0.93	75	23.5	4.4	11	26	0.00	0.57	10.9
N005	火力与指挥控制	359	0.98	359	15.9	3.6	23	167	0.01	0.35	6.3
N007	火炸药学报	112	0.94	112	29.4	5.7	11	34	0.01	0.66	7.9
X011	机车电传动	135	0.94	135	15.9	4.3	17	60	0.01	0.59	5.6
N069	机床与液压	827	0.97	823	15.3	3.9	29	381	0.01	0.70	5.8
N672	机电工程	241	1.00	240	19.6	3.9	25	144	0.00	0.89	5.0
S004	机器人	66	0.99	66	41.7	4.9	19	46	0.02	0.89	5.6
N040	机械传动	307	1.00	307	18.0	4.3	29	170	0.01	0.66	6.9
M004	机械工程材料	197	0.99	197	23.1	4.7	28	142	0.01	0.69	7.3
N051	机械工程学报	713	0.98	713	33.8	4.9	28	191	0.03	0.93	6.5
N050	机械科学与技术	269	0.95	269	18.5	4.0	28	126	0.01	0.86	6.1
N057	机械强度	211	1.00	211	17.9	4.2	27	122	0.01	0.79	7.7
N047	机械设计	274	0.96	274	16.3	3.9	28	163	0.01	0.68	6.1
N054	机械设计与研究	263	0.98	262	16.5	4.1	25	155	0.01	0.70	5.6
N028	机械设计与制造	769	0.99	764	12.0	3.3	29	324	0.00	0.80	7.5
N063	机械设计与制造工程	323	1.00	313	12.1	3.5	27	169	0.00	0.33	5.3
N053	机械与电子	185	0.96	185	13.1	3.4	27	124	0.00	0.44	3.5
N515	机械制造与自动化	355	1.00	319	11.0	3.5	28	154	0.00	0.40	6.0
G003	基础医学与临床	361	0.96	348	16.4	4.5	30	195	0.00	0.63	4.2

表 4-2 2022 年中国科技核心期刊（中文）来源指标刊名字顺索引（续）

CODE	刊名	来源文献量	文献选出率	AR论文量	平均引文数	平均作者数	地区分布数	机构分布数	海外论文比	基金论文比	引用半衰期
H245	基因组学与应用生物学	214	0.95	214	33.4	5.7	30	102	0.01	0.95	7.1
R025	激光技术	126	0.95	125	28.1	4.8	23	83	0.00	0.73	6.4
F045	激光生物学报	73	0.99	73	31.4	5.8	20	42	0.00	0.84	6.1
R514	激光与光电子学进展	1053	0.99	1053	30.4	4.6	28	356	0.01	0.80	6.0
R521	激光与红外	282	0.99	282	15.6	4.2	27	176	0.00	0.50	6.1
R028	激光杂志	498	1.00	498	18.2	3.2	30	255	0.01	0.90	3.6
E116	吉林大学学报地球科学版	155	0.97	155	38.2	5.3	27	86	0.01	0.85	9.3
J042	吉林大学学报工学版	335	0.99	335	22.0	4.4	25	125	0.01	0.96	5.8
A035	吉林大学学报理学版	190	0.97	190	18.6	3.0	29	85	0.00	0.99	6.8
R586	吉林大学学报信息科学版	142	0.98	142	16.6	3.5	25	62	0.00	0.62	3.7
G014	吉林大学学报医学版	208	1.00	208	28.3	5.5	26	100	0.00	0.99	4.5
H243	吉林农业大学学报	99	0.95	99	31.2	5.4	8	16	0.00	0.93	8.2
G719	吉林中医药	351	0.99	299	20.3	4.4	25	147	0.00	0.85	5.1
E007	极地研究	47	0.87	47	39.7	4.3	11	29	0.02	0.83	8.6
G452	疾病监测	294	0.88	275	18.7	6.6	28	141	0.00	0.51	5.0
A656	济南大学学报自然科学版	101	1.00	101	22.2	4.5	18	54	0.01	0.99	5.7
G439	脊柱外科杂志	80	0.96	77	27.2	5.2	20	58	0.00	0.33	6.4
N014	计量学报	256	1.00	256	19.9	4.6	19	94	0.00	0.67	7.0
S050	计算机测量与控制	538	1.00	538	23.1	3.7	30	304	0.00	0.47	4.7
S049	计算机仿真	1188	1.00	1187	13.7	2.9	31	453	0.01	0.57	4.5
S013	计算机辅助设计与图形学学报	192	1.00	192	29.7	4.3	24	110	0.03	0.92	6.0
S012	计算机工程	478	0.98	478	27.7	3.7	29	188	0.01	0.93	4.2
S034	计算机工程与科学	264	0.99	264	28.2	3.7	25	139	0.01	0.77	5.9
S022	计算机工程与设计	462	0.99	462	17.1	3.5	31	224	0.00	0.86	4.2
S025	计算机工程与应用	840	0.98	840	32.3	3.7	30	277	0.01	0.87	4.8
S030	计算机集成制造系统	337	1.00	337	29.0	4.4	26	127	0.04	0.93	5.3
S520	计算机技术与发展	421	0.98	421	20.6	3.5	29	165	0.00	0.91	5.1
S006	计算机科学	550	0.97	550	32.7	3.8	28	177	0.01	0.86	5.3
S085	计算机科学与探索	228	0.95	228	43.9	3.7	29	118	0.01	0.94	5.1
S509	计算机系统应用	576	0.98	576	22.9	3.6	29	234	0.00	0.65	5.4
S018	计算机学报	144	1.00	144	63.0	4.8	19	65	0.05	0.90	5.5
S021	计算机研究与发展	190	0.97	190	44.1	4.5	25	100	0.03	0.95	5.1
S029	计算机应用	499	1.00	499	27.3	3.8	29	220	0.01	0.84	4.8
S016	计算机应用研究	639	1.00	639	29.5	3.6	30	250	0.01	0.86	4.7
S009	计算机应用与软件	626	0.98	626	18.9	3.1	30	319	0.00	0.74	6.4
S048	计算机与数字工程	518	1.00	518	17.6	3.1	28	183	0.01	0.52	6.4
S500	计算机与现代化	225	0.95	225	28.2	3.5	25	122	0.00	0.82	4.8
S507	计算技术与自动化	129	0.99	128	15.2	3.2	27	113	0.01	0.29	3.7
C003	计算力学学报	113	0.99	113	20.9	3.6	24	79	0.06	0.90	9.0
B014	计算数学	36	0.90	36	25.6	2.3	17	31	0.06	0.75	11.4
C094	计算物理	77	0.90	77	26.8	3.8	21	48	0.03	0.92	8.3
G292	寄生虫与医学昆虫学报	39	1.00	38	27.6	6.6	14	29	0.00	0.46	8.2
A045	暨南大学学报自然科学与医学版	77	0.97	77	26.8	4.9	16	53	0.01	0.78	4.7

表 4-2 2022 年中国科技核心期刊（中文）来源指标刊名字顺索引（续）

CODE	刊名	来源文献量	文献选出率	AR论文量	平均引文数	平均作者数	地区分布数	机构分布数	海外论文比	基金论文比	引用半衰期
H240	家畜生态学报	197	0.97	187	28.3	6.0	30	97	0.00	0.78	7.1
G638	检验医学	256	0.99	211	16.9	4.8	28	189	0.00	0.40	5.0
V051	建筑材料学报	180	0.98	180	18.7	4.3	24	90	0.02	0.87	7.2
V057	建筑钢结构进展	132	0.99	132	23.5	4.2	24	76	0.02	0.80	9.2
V523	建筑节能中英文版	283	0.90	280	17.7	3.7	26	151	0.01	0.49	6.0
V014	建筑结构	552	0.89	534	12.2	4.3	28	218	0.01	0.42	8.3
V044	建筑结构学报	317	0.99	317	26.8	4.3	24	95	0.02	0.96	8.6
V005	建筑科学	337	0.87	331	17.6	4.5	27	137	0.03	0.60	7.0
V013	建筑科学与工程学报	110	0.96	110	29.8	4.3	24	54	0.02	0.99	6.5
V047	建筑学报	213	0.84	151	17.0	2.0	22	82	0.07	0.41	19.6
Y522	舰船电子工程	507	0.99	483	14.8	2.9	22	180	0.00	0.15	7.0
Y564	舰船科学技术	914	1.00	905	10.8	3.1	28	316	0.01	0.41	6.0
G453	江苏大学学报医学版	98	1.00	98	24.8	5.0	15	56	0.01	0.70	4.4
J035	江苏大学学报自然科学版	107	1.00	107	14.1	4.2	17	44	0.03	0.98	5.2
H700	江苏农业科学	954	1.00	952	29.2	5.7	31	369	0.00	0.88	6.7
H199	江苏农业学报	198	1.00	198	37.6	6.5	26	96	0.01	0.90	6.6
G397	江苏中医药	243	0.79	152	15.9	3.9	26	101	0.00	0.58	5.8
H283	江西农业大学学报	156	1.00	156	31.6	6.4	25	53	0.00	0.99	6.7
H701	江西农业学报	457	0.99	457	24.7	5.4	28	247	0.00	0.76	6.7
A112	江西师范大学学报自然科学版	91	0.95	91	24.1	4.0	21	46	0.01	0.98	6.6
X020	交通信息与安全	110	0.95	110	26.5	4.2	20	51	0.05	0.96	4.8
X672	交通运输工程学报	130	0.93	130	42.7	4.8	20	45	0.07	0.98	5.9
X685	交通运输系统工程与信息	203	0.97	203	17.6	4.0	24	66	0.05	0.94	4.6
X516	交通运输研究	83	0.92	83	25.1	4.1	15	38	0.00	0.51	4.4
L587	节能技术	99	1.00	98	16.9	4.5	23	81	0.00	0.46	5.1
W567	节水灌溉	199	0.99	199	27.4	5.0	27	107	0.00	0.86	6.1
K553	洁净煤技术	233	0.95	233	41.7	5.4	26	117	0.02	0.82	5.6
V049	结构工程师	153	0.97	153	15.8	3.4	23	86	0.00	0.57	9.1
G869	结直肠肛门外科	129	0.92	116	27.6	4.9	22	89	0.00	0.28	5.4
G316	解放军护理杂志	301	0.99	260	20.0	5.1	27	152	0.01	0.61	4.5
G187	解放军医学院学报	233	0.97	229	25.6	6.2	26	76	0.00	0.51	3.9
G048	解放军医学杂志	171	0.97	169	35.9	5.6	29	111	0.00	0.64	4.5
G507	解剖科学进展	187	0.93	179	14.4	4.1	19	89	0.00	0.82	4.2
G049	解剖学报	115	0.93	115	22.4	5.4	28	83	0.00	0.78	5.9
G358	解剖学研究	133	0.91	93	16.4	4.4	27	109	0.00	0.49	4.0
G050	解剖学杂志	150	0.86	90	16.5	5.1	27	101	0.00	0.43	5.1
G886	介入放射学杂志	262	0.69	217	20.2	5.6	27	174	0.00	0.42	5.3
N048	金刚石与磨料磨具工程	94	0.92	94	21.5	5.1	20	58	0.04	0.55	6.0
M051	金属功能材料	101	0.94	99	24.3	4.4	23	72	0.03	0.40	6.4
K022	金属矿山	410	0.98	410	23.1	4.9	27	181	0.00	0.80	5.6
N083	金属热处理	576	0.99	567	16.6	4.9	29	274	0.01	0.56	7.2
M012	金属学报	140	0.99	140	54.4	5.2	20	49	0.06	0.94	8.2
E599	经济地理	299	0.96	299	37.8	3.5	26	137	0.02	0.96	5.7

表 4-2　2022 年中国科技核心期刊（中文）来源指标刊名字顺索引（续）

CODE	刊名	来源文献量	文献选出率	AR论文量	平均引文数	平均作者数	地区分布数	机构分布数	海外论文比	基金论文比	引用半衰期
H333	经济动物学报	52	0.98	51	29.4	6.4	12	15	0.00	0.85	7.6
S759	经济管理	131	0.98	131	57.2	2.5	22	59	0.01	0.90	7.4
S762	经济理论与经济管理	89	0.88	89	38.7	2.5	18	46	0.04	0.80	8.7
H266	经济林研究	120	1.00	120	30.1	6.5	26	58	0.00	0.87	6.1
S773	经济与管理研究	100	0.99	100	46.6	2.4	21	58	0.00	0.89	6.9
G953	精神医学杂志	127	0.94	119	28.3	5.2	22	86	0.02	0.69	6.4
T102	精细化工	323	1.00	323	36.0	5.1	29	158	0.01	0.85	4.9
T955	精细化工中间体	111	1.00	99	17.3	4.8	19	62	0.00	0.37	6.0
T542	精细石油化工	107	0.99	98	16.3	4.6	22	78	0.00	0.35	7.2
G677	颈腰痛杂志	297	1.00	115	12.9	4.1	27	220	0.00	0.20	4.2
Z553	净水技术	309	0.96	309	21.4	4.3	28	173	0.00	0.51	5.5
G553	局解手术学杂志	231	0.99	216	24.2	4.9	27	169	0.00	0.59	4.2
T512	聚氨酯工业	75	0.93	66	10.0	4.3	19	60	0.00	0.32	6.9
R016	绝缘材料	204	0.99	203	22.7	5.8	28	117	0.00	0.42	7.3
G052	军事医学	171	0.98	165	25.6	5.9	23	63	0.00	0.50	5.7
F018	菌物学报	172	0.93	164	44.2	5.6	29	92	0.02	0.84	7.8
C325	菌物研究	34	0.92	33	46.7	4.3	9	12	0.00	0.91	8.7
M018	勘察科学技术	79	0.94	77	10.1	3.3	24	69	0.00	0.29	7.8
Q933	康复学报	80	1.00	80	27.9	5.5	18	51	0.03	0.90	4.8
A645	科技导报	307	0.87	307	41.6	4.0	24	187	0.01	0.72	4.8
S812	科技管理研究	669	0.60	669	30.3	2.9	27	306	0.01	0.83	5.4
R588	科技进步与对策	386	0.77	386	33.7	2.7	28	173	0.02	0.95	6.3
A083	科技通报	239	0.97	239	15.7	3.6	26	171	0.00	0.50	6.2
S816	科学管理研究	126	0.99	126	25.9	2.5	21	88	0.01	0.91	4.5
A537	科学技术与工程	1945	0.98	1945	22.9	4.4	31	687	0.01	0.83	4.8
A075	科学通报	371	0.81	315	58.2	4.9	25	162	0.04	0.74	6.6
W514	科学学研究	223	1.00	223	29.4	2.7	22	109	0.03	0.91	7.2
S818	科学学与科学技术管理	120	1.00	120	53.3	2.9	19	76	0.03	0.89	7.7
W531	科研管理	267	0.96	267	30.0	2.7	27	131	0.01	0.95	8.3
L516	可再生能源	244	1.00	244	14.6	4.7	28	159	0.00	0.80	5.0
E140	空间科学学报	123	0.87	121	30.7	5.7	15	64	0.02	0.71	5.1
Y051	空间控制技术与应用	76	0.94	76	20.1	4.6	14	35	0.00	0.79	6.0
J059	空军工程大学学报自然科学版	94	0.95	94	20.5	4.4	12	26	0.00	0.67	5.1
Q907	空军航空医学	144	0.89	84	17.0	6.1	20	61	0.00	0.11	6.3
Y016	空气动力学学报	120	0.97	120	35.6	4.4	17	54	0.01	0.66	9.4
Y571	空天技术	47	0.90	47	51.1	4.6	11	28	0.00	0.45	7.6
S503	控制工程	316	0.98	316	20.9	3.5	27	167	0.01	0.79	6.1
R060	控制理论与应用	247	0.97	246	27.2	3.7	26	137	0.03	0.92	5.9
S001	控制与决策	359	1.00	359	29.8	3.7	26	157	0.01	0.92	5.8
G672	口腔材料器械杂志	56	0.90	56	14.1	3.9	18	45	0.00	0.39	4.9
G246	口腔颌面外科杂志	71	0.99	61	19.8	3.7	20	53	0.00	0.51	5.5
G894	口腔颌面修复学杂志	78	0.93	78	30.2	4.1	21	57	0.01	0.51	5.2
G390	口腔疾病防治	141	0.97	141	25.9	4.3	25	75	0.00	0.94	4.0

表 4-2 2022 年中国科技核心期刊（中文）来源指标刊名字顺索引（续）

CODE	刊名	来源文献量	文献选出率	AR论文量	平均引文数	平均作者数	地区分布数	机构分布数	海外论文比	基金论文比	引用半衰期
G594	口腔生物医学	53	0.93	52	32.4	4.1	15	33	0.00	0.75	4.6
G325	口腔医学	220	0.98	220	32.0	4.3	20	89	0.00	0.66	5.0
G266	口腔医学研究	247	0.96	212	21.3	4.1	26	114	0.01	0.55	4.9
K525	矿产保护与利用	142	0.95	142	31.1	5.3	21	64	0.01	0.74	6.3
V054	矿产勘查	218	0.97	218	23.4	5.0	27	128	0.00	0.53	8.4
K025	矿产与地质	158	0.99	158	22.3	4.9	25	102	0.01	0.61	10.6
K004	矿产综合利用	207	0.97	207	17.1	4.4	29	119	0.00	0.58	6.3
E106	矿床地质	74	0.97	74	101.1	6.6	18	34	0.00	0.84	10.6
K014	矿山机械	189	0.84	160	8.0	3.3	24	115	0.00	0.22	6.3
E350	矿物学报	79	1.00	77	40.4	5.6	21	45	0.04	0.89	12.2
E354	矿物岩石	48	0.94	48	23.3	5.7	10	29	0.00	0.79	7.2
E504	矿物岩石地球化学通报	108	0.78	98	62.7	5.4	23	68	0.02	0.89	9.4
M101	矿冶	120	0.99	120	17.2	4.1	20	58	0.00	0.54	5.9
M045	矿冶工程	220	1.00	210	12.7	4.6	26	115	0.00	0.70	5.3
K554	矿业安全与环保	146	0.98	146	23.0	3.8	19	78	0.01	0.75	5.1
K010	矿业研究与开发	396	0.99	396	20.1	4.4	30	152	0.00	0.82	4.5
F015	昆虫学报	167	1.00	167	40.7	6.4	26	71	0.01	0.92	9.4
J020	昆明理工大学学报自然科学版	127	0.98	127	26.6	4.9	19	51	0.00	0.97	5.8
G053	昆明医科大学学报	356	0.98	355	22.2	5.7	19	107	0.01	0.80	4.9
G395	兰州大学学报医学版	221	0.94	198	22.8	5.0	18	67	0.00	0.69	4.8
A016	兰州大学学报自然科学版	103	0.94	101	30.0	5.2	14	34	0.01	0.89	7.3
J008	兰州理工大学学报	148	0.95	148	18.8	3.5	20	54	0.01	0.91	7.2
G628	老年医学与保健	300	0.98	279	20.9	4.3	21	155	0.00	0.45	3.9
R096	雷达科学与技术	95	0.99	95	16.2	4.0	19	45	0.00	0.57	4.5
R758	雷达学报	80	0.93	80	47.5	5.2	16	36	0.00	0.91	6.3
T010	离子交换与吸附	49	0.92	49	26.3	4.6	17	32	0.00	0.69	5.1
M001	理化检验化学分册	236	0.89	201	19.3	4.8	30	198	0.00	0.42	6.6
C101	力学季刊	94	0.95	94	24.5	3.4	20	49	0.02	0.83	8.6
C001	力学学报	280	0.97	279	43.5	4.3	23	100	0.04	0.91	7.5
C104	力学与实践	191	0.91	182	17.2	3.8	21	103	0.02	0.67	9.5
G580	立体定向和功能性神经外科杂志	74	0.99	72	20.2	4.6	17	51	0.00	0.26	4.1
U055	粮食与饲料工业	95	0.88	79	18.0	4.7	24	70	0.01	0.26	6.1
U626	粮油食品科技	158	0.88	158	26.6	4.5	23	89	0.08	0.45	6.5
C032	量子电子学报	87	0.94	87	37.1	4.6	18	58	0.00	0.90	7.5
K008	辽宁工程技术大学学报自然科学版	84	1.00	84	16.9	4.0	13	26	0.00	0.88	7.2
H261	辽宁农业科学	131	1.00	87	15.5	4.5	14	46	0.02	0.79	7.3
G850	辽宁中医药大学学报	546	1.00	539	35.6	4.7	28	154	0.00	0.85	5.3
G646	辽宁中医杂志	700	1.00	557	23.4	4.4	30	305	0.00	0.76	4.9
U037	林产工业	146	1.00	144	30.6	4.1	22	54	0.01	0.84	5.0
T017	林产化学与工业	105	0.99	105	27.2	5.0	18	38	0.02	0.79	6.2
H740	林业工程学报	164	0.98	164	24.7	4.8	16	37	0.01	0.91	4.7
H280	林业科学	203	0.99	203	38.4	5.8	25	59	0.01	0.72	8.5
H281	林业科学研究	129	1.00	129	35.1	6.2	26	47	0.02	0.70	7.9

表 4-2 2022 年中国科技核心期刊（中文）来源指标刊名字顺索引（续）

CODE	刊名	来源文献量	文献选出率	AR论文量	平均引文数	平均作者数	地区分布数	机构分布数	海外论文比	基金论文比	引用半衰期
H102	林业调查规划	204	0.97	202	14.9	3.7	27	107	0.00	0.38	7.5
H289	林业与生态科学	64	0.98	64	25.9	4.8	8	18	0.00	0.55	6.7
T231	磷肥与复肥	177	0.83	54	9.2	3.8	22	94	0.00	0.29	7.4
G880	临床超声医学杂志	246	0.90	177	13.1	4.5	25	177	0.00	0.39	4.0
G607	临床儿科杂志	167	0.98	167	28.2	4.6	23	71	0.01	0.40	4.8
G276	临床耳鼻咽喉头颈外科杂志	205	0.98	184	23.6	5.2	27	119	0.01	0.35	5.1
G271	临床放射学杂志	407	0.88	388	19.2	5.8	29	236	0.00	0.39	4.3
Q908	临床肺科杂志	416	0.99	371	21.4	4.2	29	301	0.00	0.32	4.7
G501	临床肝胆病杂志	520	0.90	438	29.6	4.8	30	241	0.01	0.74	4.6
G291	临床骨科杂志	201	0.65	177	11.2	4.4	25	177	0.00	0.43	4.2
G664	临床和实验医学杂志	727	0.97	710	17.8	4.3	30	415	0.00	0.88	3.3
G345	临床急诊杂志	157	0.95	150	24.4	4.6	25	134	0.00	0.35	3.7
G204	临床检验杂志	216	0.99	152	16.1	5.3	27	156	0.00	0.43	4.5
G310	临床精神医学杂志	136	0.94	75	20.2	5.5	20	87	0.00	0.52	5.7
G881	临床军医杂志	373	0.97	230	19.1	5.8	27	174	0.00	0.77	3.6
G287	临床口腔医学杂志	207	1.00	153	20.2	3.9	27	132	0.01	0.40	5.1
G222	临床麻醉学杂志	284	0.96	233	22.8	4.9	28	183	0.00	0.39	4.2
G317	临床泌尿外科杂志	201	0.98	179	22.8	5.6	28	153	0.00	0.31	4.6
G257	临床内科杂志	246	0.86	122	22.1	4.0	28	162	0.00	0.48	5.3
G230	临床皮肤科杂志	206	0.80	87	16.4	4.5	29	137	0.00	0.22	7.0
G309	临床神经病学杂志	113	0.94	82	24.4	4.6	20	89	0.01	0.32	5.6
G802	临床神经外科杂志	144	0.96	137	22.9	6.0	27	110	0.01	0.60	5.1
G423	临床肾脏病杂志	182	0.98	173	27.2	4.4	27	140	0.00	0.45	5.0
G797	临床输血与检验	149	0.97	144	23.6	5.2	20	106	0.00	0.46	5.6
G256	临床外科杂志	336	0.96	196	17.4	4.2	27	239	0.00	0.22	4.4
G942	临床误诊误治	318	0.96	307	21.4	4.5	27	234	0.00	0.64	3.6
G855	临床消化病杂志	118	0.94	88	19.7	4.3	24	97	0.00	0.36	5.3
Q909	临床小儿外科杂志	223	0.96	207	22.3	5.4	23	82	0.00	0.65	6.5
G261	临床心血管病杂志	199	0.98	185	23.7	5.5	28	120	0.00	0.54	4.4
G293	临床血液学杂志	195	0.97	176	20.1	5.1	23	135	0.00	0.32	4.1
Q913	临床眼科杂志	140	0.96	106	19.6	4.1	24	105	0.00	0.27	6.6
G673	临床药物治疗杂志	209	0.99	190	21.8	4.5	22	113	0.00	0.28	4.4
G350	临床与病理杂志	460	1.00	460	24.6	3.4	28	299	0.00	0.35	4.2
G274	临床与实验病理学杂志	403	0.97	230	17.5	4.9	30	263	0.00	0.43	4.6
Q910	临床肿瘤学杂志	197	0.99	179	25.2	4.4	25	155	0.00	0.27	3.7
G491	岭南心血管病杂志	120	0.96	110	19.6	4.8	22	83	0.01	0.39	5.1
N023	流体机械	173	1.00	173	19.2	4.8	22	97	0.02	0.94	5.8
H748	麦类作物学报	174	0.83	174	32.3	7.0	20	74	0.00	0.86	8.6
T060	煤化工	143	0.86	130	8.8	3.1	25	107	0.00	0.17	6.6
K558	煤矿安全	463	0.98	463	18.8	3.9	21	165	0.00	0.65	5.7
K517	煤矿机械	741	0.99	248	6.5	2.4	27	282	0.00	0.21	5.4
K038	煤炭工程	409	1.00	408	20.7	3.7	21	191	0.00	0.51	5.0
K005	煤炭科学技术	395	0.99	395	28.1	5.0	21	139	0.01	0.85	6.1

表 4-2　2022 年中国科技核心期刊（中文）来源指标刊名字顺索引（续）

CODE	刊名	来源文献量	文献选出率	AR论文量	平均引文数	平均作者数	地区分布数	机构分布数	海外论文比	基金论文比	引用半衰期
K017	煤炭学报	363	0.97	363	40.0	6.0	22	87	0.03	0.94	6.1
D027	煤炭转化	67	0.91	67	29.6	5.5	17	43	0.01	0.73	6.6
K009	煤田地质与勘探	241	0.96	241	28.8	5.3	23	82	0.00	0.81	5.7
R119	密码学报	76	0.97	76	35.2	3.9	17	41	0.01	0.86	9.5
U036	棉纺织技术	207	0.85	189	13.7	3.8	19	90	0.00	0.55	5.0
H037	棉花学报	44	0.60	43	46.8	7.7	11	26	0.05	0.82	8.0
G056	免疫学杂志	153	0.93	153	24.0	4.8	27	122	0.00	0.51	3.6
B017	模糊系统与数学	104	1.00	103	21.6	3.0	24	74	0.00	0.85	8.8
S015	模式识别与人工智能	92	0.90	92	35.9	4.0	18	52	0.01	0.90	4.3
T077	膜科学与技术	135	0.99	135	28.9	5.5	22	67	0.00	0.87	5.8
N084	摩擦学学报	120	0.99	120	31.9	5.5	19	55	0.01	0.93	6.3
N107	模具技术	67	0.97	67	10.0	3.1	17	51	0.00	0.28	5.7
U533	木材工业	87	0.85	85	24.4	4.5	14	24	0.01	0.70	5.4
A013	南昌大学学报理科版	89	0.99	89	23.5	4.3	18	44	0.00	0.90	6.6
G047	南昌大学学报医学版	121	0.95	111	26.6	4.3	19	70	0.00	0.74	4.6
R117	南方电网技术	191	0.96	191	29.0	5.4	25	89	0.01	0.61	4.4
V089	南方建筑	145	0.98	145	29.6	3.2	18	62	0.06	0.92	7.6
H069	南方农业学报	370	1.00	370	35.4	6.8	28	143	0.02	0.95	6.0
H068	南方水产科学	115	0.98	115	39.7	6.7	13	28	0.00	0.87	6.0
G023	南方医科大学学报	250	1.00	249	31.4	6.1	26	123	0.01	0.82	4.3
A025	南京大学学报自然科学版	106	0.99	106	30.0	3.8	21	54	0.00	0.92	6.2
T011	南京工业大学学报自然科学版	82	1.00	82	34.5	4.6	8	27	0.02	0.85	6.4
Y026	南京航空航天大学学报	122	0.95	122	30.3	4.4	16	58	0.02	0.57	7.1
N011	南京理工大学学报自然科学版	101	1.00	101	19.0	4.1	21	54	0.00	0.83	4.4
H033	南京林业大学学报自然科学版	184	0.98	176	41.2	5.2	22	54	0.00	0.91	7.5
H021	南京农业大学学报	135	0.96	135	41.1	5.9	14	21	0.01	0.94	6.9
A061	南京师大学报自然科学版	75	1.00	75	24.3	4.3	21	49	0.04	0.92	7.1
E120	南京信息工程大学学报自然科学版	83	0.93	83	31.8	4.6	17	49	0.00	0.93	6.2
G058	南京医科大学学报自然科学版	287	0.98	282	25.1	5.1	12	63	0.00	0.74	4.3
R008	南京邮电大学学报自然科学版	78	0.93	78	23.0	3.4	9	17	0.01	0.91	4.2
G059	南京中医药大学学报	159	0.99	159	32.0	5.7	18	59	0.00	0.81	5.9
A008	南开大学学报自然科学版	99	0.99	98	17.3	4.4	8	36	0.00	0.78	8.0
S776	南开管理评论	120	0.94	120	52.4	3.1	22	71	0.04	0.93	9.8
W590	南水北调与水利科技	121	0.99	121	33.2	4.9	17	52	0.02	0.93	5.7
G288	脑与神经疾病杂志	148	0.78	147	19.4	4.9	21	97	0.00	0.69	4.0
G662	内科急危重症杂志	133	0.98	104	20.6	4.1	23	98	0.00	0.35	4.9
G523	内科理论与实践	93	0.83	76	26.9	4.5	14	44	0.00	0.40	4.8
A026	内蒙古大学学报自然科学版	88	0.96	88	22.5	4.0	10	30	0.01	0.92	8.5
A111	内蒙古师范大学学报自然科学汉文版	97	0.90	96	20.1	2.9	15	28	0.00	0.89	8.6
G513	内蒙古医科大学学报	163	0.97	148	18.5	4.3	13	55	0.00	0.55	4.3
R533	内燃机工程	78	1.00	78	19.8	5.1	17	40	0.00	0.74	5.9
P004	内燃机学报	70	1.00	70	20.4	4.8	19	35	0.01	0.86	7.3
T501	能源化工	91	0.81	91	16.3	3.6	23	64	0.00	0.38	6.7

表 4-2 2022 年中国科技核心期刊（中文）来源指标刊名字顺索引（续）

CODE	刊名	来源文献量	文献选出率	AR论文量	平均引文数	平均作者数	地区分布数	机构分布数	海外论文比	基金论文比	引用半衰期
K570	能源与环保	620	0.98	616	16.0	3.0	29	362	0.00	0.56	3.7
W002	泥沙研究	66	0.99	66	23.8	3.7	18	38	0.00	0.94	10.5
U504	酿酒科技	263	0.90	259	19.3	5.6	24	128	0.00	0.27	6.5
A506	宁波大学学报理工版	99	0.94	99	23.6	4.7	3	11	0.00	0.83	6.1
A110	宁夏大学学报自然科学版	74	0.96	72	19.6	3.6	16	44	0.00	0.88	9.5
G665	宁夏医科大学学报	247	0.95	229	20.2	5.1	21	93	0.00	0.65	4.7
H071	农产品质量与安全	98	0.96	95	22.9	4.9	20	58	0.02	0.54	4.1
H105	农学学报	202	1.00	200	29.7	5.3	29	144	0.00	0.68	7.4
T034	农药	203	0.97	171	21.2	5.9	29	128	0.00	0.60	5.8
T924	农药科学与管理	96	0.74	93	10.4	4.5	21	60	0.00	0.14	5.7
H404	农药学学报	158	0.93	158	40.3	6.1	27	66	0.00	0.80	6.2
H072	农业工程	358	0.99	337	17.2	4.3	29	174	0.01	0.53	4.5
H279	农业工程学报	845	1.00	845	35.6	5.7	30	243	0.01	0.92	4.7
Z008	农业环境科学学报	294	0.99	294	42.0	6.2	30	137	0.01	0.90	6.2
H278	农业机械学报	572	1.00	572	31.6	5.3	28	144	0.02	0.95	5.1
H286	农业生物技术学报	222	1.00	222	37.3	6.8	29	97	0.00	0.93	7.5
H222	农业现代化研究	108	1.00	108	36.0	3.6	22	55	0.02	0.97	4.7
H773	农业资源与环境学报	136	0.99	136	40.9	5.6	28	75	0.01	0.90	6.5
V032	暖通空调	327	0.98	317	14.0	3.9	19	135	0.02	0.30	6.3
H219	排灌机械工程学报	185	0.97	185	16.7	4.8	24	78	0.01	0.91	5.9
Q384	皮肤科学通报	113	0.95	97	28.0	3.0	24	79	0.01	0.12	4.9
U602	皮革科学与工程	114	0.75	112	24.0	4.1	18	41	0.01	0.60	6.4
U604	皮革与化工	45	0.96	44	18.1	3.9	12	28	0.00	0.38	3.3
G595	器官移植	113	0.97	113	37.8	4.6	23	71	0.00	0.89	3.2
E021	气候变化研究进展	70	0.82	67	35.2	4.1	12	37	0.01	0.81	4.6
E361	气候与环境研究	62	1.00	62	38.5	4.5	11	27	0.03	0.92	8.9
Y504	气体物理	51	0.98	51	26.1	4.2	11	25	0.00	0.51	12.4
E352	气象	136	0.96	136	31.9	5.0	26	68	0.00	0.92	8.4
E566	气象科技	101	0.95	101	27.7	4.9	27	75	0.01	0.81	7.0
E359	气象科学	83	1.00	83	27.8	4.4	18	44	0.01	0.94	9.0
E001	气象学报	73	0.97	73	43.1	4.8	16	38	0.01	0.90	8.9
E521	气象与环境科学	79	0.93	79	29.5	4.9	24	67	0.03	0.87	7.7
E633	气象与环境学报	92	0.97	92	28.9	5.5	26	66	0.00	0.85	7.7
X532	汽车安全与节能学报	83	1.00	83	28.4	4.8	20	50	0.02	0.84	4.6
X018	汽车工程	205	0.96	205	23.4	5.0	22	61	0.02	0.80	5.2
X500	汽车工程学报	86	0.99	86	24.9	4.3	18	44	0.01	0.67	5.2
X013	汽车技术	101	0.97	101	19.8	3.9	23	64	0.02	0.60	5.7
P001	汽轮机技术	125	0.96	89	10.5	4.5	21	67	0.00	0.20	8.1
Y009	强度与环境	71	0.97	71	16.8	4.8	7	24	0.00	0.55	9.0
C007	强激光与粒子束	275	0.94	263	22.2	6.6	21	86	0.00	0.67	8.7
X021	桥梁建设	119	1.00	119	17.6	3.7	20	60	0.00	0.61	3.6
G061	青岛大学学报医学版	201	1.00	182	25.4	4.9	13	59	0.00	0.79	5.7
T012	青岛科技大学学报自然科学版	99	0.98	99	21.9	3.6	6	13	0.00	0.90	6.5

表 4-2 2022 年中国科技核心期刊（中文）来源指标刊名字顺索引（续）

CODE	刊名	来源文献量	文献选出率	AR论文量	平均引文数	平均作者数	地区分布数	机构分布数	海外论文比	基金论文比	引用半衰期
U535	轻工机械	99	1.00	99	14.3	3.6	8	24	0.00	0.48	5.8
J001	清华大学学报自然科学版	227	0.96	227	26.1	4.4	18	61	0.01	0.83	6.6
L044	全球能源互联网	64	0.94	64	27.7	5.2	18	46	0.08	0.59	3.4
D002	燃料化学学报	169	0.93	169	37.8	5.9	24	73	0.02	0.89	6.2
P011	燃烧科学与技术	94	0.97	94	22.0	4.8	16	39	0.03	0.94	8.2
G448	热带病与寄生虫学	78	0.96	68	27.3	5.4	15	50	0.00	0.63	5.1
E563	热带地理	181	0.98	179	46.8	3.8	24	85	0.04	0.87	7.4
E642	热带海洋学报	109	0.97	109	39.8	5.1	11	45	0.03	0.90	9.8
H516	热带农业科学	260	0.97	260	22.1	4.7	20	128	0.00	0.63	6.8
E110	热带气象学报	81	1.00	81	30.6	4.6	16	50	0.01	0.88	9.5
H415	热带生物学报	86	0.91	85	32.4	5.5	9	25	0.00	0.83	8.4
F228	热带亚热带植物学报	101	0.99	97	39.2	5.7	19	55	0.01	0.87	9.8
G609	热带医学杂志	377	1.00	362	20.0	5.0	25	275	0.00	0.72	4.4
H223	热带作物学报	285	1.00	285	30.6	6.2	24	88	0.01	0.84	7.5
T105	热固性树脂	73	0.62	73	20.2	4.5	21	54	0.00	0.49	5.7
N071	热加工工艺	866	1.00	786	14.3	4.4	30	420	0.00	0.58	8.2
C134	热科学与技术	78	0.98	78	20.4	4.8	19	56	0.00	0.72	7.8
R501	热力发电	282	0.99	282	26.1	5.5	25	139	0.00	0.67	4.9
P006	热能动力工程	294	0.96	294	18.2	3.7	27	141	0.00	0.64	7.1
T013	人工晶体学报	239	0.92	236	35.0	5.5	30	162	0.00	0.79	6.9
N106	人类工效学	87	0.98	86	20.6	4.0	19	62	0.01	0.55	8.2
F041	人类学学报	92	0.96	92	48.0	4.0	22	44	0.08	0.85	12.7
W555	人民黄河	374	0.79	367	18.4	4.0	29	172	0.01	0.88	7.0
W504	人民长江	432	0.86	431	20.7	3.9	29	225	0.00	0.62	6.9
T070	日用化学工业	204	0.80	193	21.2	4.5	28	139	0.00	0.36	6.3
U515	肉类研究	119	0.89	119	45.1	5.7	24	62	0.01	0.82	4.9
H097	乳业科学与技术	64	0.93	64	41.2	4.6	16	24	0.00	0.70	6.3
S011	软件学报	262	0.94	262	51.8	4.6	23	100	0.05	0.94	6.5
N029	润滑与密封	301	0.96	300	19.7	4.5	29	156	0.00	0.77	7.2
R086	三峡大学学报自然科学版	96	0.97	96	26.0	4.6	19	44	0.00	0.92	6.8
D012	色谱	126	0.98	125	31.3	5.9	22	98	0.00	0.78	4.6
H382	森林工程	128	0.96	128	24.1	4.4	17	42	0.00	0.83	5.4
H051	森林与环境学报	80	1.00	80	28.2	5.1	21	37	0.00	0.73	6.7
E635	沙漠与绿洲气象	111	0.95	111	26.3	5.1	21	72	0.00	0.78	8.1
H070	山地农业生物学报	81	0.95	80	31.2	5.2	11	35	0.00	0.84	7.4
E101	山地学报	73	0.95	73	38.9	4.2	23	52	0.01	0.86	6.7
G742	山东大学耳鼻喉眼学报	161	0.98	160	33.4	4.2	21	91	0.01	0.52	5.4
J022	山东大学学报工学版	107	0.96	107	27.2	4.9	20	52	0.05	0.76	6.6
A020	山东大学学报理学版	156	0.98	154	19.0	2.8	27	85	0.01	0.96	9.0
G062	山东大学学报医学版	243	0.97	231	28.9	5.1	19	94	0.00	0.63	4.9
A141	山东科技大学学报自然科学版	79	1.00	79	20.5	4.7	13	37	0.00	0.87	5.8
A637	山东科学	101	0.97	101	21.6	4.8	16	56	0.02	0.71	5.8
H031	山东农业大学学报自然科学版	144	1.00	144	25.3	5.0	26	106	0.00	0.69	6.5

表 4-2 2022 年中国科技核心期刊（中文）来源指标刊名字顺索引（续）

CODE	刊名	来源文献量	文献选出率	AR论文量	平均引文数	平均作者数	地区分布数	机构分布数	海外论文比	基金论文比	引用半衰期
H804	山东农业科学	283	1.00	283	30.3	6.8	25	104	0.00	0.94	7.3
G511	山东医药	996	0.99	852	22.5	4.6	30	518	0.00	0.61	4.2
G063	山东中医药大学学报	133	0.97	133	23.2	4.2	17	40	0.01	0.86	6.9
G574	山东中医杂志	258	0.99	253	22.8	3.9	23	100	0.00	0.80	5.8
A014	山西大学学报自然科学版	191	0.99	191	27.9	3.6	18	58	0.04	0.90	6.9
H393	山西农业大学学报自然科学版	85	0.88	85	31.8	6.1	17	36	0.01	0.84	5.9
H390	山西农业科学	231	0.95	231	29.7	5.7	18	62	0.01	0.78	6.7
G064	山西医科大学学报	245	0.96	241	21.8	5.0	24	124	0.00	0.76	4.4
H217	陕西农业科学	285	0.99	224	15.9	4.8	20	151	0.00	0.43	7.8
A066	陕西师范大学学报自然科学版	80	0.90	80	38.0	4.3	17	46	0.04	0.95	6.6
G630	陕西医学杂志	375	1.00	362	22.5	3.8	22	132	0.00	0.80	3.6
G725	陕西中医	446	1.00	372	24.1	4.5	27	203	0.01	0.88	3.7
V088	上海城市规划	139	0.84	136	24.8	2.9	18	68	0.05	0.53	7.0
A056	上海大学学报自然科学版	93	0.92	93	28.4	3.9	7	15	0.00	0.89	7.0
U528	上海纺织科技	189	0.80	155	13.9	3.9	24	82	0.01	0.46	5.9
X038	上海海事大学学报	71	1.00	71	18.3	3.2	10	16	0.00	0.77	5.5
H292	上海海洋大学学报	157	0.99	157	36.4	4.9	14	24	0.01	0.84	8.6
Y555	上海航天中英文版	120	0.98	120	26.5	5.2	13	61	0.01	0.48	6.5
X006	上海交通大学学报	176	0.99	176	22.0	4.5	23	68	0.01	0.82	5.5
G066	上海交通大学学报医学版	240	0.99	239	31.8	4.6	17	72	0.01	0.80	5.3
M021	上海金属	106	1.00	106	18.4	4.4	14	50	0.00	0.45	8.5
G283	上海口腔医学	126	0.94	123	20.7	4.4	23	85	0.00	0.60	5.8
H282	上海农业学报	132	1.00	131	25.5	5.8	12	32	0.01	0.87	8.2
G069	上海医学	169	0.90	145	21.3	4.5	19	91	0.00	0.60	5.9
Q219	上海预防医学	239	0.95	225	23.2	5.6	20	122	0.00	0.49	4.6
G596	上海针灸杂志	224	0.98	222	26.2	4.5	25	144	0.00	0.72	5.0
G946	上海中医药大学学报	91	0.98	91	29.2	5.5	13	37	0.00	0.95	5.6
G389	上海中医药杂志	237	0.96	220	25.4	5.4	21	86	0.00	0.95	5.6
T763	深空探测学报中英文版	69	0.93	69	26.9	6.0	11	32	0.06	0.74	7.2
A515	深圳大学学报理工版	90	0.98	90	20.0	5.0	22	55	0.00	0.87	5.6
G329	神经疾病与精神卫生	155	0.97	155	34.6	4.8	21	80	0.00	0.68	5.4
G070	神经解剖学杂志	120	0.99	120	26.5	5.3	25	67	0.00	0.90	4.0
G319	神经损伤与功能重建	232	0.90	115	24.5	4.6	26	151	0.00	0.42	5.7
A074	沈阳大学学报自然科学版	69	1.00	69	18.7	3.4	13	22	0.00	0.91	5.5
J052	沈阳工业大学学报	118	1.00	118	14.6	3.7	23	63	0.00	0.94	4.7
V011	沈阳建筑大学学报自然科学版	140	0.96	140	18.2	4.0	16	25	0.02	0.99	6.7
H024	沈阳农业大学学报	87	0.94	87	33.0	6.0	13	31	0.00	0.93	6.9
A586	沈阳师范大学学报自然科学版	99	1.00	99	18.8	4.0	8	21	0.01	0.95	5.7
G071	沈阳药科大学学报	194	0.99	194	26.5	4.3	26	123	0.00	0.52	6.0
G202	肾脏病与透析肾移植杂志	96	0.79	95	29.8	4.2	17	44	0.00	0.70	5.5
F203	生理科学进展	87	0.85	85	29.8	3.4	22	65	0.02	0.87	4.4
F001	生理学报	102	0.94	99	53.8	5.0	25	85	0.03	0.07	6.7
F042	生命的化学	291	0.98	291	45.8	4.3	28	186	0.00	0.74	4.4

表 4-2　2022 年中国科技核心期刊（中文）来源指标刊名字顺索引（续）

CODE	刊名	来源文献量	文献选出率	AR论文量	平均引文数	平均作者数	地区分布数	机构分布数	海外论文比	基金论文比	引用半衰期
F215	生命科学	164	0.89	164	74.2	3.8	24	107	0.00	0.91	5.4
F046	生命科学研究	75	0.99	74	40.2	4.5	20	52	0.00	0.81	6.7
Z034	生态毒理学报	252	1.00	252	52.7	5.6	27	158	0.01	0.83	6.5
H784	生态环境学报	258	0.96	258	45.3	5.7	31	176	0.01	0.88	6.3
Z512	生态科学	180	1.00	180	39.0	4.7	27	118	0.00	0.91	8.3
Z014	生态学报	876	1.00	874	48.1	5.6	31	290	0.02	0.87	7.4
Z028	生态学杂志	295	1.00	295	41.4	5.7	31	152	0.02	0.86	7.6
Z023	生态与农村环境学报	178	1.00	178	35.7	5.4	27	115	0.00	0.86	5.9
H080	生物安全学报	53	0.93	53	33.2	6.4	20	37	0.02	0.75	8.3
F049	生物多样性	234	0.93	232	56.0	5.5	30	110	0.04	0.68	7.1
F003	生物工程学报	356	0.93	356	49.6	5.7	30	172	0.00	0.87	5.8
G401	生物骨科材料与临床研究	115	0.93	104	23.5	5.5	22	89	0.00	0.35	5.3
F016	生物化学与生物物理进展	217	0.97	212	59.1	5.2	25	132	0.02	0.82	6.9
F229	生物技术	126	1.00	126	30.0	4.7	25	97	0.00	0.58	4.3
F214	生物技术进展	121	0.95	121	44.8	4.8	24	81	0.01	0.60	6.6
F205	生物技术通报	364	1.00	361	44.7	5.5	30	176	0.01	0.85	6.7
F204	生物加工过程	78	0.98	78	49.5	4.9	16	45	0.03	0.78	5.7
F040	生物信息学	33	1.00	33	33.6	4.3	16	30	0.00	0.58	6.4
F213	生物学杂志	143	1.00	134	28.8	4.8	29	97	0.00	0.87	6.6
G006	生物医学工程学杂志	144	0.97	144	35.1	4.8	26	78	0.01	0.95	4.7
G332	生物医学工程研究	65	0.94	65	30.5	4.8	13	35	0.03	0.75	4.0
G603	生物医学工程与临床	141	0.95	134	19.1	4.5	22	118	0.00	0.35	4.3
H083	生物质化学工程	58	0.97	58	35.4	5.0	17	28	0.00	0.74	6.0
F044	生物资源	72	0.92	69	32.2	5.2	26	55	0.00	0.58	6.9
G624	生殖医学杂志	299	0.98	281	26.2	5.0	29	176	0.00	0.46	5.4
C033	声学技术	133	1.00	133	21.4	3.9	24	78	0.00	0.53	9.2
C054	声学学报	84	0.91	82	25.2	4.3	16	39	0.01	0.83	11.9
E302	湿地科学	99	0.98	97	31.1	6.2	23	61	0.00	0.78	7.5
E636	湿地科学与管理	97	0.95	86	18.6	4.2	29	78	0.01	0.34	6.3
A615	石河子大学学报自然科学版	107	0.96	107	22.9	5.5	19	27	0.00	0.95	5.8
T933	石化技术与应用	102	0.94	88	11.5	4.1	17	60	0.01	0.17	6.9
X042	石家庄铁道大学学报自然科学版	76	0.96	76	13.3	3.6	15	33	0.00	0.71	5.8
L016	石油地球物理勘探	153	0.92	153	28.1	4.9	24	76	0.01	0.68	8.6
L015	石油化工	219	0.96	219	30.4	4.4	21	83	0.00	0.32	7.2
L034	石油化工高等学校学报	65	1.00	65	29.4	4.8	14	35	0.00	0.78	5.3
L021	石油化工设备技术	74	0.87	72	9.0	2.5	15	48	0.00	0.12	8.4
L019	石油机械	240	0.95	240	18.8	5.1	18	85	0.00	0.70	7.1
L031	石油勘探与开发	118	0.94	118	34.3	7.3	14	46	0.08	0.66	6.0
L043	石油科学通报	52	0.96	52	36.8	5.2	11	18	0.02	0.69	7.0
L030	石油炼制与化工	241	0.81	240	15.2	4.1	25	99	0.00	0.20	7.6
E126	石油实验地质	120	0.92	120	32.5	6.1	16	47	0.00	0.76	7.4
L005	石油物探	106	0.99	106	27.6	4.7	18	64	0.00	0.69	8.3
L028	石油学报	140	0.92	140	44.5	6.7	15	50	0.05	0.78	6.9

表 4-2 2022 年中国科技核心期刊（中文）来源指标刊名字顺索引（续）

CODE	刊名	来源文献量	文献选出率	AR论文量	平均引文数	平均作者数	地区分布数	机构分布数	海外论文比	基金论文比	引用半衰期
L012	石油学报石油加工	159	0.94	159	28.0	5.4	22	62	0.00	0.64	7.8
L006	石油与天然气地质	120	0.91	120	44.3	6.3	13	47	0.03	0.78	7.0
L008	石油钻采工艺	118	0.99	118	18.7	5.6	14	58	0.00	0.38	6.3
L025	石油钻探技术	117	0.95	117	22.2	4.4	15	62	0.00	0.56	4.2
U049	食品安全质量检测学报	1013	0.78	981	38.3	5.7	31	493	0.00	0.73	3.9
F257	实验动物科学	97	0.99	93	20.6	5.9	20	64	0.00	0.61	7.0
G387	实验动物与比较医学	81	0.87	81	25.8	5.4	21	65	0.00	0.60	6.3
C009	实验力学	92	1.00	92	23.5	4.6	21	57	0.01	0.90	7.8
Y018	实验流体力学	75	0.96	75	27.6	5.0	13	26	0.01	0.41	9.5
A115	实验室研究与探索	783	1.00	777	16.5	4.0	30	301	0.00	0.69	4.4
G534	实用放射学杂志	522	0.92	400	14.6	5.1	30	330	0.00	0.29	4.7
G586	实用妇产科杂志	227	0.93	175	18.8	3.6	27	116	0.00	0.35	4.9
G746	实用肝脏病杂志	228	0.94	220	22.1	4.1	28	188	0.00	0.64	3.7
G457	实用骨科杂志	219	0.81	178	18.8	5.3	24	168	0.00	0.36	5.3
G224	实用口腔医学杂志	157	0.94	139	17.9	4.7	26	99	0.00	0.53	5.6
G700	实用老年医学	321	0.96	267	18.4	4.4	23	186	0.00	0.41	4.6
Q919	实用临床医药杂志	721	1.00	703	22.4	4.6	28	438	0.00	0.66	3.7
G652	实用皮肤病学杂志	99	0.90	54	19.0	4.6	22	68	0.00	0.28	5.0
G469	实用器官移植电子杂志	114	0.87	99	30.8	4.8	20	65	0.00	0.61	5.1
G766	实用心脑肺血管病杂志	321	0.95	312	28.3	5.0	29	224	0.00	0.69	4.4
G834	实用药物与临床	239	0.95	230	24.8	4.0	25	162	0.00	0.36	4.5
G324	实用医学杂志	573	0.97	564	26.0	5.0	29	354	0.00	0.74	3.1
G760	实用医院临床杂志	386	1.00	314	20.5	4.1	24	212	0.00	0.40	3.8
G768	实用预防医学	391	1.00	309	19.5	5.1	26	265	0.01	0.39	4.3
G856	实用肿瘤学杂志	105	0.93	105	30.5	3.5	20	54	0.00	0.50	4.0
G890	实用肿瘤杂志	96	0.94	90	24.6	4.4	20	73	0.00	0.45	3.9
U005	食品工业科技	1389	0.99	1389	41.2	5.9	31	450	0.01	0.74	5.1
U006	食品科学	1080	1.00	1080	44.5	6.2	31	259	0.01	0.87	5.6
A117	食品科学技术学报	105	0.95	105	34.9	5.9	26	54	0.01	0.91	5.2
U617	食品研究与开发	714	0.75	711	29.9	5.7	30	284	0.00	0.72	5.5
U035	食品与发酵工业	1142	1.00	1142	28.4	6.0	31	331	0.01	0.79	5.4
U641	食品与发酵科技	154	0.97	150	21.8	5.5	22	70	0.00	0.64	5.4
U547	食品与机械	463	0.83	458	25.1	4.4	30	268	0.00	0.77	4.6
U029	食品与生物技术学报	147	0.90	147	39.0	5.4	26	71	0.00	0.89	5.9
G748	食品与药品	131	0.96	126	20.7	4.7	23	88	0.02	0.37	5.2
H838	食用菌学报	72	1.00	72	30.1	6.3	20	38	0.00	0.88	6.1
E655	世界地理研究	114	0.99	114	36.6	3.1	27	68	0.01	0.98	7.8
E363	世界地震工程	100	0.99	100	24.4	4.2	23	56	0.03	0.95	9.5
E548	世界地质	84	0.95	84	30.9	4.9	16	35	0.00	0.85	9.6
E054	世界核地质科学	76	0.95	76	23.6	4.8	14	27	0.00	0.46	11.0
G906	世界科学技术－中医药现代化	554	0.97	554	38.0	6.0	30	196	0.01	0.86	5.2
G485	世界临床药物	257	0.84	254	25.5	4.2	25	164	0.00	0.40	4.8
X538	世界桥梁	107	0.76	107	16.9	3.1	20	76	0.00	0.39	3.8

表 4-2　2022 年中国科技核心期刊（中文）来源指标刊名字顺索引（续）

CODE	刊名	来源文献量	文献选出率	AR论文量	平均引文数	平均作者数	地区分布数	机构分布数	海外论文比	基金论文比	引用半衰期
G484	世界中西医结合杂志	495	0.96	490	25.3	4.5	26	252	0.00	0.75	4.8
G483	世界中医药	618	0.95	615	31.0	5.7	28	193	0.00	0.91	5.4
Q957	首都公共卫生	91	1.00	83	17.3	5.6	10	40	0.00	0.36	3.7
A023	首都师范大学学报自然科学版	85	0.90	84	26.9	3.1	18	51	0.01	0.60	7.8
G073	首都医科大学学报	146	0.95	141	24.4	5.3	10	37	0.02	0.70	5.2
F033	兽类学报	76	0.90	76	57.4	6.1	23	50	0.04	0.75	9.8
R005	数据采集与处理	120	0.94	120	29.4	4.2	23	73	0.02	0.80	5.4
W009	数理统计与管理	82	0.93	82	25.8	2.8	22	52	0.04	0.85	8.0
B015	数学的实践与认识	348	1.00	348	16.9	2.7	30	238	0.00	0.73	8.6
B007	数学进展	93	0.98	93	23.5	2.2	23	66	0.03	0.97	13.2
B004	数学年刊 A	29	0.94	29	24.8	2.2	17	27	0.00	0.86	13.7
C036	数学物理学报	142	1.00	142	22.8	2.4	27	97	0.02	0.92	12.3
B006	数学学报	94	0.94	94	18.9	2.2	26	73	0.03	0.93	14.9
B012	数学杂志	51	0.86	50	15.1	2.1	18	35	0.04	0.76	13.5
H847	水产科学	128	1.00	128	39.6	6.4	23	54	0.02	0.88	9.9
H008	水产学报	219	0.98	219	40.4	6.3	21	64	0.01	0.92	8.8
Z016	水处理技术	377	0.99	371	16.7	4.7	29	235	0.00	0.73	5.8
X533	水道港口	118	0.98	118	16.9	4.1	16	58	0.01	0.88	7.9
P007	水电能源科学	605	1.00	595	8.3	4.2	29	231	0.00	0.74	6.6
W004	水动力学研究与进展 A	105	0.99	105	20.7	4.3	18	42	0.01	0.86	8.4
W013	水科学进展	88	0.98	88	36.0	5.2	18	36	0.06	0.99	5.5
R050	水力发电	267	0.99	266	13.4	4.3	26	139	0.00	0.50	6.8
R049	水力发电学报	165	0.97	165	35.7	4.8	20	54	0.01	0.88	6.1
R587	水利经济	82	0.86	82	25.1	3.1	6	15	0.00	0.80	4.9
W011	水利水电技术	222	1.00	222	30.5	4.7	27	120	0.00	0.94	6.0
W502	水利水电科技进展	108	0.76	106	25.3	4.3	21	49	0.01	0.86	6.9
W006	水利水运工程学报	105	0.97	105	21.7	4.5	22	55	0.01	0.96	6.9
W003	水利学报	132	0.99	131	31.8	4.7	15	44	0.01	0.92	6.9
F010	水生生物学报	212	0.98	212	39.4	6.3	25	80	0.00	0.89	9.9
H850	水生态学杂志	108	1.00	108	31.5	5.8	26	71	0.00	0.79	10.2
H015	水土保持通报	286	0.99	286	30.4	4.9	30	162	0.00	0.88	5.8
H287	水土保持学报	290	1.00	290	30.5	5.7	29	104	0.00	0.92	5.9
H056	水土保持研究	328	0.99	328	30.5	4.9	28	165	0.01	0.88	6.7
E540	水文	108	0.96	107	18.0	4.4	27	69	0.00	0.84	7.8
E154	水文地质工程地质	137	0.96	136	27.6	5.2	26	73	0.00	0.91	7.9
N907	水下无人系统学报	105	0.96	105	19.0	4.3	18	52	0.00	0.37	7.7
X528	水运工程	449	1.00	448	10.5	3.5	21	162	0.00	0.31	7.6
R566	水资源保护	162	0.91	162	30.3	4.9	20	65	0.01	0.88	5.3
W570	水资源与水工程学报	170	1.00	170	28.4	4.6	25	95	0.00	0.88	4.7
U056	丝绸	240	1.00	238	20.8	3.6	23	86	0.03	0.71	7.0
G045	四川大学学报医学版	180	0.98	179	36.5	5.2	17	56	0.00	0.71	5.1
A006	四川大学学报自然科学版	148	0.97	148	21.7	4.2	18	51	0.01	0.84	6.3
F027	四川动物	80	0.75	80	46.0	6.0	23	47	0.00	0.53	9.9

表 4-2　2022 年中国科技核心期刊（中文）来源指标刊名字顺索引（续）

CODE	刊名	来源文献量	文献选出率	AR论文量	平均引文数	平均作者数	地区分布数	机构分布数	海外论文比	基金论文比	引用半衰期
Z007	四川环境	280	1.00	280	16.7	3.7	24	177	0.00	0.33	6.6
G710	四川精神卫生	107	1.00	103	23.0	4.5	20	59	0.01	0.34	4.8
H007	四川农业大学学报	123	1.00	123	31.7	6.3	27	51	0.01	0.80	7.4
A033	四川师范大学学报自然科学版	109	0.92	106	21.1	3.5	21	52	0.00	0.98	9.7
G575	四川医学	264	0.96	222	23.1	4.3	22	137	0.00	0.15	5.0
G745	四川中医	783	1.00	594	16.8	3.7	29	425	0.00	0.50	4.1
H862	饲料工业	200	0.78	199	30.5	5.8	29	91	0.02	0.72	6.5
H864	饲料研究	808	1.00	757	32.4	5.2	31	362	0.00	0.59	4.6
T106	塑料	172	0.98	172	24.1	4.6	22	106	0.00	0.43	6.3
T014	塑料工业	363	0.73	361	20.8	4.9	28	215	0.00	0.48	5.6
T536	塑料科技	305	0.92	303	21.1	4.3	29	225	0.00	0.39	4.2
T079	塑料助剂	125	0.98	93	11.4	2.2	20	76	0.00	0.22	3.6
T580	塑性工程学报	330	0.98	330	21.1	4.8	26	119	0.01	0.84	6.5
X634	隧道建设中英文版	226	0.91	226	20.7	4.2	24	121	0.01	0.62	5.2
R652	太赫兹科学与电子信息学报	192	0.93	192	18.6	4.1	23	113	0.00	0.57	6.9
L009	太阳能学报	846	0.97	844	18.9	4.6	31	276	0.01	0.86	6.3
J011	太原理工大学学报	137	0.96	137	26.9	4.3	16	36	0.03	0.90	5.7
M544	钛工业进展	50	0.93	50	21.2	5.1	14	29	0.00	0.68	8.1
T500	弹性体	96	1.00	96	18.9	4.9	22	49	0.00	0.61	6.0
T015	炭素技术	90	1.00	82	19.4	5.1	24	67	0.01	0.54	6.9
N043	探测与控制学报	117	0.98	117	15.1	3.8	18	53	0.00	0.29	6.2
V531	陶瓷学报	128	0.93	128	32.2	4.7	25	68	0.00	0.87	7.3
H041	特产研究	157	0.97	154	25.6	5.8	19	62	0.00	0.68	6.3
L505	特种油气藏	143	0.94	143	21.9	5.0	18	62	0.02	0.64	6.4
N065	特种铸造及有色合金	327	0.84	301	18.8	4.9	28	181	0.00	0.65	7.1
A041	天津大学学报	146	0.95	146	24.6	4.4	11	25	0.01	0.94	6.9
U017	天津工业大学学报	76	1.00	76	22.9	3.7	6	11	0.03	0.96	6.2
A504	天津师范大学学报自然科学版	69	0.97	68	23.2	4.6	11	25	0.01	0.88	7.5
G076	天津医药	253	1.00	253	22.8	4.9	30	164	0.00	0.73	3.6
G626	天津中医药	288	0.96	269	21.0	4.9	23	88	0.01	0.76	5.2
G914	天津中医药大学学报	144	0.95	130	22.1	4.7	16	61	0.00	0.71	5.7
T611	天然产物研究与开发	226	0.99	226	28.6	5.8	30	133	0.00	0.85	5.7
L518	天然气地球科学	169	0.92	169	37.1	6.7	19	75	0.01	0.68	8.1
L029	天然气工业	197	0.80	197	36.4	6.3	17	85	0.03	0.56	5.2
T074	天然气化工	135	1.00	135	29.4	5.1	19	74	0.00	0.58	6.0
L507	天然气与石油	126	0.91	126	23.2	4.6	19	69	0.01	0.45	6.3
E023	天文学报	67	0.89	66	33.0	5.4	15	31	0.04	0.90	11.3
E114	天文学进展	39	0.95	39	49.4	4.3	10	18	0.03	0.90	11.1
X521	铁道工程学报	217	0.98	216	8.1	3.3	21	59	0.00	0.42	6.3
X007	铁道科学与工程学报	409	1.00	409	19.0	4.2	25	128	0.00	0.89	5.9
X005	铁道学报	224	1.00	224	22.7	4.4	21	47	0.01	0.83	7.4
G238	听力学及言语疾病杂志	156	0.93	132	22.6	4.6	24	99	0.00	0.49	7.1
R065	通信学报	241	1.00	241	32.0	4.5	26	104	0.06	0.95	4.1

表 4-2 2022 年中国科技核心期刊（中文）来源指标刊名字顺索引（续）

CODE	刊名	来源文献量	文献选出率	AR论文量	平均引文数	平均作者数	地区分布数	机构分布数	海外论文比	基金论文比	引用半衰期
G965	同济大学学报医学版	136	0.99	136	28.6	4.6	7	53	0.00	0.72	5.0
J032	同济大学学报自然科学版	204	0.91	204	23.3	4.1	18	46	0.07	0.88	7.5
Q003	同位素	71	1.00	70	22.7	5.5	10	25	0.00	0.34	8.3
N061	图学学报	132	0.99	132	29.7	4.1	23	83	0.03	0.82	5.0
T103	涂料工业	164	0.97	164	17.7	5.1	22	121	0.00	0.28	5.8
V029	土木工程学报	136	0.94	136	29.6	4.5	21	60	0.02	0.90	7.6
V035	土木工程与管理学报	132	0.96	132	20.2	3.8	25	87	0.00	0.75	6.2
V019	土木与环境工程学报中英文版	133	0.99	132	26.2	4.6	24	74	0.03	0.96	6.9
H043	土壤	162	0.99	162	35.6	5.9	27	87	0.01	0.91	7.0
H057	土壤通报	167	0.97	167	38.2	5.8	30	112	0.01	0.86	7.0
H012	土壤学报	149	0.97	149	45.8	5.9	22	60	0.02	0.93	7.9
H048	土壤与作物	48	1.00	48	43.5	5.9	14	25	0.02	0.81	7.8
Y025	推进技术	538	1.00	538	25.9	4.7	24	125	0.00	0.67	10.2
S795	外国经济与管理	109	1.00	109	41.3	3.0	21	64	0.01	0.93	6.6
G601	外科理论与实践	116	0.98	100	26.1	3.7	15	59	0.00	0.34	5.2
G996	皖南医学院学报	168	0.98	136	14.3	5.0	6	48	0.00	0.55	4.8
S017	网络新媒体技术	54	0.87	54	21.2	3.2	5	14	0.00	0.44	6.7
S082	网络与信息安全学报	96	1.00	96	32.9	4.1	20	52	0.01	0.91	5.1
R070	微波学报	111	0.98	107	15.2	3.9	21	67	0.00	0.57	7.3
G866	微创泌尿外科杂志	87	0.98	76	20.3	6.5	21	60	0.00	0.20	5.3
R057	微电机	205	1.00	204	13.5	3.8	24	136	0.00	0.42	6.7
R064	微电子学	179	0.99	179	16.0	4.8	20	58	0.00	0.80	7.2
R004	微电子学与计算机	180	0.94	180	19.9	3.7	24	104	0.01	0.77	5.0
R098	微纳电子技术	186	0.99	186	23.7	4.9	22	83	0.01	0.81	5.5
F004	微生物学报	363	0.97	363	47.5	6.0	31	192	0.01	0.89	7.0
F206	微生物学免疫学进展	93	0.90	93	30.3	4.2	20	44	0.00	0.56	4.9
F011	微生物学通报	410	0.97	410	40.1	5.7	30	219	0.00	0.82	6.4
F225	微生物学杂志	95	0.95	95	35.9	5.8	26	73	0.00	0.81	5.7
G651	微生物与感染	52	0.85	52	32.5	5.1	19	39	0.00	0.62	4.9
R085	微特电机	145	0.95	139	12.4	3.4	21	83	0.00	0.37	6.1
E052	微体古生物学报	31	0.84	31	64.1	5.0	14	19	0.03	0.87	15.2
S033	微型电脑应用	678	0.98	515	10.6	2.6	31	421	0.00	0.22	3.7
G210	微循环学杂志	65	0.96	65	25.2	3.8	16	48	0.00	0.38	4.4
S813	卫生软科学	229	0.99	218	18.6	3.9	27	119	0.01	0.60	3.5
G079	卫生研究	177	0.96	174	24.1	6.0	27	78	0.01	0.50	5.9
G800	胃肠病学	104	0.95	98	30.1	4.3	20	68	0.00	0.54	5.1
G326	胃肠病学和肝病学杂志	283	0.98	244	26.5	4.4	30	170	0.00	0.45	4.6
G702	温州医科大学学报	198	0.99	174	18.8	4.7	10	70	0.00	0.34	5.4
D003	无机材料学报	169	0.98	168	37.3	5.5	21	88	0.01	0.92	5.5
D023	无机化学学报	254	0.98	254	39.0	5.7	29	155	0.02	0.91	4.9
T072	无机盐工业	270	0.96	268	27.1	4.9	27	152	0.00	0.67	5.0
N044	无损检测	183	0.88	175	9.5	4.3	24	126	0.01	0.33	6.4
W014	武汉大学学报工学版	158	0.99	158	21.4	4.5	23	82	0.01	0.69	7.8

表 4-2 2022 年中国科技核心期刊（中文）来源指标刊名字顺索引（续）

CODE	刊名	来源文献量	文献选出率	AR论文量	平均引文数	平均作者数	地区分布数	机构分布数	海外论文比	基金论文比	引用半衰期
A024	武汉大学学报理学版	83	0.95	83	23.3	4.1	17	44	0.00	0.92	5.6
E107	武汉大学学报信息科学版	227	0.91	227	31.4	4.8	22	85	0.02	0.91	7.8
G038	武汉大学学报医学版	194	0.98	192	19.9	4.7	17	69	0.01	0.51	5.1
M032	武汉科技大学学报自然科学版	64	1.00	64	17.9	4.4	4	4	0.02	0.97	6.0
X017	武汉理工大学学报交通科学与工程版	212	0.98	212	12.2	4.0	18	82	0.01	0.65	6.4
J018	武汉理工大学学报信息与管理工程版	149	0.96	149	17.2	3.8	19	66	0.04	0.67	4.3
G707	武警医学	287	0.97	217	20.4	4.3	30	136	0.00	0.20	4.7
D001	物理化学学报	125	0.94	112	76.7	5.7	18	70	0.09	0.82	5.3
C006	物理学报	979	0.99	978	40.5	5.5	30	300	0.02	0.87	7.5
C509	物理与工程	191	0.99	183	11.5	3.6	25	104	0.01	0.51	8.4
E136	物探化探计算技术	96	1.00	96	25.2	4.9	20	48	0.00	0.69	10.2
E138	物探与化探	184	1.00	184	24.8	4.9	24	103	0.00	0.72	9.0
R009	西安电子科技大学学报自然科学版	144	0.99	144	21.2	4.0	22	57	0.00	0.91	4.8
U030	西安工程大学学报	107	0.98	107	26.2	4.3	14	37	0.02	0.93	4.2
J036	西安工业大学学报	82	0.85	82	21.5	3.5	3	16	0.01	0.79	4.5
V018	西安建筑科技大学学报自然科学版	111	0.97	111	22.8	4.3	23	54	0.00	0.88	6.9
X030	西安交通大学学报	246	0.99	246	27.2	4.9	24	59	0.00	0.92	5.5
G081	西安交通大学学报医学版	149	0.96	148	21.9	6.2	21	61	0.01	0.68	5.3
A150	西安科技大学学报	148	0.95	148	25.9	4.4	16	50	0.00	0.92	5.3
J002	西安理工大学学报	69	1.00	69	24.7	3.8	19	34	0.01	0.97	5.5
L010	西安石油大学学报自然科学版	108	1.00	108	19.4	5.0	18	60	0.00	0.79	7.3
R671	西安邮电大学学报	77	0.93	77	24.5	3.5	9	14	0.04	0.87	5.0
A032	西北大学学报自然科学版	99	0.94	99	34.7	4.9	18	43	0.01	0.92	7.1
E125	西北地质	109	0.96	109	42.8	5.8	17	60	0.01	0.65	9.5
Y023	西北工业大学学报	168	0.99	168	18.8	4.4	18	56	0.00	0.64	6.8
H224	西北林学院学报	223	0.98	223	30.0	5.0	29	102	0.00	0.83	7.4
H018	西北农林科技大学学报自然科学版	199	0.92	199	33.4	5.9	28	84	0.00	0.90	7.2
H288	西北农业学报	179	0.99	179	29.6	6.1	28	83	0.00	0.84	7.7
A022	西北师范大学学报自然科学版	113	0.95	113	24.3	3.4	22	62	0.00	0.94	8.5
G792	西北药学杂志	213	0.99	211	23.3	4.7	26	167	0.00	0.75	3.9
F020	西北植物学报	231	0.98	230	35.9	5.1	29	113	0.03	0.87	8.3
H385	西部林业科学	142	0.93	142	30.8	5.0	22	69	0.02	0.76	7.0
V573	西部人居环境学刊	120	1.00	120	32.6	3.3	19	60	0.08	0.79	6.4
G588	西部医学	355	1.00	355	26.2	5.0	27	215	0.01	0.69	4.1
G699	西部中医药	449	1.00	371	22.7	4.4	28	224	0.00	0.69	5.9
J045	西华大学学报自然科学版	90	1.00	90	20.8	4.2	18	43	0.01	0.80	6.1
H004	西南大学学报自然科学版	273	1.00	273	28.3	4.4	29	111	0.00	0.95	6.8
X032	西南交通大学学报	166	0.97	166	20.8	4.4	23	57	0.01	0.94	7.4
H270	西南林业大学学报	234	0.95	234	27.7	4.3	27	78	0.01	0.73	7.2
A060	西南民族大学学报自然科学版	96	0.94	96	23.4	4.1	16	40	0.01	0.84	5.7
H061	西南农业学报	367	1.00	367	31.0	6.6	31	170	0.01	0.91	7.0
A064	西南师范大学学报自然科学版	192	1.00	192	20.9	3.3	26	102	0.01	0.86	7.4
L002	西南石油大学学报自然科学版	110	0.99	110	27.1	4.3	12	50	0.01	0.61	7.9

表 4-2　2022 年中国科技核心期刊（中文）来源指标刊名字顺索引（续）

CODE	刊名	来源文献量	文献选出率	AR论文量	平均引文数	平均作者数	地区分布数	机构分布数	海外论文比	基金论文比	引用半衰期
M041	稀土	102	0.98	102	24.8	5.2	22	54	0.00	0.77	7.3
M029	稀有金属	169	0.95	169	37.0	5.1	28	97	0.01	0.98	5.8
M052	稀有金属材料与工程	600	1.00	600	30.9	5.8	28	207	0.01	0.86	7.4
S505	系统仿真技术	58	0.94	58	11.4	3.9	14	38	0.00	0.24	4.1
S003	系统仿真学报	255	0.98	255	21.0	3.8	29	141	0.01	0.79	5.3
B028	系统工程	85	0.97	85	33.5	3.0	24	63	0.02	0.95	6.3
B025	系统工程理论与实践	230	0.94	230	40.2	3.4	25	104	0.02	0.97	6.9
B018	系统工程学报	60	0.94	60	35.5	2.9	18	44	0.02	0.98	8.4
R059	系统工程与电子技术	451	1.00	451	31.8	4.1	26	112	0.00	0.68	5.5
B027	系统管理学报	99	0.94	99	41.9	2.9	19	64	0.01	0.97	6.6
B021	系统科学与数学	222	0.96	222	27.0	3.0	27	131	0.01	0.96	7.0
G188	细胞与分子免疫学杂志	176	0.94	176	31.0	6.1	28	101	0.00	0.88	3.0
A063	厦门大学学报自然科学版	130	0.91	129	36.0	4.1	19	45	0.03	0.81	7.8
V087	现代城市研究	226	0.82	224	27.5	2.9	22	106	0.04	0.72	7.5
E027	现代地质	141	0.97	141	41.8	6.1	27	84	0.00	0.79	10.7
R089	现代电力	87	1.00	87	21.7	4.5	24	56	0.01	0.49	4.4
R748	现代电子技术	804	1.00	804	15.8	3.4	30	299	0.00	0.77	4.2
Y561	现代防御技术	99	1.00	99	18.1	3.7	16	51	0.00	0.19	5.9
U634	现代纺织技术	180	1.00	180	23.7	4.1	18	50	0.01	0.63	5.3
G300	现代妇产科进展	224	0.98	178	25.1	4.6	27	135	0.00	0.46	4.2
T063	现代化工	587	0.99	578	22.5	4.7	31	292	0.00	0.60	5.3
G653	现代检验医学杂志	241	1.00	240	20.8	4.3	25	182	0.00	0.46	3.5
N100	现代科学仪器	298	0.98	279	14.3	3.2	27	239	0.00	0.16	3.6
G321	现代口腔医学杂志	87	0.98	78	25.8	4.0	18	47	0.00	0.60	5.0
R087	现代雷达	198	0.79	197	15.1	3.4	22	91	0.00	0.25	7.3
G438	现代临床护理	158	0.96	158	29.0	4.9	24	109	0.01	0.46	4.3
G798	现代泌尿生殖肿瘤杂志	83	0.88	52	17.9	5.0	22	65	0.00	0.16	5.5
G341	现代泌尿外科杂志	235	0.91	199	20.0	5.8	28	136	0.00	0.38	5.5
G067	现代免疫学	90	0.98	90	31.0	4.4	24	80	0.01	0.70	6.0
H417	现代农药	85	0.94	74	24.7	5.4	21	61	0.00	0.47	5.9
F250	现代生物医学进展	944	0.98	944	30.5	5.5	30	443	0.00	0.93	3.1
U010	现代食品科技	493	1.00	493	34.6	6.3	30	203	0.01	0.87	5.7
T929	现代塑料加工应用	96	0.94	96	12.8	3.8	25	61	0.00	0.40	7.0
X673	现代隧道技术	179	0.99	179	18.1	4.3	23	119	0.01	0.58	6.1
G451	现代消化及介入诊疗	367	0.97	326	28.9	4.8	28	251	0.00	0.75	3.9
G421	现代药物与临床	507	1.00	506	23.1	4.2	29	337	0.00	0.59	5.4
G223	现代医学	300	0.96	299	22.0	3.9	27	221	0.00	0.37	4.4
C093	现代应用物理	105	0.95	105	20.4	6.2	14	36	0.00	0.89	10.0
G963	现代预防医学	824	0.99	823	22.1	5.8	31	322	0.00	0.68	4.0
N111	现代制造工程	273	0.96	273	17.1	4.2	26	162	0.01	0.75	5.4
G951	现代中西医结合杂志	732	0.97	730	23.8	4.8	29	331	0.00	0.60	5.0
G486	现代中药研究与实践	110	0.95	110	21.1	5.5	24	73	0.00	0.73	4.7
G896	现代中医临床	94	0.97	88	22.3	5.8	9	27	0.01	0.82	6.7

表 4-2 2022 年中国科技核心期刊（中文）来源指标刊名字顺索引（续）

CODE	刊名	来源文献量	文献选出率	AR论文量	平均引文数	平均作者数	地区分布数	机构分布数	海外论文比	基金论文比	引用半衰期
G826	现代肿瘤医学	950	0.99	925	27.7	4.6	30	494	0.00	0.63	4.8
T073	香料香精化妆品	131	0.83	123	15.2	4.4	22	80	0.01	0.29	5.4
A018	湘潭大学学报自然科学版	79	0.94	79	19.3	3.5	16	47	0.01	0.71	4.7
T064	橡胶工业	156	0.92	156	18.3	4.5	20	93	0.01	0.30	7.1
T953	消防科学与技术	382	0.98	360	14.0	3.2	29	212	0.00	0.51	6.1
Q937	消化肿瘤杂志电子版	82	0.94	79	26.2	4.1	20	59	0.00	0.37	4.7
P010	小型内燃机与车辆技术	117	0.99	101	8.0	4.4	16	47	0.00	0.15	6.6
S027	小型微型计算机系统	381	0.97	381	33.1	3.7	29	126	0.01	0.96	5.3
G817	协和医学杂志	147	0.88	144	29.1	5.2	15	51	0.02	0.59	4.7
G083	心肺血管病杂志	256	0.94	242	21.3	5.3	21	107	0.00	0.39	5.3
S918	心理科学	193	0.99	193	36.7	3.7	23	78	0.02	0.87	9.3
S919	心理科学进展	217	0.95	217	87.6	3.6	22	97	0.04	0.84	7.6
E046	心理学报	112	0.97	112	59.5	3.9	19	54	0.01	0.91	10.6
G476	心脑血管病防治	145	0.89	105	18.2	4.0	22	128	0.00	0.34	4.6
G419	心血管病学进展	248	0.95	234	32.7	3.8	25	132	0.00	0.60	4.4
G578	心血管康复医学杂志	179	1.00	169	23.9	3.7	24	105	0.00	0.23	4.8
G260	心脏杂志	156	0.96	142	21.6	5.6	25	97	0.00	0.44	4.8
Q368	新发传染病电子杂志	80	0.95	78	25.1	5.2	16	52	0.01	0.50	3.9
A087	新疆大学学报自然科学版中英文版	96	1.00	96	22.2	3.3	4	7	0.00	0.93	7.4
E159	新疆地质	92	0.96	90	23.0	5.3	14	48	0.00	0.74	11.4
H276	新疆农业科学	355	1.00	355	25.9	6.4	14	59	0.00	0.77	8.2
L007	新疆石油地质	100	0.94	100	26.4	5.5	17	49	0.00	0.65	6.3
G980	新疆医科大学学报	259	1.00	255	19.0	4.6	22	92	0.00	0.90	3.4
R516	新能源进展	71	1.00	71	32.1	4.8	14	43	0.00	0.77	5.4
G328	新乡医学院学报	236	1.00	233	26.3	4.4	24	130	0.00	0.47	3.9
V056	新型建筑材料	395	0.99	386	12.3	4.5	29	243	0.01	0.43	6.0
M102	新型炭材料	80	0.91	80	75.6	5.9	19	52	0.10	0.85	4.5
G721	新医学	188	0.99	188	18.5	4.4	26	118	0.01	0.39	4.1
R034	信号处理	260	1.00	260	23.9	4.1	23	77	0.01	0.90	5.2
S081	信息安全学报	60	0.91	60	50.8	4.5	16	33	0.02	0.90	5.5
S087	信息安全研究	146	0.91	145	20.3	3.5	22	109	0.00	0.60	3.5
R519	信息技术	391	0.97	391	14.2	2.9	30	281	0.00	0.34	3.8
S046	信息网络安全	128	0.59	128	22.0	3.4	20	67	0.00	0.95	4.5
S002	信息与控制	69	1.00	69	34.6	3.6	19	49	0.01	0.91	5.5
A510	信阳师范学院学报自然科学版	109	0.95	108	19.1	4.3	16	40	0.01	1.00	6.6
G565	徐州医科大学学报	171	0.93	165	20.3	5.0	12	70	0.00	0.43	4.8
H023	畜牧兽医学报	431	1.00	431	39.1	7.3	31	91	0.01	0.85	5.9
H218	畜牧与兽医	284	0.97	280	25.4	6.6	31	115	0.00	0.76	6.8
H247	畜牧与饲料科学	122	1.00	122	28.2	6.3	22	54	0.01	0.67	6.5
Q958	血管与腔内血管外科杂志	314	0.97	300	22.1	5.0	28	214	0.00	0.33	4.4
G627	循证医学	67	0.97	57	19.9	4.5	17	43	0.00	0.34	3.0
R069	压电与声光	194	0.98	185	13.1	4.9	23	94	0.01	0.64	6.1
N052	压力容器	132	0.96	132	18.4	4.8	22	85	0.00	0.61	6.5

表 4-2　2022 年中国科技核心期刊（中文）来源指标刊名字顺索引（续）

CODE	刊名	来源文献量	文献选出率	AR论文量	平均引文数	平均作者数	地区分布数	机构分布数	海外论文比	基金论文比	引用半衰期
H200	亚热带农业研究	45	0.94	44	29.9	4.4	8	27	0.00	0.76	5.8
E047	亚热带资源与环境学报	49	0.92	49	24.5	4.1	10	21	0.04	0.86	6.8
U562	烟草科技	170	0.99	170	24.0	8.1	19	62	0.00	0.82	7.5
J025	燕山大学学报	63	0.93	63	26.2	4.2	11	25	0.03	0.98	4.7
E053	岩矿测试	100	0.94	99	41.5	5.7	25	57	0.00	0.93	6.1
E157	岩石矿物学杂志	73	0.97	73	90.6	5.3	18	36	0.04	0.79	10.5
C005	岩石力学与工程学报	201	0.94	201	35.8	5.4	25	80	0.02	0.96	7.6
E309	岩石学报	225	0.97	225	118.2	5.8	23	56	0.06	0.88	11.2
V574	岩土工程技术	92	0.94	91	15.0	3.3	20	70	0.00	0.27	8.3
V037	岩土工程学报	250	0.94	248	25.6	4.7	24	96	0.03	0.96	8.5
C004	岩土力学	324	0.96	324	30.6	4.8	26	123	0.06	0.96	8.1
E163	岩性油气藏	91	0.99	91	34.1	6.0	14	45	0.04	0.77	7.5
S821	研究与发展管理	78	0.91	78	46.7	3.0	20	50	0.00	0.92	6.3
E500	盐湖研究	55	0.95	55	30.8	5.5	13	23	0.00	0.91	11.2
T054	盐科学与化工	158	0.92	113	8.9	3.7	22	76	0.00	0.21	7.1
G962	眼科	106	0.83	77	19.1	4.5	23	52	0.01	0.39	7.9
G554	眼科新进展	204	0.99	197	31.4	4.4	29	127	0.01	0.77	5.3
H016	扬州大学学报农业与生命科学版	111	1.00	111	25.9	6.5	17	37	0.00	0.94	6.6
S031	遥测遥控	93	0.98	93	19.4	4.4	18	49	0.00	0.40	7.1
Z543	遥感技术与应用	145	1.00	145	35.6	4.9	27	84	0.01	0.92	6.2
S024	遥感信息	114	1.00	114	22.9	3.9	25	79	0.00	0.82	6.3
Z006	遥感学报	195	0.94	195	47.7	5.6	24	102	0.06	0.92	7.0
G403	药物不良反应杂志	154	0.94	69	17.3	4.6	25	109	0.00	0.39	5.5
G087	药物分析杂志	260	1.00	260	22.3	6.0	31	141	0.02	0.48	6.1
G877	药物流行病学杂志	172	0.99	130	23.7	4.9	24	126	0.02	0.47	5.2
G836	药物评价研究	340	0.99	340	28.1	5.2	28	187	0.01	0.60	4.8
G514	药物生物技术	124	1.00	124	26.9	4.0	20	78	0.00	0.44	4.7
G440	药学实践杂志	115	0.99	109	21.7	4.9	18	70	0.00	0.54	6.4
G008	药学学报	395	0.96	395	47.3	5.8	28	139	0.02	0.83	5.3
G331	药学研究	180	1.00	157	26.6	4.6	21	90	0.01	0.53	5.7
G527	药学与临床研究	133	0.99	104	15.3	4.6	13	86	0.00	0.38	4.6
M023	冶金分析	162	0.94	162	18.0	4.1	21	108	0.00	0.43	7.0
M047	冶金能源	71	0.86	63	12.0	3.9	19	46	0.00	0.45	7.3
C503	液晶与显示	160	0.95	160	31.7	4.8	24	88	0.01	0.87	6.0
N079	液压气动与密封	303	0.92	242	9.7	3.4	27	158	0.00	0.32	7.7
N035	液压与气动	284	0.99	284	20.9	4.4	25	169	0.00	0.66	4.8
G605	医疗卫生装备	263	0.96	247	18.6	4.8	26	177	0.00	0.40	4.6
G482	医学动物防制	300	1.00	256	20.2	6.5	27	178	0.00	0.66	4.9
G333	医学分子生物学杂志	87	0.99	87	27.1	4.2	22	76	0.00	0.55	3.8
G281	医学研究生学报	241	1.00	231	30.2	4.2	28	150	0.00	0.66	4.4
G480	医学研究杂志	457	0.97	443	22.4	4.5	29	216	0.00	0.71	4.3
G265	医学影像学杂志	636	0.98	451	12.7	4.2	30	431	0.00	0.36	4.7
G964	医学与社会	317	1.00	317	19.9	4.2	27	143	0.01	0.87	4.9

表 4-2　2022 年中国科技核心期刊（中文）来源指标刊名字顺索引（续）

CODE	刊名	来源文献量	文献选出率	AR论文量	平均引文数	平均作者数	地区分布数	机构分布数	海外论文比	基金论文比	引用半衰期
G308	医学与哲学	396	0.94	379	21.2	2.8	28	212	0.01	0.62	6.6
G844	医药导报	353	0.97	312	22.6	4.9	29	187	0.01	0.52	4.6
G088	医用生物力学	182	0.93	176	26.3	4.9	23	97	0.02	0.85	7.1
N074	仪表技术与传感器	273	0.99	272	14.8	4.2	26	143	0.01	0.70	5.3
N066	仪器仪表学报	357	0.99	357	24.6	4.3	25	138	0.00	0.85	4.9
F024	遗传	98	0.86	97	60.4	5.2	22	68	0.01	0.90	8.0
G455	疑难病杂志	280	0.99	247	24.9	4.1	28	208	0.00	0.79	3.4
T104	印染助剂	146	0.97	137	15.0	4.0	21	93	0.01	0.37	6.7
G089	营养学报	103	0.92	95	23.6	5.6	25	63	0.00	0.50	6.3
D014	影像科学与光化学	315	0.98	315	18.1	3.9	26	214	0.00	0.20	3.2
G649	影像诊断与介入放射学	88	0.88	63	24.7	4.3	24	70	0.00	0.31	5.1
B008	应用概率统计	58	0.92	58	19.2	2.6	22	46	0.00	0.83	13.9
C109	应用光学	165	0.96	165	19.0	5.3	25	84	0.00	0.63	6.9
E123	应用海洋学学报	79	0.93	78	36.6	5.3	15	41	0.01	0.81	9.6
T949	应用化工	722	1.00	706	26.2	4.9	30	216	0.01	0.96	5.7
D016	应用化学	179	0.90	173	40.5	5.0	26	113	0.02	0.89	5.1
A580	应用基础与工程科学学报	122	0.95	122	25.9	4.7	25	77	0.02	0.94	8.5
R033	应用激光	247	0.96	246	17.3	4.3	28	178	0.00	0.67	4.7
X693	应用科技	126	0.95	126	18.6	3.9	14	64	0.00	0.59	5.4
A015	应用科学学报	86	0.97	86	21.8	4.1	22	66	0.01	0.77	5.2
F035	应用昆虫学报	150	0.99	150	38.1	5.9	29	84	0.00	0.85	8.9
C008	应用力学学报	138	0.99	138	27.4	4.2	25	79	0.01	0.88	8.5
E122	应用气象学报	60	1.00	60	40.6	5.0	20	35	0.02	0.95	7.8
Z018	应用生态学报	403	0.99	403	42.1	5.7	30	158	0.02	0.92	7.4
C052	应用声学	120	0.96	120	23.0	4.2	22	67	0.01	0.73	8.7
B011	应用数学	102	1.00	102	15.6	2.4	27	73	0.02	0.98	12.0
B020	应用数学和力学	132	0.92	132	24.3	3.3	25	77	0.01	0.91	8.9
B001	应用数学学报	64	1.00	64	21.2	2.4	24	57	0.03	0.91	12.6
F100	应用与环境生物学报	206	1.00	206	44.5	6.4	30	94	0.01	0.80	8.1
M014	硬质合金	63	0.94	63	24.2	4.6	13	35	0.02	0.43	7.2
L027	油气储运	177	0.98	177	29.5	4.9	19	83	0.01	0.50	5.1
L504	油气地质与采收率	112	0.96	112	29.0	4.6	15	53	0.01	0.52	5.6
L359	油气藏评价与开发	101	0.94	101	26.0	5.4	15	66	0.01	0.60	6.0
L033	油田化学	121	1.00	121	22.8	5.6	14	64	0.00	0.60	6.6
E051	铀矿地质	109	0.92	107	25.5	5.2	14	28	0.00	0.57	9.1
K020	铀矿冶	76	0.95	75	15.2	4.3	12	24	0.00	0.16	9.7
T916	有机硅材料	89	0.92	85	21.8	5.0	14	58	0.00	0.17	3.2
D025	有机化学	421	1.00	345	49.8	4.6	28	198	0.01	0.74	5.9
M036	有色金属工程	248	0.84	247	21.3	4.9	30	114	0.00	0.86	6.2
M504	有色金属科学与工程	108	1.00	108	33.0	4.8	19	50	0.00	0.83	5.4
K013	有色金属矿山部分	127	0.99	127	18.3	4.3	23	78	0.00	0.65	6.0
K580	有色金属选矿部分	137	0.99	137	15.4	4.1	23	81	0.00	0.46	7.1
M020	有色金属冶炼部分	244	0.97	244	19.2	4.9	24	110	0.00	0.78	6.4

表 4-2 2022 年中国科技核心期刊（中文）来源指标刊名字顺索引（续）

CODE	刊名	来源文献量	文献选出率	AR论文量	平均引文数	平均作者数	地区分布数	机构分布数	海外论文比	基金论文比	引用半衰期
H998	渔业科学进展	135	0.99	135	36.6	6.6	17	39	0.00	0.90	8.6
H220	渔业现代化	84	0.98	84	34.9	5.0	12	28	0.00	0.79	6.2
Y020	宇航材料工艺	92	0.93	91	27.9	4.6	19	55	0.01	0.45	7.2
Y008	宇航计测技术	92	0.93	91	12.3	4.7	17	51	0.00	0.13	7.9
Y024	宇航学报	168	0.94	168	27.8	4.6	14	50	0.01	0.70	5.6
Y054	宇航总体技术	55	0.90	55	16.3	4.5	10	25	0.00	0.33	9.8
H909	玉米科学	150	0.99	150	25.3	7.2	22	61	0.01	0.81	8.1
G479	预防医学	254	0.98	249	18.6	5.3	24	137	0.00	0.52	3.9
G518	预防医学情报杂志	272	0.95	267	17.7	5.4	26	122	0.00	0.27	4.4
H039	园艺学报	263	0.99	212	38.4	6.5	28	100	0.01	0.90	8.3
C108	原子核物理评论	70	0.96	70	27.2	6.8	13	28	0.04	0.86	11.4
Q008	原子能科学技术	315	0.96	315	20.5	6.3	20	67	0.01	0.53	10.0
A038	云南大学学报自然科学版	150	0.96	150	25.0	5.0	24	71	0.01	0.95	6.7
A654	云南民族大学学报自然科学版	116	0.97	113	20.0	4.3	14	40	0.00	0.73	5.8
H269	云南农业大学学报	134	0.96	134	30.4	6.2	22	58	0.01	0.93	7.3
A053	云南师范大学学报自然科学版	81	0.95	78	17.1	4.5	11	26	0.00	0.86	5.9
B013	运筹学学报	44	1.00	44	22.1	3.3	19	34	0.07	0.95	11.8
B522	运筹与管理	412	0.98	412	19.1	2.9	29	202	0.01	0.94	6.2
H989	杂草学报	42	0.98	42	26.3	6.0	16	34	0.00	0.69	6.8
H293	杂交水稻	193	0.92	87	11.3	6.9	22	111	0.00	0.81	8.2
E148	灾害学	143	1.00	143	26.2	4.3	26	91	0.02	0.87	5.9
Y057	载人航天	110	0.98	110	22.5	4.9	15	54	0.00	0.26	9.1
U643	造纸科学与技术	130	1.00	107	12.9	2.0	18	76	0.00	0.31	2.8
C100	噪声与振动控制	263	0.98	263	15.2	4.1	27	162	0.00	0.67	6.8
M043	轧钢	133	0.96	133	16.2	4.2	16	55	0.01	0.41	6.5
T569	粘接	526	0.98	499	13.6	2.5	29	363	0.00	0.18	3.5
Y521	战术导弹技术	107	0.97	107	19.5	3.7	17	62	0.00	0.35	3.9
A017	浙江大学学报工学版	269	1.00	269	26.6	4.4	26	121	0.02	0.91	5.3
A002	浙江大学学报理学版	93	1.00	93	24.2	3.6	22	56	0.01	0.86	7.9
H035	浙江大学学报农业与生命科学版	85	0.89	85	33.5	5.6	15	28	0.04	0.93	7.4
G091	浙江大学学报医学版	90	0.80	90	41.4	5.3	18	53	0.02	0.82	5.3
R777	浙江电力	170	0.98	170	21.7	5.2	18	81	0.00	0.51	4.1
J016	浙江工业大学学报	97	0.94	97	21.8	4.0	13	32	0.01	0.77	6.2
H019	浙江农林大学学报	155	0.99	155	32.4	5.7	22	51	0.00	0.90	7.9
H201	浙江农业学报	289	0.99	289	30.3	5.9	30	130	0.00	0.85	7.0
G810	浙江医学	581	0.99	505	21.9	4.2	25	247	0.00	0.42	4.6
G092	浙江中医药大学学报	252	0.95	248	20.3	4.2	17	82	0.00	0.71	6.0
G093	针刺研究	175	0.96	174	30.5	6.3	25	73	0.01	0.86	5.9
G488	针灸临床杂志	237	0.95	236	26.8	4.9	22	89	0.00	0.84	5.9
N086	真空	92	0.89	92	24.3	5.6	18	60	0.00	0.46	9.5
C038	真空与低温	101	0.81	101	20.7	6.0	14	42	0.00	0.65	10.3
G259	诊断病理学杂志	352	0.97	197	13.1	4.6	29	249	0.00	0.21	6.0
G615	诊断学理论与实践	136	0.97	120	19.7	5.0	14	41	0.00	0.38	4.8

表 4-2 2022 年中国科技核心期刊（中文）来源指标刊名字顺索引（续）

CODE	刊名	来源文献量	文献选出率	AR论文量	平均引文数	平均作者数	地区分布数	机构分布数	海外论文比	基金论文比	引用半衰期
Y010	振动测试与诊断	163	0.95	163	19.8	4.4	24	96	0.03	0.86	6.9
Y004	振动工程学报	162	0.99	162	22.6	4.1	25	86	0.02	0.93	8.2
N030	振动与冲击	916	0.97	916	22.1	4.3	28	277	0.01	0.85	7.5
E316	震灾防御技术	79	0.95	79	23.2	4.6	20	38	0.00	0.80	8.8
J012	郑州大学学报工学版	97	0.95	97	17.3	4.2	22	45	0.01	0.96	5.4
A019	郑州大学学报理学版	73	0.96	73	22.5	4.1	19	43	0.00	0.97	5.0
G036	郑州大学学报医学版	180	0.98	179	18.5	6.3	12	43	0.01	0.83	4.4
G835	职业卫生与应急救援	156	0.99	148	20.7	5.2	25	114	0.01	0.48	5.1
G884	职业与健康	734	0.98	732	26.2	4.2	31	384	0.00	0.40	5.1
H577	植物保护	298	0.98	296	30.6	6.5	30	116	0.01	0.86	8.3
H014	植物保护学报	195	0.98	186	47.4	5.6	30	75	0.03	0.90	8.1
H052	植物病理学报	120	0.99	114	25.7	6.7	21	54	0.00	0.84	8.6
H584	植物检疫	90	0.91	88	26.7	6.0	23	60	0.00	0.70	10.1
F008	植物科学学报	88	0.98	88	39.9	5.5	23	60	0.00	0.84	7.6
F038	植物生理学报	224	0.99	223	41.4	6.0	30	115	0.00	0.89	7.8
F009	植物生态学报	134	0.99	134	54.6	5.8	28	67	0.02	0.96	8.1
F023	植物学报	79	0.74	73	54.5	5.4	23	51	0.01	0.80	7.5
F050	植物研究	117	1.00	117	31.7	5.4	27	61	0.01	0.79	9.5
H238	植物遗传资源学报	172	0.93	172	38.5	7.8	27	85	0.01	0.81	7.7
H890	植物营养与肥料学报	205	0.94	205	42.7	7.2	29	79	0.01	0.88	7.1
Z551	植物资源与环境学报	77	0.99	56	28.7	5.7	20	43	0.01	0.87	7.8
N091	指挥控制与仿真	138	0.97	137	15.0	3.3	15	57	0.00	0.09	5.7
N094	指挥与控制学报	58	0.92	58	26.8	4.2	14	32	0.02	0.53	4.3
U011	制冷学报	119	1.00	119	26.0	4.7	17	50	0.01	0.74	6.9
U640	制冷与空调（四川）	154	1.00	150	15.1	3.7	21	87	0.01	0.31	6.7
N046	制造技术与机床	343	0.93	342	14.0	4.0	28	214	0.00	0.65	5.2
S023	制造业自动化	568	1.00	541	11.4	3.4	29	294	0.00	0.51	5.4
C034	质谱学报	77	0.97	75	35.8	5.8	19	55	0.01	0.71	6.7
R072	智慧电力	186	0.91	186	26.5	5.2	27	107	0.00	0.99	2.7
H106	智慧农业中英文	52	0.96	52	45.6	6.2	13	23	0.10	0.81	3.7
S052	智能系统学报	129	0.88	129	30.9	3.6	21	73	0.02	0.89	5.1
G007	中草药	844	0.99	844	39.1	6.7	31	259	0.01	0.83	5.5
G520	中成药	794	1.00	761	23.9	5.4	30	367	0.01	0.75	5.5
G546	中国 CT 和 MRI 杂志	766	0.98	134	16.0	3.8	30	520	0.00	0.41	5.0
Q940	中国癌症防治杂志	111	0.96	109	32.4	5.0	23	74	0.01	0.76	4.3
G538	中国癌症杂志	116	0.84	115	33.6	5.7	21	67	0.00	0.53	4.7
G985	中国艾滋病性病	344	0.98	269	21.3	6.2	30	173	0.00	0.57	4.9
G129	中国安全科学学报	331	0.88	331	18.9	4.2	26	127	0.02	0.89	5.2
Z552	中国安全生产科学技术	408	0.90	408	18.4	4.4	27	153	0.01	0.89	5.3
F048	中国比较医学杂志	245	0.96	245	35.8	5.4	29	153	0.01	0.80	4.8
N103	中国表面工程	150	0.98	150	39.4	5.3	24	89	0.03	0.85	6.3
G750	中国病案	451	0.98	262	11.4	3.7	30	260	0.00	0.21	4.4
G769	中国病毒病杂志	70	0.88	68	25.3	5.8	19	46	0.00	0.59	4.1

表 4-2　2022 年中国科技核心期刊（中文）来源指标刊名字顺索引（续）

CODE	刊名	来源文献量	文献选出率	AR论文量	平均引文数	平均作者数	地区分布数	机构分布数	海外论文比	基金论文比	引用半衰期
G096	中国病理生理杂志	291	0.98	291	30.7	5.6	30	194	0.01	0.93	4.6
G339	中国病原生物学杂志	318	0.99	303	24.2	5.5	28	199	0.00	0.66	5.8
M053	中国材料进展	114	0.97	114	55.5	4.6	22	78	0.02	0.80	5.9
H213	中国草地学报	161	0.99	161	34.4	6.0	25	62	0.01	0.80	6.9
N830	中国测试	317	1.00	317	16.9	4.5	30	220	0.01	0.62	5.2
G097	中国超声医学杂志	355	0.79	301	11.0	5.2	28	226	0.00	0.28	3.7
G529	中国卒中杂志	214	0.93	202	21.1	4.8	27	104	0.01	0.47	5.3
G901	中国当代儿科杂志	214	0.94	207	26.4	6.0	28	125	0.01	0.30	4.0
H939	中国稻米	143	0.84	125	26.9	6.2	24	82	0.00	0.71	7.7
E351	中国地震	73	1.00	73	31.7	4.8	21	30	0.00	0.82	9.9
E654	中国地质	126	0.75	126	83.4	7.6	24	58	0.07	0.67	9.8
E169	中国地质调查	78	1.00	78	25.6	5.3	19	58	0.00	0.79	8.3
E604	中国地质灾害与防治学报	93	0.97	93	24.3	4.9	23	66	0.01	0.82	5.9
R040	中国电机工程学报	799	0.99	798	32.4	5.2	25	134	0.04	0.79	5.2
R511	中国电力	293	0.98	293	25.3	5.2	29	152	0.01	0.59	4.1
G234	中国动脉硬化杂志	168	0.95	168	36.4	4.6	25	123	0.02	0.85	4.5
H891	中国动物传染病学报	192	1.00	192	24.2	7.2	25	99	0.00	0.80	9.2
G825	中国儿童保健杂志	307	0.98	294	25.9	4.7	28	200	0.01	0.57	5.1
G270	中国耳鼻咽喉颅底外科杂志	150	0.97	130	22.1	4.8	24	108	0.02	0.44	6.2
G543	中国耳鼻咽喉头颈外科	218	0.98	143	16.9	4.8	25	161	0.00	0.40	5.6
G100	中国法医学杂志	156	0.93	95	12.7	5.7	26	90	0.01	0.42	6.4
G290	中国防痨杂志	215	0.98	204	27.0	5.8	25	98	0.00	0.55	5.0
V023	中国非金属矿工业导刊	117	0.97	92	14.4	3.3	24	57	0.00	0.33	7.8
G320	中国肺癌杂志	117	0.89	117	38.9	5.0	20	66	0.03	0.35	4.6
G402	中国分子心脏病学杂志	121	1.00	121	24.1	5.0	24	77	0.00	0.42	5.4
V568	中国粉体技术	90	0.94	90	24.8	5.3	22	61	0.00	0.91	5.8
G587	中国辐射卫生	141	0.92	141	19.7	5.2	25	87	0.00	0.23	5.3
M007	中国腐蚀与防护学报	144	1.00	144	30.0	5.4	24	79	0.01	0.77	7.7
G456	中国妇产科临床杂志	242	0.98	49	12.5	4.4	28	151	0.01	0.42	3.8
G687	中国妇幼健康研究	273	1.00	272	17.9	4.7	28	190	0.01	0.55	4.2
G475	中国肝脏病杂志电子版	43	0.98	43	34.7	4.7	16	30	0.00	0.79	4.7
G631	中国感染控制杂志	192	0.99	189	24.7	5.8	30	147	0.00	0.55	4.5
G337	中国感染与化疗杂志	145	0.96	120	23.0	6.1	26	107	0.00	0.41	5.2
X035	中国港湾建设	229	0.99	226	9.9	3.1	16	70	0.02	0.16	6.7
V036	中国给水排水	534	0.96	533	11.4	4.8	27	290	0.01	0.49	5.9
N089	中国工程机械学报	103	1.00	103	12.8	4.1	22	78	0.00	0.79	5.7
N754	中国工程科学	132	0.96	132	25.8	5.6	16	85	0.00	0.98	2.9
G244	中国工业医学杂志	188	0.90	67	11.0	4.6	25	120	0.00	0.32	5.6
G102	中国公共卫生	329	0.99	305	23.9	6.5	30	145	0.01	0.64	4.7
X031	中国公路学报	326	0.98	326	34.6	4.7	24	71	0.02	0.96	6.0
G103	中国骨伤	224	0.97	209	21.0	5.2	25	158	0.00	0.40	5.7
G249	中国骨与关节损伤杂志	401	0.96	151	15.9	5.2	27	310	0.00	0.30	5.9
G857	中国骨与关节杂志	163	0.98	153	29.8	5.2	27	104	0.00	0.34	6.4

表 4-2　2022 年中国科技核心期刊（中文）来源指标刊名字顺索引（续）

CODE	刊名	来源文献量	文献选出率	AR论文量	平均引文数	平均作者数	地区分布数	机构分布数	海外论文比	基金论文比	引用半衰期
G663	中国骨质疏松杂志	342	0.96	341	30.9	5.8	30	199	0.01	0.75	4.7
W021	中国管理科学	321	0.96	321	28.8	3.2	26	151	0.03	0.98	7.2
N104	中国惯性技术学报	116	0.95	116	15.2	4.3	19	59	0.00	0.71	3.9
C099	中国光学	115	0.91	115	37.5	5.2	20	60	0.02	0.95	5.8
G637	中国国境卫生检疫杂志	132	0.93	84	13.2	5.6	25	91	0.01	0.53	4.5
H215	中国果树	277	0.59	232	21.8	5.5	28	143	0.00	0.73	6.8
L013	中国海上油气	143	0.99	143	21.2	5.5	9	48	0.01	0.43	6.7
E313	中国海洋大学学报自然科学版	188	1.00	188	32.8	4.6	12	27	0.00	0.94	9.7
L026	中国海洋平台	107	1.00	106	12.6	4.5	10	52	0.00	0.54	7.5
G104	中国海洋药物	74	0.99	74	25.9	5.6	15	35	0.00	0.86	7.3
X039	中国航海	85	1.00	85	18.3	3.8	12	23	0.05	0.67	5.5
G973	中国呼吸与危重监护杂志	160	0.96	145	27.9	5.1	27	109	0.01	0.41	4.3
G417	中国护理管理	368	0.98	366	27.2	5.1	26	201	0.02	0.42	4.3
Z030	中国环境监测	148	0.99	148	31.3	5.9	26	101	0.00	0.69	6.8
Z001	中国环境科学	633	1.00	633	40.7	5.7	30	237	0.01	0.90	5.9
N059	中国机械工程	335	0.97	335	24.0	4.7	25	131	0.01	0.92	6.0
A079	中国基础科学	48	0.98	48	53.5	3.9	10	28	0.00	0.65	5.2
R066	中国激光	516	0.91	516	37.9	5.8	26	195	0.01	0.84	5.8
R013	中国激光医学杂志	59	0.91	52	19.6	4.6	19	47	0.00	0.42	4.7
G852	中国急救复苏与灾害医学杂志	408	0.97	375	19.8	4.5	28	287	0.00	0.63	3.9
G241	中国急救医学	185	0.92	178	24.3	5.1	27	134	0.00	0.45	4.5
G192	中国脊柱脊髓杂志	157	0.96	156	30.3	6.2	28	101	0.01	0.48	5.9
G105	中国寄生虫学与寄生虫病杂志	135	0.94	128	32.1	6.2	27	78	0.00	0.76	6.7
H414	中国家禽	235	0.99	232	32.4	6.7	26	102	0.00	0.79	6.0
G560	中国计划生育和妇产科	326	1.00	254	22.6	4.0	30	208	0.00	0.29	4.9
G907	中国计划生育学杂志	622	0.98	599	16.9	3.6	30	431	0.00	0.17	3.7
G787	中国健康教育	227	0.98	225	19.3	5.4	30	131	0.01	0.39	4.7
N108	中国舰船研究	170	1.00	170	24.8	4.0	18	58	0.03	0.69	6.8
T075	中国胶粘剂	142	0.92	142	16.9	4.6	20	94	0.01	0.30	6.2
G233	中国矫形外科杂志	513	0.98	441	21.4	5.4	30	310	0.00	0.41	5.2
G239	中国介入心脏病学杂志	172	0.94	140	22.5	6.0	24	90	0.00	0.39	4.9
G206	中国介入影像与治疗学	164	0.72	155	17.6	5.5	29	127	0.01	0.40	4.4
G323	中国康复	166	0.91	154	29.3	4.9	24	130	0.00	0.51	4.9
G400	中国康复理论与实践	197	0.98	197	35.9	5.4	19	100	0.04	0.56	4.8
G106	中国康复医学杂志	320	0.97	297	31.5	5.3	27	192	0.00	0.58	6.0
G107	中国抗生素杂志	196	0.96	195	27.0	5.5	28	145	0.00	0.48	6.0
A098	中国科技论坛	236	0.95	231	29.7	2.6	23	137	0.01	0.81	5.9
A108	中国科学 地球科学	158	0.91	155	85.3	6.4	19	73	0.17	0.91	10.0
A106	中国科学 化学	180	0.91	179	71.6	4.8	23	103	0.03	0.88	4.9
A109	中国科学 技术科学	138	0.90	136	42.4	5.5	18	70	0.07	0.82	6.8
A107	中国科学 生命科学	149	0.83	147	83.7	5.2	19	70	0.03	0.69	7.2
A105	中国科学 数学	78	0.87	78	28.2	2.6	22	63	0.13	0.97	14.2
A103	中国科学 物理学 力学 天文学	156	0.89	150	53.0	4.5	24	90	0.08	0.87	8.1

表 4-2　2022 年中国科技核心期刊（中文）来源指标刊名字顺索引（续）

CODE	刊名	来源文献量	文献选出率	AR论文量	平均引文数	平均作者数	地区分布数	机构分布数	海外论文比	基金论文比	引用半衰期
Z317	中国科学 信息科学	134	0.86	134	44.4	4.8	20	62	0.06	0.86	5.9
A081	中国科学基金	124	0.87	119	30.1	4.7	19	62	0.01	0.44	4.1
A007	中国科学技术大学学报	80	0.84	80	36.3	3.7	3	13	0.05	0.76	7.8
Q442	中国科学数据中英文网络版	116	0.95	115	16.9	5.3	25	67	0.01	0.66	6.9
A102	中国科学院大学学报	89	0.98	89	27.7	3.5	7	14	0.01	0.97	9.9
A636	中国科学院院刊	171	0.77	171	21.9	3.9	15	76	0.02	0.76	3.2
Y003	中国空间科学技术	93	0.94	93	26.8	4.8	18	53	0.02	0.76	7.3
G441	中国口腔颌面外科杂志	113	0.93	106	22.1	5.1	20	57	0.00	0.41	5.9
K030	中国矿业	300	0.95	300	18.8	4.1	26	177	0.01	0.45	6.3
K015	中国矿业大学学报	110	0.94	110	33.7	5.4	24	52	0.05	0.91	6.3
U001	中国粮油学报	405	0.97	405	30.7	5.8	30	165	0.01	0.75	6.0
G447	中国临床保健杂志	196	0.99	171	23.6	5.1	19	101	0.00	0.57	4.8
G108	中国临床解剖学杂志	145	0.94	132	18.1	5.9	25	110	0.00	0.63	6.3
G536	中国临床神经科学	109	0.94	108	32.0	4.9	21	69	0.00	0.39	5.5
G794	中国临床神经外科杂志	309	0.79	109	15.1	4.5	30	202	0.00	0.26	5.3
G221	中国临床心理学杂志	289	1.00	287	32.2	4.3	26	134	0.02	0.75	8.9
G583	中国临床新医学	254	0.97	235	25.5	4.5	28	176	0.00	0.55	4.8
G754	中国临床研究	386	0.98	373	23.0	4.4	28	228	0.00	0.56	4.2
G870	中国临床药理学与治疗学	185	0.88	185	36.4	5.1	25	119	0.00	0.79	4.5
G109	中国临床药理学杂志	641	0.97	626	16.1	5.3	30	367	0.01	0.54	4.3
G544	中国临床药学杂志	191	0.97	173	20.7	4.8	24	148	0.01	0.45	4.6
G814	中国临床医生杂志	445	0.95	271	18.5	4.0	27	275	0.00	0.53	4.1
G974	中国临床医学	183	0.97	178	23.4	5.5	14	65	0.01	0.64	5.6
G304	中国临床医学影像杂志	243	0.96	157	16.2	5.0	28	144	0.00	0.42	5.1
G110	中国麻风皮肤病杂志	248	0.95	128	18.5	4.6	27	140	0.00	0.39	6.0
H212	中国麻业科学	47	0.94	47	28.9	5.9	13	20	0.00	0.72	6.4
G613	中国慢性病预防与控制	214	0.98	200	24.4	6.2	29	115	0.01	0.60	5.2
G598	中国媒介生物学及控制杂志	167	0.98	166	23.7	6.9	28	107	0.01	0.63	6.4
K579	中国煤炭	182	0.98	182	15.2	3.2	19	111	0.01	0.20	4.1
K037	中国煤炭地质	169	0.98	162	18.0	3.8	24	85	0.00	0.57	7.4
G582	中国煤炭工业医学杂志	144	0.96	144	19.3	5.1	17	84	0.00	0.99	3.9
G428	中国美容医学	614	0.99	511	19.1	3.7	29	425	0.00	0.14	4.2
G297	中国美容整形外科杂志	231	0.95	154	20.4	4.7	25	131	0.00	0.22	4.0
K036	中国锰业	105	0.95	101	12.9	3.6	22	71	0.00	0.31	5.6
H211	中国棉花	141	0.90	85	11.3	6.4	16	61	0.00	0.70	5.0
G111	中国免疫学杂志	551	0.99	544	27.8	4.8	30	369	0.00	0.67	5.0
K550	中国钼业	72	0.86	68	14.2	3.7	15	42	0.01	0.24	7.8
G303	中国男科学杂志	118	0.98	114	26.0	5.2	23	88	0.00	0.47	5.4
H273	中国南方果树	260	0.98	229	18.3	6.1	22	126	0.00	0.69	7.9
G422	中国脑血管病杂志	133	0.98	126	31.7	5.5	22	89	0.00	0.55	5.4
G277	中国内镜杂志	170	0.88	169	25.7	5.2	27	140	0.00	0.28	4.6
R524	中国能源	124	0.90	124	12.0	2.7	12	70	0.02	0.15	2.7
U609	中国酿造	496	0.98	496	32.2	5.9	30	254	0.00	0.65	5.1

表 4-2　2022 年中国科技核心期刊（中文）来源指标刊名字顺索引（续）

CODE	刊名	来源文献量	文献选出率	AR 论文量	平均引文数	平均作者数	地区分布数	机构分布数	海外论文比	基金论文比	引用半衰期
W005	中国农村水利水电	443	0.99	441	20.8	4.4	30	223	0.00	0.76	6.7
H958	中国农学通报	850	0.96	849	33.2	5.7	31	408	0.00	0.76	7.4
H027	中国农业大学学报	311	0.96	311	36.3	5.6	30	107	0.01	0.88	6.6
H567	中国农业科技导报	266	0.96	266	34.9	5.9	30	121	0.00	0.79	6.6
H030	中国农业科学	382	1.00	382	42.5	7.4	28	98	0.01	0.95	7.5
H210	中国农业气象	83	0.50	80	34.6	5.4	24	49	0.01	0.84	7.4
H221	中国农业资源与区划	314	0.72	312	30.1	3.6	30	128	0.01	0.88	5.8
G311	中国皮肤性病学杂志	292	0.99	242	20.0	4.9	31	186	0.00	0.58	4.9
U020	中国皮革	385	0.93	359	14.8	2.1	21	142	0.00	0.58	3.6
G226	中国普通外科杂志	201	0.96	196	36.7	5.7	28	134	0.00	0.63	4.5
G269	中国普外基础与临床杂志	283	0.96	264	31.8	4.7	25	132	0.00	0.43	4.7
G776	中国全科医学	686	0.94	685	31.4	5.4	29	336	0.01	0.73	5.0
H081	中国热带农业	66	0.86	66	17.4	5.6	10	34	0.00	0.67	6.0
G629	中国热带医学	236	0.98	229	23.0	5.7	28	160	0.00	0.60	4.3
Z546	中国人口资源与环境	204	0.99	204	41.5	2.8	26	97	0.03	0.93	5.2
G112	中国人兽共患病学报	181	0.93	178	26.6	6.3	28	122	0.01	0.75	6.4
U052	中国乳品工业	135	0.95	132	29.1	5.6	26	74	0.00	0.67	6.3
S825	中国软科学	209	1.00	209	33.3	2.8	24	120	0.02	0.88	5.8
H793	中国森林病虫	52	0.98	48	36.0	4.8	16	31	0.00	0.67	10.7
E124	中国沙漠	161	0.98	161	43.0	5.2	26	83	0.00	0.88	9.1
G366	中国社会医学杂志	172	0.98	165	17.6	5.2	25	119	0.01	0.77	5.0
G114	中国神经精神疾病杂志	144	0.97	131	24.9	5.2	25	113	0.00	0.55	4.9
G242	中国神经免疫学和神经病学杂志	107	0.92	81	21.3	5.0	25	84	0.00	0.47	5.0
H555	中国生态农业学报中英文版	185	0.95	185	45.1	5.7	26	73	0.02	0.95	7.1
H044	中国生物防治学报	190	0.99	188	35.1	6.2	27	86	0.01	0.82	8.1
F255	中国生物工程杂志	151	0.94	151	53.5	5.2	25	99	0.00	0.79	5.3
F002	中国生物化学与分子生物学报	187	0.98	187	44.7	4.5	28	129	0.01	0.84	5.7
G115	中国生物医学工程学报	86	1.00	86	38.3	4.7	22	54	0.02	0.87	5.6
G258	中国生物制品学杂志	266	0.98	264	27.5	5.8	26	124	0.00	0.84	4.8
G715	中国生育健康杂志	132	0.99	112	22.0	5.0	23	84	0.00	0.50	6.2
L001	中国石油大学学报自然科学版	132	0.96	132	24.5	6.3	18	45	0.02	0.87	7.4
L532	中国石油勘探	85	0.93	85	32.8	6.6	13	43	0.06	0.46	5.2
F047	中国实验动物学报	145	0.94	145	39.3	6.0	25	99	0.00	0.80	5.8
G604	中国实验方剂学杂志	804	0.93	804	43.2	6.6	30	175	0.00	0.83	4.9
G883	中国实验血液学杂志	314	0.98	314	21.6	6.0	28	207	0.00	0.59	5.3
G853	中国实验诊断学	523	0.99	327	17.8	4.4	28	249	0.00	0.38	5.0
G273	中国实用儿科杂志	177	0.86	165	26.8	3.5	23	69	0.01	0.35	5.9
G228	中国实用妇科与产科杂志	246	0.87	206	26.1	3.6	25	132	0.00	0.85	4.9
G305	中国实用护理杂志	467	0.98	465	24.2	5.2	30	265	0.00	0.35	4.8
G867	中国实用口腔科杂志	152	0.98	141	22.0	4.3	26	69	0.01	0.57	5.2
G267	中国实用内科杂志	229	0.98	208	26.6	4.1	27	126	0.01	0.72	5.5
G686	中国实用神经疾病杂志	289	1.00	289	36.6	4.4	29	211	0.00	0.53	3.4
G272	中国实用外科杂志	253	0.89	211	25.3	5.0	20	110	0.02	0.81	5.0

表 4-2　2022 年中国科技核心期刊（中文）来源指标刊名字顺索引（续）

CODE	刊名	来源文献量	文献选出率	AR论文量	平均引文数	平均作者数	地区分布数	机构分布数	海外论文比	基金论文比	引用半衰期
U635	中国食品添加剂	384	0.99	384	25.6	4.9	30	254	0.00	0.59	5.3
G429	中国食品卫生杂志	220	0.96	218	23.0	6.0	26	117	0.00	0.61	5.4
U007	中国食品学报	526	0.96	526	38.3	5.4	29	162	0.00	0.89	6.0
U563	中国食物与营养	200	0.95	192	25.4	4.7	23	105	0.00	0.42	6.0
H317	中国兽药杂志	148	1.00	148	19.5	6.9	25	69	0.00	0.35	6.6
H326	中国兽医科学	213	0.95	213	23.2	8.0	24	64	0.00	0.91	6.1
H225	中国兽医学报	379	0.98	379	26.6	7.3	29	88	0.00	0.87	6.2
H207	中国蔬菜	228	0.80	193	20.4	5.9	30	116	0.01	0.79	6.8
G796	中国输血杂志	326	0.99	264	21.2	6.1	28	170	0.01	0.31	5.8
G926	中国数字医学	276	0.98	272	12.6	4.1	25	193	0.00	0.29	3.2
H290	中国水产科学	159	0.96	159	40.2	6.3	20	36	0.00	0.92	9.6
H020	中国水稻科学	62	0.98	62	46.2	8.0	13	32	0.02	0.92	8.6
W557	中国水利水电科学研究院学报	64	1.00	64	23.8	4.6	15	24	0.00	0.81	8.0
H295	中国水土保持科学	108	0.95	108	23.9	5.5	26	68	0.00	0.89	7.4
T022	中国塑料	299	0.96	298	27.4	4.8	28	155	0.00	0.45	5.6
G211	中国糖尿病杂志	178	0.93	153	23.5	4.9	27	140	0.01	0.57	4.9
G521	中国疼痛医学杂志	156	0.76	137	25.1	5.1	27	101	0.01	0.57	5.2
G444	中国体外循环杂志	81	0.93	72	20.1	6.3	20	51	0.00	0.36	4.3
U501	中国调味品	503	1.00	489	24.5	4.9	30	211	0.00	0.75	4.7
X004	中国铁道科学	121	1.00	121	21.3	4.8	18	30	0.00	0.80	6.9
G437	中国听力语言康复科学杂志	128	1.00	87	19.0	3.6	20	80	0.08	0.30	7.2
R083	中国图象图形学报	245	0.98	245	48.6	4.5	25	113	0.03	0.91	4.6
H350	中国土地科学	156	0.98	156	37.4	3.5	23	68	0.01	0.93	4.4
H233	中国土壤与肥料	365	0.98	365	35.4	6.2	29	154	0.00	0.84	7.4
G373	中国微创外科杂志	210	0.99	185	20.1	4.7	27	121	0.00	0.43	4.8
G517	中国微生态学杂志	281	0.96	275	24.6	4.7	29	209	0.01	0.52	4.6
S725	中国卫生经济	271	0.89	221	10.4	4.3	28	148	0.01	0.54	3.6
G253	中国卫生统计	221	0.94	175	20.5	5.0	27	131	0.00	0.62	5.9
G540	中国卫生信息管理杂志	157	0.91	157	15.4	3.6	23	119	0.00	0.39	2.9
G716	中国卫生政策研究	131	0.98	131	22.4	4.2	16	44	0.02	0.60	3.8
G752	中国卫生质量管理	291	0.95	251	14.7	5.5	27	165	0.00	0.43	3.6
G541	中国卫生资源	160	0.98	156	16.5	5.5	16	68	0.01	0.55	3.3
K035	中国钨业	66	0.92	66	20.3	4.7	11	32	0.00	0.35	6.6
M022	中国稀土学报	113	0.97	113	36.2	5.8	23	59	0.01	0.91	7.6
F025	中国细胞生物学学报	263	0.99	263	54.7	4.6	28	144	0.00	0.81	5.9
G841	中国现代普通外科进展	258	0.91	165	17.7	4.2	27	193	0.00	0.28	5.2
G623	中国现代神经疾病杂志	165	0.94	163	33.1	4.3	26	93	0.01	0.71	4.1
G885	中国现代手术学杂志	97	0.93	84	15.8	4.8	20	81	0.00	0.35	4.7
G237	中国现代医学杂志	394	0.89	394	23.0	4.2	30	280	0.00	0.70	3.6
G849	中国现代应用药学	488	0.94	486	27.0	5.2	30	324	0.01	0.64	5.1
G377	中国现代中药	325	0.97	322	32.6	6.4	29	130	0.01	0.63	7.2
G284	中国消毒学杂志	295	0.96	151	15.2	5.0	29	213	0.00	0.33	5.0
G765	中国小儿急救医学	211	0.94	188	27.9	5.3	23	91	0.00	0.40	5.7

表 4-2 2022 年中国科技核心期刊（中文）来源指标刊名字顺索引（续）

CODE	刊名	来源文献量	文献选出率	AR论文量	平均引文数	平均作者数	地区分布数	机构分布数	海外论文比	基金论文比	引用半衰期
G845	中国小儿血液与肿瘤杂志	85	0.88	63	20.3	5.9	20	57	0.00	0.35	5.6
G298	中国斜视与小儿眼科杂志	66	0.94	51	13.8	4.3	18	52	0.02	0.38	5.9
G117	中国心理卫生杂志	178	0.94	173	30.2	5.7	27	116	0.05	0.61	7.4
G718	中国心血管病研究	196	0.96	195	26.6	5.0	26	128	0.00	0.56	4.4
G380	中国心血管杂志	119	0.90	108	23.5	4.7	23	90	0.00	0.41	4.5
G203	中国心脏起搏与心电生理杂志	147	0.95	76	13.0	5.1	24	103	0.01	0.29	6.2
G250	中国新药与临床杂志	153	0.97	135	23.3	4.5	27	123	0.00	0.53	4.3
G747	中国新药杂志	379	1.00	373	25.2	5.0	29	174	0.01	0.43	4.1
G727	中国性科学	481	0.98	473	19.7	4.3	28	365	0.01	0.40	4.0
G232	中国胸心血管外科临床杂志	258	0.99	254	30.5	6.1	26	128	0.02	0.49	5.3
G118	中国修复重建外科杂志	238	0.96	232	28.5	5.8	28	143	0.00	0.51	4.8
H294	中国畜牧兽医	504	1.00	504	37.6	7.0	31	136	0.01	0.80	5.7
H242	中国畜牧杂志	633	0.98	620	32.7	6.4	31	149	0.00	0.78	6.6
G908	中国学校卫生	439	0.88	429	25.7	5.2	30	246	0.01	0.64	4.6
G464	中国血管外科杂志电子版	89	0.91	65	23.0	4.7	21	58	0.00	0.40	5.7
G675	中国血吸虫病防治杂志	108	0.95	95	30.8	6.5	20	64	0.01	0.71	5.2
G633	中国血液净化	206	0.96	195	20.6	4.8	26	138	0.00	0.37	5.4
G119	中国循环杂志	198	0.92	175	22.2	6.4	25	87	0.01	0.50	5.1
G756	中国循证儿科杂志	75	0.84	66	30.9	8.2	14	33	0.01	0.52	5.9
G645	中国循证心血管医学杂志	378	0.93	266	19.2	4.9	29	219	0.00	0.49	4.7
G396	中国循证医学杂志	187	0.94	187	36.9	6.1	24	96	0.03	0.67	5.7
H208	中国烟草科学	87	0.99	87	24.4	8.9	18	47	0.02	0.69	6.5
U647	中国烟草学报	92	0.94	92	26.0	7.9	19	52	0.01	0.71	7.6
E303	中国岩溶	90	0.99	90	38.5	5.3	18	54	0.01	0.80	9.2
G619	中国眼耳鼻喉科杂志	153	0.91	113	22.4	4.8	25	62	0.00	0.37	6.7
G318	中国药房	531	0.99	531	25.6	5.7	31	261	0.00	0.80	4.2
G120	中国药科大学学报	90	0.96	90	31.8	5.0	13	34	0.01	0.68	4.7
G121	中国药理学通报	308	0.92	301	23.0	6.1	29	163	0.01	0.96	4.5
G122	中国药理学与毒理学杂志	115	0.98	115	38.6	5.6	25	84	0.01	0.79	5.5
G878	中国药师	451	1.00	421	19.9	4.9	29	305	0.00	0.45	4.7
G913	中国药事	179	0.99	178	22.3	4.8	26	105	0.01	0.35	3.9
G220	中国药物化学杂志	109	0.68	106	25.6	4.8	26	62	0.00	0.48	7.2
G227	中国药物警戒	294	0.97	268	22.9	5.1	28	162	0.01	0.76	5.6
G248	中国药物依赖性杂志	94	0.93	93	28.2	5.0	23	71	0.03	0.61	6.3
G713	中国药物应用与监测	110	0.98	80	18.2	4.3	23	85	0.00	0.40	3.9
G009	中国药学杂志	305	0.93	303	26.3	6.2	29	173	0.00	0.66	5.5
G755	中国药业	773	1.00	651	18.9	4.4	30	482	0.00	0.71	4.2
M628	中国冶金	214	0.89	214	27.5	4.9	22	80	0.00	0.63	6.6
G809	中国医刊	369	0.95	307	22.9	4.2	30	205	0.00	0.57	4.4
G123	中国医科大学学报	228	1.00	215	19.0	4.1	19	55	0.00	0.71	5.1
G124	中国医疗器械杂志	143	0.99	137	14.1	4.5	20	92	0.01	0.33	5.5
G679	中国医疗设备	478	0.97	470	22.4	4.7	27	293	0.00	0.57	4.0
G306	中国医师进修杂志	239	0.98	226	17.2	4.5	22	164	0.00	0.20	4.2

表 4-2　2022 年中国科技核心期刊（中文）来源指标刊名字顺索引（续）

CODE	刊名	来源文献量	文献选出率	AR论文量	平均引文数	平均作者数	地区分布数	机构分布数	海外论文比	基金论文比	引用半衰期
G313	中国医师杂志	449	0.98	382	23.5	4.5	29	294	0.00	0.52	3.5
G236	中国医学计算机成像杂志	127	0.93	122	14.7	5.4	22	85	0.00	0.45	5.0
G125	中国医学科学院学报	165	0.99	163	31.4	5.2	28	88	0.01	0.60	5.3
G471	中国医学前沿杂志电子版	134	0.91	127	24.5	4.4	21	79	0.00	0.45	4.8
G622	中国医学物理学杂志	259	1.00	257	26.4	5.1	26	158	0.00	0.82	5.1
G127	中国医学影像技术	366	0.71	357	16.5	5.7	29	236	0.01	0.42	4.4
G193	中国医学影像学杂志	262	0.98	228	20.7	5.0	29	176	0.00	0.48	3.4
S591	中国医学装备	521	0.97	486	17.7	5.0	28	335	0.00	0.50	4.0
G519	中国医药	435	0.99	400	21.6	4.7	31	221	0.00	0.75	4.1
G644	中国医药导报	1627	0.97	1613	27.5	4.4	31	708	0.00	0.83	3.5
T019	中国医药工业杂志	256	0.93	249	22.0	4.3	24	113	0.01	0.29	5.2
G531	中国医药生物技术	85	0.92	79	27.1	5.2	17	49	0.00	0.53	5.5
Q918	中国医院	344	1.00	115	11.3	4.6	27	193	0.00	0.61	3.4
G454	中国医院管理	291	0.96	203	10.9	5.3	23	152	0.03	0.52	3.6
G243	中国医院药学杂志	524	1.00	473	21.0	5.4	30	308	0.01	0.55	4.7
G625	中国医院用药评价与分析	333	1.00	326	24.3	4.9	26	215	0.00	0.79	3.9
G314	中国疫苗和免疫	131	0.96	131	22.5	7.2	23	63	0.00	0.37	4.7
G130	中国应用生理学杂志	150	1.00	148	19.8	5.7	28	104	0.00	0.79	4.8
G706	中国优生与遗传杂志	470	0.97	411	20.3	4.2	29	313	0.00	0.34	4.0
H205	中国油料作物学报	151	1.00	151	35.8	7.1	24	70	0.01	0.87	8.2
U032	中国油脂	315	0.82	297	22.7	5.4	30	165	0.00	0.64	6.6
M028	中国有色金属学报	321	0.99	321	37.5	5.7	27	122	0.02	0.90	6.8
H099	中国预防兽医学报	183	0.69	183	18.4	7.9	28	73	0.01	0.87	6.3
G753	中国预防医学杂志	157	0.95	154	26.6	6.1	25	107	0.00	0.64	3.9
V039	中国园林	283	0.96	281	30.6	3.1	21	81	0.05	0.80	8.4
X012	中国造船	135	1.00	135	17.4	4.1	15	47	0.00	0.52	8.1
U033	中国造纸学报	64	1.00	64	30.3	5.1	13	24	0.00	0.75	5.5
H204	中国沼气	67	1.00	63	25.6	5.1	23	52	0.01	0.67	6.4
G600	中国针灸	315	0.94	237	22.0	5.7	25	124	0.01	0.68	6.2
H067	中国真菌学杂志	108	0.96	93	25.1	4.9	24	83	0.00	0.52	6.8
G945	中国职业医学	132	0.98	132	33.3	5.8	24	83	0.00	0.64	2.7
G347	中国中西医结合耳鼻咽喉科杂志	108	0.95	94	18.8	4.3	20	81	0.01	0.24	6.3
G843	中国中西医结合急救杂志	174	0.99	141	24.0	4.9	28	147	0.01	0.79	4.9
G757	中国中西医结合皮肤性病学杂志	169	1.00	90	14.7	4.1	25	112	0.01	0.26	6.2
G846	中国中西医结合肾病杂志	321	0.88	129	17.3	4.5	26	237	0.00	0.46	5.3
G758	中国中西医结合外科杂志	172	0.93	147	23.7	4.7	22	100	0.00	0.47	4.6
G528	中国中西医结合消化杂志	166	0.97	164	26.4	4.3	26	129	0.00	0.49	3.6
G678	中国中西医结合影像学杂志	148	0.99	125	20.1	4.6	23	109	0.00	0.35	5.1
G182	中国中西医结合杂志	181	0.73	159	25.1	6.3	25	96	0.01	0.70	6.4
G132	中国中药杂志	765	0.99	765	37.2	6.9	29	182	0.02	0.83	5.3
G240	中国中医骨伤科杂志	234	1.00	209	20.6	5.5	25	139	0.00	0.44	4.3
G632	中国中医基础医学杂志	505	1.00	381	24.3	4.8	29	132	0.00	0.71	7.1
G524	中国中医急症	614	1.00	474	21.3	4.6	28	276	0.00	0.64	4.5

表 4-2　2022 年中国科技核心期刊（中文）来源指标刊名字顺索引（续）

CODE	刊名	来源文献量	文献选出率	AR论文量	平均引文数	平均作者数	地区分布数	机构分布数	海外论文比	基金论文比	引用半衰期
G749	中国中医眼科杂志	222	0.97	188	24.5	4.1	27	102	0.00	0.58	5.9
G832	中国中医药信息杂志	332	1.00	306	24.1	5.9	28	101	0.00	0.84	5.2
G642	中国肿瘤	117	0.90	117	30.4	6.0	27	80	0.01	0.47	4.1
G133	中国肿瘤临床	231	0.90	214	24.5	4.6	30	132	0.05	0.53	4.2
G255	中国肿瘤生物治疗杂志	159	0.96	156	37.5	3.6	27	109	0.00	0.84	3.5
G576	中国肿瘤外科杂志	117	0.99	115	25.9	4.6	24	85	0.00	0.51	4.3
G667	中国综合临床	103	0.95	100	23.9	4.9	18	77	0.00	0.50	4.8
G299	中国组织工程研究	932	0.94	932	42.0	5.4	30	486	0.01	0.73	5.5
G134	中国组织化学与细胞化学杂志	105	0.96	100	22.9	4.6	25	77	0.00	0.55	5.3
G502	中华保健医学杂志	156	0.98	61	15.2	4.1	17	117	0.00	0.65	3.4
G135	中华病理学杂志	277	0.93	137	16.1	5.4	24	159	0.01	0.30	5.5
G195	中华超声影像学杂志	181	0.93	141	19.2	6.5	26	112	0.00	0.67	4.1
G136	中华传染病杂志	140	0.93	104	27.9	6.1	25	103	0.00	0.54	4.6
G408	中华创伤骨科杂志	175	0.84	170	23.5	7.1	21	104	0.01	0.59	6.1
G137	中华创伤杂志	165	0.86	158	31.8	6.1	24	109	0.01	0.53	4.0
G098	中华地方病学杂志	192	0.92	182	19.0	6.4	29	105	0.00	0.59	5.8
G138	中华儿科杂志	209	0.67	135	16.2	8.3	22	74	0.01	0.44	5.0
G139	中华耳鼻咽喉头颈外科杂志	268	0.95	214	27.9	5.7	25	143	0.00	0.47	6.8
G743	中华耳科学杂志	187	0.99	180	24.5	4.9	28	125	0.01	0.49	6.9
G140	中华放射学杂志	246	0.94	200	21.5	6.4	25	152	0.02	0.54	4.9
G141	中华放射医学与防护杂志	167	0.94	165	20.5	6.4	27	112	0.02	0.50	5.8
G251	中华放射肿瘤学杂志	185	0.90	184	26.5	6.0	24	91	0.00	0.44	5.9
G474	中华肺部疾病杂志电子版	265	0.99	86	27.9	4.0	24	184	0.00	0.46	3.6
G286	中华风湿病学杂志	168	0.91	149	25.3	5.3	27	106	0.00	0.58	5.7
G142	中华妇产科杂志	146	0.88	124	23.9	6.0	20	78	0.00	0.51	5.3
G689	中华妇幼临床医学杂志电子版	98	0.97	98	29.3	4.8	21	60	0.00	0.94	4.3
G262	中华肝胆外科杂志	207	0.98	174	22.0	5.8	29	126	0.00	0.60	4.9
G231	中华肝脏病杂志	205	0.86	176	24.1	5.8	27	117	0.01	0.55	4.7
G054	中华肝脏外科手术学电子杂志	130	0.93	117	24.2	5.7	24	82	0.00	0.77	4.9
G235	中华高血压杂志	143	0.55	108	22.0	5.1	25	97	0.00	0.35	5.7
G143	中华骨科杂志	189	0.96	188	34.3	6.9	24	101	0.00	0.60	6.9
G648	中华骨与关节外科杂志	130	0.88	126	27.8	5.8	24	75	0.00	0.52	5.3
G728	中华骨质疏松和骨矿盐疾病杂志	86	0.97	86	35.2	6.1	24	60	0.02	0.74	6.5
G691	中华关节外科杂志电子版	123	0.90	114	29.6	5.5	22	105	0.00	0.45	6.3
G335	中华航海医学与高气压医学杂志	207	0.99	164	17.6	5.7	24	95	0.00	0.22	5.3
G145	中华核医学与分子影像杂志	148	0.90	120	22.3	5.8	17	84	0.06	0.43	5.4
G146	中华护理杂志	456	0.97	452	27.2	5.8	29	233	0.01	0.50	4.3
G555	中华急诊医学杂志	246	0.68	169	19.3	6.1	26	148	0.00	0.51	5.2
G302	中华疾病控制杂志	247	0.98	247	21.1	6.5	31	121	0.02	0.72	5.0
G055	中华肩肘外科电子杂志	65	0.94	59	28.4	5.3	18	48	0.00	0.55	5.5
G174	中华检验医学杂志	199	0.97	193	25.0	6.2	22	136	0.02	0.53	4.6
G751	中华健康管理学杂志	154	0.93	143	24.9	5.9	24	106	0.01	0.59	4.7
G147	中华结核和呼吸杂志	224	0.92	178	31.7	5.2	26	121	0.00	0.46	5.5

表 4-2 2022 年中国科技核心期刊（中文）来源指标刊名字顺索引（续）

CODE	刊名	来源文献量	文献选出率	AR论文量	平均引文数	平均作者数	地区分布数	机构分布数	海外论文比	基金论文比	引用半衰期
G060	中华结直肠疾病电子杂志	74	0.87	72	23.9	6.3	20	52	0.01	0.62	5.3
Q905	中华解剖与临床杂志	161	0.99	146	21.9	5.8	20	99	0.00	0.50	5.3
Q948	中华介入放射学电子杂志	80	0.90	71	21.2	5.5	16	41	0.00	0.33	5.0
G159	中华精神科杂志	71	0.93	67	32.3	6.0	17	44	0.03	0.70	5.7
G579	中华口腔医学研究杂志电子版	65	0.98	65	29.7	4.2	16	41	0.00	0.60	4.6
G148	中华口腔医学杂志	187	0.90	178	33.4	4.7	23	67	0.01	0.59	5.7
G280	中华口腔正畸学杂志	40	0.70	40	17.8	4.2	12	26	0.03	0.35	6.6
G149	中华劳动卫生职业病杂志	214	0.96	175	19.9	4.9	28	150	0.00	0.47	5.7
G639	中华老年多器官疾病杂志	204	0.97	187	23.8	4.7	25	118	0.01	0.58	4.6
Q949	中华老年骨科与康复电子杂志	60	1.00	57	27.4	6.3	22	50	0.00	0.57	5.4
G833	中华老年口腔医学杂志	74	0.95	68	23.7	3.9	19	56	0.01	0.53	5.3
G876	中华老年心脑血管病杂志	358	0.98	236	14.9	5.1	29	230	0.01	0.61	2.9
G150	中华老年医学杂志	289	0.98	274	21.8	5.2	26	156	0.00	0.57	5.0
G692	中华临床感染病杂志	62	0.86	55	31.1	5.6	18	51	0.02	0.53	3.9
G693	中华临床免疫和变态反应杂志	119	0.75	69	22.4	3.7	20	61	0.00	0.35	5.5
G504	中华临床医师杂志电子版	226	0.98	217	22.5	5.0	28	169	0.00	0.38	4.6
G824	中华临床营养杂志	54	0.96	53	29.1	4.6	17	39	0.00	0.46	4.5
G152	中华流行病学杂志	303	0.98	301	30.2	7.5	24	87	0.02	0.68	4.6
G153	中华麻醉学杂志	287	0.85	235	16.4	6.3	26	173	0.01	0.53	4.9
G154	中华泌尿外科杂志	206	0.90	153	19.9	7.1	27	108	0.00	0.30	4.9
G282	中华男科学杂志	165	0.90	151	28.0	5.2	26	119	0.01	0.48	6.5
Q926	中华脑科疾病与康复杂志电子版	70	0.92	62	22.1	4.5	21	60	0.00	0.31	4.9
G770	中华脑血管病杂志电子版	73	0.76	67	28.2	4.9	18	62	0.00	0.51	6.2
G155	中华内分泌代谢杂志	156	0.86	150	28.7	6.8	24	94	0.02	0.63	6.2
G736	中华内分泌外科杂志	162	0.97	144	11.0	5.0	23	106	0.01	0.59	4.0
G156	中华内科杂志	218	0.91	189	25.3	5.4	23	107	0.00	0.43	5.8
G157	中华皮肤科杂志	247	0.88	158	17.9	5.3	27	128	0.00	0.46	5.4
G461	中华普通外科学文献电子版	85	0.78	63	19.6	4.7	22	62	0.01	0.44	4.7
G254	中华普通外科杂志	222	0.75	111	10.5	6.7	26	141	0.00	0.36	5.3
G462	中华普外科手术学杂志电子版	171	0.97	154	18.7	4.6	23	123	0.00	0.81	3.6
G158	中华器官移植杂志	138	0.90	122	26.1	6.4	21	72	0.00	0.61	4.8
G473	中华腔镜泌尿外科杂志电子版	130	0.99	109	20.4	5.8	25	87	0.00	0.35	5.7
G463	中华腔镜外科杂志电子版	77	0.93	63	22.3	5.4	19	49	0.00	0.38	4.7
G526	中华全科医师杂志	220	0.89	175	20.4	4.9	19	144	0.00	0.40	4.9
G515	中华全科医学	542	0.99	502	20.8	4.7	29	274	0.01	0.92	3.6
G505	中华乳腺病杂志电子版	72	0.91	60	31.1	4.6	22	60	0.03	0.28	5.3
G472	中华疝和腹壁外科杂志电子版	163	0.96	134	18.6	4.3	24	129	0.00	0.20	4.6
G900	中华烧伤与创面修复杂志	171	0.92	169	35.8	5.6	27	102	0.01	0.78	4.6
Q950	中华神经创伤外科电子杂志	72	0.92	61	24.2	5.3	25	64	0.00	0.51	5.3
G197	中华神经科杂志	191	0.89	189	33.4	5.2	24	114	0.00	0.50	6.2
G160	中华神经外科杂志	252	0.95	218	22.4	5.9	28	115	0.00	0.50	6.2
G446	中华神经医学杂志	216	0.95	194	28.8	5.6	26	159	0.00	0.54	4.9
G065	中华肾病研究电子杂志	68	0.91	58	26.5	4.5	19	51	0.01	0.60	4.1

表 4-2　2022 年中国科技核心期刊（中文）来源指标刊名字顺索引（续）

CODE	刊名	来源文献量	文献选出率	AR论文量	平均引文数	平均作者数	地区分布数	机构分布数	海外论文比	基金论文比	引用半衰期
G161	中华肾脏病杂志	148	0.91	122	26.3	6.3	22	88	0.01	0.64	6.4
G737	中华生物医学工程杂志	122	0.95	117	30.4	5.8	17	81	0.01	0.50	4.6
G072	中华生殖与避孕杂志	202	0.99	197	32.6	5.4	25	124	0.00	0.53	6.4
G162	中华实验和临床病毒学杂志	128	0.92	122	25.3	7.8	26	78	0.02	0.73	5.5
G703	中华实验和临床感染病杂志电子版	62	0.91	62	29.7	5.5	12	43	0.00	0.69	4.5
G163	中华实验外科杂志	632	0.88	463	15.1	5.3	29	271	0.00	0.57	4.2
G773	中华实验眼科杂志	201	0.95	186	31.7	4.1	27	119	0.01	0.70	6.4
G875	中华实用儿科临床杂志	383	0.96	311	26.7	6.1	27	155	0.00	0.51	4.8
G367	中华实用诊断与治疗杂志	303	0.99	241	17.8	5.3	23	122	0.01	0.90	3.8
G848	中华手外科杂志	157	0.97	83	15.7	6.5	24	109	0.00	0.20	8.2
G506	中华损伤与修复杂志电子版	95	0.90	83	31.3	4.9	24	65	0.01	0.57	5.5
G739	中华糖尿病杂志	217	0.97	204	29.9	5.8	25	136	0.02	0.53	4.8
G164	中华外科杂志	169	0.88	144	24.2	7.2	23	99	0.02	0.56	5.2
G165	中华微生物学和免疫学杂志	139	0.97	139	30.5	6.4	28	108	0.00	0.71	4.8
G116	中华危重病急救医学	250	0.94	230	27.9	5.6	28	173	0.01	0.84	4.8
G761	中华危重症医学杂志电子版	108	0.98	87	26.0	4.8	16	69	0.00	0.58	5.1
G296	中华围产医学杂志	172	0.78	156	27.5	4.9	24	91	0.02	0.48	5.9
G740	中华卫生杀虫药械	145	0.94	84	15.1	4.9	25	104	0.01	0.30	6.4
Q952	中华胃肠内镜电子杂志	39	0.53	28	22.7	5.5	12	24	0.00	0.38	6.1
G793	中华胃肠外科杂志	164	0.80	156	30.5	5.8	21	84	0.00	0.60	5.3
G166	中华物理医学与康复杂志	254	0.90	198	26.7	5.6	25	185	0.01	0.54	6.2
G470	中华细胞与干细胞杂志电子版	55	0.87	55	43.1	4.3	17	53	0.00	0.53	4.2
G847	中华现代护理杂志	958	0.95	937	24.8	4.8	27	398	0.00	0.40	4.3
G468	中华消化病与影像杂志电子版	76	0.80	54	23.0	4.5	14	55	0.00	0.43	4.8
G285	中华消化内镜杂志	198	0.92	161	20.7	5.9	26	101	0.00	0.48	6.6
G978	中华消化外科杂志	177	0.76	171	38.0	6.6	31	94	0.03	0.86	4.8
G168	中华消化杂志	144	0.92	123	22.2	6.3	23	92	0.02	0.47	4.9
G169	中华小儿外科杂志	202	0.94	188	25.1	6.1	27	92	0.00	0.44	6.8
Q284	中华心力衰竭和心肌病杂志中英文	47	0.90	44	28.8	7.4	13	36	0.00	0.32	4.9
G892	中华心律失常学杂志	77	0.83	62	18.3	7.2	17	40	0.00	0.45	7.3
G170	中华心血管病杂志	195	0.86	163	26.7	6.7	27	104	0.01	0.51	5.6
Q231	中华心血管病杂志网络版	29	0.88	28	42.9	4.1	11	22	0.00	0.48	5.2
G082	中华新生儿科杂志中英文版	150	0.97	97	18.7	5.4	25	94	0.00	0.30	5.4
G263	中华行为医学与脑科学杂志	180	0.95	179	31.4	5.7	29	126	0.02	0.80	4.3
G171	中华胸心血管外科杂志	150	0.93	117	23.4	6.5	23	94	0.01	0.35	7.0
G172	中华血液学杂志	166	0.83	152	26.4	7.6	17	64	0.00	0.57	5.6
Q209	中华炎性肠病杂志中英文版	69	0.93	61	27.1	4.9	14	46	0.01	0.42	5.3
G191	中华眼底病杂志	184	0.89	155	25.1	5.0	20	86	0.00	0.61	5.5
G075	中华眼科医学杂志电子版	62	0.85	60	44.0	4.7	16	42	0.03	0.94	6.7
G173	中华眼科杂志	182	0.82	148	27.9	4.2	20	71	0.01	0.50	6.3
G873	中华眼视光学与视觉科学杂志	147	0.93	133	26.6	5.5	25	96	0.01	0.44	6.1
S590	中华医学教育探索杂志	407	0.99	384	10.7	4.8	27	212	0.00	0.41	4.5
Q920	中华医学超声杂志电子版	212	0.75	156	16.6	5.8	23	133	0.00	0.42	6.0

表 4-2 2022 年中国科技核心期刊（中文）来源指标刊名字顺索引（续）

CODE	刊名	来源文献量	文献选出率	AR论文量	平均引文数	平均作者数	地区分布数	机构分布数	海外论文比	基金论文比	引用半衰期
G705	中华医学教育杂志	256	0.98	249	13.5	5.2	23	137	0.01	0.34	3.9
G307	中华医学科研管理杂志	87	0.94	87	14.7	4.5	19	64	0.00	0.33	3.1
G489	中华医学美学美容杂志	163	0.95	81	14.4	5.1	24	119	0.00	0.17	5.5
G175	中华医学遗传学杂志	324	0.86	265	17.0	6.5	29	179	0.01	0.58	7.6
G176	中华医学杂志	657	0.88	594	26.7	5.9	29	266	0.01	0.55	4.9
G194	中华医院感染学杂志	797	0.98	797	23.6	5.2	30	501	0.00	0.79	3.4
G591	中华医院管理杂志	189	0.98	185	18.1	5.5	19	129	0.01	0.48	2.5
G610	中华胰腺病杂志	95	0.94	76	25.9	5.5	22	62	0.00	0.62	5.5
G897	中华移植杂志电子版	60	0.88	48	27.6	6.0	19	41	0.00	0.68	5.4
G177	中华预防医学杂志	275	0.95	269	32.7	7.0	27	155	0.00	0.59	4.8
G178	中华整形外科杂志	225	0.97	220	27.3	5.8	24	111	0.00	0.32	6.5
G859	中华中医药学刊	703	1.00	632	34.9	5.3	29	297	0.00	0.91	4.8
G910	中华中医药杂志	1667	0.99	1457	20.8	5.3	31	284	0.01	0.78	6.3
G858	中华肿瘤防治杂志	258	0.89	257	30.9	5.5	30	167	0.00	0.66	3.7
G179	中华肿瘤杂志	123	0.70	116	23.5	7.2	19	67	0.02	0.50	5.4
Q954	中华重症医学电子杂志	57	0.81	54	29.3	4.7	17	33	0.00	0.53	5.8
G039	中南大学学报医学版	211	0.95	211	31.4	5.4	21	58	0.02	0.88	5.3
K001	中南大学学报自然科学版	436	0.98	436	29.2	5.2	27	114	0.01	0.96	6.6
H053	中南林业科技大学学报	240	1.00	240	33.0	5.3	26	78	0.00	0.95	6.8
G599	中南药学	520	0.99	485	25.4	5.6	30	259	0.01	0.63	5.2
G682	中南医学科学杂志	228	1.00	201	16.8	4.0	26	166	0.00	0.62	4.0
G180	中日友好医院学报	121	0.92	44	11.8	4.8	8	31	0.00	0.16	4.7
G181	中山大学学报医学科学版	119	0.99	119	26.7	5.3	12	42	0.03	0.79	4.8
A036	中山大学学报自然科学版	120	0.94	120	30.0	4.7	20	52	0.01	0.87	9.6
X539	中外公路	300	0.97	291	14.3	3.4	28	201	0.00	0.59	7.8
S020	中文信息学报	213	0.96	213	31.2	4.2	27	90	0.00	0.79	5.8
G842	中西医结合肝病杂志	302	0.96	193	19.4	4.3	26	206	0.00	0.53	4.9
G597	中西医结合心脑血管病杂志	1036	1.00	817	23.5	4.2	29	491	0.00	0.50	5.3
R775	中兴通讯技术	73	0.88	70	16.5	2.9	12	42	0.01	0.48	1.9
G183	中药材	537	0.99	519	16.1	5.4	31	259	0.00	0.75	6.4
G564	中药新药与临床药理	230	0.96	230	26.3	6.0	28	111	0.00	0.85	4.7
G685	中医学报	477	0.98	467	27.9	4.3	26	152	0.00	0.73	5.4
G681	中医药导报	539	1.00	507	27.1	4.6	30	212	0.01	0.64	5.1
G812	中医药学报	285	0.98	276	28.7	4.9	27	97	0.00	0.88	5.2
G010	中医杂志	413	0.96	393	24.5	6.0	26	102	0.00	0.80	5.7
G643	中医正骨	206	1.00	161	28.0	4.9	25	113	0.00	0.40	4.5
Q968	中医肿瘤学杂志	83	0.89	83	25.0	4.7	20	42	0.01	0.49	5.3
G184	肿瘤	84	0.93	84	38.5	4.8	21	55	0.01	0.56	5.2
Q929	肿瘤代谢与营养电子杂志	127	0.87	125	44.2	4.0	23	91	0.01	0.50	4.6
G185	肿瘤防治研究	213	0.87	208	30.9	4.5	28	137	0.00	0.54	3.9
G412	肿瘤学杂志	173	0.91	164	26.1	4.4	25	112	0.00	0.47	3.7
G522	肿瘤研究与临床	219	0.96	180	20.5	5.3	25	142	0.00	0.33	4.5
G196	肿瘤药学	119	0.94	119	29.5	4.3	26	98	0.00	0.38	4.6

表 4-2　2022 年中国科技核心期刊（中文）来源指标刊名字顺索引（续）

CODE	刊名	来源文献量	文献选出率	AR论文量	平均引文数	平均作者数	地区分布数	机构分布数	海外论文比	基金论文比	引用半衰期
G838	肿瘤影像学	105	0.99	98	21.2	5.0	20	76	0.01	0.51	4.7
G695	肿瘤预防与治疗	169	0.97	167	29.5	5.4	24	101	0.01	0.64	4.0
Q225	肿瘤综合治疗电子杂志	66	0.80	66	33.4	4.2	18	44	0.00	0.47	3.9
H103	种子	283	0.99	282	23.6	6.0	30	167	0.01	0.81	7.8
G094	中风与神经疾病杂志	286	0.97	170	23.7	4.1	29	199	0.01	0.49	5.7
N022	轴承	173	0.98	164	16.2	4.0	25	108	0.01	0.60	7.3
H026	竹子学报	52	0.96	51	24.7	5.0	13	32	0.02	0.56	8.0
N075	铸造	244	0.60	235	16.0	4.7	26	163	0.00	0.35	8.0
G407	转化医学杂志	94	1.00	88	21.0	4.3	19	71	0.00	0.29	3.4
N034	装备环境工程	231	0.99	231	26.6	4.7	24	110	0.00	0.33	9.4
Z022	资源科学	189	0.97	189	42.7	3.4	26	92	0.01	0.94	3.5
R737	自动化技术与应用	557	0.98	505	11.0	2.5	30	389	0.00	0.18	3.7
S026	自动化学报	230	1.00	230	46.0	4.0	28	121	0.09	0.93	6.6
N013	自动化仪表	272	1.00	272	12.7	3.5	28	212	0.00	0.31	4.1
S501	自动化与仪表	259	1.00	259	12.1	2.9	25	178	0.00	0.30	3.8
R611	自动化与仪器仪表	707	0.99	695	15.6	2.7	29	361	0.01	0.47	2.8
A905	自然杂志	48	0.77	47	62.9	3.1	12	30	0.02	0.35	7.3
E137	自然灾害学报	157	0.99	157	30.7	4.2	28	102	0.00	0.95	8.5
Z012	自然资源学报	217	0.98	217	41.3	4.1	28	120	0.02	0.92	5.1
N088	组合机床与自动化加工技术	475	1.00	469	14.4	3.8	28	183	0.00	0.75	5.2
G701	组织工程与重建外科杂志	122	0.94	91	23.9	4.5	20	66	0.00	0.34	5.8
L018	钻井液与完井液	116	0.98	116	16.3	5.0	16	66	0.00	0.36	5.9
G720	遵义医科大学学报	127	1.00	127	25.2	4.9	15	52	0.01	0.72	4.5
H034	作物学报	271	0.97	271	41.8	7.8	28	88	0.02	0.94	8.6
H410	作物研究	108	0.96	105	22.1	6.5	18	65	0.00	0.65	6.8
H202	作物杂志	210	0.98	210	32.6	6.7	27	101	0.01	0.80	7.7

5　2022 年中国科技核心期刊（英文）指标

5.1　期刊（英文）被引用指标刊名字顺排序

表 5-1　2022 年中国科技核心期刊（英文）被引用指标刊名字顺索引

CODE	刊名	核心总被引频次	核心影响因子	核心即年指标	核心他引率	核心引用刊数	核心开放因子	核心扩散因子	核心被引半衰期
F034	ACTA BIOCHIMICA ET BIOPHYSICA SINICA	960	0.793	0.126	0.89	427	74	44.48	4.4
I059	ACTA GEOLOGICA SINICA ENGLISH EDITION	1235	0.705	0.183	0.82	180	12	14.57	6.3
C096	ACTA MATHEMATICA SCIENTIA	278	0.217	0.064	0.62	58	2	20.86	6.9
B030	ACTA MATHEMATICA SINICA ENGLISH SERIES	232	0.125	0.008	0.87	60	7	25.86	9.7
I051	ACTA MATHEMATICAE APPLICATAE SINICA	104	0.074	0.029	0.87	51	11	49.04	8.0
C105	ACTA MECHANICA SINICA	730	0.947	0.143	0.50	162	1	22.19	4.3
M100	ACTA METALLURGICA SINICA	1336	1.380	0.158	0.65	147	4	11.00	4.3
I209	ACTA OCEANOLOGICA SINICA	779	0.400	0.155	0.80	158	9	20.28	5.6
G218	ACTA PHARMACEUTICA SINICA B	1786	2.423	0.465	0.71	399	12	22.34	2.4
G001	ACTA PHARMACOLOGICA SINICA	2108	1.677	0.388	0.91	563	70	26.71	4.5
I062	ADVANCES IN ATMOSPHERIC SCIENCES	1492	1.188	0.490	0.82	201	9	13.47	6.5
H063	ANIMAL NUTRITION	591	1.160	0.193	0.87	104	4	17.60	3.5
I282	ASIAN JOURNAL OF ANDROLOGY	704	0.602	0.274	0.87	210	12	29.83	6.2
H079	BIOSAFETY AND HEALTH	98	0.659	0.431	0.62	44	4	44.90	2.1
G780	CANCER BIOLOGY & MEDICINE	534	1.594	0.131	0.84	243	42	45.51	2.9
I072	CELL RESEARCH	3242	2.436	0.912	0.96	685	61	21.13	5.6
I206	CELLULAR & MOLECULAR IMMUNOLOGY	1252	1.191	0.461	0.89	413	49	32.99	2.9
I139	CHEMICAL RESEARCH IN CHINESE UNIVERSITIES	408	0.607	0.055	0.77	136	8	33.33	2.8
G015	CHINA CDC WEEKLY	693	1.236	0.584	0.80	149	11	21.50	1.6
I710	CHINA COMMUNICATIONS	964	1.093	0.083	0.69	183	7	18.98	2.9
I165	CHINA FOUNDRY	262	0.567	0.032	0.68	55	3	20.99	5.0
E096	CHINA GEOLOGY	415	1.782	0.350	0.79	79	4	19.04	2.7
E158	CHINA OCEAN ENGINEERING	373	0.385	0.198	0.75	108	9	28.95	6.0
B023	CHINESE ANNALS OF MATHEMATICS SERIES B	104	0.139	0.000	0.88	36	6	34.62	11.7
D031	CHINESE CHEMICAL LETTERS	4482	1.885	0.347	0.45	326	1	7.27	2.5
I154	CHINESE GEOGRAPHICAL SCIENCE	624	0.821	0.139	0.89	223	28	35.74	5.7
I207	CHINESE HERBAL MEDICINES	303	0.581	0.239	0.89	108	9	35.64	4.6
I166	CHINESE JOURNAL OF ACOUSTICS	78	0.120	0.000	0.82	21	2	26.92	8.4
I122	CHINESE JOURNAL OF AERONAUTICS	2828	1.818	0.274	0.63	340	3	12.02	3.5
I037	CHINESE JOURNAL OF CANCER RESEARCH	902	2.239	0.298	0.91	349	53	38.69	3.9
D013	CHINESE JOURNAL OF CATALYSIS	3370	3.730	0.598	0.71	257	8	7.63	3.1
T100	CHINESE JOURNAL OF CHEMICAL ENGINEERING	1460	0.644	0.093	0.70	328	13	22.47	3.9
C070	CHINESE JOURNAL OF CHEMICAL PHYSICS	175	0.166	0.000	0.72	86	13	49.14	6.4
I173	CHINESE JOURNAL OF CHEMISTRY	1344	1.100	0.438	0.53	162	2	12.05	2.4
I116	CHINESE JOURNAL OF ELECTRONICS	420	0.459	0.071	0.69	149	11	35.48	3.9

表 5-1 2022 年中国科技核心期刊（英文）被引用指标刊名字顺索引（续）

CODE	刊名	核心总被引频次	核心影响因子	核心即年指标	核心他引率	核心引用刊数	核心开放因子	核心扩散因子	核心被引半衰期
I026	CHINESE JOURNAL OF INTEGRATIVE MEDICINE	1307	1.363	0.168	0.88	318	25	24.33	4.6
I218	CHINESE JOURNAL OF MECHANICAL ENGINEERING	972	0.889	0.067	0.84	249	13	25.62	5.5
G101	CHINESE JOURNAL OF NATURAL MEDICINES	1128	1.167	0.067	0.95	305	29	27.04	6.4
D017	CHINESE JOURNAL OF POLYMER SCIENCE	771	0.922	0.243	0.70	125	5	16.21	3.4
I219	CHINESE JOURNAL OF POPULATION, RESOURCES AND ENVIRONMENT	59	0.205	0.024	0.85	38	9	64.41	4.9
I200	CHINESE JOURNAL OF TRAUMATOLOGY	285	0.471	0.130	0.92	149	27	52.28	5.1
I201	CHINESE MEDICAL JOURNAL	4327	1.168	0.378	0.93	766	148	17.70	4.4
G126	CHINESE MEDICAL SCIENCES JOURNAL	164	0.385	0.042	0.99	141	59	85.98	4.6
I071	CHINESE OPTICS LETTERS	1229	1.224	0.324	0.64	115	3	9.36	3.1
C106	CHINESE PHYSICS B	3374	0.562	0.128	0.46	365	1	10.82	4.1
C058	CHINESE PHYSICS C	788	0.586	0.163	0.52	58	2	7.36	3.6
C059	CHINESE PHYSICS LETTERS	1725	1.181	0.258	0.87	215	2	12.46	5.3
G212	CHRONIC DISEASES AND TRANSLATIONAL MEDICINE	84	0.460	0.057	0.98	71	29	84.52	3.7
C095	COMMUNICATIONS IN THEORETICAL PHYSICS	368	0.260	0.045	0.68	77	3	20.92	6.0
I720	CSEE JOURNAL OF POWER AND ENERGY SYSTEMS	740	1.488	0.229	0.59	86	2	11.62	3.2
I226	DEFENCE TECHNOLOGY	582	1.088	0.133	0.78	161	7	27.66	2.7
J075	ENGINEERING	1477	1.495	0.180	0.88	611	91	41.37	3.6
F005	ENTOMOTAXONOMIA	131	0.147	0.000	0.80	40	7	30.53	20.4
Q784	FOREST ECOSYSTEMS	164	0.413	0.013	0.77	70	8	42.68	3.9
N092	FRICTION	711	1.652	0.279	0.39	96	1	13.50	2.9
I249	FRONTIERS IN ENERGY	214	0.542	0.153	0.59	95	7	44.39	3.4
I248	FRONTIERS OF CHEMICAL SCIENCE AND ENGINEERING	421	1.191	0.386	0.58	119	3	28.27	2.9
I735	FRONTIERS OF COMPUTER SCIENCE	230	0.314	0.058	0.78	109	13	47.39	4.3
I220	FRONTIERS OF EARTH SCIENCE	261	0.411	0.053	0.79	132	24	50.57	5.2
I243	FRONTIERS OF MATERIALS SCIENCE	77	0.237	0.023	0.83	51	13	66.23	4.8
I250	FRONTIERS OF MATHEMATICS IN CHINA	83	0.087	0.017	0.95	34	8	40.96	7.5
I237	FRONTIERS OF MEDICINE	591	1.407	0.210	0.98	348	92	58.88	4.0
I132	FRONTIERS OF OPTOELECTRONICS	108	0.460	0.365	0.70	45	5	41.67	2.8
I726	FRONTIERS OF PHYSICS	560	1.493	0.468	0.50	78	2	13.93	3.1
I725	FRONTIERS OF STRUCTURAL AND CIVIL ENGINEERING	201	0.351	0.019	0.71	91	10	45.27	3.8
G343	GENERAL PSYCHIATRY	589	0.375	0.630	0.85	201	23	34.13	13.1
I222	GENOMICS PROTEOMICS & BIOINFORMATICS	478	1.104	0.326	0.78	227	31	47.49	4.3
E050	GEOSCIENCE FRONTIERS	993	0.964	0.359	0.81	205	9	20.64	3.7
Q744	GLOBAL ENERGY INTERCONNECTION	235	1.466	0.153	0.80	49	3	20.85	2.3
Z037	GREEN ENERGY & ENVIRONMENT	478	1.569	0.320	0.64	92	5	19.25	2.7
H062	HORTICULTURAL PLANT JOURNAL	408	2.618	0.143	0.75	84	2	20.59	2.5
H082	HORTICULTURE RESEARCH	621	0.660	0.050	0.96	140	15	22.54	2.9
R589	IEEE/CAA JOURNAL OF AUTOMATICA SINICA	1089	1.860	0.333	0.46	196	1	18.00	2.7
Q709	INFECTIOUS DISEASES OF POVERTY	567	0.950	0.566	0.89	166	11	29.28	3.1
I012	INSECT SCIENCE	555	0.746	0.158	0.80	126	6	22.70	4.5
I168	INTERNATIONAL JOURNAL OF COAL SCIENCE & TECHNOLOGY	400	0.989	0.089	0.60	112	4	28.00	3.3

表 5-1　2022 年中国科技核心期刊（英文）被引用指标刊名字顺索引（续）

CODE	刊名	核心总被引频次	核心影响因子	核心即年指标	核心他引率	核心引用刊数	核心开放因子	核心扩散因子	核心被引半衰期
G889	INTERNATIONAL JOURNAL OF DERMATOLOGY AND VENEREOLOGY	155	0.165	0.023	0.98	90	19	58.06	8.7
K045	INTERNATIONAL JOURNAL OF MINERALS, METALLURGY AND MATERIALS	1492	1.431	0.642	0.59	184	4	12.33	3.5
I184	INTERNATIONAL JOURNAL OF MINING SCIENCE AND TECHNOLOGY	1352	1.936	0.775	0.61	194	4	14.35	4.2
Q748	INTERNATIONAL JOURNAL OF NURSING SCIENCES	155	0.389	0.104	0.89	63	8	40.65	3.4
Q213	INTERNATIONAL JOURNAL OF ORAL SCIENCE	345	1.556	0.226	0.93	146	15	42.32	3.6
I225	JOURNAL OF ACUPUNCTURE AND TUINA SCIENCE	291	0.456	0.032	0.84	99	13	34.02	5.2
H029	JOURNAL OF ANIMAL SCIENCE AND BIOTECHNOLOGY	958	1.451	0.157	0.87	140	4	14.61	4.3
E049	JOURNAL OF ARID LAND	442	0.605	0.056	0.88	153	18	34.62	5.2
N764	JOURNAL OF BIONIC ENGINEERING	486	0.574	0.113	0.57	144	4	29.63	4.8
I067	JOURNAL OF CENTRAL SOUTH UNIVERSITY	1987	1.104	0.088	0.80	509	41	25.62	4.6
I227	JOURNAL OF CHINESE PHARMACEUTICAL SCIENCES	343	0.444	0.012	0.90	126	15	36.73	6.5
S051	JOURNAL OF COMPUTER SCIENCE AND TECHNOLOGY	214	0.286	0.023	0.92	96	15	44.86	5.1
E537	JOURNAL OF EARTH SCIENCE	900	1.273	0.543	0.77	162	4	18.00	4.1
I105	JOURNAL OF ENERGY CHEMISTRY	4406	2.404	0.903	0.48	230	1	5.22	1.9
Z027	JOURNAL OF ENVIRONMENTAL SCIENCES	3144	1.111	0.260	0.89	542	18	17.24	5.5
I018	JOURNAL OF FORESTRY RESEARCH	786	0.451	0.116	0.83	211	17	26.84	4.7
F013	JOURNAL OF GENETICS AND GENOMICS	912	0.730	0.184	0.94	293	36	32.13	9.7
I063	JOURNAL OF GEOGRAPHICAL SCIENCES	1686	1.046	0.173	0.85	338	21	20.05	6.4
W015	JOURNAL OF HYDRODYNAMICS SERIES B	818	0.719	0.122	0.70	202	10	24.69	5.7
H017	JOURNAL OF INTEGRATIVE AGRICULTURE	2513	1.117	0.171	0.88	368	38	14.64	5.0
G442	JOURNAL OF INTEGRATIVE MEDICINE	799	0.859	0.219	0.94	233	26	29.16	11.2
F029	JOURNAL OF INTEGRATIVE PLANT BIOLOGY	2388	1.815	0.398	0.91	335	26	14.03	9.8
I142	JOURNAL OF IRON AND STEEL RESEARCH, INTERNATIONAL	1196	0.740	0.089	0.71	150	5	12.54	6.7
I229	JOURNAL OF MARINE SCIENCE AND APPLICATION	165	0.167	0.274	0.79	69	8	41.82	5.8
M015	JOURNAL OF MATERIALS SCIENCE & TECHNOLOGY	5999	2.131	0.625	0.57	356	4	5.93	2.5
E092	JOURNAL OF METEOROLOGICAL RESEARCH	589	0.959	0.250	0.89	129	10	21.90	5.0
F021	JOURNAL OF MOLECULAR CELL BIOLOGY	424	0.516	0.171	0.90	236	50	55.66	5.0
I230	JOURNAL OF MOUNTAIN SCIENCE	938	0.508	0.129	0.74	238	17	25.37	4.6
I120	JOURNAL OF OCEAN UNIVERSITY OF CHINA	485	0.327	0.063	0.85	178	20	36.70	5.0
E012	JOURNAL OF OCEANOLOGY AND LIMNOLOGY	670	0.287	0.134	0.81	163	12	24.33	6.5
M035	JOURNAL OF RARE EARTHS	1538	1.317	0.179	0.62	224	4	14.56	4.3
F208	JOURNAL OF RESOURCES AND ECOLOGY	514	0.862	0.311	0.86	198	24	38.52	4.7
C010	JOURNAL OF ROCK MECHANICS AND GEOTECHNICAL ENGINEERING (JRMGE)	895	1.066	0.263	0.72	174	8	19.44	4.6
R062	JOURNAL OF SEMICONDUCTORS	559	0.686	0.292	0.66	138	7	24.69	3.6
F039	JOURNAL OF SYSTEMATICS AND EVOLUTION	880	0.878	0.478	0.73	175	8	19.89	11.9
I144	JOURNAL OF SYSTEMS ENGINEERING AND ELECTRONICS	781	0.825	0.022	0.82	217	17	27.78	5.0
X053	JOURNAL OF TRAFFIC AND TRANSPORTATION ENGINEERING ENGLISH EDITION	216	0.965	0.190	0.67	79	4	36.57	2.8
I090	JOURNAL OF WUHAN UNIVERSITY OF TECHNOLOGY MATERIALS SCIENCE EDITION	679	0.421	0.065	0.72	216	16	31.81	6.2

表 5-1 2022 年中国科技核心期刊（英文）被引用指标刊名字顺索引（续）

CODE	刊名	核心总被引频次	核心影响因子	核心即年指标	核心他引率	核心引用刊数	核心开放因子	核心扩散因子	核心被引半衰期
I041	JOURNAL OF ZHEJIANG UNIVERSITY SCIENCE A	634	0.930	0.333	0.85	286	46	45.11	6.3
I159	JOURNAL OF ZHEJIANG UNIVERSITY SCIENCE B	905	1.093	0.247	0.88	437	79	48.29	5.6
I254	LIGHT SCIENCE & APPLICATIONS	1929	1.808	0.544	0.74	164	7	8.50	3.2
I224	MACHINE INTELLIGENCE RESEARCH	247	0.604	0.152	0.80	139	28	56.28	4.3
Q716	MILITARY MEDICAL RESEARCH	294	1.569	0.164	0.89	179	40	60.88	2.8
F019	MOLECULAR PLANT	4412	3.347	0.587	0.92	314	16	7.12	5.4
I137	NANO RESEARCH	5183	2.341	0.437	0.47	314	1	6.06	2.9
M655	NANOTECHNOLOGY AN PRECISION ENGINEERING	135	0.118	0.000	1.00	88	25	65.19	7.8
I255	NATIONAL SCIENCE REVIEW	1984	1.910	0.587	0.89	485	36	24.45	2.9
I232	NEURAL REGENERATION RESEARCH	2136	1.104	0.273	0.78	456	33	21.35	3.0
G278	NEUROSCIENCE BULLETIN	903	1.071	0.193	0.75	306	35	33.89	3.5
I074	NUCLEAR SCIENCE AND TECHNIQUES	828	1.366	0.398	0.39	81	1	9.78	2.9
G616	ONCOLOGY AND TRANSLATIONAL MEDICINE	46	0.064	0.000	0.87	38	15	82.61	10.8
I202	PARTICUOLOGY	657	0.627	0.191	0.78	219	13	33.33	6.6
H046	PEDOSPHERE	896	0.739	0.088	0.94	241	29	26.90	7.8
F007	PLANT DIVERSITY	1046	1.035	0.213	0.94	225	21	21.51	16.2
I129	PROTEIN & CELL	913	1.863	0.392	0.96	396	67	43.37	4.1
I050	RARE METALS	2128	1.998	0.258	0.52	200	2	9.40	2.7
Q440	RESEARCH	393	1.014	0.157	0.67	89	4	22.65	2.3
C072	RESEARCH IN ASTRONOMY AND ASTROPHYSICS	181	0.070	0.012	0.91	62	7	34.25	6.8
I065	RICE SCIENCE	364	0.819	0.236	0.85	117	15	32.14	5.3
I083	SCIENCE BULLETIN	5000	1.810	0.485	0.94	832	46	16.64	7.8
I146	SCIENCE CHINA CHEMISTRY	1686	1.438	0.350	0.75	260	7	15.42	3.2
A146	SCIENCE CHINA INFORMATION SCIENCES	1471	0.956	0.140	0.75	308	17	20.94	3.3
I150	SCIENCE CHINA LIFE SCIENCES	1942	1.652	0.576	0.86	618	69	31.82	3.6
M114	SCIENCE CHINA MATERIALS	1755	1.779	0.481	0.68	213	4	12.14	2.5
I189	SCIENCE CHINA MATHEMATICS	479	0.153	0.008	0.94	129	11	26.93	12.4
I157	SCIENCE CHINA PHYSICS, MECHANICS & ASTRONOMY	1249	1.422	0.731	0.77	206	6	16.49	3.1
I091	SCIENCE CHINA TECHNOLOGICAL SCIENCES	1895	1.078	0.169	0.78	492	38	25.96	5.4
Q718	SIGNAL TRANSDUCTION AND TARGETED THERAPY	530	0.586	0.023	1.00	259	57	48.87	2.3
H064	THE CROP JOURNAL	740	1.206	0.386	0.82	145	13	19.59	3.2
I017	TRANSACTIONS OF NANJING UNIVERSITY OF AERONAUTICS & ASTRONAUTICS	224	0.383	0.031	0.79	106	15	47.32	3.9
M104	TRANSACTIONS OF NONFERROUS METALS SOCIETY OF CHINA	4345	1.668	0.106	0.74	372	10	8.56	6.6
I009	TSINGHUA SCIENCE AND TECHNOLOGY	400	1.082	0.160	0.60	159	11	39.75	3.5
G095	VIROLOGICA SINICA	538	0.852	0.176	0.94	201	28	37.36	3.2
W030	WATER SCIENCE AND ENGINEERING	155	0.451	0.243	0.81	79	13	50.97	5.5
I239	WORLD JOURNAL OF ACUPUNCTURE-MOXIBUSTION	278	0.878	0.102	0.82	77	6	27.70	4.2
Q707	WORLD JOURNAL OF TRADITIONAL CHINESE MEDICINE	106	0.771	0.041	0.90	43	5	40.57	2.1
I008	WUHAN UNIVERSITY JOURNAL OF NATURAL SCIENCES	72	0.109	0.015	0.82	56	20	77.78	7.0
F022	ZOOLOGICAL RESEARCH	752	1.057	0.153	0.87	213	16	28.32	10.5
F014	ZOOLOGICAL SYSTEMATICS	290	0.211	0.231	0.88	85	9	29.31	15.5

5.2 期刊（英文）来源指标刊名字顺排序

表 5-2 2022 年中国科技核心期刊（英文）来源指标刊名字顺索引

CODE	刊名	来源文献量	文献选出率	AR论文量	平均引文数	平均作者数	地区分布数	机构分布数	海外论文比	基金论文比	引用半衰期
F034	ACTA BIOCHIMICA ET BIOPHYSICA SINICA	199	1.00	190	50.7	7.6	25	143	0.07	0.88	6.8
I059	ACTA GEOLOGICA SINICA ENGLISH EDITION	153	0.96	152	76.8	5.8	21	94	0.27	0.68	13.1
C096	ACTA MATHEMATICA SCIENTIA	141	0.99	141	32.6	2.5	25	115	0.24	0.70	13.0
B030	ACTA MATHEMATICA SINICA ENGLISH SERIES	129	0.91	129	29.5	2.4	28	94	0.25	0.79	15.3
I051	ACTA MATHEMATICAE APPLICATAE SINICA	68	0.96	68	25.6	2.7	21	60	0.12	0.85	13.9
C105	ACTA MECHANICA SINICA	161	0.93	160	44.5	4.0	20	65	0.18	0.90	8.6
M100	ACTA METALLURGICA SINICA	171	0.98	171	48.4	6.6	26	77	0.15	0.81	6.5
I209	ACTA OCEANOLOGICA SINICA	174	0.99	172	50.3	5.5	17	76	0.22	0.82	11.6
G218	ACTA PHARMACEUTICA SINICA B	297	0.95	287	81.9	10.1	22	159	0.32	0.75	5.7
G001	ACTA PHARMACOLOGICA SINICA	268	0.99	263	61.7	9.8	20	138	0.21	0.85	7.0
I062	ADVANCES IN ATMOSPHERIC SCIENCES	151	0.94	148	60.7	5.7	14	65	0.37	0.82	9.1
H063	ANIMAL NUTRITION	145	0.97	145	66.9	7.0	17	62	0.43	0.70	8.2
I282	ASIAN JOURNAL OF ANDROLOGY	117	0.87	101	36.1	8.2	15	98	0.38	0.53	8.2
H079	BIOSAFETY AND HEALTH	58	0.97	51	57.5	6.5	12	48	0.28	0.34	3.7
G780	CANCER BIOLOGY & MEDICINE	122	0.98	121	62.9	8.0	20	92	0.25	0.68	5.7
I072	CELL RESEARCH	148	0.99	86	34.9	10.7	12	115	0.51	0.49	6.1
I206	CELLULAR & MOLECULAR IMMUNOLOGY	154	1.00	96	64.3	8.2	17	126	0.63	0.38	6.2
I139	CHEMICAL RESEARCH IN CHINESE UNIVERSITIES	200	0.94	198	54.8	5.4	22	117	0.07	0.92	5.0
G015	CHINA CDC WEEKLY	233	0.94	201	12.6	8.0	22	93	0.16	0.45	2.8
I710	CHINA COMMUNICATIONS	241	0.95	241	33.7	4.8	20	112	0.17	0.66	5.0
I165	CHINA FOUNDRY	63	1.00	63	31.6	6.0	19	41	0.05	0.83	8.1
E096	CHINA GEOLOGY	60	0.87	51	63.0	8.1	14	38	0.08	0.48	8.2
E158	CHINA OCEAN ENGINEERING	86	0.96	85	34.1	4.5	13	42	0.23	0.87	8.5
B023	CHINESE ANNALS OF MATHEMATICS SERIES B	68	0.91	68	23.4	2.1	17	47	0.18	0.79	16.1
D031	CHINESE CHEMICAL LETTERS	890	1.00	868	54.5	6.8	27	315	0.12	0.80	4.8
I154	CHINESE GEOGRAPHICAL SCIENCE	72	1.00	72	58.6	4.8	19	54	0.10	0.96	6.7
I207	CHINESE HERBAL MEDICINES	67	0.89	64	49.0	6.4	22	54	0.06	0.70	6.2
I166	CHINESE JOURNAL OF ACOUSTICS	29	0.88	29	23.3	4.4	13	22	0.00	0.90	10.7
I122	CHINESE JOURNAL OF AERONAUTICS	380	0.97	380	42.1	4.7	20	111	0.17	0.78	7.2
I037	CHINESE JOURNAL OF CANCER RESEARCH	47	0.81	38	31.7	6.9	8	30	0.19	0.34	4.6
D013	CHINESE JOURNAL OF CATALYSIS	264	0.96	261	81.3	6.3	22	120	0.25	0.88	4.1
T100	CHINESE JOURNAL OF CHEMICAL ENGINEERING	398	0.96	398	52.0	6.0	27	151	0.14	0.87	6.5
C070	CHINESE JOURNAL OF CHEMICAL PHYSICS	104	0.91	104	51.2	4.7	20	58	0.08	0.94	9.9
I173	CHINESE JOURNAL OF CHEMISTRY	308	0.98	306	59.7	6.0	24	126	0.09	0.89	5.6
I116	CHINESE JOURNAL OF ELECTRONICS	112	1.00	112	35.6	4.5	23	79	0.09	0.89	6.1

表 5-2　2022 年中国科技核心期刊（英文）来源指标刊名字顺索引（续）

CODE	刊名	来源文献量	文献选出率	AR论文量	平均引文数	平均作者数	地区分布数	机构分布数	海外论文比	基金论文比	引用半衰期
I026	CHINESE JOURNAL OF INTEGRATIVE MEDICINE	143	0.97	141	39.6	7.0	24	105	0.15	0.69	6.8
I218	CHINESE JOURNAL OF MECHANICAL ENGINEERING	149	0.99	149	42.8	5.0	22	79	0.15	0.89	6.0
G101	CHINESE JOURNAL OF NATURAL MEDICINES	89	0.98	89	52.2	6.8	19	63	0.02	0.82	6.9
D017	CHINESE JOURNAL OF POLYMER SCIENCE	169	0.90	165	52.5	5.8	17	81	0.10	0.89	6.1
I219	CHINESE JOURNAL OF POPULATION, RESOURCES AND ENVIRONMENT	41	1.00	41	46.4	3.3	9	24	0.07	0.44	6.9
I200	CHINESE JOURNAL OF TRAUMATOLOGY	69	0.96	61	32.4	5.1	9	63	0.55	0.22	7.8
I201	CHINESE MEDICAL JOURNAL	535	0.97	242	27.5	8.3	29	334	0.13	0.59	5.5
G126	CHINESE MEDICAL SCIENCES JOURNAL	48	0.98	45	27.7	5.4	12	35	0.02	0.35	5.8
I071	CHINESE OPTICS LETTERS	216	0.97	216	32.9	6.4	24	96	0.09	0.91	6.2
C106	CHINESE PHYSICS B	1109	1.00	1106	43.6	5.8	29	378	0.10	0.78	7.6
C058	CHINESE PHYSICS C	258	0.95	258	64.8	7.8	22	144	0.35	0.77	10.4
C059	CHINESE PHYSICS LETTERS	182	0.97	178	46.2	6.8	22	73	0.21	0.86	7.4
G212	CHRONIC DISEASES AND TRANSLATIONAL MEDICINE	35	0.95	33	48.3	6.1	9	35	0.54	0.23	6.5
C095	COMMUNICATIONS IN THEORETICAL PHYSICS	200	1.00	199	52.8	3.4	25	130	0.19	0.76	9.6
I720	CSEE JOURNAL OF POWER AND ENERGY SYSTEMS	157	0.96	157	37.4	4.8	20	92	0.50	0.50	6.3
I226	DEFENCE TECHNOLOGY	173	1.00	173	40.3	5.0	17	88	0.29	0.58	7.4
J075	ENGINEERING	272	0.94	235	62.5	6.3	19	174	0.40	0.60	6.2
F005	ENTOMOTAXONOMIA	36	0.86	35	18.3	3.3	15	23	0.03	0.86	24.1
Q784	FOREST ECOSYSTEMS	80	0.93	80	74.1	6.4	15	62	0.64	0.59	8.9
N092	FRICTION	122	0.89	122	69.8	5.5	19	74	0.40	0.76	6.9
I249	FRONTIERS IN ENERGY	72	0.99	71	60.0	4.7	11	43	0.31	0.60	6.1
I248	FRONTIERS OF CHEMICAL SCIENCE AND ENGINEERING	140	0.99	137	59.3	5.7	19	85	0.34	0.73	6.1
I735	FRONTIERS OF COMPUTER SCIENCE	138	1.00	96	31.7	4.2	25	85	0.19	0.77	6.9
I220	FRONTIERS OF EARTH SCIENCE	75	1.00	75	47.8	4.9	16	53	0.24	0.77	9.2
I243	FRONTIERS OF MATERIALS SCIENCE	44	1.00	44	74.6	6.1	17	39	0.27	0.68	6.4
I250	FRONTIERS OF MATHEMATICS IN CHINA	60	1.00	60	35.9	2.2	21	50	0.10	0.83	16.6
I237	FRONTIERS OF MEDICINE	81	1.00	80	64.1	8.6	13	57	0.15	0.69	6.6
I132	FRONTIERS OF OPTOELECTRONICS	52	1.00	50	57.6	6.0	13	30	0.25	0.58	4.9
I726	FRONTIERS OF PHYSICS	109	1.00	106	68.5	5.2	22	71	0.17	0.89	6.9
I725	FRONTIERS OF STRUCTURAL AND CIVIL ENGINEERING	108	1.00	108	50.4	3.8	16	78	0.60	0.40	7.1
G343	GENERAL PSYCHIATRY	54	0.95	50	38.3	6.4	5	37	0.52	0.41	6.2
I222	GENOMICS PROTEOMICS & BIOINFORMATICS	92	0.97	89	60.4	10.4	17	74	0.37	0.67	7.1
E050	GEOSCIENCE FRONTIERS	145	0.95	142	95.4	6.2	17	114	0.74	0.40	9.6
Q744	GLOBAL ENERGY INTERCONNECTION	59	0.87	59	34.9	4.2	13	43	0.31	0.32	4.6
Z037	GREEN ENERGY & ENVIRONMENT	128	0.96	123	63.7	6.4	21	86	0.29	0.88	5.5
H062	HORTICULTURAL PLANT JOURNAL	70	1.00	70	59.1	6.8	16	42	0.16	0.76	9.2
H082	HORTICULTURE RESEARCH	301	1.00	297	69.1	9.2	25	164	0.44	0.61	7.8
R589	IEEE/CAA JOURNAL OF AUTOMATICA SINICA	204	0.94	185	48.6	4.2	22	124	0.44	0.75	5.0
Q709	INFECTIOUS DISEASES OF POVERTY	53	0.93	47	40.0	10.5	9	43	0.57	0.32	4.7
I012	INSECT SCIENCE	133	1.00	133	58.3	6.2	18	82	0.45	0.59	10.7
I168	INTERNATIONAL JOURNAL OF COAL SCIENCE & TECHNOLOGY	90	1.00	90	51.5	5.0	19	69	0.49	0.56	7.2

表 5-2 2022 年中国科技核心期刊（英文）来源指标刊名字顺索引（续）

CODE	刊名	来源文献量	文献选出率	AR论文量	平均引文数	平均作者数	地区分布数	机构分布数	海外论文比	基金论文比	引用半衰期
G889	INTERNATIONAL JOURNAL OF DERMATOLOGY AND VENEREOLOGY	44	0.96	30	23.3	6.1	10	36	0.41	0.23	5.9
K045	INTERNATIONAL JOURNAL OF MINERALS, METALLURGY AND MATERIALS	215	0.98	212	52.8	5.5	21	104	0.31	0.53	5.9
I184	INTERNATIONAL JOURNAL OF MINING SCIENCE AND TECHNOLOGY	111	0.99	111	53.0	5.7	20	54	0.23	0.83	6.2
Q748	INTERNATIONAL JOURNAL OF NURSING SCIENCES	67	0.92	67	39.5	5.2	12	56	0.58	0.24	5.4
Q213	INTERNATIONAL JOURNAL OF ORAL SCIENCE	53	1.00	53	73.7	9.3	11	39	0.25	0.74	6.0
I225	JOURNAL OF ACUPUNCTURE AND TUINA SCIENCE	63	0.93	63	29.2	6.2	18	44	0.03	0.76	6.1
H029	JOURNAL OF ANIMAL SCIENCE AND BIOTECHNOLOGY	134	1.00	134	74.0	7.5	15	73	0.57	0.54	7.7
E049	JOURNAL OF ARID LAND	89	1.00	89	58.0	5.1	13	58	0.29	0.80	7.7
N764	JOURNAL OF BIONIC ENGINEERING	133	1.00	133	51.7	5.3	21	90	0.37	0.63	6.4
I067	JOURNAL OF CENTRAL SOUTH UNIVERSITY	296	0.99	296	39.6	5.4	24	143	0.19	0.84	6.6
I227	JOURNAL OF CHINESE PHARMACEUTICAL SCIENCES	81	0.66	81	33.8	5.4	21	57	0.07	0.60	6.6
S051	JOURNAL OF COMPUTER SCIENCE AND TECHNOLOGY	87	0.95	87	45.5	4.9	14	51	0.28	0.85	6.3
E537	JOURNAL OF EARTH SCIENCE	129	0.98	124	68.2	5.1	18	65	0.36	0.60	11.4
I105	JOURNAL OF ENERGY CHEMISTRY	745	0.99	740	71.7	7.6	26	308	0.39	0.77	4.2
Z027	JOURNAL OF ENVIRONMENTAL SCIENCES	335	0.98	334	55.7	7.0	26	188	0.29	0.76	7.2
I018	JOURNAL OF FORESTRY RESEARCH	155	1.00	155	58.3	5.6	22	96	0.48	0.53	9.6
F013	JOURNAL OF GENETICS AND GENOMICS	136	1.00	126	52.9	10.3	22	95	0.24	0.80	7.8
I063	JOURNAL OF GEOGRAPHICAL SCIENCES	133	0.92	133	58.3	4.8	21	67	0.14	0.95	7.4
W015	JOURNAL OF HYDRODYNAMICS SERIES B	90	0.94	90	37.5	4.3	15	45	0.26	0.82	7.3
H017	JOURNAL OF INTEGRATIVE AGRICULTURE	293	1.00	291	54.4	7.7	27	98	0.15	0.89	9.6
G442	JOURNAL OF INTEGRATIVE MEDICINE	64	0.98	61	55.6	6.1	12	54	0.52	0.42	6.1
F029	JOURNAL OF INTEGRATIVE PLANT BIOLOGY	161	0.99	158	82.4	8.3	23	81	0.30	0.78	8.7
I142	JOURNAL OF IRON AND STEEL RESEARCH, INTERNATIONAL	179	0.97	179	40.1	5.7	22	63	0.11	0.87	8.6
I229	JOURNAL OF MARINE SCIENCE AND APPLICATION	62	1.00	61	42.8	3.6	14	52	0.63	0.39	8.1
M015	JOURNAL OF MATERIALS SCIENCE & TECHNOLOGY	897	0.93	896	61.2	7.1	28	306	0.36	0.73	5.4
E092	JOURNAL OF METEOROLOGICAL RESEARCH	64	1.00	64	51.8	5.3	10	32	0.20	0.92	8.5
F021	JOURNAL OF MOLECULAR CELL BIOLOGY	82	0.93	65	51.8	8.8	15	71	0.39	0.65	6.6
I230	JOURNAL OF MOUNTAIN SCIENCE	241	0.95	241	59.5	4.9	27	168	0.35	0.69	8.8
I120	JOURNAL OF OCEAN UNIVERSITY OF CHINA	160	0.98	160	42.5	5.9	16	69	0.11	0.77	9.8
E012	JOURNAL OF OCEANOLOGY AND LIMNOLOGY	179	0.99	177	56.2	5.8	20	72	0.12	0.81	10.9
M035	JOURNAL OF RARE EARTHS	229	1.00	229	48.6	6.4	27	169	0.25	0.77	6.9
F208	JOURNAL OF RESOURCES AND ECOLOGY	106	0.93	106	42.7	4.7	20	56	0.10	0.87	7.2
C010	JOURNAL OF ROCK MECHANICS AND GEOTECHNICAL ENGINEERING (JRMGE)	152	1.00	150	59.0	4.4	16	96	0.56	0.57	8.4
R062	JOURNAL OF SEMICONDUCTORS	144	0.96	124	43.5	6.0	22	95	0.18	0.67	5.2
F039	JOURNAL OF SYSTEMATICS AND EVOLUTION	92	1.00	90	84.1	6.4	17	64	0.71	0.62	11.9
I144	JOURNAL OF SYSTEMS ENGINEERING AND ELECTRONICS	135	0.96	135	35.9	4.0	15	54	0.05	0.74	7.1
X053	JOURNAL OF TRAFFIC AND TRANSPORTATION ENGINEERING ENGLISH EDITION	63	0.91	63	80.3	4.0	11	46	0.71	0.51	7.1
I090	JOURNAL OF WUHAN UNIVERSITY OF TECHNOLOGY MATERIALS SCIENCE EDITION	168	0.97	167	29.9	5.3	27	113	0.07	0.81	7.6

表 5-2　2022 年中国科技核心期刊（英文）来源指标刊名字顺索引（续）

CODE	刊名	来源文献量	文献选出率	AR论文量	平均引文数	平均作者数	地区分布数	机构分布数	海外论文比	基金论文比	引用半衰期
I041	JOURNAL OF ZHEJIANG UNIVERSITY SCIENCE A	72	0.87	72	39.3	5.0	13	29	0.11	0.86	6.5
I159	JOURNAL OF ZHEJIANG UNIVERSITY SCIENCE B	85	0.89	84	62.8	7.0	23	64	0.12	0.68	5.8
I254	LIGHT SCIENCE & APPLICATIONS	316	0.94	234	52.4	6.7	20	175	0.65	0.43	5.6
I224	MACHINE INTELLIGENCE RESEARCH	33	0.94	33	92.3	4.3	10	30	0.30	0.73	5.4
Q716	MILITARY MEDICAL RESEARCH	61	1.00	50	65.4	8.5	13	56	0.48	0.41	6.0
F019	MOLECULAR PLANT	184	0.96	124	53.2	9.0	17	119	0.64	0.64	7.9
I137	NANO RESEARCH	1086	0.99	1082	62.3	8.1	29	391	0.27	0.85	4.6
M655	NANOTECHNOLOGY AN PRECISION ENGINEERING	23	0.96	23	49.2	5.0	7	13	0.26	0.74	6.7
I255	NATIONAL SCIENCE REVIEW	269	0.87	206	45.3	8.5	21	150	0.50	0.69	6.0
I232	NEURAL REGENERATION RESEARCH	502	1.00	310	48.8	4.8	25	394	0.70	0.28	6.6
G278	NEUROSCIENCE BULLETIN	150	0.94	126	53.1	6.9	19	95	0.17	0.79	7.6
I074	NUCLEAR SCIENCE AND TECHNIQUES	161	1.00	161	39.5	7.6	20	72	0.17	0.81	8.3
G616	ONCOLOGY AND TRANSLATIONAL MEDICINE	43	0.98	41	33.2	4.5	13	33	0.00	0.44	5.5
I202	PARTICUOLOGY	131	0.99	131	51.3	4.7	18	90	0.44	0.55	7.7
H046	PEDOSPHERE	80	0.94	80	78.2	5.8	15	63	0.69	0.36	9.2
F007	PLANT DIVERSITY	61	0.91	61	62.2	6.3	15	36	0.43	0.79	10.5
I129	PROTEIN & CELL	74	1.00	67	61.4	10.2	12	56	0.34	0.65	7.5
I050	RARE METALS	431	1.00	426	49.9	6.7	30	214	0.26	0.90	5.2
Q440	RESEARCH	153	1.00	152	59.3	8.7	19	98	0.27	0.86	4.7
C072	RESEARCH IN ASTRONOMY AND ASTROPHYSICS	260	0.97	259	54.1	6.0	24	119	0.33	0.72	10.2
I065	RICE SCIENCE	55	0.90	55	59.8	7.4	9	44	0.45	0.55	7.7
I083	SCIENCE BULLETIN	359	0.88	277	35.8	8.2	23	182	0.36	0.85	4.7
I146	SCIENCE CHINA CHEMISTRY	283	1.00	252	59.2	7.0	25	116	0.16	0.84	4.6
A146	SCIENCE CHINA INFORMATION SCIENCES	342	0.96	205	32.4	5.0	21	125	0.20	0.88	6.6
I150	SCIENCE CHINA LIFE SCIENCES	203	0.99	172	68.6	10.2	22	126	0.16	0.69	7.0
M114	SCIENCE CHINA MATERIALS	368	0.97	360	55.8	7.7	27	166	0.22	0.88	4.4
I189	SCIENCE CHINA MATHEMATICS	119	0.92	119	33.5	2.5	19	86	0.35	0.78	14.7
I157	SCIENCE CHINA PHYSICS, MECHANICS & ASTRONOMY	182	0.90	161	61.7	6.7	23	105	0.24	0.77	6.8
I091	SCIENCE CHINA TECHNOLOGICAL SCIENCES	255	0.99	244	49.6	5.9	23	108	0.10	0.93	5.2
Q718	SIGNAL TRANSDUCTION AND TARGETED THERAPY	386	1.00	240	110.2	9.6	22	244	0.34	0.65	5.0
H064	THE CROP JOURNAL	176	0.97	176	59.7	9.2	22	86	0.26	0.81	8.6
I017	TRANSACTIONS OF NANJING UNIVERSITY OF AERONAUTICS & ASTRONAUTICS	65	0.93	64	30.6	4.1	15	35	0.05	0.72	8.4
M104	TRANSACTIONS OF NONFERROUS METALS SOCIETY OF CHINA	310	1.00	310	42.1	6.0	25	126	0.22	0.83	6.5
I009	TSINGHUA SCIENCE AND TECHNOLOGY	81	0.93	81	42.1	5.0	19	53	0.20	0.75	6.2
G095	VIROLOGICA SINICA	119	1.00	108	39.6	10.2	23	83	0.09	0.74	6.0
W030	WATER SCIENCE AND ENGINEERING	37	0.97	36	46.3	4.4	8	27	0.65	0.51	8.9
I239	WORLD JOURNAL OF ACUPUNCTURE-MOXIBUSTION	49	0.91	48	27.3	6.2	16	36	0.06	0.59	6.1
Q707	WORLD JOURNAL OF TRADITIONAL CHINESE MEDICINE	49	0.94	49	60.9	6.3	15	40	0.45	0.49	6.3
I008	WUHAN UNIVERSITY JOURNAL OF NATURAL SCIENCES	66	1.00	64	24.7	3.7	15	41	0.00	0.79	8.0
F022	ZOOLOGICAL RESEARCH	118	1.00	105	48.2	8.5	23	74	0.28	0.81	7.9
F014	ZOOLOGICAL SYSTEMATICS	26	0.87	23	32.0	7.0	15	21	0.08	0.81	12.7

6 2022 年各学科分类期刊整体情况

表 6-1 2022 年各学科分类期刊数量、核心总被引频次和核心影响因子

表号	学科分类	期刊数量	核心总被引频次		核心影响因子		表号	学科分类	期刊数量	核心总被引频次		核心影响因子	
			平均值	中值	平均值	中值				平均值	中值	平均值	中值
7-1	自然科学综合	15	1779	641	1.023	0.709	7-36	临床诊断学	14	1418	1324	0.888	0.783
7-2	自然科学综合大学学报	57	691	441	0.646	0.608	7-37	保健医学	16	1335	854	1.014	0.928
7-3	自然科学师范大学学报	26	413	371	0.548	0.533	7-38	内科学综合	5	1630	1048	1.252	1.119
7-4	数学	26	374	201	0.286	0.201	7-39	呼吸病学、结核病学	6	1936	1664	1.280	0.915
7-5	信息科学与系统科学	11	1535	924	1.160	0.983	7-40	消化病学	18	1218	985	0.891	0.828
7-6	力学	18	2638	883	1.164	0.760	7-41	血液病学、肾脏病学	12	1062	940	0.821	0.756
7-7	物理学	41	1130	612	0.734	0.622	7-42	内分泌病学与代谢病学、风湿病学	8	1696	1383	1.620	1.168
7-8	化学	40	1336	1017	0.984	0.859							
7-9	天文学	5	365	201	0.340	0.331	7-43	感染性疾病学、传染病学	11	1314	693	1.260	1.147
7-10	地球科学综合	16	2684	1845	1.546	1.548	7-44	外科学综合	22	1258	878	0.988	0.781
7-11	大气科学	20	1723	1410	1.678	1.517	7-45	普通外科学、胸外科学、心血管外科学	27	942	650	0.972	0.826
7-12	地球物理学	17	1943	1045	0.944	0.863							
7-13	地理学	25	3015	1638	1.911	1.462	7-46	心血管病学	22	1521	1088	1.078	0.831
7-14	地质学	39	2388	1781	1.555	1.591	7-47	泌尿外科学	7	910	711	0.795	0.665
7-15	海洋科学、水文学	26	1148	846	0.816	0.710	7-48	骨外科学	16	1112	950	0.940	0.778
7-16	生物学基础学科	29	1182	905	0.977	0.754	7-49	烧伤外科学、整形外科学	9	1337	1173	0.970	0.835
7-17	生态学	8	8260	4070	1.928	1.736	7-50	妇产科学	9	1690	1292	1.399	1.013
7-18	植物学	12	2350	1741	1.494	1.224	7-51	儿科学	17	1262	858	0.852	0.749
7-19	昆虫学、动物学	13	916	886	0.787	0.847	7-52	眼科学	10	904	736	0.685	0.578
7-20	微生物学、病毒学	12	1116	640	1.039	1.013	7-53	耳鼻咽喉科学	10	1087	810	0.712	0.638
7-21	心理学	6	2742	3048	1.104	1.150	7-54	口腔医学	21	597	449	0.717	0.679
7-22	农业综合	40	2403	1915	1.005	0.824	7-55	皮肤病学	9	1073	904	0.636	0.559
7-23	农业大学学报	31	1515	1279	1.174	1.151	7-56	性医学	4	1209	1146	0.844	0.813
7-24	农艺学	22	1823	1426	1.170	1.072	7-57	神经病学、精神病学	35	1004	837	0.835	0.715
7-25	园艺学	14	1605	1334	1.345	1.172	7-58	核医学、医学影像学	26	1581	1488	0.958	0.821
7-26	土壤学	8	3440	3339	2.245	1.934	7-59	肿瘤学	35	877	582	1.079	0.892
7-27	植物保护学	11	1494	1467	1.092	1.024	7-60	护理学	12	3852	3263	1.299	1.327
7-28	林学	26	1409	985	1.119	1.206	7-61	预防医学与公共卫生学综合	23	1670	1173	1.138	1.102
7-29	畜牧、兽医科学	21	1735	1253	0.902	0.832	7-62	流行病学、环境医学	25	1422	1351	1.032	0.919
7-30	草原学	5	3461	4253	2.058	2.414	7-63	优生学、计划生育学	8	1190	1137	0.792	0.752
7-31	水产学	13	1318	1226	1.132	1.180	7-64	军事医学与特种医学	6	728	761	0.826	0.751
7-32	医学综合	43	1990	1454	0.813	0.724	7-65	卫生管理学、健康教育学	24	1514	1421	1.064	1.060
7-33	医药大学学报	55	905	857	0.693	0.682	7-66	药学	48	1596	1120	0.917	0.851
7-34	基础医学	31	972	813	0.780	0.679	7-67	中医学	28	3892	3129	1.210	1.081
7-35	临床医学综合	39	1661	1428	0.927	0.808	7-68	中医药大学学报	12	2043	1858	1.244	1.144

表 6-1　2022 年各学科分类期刊数量、核心总被引频次和核心影响因子（续）

表号	学科分类	期刊数量	核心总被引频次		核心影响因子	
			平均值	中值	平均值	中值
7-69	中西医结合医学	13	2209	1307	0.963	0.859
7-70	中药学	25	5107	2994	1.467	1.385
7-71	针灸、中医骨伤	9	2108	1932	1.285	1.045
7-72	工程与技术科学基础学科	25	1800	1186	1.024	1.166
7-73	工程技术大学学报	89	1009	730	0.842	0.802
7-74	信息与系统科学相关工程与技术	21	1345	1046	0.937	0.604
7-75	生物工程	7	1061	617	0.791	0.752
7-76	农业工程	21	3566	1671	1.555	1.380
7-77	生物医学工程学	12	1373	706	0.760	0.644
7-78	测绘科学技术	15	1944	1684	1.311	1.085
7-79	材料科学综合	28	1780	1215	0.977	0.852
7-80	金属材料	23	1473	1070	1.036	0.762
7-81	矿山工程技术	25	1668	1352	1.202	1.011
7-82	冶金工程技术	11	1049	1195	0.967	0.863
7-83	机械工程设计	25	2107	1354	0.883	0.807
7-84	机械制造工艺与设备	25	1232	1046	0.689	0.601
7-85	动力工程	16	757	549	0.739	0.637
7-86	电气工程	38	3824	1549	2.080	1.748
7-87	能源科学综合	21	2192	1300	1.373	1.096
7-88	石油天然气工程	41	1862	1416	1.793	1.500
7-89	核科学技术	12	668	416	0.508	0.500
7-90	电子技术	29	1346	793	0.796	0.690
7-91	光电子学与激光技术	17	1534	1149	0.988	1.018
7-92	通信技术	18	745	674	0.911	0.830
7-93	计算机科学技术	35	2013	1471	1.036	0.939
7-94	化学工程综合	36	1149	600	0.650	0.635
7-95	高聚物工程	12	897	691	0.711	0.724
7-96	精细化学工程	11	964	787	0.603	0.477
7-97	应用化学工程	14	688	571	0.812	0.756
7-98	仪器仪表技术	11	1555	986	0.915	0.612
7-99	兵器科学与技术	21	1062	752	0.857	0.736
7-100	纺织科学技术	9	709	521	0.633	0.560
7-101	食品科学技术	28	3453	1575	1.198	1.158
7-102	建筑科学与技术	34	1569	1265	0.907	0.667
7-103	土木工程	12	4229	1062	1.321	1.071
7-104	水利工程	25	1743	1333	1.359	0.977
7-105	交通运输工程	9	902	660	0.931	0.825
7-106	公路运输	13	1717	1740	0.951	0.740
7-107	铁路运输	9	1482	1482	0.747	0.680
7-108	水路运输	16	1009	961	0.799	0.643
7-109	航空、航天科学技术	42	1060	681	0.803	0.737
7-110	环境科学技术及资源科学技术	38	3163	1935	1.617	1.136
7-111	安全科学技术	11	1786	1546	1.133	1.153
7-112	管理学	27	3002	1983	2.106	1.707

7　2022 年各学科分类期刊指标情况

自然科学综合

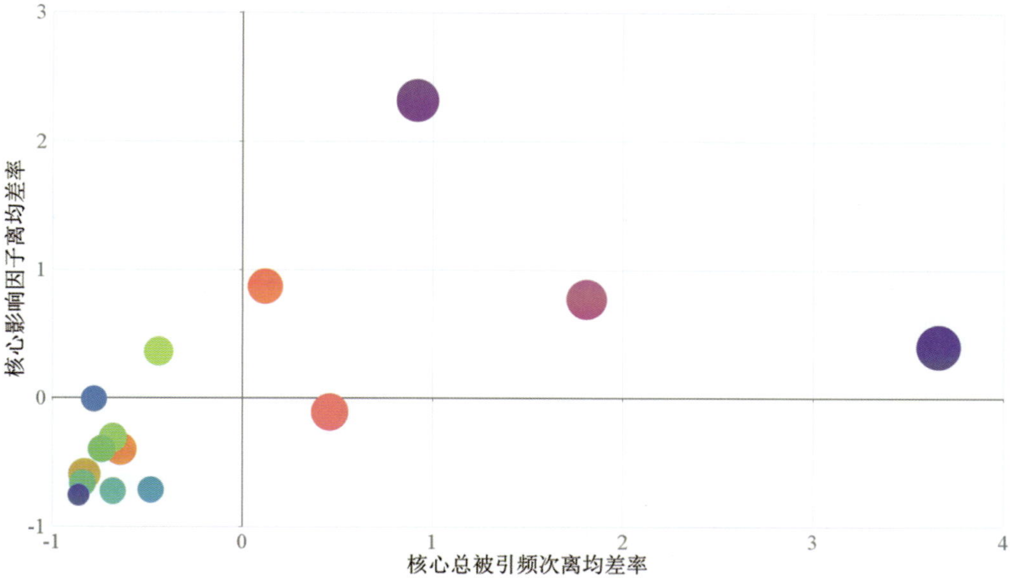

2022 年自然科学综合类期刊核心总被引频次和核心影响因子离均差率的分布图
（节点大小表示综合评价总分）

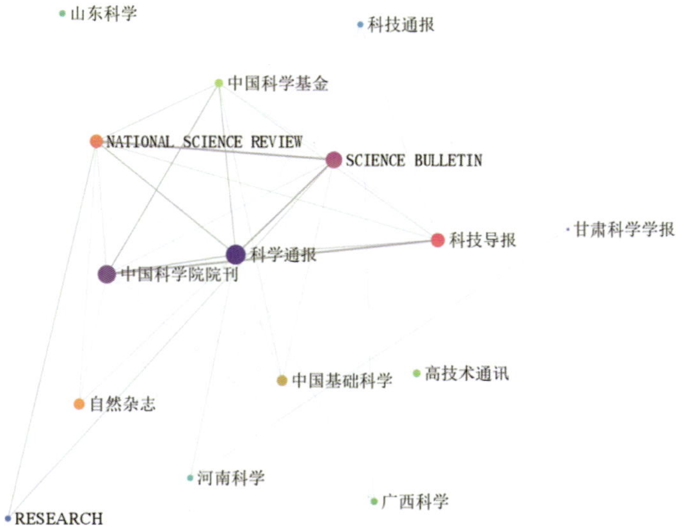

2022 年自然科学综合类期刊互引关系示意图

表 7-1　2022 年自然科学综合类期刊主要指标

CODE	刊名	核心总被引频次			核心影响因子			综合评价总分		学科扩散指标	学科影响指标	红点指标
		数值	排名	离均差率	数值	排名	离均差率	数值	排名			
I255	NATIONAL SCIENCE REVIEW	1984	5	0.12	1.910	2	0.87	45.1	5	32.33	0.67	0.09
Q440	RESEARCH	393	12	−0.78	1.014	6	−0.01	24.3	14	5.93	0.20	0.00
I083	SCIENCE BULLETIN	5000	2	1.81	1.810	3	0.77	58.0	3	55.47	0.80	0.02
A034	甘肃科学学报	257	15	−0.86	0.242	15	−0.76	16.9	15	12.40	0.13	0.31
A080	高技术通讯	564	10	−0.68	0.709	8	−0.31	28.8	9	16.87	0.20	0.27
A535	广西科学	465	11	−0.74	0.609	10	−0.40	26.8	10	13.60	0.13	0.37
A011	河南科学	572	9	−0.68	0.279	14	−0.73	25.2	12	22.60	0.13	0.39
A645	科技导报	2591	4	0.46	0.906	7	−0.11	49.2	4	64.20	0.47	0.30
A083	科技通报	923	7	−0.48	0.286	13	−0.72	24.6	13	29.67	0.33	0.39
A075	科学通报	8277	1	3.66	1.434	4	0.40	71.2	1	81.80	0.87	0.20
A637	山东科学	289	14	−0.84	0.337	12	−0.67	25.5	11	13.47	0.13	0.43
A079	中国基础科学	310	13	−0.83	0.408	11	−0.60	36.8	7	15.20	0.40	0.48
A081	中国科学基金	997	6	−0.44	1.396	5	0.36	30.8	8	26.00	0.53	0.55
A636	中国科学院院刊	3419	3	0.92	3.394	1	2.32	64.6	2	55.00	0.87	0.52
A905	自然杂志	641	8	−0.64	0.614	9	−0.40	38.0	6	26.73	0.33	0.29
	15 种期刊平均值	1779			1.023							

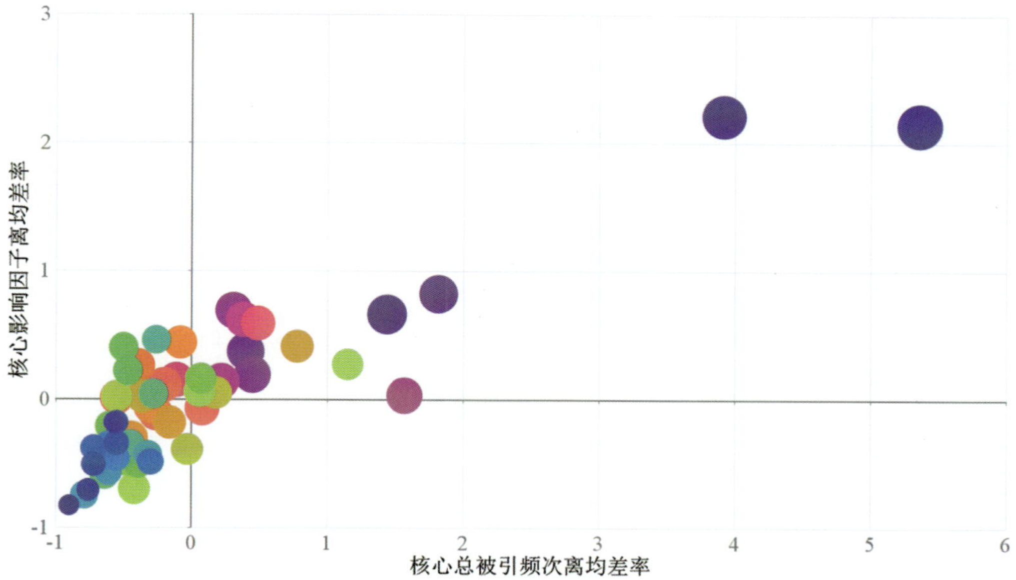

2022 年自然科学综合大学学报类期刊核心总被引频次和核心影响因子离均差率的分布图
（节点大小表示综合评价总分）

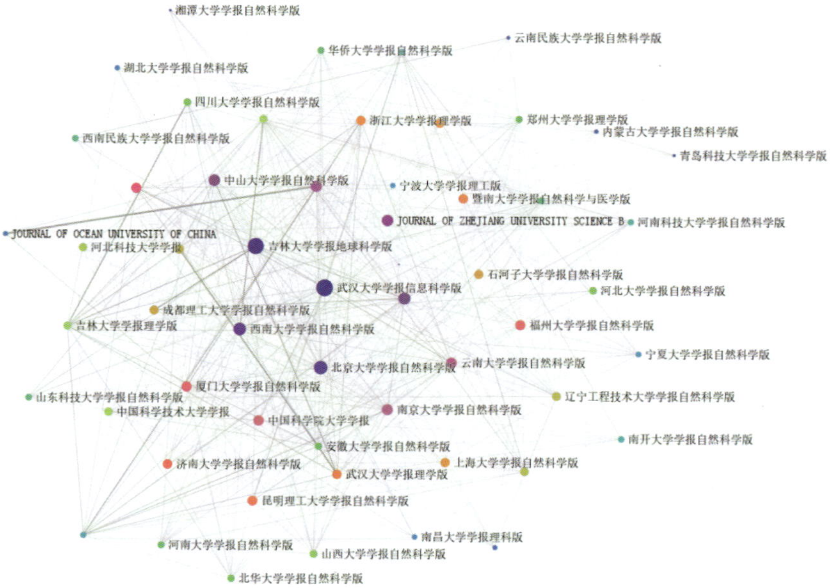

2022 年自然科学综合大学学报类期刊互引关系示意图

表 7-2　2022 年自然科学综合大学学报类期刊主要指标

CODE	刊名	核心总被引频次			核心影响因子			综合评价总分		学科扩散指标	学科影响指标	红点指标
		数值	排名	离均差率	数值	排名	离均差率	数值	排名			
I120	JOURNAL OF OCEAN UNIVERSITY OF CHINA	485	26	−0.30	0.327	48	−0.49	25.8	50	3.12	0.18	0.12
I041	JOURNAL OF ZHEJIANG UNIVERSITY SCIENCE A	634	19	−0.08	0.930	9	0.44	39.8	20	5.02	0.18	0.00
I159	JOURNAL OF ZHEJIANG UNIVERSITY SCIENCE B	905	12	0.31	1.093	4	0.69	48.4	7	7.67	0.11	0.00
I008	WUHAN UNIVERSITY JOURNAL OF NATURAL SCIENCES	72	57	−0.90	0.109	57	−0.83	15.6	57	0.98	0.11	0.02
A003	安徽大学学报自然科学版	273	48	−0.60	0.509	35	−0.21	32.3	35	3.30	0.25	0.37
A652	北华大学学报自然科学版	424	30	−0.39	0.325	49	−0.50	32.7	34	4.58	0.18	0.32
A005	北京大学学报自然科学版	1686	5	1.44	1.072	5	0.66	57.1	3	10.39	0.39	0.40
E102	成都理工大学学报自然科学版	1227	7	0.78	0.913	10	0.41	38.9	23	3.56	0.14	0.38
N757	重庆理工大学学报自然科学版	1482	6	1.15	0.821	13	0.27	35.5	29	8.54	0.47	0.48
A029	福州大学学报自然科学版	549	22	−0.20	0.715	21	0.11	43.2	14	5.37	0.23	0.49
A001	复旦学报自然科学版	441	29	−0.36	0.659	26	0.02	38.9	24	5.42	0.23	0.28
A042	广西大学学报自然科学版	669	18	−0.03	0.395	42	−0.39	37.2	26	6.32	0.21	0.39
A077	贵州大学学报自然科学版	379	35	−0.45	0.419	39	−0.35	29.8	42	3.98	0.23	0.31
A031	河北大学学报自然科学版	299	45	−0.57	0.380	43	−0.41	34.2	32	3.65	0.07	0.32
J058	河北科技大学学报	311	42	−0.55	0.659	26	0.02	36.4	27	3.51	0.11	0.49
A067	河南大学学报自然科学版	367	36	−0.47	0.790	16	0.22	31.8	36	3.79	0.19	0.62
J014	河南科技大学学报自然科学版	510	24	−0.26	0.942	8	0.46	29.7	44	4.00	0.16	0.23
A084	黑龙江大学自然科学学报	251	51	−0.64	0.265	53	−0.59	31.4	39	2.81	0.11	0.36
A039	湖北大学学报自然科学版	270	49	−0.61	0.423	38	−0.35	26.4	49	3.51	0.12	0.32
A021	华侨大学学报自然科学版	343	38	−0.50	0.369	44	−0.43	31.7	38	3.95	0.16	0.42
E116	吉林大学学报地球科学版	3395	2	3.92	2.072	1	2.21	69.2	2	6.25	0.35	0.43
A035	吉林大学学报理学版	728	17	0.06	0.686	22	0.06	35.1	30	4.88	0.44	0.41
A656	济南大学学报自然科学版	313	40	−0.55	0.653	28	0.01	40.9	16	3.89	0.19	0.49
A045	暨南大学学报自然科学与医学版	423	31	−0.39	0.815	15	0.26	40.6	17	5.07	0.05	0.33
J020	昆明理工大学学报自然科学版	512	23	−0.26	0.577	31	−0.11	42.0	15	5.37	0.11	0.37
A016	兰州大学学报自然科学版	1028	8	0.49	1.028	7	0.59	43.7	12	6.32	0.30	0.45
K008	辽宁工程技术大学学报自然科学版	811	14	0.18	0.679	23	0.05	37.7	25	5.46	0.28	0.37
A013	南昌大学学报理科版	313	40	−0.55	0.351	46	−0.46	26.7	47	3.11	0.11	0.33
A025	南京大学学报自然科学版	844	13	0.22	0.734	20	0.14	46.3	9	6.77	0.33	0.46
A008	南开大学学报自然科学版	221	52	−0.68	0.320	50	−0.50	29.7	43	2.98	0.09	0.25

表 7-2 2022 年自然科学综合大学学报类期刊主要指标（续）

CODE	刊名	核心总被引频次			核心影响因子			综合评价总分		学科扩散指标	学科影响指标	红点指标
		数值	排名	离均差率	数值	排名	离均差率	数值	排名			
A026	内蒙古大学学报自然科学版	308	44	−0.55	0.429	37	−0.34	23.7	52	2.79	0.14	0.30
A506	宁波大学学报理工版	269	50	−0.61	0.277	52	−0.57	26.7	48	3.02	0.05	0.36
A110	宁夏大学学报自然科学版	144	56	−0.79	0.161	56	−0.75	28.3	46	2.02	0.14	0.38
T012	青岛科技大学学报自然科学版	311	42	−0.55	0.531	33	−0.18	20.2	54	2.67	0.09	0.26
A020	山东大学学报理学版	470	28	−0.32	0.368	45	−0.43	28.9	45	4.02	0.40	0.26
A141	山东科技大学学报自然科学版	495	25	−0.28	0.671	24	0.04	30.9	40	3.98	0.21	0.38
A014	山西大学学报自然科学版	359	37	−0.48	0.333	47	−0.48	34.7	31	4.25	0.19	0.35
A056	上海大学学报自然科学版	385	34	−0.44	0.455	36	−0.30	39.7	21	4.79	0.18	0.38
A074	沈阳大学学报自然科学版	195	53	−0.72	0.401	40	−0.38	25.4	51	2.32	0.09	0.57
A615	石河子大学学报自然科学版	579	21	−0.16	0.532	32	−0.18	38.9	22	4.88	0.05	0.33
A006	四川大学学报自然科学版	737	16	0.07	0.750	18	0.16	34.2	32	6.11	0.30	0.47
A024	武汉大学学报理学版	405	32	−0.41	0.817	14	0.26	40.5	18	4.56	0.32	0.33
E107	武汉大学学报信息科学版	4387	1	5.36	2.031	2	2.14	73.4	1	9.33	0.40	0.29
A032	西北大学学报自然科学版	965	10	0.40	0.886	12	0.37	51.0	5	7.67	0.49	0.44
H004	西南大学学报自然科学版	1946	3	1.82	1.174	3	0.82	53.3	4	9.61	0.47	0.36
A060	西南民族大学学报自然科学版	292	47	−0.58	0.401	40	−0.38	30.7	41	3.30	0.07	0.37
A063	厦门大学学报自然科学版	748	15	0.08	0.602	30	−0.07	43.4	13	6.79	0.33	0.33
A018	湘潭大学学报自然科学版	168	55	−0.76	0.190	55	−0.71	18.8	55	2.14	0.09	0.39
A087	新疆大学学报自然科学版中英文版	294	46	−0.57	0.531	33	−0.18	16.2	56	2.44	0.12	0.43
A038	云南大学学报自然科学版	951	11	0.38	1.048	6	0.62	45.1	10	7.23	0.35	0.45
A654	云南民族大学学报自然科学版	190	54	−0.72	0.317	51	−0.51	22.1	53	2.37	0.05	0.37
A002	浙江大学学报理学版	480	27	−0.30	0.608	29	−0.06	40.0	19	5.32	0.35	0.38
A019	郑州大学学报理学版	343	38	−0.50	0.904	11	0.40	31.8	36	3.23	0.23	0.51
E313	中国海洋大学学报自然科学版	1772	4	1.57	0.663	25	0.03	47.4	8	7.79	0.37	0.31
A007	中国科学技术大学学报	398	33	−0.42	0.192	54	−0.70	36.4	28	4.96	0.23	0.01
A102	中国科学院大学学报	613	20	−0.11	0.745	19	0.15	43.8	11	5.91	0.26	0.43
A036	中山大学学报自然科学版	1001	9	0.45	0.767	17	0.19	48.9	6	8.46	0.32	0.30
	57 种期刊平均值	691			0.646							

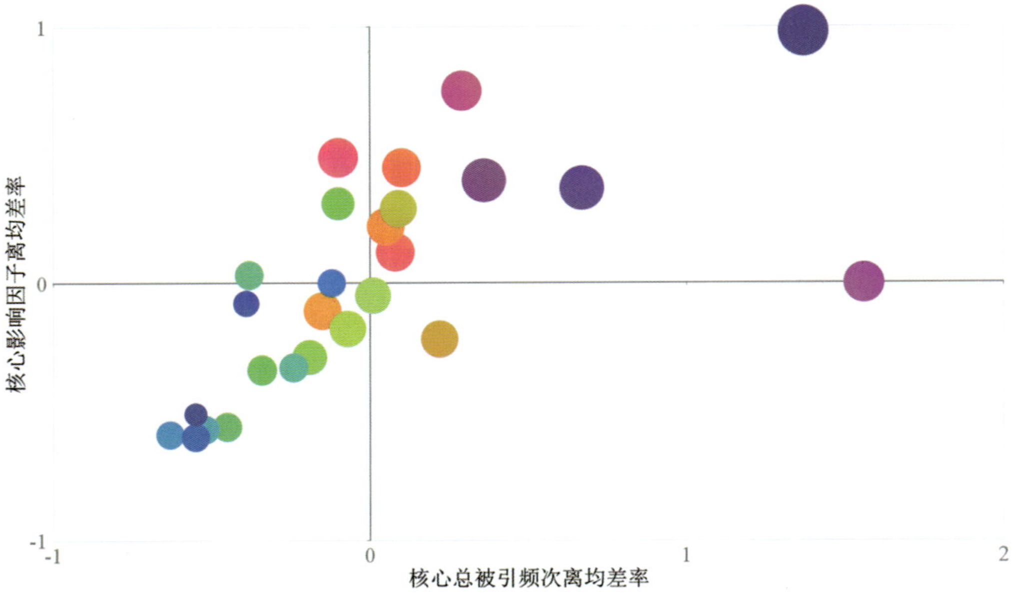

2022 年自然科学师范大学学报类期刊核心总被引频次和核心影响因子离均差率的分布图
（节点大小表示综合评价总分）

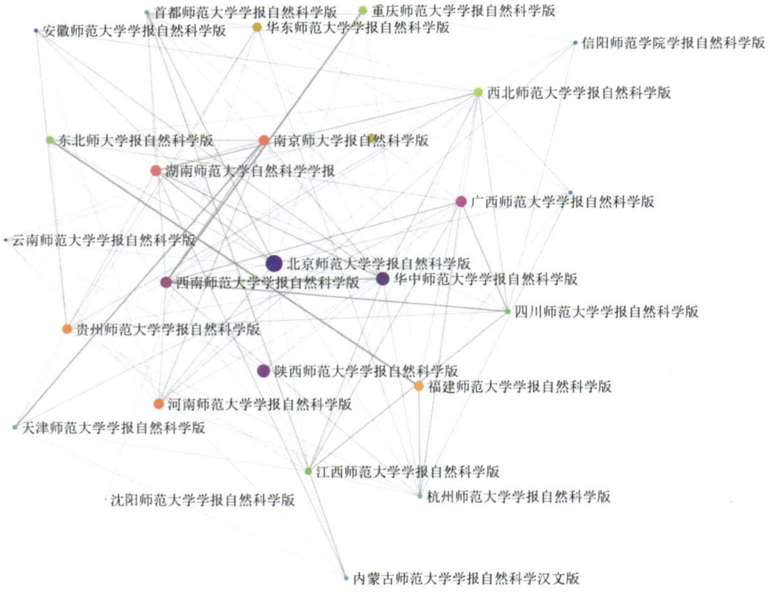

2022 年自然科学师范大学学报类期刊互引关系示意图

表 7-3　2022 年自然科学师范大学学报类期刊主要指标

CODE	刊名	核心总被引频次			核心影响因子			综合评价总分		学科扩散指标	学科影响指标	红点指标
		数值	排名	离均差率	数值	排名	离均差率	数值	排名			
A009	安徽师范大学学报自然科学版	187	24	–0.55	0.217	26	–0.60	28.2	24	5.12	0.31	0.30
A010	北京师范大学学报自然科学版	979	2	1.37	1.086	1	0.98	92.0	1	14.96	0.58	0.31
A512	重庆师范大学学报自然科学版	419	11	0.01	0.519	14	–0.05	47.0	14	8.96	0.50	0.19
A030	东北师大学报自然科学版	335	17	–0.19	0.391	19	–0.29	43.3	15	8.15	0.38	0.30
A078	福建师范大学学报自然科学版	351	16	–0.15	0.488	16	–0.11	50.6	10	8.19	0.38	0.27
A062	广西师范大学学报自然科学版	532	5	0.29	0.958	2	0.75	58.3	5	9.23	0.38	0.32
A527	贵州师范大学学报自然科学版	433	10	0.05	0.670	9	0.22	51.3	9	8.77	0.38	0.32
A191	杭州师范大学学报自然科学版	226	22	–0.45	0.241	23	–0.56	30.7	18	6.15	0.38	0.23
A076	河北师范大学学报自然科学版	152	26	–0.63	0.225	25	–0.59	28.6	22	4.50	0.19	0.32
A058	河南师范大学学报自然科学版	455	7	0.10	0.795	4	0.45	54.3	8	10.12	0.42	0.27
A055	湖南师范大学自然科学学报	372	13	–0.10	0.819	3	0.49	57.0	6	8.54	0.35	0.46
A054	华东师范大学学报自然科学版	505	6	0.22	0.430	18	–0.22	49.5	11	11.12	0.54	0.32
A052	华南师范大学学报自然科学版	452	8	0.09	0.707	8	0.29	49.4	12	9.65	0.27	0.33
A004	华中师范大学学报自然科学版	691	3	0.67	0.751	6	0.37	70.7	2	13.50	0.69	0.38
A112	江西师范大学学报自然科学版	370	14	–0.10	0.719	7	0.31	39.5	16	6.50	0.35	0.25
A061	南京师大学报自然科学版	444	9	0.08	0.611	10	0.12	54.7	7	10.54	0.46	0.25
A111	内蒙古师范大学学报自然科学汉文版	198	23	–0.52	0.234	24	–0.57	29.5	21	5.54	0.23	0.27
A066	陕西师范大学学报自然科学版	563	4	0.36	0.769	5	0.40	69.1	3	11.85	0.50	0.24
A586	沈阳师范大学学报自然科学版	187	24	–0.55	0.271	22	–0.51	18.9	26	4.69	0.12	0.28
A023	首都师范大学学报自然科学版	312	18	–0.24	0.366	20	–0.33	30.2	20	7.96	0.42	0.21
A033	四川师范大学学报自然科学版	271	19	–0.34	0.364	21	–0.34	32.5	17	6.31	0.58	0.26
A504	天津师范大学学报自然科学版	256	20	–0.38	0.565	11	0.03	30.6	19	5.19	0.31	0.32
A022	西北师范大学学报自然科学版	386	12	–0.07	0.451	17	–0.18	47.7	13	8.96	0.58	0.36
A064	西南师范大学学报自然科学版	1056	1	1.56	0.548	12	0.00	59.4	4	17.04	0.62	0.28
A510	信阳师范学院学报自然科学版	363	15	–0.12	0.547	13	0.00	28.4	23	7.58	0.19	0.28
A053	云南师范大学学报自然科学版	251	21	–0.39	0.503	15	–0.08	25.2	25	5.96	0.31	0.19
	26 种期刊平均值	413			0.548							

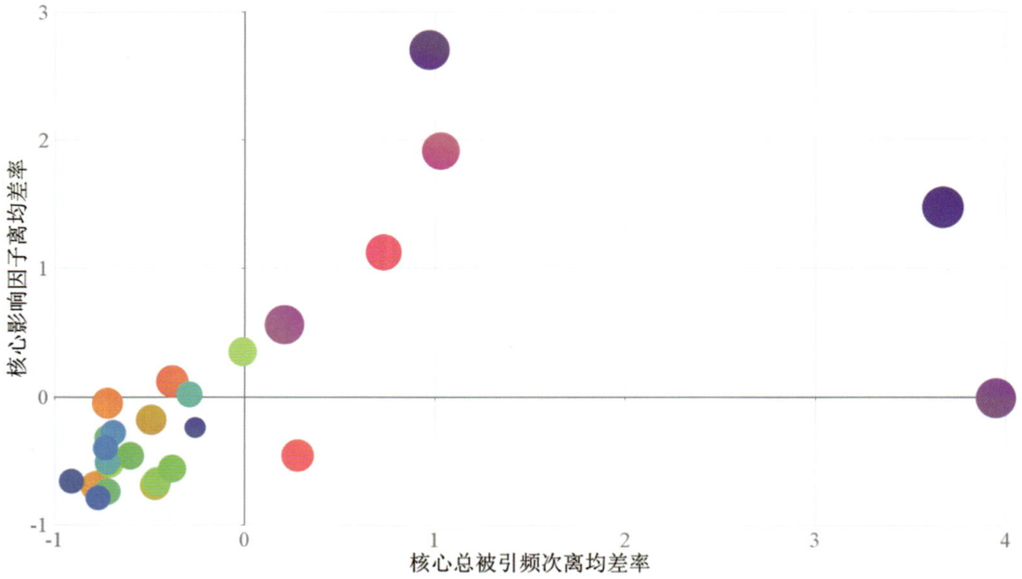

2022 年数学类期刊核心总被引频次和核心影响因子离均差率的分布图
（节点大小表示综合评价总分）

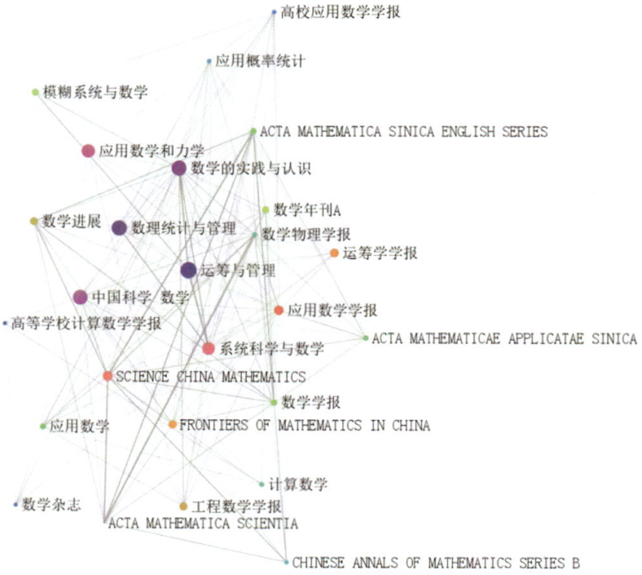

2022 年数学类期刊互引关系示意图

表 7-4　2022 年数学类期刊主要指标

CODE	刊名	核心总被引频次			核心影响因子			综合评价总分		学科扩散指标	学科影响指标	红点指标
		数值	排名	离均差率	数值	排名	离均差率	数值	排名			
C096	ACTA MATHEMATICA SCIENTIA	278	9	−0.26	0.217	12	−0.24	16.0	26	2.23	0.69	0.16
B030	ACTA MATHEMATICA SINICA ENGLISH SERIES	232	12	−0.38	0.125	20	−0.56	28.0	16	2.31	0.85	0.09
I051	ACTA MATHEMATICAE APPLICATAE SINICA	104	20	−0.72	0.074	25	−0.74	25.7	18	1.96	0.81	0.15
B023	CHINESE ANNALS OF MATHEMATICS SERIES B	104	20	−0.72	0.139	18	−0.51	23.9	21	1.38	0.65	0.06
I250	FRONTIERS OF MATHEMATICS IN CHINA	83	25	−0.78	0.087	24	−0.70	33.5	10	1.31	0.62	0.12
I189	SCIENCE CHINA MATHEMATICS	479	6	0.28	0.153	16	−0.46	37.9	7	4.96	0.85	0.13
B002	高等学校计算数学学报	32	26	−0.91	0.098	21	−0.66	22.3	25	0.88	0.27	0.00
B003	高校应用数学学报	101	23	−0.73	0.172	15	−0.40	23.3	23	2.19	0.65	0.26
B031	工程数学学报	189	15	−0.49	0.235	11	−0.18	33.1	11	4.15	0.38	0.39
B014	计算数学	104	20	−0.72	0.194	14	−0.32	25.1	19	1.88	0.35	0.31
B017	模糊系统与数学	371	8	−0.01	0.386	6	0.35	29.9	14	5.65	0.19	0.28
W009	数理统计与管理	738	4	0.97	1.057	1	2.70	57.5	2	11.54	0.35	0.27
B015	数学的实践与认识	1853	1	3.95	0.284	9	−0.01	57.3	3	22.31	0.54	0.27
B007	数学进展	200	14	−0.47	0.089	23	−0.69	32.1	12	2.38	0.65	0.17
B004	数学年刊 A	108	18	−0.71	0.136	19	−0.52	30.0	13	1.69	0.73	0.28
C036	数学物理学报	264	10	−0.29	0.292	8	0.02	24.6	20	2.81	0.73	0.38
B006	数学学报	202	13	−0.46	0.097	22	−0.66	28.7	15	2.27	0.62	0.15
B012	数学杂志	86	24	−0.77	0.060	26	−0.79	22.5	24	1.81	0.50	0.20
B021	系统科学与数学	648	5	0.73	0.605	4	1.12	47.0	6	9.31	0.65	0.35
B008	应用概率统计	115	17	−0.69	0.207	13	−0.28	23.7	22	2.46	0.54	0.16
B011	应用数学	149	16	−0.60	0.153	16	−0.46	27.4	17	2.96	0.58	0.48
B020	应用数学和力学	759	3	1.03	0.831	2	1.91	50.9	5	10.38	0.46	0.22
B001	应用数学学报	233	11	−0.38	0.319	7	0.12	37.1	8	4.08	0.73	0.36
B013	运筹学学报	106	19	−0.72	0.273	10	−0.05	34.6	9	2.54	0.58	0.46
B522	运筹与管理	1745	2	3.67	0.705	3	1.47	62.1	1	12.85	0.27	0.40
A105	中国科学 数学	453	7	0.21	0.446	5	0.56	55.2	4	8.92	0.88	0.19
	26 种期刊平均值	374			0.286							

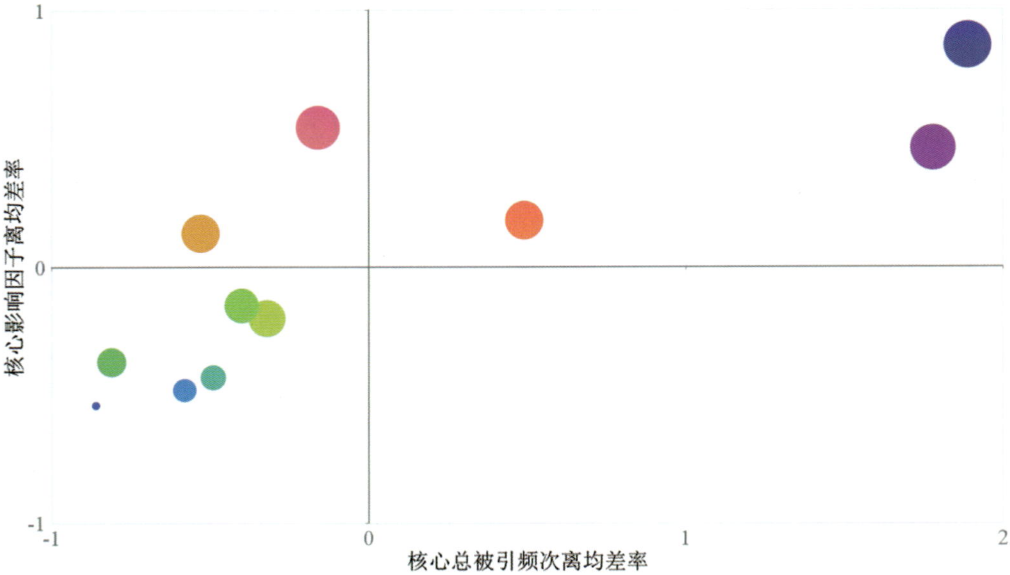

2022 年信息科学与系统科学类期刊核心总被引频次和核心影响因子离均差率的分布图
（节点大小表示综合评价总分）

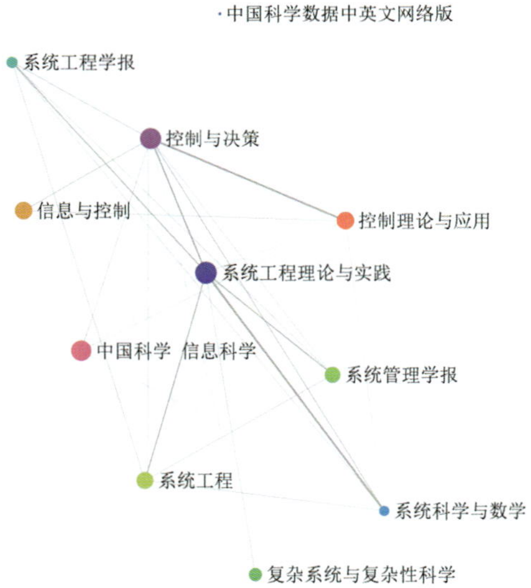

2022 年信息科学与系统科学类期刊互引关系示意图

表 7-5　2022 年信息科学与系统科学类期刊主要指标

CODE	刊名	核心总被引频次			核心影响因子			综合评价总分		学科扩散指标	学科影响指标	红点指标
		数值	排名	离均差率	数值	排名	离均差率	数值	排名			
B029	复杂系统与复杂性科学	295	10	−0.81	0.726	8	−0.37	31.0	8	13.73	0.45	0.60
R060	控制理论与应用	2292	3	0.49	1.372	4	0.18	53.0	4	36.73	0.73	0.52
S001	控制与决策	4267	2	1.78	1.695	3	0.46	74.5	2	52.09	0.91	0.48
B028	系统工程	1036	5	−0.32	0.927	7	−0.20	49.4	6	30.09	0.64	0.22
B025	系统工程理论与实践	4434	1	1.89	2.158	1	0.86	80.4	1	57.55	0.91	0.21
B018	系统工程学报	775	7	−0.49	0.659	9	−0.43	23.1	9	18.18	0.73	0.42
B027	系统管理学报	924	6	−0.40	0.983	6	−0.15	43.2	7	22.45	0.73	0.15
B021	系统科学与数学	648	9	−0.58	0.605	10	−0.48	19.7	10	22.00	0.91	0.31
S002	信息与控制	717	8	−0.53	1.306	5	0.13	51.7	5	23.45	0.45	0.44
Z317	中国科学 信息科学	1282	4	−0.16	1.790	2	0.54	69.0	3	37.64	0.55	0.37
Q442	中国科学数据中英文网络版	213	11	−0.86	0.536	11	−0.54	2.5	11	9.82	0.09	0.22
	11 种期刊平均值	1535			1.160							

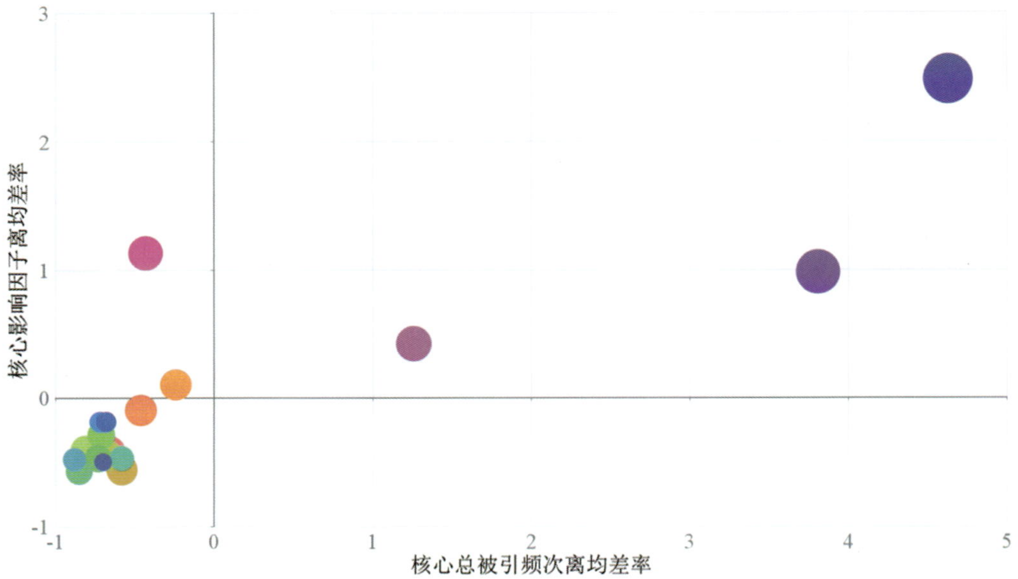

2022 年力学类期刊核心总被引频次和核心影响因子离均差率的分布图
（节点大小表示综合评价总分）

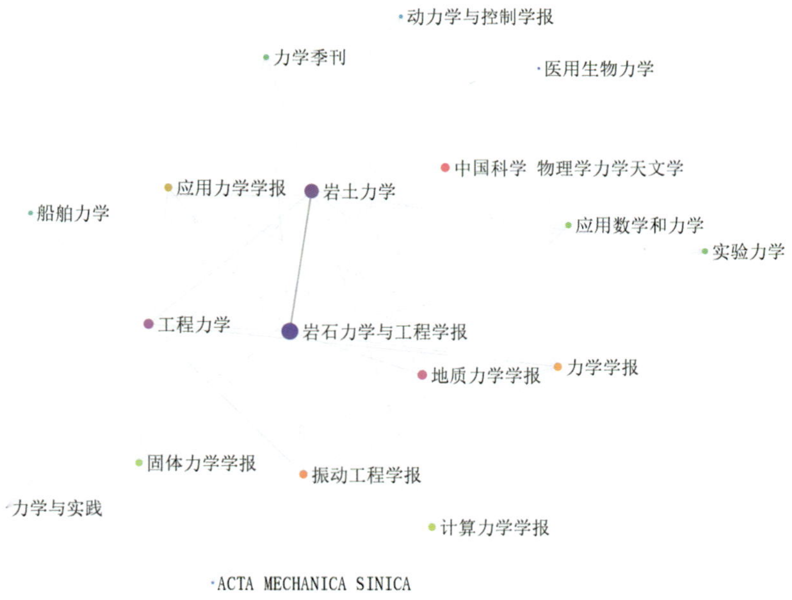

2022 年力学类期刊互引关系示意图

表 7-6　2022 年力学类期刊主要指标

CODE	刊名	核心总被引频次			核心影响因子			综合评价总分		学科扩散指标	学科影响指标	红点指标
		数值	排名	离均差率	数值	排名	离均差率	数值	排名			
C105	ACTA MECHANICA SINICA	730	14	−0.72	0.947	7	−0.19	15.9	16	9.00	0.89	0.01
X633	船舶力学	1115	7	−0.58	0.621	13	−0.47	21.7	14	11.44	0.56	0.40
E026	地质力学学报	1494	5	−0.43	2.484	2	1.13	43.1	4	11.50	0.28	0.09
P018	动力学与控制学报	316	18	−0.88	0.603	15	−0.48	19.5	15	6.06	0.61	0.35
C002	工程力学	5964	3	1.26	1.649	4	0.42	45.0	3	25.72	1.00	0.54
C103	固体力学学报	514	16	−0.81	0.688	10	−0.41	32.0	10	11.72	0.83	0.34
C003	计算力学学报	862	10	−0.67	0.635	12	−0.45	33.0	9	15.94	0.94	0.50
C101	力学季刊	400	17	−0.85	0.503	18	−0.57	26.2	13	9.89	0.83	0.37
C001	力学学报	1998	4	−0.24	1.281	5	0.10	35.4	7	22.56	1.00	0.40
C104	力学与实践	779	12	−0.70	0.582	16	−0.50	11.1	18	14.33	0.94	0.22
C009	实验力学	710	15	−0.73	0.621	13	−0.47	26.7	12	14.22	0.83	0.41
C005	岩石力学与工程学报	14860	1	4.63	4.047	1	2.48	88.7	1	27.83	0.78	0.96
C004	岩土力学	12700	2	3.81	2.307	3	0.98	70.9	2	27.61	0.78	0.41
G088	医用生物力学	839	11	−0.68	0.939	8	−0.19	15.5	17	11.50	0.28	0.37
C008	应用力学学报	1108	8	−0.58	0.514	17	−0.56	35.1	8	18.83	0.94	0.48
B020	应用数学和力学	759	13	−0.71	0.831	9	−0.29	27.7	11	15.00	0.78	0.26
Y004	振动工程学报	1433	6	−0.46	1.042	6	−0.10	36.4	6	16.17	0.78	0.49
A103	中国科学 物理学 力学 天文学	903	9	−0.66	0.661	11	−0.43	40.3	5	18.00	0.78	0.19
	18 种期刊平均值	2638			1.164							

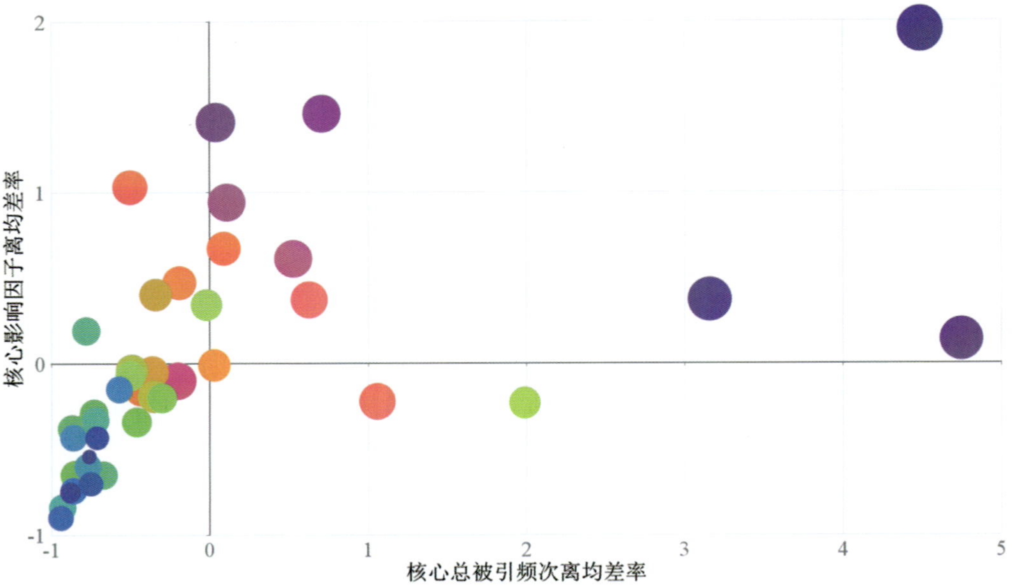

2022 年物理学类期刊核心总被引频次和核心影响因子离均差率的分布图
（节点大小表示综合评价总分）

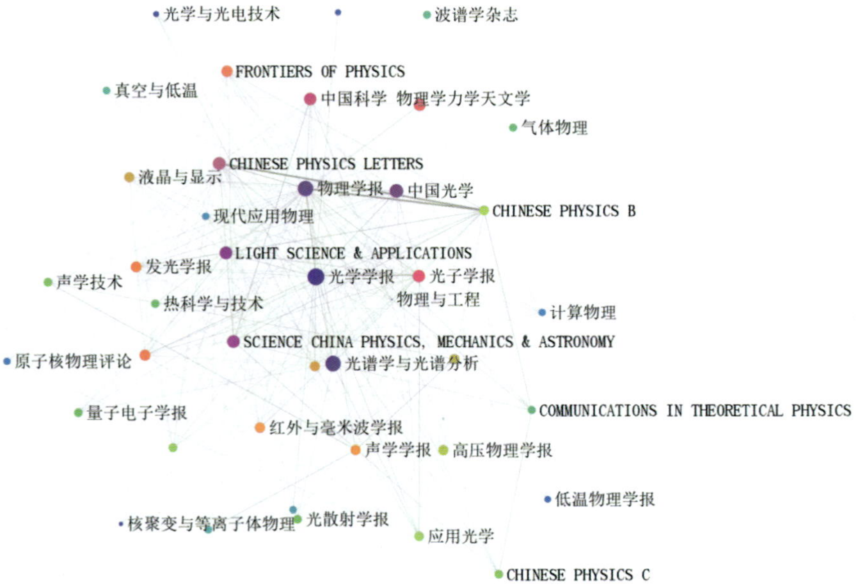

2022 年物理学类期刊互引关系示意图

表 7-7　2022 年物理学类期刊主要指标

CODE	刊名	核心总被引频次			核心影响因子			综合评价总分		学科扩散指标	学科影响指标	红点指标
		数值	排名	离均差率	数值	排名	离均差率	数值	排名			
C096	ACTA MATHEMATICA SCIENTIA	278	31	−0.75	0.217	37	−0.70	21.5	38	1.41	0.10	0.03
I166	CHINESE JOURNAL OF ACOUSTICS	78	40	−0.93	0.120	40	−0.84	27.0	32	0.51	0.15	0.00
I071	CHINESE OPTICS LETTERS	1229	10	0.09	1.224	6	0.67	41.8	12	2.80	0.56	0.19
C106	CHINESE PHYSICS B	3374	4	1.99	0.562	25	−0.23	36.4	20	8.90	0.90	0.15
C058	CHINESE PHYSICS C	788	16	−0.30	0.586	23	−0.20	31.8	24	1.41	0.34	0.16
C059	CHINESE PHYSICS LETTERS	1725	8	0.53	1.181	7	0.61	51.7	7	5.24	0.80	0.00
C095	COMMUNICATIONS IN THEORETICAL PHYSICS	368	26	−0.67	0.260	35	−0.65	28.9	30	1.88	0.32	0.17
I726	FRONTIERS OF PHYSICS	560	23	−0.50	1.493	4	1.03	44.0	11	1.90	0.46	0.22
R062	JOURNAL OF SEMICONDUCTORS	559	24	−0.50	0.686	18	−0.07	32.0	22	3.37	0.49	0.09
I254	LIGHT SCIENCE & APPLICATIONS	1929	6	0.71	1.808	2	1.46	51.9	5	4.00	0.61	0.00
I157	SCIENCE CHINA PHYSICS, MECHANICS & ASTRONOMY	1249	9	0.11	1.422	5	0.94	51.8	6	5.02	0.56	0.17
C060	波谱学杂志	249	34	−0.78	0.875	13	0.19	28.9	29	2.44	0.07	0.36
C055	低温物理学报	64	41	−0.94	0.070	41	−0.90	23.4	37	1.02	0.15	0.24
C071	发光学报	918	14	−0.19	1.081	8	0.47	40.9	13	4.24	0.44	0.50
C056	高压物理学报	574	22	−0.49	0.702	16	−0.04	37.4	19	4.12	0.22	0.39
C073	工程热物理学报	2326	5	1.06	0.576	24	−0.22	47.7	10	10.29	0.29	0.34
C091	光谱学与光谱分析	4697	3	3.16	1.004	10	0.37	68.7	2	18.90	0.56	0.59
C097	光散射学报	173	35	−0.85	0.259	36	−0.65	31.6	25	2.10	0.22	0.56
N015	光学技术	717	19	−0.36	0.701	17	−0.05	37.7	17	5.63	0.34	0.63
C050	光学学报	6194	2	4.49	2.165	1	1.95	76.3	1	11.51	0.56	0.96
R097	光学与光电技术	328	27	−0.71	0.416	32	−0.43	20.6	39	2.80	0.20	0.41
C037	光子学报	1842	7	0.63	1.003	11	0.37	48.9	9	7.71	0.56	0.63
C092	核聚变与等离子体物理	141	39	−0.88	0.185	39	−0.75	15.4	40	1.27	0.12	0.30
C035	红外与毫米波学报	643	20	−0.43	0.622	21	−0.15	38.8	14	4.93	0.39	0.47
C094	计算物理	482	25	−0.57	0.623	20	−0.15	25.8	35	3.39	0.34	0.33
C032	量子电子学报	281	30	−0.75	0.478	29	−0.35	31.3	26	2.15	0.34	0.92
Y504	气体物理	151	38	−0.87	0.452	30	−0.38	29.3	28	1.22	0.07	0.29
C134	热科学与技术	308	29	−0.73	0.518	26	−0.29	29.9	27	3.20	0.05	0.32
C033	声学技术	612	21	−0.46	0.483	28	−0.34	31.8	23	5.44	0.15	0.20
C054	声学学报	1158	12	0.03	0.725	15	−0.01	37.7	15	4.68	0.24	0.00
C036	数学物理学报	264	33	−0.77	0.292	34	−0.60	26.5	33	1.78	0.07	0.09
C006	物理学报	6495	1	4.75	0.837	14	0.14	67.0	3	19.00	0.95	0.34
C509	物理与工程	274	32	−0.76	0.337	33	−0.54	7.5	41	1.66	0.12	0.36

表 7-7 2022 年物理学类期刊主要指标（续）

CODE	刊名	核心总被引频次			核心影响因子			综合评价总分		学科扩散指标	学科影响指标	红点指标
		数值	排名	离均差率	数值	排名	离均差率	数值	排名			
C093	现代应用物理	161	36	−0.86	0.421	31	−0.43	26.4	34	1.32	0.17	0.23
C503	液晶与显示	740	17	−0.34	1.026	9	0.40	37.7	16	3.76	0.34	0.43
C109	应用光学	1109	13	−0.02	0.985	12	0.34	35.9	21	5.05	0.37	0.41
C052	应用声学	736	18	−0.35	0.594	22	−0.19	37.4	18	5.61	0.17	0.27
C108	原子核物理评论	159	37	−0.86	0.188	38	−0.74	25.7	36	1.54	0.10	0.14
C038	真空与低温	313	28	−0.72	0.494	27	−0.33	27.1	31	2.63	0.17	0.29
C099	中国光学	1175	11	0.04	1.770	3	1.41	55.4	4	4.98	0.49	0.50
A103	中国科学 物理学 力学 天文学	903	15	−0.20	0.661	19	−0.10	49.8	8	7.90	0.76	0.30
41 种期刊平均值		1130			0.734							

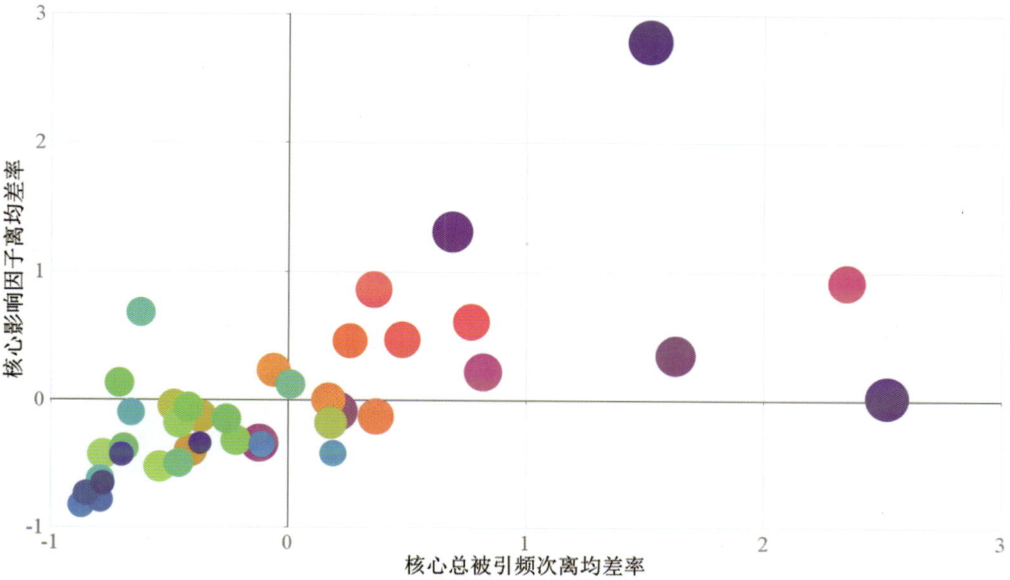

2022 年化学类期刊核心总被引频次和核心影响因子离均差率的分布图
（节点大小表示综合评价总分）

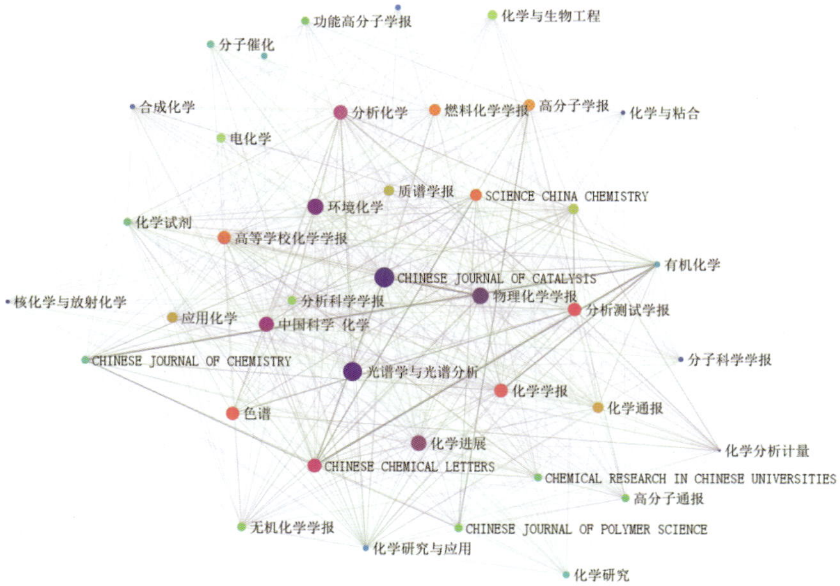

2022 年化学类期刊互引关系示意图

表 7-8 2022 年化学类期刊主要指标

CODE	刊名	核心总被引频次			核心影响因子			综合评价总分		学科扩散指标	学科影响指标	红点指标
		数值	排名	离均差率	数值	排名	离均差率	数值	排名			
I139	CHEMICAL RESEARCH IN CHINESE UNIVERSITIES	408	32	−0.69	0.607	29	−0.38	31.6	27	3.40	0.53	0.27
D031	CHINESE CHEMICAL LETTERS	4482	2	2.35	1.885	3	0.92	50.1	8	8.15	0.93	0.26
D013	CHINESE JOURNAL OF CATALYSIS	3370	4	1.52	3.730	1	2.79	72.0	1	6.43	0.78	0.78
C070	CHINESE JOURNAL OF CHEMICAL PHYSICS	175	40	−0.87	0.166	40	−0.83	25.8	35	2.15	0.38	0.18
I173	CHINESE JOURNAL OF CHEMISTRY	1344	16	0.01	1.100	13	0.12	31.2	29	4.05	0.75	0.52
D017	CHINESE JOURNAL OF POLYMER SCIENCE	771	25	−0.42	0.922	17	−0.06	32.3	24	3.13	0.58	0.08
I146	SCIENCE CHINA CHEMISTRY	1686	11	0.26	1.438	8	0.46	43.6	13	6.50	0.80	0.25
D036	电化学	296	35	−0.78	0.556	33	−0.43	34.9	21	3.03	0.38	0.63
D022	分析测试学报	2362	6	0.77	1.583	6	0.61	48.3	10	9.90	0.58	0.54
D005	分析化学	2426	5	0.82	1.198	11	0.22	51.7	7	12.73	0.83	0.57
D026	分析科学学报	727	26	−0.46	0.808	23	−0.18	34.2	22	5.85	0.48	0.59
D004	分析试验室	1574	14	0.18	0.806	24	−0.18	38.4	19	8.13	0.60	0.65
D015	分子催化	506	30	−0.62	1.651	5	0.68	30.5	30	2.68	0.40	0.67
D035	分子科学学报	204	39	−0.85	0.252	38	−0.74	24.0	37	2.45	0.33	0.58
D020	高等学校化学学报	1829	9	0.37	0.857	21	−0.13	46.8	12	10.45	0.98	0.53
T002	高分子通报	992	21	−0.26	0.839	22	−0.15	31.6	26	6.65	0.63	0.31
D021	高分子学报	1257	17	−0.06	1.210	10	0.23	41.5	15	5.83	0.68	0.38
D503	功能高分子学报	390	34	−0.71	1.109	12	0.13	32.1	25	3.35	0.45	0.39
C091	光谱学与光谱分析	4697	1	2.52	1.004	14	0.02	68.2	2	19.38	0.53	0.48
D602	合成化学	281	38	−0.79	0.211	39	−0.79	24.2	36	2.93	0.43	0.84
Q002	核化学与放射化学	295	36	−0.78	0.338	37	−0.66	21.7	39	2.50	0.25	0.34
D604	化学分析计量	836	23	−0.37	0.650	26	−0.34	18.9	40	5.68	0.30	0.71
D506	化学进展	1622	12	0.21	0.895	18	−0.09	55.4	5	11.65	0.80	0.53
D011	化学试剂	718	27	−0.46	0.493	34	−0.50	31.5	28	6.15	0.53	0.65
D018	化学通报	783	24	−0.41	0.587	30	−0.40	39.3	16	7.93	0.65	0.60
D030	化学学报	1813	10	0.36	1.828	4	0.86	48.8	9	9.65	0.98	0.42
D501	化学研究	284	37	−0.79	0.362	36	−0.63	28.9	31	3.68	0.38	0.57
D037	化学研究与应用	1194	18	−0.11	0.638	28	−0.35	25.9	34	8.03	0.68	0.59
T931	化学与粘合	403	33	−0.70	0.564	32	−0.43	22.9	38	3.45	0.20	0.49
T553	化学与生物工程	615	29	−0.54	0.458	35	−0.53	36.8	20	7.15	0.38	0.45
D024	环境化学	3516	3	1.63	1.332	9	0.35	57.8	4	12.35	0.60	0.50
D002	燃料化学学报	1569	15	0.17	0.979	15	0.00	42.0	14	5.80	0.43	0.51
D012	色谱	1978	8	0.48	1.445	7	0.47	47.8	11	8.35	0.53	0.66
D023	无机化学学报	1042	20	−0.22	0.668	25	−0.32	33.5	23	5.70	0.65	0.68
D001	物理化学学报	2255	7	0.69	2.277	2	1.31	59.6	3	8.98	0.90	0.58
D014	影像科学与光化学	450	31	−0.66	0.885	19	−0.10	27.4	32	5.28	0.28	0.38
D016	应用化学	840	22	−0.37	0.860	20	−0.13	38.7	17	6.65	0.73	0.50
D025	有机化学	1596	13	0.19	0.568	31	−0.42	26.4	33	5.18	0.70	0.43
C034	质谱学报	689	28	−0.48	0.939	16	−0.05	38.5	18	5.40	0.40	0.17
A106	中国科学 化学	1173	19	−0.12	0.649	27	−0.34	53.2	6	11.18	0.80	0.54
	40 种期刊平均值	1336			0.984							

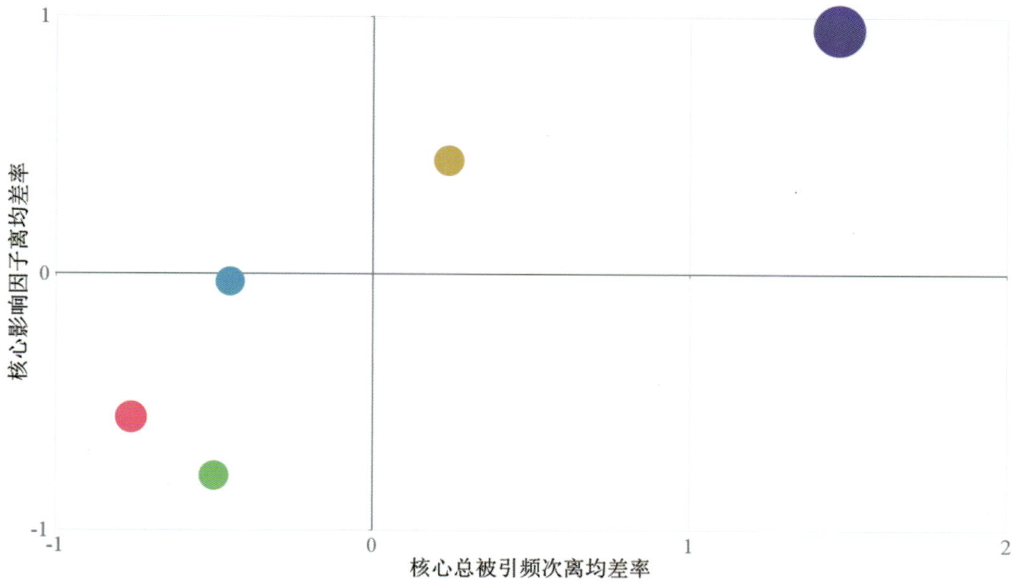

2022 年天文学类期刊核心总被引频次和核心影响因子离均差率的分布图
（节点大小表示综合评价总分）

2022 年天文学类期刊互引关系示意图

表 7-9　2022 年天文学类期刊主要指标

CODE	刊名	核心总被引频次			核心影响因子			综合评价总分		学科扩散指标	学科影响指标	红点指标
		数值	排名	离均差率	数值	排名	离均差率	数值	排名			
C072	RESEARCH IN ASTRONOMY AND ASTROPHYSICS	181	4	−0.50	0.070	5	−0.79	31.8	4	12.40	0.80	0.48
E140	空间科学学报	453	2	0.24	0.489	2	0.44	32.6	3	31.00	1.00	0.02
E023	天文学报	201	3	−0.45	0.331	3	−0.03	30.5	5	14.40	0.80	0.40
E114	天文学进展	89	5	−0.76	0.148	4	−0.56	36.5	2	8.60	0.80	0.03
A103	中国科学 物理学 力学 天文学	903	1	1.47	0.661	1	0.95	96.2	1	64.80	0.80	0.10
	5 种期刊平均值	365			0.340							

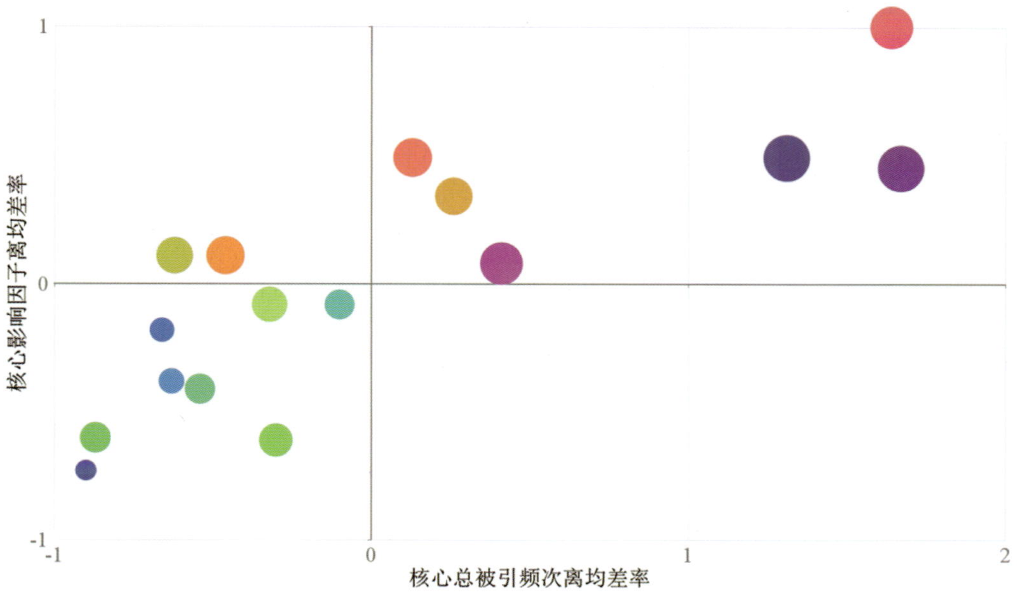

2022 年地球科学综合类期刊核心总被引频次和核心影响因子离均差率的分布图
（节点大小表示综合评价总分）

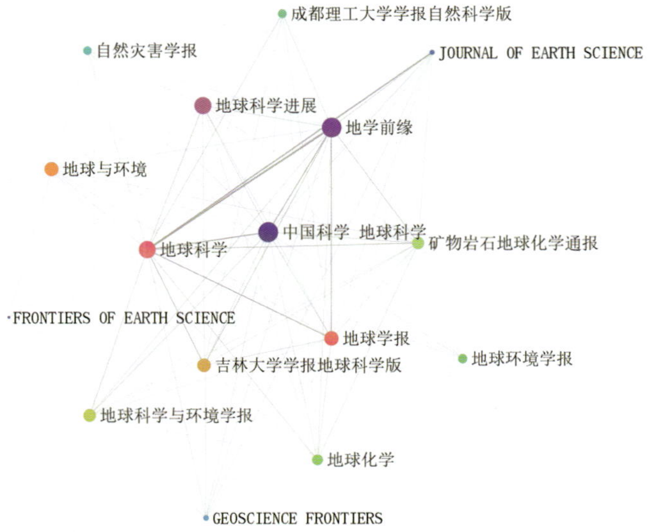

2022 年地球科学综合类期刊互引关系示意图

表 7-10　2022 年地球科学综合类期刊主要指标

CODE	刊名	核心总被引频次			核心影响因子			综合评价总分		学科扩散指标	学科影响指标	红点指标
		数值	排名	离均差率	数值	排名	离均差率	数值	排名			
I220	FRONTIERS OF EARTH SCIENCE	261	16	−0.90	0.411	16	−0.73	16.1	16	8.25	0.56	0.01
E050	GEOSCIENCE FRONTIERS	993	13	−0.63	0.964	12	−0.38	23.7	14	12.81	0.88	0.08
E537	JOURNAL OF EARTH SCIENCE	900	14	−0.66	1.273	11	−0.18	21.9	15	10.13	1.00	0.36
E102	成都理工大学学报自然科学版	1227	11	−0.54	0.913	13	−0.41	33.1	12	12.69	0.94	0.49
E024	地球化学	1873	8	−0.30	0.596	15	−0.61	40.5	10	12.94	0.94	0.37
E570	地球环境学报	343	15	−0.87	0.615	14	−0.60	34.3	11	10.13	0.63	0.39
E142	地球科学	7084	2	1.64	3.086	1	1.00	64.4	4	23.56	1.00	0.72
E115	地球科学进展	3786	4	0.41	1.676	8	0.08	65.1	3	36.25	1.00	0.28
E004	地球科学与环境学报	1015	12	−0.62	1.722	6	0.11	47.6	8	14.38	0.81	0.58
E300	地球学报	3035	6	0.13	2.310	2	0.49	53.2	5	18.88	0.88	0.47
E549	地球与环境	1438	10	−0.46	1.718	7	0.11	51.4	6	21.38	0.94	0.42
E357	地学前缘	7156	1	1.67	2.239	4	0.45	76.8	2	27.56	1.00	0.31
E116	吉林大学学报地球科学版	3395	5	0.26	2.072	5	0.34	49.9	7	22.25	1.00	0.43
E504	矿物岩石地球化学通报	1816	9	−0.32	1.417	10	−0.08	44.8	9	15.00	0.81	0.41
A108	中国科学 地球科学	6206	3	1.31	2.303	3	0.49	77.9	1	32.06	1.00	0.25
E137	自然灾害学报	2423	7	−0.10	1.419	9	−0.08	32.5	13	25.56	0.75	0.24
	16 种期刊平均值	2684			1.546							

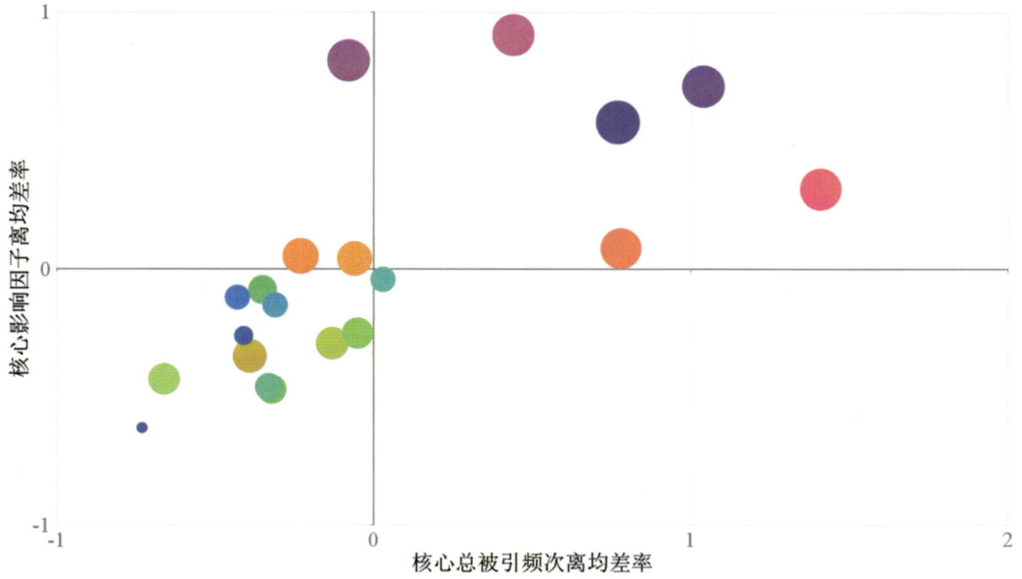

2022 年大气科学类期刊核心总被引频次和核心影响因子离均差率的分布图
（节点大小表示综合评价总分）

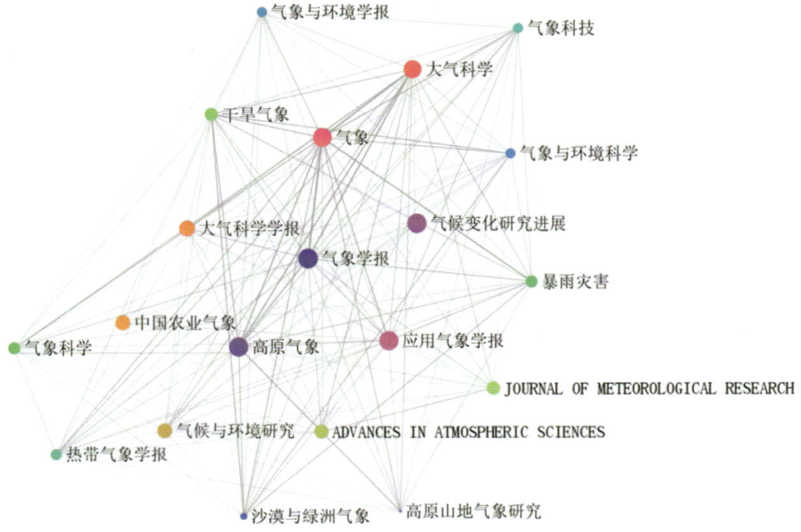

2022 年大气科学类期刊互引关系示意图

表 7-11　2022 年大气科学类期刊主要指标

CODE	刊名	核心总被引频次			核心影响因子			综合评价总分		学科扩散指标	学科影响指标	红点指标
		数值	排名	离均差率	数值	排名	离均差率	数值	排名			
I062	ADVANCES IN ATMOSPHERIC SCIENCES	1492	10	−0.13	1.188	15	−0.29	38.4	10	10.05	1.00	0.11
E092	JOURNAL OF METEOROLOGICAL RESEARCH	589	19	−0.66	0.959	17	−0.43	36.0	11	6.45	1.00	0.02
E045	暴雨灾害	1125	15	−0.35	1.546	10	−0.08	30.3	14	5.30	1.00	0.45
E109	大气科学	3060	3	0.78	1.809	6	0.08	59.3	6	13.15	1.00	0.59
E091	大气科学学报	1328	11	−0.23	1.768	7	0.05	45.9	7	10.95	0.95	0.50
E048	干旱气象	1638	7	−0.05	1.256	13	−0.25	35.1	12	11.45	1.00	0.46
E005	高原气象	3519	2	1.04	2.870	3	0.71	64.4	2	12.55	1.00	0.54
E546	高原山地气象研究	469	20	−0.73	0.633	20	−0.62	4.5	20	5.45	0.90	0.59
E021	气候变化研究进展	1579	9	−0.08	3.042	2	0.81	64.4	3	18.25	1.00	0.54
E361	气候与环境研究	1059	16	−0.39	1.110	16	−0.34	42.0	9	11.65	1.00	0.26
E352	气象	4158	1	1.41	2.204	5	0.31	62.4	5	15.05	1.00	0.51
E566	气象科技	1780	6	0.03	1.609	9	−0.04	23.6	16	12.35	1.00	0.30
E359	气象科学	1177	13	−0.32	0.893	19	−0.47	30.6	13	10.80	1.00	0.54
E001	气象学报	3046	4	0.77	2.632	4	0.57	68.3	1	13.00	1.00	0.40
E521	气象与环境科学	982	18	−0.43	1.487	11	−0.11	22.7	18	8.80	0.90	0.46
E633	气象与环境学报	1191	12	−0.31	1.444	12	−0.14	23.5	17	11.30	0.95	0.37
E110	热带气象学报	1148	14	−0.33	0.908	18	−0.46	27.0	15	7.80	1.00	0.44
E635	沙漠与绿洲气象	1015	17	−0.41	1.250	14	−0.26	13.6	19	6.75	0.90	0.48
E122	应用气象学报	2484	5	0.44	3.203	1	0.91	63.9	4	14.05	1.00	0.50
H210	中国农业气象	1616	8	−0.06	1.747	8	0.04	43.2	8	13.20	0.85	0.35
	20 种期刊平均值	1723			1.678							

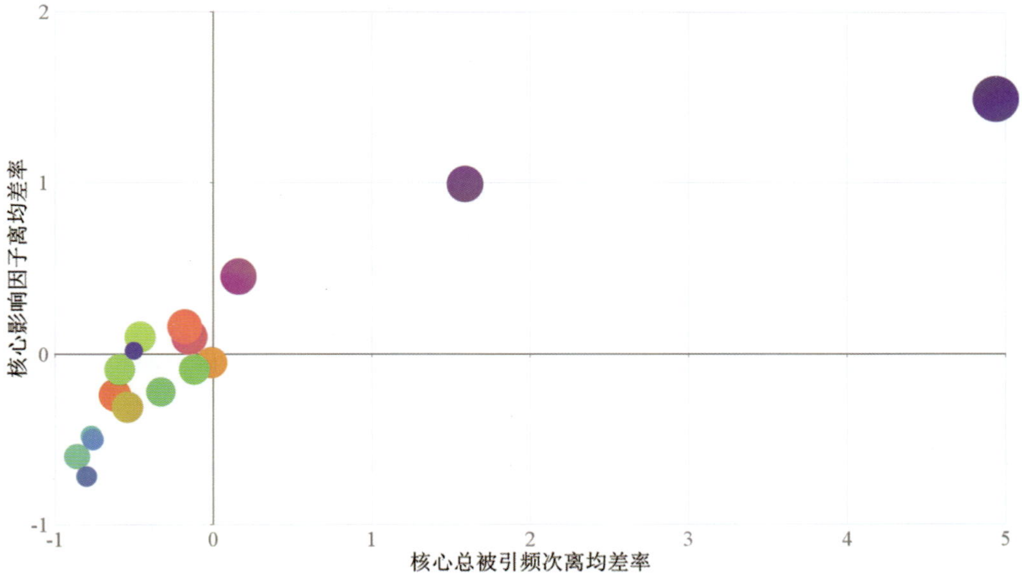

2022 年地球物理学类期刊核心总被引频次和核心影响因子离均差率的分布图

（节点大小表示综合评价总分）

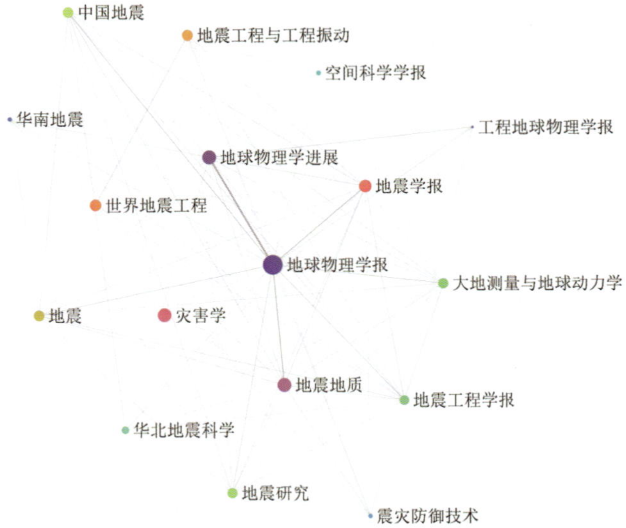

2022 年地球物理学类期刊互引关系示意图

表 7-12　2022 年地球物理学类期刊主要指标

CODE	刊名	核心总被引频次			核心影响因子			综合评价总分		学科扩散指标	学科影响指标	红点指标
		数值	排名	离均差率	数值	排名	离均差率	数值	排名			
E144	大地测量与地球动力学	1702	5	−0.12	0.861	10	−0.09	33.4	11	14.94	0.94	0.39
E153	地球物理学报	11536	1	4.94	2.354	1	1.49	76.3	1	26.94	1.00	0.40
E308	地球物理学进展	5039	2	1.59	1.879	2	0.99	47.8	2	21.65	0.94	0.25
E306	地震	897	11	−0.54	0.648	13	−0.31	34.9	8	5.35	0.94	0.44
E150	地震地质	2257	3	0.16	1.366	3	0.45	47.3	3	9.59	0.94	0.44
E307	地震工程学报	1307	8	−0.33	0.735	11	−0.22	30.9	12	12.76	0.94	0.49
E118	地震工程与工程振动	1921	4	−0.01	0.895	8	−0.05	35.3	7	12.18	0.82	0.41
E143	地震学报	1590	7	−0.18	1.094	4	0.16	42.1	5	9.06	0.94	0.56
E112	地震研究	794	12	−0.59	0.863	9	−0.09	34.4	10	8.29	0.94	0.49
E574	工程地球物理学报	974	10	−0.50	0.960	7	0.02	11.9	17	9.00	0.65	0.30
E141	华北地震科学	270	17	−0.86	0.381	16	−0.60	24.5	13	3.82	0.88	0.34
E103	华南地震	391	16	−0.80	0.264	17	−0.72	15.7	16	4.53	0.88	0.20
E140	空间科学学报	453	15	−0.77	0.489	14	−0.48	16.9	14	9.12	0.41	0.03
E363	世界地震工程	737	13	−0.62	0.714	12	−0.24	38.5	6	9.76	0.82	0.50
E148	灾害学	1654	6	−0.15	1.043	5	0.10	46.4	4	23.06	0.82	0.22
E316	震灾防御技术	464	14	−0.76	0.474	15	−0.50	16.7	15	5.71	0.94	0.42
E351	中国地震	1045	9	−0.46	1.035	6	0.10	34.4	9	6.29	0.94	0.29
	17 种期刊平均值	1943			0.944							

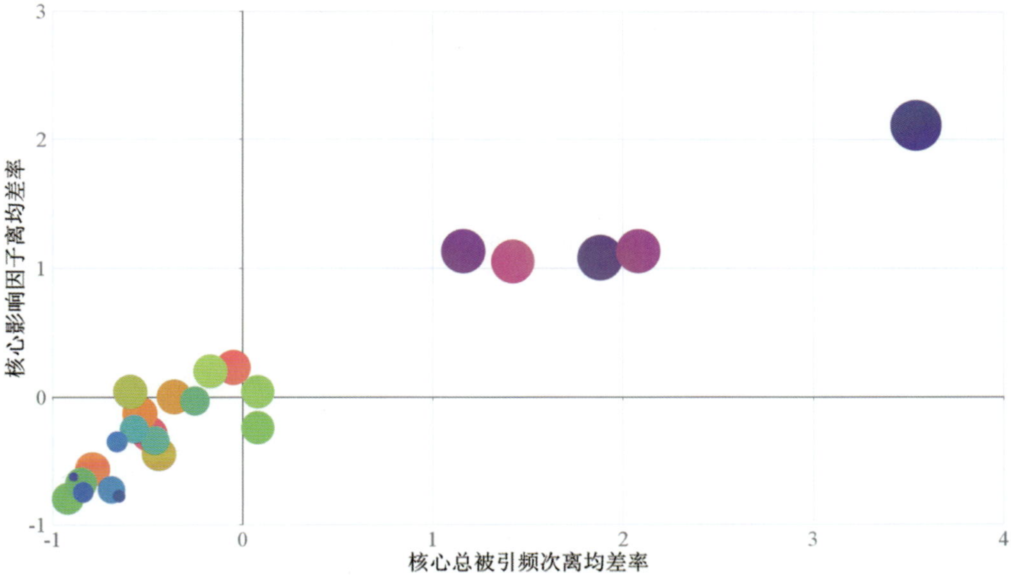

2022 年地理学类期刊核心总被引频次和核心影响因子离均差率的分布图
（节点大小表示综合评价总分）

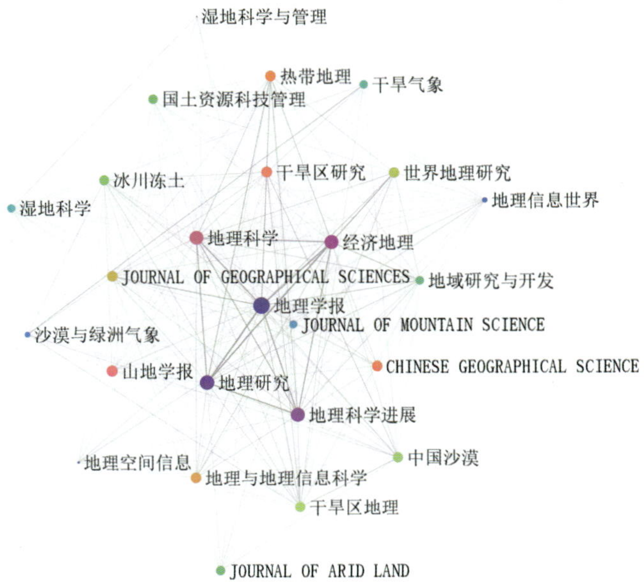

2022 年地理学类期刊互引关系示意图

表 7-13　2022 年地理学类期刊主要指标

CODE	刊名	核心总被引频次			核心影响因子			综合评价总分		学科扩散指标	学科影响指标	红点指标
		数值	排名	离均差率	数值	排名	离均差率	数值	排名			
I154	CHINESE GEOGRAPHICAL SCIENCE	624	21	−0.79	0.821	19	−0.57	43.6	8	8.92	0.92	0.32
E049	JOURNAL OF ARID LAND	442	23	−0.85	0.605	21	−0.68	35.9	17	6.12	0.52	0.25
I063	JOURNAL OF GEOGRAPHICAL SCIENCES	1686	12	−0.44	1.046	18	−0.45	42.2	11	13.52	1.00	0.20
I230	JOURNAL OF MOUNTAIN SCIENCE	938	20	−0.69	0.508	22	−0.73	27.3	21	9.52	0.68	0.15
E135	冰川冻土	3259	6	0.08	1.462	13	−0.24	40.2	15	16.16	0.88	0.50
E130	地理科学	7280	4	1.42	3.926	5	1.05	67.7	5	24.12	1.00	0.49
E584	地理科学进展	6516	5	1.16	4.071	3	1.13	69.5	3	24.60	1.00	0.56
E639	地理空间信息	1046	18	−0.65	0.415	24	−0.78	5.7	24	10.40	0.56	0.31
E315	地理信息世界	486	22	−0.84	0.487	23	−0.75	15.3	23	7.40	0.60	0.44
E305	地理学报	13674	1	3.54	5.951	1	2.11	93.2	1	29.92	1.00	0.68
E310	地理研究	8676	3	1.88	3.983	4	1.08	73.6	2	26.72	1.00	0.61
E527	地理与地理信息科学	1927	11	−0.36	1.902	10	0.00	43.5	10	15.64	0.84	0.55
S741	地域研究与开发	2263	10	−0.25	1.860	11	−0.03	30.8	18	13.44	0.72	0.59
E048	干旱气象	1638	13	−0.46	1.256	16	−0.34	29.9	19	9.16	0.60	0.38
E020	干旱区地理	2512	9	−0.17	2.299	7	0.20	41.2	13	14.24	0.96	0.58
E105	干旱区研究	2851	8	−0.05	2.349	6	0.23	44.3	7	14.44	0.84	0.48
E578	国土资源科技管理	236	25	−0.92	0.377	25	−0.80	36.1	16	5.80	0.44	0.49
E599	经济地理	9284	2	2.08	4.077	2	1.13	69.2	4	23.12	0.92	0.70
E563	热带地理	1372	15	−0.54	1.662	12	−0.13	43.5	9	12.92	0.84	0.59
E635	沙漠与绿洲气象	1015	19	−0.66	1.250	17	−0.35	16.3	22	5.40	0.48	0.46
E101	山地学报	1530	14	−0.49	1.358	15	−0.29	46.1	6	12.40	0.92	0.44
E302	湿地科学	1293	16	−0.57	1.432	14	−0.25	29.0	20	9.88	0.68	0.40
E636	湿地科学与管理	332	24	−0.89	0.715	20	−0.63	3.2	25	3.84	0.20	0.35
E655	世界地理研究	1238	17	−0.59	1.992	8	0.04	41.7	12	11.04	0.76	0.64
E124	中国沙漠	3246	7	0.08	1.981	9	0.04	40.3	14	15.40	0.88	0.49
	25 种期刊平均值	3015			1.911							

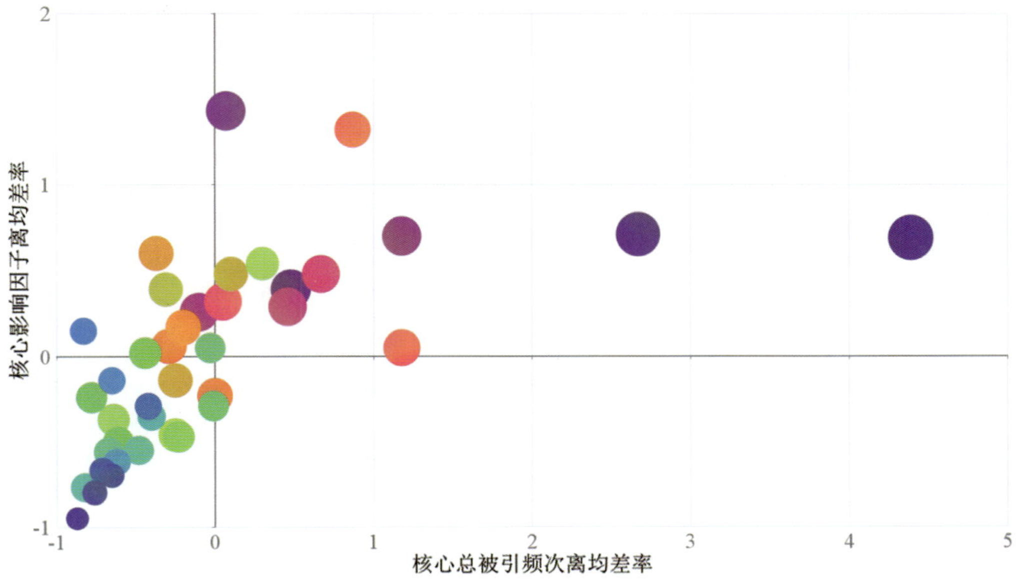

2022 年地质学类期刊核心总被引频次和核心影响因子离均差率的分布图
（节点大小表示综合评价总分）

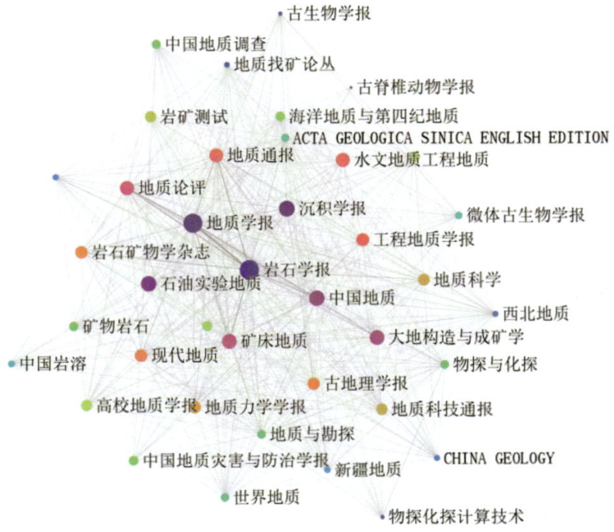

2022 年地质学类期刊互引关系示意图

表 7-14 2022 年地质学类期刊主要指标

CODE	刊名	核心总被引频次			核心影响因子			综合评价总分		学科扩散指标	学科影响指标	红点指标
		数值	排名	离均差率	数值	排名	离均差率	数值	排名			
I059	ACTA GEOLOGICA SINICA ENGLISH EDITION	1235	27	−0.48	0.705	32	−0.55	32.2	29	4.62	0.97	0.03
E096	CHINA GEOLOGY	415	38	−0.83	1.782	16	0.15	26.5	34	2.03	0.56	0.53
E113	沉积学报	3528	7	0.48	2.169	10	0.39	57.2	3	5.26	0.97	0.56
E146	大地构造与成矿学	2158	16	−0.10	1.953	14	0.26	52.8	6	3.77	0.85	0.51
E133	地层学杂志	869	30	−0.64	0.975	28	−0.37	37.8	21	2.82	0.82	0.62
E362	地质科技通报	2616	10	0.10	2.308	8	0.48	41.7	17	7.26	0.95	0.38
E139	地质科学	1798	19	−0.25	1.340	21	−0.14	42.3	16	4.23	0.97	0.68
E026	地质力学学报	1494	23	−0.37	2.484	6	0.60	43.6	15	5.31	0.95	0.51
E009	地质论评	3984	6	0.67	2.294	9	0.48	51.4	8	6.77	0.97	0.44
E127	地质通报	5214	3	1.18	1.639	18	0.05	49.6	10	7.95	1.00	0.81
E010	地质学报	8765	2	2.67	2.652	3	0.71	69.5	2	8.28	1.00	0.53
E151	地质与勘探	2313	15	−0.03	1.639	18	0.05	33.6	26	5.33	0.87	0.47
E525	地质与资源	835	31	−0.65	1.330	22	−0.14	27.2	33	3.79	0.87	0.77
E132	地质找矿论丛	686	34	−0.71	0.517	35	−0.67	25.6	36	2.54	0.79	0.71
E301	第四纪研究	3107	9	0.30	2.391	7	0.54	39.9	20	7.49	0.97	0.27
E358	高校地质学报	1781	20	−0.25	0.846	29	−0.46	41.0	19	5.62	0.92	0.44
E360	工程地质学报	4460	5	0.87	3.605	2	1.32	46.4	11	9.18	0.64	0.24
E601	古地理学报	1903	17	−0.20	1.821	15	0.17	44.4	14	3.92	0.90	0.58
E304	古脊椎动物学报	308	39	−0.87	0.081	39	−0.95	18.7	39	1.21	0.36	0.28
E022	古生物学报	824	32	−0.65	0.460	36	−0.70	22.2	37	2.44	0.64	0.50
E155	海洋地质与第四纪地质	1844	18	−0.23	0.830	30	−0.47	37.2	22	5.46	0.92	0.53
E106	矿床地质	3490	8	0.46	2.007	13	0.29	52.5	7	3.36	0.79	0.99
E354	矿物岩石	923	28	−0.61	0.775	31	−0.50	35.1	24	3.97	0.85	0.65
E126	石油实验地质	2548	11	0.07	3.772	1	1.43	55.6	4	3.72	0.85	0.70
E548	世界地质	781	33	−0.67	0.688	33	−0.56	33.4	28	4.23	0.95	0.44
E154	水文地质工程地质	2514	12	0.05	2.051	12	0.32	50.6	9	8.97	0.72	0.26
E052	微体古生物学报	434	37	−0.82	0.354	37	−0.77	30.2	30	2.10	0.62	0.29
E136	物探化探计算技术	567	35	−0.76	0.309	38	−0.80	22.1	38	3.51	0.72	0.22
E138	物探与化探	2363	14	−0.01	1.101	26	−0.29	33.6	27	6.59	0.82	0.29
E125	西北地质	1378	25	−0.42	1.107	25	−0.29	26.5	35	4.15	0.95	0.56
E027	现代地质	2387	13	0.00	1.193	23	−0.23	44.9	12	7.10	0.97	0.65
E159	新疆地质	903	29	−0.62	0.589	34	−0.62	28.2	32	3.03	0.79	0.61
E053	岩矿测试	1643	22	−0.31	2.164	11	0.39	41.5	18	6.72	0.77	0.65
E157	岩石矿物学杂志	1695	21	−0.29	1.647	17	0.06	44.6	13	4.41	0.87	0.60
E309	岩石学报	12858	1	4.39	2.621	5	0.69	73.1	1	5.74	0.92	0.49
E654	中国地质	5210	4	1.18	2.646	4	0.70	55.5	5	8.13	0.97	0.87

表 7-14　2022 年地质学类期刊主要指标（续）

CODE	刊名	核心总被引频次			核心影响因子			综合评价总分		学科扩散指标	学科影响指标	红点指标
		数值	排名	离均差率	数值	排名	离均差率	数值	排名			
E169	中国地质调查	534	36	−0.78	1.188	24	−0.24	34.8	25	3.74	0.85	0.56
E604	中国地质灾害与防治学报	1330	26	−0.44	1.591	20	0.02	36.7	23	6.21	0.59	0.52
E303	中国岩溶	1435	24	−0.40	1.018	27	−0.35	28.8	31	6.46	0.72	0.36
	39 种期刊平均值	2388			1.555							

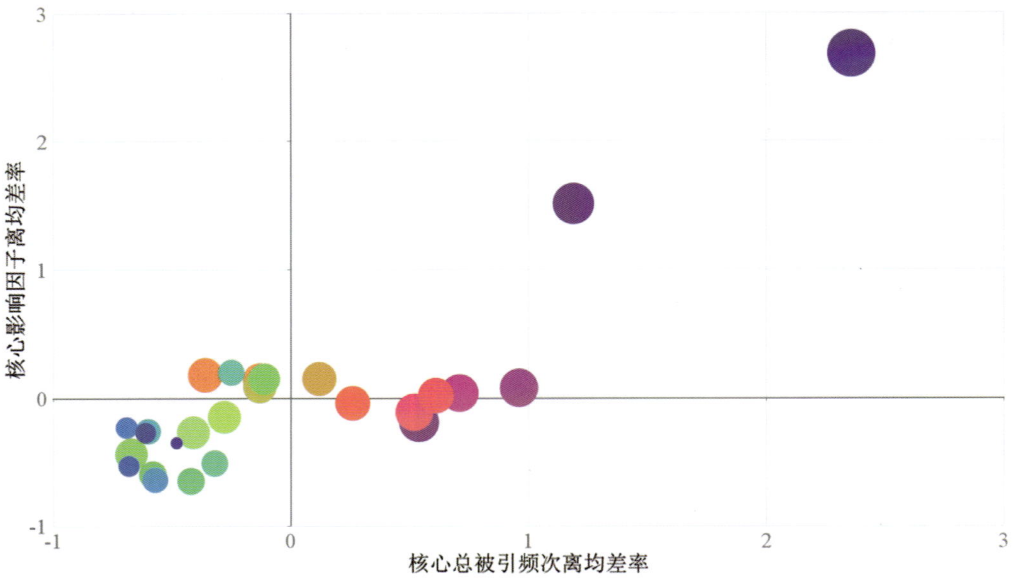

2022 年海洋科学、水文学类期刊核心总被引频次和核心影响因子离均差率的分布图
（节点大小表示综合评价总分）

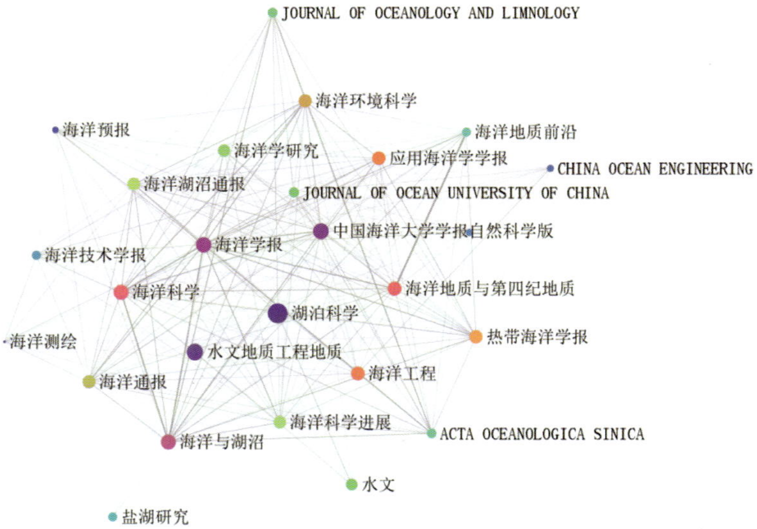

2022 年海洋科学、水文学类期刊互引关系示意图

表 7-15　2022 年海洋科学、水文学类期刊主要指标

CODE	刊名	核心总被引频次			核心影响因子			综合评价总分		学科扩散指标	学科影响指标	红点指标
		数值	排名	离均差率	数值	排名	离均差率	数值	排名			
I209	ACTA OCEANOLOGICA SINICA	779	15	−0.32	0.400	22	−0.51	25.8	19	6.08	0.88	0.20
E158	CHINA OCEAN ENGINEERING	373	25	−0.68	0.385	23	−0.53	16.1	24	4.15	0.62	0.01
I120	JOURNAL OF OCEAN UNIVERSITY OF CHINA	485	21	−0.58	0.327	24	−0.60	27.6	17	6.85	0.73	0.16
E012	JOURNAL OF OCEANOLOGY AND LIMNOLOGY	670	18	−0.42	0.287	26	−0.65	27.0	18	6.27	0.85	0.19
E651	海洋测绘	593	19	−0.48	0.527	20	−0.35	5.4	26	5.35	0.62	0.21
E569	海洋地质前沿	863	13	−0.25	0.979	3	0.20	24.6	20	6.77	0.77	0.44
E155	海洋地质与第四纪地质	1844	5	0.61	0.830	11	0.02	45.4	7	8.19	0.85	0.44
E131	海洋工程	1449	8	0.26	0.784	12	−0.04	43.5	8	11.69	0.85	0.25
E312	海洋湖沼通报	829	14	−0.28	0.695	14	−0.15	39.2	13	9.00	0.85	0.48
Z010	海洋环境科学	1284	9	0.12	0.937	6	0.15	41.4	11	10.38	0.85	0.67
E564	海洋技术学报	491	20	−0.57	0.293	25	−0.64	23.7	22	7.73	0.85	0.24
E145	海洋科学	1743	7	0.52	0.724	13	−0.11	51.0	6	14.35	0.92	0.39
E006	海洋科学进展	681	17	−0.41	0.597	18	−0.27	38.8	14	7.42	0.92	0.51
E311	海洋通报	996	12	−0.13	0.893	8	0.09	40.5	12	9.65	0.85	0.38
E003	海洋学报	2253	3	0.96	0.884	9	0.08	53.4	4	13.38	0.88	0.42
E149	海洋学研究	379	24	−0.67	0.456	21	−0.44	37.8	15	5.54	0.88	0.64
E008	海洋与湖沼	1965	4	0.71	0.848	10	0.04	51.4	5	10.73	0.88	0.40
E108	海洋预报	453	23	−0.61	0.592	19	−0.27	15.2	25	4.92	0.81	0.50
E111	湖泊科学	3855	1	2.36	3.003	1	2.68	82.5	1	13.96	0.58	0.57
E007	极地研究	358	26	−0.69	0.629	16	−0.23	17.0	23	4.35	0.50	0.47
E642	热带海洋学报	1002	11	−0.13	0.930	7	0.14	41.5	10	8.46	0.81	0.39
E540	水文	1026	10	−0.11	0.938	5	0.15	34.9	16	8.92	0.58	0.26
E154	水文地质工程地质	2514	2	1.19	2.051	2	1.51	61.0	2	13.46	0.38	0.20
E500	盐湖研究	459	22	−0.60	0.600	17	−0.26	23.7	21	4.88	0.15	0.20
E123	应用海洋学学报	736	16	−0.36	0.966	4	0.18	42.5	9	7.77	0.77	0.91
E313	中国海洋大学学报自然科学版	1772	6	0.54	0.663	15	−0.19	56.4	3	17.08	0.92	0.36
	26 种期刊平均值	1148			0.816							

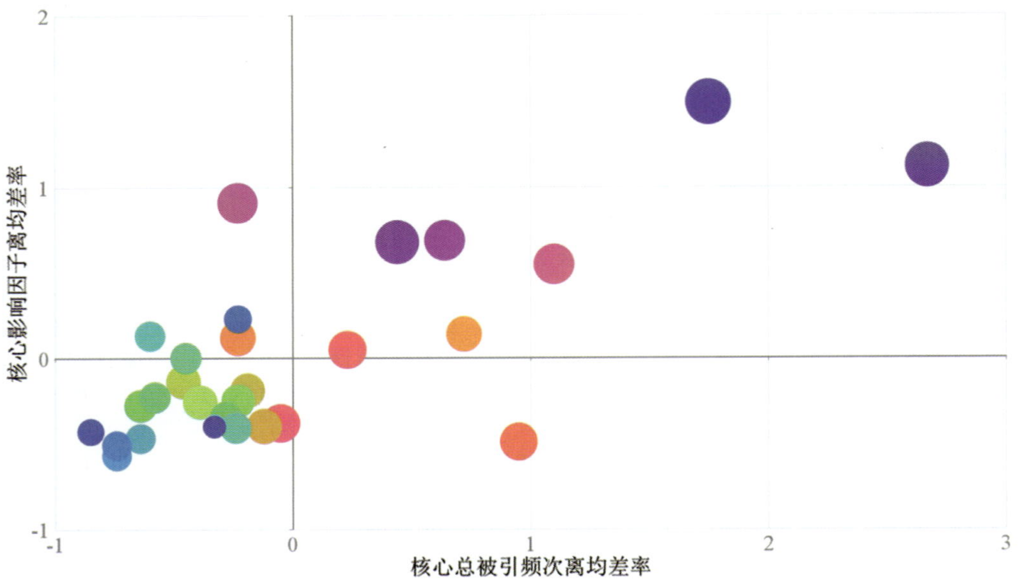

2022 年生物学基础学科类期刊核心总被引频次和核心影响因子离均差率的分布图
（节点大小表示综合评价总分）

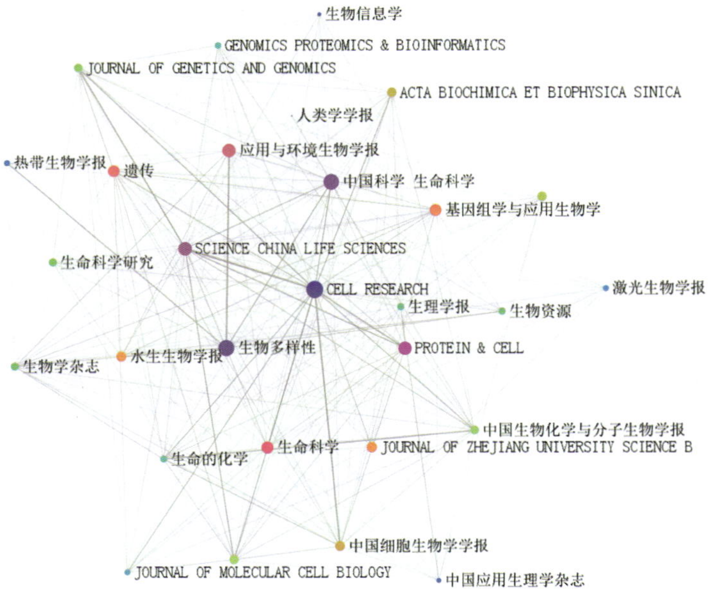

2022 年生物学基础学科类期刊互引关系示意图

表 7-16　2022 年生物学基础学科类期刊主要指标

CODE	刊名	核心总被引频次			核心影响因子			综合评价总分		学科扩散指标	学科影响指标	红点指标
		数值	排名	离均差率	数值	排名	离均差率	数值	排名			
F034	ACTA BIOCHIMICA ET BIOPHYSICA SINICA	960	11	−0.19	0.793	14	−0.19	43.5	13	14.72	0.72	0.15
I072	CELL RESEARCH	3242	2	1.75	2.436	1	1.49	74.4	1	23.62	0.86	0.00
I222	GENOMICS PROTEOMICS & BIOINFORMATICS	478	24	−0.60	1.104	9	0.13	33.8	23	7.83	0.55	0.11
F013	JOURNAL OF GENETICS AND GENOMICS	912	13	−0.23	0.730	16	−0.25	40.7	17	10.10	0.86	0.09
F021	JOURNAL OF MOLECULAR CELL BIOLOGY	424	25	−0.64	0.516	26	−0.47	32.3	24	8.14	0.62	0.12
I159	JOURNAL OF ZHEJIANG UNIVERSITY SCIENCE B	905	15	−0.23	1.093	10	0.12	46.6	10	15.07	0.52	0.15
I129	PROTEIN & CELL	913	12	−0.23	1.863	3	0.91	59.0	5	13.66	0.76	0.05
I150	SCIENCE CHINA LIFE SCIENCES	1942	6	0.64	1.652	4	0.69	59.3	4	21.31	0.97	0.10
H245	基因组学与应用生物学	2301	4	0.95	0.497	27	−0.49	51.5	9	20.45	0.55	0.52
F045	激光生物学报	310	28	−0.74	0.420	29	−0.57	32.0	25	6.83	0.28	0.56
H415	热带生物学报	312	27	−0.74	0.474	28	−0.51	31.9	26	5.31	0.24	0.15
F041	人类学学报	787	19	−0.33	0.591	22	−0.40	19.3	29	2.48	0.14	0.16
F203	生理科学进展	642	22	−0.46	0.839	13	−0.14	42.9	14	11.17	0.48	0.67
F001	生理学报	653	21	−0.45	0.979	12	0.00	35.2	21	10.69	0.52	0.48
F042	生命的化学	892	16	−0.24	0.575	24	−0.41	35.1	22	12.45	0.52	0.62
F215	生命科学	1125	9	−0.05	0.608	21	−0.38	53.7	7	17.14	0.62	0.62
F046	生命科学研究	424	25	−0.64	0.702	18	−0.28	38.7	18	8.38	0.34	0.49
F049	生物多样性	4339	1	2.67	2.073	2	1.12	70.5	2	13.52	0.31	0.39
F016	生物化学与生物物理进展	715	20	−0.39	0.721	17	−0.26	42.8	15	12.90	0.48	0.36
F040	生物信息学	177	29	−0.85	0.556	25	−0.43	26.1	28	4.03	0.31	0.58
F213	生物学杂志	847	18	−0.28	0.636	20	−0.35	38.3	19	11.83	0.48	0.26
F044	生物资源	498	23	−0.58	0.754	15	−0.23	35.4	20	8.34	0.21	0.35
F010	水生生物学报	2029	5	0.72	1.117	8	0.14	45.4	11	8.97	0.41	0.41
F024	遗传	1452	8	0.23	1.030	11	0.05	51.8	8	14.48	0.79	0.39
F100	应用与环境生物学报	2486	3	1.10	1.511	6	0.55	58.9	6	14.41	0.31	0.36
A107	中国科学 生命科学	1706	7	0.44	1.640	5	0.68	69.3	3	21.72	0.62	0.40
F002	中国生物化学与分子生物学报	854	17	−0.28	0.640	19	−0.35	40.8	16	12.72	0.55	0.60
F025	中国细胞生物学学报	1035	10	−0.12	0.582	23	−0.40	44.9	12	15.10	0.52	0.53
G130	中国应用生理学杂志	910	14	−0.23	1.204	7	0.23	28.6	27	10.55	0.34	0.80
	29 种期刊平均值	1182			0.977							

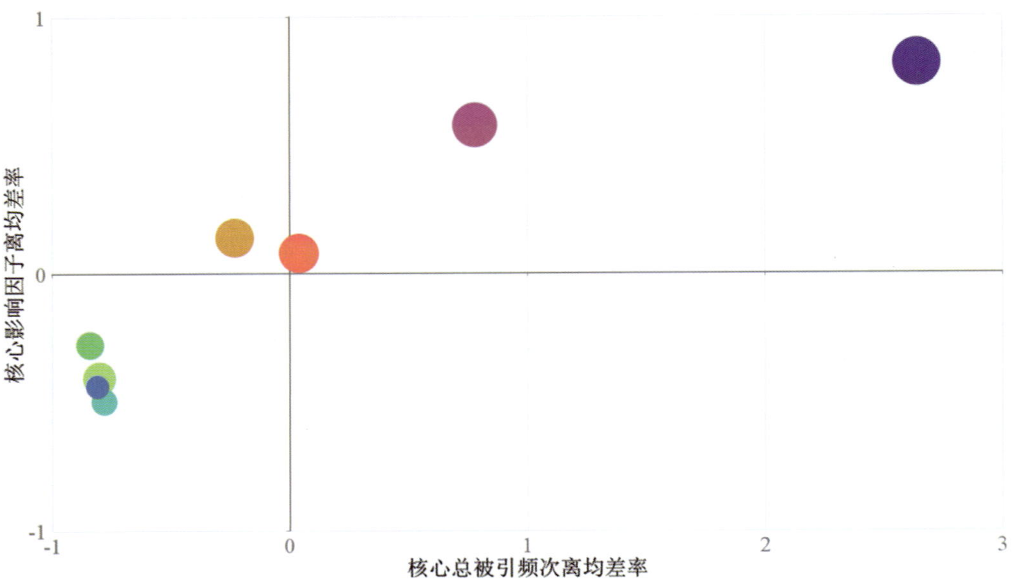

2022 年生态学类期刊核心总被引频次和核心影响因子离均差率的分布图
（节点大小表示综合评价总分）

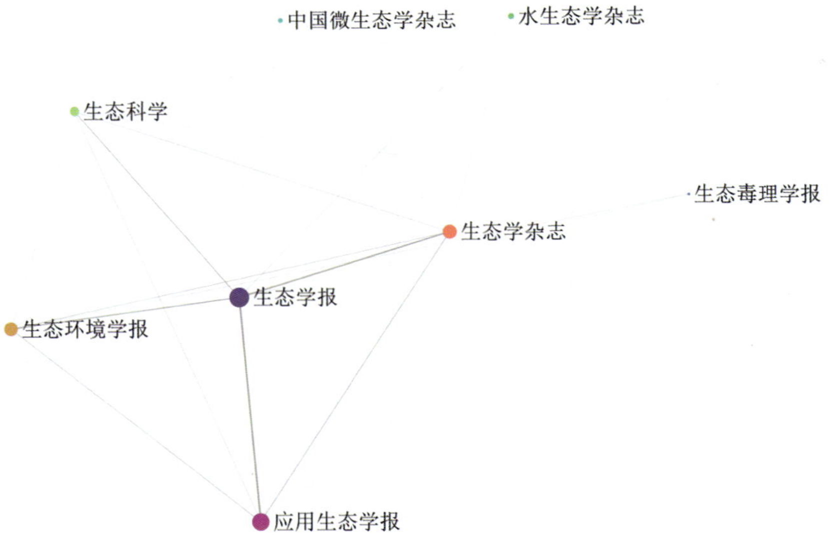

2022 年生态学类期刊互引关系示意图

表 7-17　2022 年生态学类期刊主要指标

CODE	刊名	核心总被引频次			核心影响因子			综合评价总分		学科扩散指标	学科影响指标	红点指标
		数值	排名	离均差率	数值	排名	离均差率	数值	排名			
Z034	生态毒理学报	1567	7	−0.81	1.075	7	−0.44	19.0	8	42.50	1.00	0.44
H784	生态环境学报	6342	4	−0.23	2.200	3	0.14	54.3	4	77.13	1.00	0.58
Z512	生态科学	1690	6	−0.80	1.146	6	−0.41	39.3	5	47.13	0.88	0.49
Z014	生态学报	30106	1	2.64	3.505	1	0.82	83.0	1	97.88	1.00	0.53
Z028	生态学杂志	8588	3	0.04	2.080	4	0.08	56.4	3	75.25	1.00	0.49
H850	水生态学杂志	1327	8	−0.84	1.391	5	−0.28	27.9	6	30.63	0.88	0.45
Z018	应用生态学报	14666	2	0.78	3.055	2	0.58	71.7	2	80.38	0.88	0.41
G517	中国微生态学杂志	1797	5	−0.78	0.972	8	−0.50	24.6	7	58.00	0.50	0.53
	8 种期刊平均值	8260			1.928							

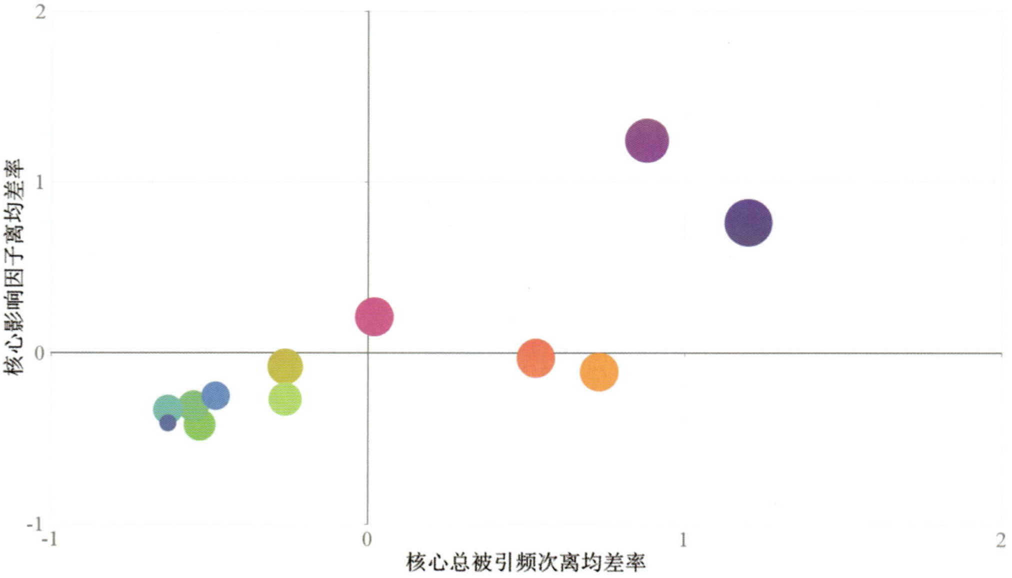

2022 年植物学类期刊核心总被引频次和核心影响因子离均差率的分布图
（节点大小表示综合评价总分）

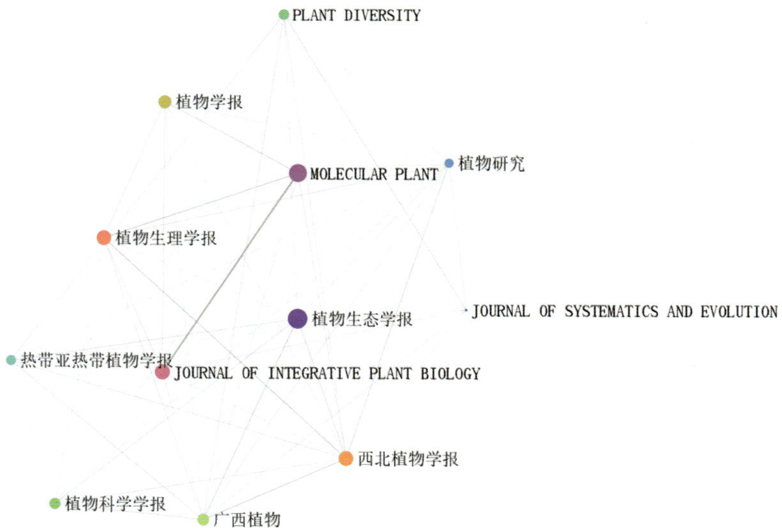

2022 年植物学类期刊互引关系示意图

表 7-18　2022 年植物学类期刊主要指标

CODE	刊名	核心总被引频次			核心影响因子			综合评价总分		学科扩散指标	学科影响指标	红点指标
		数值	排名	离均差率	数值	排名	离均差率	数值	排名			
F029	JOURNAL OF INTEGRATIVE PLANT BIOLOGY	2388	5	0.02	1.815	3	0.21	54.5	3	27.92	1.00	0.28
F039	JOURNAL OF SYSTEMATICS AND EVOLUTION	880	11	−0.63	0.878	11	−0.41	10.2	12	14.58	1.00	0.22
F019	MOLECULAR PLANT	4412	2	0.88	3.347	1	1.24	70.1	2	26.17	1.00	0.15
F007	PLANT DIVERSITY	1046	10	−0.55	1.035	9	−0.31	35.1	9	18.75	1.00	0.15
F028	广西植物	1737	7	−0.26	1.096	8	−0.27	39.8	7	25.83	0.92	0.41
F228	热带亚热带植物学报	876	12	−0.63	0.994	10	−0.33	31.9	10	19.00	0.75	0.49
F020	西北植物学报	4055	3	0.73	1.333	6	−0.11	52.9	5	28.42	0.92	0.54
F008	植物科学学报	1095	9	−0.53	0.864	12	−0.42	36.6	8	20.58	0.75	0.40
F038	植物生理学报	3589	4	0.53	1.456	4	−0.03	53.4	4	26.25	0.83	0.59
F009	植物生态学报	5166	1	1.20	2.627	2	0.76	81.1	1	33.08	0.83	0.27
F023	植物学报	1745	6	−0.26	1.368	5	−0.08	45.1	6	26.92	0.92	0.34
F050	植物研究	1210	8	−0.48	1.114	7	−0.25	29.1	11	19.75	0.83	0.39
	12 种期刊平均值	2350			1.494							

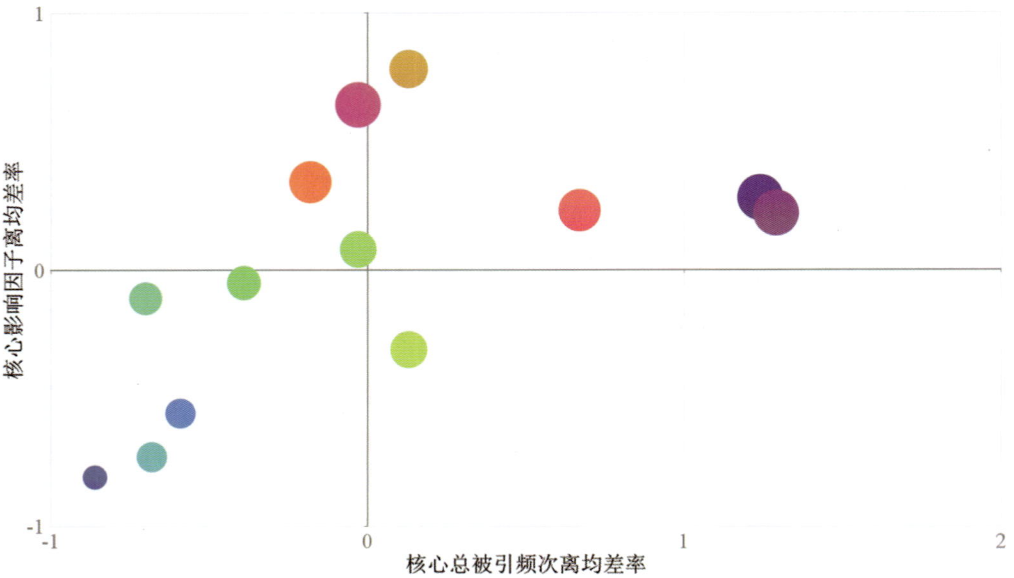

2022 年昆虫学、动物学类期刊核心总被引频次和核心影响因子离均差率的分布图
（节点大小表示综合评价总分）

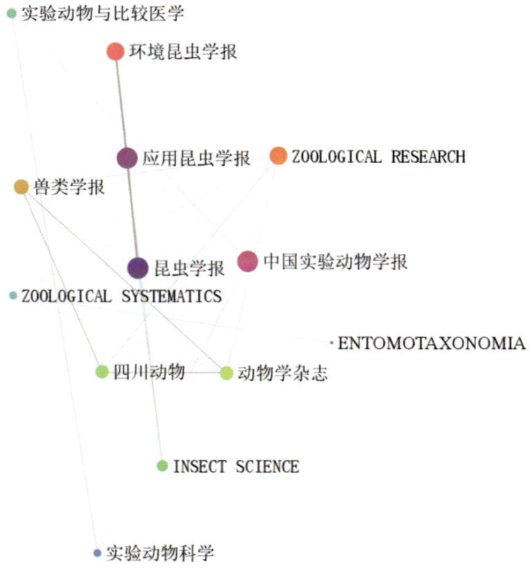

2022 年昆虫学、动物学类期刊互引关系示意图

表 7-19　2022 年昆虫学、动物学类期刊主要指标

CODE	刊名	核心总被引频次			核心影响因子			综合评价总分		学科扩散指标	学科影响指标	红点指标
		数值	排名	离均差率	数值	排名	离均差率	数值	排名			
F005	ENTOMOTAXONOMIA	131	13	−0.86	0.147	13	−0.81	21.5	13	3.08	0.54	0.94
I012	INSECT SCIENCE	555	9	−0.39	0.746	8	−0.05	42.2	9	9.69	0.62	0.24
F022	ZOOLOGICAL RESEARCH	752	8	−0.18	1.057	3	0.34	63.4	4	16.38	0.92	0.00
F014	ZOOLOGICAL SYSTEMATICS	290	11	−0.68	0.211	12	−0.73	33.0	11	6.54	0.62	0.00
F043	动物学杂志	1036	4	0.13	0.545	10	−0.31	49.3	7	15.00	0.46	0.26
H049	环境昆虫学报	1531	3	0.67	0.964	5	0.23	63.4	5	14.31	0.38	0.58
F015	昆虫学报	2051	2	1.24	1.010	4	0.28	75.0	1	16.54	0.77	0.54
F257	实验动物科学	379	10	−0.59	0.344	11	−0.56	32.8	12	12.85	0.38	0.49
G387	实验动物与比较医学	274	12	−0.70	0.703	9	−0.11	38.8	10	10.46	0.23	0.48
F033	兽类学报	1033	5	0.13	1.401	1	0.78	53.3	6	9.46	0.46	0.28
F027	四川动物	886	7	−0.03	0.847	7	0.08	47.8	8	14.38	0.77	0.39
F035	应用昆虫学报	2102	1	1.29	0.959	6	0.22	74.5	2	18.46	0.62	0.51
F047	中国实验动物学报	891	6	−0.03	1.291	2	0.64	73.9	3	20.46	0.38	0.39
	13 种期刊平均值	916			0.787							

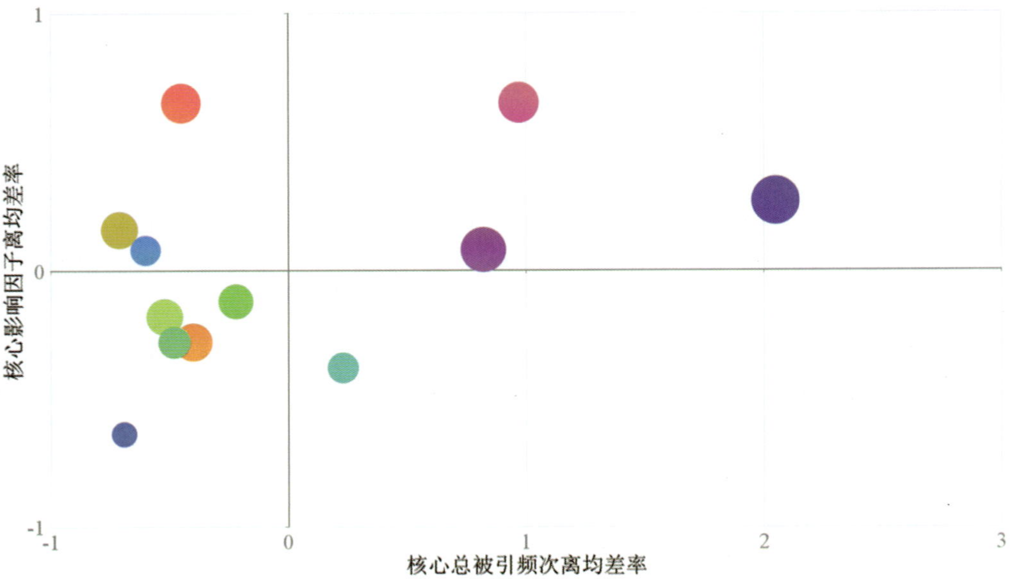

2022 年微生物学、病毒学类期刊核心总被引频次和核心影响因子离均差率的分布图
（节点大小表示综合评价总分）

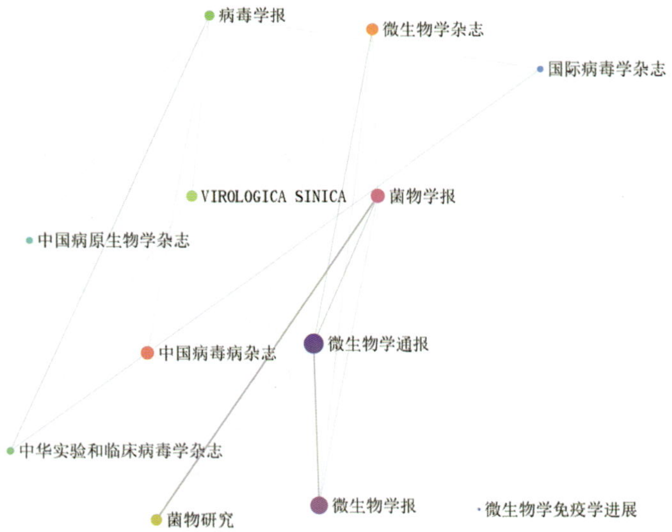

2022 年微生物学、病毒学类期刊互引关系示意图

表 7-20　2022 年微生物学、病毒学类期刊主要指标

CODE	刊名	核心总被引频次			核心影响因子			综合评价总分		学科扩散指标	学科影响指标	红点指标
		数值	排名	离均差率	数值	排名	离均差率	数值	排名			
G095	VIROLOGICA SINICA	538	9	−0.52	0.852	8	−0.18	48.2	7	16.75	0.75	0.13
G018	病毒学报	867	5	−0.22	0.909	7	−0.12	44.4	8	20.08	0.75	0.45
G495	国际病毒学杂志	451	10	−0.60	1.117	6	0.08	32.9	11	11.33	0.67	0.49
F018	菌物学报	2199	2	0.97	1.711	2	0.65	59.0	3	22.50	0.42	0.26
C325	菌物研究	325	12	−0.71	1.203	4	0.16	49.3	6	9.75	0.33	0.24
F004	微生物学报	2033	3	0.82	1.120	5	0.08	73.2	2	34.92	0.67	0.30
F206	微生物学免疫学进展	341	11	−0.69	0.371	12	−0.64	23.0	12	11.83	0.67	0.34
F011	微生物学通报	3399	1	2.05	1.322	3	0.27	83.3	1	45.75	0.83	0.33
F225	微生物学杂志	665	6	−0.40	0.746	10	−0.28	51.9	5	22.92	0.58	0.35
G769	中国病毒病杂志	614	7	−0.45	1.716	1	0.65	55.7	4	17.83	0.50	0.74
G339	中国病原生物学杂志	1374	4	0.23	0.649	11	−0.38	34.6	10	27.42	0.58	0.52
G162	中华实验和临床病毒学杂志	584	8	−0.48	0.748	9	−0.28	36.7	9	15.75	0.67	0.69
	12 种期刊平均值	1116			1.039							

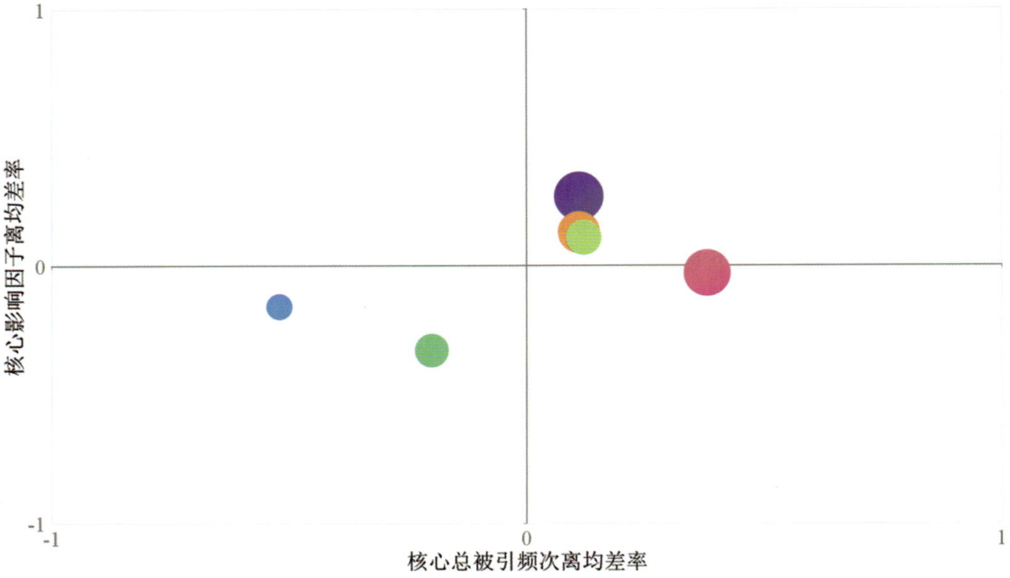

2022 年心理学类期刊核心总被引频次和核心影响因子离均差率的分布图
（节点大小表示综合评价总分）

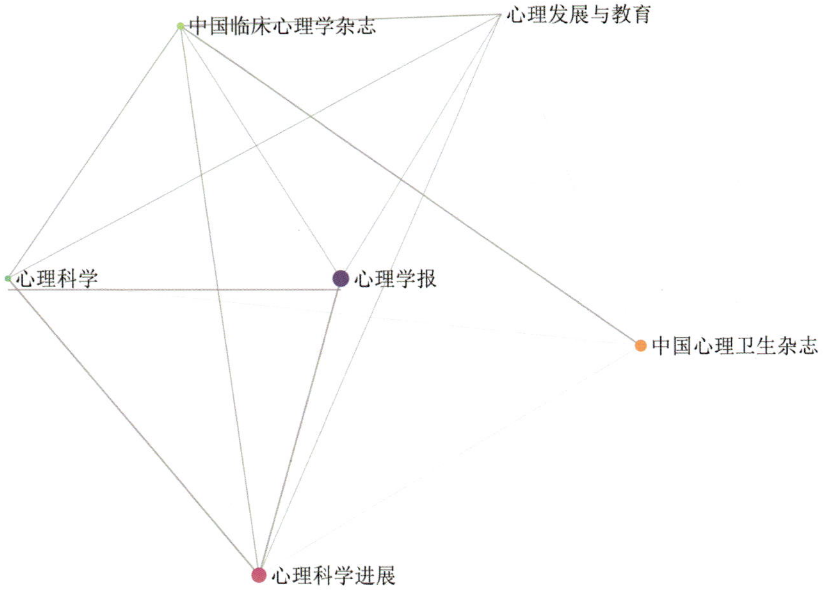

2022 年心理学类期刊互引关系示意图

表 7-21　2022 年心理学类期刊主要指标

CODE	刊名	核心总被引频次			核心影响因子			综合评价总分		学科扩散指标	学科影响指标	红点指标
		数值	排名	离均差率	数值	排名	离均差率	数值	排名			
S700	心理发展与教育	1307	6	−0.52	0.926	5	−0.16	24.7	6	32.67	1.00	0.51
S918	心理科学	2193	5	−0.20	0.742	6	−0.33	40.6	5	64.17	1.00	0.26
S919	心理科学进展	3776	1	0.38	1.072	4	−0.03	78.6	2	93.50	1.00	0.23
E046	心理学报	3044	4	0.11	1.407	1	0.27	86.8	1	76.33	1.00	0.17
G221	中国临床心理学杂志	3079	2	0.12	1.228	3	0.11	44.4	4	60.00	1.00	0.53
G117	中国心理卫生杂志	3051	3	0.11	1.251	2	0.13	62.7	3	74.67	1.00	0.69
	6 种期刊平均值	2742			1.104							

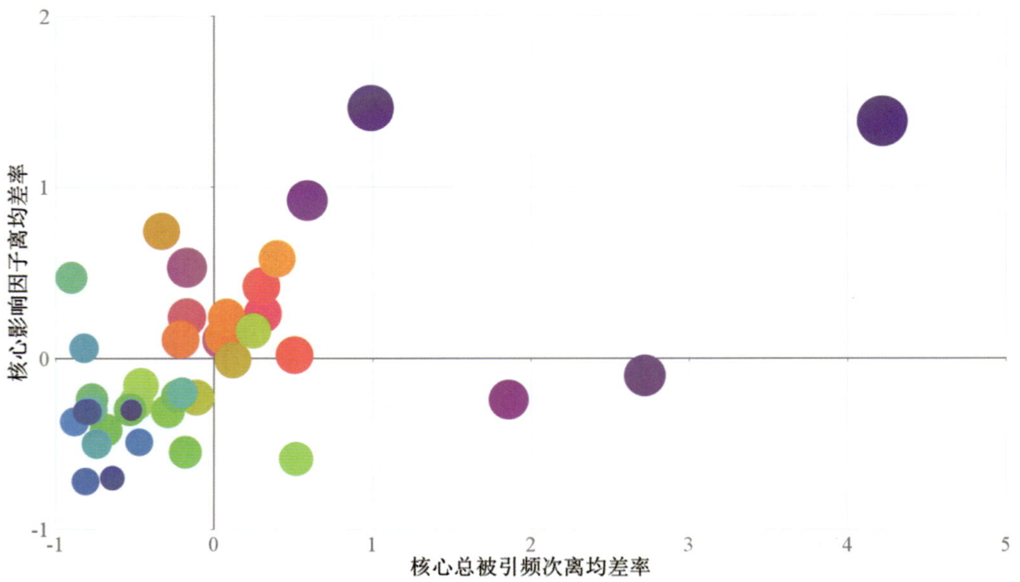

2022 年农业综合类期刊核心总被引频次和核心影响因子离均差率的分布图
（节点大小表示综合评价总分）

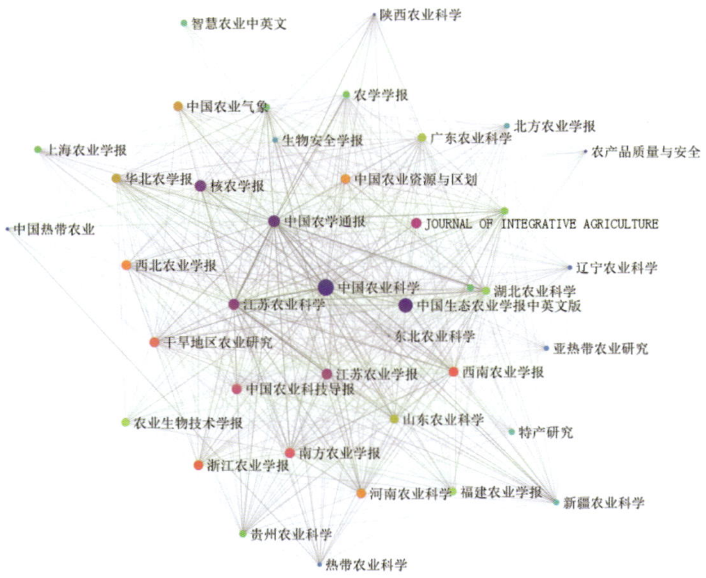

2022 年农业综合类期刊互引关系示意图

表 7-22　2022 年农业综合类期刊主要指标

CODE	刊名	核心总被引频次			核心影响因子			综合评价总分		学科扩散指标	学科影响指标	红点指标
		数值	排名	离均差率	数值	排名	离均差率	数值	排名			
H017	JOURNAL OF INTEGRATIVE AGRICULTURE	2513	15	0.05	1.117	14	0.11	54.4	7	9.20	0.95	0.02
H395	北方农业学报	624	32	−0.74	0.504	36	−0.50	32.3	32	4.75	0.80	0.70
H227	东北农业科学	1154	28	−0.52	0.705	28	−0.30	16.8	40	5.68	0.85	0.67
H265	福建农业学报	1229	27	−0.49	0.739	26	−0.26	43.3	21	6.65	0.95	0.72
H045	干旱地区农业研究	3133	10	0.30	1.430	8	0.42	51.9	10	8.33	0.93	0.73
H228	广东农业科学	3013	11	0.25	1.163	12	0.16	45.3	19	10.93	1.00	0.61
H275	贵州农业科学	1967	19	−0.18	0.449	37	−0.55	39.0	24	9.33	0.98	0.74
H356	河南农业科学	2586	13	0.08	1.245	11	0.24	49.2	14	8.18	0.93	0.74
H042	核农学报	3812	5	0.59	1.928	3	0.92	59.6	4	9.40	0.93	0.63
H203	湖北农业科学	3642	6	0.52	0.416	38	−0.59	42.4	22	14.88	1.00	0.50
H032	华北农学报	2690	12	0.12	0.993	18	−0.01	47.8	17	7.05	0.93	0.80
H700	江苏农业科学	6862	3	1.86	0.761	25	−0.24	56.9	5	16.93	1.00	0.72
H199	江苏农业学报	1994	17	−0.17	1.542	6	0.53	56.8	6	8.40	0.95	0.57
H701	江西农业学报	1706	23	−0.29	0.695	31	−0.31	40.7	23	8.70	0.95	0.62
H261	辽宁农业科学	457	36	−0.81	0.279	40	−0.72	27.5	36	4.28	0.93	0.60
H069	南方农业学报	3156	9	0.31	1.262	9	0.26	52.1	9	9.83	0.95	0.69
H071	农产品质量与安全	445	37	−0.81	0.696	30	−0.31	23.2	38	3.33	0.48	0.57
H105	农学学报	1137	29	−0.53	0.706	27	−0.30	38.4	26	6.98	0.95	0.66
H286	农业生物技术学报	1296	25	−0.46	0.845	20	−0.16	44.9	20	6.48	0.83	0.54
H516	热带农业科学	1281	26	−0.47	0.510	35	−0.49	27.6	35	6.83	0.93	0.57
H070	山地农业生物学报	563	33	−0.77	0.767	24	−0.24	37.7	28	4.93	0.78	0.53
H804	山东农业科学	2144	16	−0.11	0.771	23	−0.23	45.7	18	7.95	0.98	0.78
H390	山西农业科学	1862	22	−0.23	0.779	22	−0.22	38.1	27	7.58	0.90	0.68
H217	陕西农业科学	872	30	−0.64	0.304	39	−0.70	22.1	39	6.45	0.85	0.65
H282	上海农业学报	770	31	−0.68	0.581	34	−0.42	38.7	25	6.00	0.90	0.61
H080	生物安全学报	422	38	−0.82	1.063	16	0.06	31.4	33	3.00	0.65	0.32
H041	特产研究	550	34	−0.77	0.699	29	−0.30	34.9	30	5.15	0.55	0.43
H288	西北农业学报	2538	14	0.06	1.138	13	0.13	50.1	13	7.85	0.95	0.68
H061	西南农业学报	3634	7	0.51	1.023	17	0.02	51.0	11	9.90	1.00	0.69
H276	新疆农业科学	1934	20	−0.20	0.803	21	−0.20	33.7	31	7.08	0.95	0.64
H200	亚热带农业研究	278	39	−0.88	0.638	33	−0.37	30.3	34	2.85	0.50	0.60
H201	浙江农业学报	1895	21	−0.21	1.116	15	0.11	50.5	12	9.48	0.98	0.54
H106	智慧农业中英文	238	40	−0.90	1.479	7	0.47	36.8	29	1.90	0.35	0.37
H958	中国农学通报	8949	2	2.72	0.908	19	−0.10	61.9	3	16.05	1.00	0.68
H567	中国农业科技导报	1983	18	−0.17	1.249	10	0.24	52.5	8	9.88	0.95	0.61
H030	中国农业科学	12538	1	4.22	2.388	2	1.38	91.3	1	13.25	1.00	0.59
H210	中国农业气象	1616	24	−0.33	1.747	4	0.74	48.6	16	6.60	0.90	0.60
H221	中国农业资源与区划	3367	8	0.40	1.589	5	0.58	49.1	15	11.33	0.90	0.36
H081	中国热带农业	498	35	−0.79	0.693	32	−0.31	24.5	37	2.58	0.55	0.52
H555	中国生态农业学报中英文版	4777	4	0.99	2.473	1	1.46	76.9	2	11.40	0.93	0.59
	40 种期刊平均值	2403			1.005							

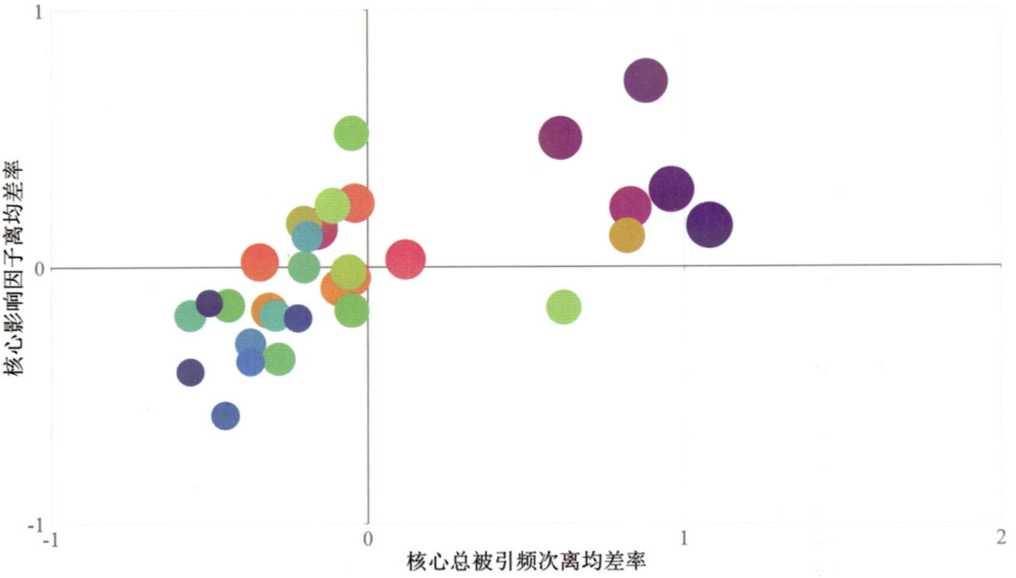

2022 年农业大学学报类期刊核心总被引频次和核心影响因子离均差率的分布图
（节点大小表示综合评价总分）

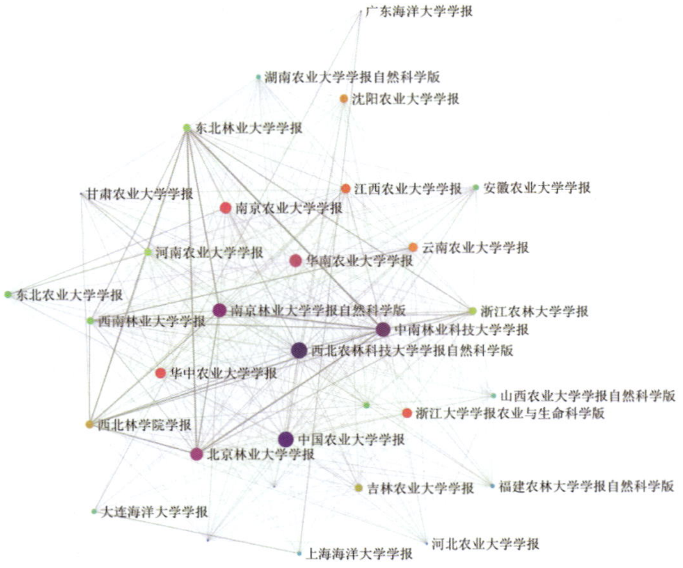

2022 年农业大学学报类期刊互引关系示意图

表 7-23　2022 年农业大学学报类期刊主要指标

CODE	刊名	核心总被引频次			核心影响因子			综合评价总分		学科扩散指标	学科影响指标	红点指标
		数值	排名	离均差率	数值	排名	离均差率	数值	排名			
H002	安徽农业大学学报	1093	21	−0.28	0.747	28	−0.36	39.6	21	10.94	0.94	0.53
H025	北京林业大学学报	2775	4	0.83	1.439	7	0.23	63.6	5	12.26	0.90	0.42
H005	大连海洋大学学报	1206	18	−0.20	1.180	15	0.00	37.7	22	6.84	0.45	0.39
H262	东北林业大学学报	2446	6	0.62	0.988	21	−0.16	45.1	17	13.06	0.94	0.52
H006	东北农业大学学报	1438	12	−0.05	0.980	22	−0.17	43.6	19	11.55	1.00	0.45
H268	福建农林大学学报自然科学版	956	25	−0.37	0.818	27	−0.30	35.3	26	8.81	0.77	0.60
H047	甘肃农业大学学报	1187	20	−0.22	0.942	26	−0.20	29.1	29	9.48	0.84	0.51
H272	广东海洋大学学报	764	29	−0.50	1.014	19	−0.14	27.1	31	5.90	0.29	0.42
H244	河北农业大学学报	948	26	−0.37	0.738	29	−0.37	30.1	27	9.61	0.84	0.47
H011	河南农业大学学报	1352	15	−0.11	1.460	6	0.24	45.4	15	9.35	0.81	0.48
H060	湖南农业大学学报自然科学版	1075	22	−0.29	0.954	24	−0.19	36.6	24	8.90	0.77	0.60
H013	华南农业大学学报	1279	16	−0.16	1.354	10	0.15	62.4	6	11.10	0.90	0.34
H003	华中农业大学学报	1461	9	−0.04	1.463	5	0.25	54.9	8	10.90	0.90	0.49
H243	吉林农业大学学报	1206	18	−0.20	1.377	8	0.17	45.7	14	9.29	0.84	0.52
H283	江西农业大学学报	1439	10	−0.05	1.128	17	−0.04	51.2	10	9.97	0.84	0.53
H033	南京林业大学学报自然科学版	2431	7	0.61	1.759	3	0.50	68.0	4	11.58	0.84	0.40
H021	南京农业大学学报	1692	8	0.12	1.214	13	0.03	58.4	7	10.10	0.90	0.38
H031	山东农业大学学报自然科学版	827	28	−0.45	0.492	31	−0.58	29.6	28	11.68	0.74	0.44
H393	山西农业大学学报自然科学版	661	31	−0.56	0.951	25	−0.19	37.1	23	7.42	0.84	0.47
H292	上海海洋大学学报	1226	17	−0.19	1.311	12	0.12	35.5	25	6.00	0.39	0.41
H024	沈阳农业大学学报	1045	23	−0.31	0.970	23	−0.17	47.3	12	9.35	0.84	0.44
H007	四川农业大学学报	845	27	−0.44	1.000	20	−0.15	41.1	20	9.03	0.84	0.50
H224	西北林学院学报	2751	5	0.82	1.318	11	0.12	46.1	13	12.52	0.87	0.49
H018	西北农林科技大学学报自然科学版	3143	1	1.08	1.358	9	0.16	77.1	1	16.16	1.00	0.40
H270	西南林业大学学报	1439	10	−0.05	1.783	2	0.52	44.4	18	9.42	0.77	0.42
H016	扬州大学学报农业与生命科学版	666	30	−0.56	0.691	30	−0.41	27.8	30	7.00	0.74	0.57
H269	云南农业大学学报	1373	14	−0.09	1.084	18	−0.08	49.2	11	10.00	0.90	0.48
H035	浙江大学学报农业与生命科学版	999	24	−0.34	1.193	14	0.02	52.7	9	9.84	0.90	0.39
H019	浙江农林大学学报	1428	13	−0.06	1.151	16	−0.02	45.4	16	9.90	0.87	0.43
H027	中国农业大学学报	2968	2	0.96	1.527	4	0.30	75.0	2	16.32	1.00	0.35
H053	中南林业科技大学学报	2844	3	0.88	2.023	1	0.72	70.9	3	12.06	0.74	0.51
	31 种期刊平均值	1515			1.174							

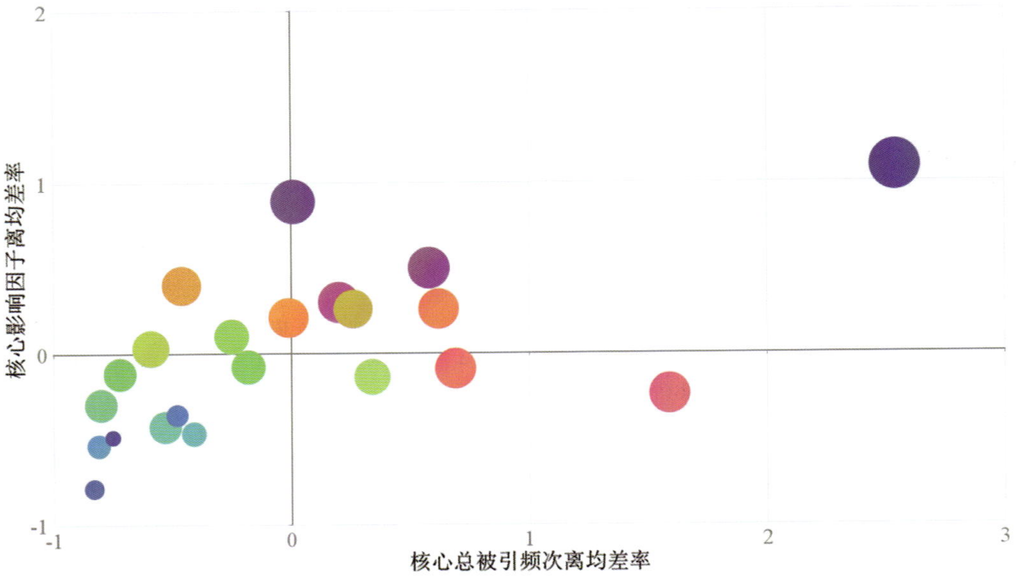

2022 年农艺学类期刊核心总被引频次和核心影响因子离均差率的分布图
（节点大小表示综合评价总分）

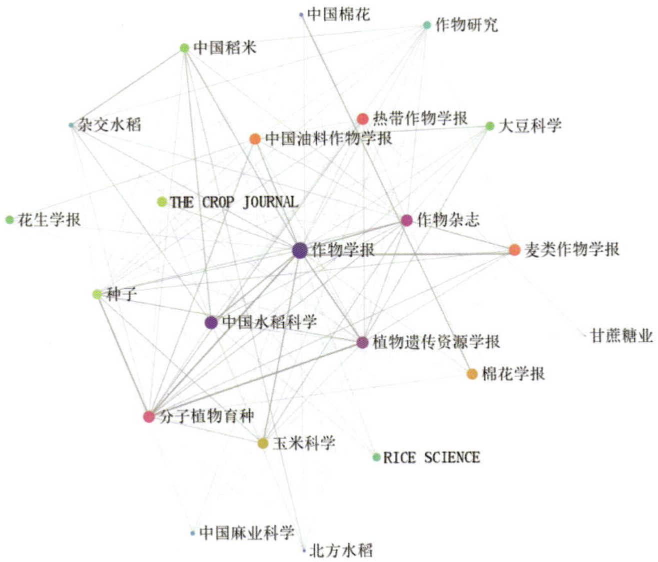

2022 年农艺学类期刊互引关系示意图

表 7-24　2022 年农艺学类期刊主要指标

CODE	刊名	核心总被引频次			核心影响因子			综合评价总分		学科扩散指标	学科影响指标	红点指标
		数值	排名	离均差率	数值	排名	离均差率	数值	排名			
I065	RICE SCIENCE	364	20	−0.80	0.819	16	−0.30	39.0	16	5.32	0.73	0.36
H064	THE CROP JOURNAL	740	17	−0.59	1.206	10	0.03	48.7	11	6.59	0.77	0.12
H128	北方水稻	314	22	−0.83	0.240	22	−0.79	14.1	21	3.91	0.68	0.82
H038	大豆科学	1490	11	−0.18	1.074	11	−0.08	42.9	14	9.95	0.68	0.76
H845	分子植物育种	4728	2	1.59	0.893	15	−0.24	60.5	5	14.86	1.00	0.62
H844	甘蔗糖业	455	19	−0.75	0.600	20	−0.49	8.9	22	3.32	0.27	0.42
H665	花生学报	518	18	−0.72	1.029	13	−0.12	39.1	15	5.55	0.50	0.79
H748	麦类作物学报	2961	4	0.62	1.479	6	0.26	58.3	7	10.41	0.86	0.74
H037	棉花学报	978	14	−0.46	1.633	4	0.40	54.8	9	6.68	0.73	0.71
H223	热带作物学报	3081	3	0.69	1.070	12	−0.09	60.0	6	15.09	0.95	0.46
H909	玉米科学	2293	7	0.26	1.476	7	0.26	53.7	10	8.59	0.68	0.85
H293	杂交水稻	1078	13	−0.41	0.620	19	−0.47	21.9	18	5.41	0.77	0.91
H238	植物遗传资源学报	2879	5	0.58	1.754	3	0.50	62.5	3	10.00	1.00	0.77
H939	中国稻米	1361	12	−0.25	1.290	9	0.10	44.3	13	7.86	0.77	0.85
H212	中国麻业科学	340	21	−0.81	0.537	21	−0.54	20.2	19	3.73	0.45	0.60
H211	中国棉花	946	15	−0.48	0.752	17	−0.36	17.3	20	4.50	0.50	0.77
H020	中国水稻科学	1838	9	0.01	2.207	2	0.89	69.9	2	8.68	0.86	0.81
H205	中国油料作物学报	1806	10	−0.01	1.416	8	0.21	56.6	8	10.32	0.64	0.68
H103	种子	2442	6	0.34	1.008	14	−0.14	47.1	12	11.23	0.95	0.63
H034	作物学报	6462	1	2.54	2.447	1	1.09	93.3	1	14.00	1.00	0.80
H410	作物研究	856	16	−0.53	0.672	18	−0.43	37.6	17	8.41	0.82	0.79
H202	作物杂志	2180	8	0.20	1.515	5	0.30	61.0	4	10.86	0.95	0.83
	22 种期刊平均值	1823			1.170							

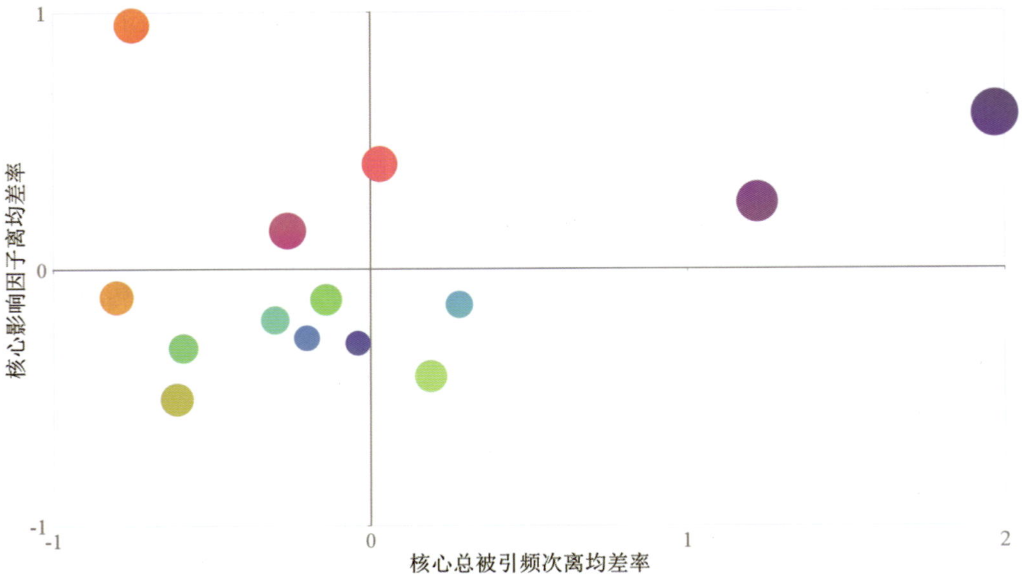

2022 年园艺学类期刊核心总被引频次和核心影响因子离均差率的分布图
（节点大小表示综合评价总分）

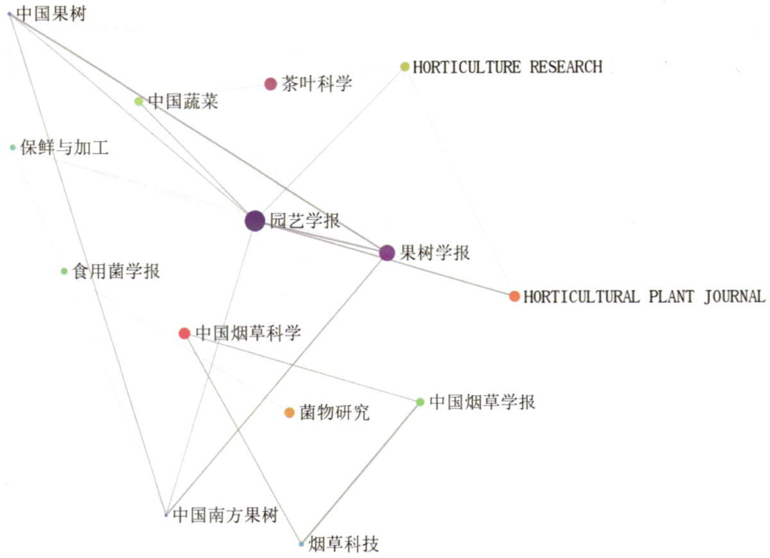

2022 年园艺学类期刊互引关系示意图

表 7-25　2022 年园艺学类期刊主要指标

CODE	刊名	核心总被引频次			核心影响因子			综合评价总分		学科扩散指标	学科影响指标	红点指标
		数值	排名	离均差率	数值	排名	离均差率	数值	排名			
H062	HORTICULTURAL PLANT JOURNAL	408	13	−0.75	2.618	1	0.95	44.0	5	6.00	0.57	0.00
H082	HORTICULTURE RESEARCH	621	12	−0.61	0.660	14	−0.51	38.8	7	10.00	0.71	0.00
U645	保鲜与加工	1127	10	−0.30	1.080	9	−0.20	29.2	11	14.21	0.50	0.40
H001	茶叶科学	1181	9	−0.26	1.545	5	0.15	48.8	3	14.86	0.64	0.29
H028	果树学报	3556	2	1.22	1.693	4	0.26	60.9	2	17.36	0.50	0.72
C325	菌物研究	325	14	−0.80	1.203	6	−0.11	41.7	6	8.36	0.36	0.18
H838	食用菌学报	656	11	−0.59	0.927	12	−0.31	31.4	10	9.93	0.50	0.18
U562	烟草科技	2050	3	0.28	1.163	8	−0.14	27.1	12	15.64	0.71	0.44
H039	园艺学报	4766	1	1.97	2.149	2	0.60	79.5	1	18.86	0.86	0.68
H215	中国果树	1283	8	−0.20	0.976	10	−0.27	24.0	13	11.57	0.57	0.61
H273	中国南方果树	1532	6	−0.04	0.955	11	−0.29	22.1	14	11.71	0.43	0.55
H207	中国蔬菜	1916	4	0.19	0.780	13	−0.42	37.0	8	17.00	0.86	0.42
H208	中国烟草科学	1659	5	0.03	1.898	3	0.41	45.8	4	13.36	0.57	0.47
U647	中国烟草学报	1384	7	−0.14	1.181	7	−0.12	36.3	9	13.43	0.36	0.42
	14 种期刊平均值	1605			1.345							

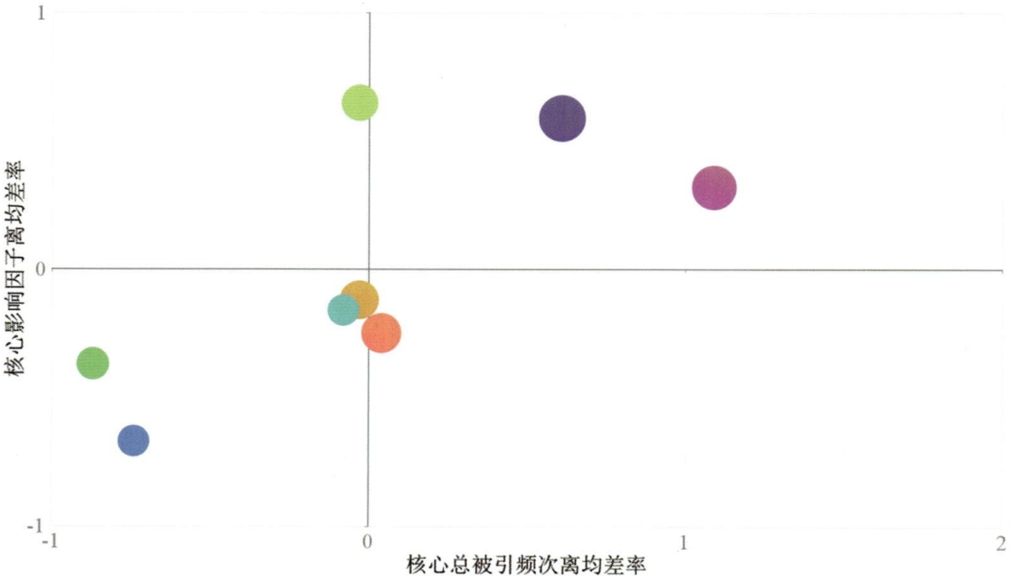

2022 年土壤学类期刊核心总被引频次和核心影响因子离均差率的分布图
（节点大小表示综合评价总分）

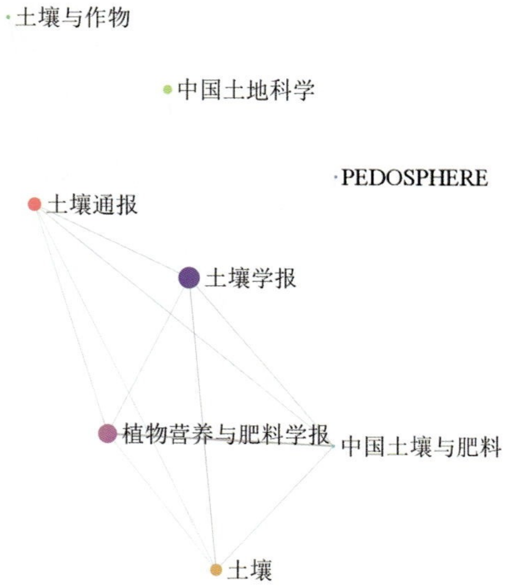

2022 年土壤学类期刊互引关系示意图

表 7-26　2022 年土壤学类期刊主要指标

CODE	刊名	核心总被引频次			核心影响因子			综合评价总分		学科扩散指标	学科影响指标	红点指标
		数值	排名	离均差率	数值	排名	离均差率	数值	排名			
H046	PEDOSPHERE	896	7	−0.74	0.739	8	−0.67	35.7	8	30.13	0.88	0.00
H043	土壤	3334	5	−0.03	1.971	4	−0.12	53.9	4	49.50	1.00	0.44
H057	土壤通报	3592	3	0.04	1.676	6	−0.25	57.7	3	50.63	1.00	0.50
H012	土壤学报	5531	2	0.61	3.579	2	0.59	78.2	1	55.38	1.00	0.38
H048	土壤与作物	460	8	−0.87	1.421	7	−0.37	38.0	6	19.75	0.88	0.56
H890	植物营养与肥料学报	7197	1	1.09	2.974	3	0.32	71.2	2	41.50	0.75	0.61
H350	中国土地科学	3343	4	−0.03	3.704	1	0.65	47.6	5	42.13	0.38	0.16
H233	中国土壤与肥料	3163	6	−0.08	1.897	5	−0.16	36.0	7	37.50	0.88	0.60
	8 种期刊平均值	3440			2.245							

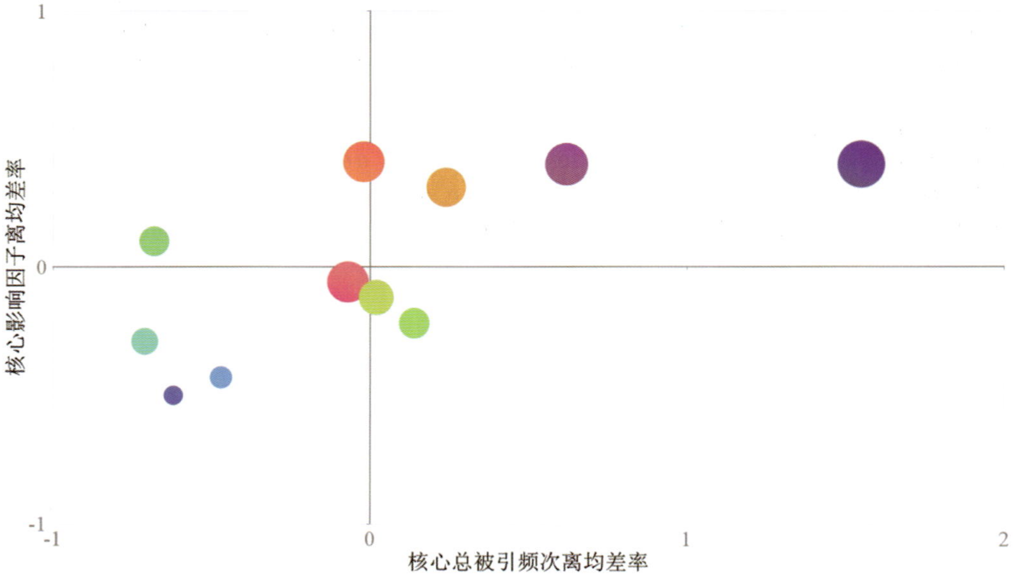

2022 年植物保护学类期刊核心总被引频次和核心影响因子离均差率的分布图
（节点大小表示综合评价总分）

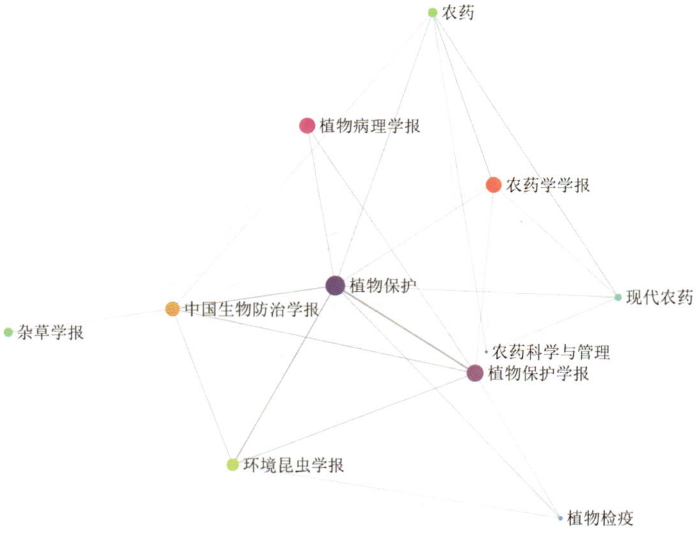

2022 年植物保护学类期刊互引关系示意图

表 7-27　2022 年植物保护学类期刊主要指标

CODE	刊名	核心总被引频次			核心影响因子			综合评价总分		学科扩散指标	学科影响指标	红点指标
		数值	排名	离均差率	数值	排名	离均差率	数值	排名			
H049	环境昆虫学报	1531	5	0.02	0.964	7	−0.12	44.3	6	16.91	0.82	0.42
T034	农药	1698	4	0.14	0.852	8	−0.22	33.7	7	22.18	1.00	0.50
T924	农药科学与管理	565	9	−0.62	0.541	11	−0.50	13.6	11	12.64	0.82	0.56
H404	农药学学报	1467	6	−0.02	1.543	1	0.41	60.3	4	22.27	1.00	0.61
H417	现代农药	431	11	−0.71	0.771	9	−0.29	26.0	9	11.73	0.91	0.69
H989	杂草学报	477	10	−0.68	1.204	5	0.10	32.0	8	10.00	0.82	0.67
H577	植物保护	3804	1	1.55	1.534	2	0.40	80.1	1	23.36	1.00	0.41
H014	植物保护学报	2427	2	0.62	1.527	3	0.40	65.3	2	19.27	1.00	0.42
H052	植物病理学报	1396	7	−0.07	1.024	6	−0.06	61.3	3	16.27	0.82	0.29
H584	植物检疫	791	8	−0.47	0.623	10	−0.43	18.0	10	12.09	0.91	0.42
H044	中国生物防治学报	1851	3	0.24	1.429	4	0.31	55.2	5	19.00	1.00	0.37
	11 种期刊平均值	1494			1.092							

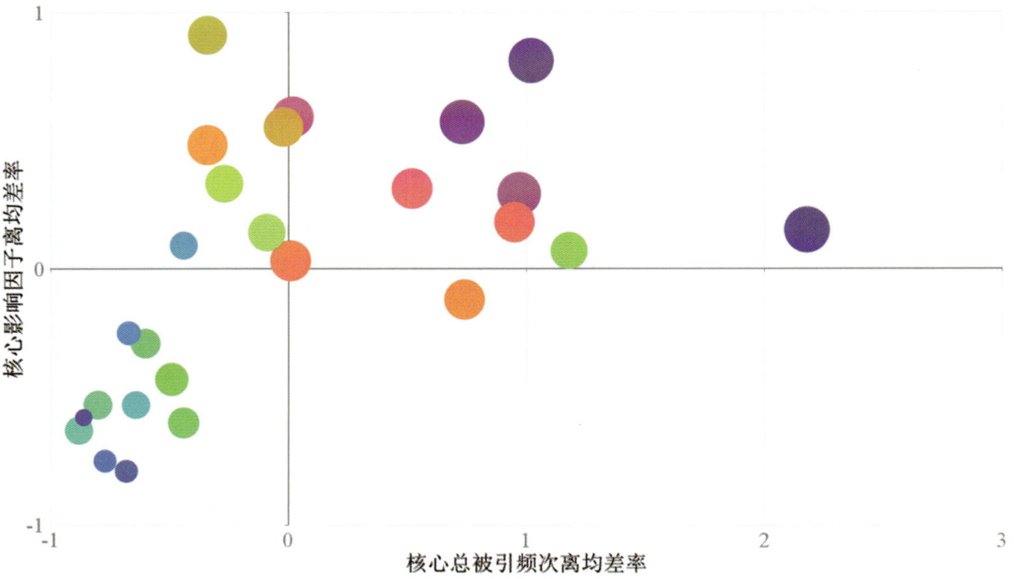

2022 年林学类期刊核心总被引频次和核心影响因子离均差率的分布图
（节点大小表示综合评价总分）

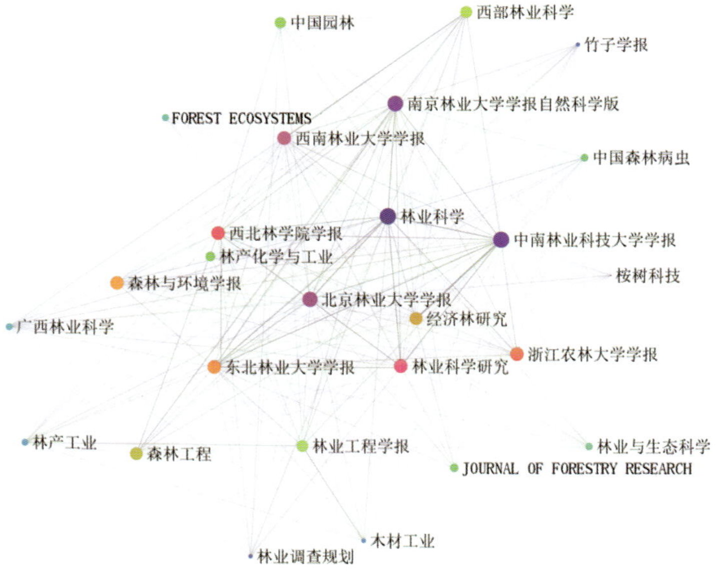

2022 年林学类期刊互引关系示意图

表 7-28　2022 年林学类期刊主要指标

CODE	刊名	核心总被引频次			核心影响因子			综合评价总分		学科扩散指标	学科影响指标	红点指标
		数值	排名	离均差率	数值	排名	离均差率	数值	排名			
Q784	FOREST ECOSYSTEMS	164	26	−0.88	0.413	24	−0.63	28.8	20	2.69	0.65	0.10
I018	JOURNAL OF FORESTRY RESEARCH	786	17	−0.44	0.451	23	−0.60	35.4	17	8.12	0.88	0.05
H340	桉树科技	201	25	−0.86	0.472	22	−0.58	10.9	26	2.31	0.58	0.48
H025	北京林业大学学报	2775	4	0.97	1.439	9	0.29	68.8	4	14.62	0.96	0.52
H262	东北林业大学学报	2446	6	0.74	0.988	16	−0.12	58.1	9	15.58	1.00	0.56
H364	广西林业科学	513	20	−0.64	0.531	20	−0.53	28.5	21	5.04	0.81	0.55
H266	经济林研究	1385	11	−0.02	1.733	5	0.55	55.8	11	6.85	0.73	0.56
U037	林产工业	787	16	−0.44	1.219	13	0.09	27.9	22	5.12	0.77	0.35
T017	林产化学与工业	718	18	−0.49	0.643	19	−0.43	39.7	16	8.69	0.77	0.29
H740	林业工程学报	1287	12	−0.09	1.280	12	0.14	50.1	14	11.62	0.96	0.26
H280	林业科学	4480	1	2.18	1.282	11	0.15	75.2	1	16.35	1.00	0.43
H281	林业科学研究	2136	8	0.52	1.466	8	0.31	59.7	6	10.50	0.96	0.56
H102	林业调查规划	456	22	−0.68	0.239	26	−0.79	19.2	24	6.12	0.81	0.40
H289	林业与生态科学	276	24	−0.80	0.523	21	−0.53	30.6	19	4.88	0.73	0.55
U533	木材工业	471	21	−0.67	0.835	17	−0.25	20.8	23	2.81	0.62	0.23
H033	南京林业大学学报自然科学版	2431	7	0.73	1.759	4	0.57	71.4	3	13.81	0.92	0.51
H382	森林工程	934	15	−0.34	2.141	1	0.91	54.8	12	8.27	0.85	0.36
H051	森林与环境学报	935	14	−0.34	1.657	6	0.48	57.9	10	8.50	0.96	0.64
H224	西北林学院学报	2751	5	0.95	1.318	10	0.18	59.4	7	14.92	0.92	0.56
H385	西部林业科学	1034	13	−0.27	1.490	7	0.33	51.8	13	8.77	0.88	0.52
H270	西南林业大学学报	1439	9	0.02	1.783	3	0.59	61.0	5	11.23	0.96	0.46
H019	浙江农林大学学报	1428	10	0.01	1.151	15	0.03	59.2	8	11.81	1.00	0.42
H793	中国森林病虫	560	19	−0.60	0.789	18	−0.29	31.8	18	3.85	0.81	0.50
V039	中国园林	3073	2	1.18	1.192	14	0.07	49.0	15	10.58	0.69	0.99
H053	中南林业科技大学学报	2844	3	1.02	2.023	2	0.81	74.1	2	14.38	0.92	0.54
H026	竹子学报	325	23	−0.77	0.280	25	−0.75	19.2	25	3.19	0.69	0.27
	26 种期刊平均值	1409			1.119							

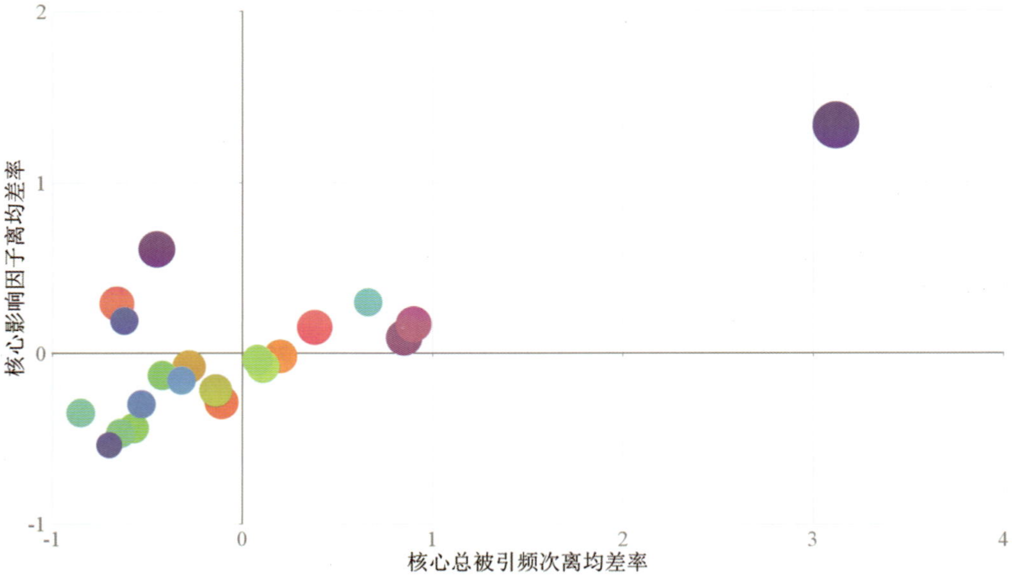

2022 年畜牧、兽医科学类期刊核心总被引频次和核心影响因子离均差率的分布图
（节点大小表示综合评价总分）

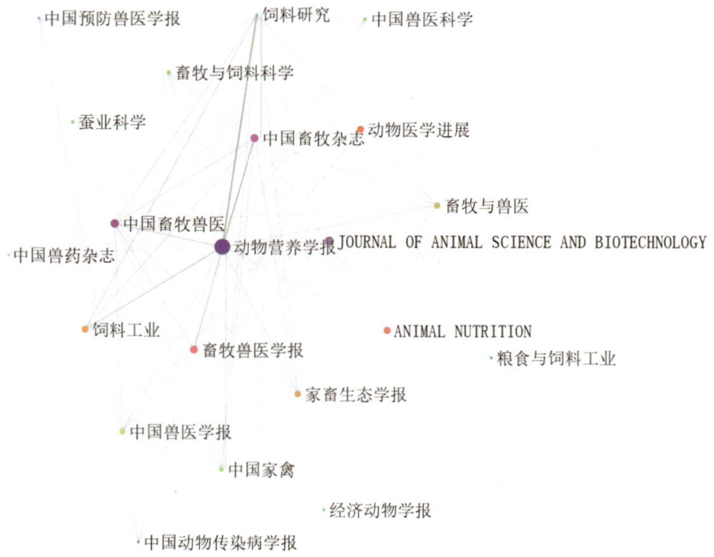

2022 年畜牧、兽医科学类期刊互引关系示意图

表 7-29　2022 年畜牧、兽医科学类期刊主要指标

CODE	刊名	核心总被引频次			核心影响因子			综合评价总分		学科扩散指标	学科影响指标	红点指标
		数值	排名	离均差率	数值	排名	离均差率	数值	排名			
H063	ANIMAL NUTRITION	591	19	−0.66	1.160	4	0.29	43.6	6	4.95	0.76	0.00
H029	JOURNAL OF ANIMAL SCIENCE AND BIOTECHNOLOGY	958	14	−0.45	1.451	2	0.61	48.3	2	6.67	0.86	0.00
H009	蚕业科学	618	18	−0.64	0.475	20	−0.47	30.5	15	7.48	0.29	0.14
G775	动物医学进展	1540	9	−0.11	0.644	16	−0.29	41.7	7	16.24	0.86	0.58
F231	动物营养学报	7147	1	3.12	2.100	1	1.33	77.6	1	15.00	1.00	0.80
H240	家畜生态学报	1253	11	−0.28	0.827	12	−0.08	39.3	9	8.48	0.95	0.47
H333	经济动物学报	259	21	−0.85	0.583	18	−0.35	29.7	16	4.14	0.67	0.48
U055	粮食与饲料工业	823	15	−0.53	0.633	17	−0.30	28.8	19	7.48	0.67	0.22
H862	饲料工业	2088	6	0.20	0.885	9	−0.02	41.0	8	10.33	0.90	0.74
H864	饲料研究	2872	4	0.66	1.169	3	0.30	29.1	17	10.14	0.90	0.70
H023	畜牧兽医学报	2391	5	0.38	1.041	7	0.15	44.6	5	11.90	0.95	0.58
H218	畜牧与兽医	1487	10	−0.14	0.699	15	−0.22	38.7	10	10.24	0.90	0.60
H247	畜牧与饲料科学	741	16	−0.57	0.502	19	−0.44	32.8	13	8.52	0.86	0.48
H891	中国动物传染病学报	654	17	−0.62	1.071	5	0.19	28.3	20	5.76	0.76	0.55
H414	中国家禽	1877	8	0.08	0.866	10	−0.04	33.9	12	7.71	0.86	0.58
H317	中国兽药杂志	524	20	−0.70	0.418	21	−0.54	24.3	21	8.33	0.81	0.30
H326	中国兽医科学	1007	13	−0.42	0.786	13	−0.13	31.3	14	7.00	0.90	0.54
H225	中国兽医学报	1924	7	0.11	0.832	11	−0.08	38.1	11	11.24	0.86	0.56
H294	中国畜牧兽医	3203	3	0.85	0.984	8	0.09	46.9	3	14.86	0.95	0.60
H242	中国畜牧杂志	3301	2	0.90	1.052	6	0.17	45.5	4	13.33	0.95	0.65
H099	中国预防兽医学报	1171	12	−0.32	0.755	14	−0.16	28.9	18	6.43	0.81	0.48
	21 种期刊平均值	1735			0.902							

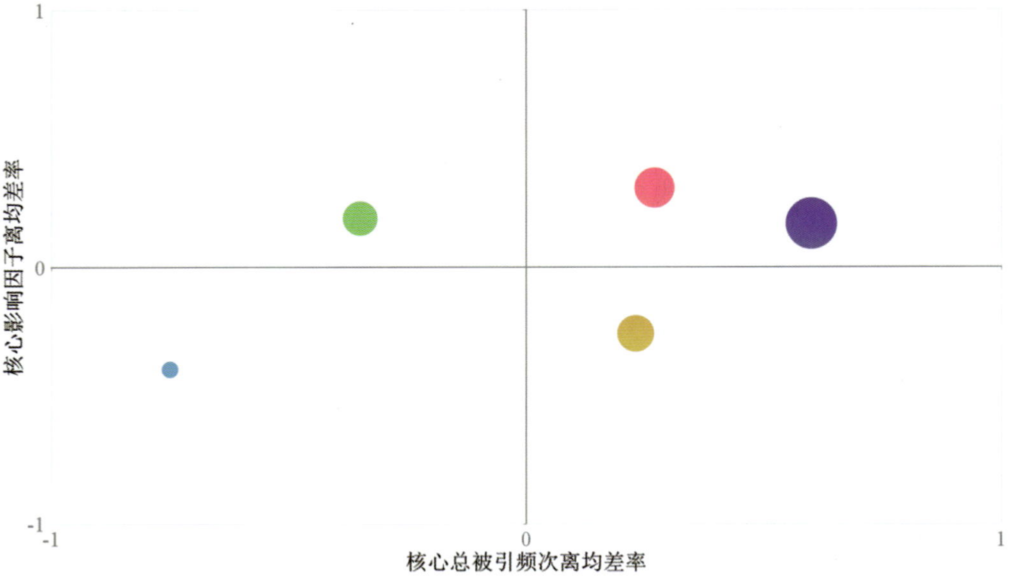

2022 年草原学类期刊核心总被引频次和核心影响因子离均差率的分布图
（节点大小表示综合评价总分）

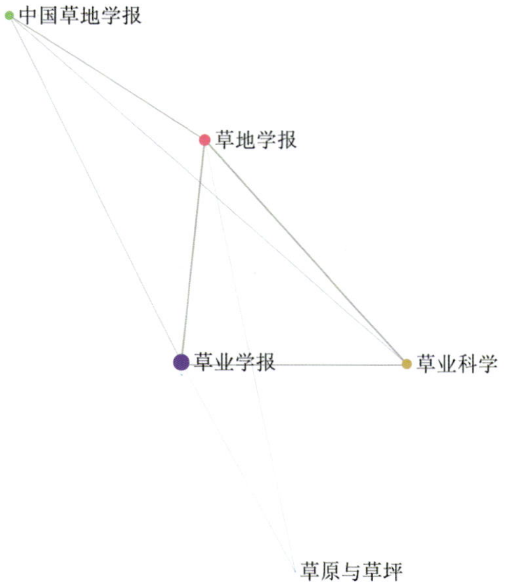

2022 年草原学类期刊互引关系示意图

表 7-30　2022 年草原学类期刊主要指标

CODE	刊名	核心总被引频次			核心影响因子			综合评价总分		学科扩散指标	学科影响指标	红点指标
		数值	排名	离均差率	数值	排名	离均差率	数值	排名			
H525	草地学报	4392	2	0.27	2.690	1	0.31	58.6	2	59.20	1.00	0.53
H234	草业科学	4253	3	0.23	1.514	4	–0.26	48.8	3	71.00	1.00	0.42
H527	草业学报	5526	1	0.60	2.414	3	0.17	95.1	1	73.60	1.00	0.49
H538	草原与草坪	866	5	–0.75	1.226	5	–0.40	10.1	5	29.80	1.00	0.63
H213	中国草地学报	2266	4	–0.35	2.444	2	0.19	42.9	4	44.20	1.00	0.58
	5 种期刊平均值	3461			2.058							

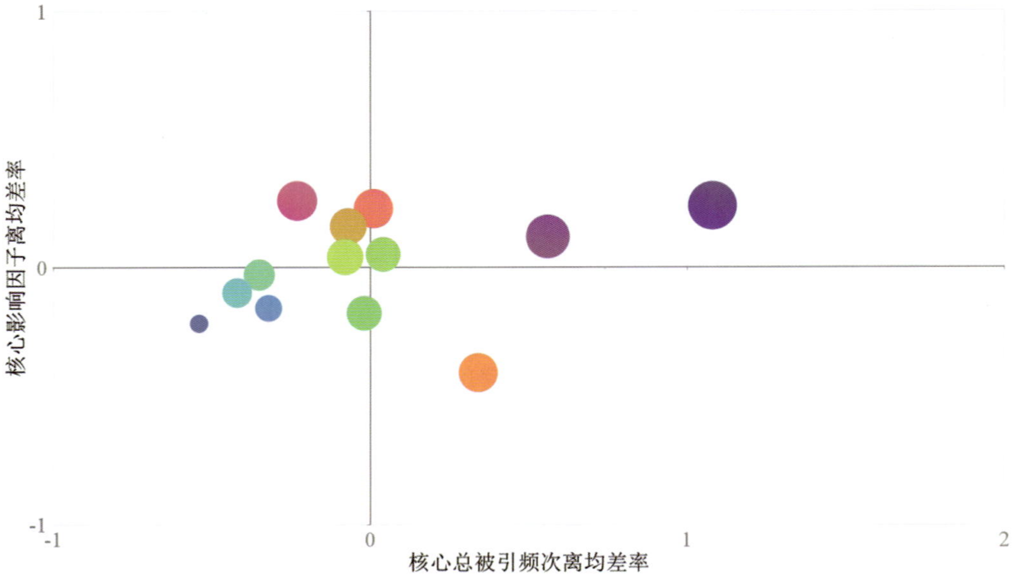

2022年水产学类期刊核心总被引频次和核心影响因子离均差率的分布图
（节点大小表示综合评价总分）

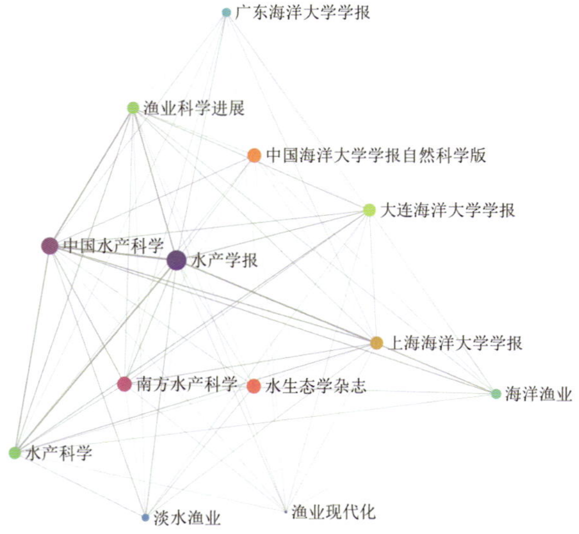

2022年水产学类期刊互引关系示意图

表 7-31　2022 年水产学类期刊主要指标

CODE	刊名	核心总被引频次			核心影响因子			综合评价总分		学科扩散指标	学科影响指标	红点指标
		数值	排名	离均差率	数值	排名	离均差率	数值	排名			
H005	大连海洋大学学报	1206	8	−0.08	1.180	7	0.04	47.6	7	16.31	1.00	0.42
H040	淡水渔业	894	10	−0.32	0.955	10	−0.16	26.2	12	10.69	1.00	0.45
H272	广东海洋大学学报	764	12	−0.42	1.014	9	−0.10	32.2	11	14.08	1.00	0.43
H284	海洋渔业	862	11	−0.35	1.095	8	−0.03	35.6	10	9.69	1.00	0.50
H068	南方水产科学	1016	9	−0.23	1.422	1	0.26	57.2	3	11.77	1.00	0.44
H292	上海海洋大学学报	1226	7	−0.07	1.311	4	0.16	48.0	6	14.31	1.00	0.47
H847	水产科学	1289	6	−0.02	0.933	11	−0.18	43.9	9	12.77	1.00	0.53
H008	水产学报	2748	1	1.08	1.404	2	0.24	84.4	1	16.85	1.00	0.58
H850	水生态学杂志	1327	5	0.01	1.391	3	0.23	55.4	4	18.85	1.00	0.37
H998	渔业科学进展	1377	4	0.04	1.190	6	0.05	44.0	8	12.38	1.00	0.58
H220	渔业现代化	600	13	−0.54	0.885	12	−0.22	12.1	13	9.31	1.00	0.33
E313	中国海洋大学学报自然科学版	1772	3	0.34	0.663	13	−0.41	53.7	5	34.15	1.00	0.21
H290	中国水产科学	2053	2	0.56	1.272	5	0.12	68.8	2	14.31	1.00	0.54
	13 种期刊平均值	1318			1.132							

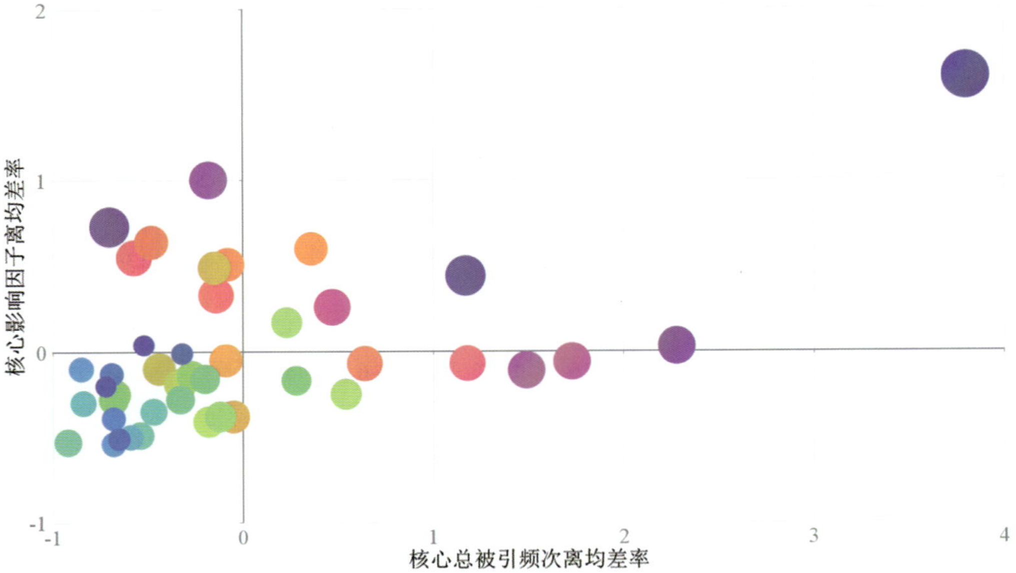

2022 年医学综合类期刊核心总被引频次和核心影响因子离均差率的分布图
（节点大小表示综合评价总分）

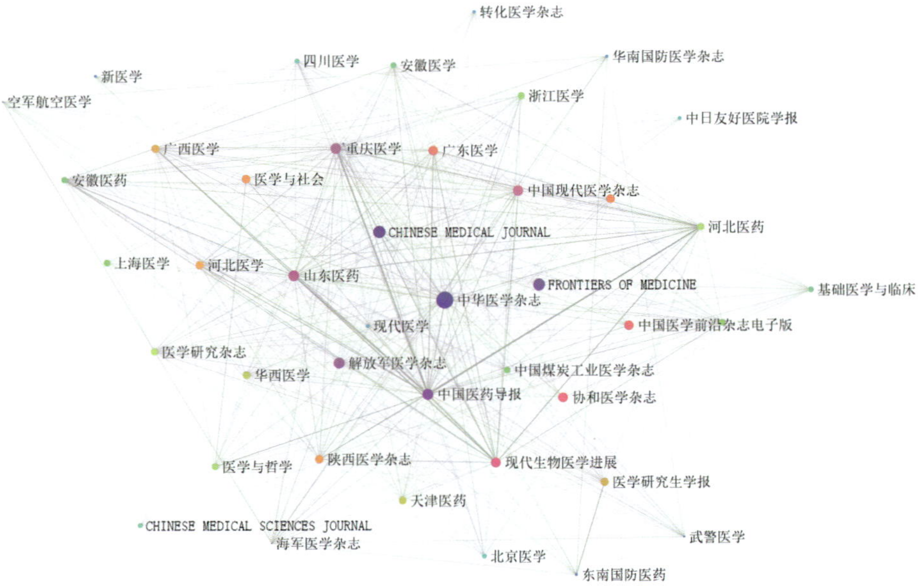

2022 年医学综合类期刊互引关系示意图

表 7-32　2022 年医学综合类期刊主要指标

CODE	刊名	核心总被引频次			核心影响因子			综合评价总分		学科扩散指标	学科影响指标	红点指标
		数值	排名	离均差率	数值	排名	离均差率	数值	排名			
I201	CHINESE MEDICAL JOURNAL	4327	6	1.17	1.168	9	0.44	57.8	2	17.81	1.00	0.00
G126	CHINESE MEDICAL SCIENCES JOURNAL	164	43	−0.92	0.385	42	−0.53	27.8	31	3.28	0.40	0.15
I237	FRONTIERS OF MEDICINE	591	39	−0.70	1.407	3	0.73	57.0	3	8.09	0.49	0.00
G786	安徽医学	1594	21	−0.20	0.679	25	−0.16	31.1	29	9.86	0.72	0.65
Q906	安徽医药	2550	11	0.28	0.677	26	−0.17	32.2	28	11.86	0.81	0.66
G016	北京医学	1047	27	−0.47	0.528	34	−0.35	26.6	33	9.12	0.67	0.55
G225	重庆医学	4950	4	1.49	0.724	22	−0.11	50.8	6	16.53	0.91	0.74
G944	东南国防医药	613	38	−0.69	0.705	23	−0.13	20.9	39	5.21	0.67	0.54
G026	广东医学	3266	7	0.64	0.755	19	−0.07	44.9	12	14.58	0.93	0.71
G816	广西医学	1898	13	−0.05	0.508	35	−0.38	39.4	17	11.19	0.81	0.84
G899	海军医学杂志	946	29	−0.52	0.843	13	0.04	16.2	43	5.37	0.56	0.55
G641	河北医学	1817	15	−0.09	0.773	16	−0.05	39.6	16	9.60	0.74	0.72
G898	河北医药	3061	8	0.54	0.608	30	−0.25	34.9	22	12.21	0.79	0.74
G340	华南国防医学杂志	629	37	−0.68	0.377	43	−0.54	22.3	37	6.07	0.60	0.63
G294	华西医学	1326	25	−0.33	0.656	27	−0.19	37.6	20	10.51	0.74	0.61
G003	基础医学与临床	1333	24	−0.33	0.582	32	−0.28	29.9	30	11.09	0.79	0.61
G048	解放军医学杂志	1636	19	−0.18	1.629	2	1.00	51.0	5	11.28	0.74	0.71
Q907	空军航空医学	561	40	−0.72	0.652	28	−0.20	16.4	42	4.33	0.58	0.61
G511	山东医药	5436	3	1.73	0.765	17	−0.06	50.3	7	16.49	0.93	0.69
G630	陕西医学杂志	2697	10	0.36	1.301	5	0.60	40.1	15	9.28	0.72	0.89
G069	上海医学	659	34	−0.67	0.612	29	−0.25	33.4	26	7.74	0.63	0.56
G575	四川医学	915	30	−0.54	0.413	39	−0.49	27.7	32	8.74	0.72	0.57
G076	天津医药	1114	26	−0.44	0.733	20	−0.10	38.1	19	10.02	0.67	0.71
G707	武警医学	701	33	−0.65	0.400	41	−0.51	18.5	40	6.63	0.60	0.55
G588	西部医学	1454	22	−0.27	0.703	24	−0.14	33.7	25	9.72	0.74	0.73
F250	现代生物医学进展	4329	5	1.18	0.758	18	−0.07	46.4	9	15.86	0.77	0.80
G223	现代医学	806	32	−0.59	0.408	40	−0.50	23.5	35	6.74	0.58	0.76
G817	协和医学杂志	850	31	−0.57	1.264	6	0.55	45.9	10	9.02	0.77	0.54
G721	新医学	631	36	−0.68	0.495	37	−0.39	21.3	38	6.42	0.65	0.68
G281	医学研究生学报	1690	18	−0.15	1.211	8	0.49	39.1	18	10.91	0.81	0.73
G480	医学研究杂志	1629	20	−0.18	0.482	38	−0.41	36.1	21	12.09	0.84	0.74
G964	医学与社会	1837	14	−0.08	1.228	7	0.51	40.5	14	6.37	0.51	0.42
G308	医学与哲学	2439	12	0.23	0.948	12	0.17	34.6	24	10.60	0.72	0.26
G810	浙江医学	1746	16	−0.12	0.500	36	−0.38	34.6	23	12.26	0.81	0.71
G852	中国急救复苏与灾害医学杂志	1346	23	−0.32	0.808	15	−0.01	17.2	41	5.00	0.53	0.58
G582	中国煤炭工业医学杂志	641	35	−0.68	0.585	31	−0.28	32.7	27	5.42	0.44	0.58

表 7-32　2022 年医学综合类期刊主要指标（续）

CODE	刊名	核心总被引频次			核心影响因子			综合评价总分		学科扩散指标	学科影响指标	红点指标
		数值	排名	离均差率	数值	排名	离均差率	数值	排名			
G237	中国现代医学杂志	2931	9	0.47	1.021	11	0.26	48.3	8	13.98	0.86	0.79
G471	中国医学前沿杂志电子版	1704	17	–0.14	1.078	10	0.33	45.0	11	11.28	0.81	0.66
G644	中国医药导报	6523	2	2.28	0.835	14	0.03	51.2	4	16.37	0.93	0.70
G176	中华医学杂志	9546	1	3.80	2.114	1	1.60	82.8	1	18.16	0.98	0.67
G682	中南医学科学杂志	1032	28	–0.48	1.337	4	0.64	41.2	13	6.91	0.56	0.75
G180	中日友好医院学报	326	41	–0.84	0.571	33	–0.30	24.6	34	4.56	0.37	0.24
G407	转化医学杂志	291	42	–0.85	0.733	20	–0.10	22.7	36	4.00	0.42	0.65
43 种期刊平均值		1990			0.813							

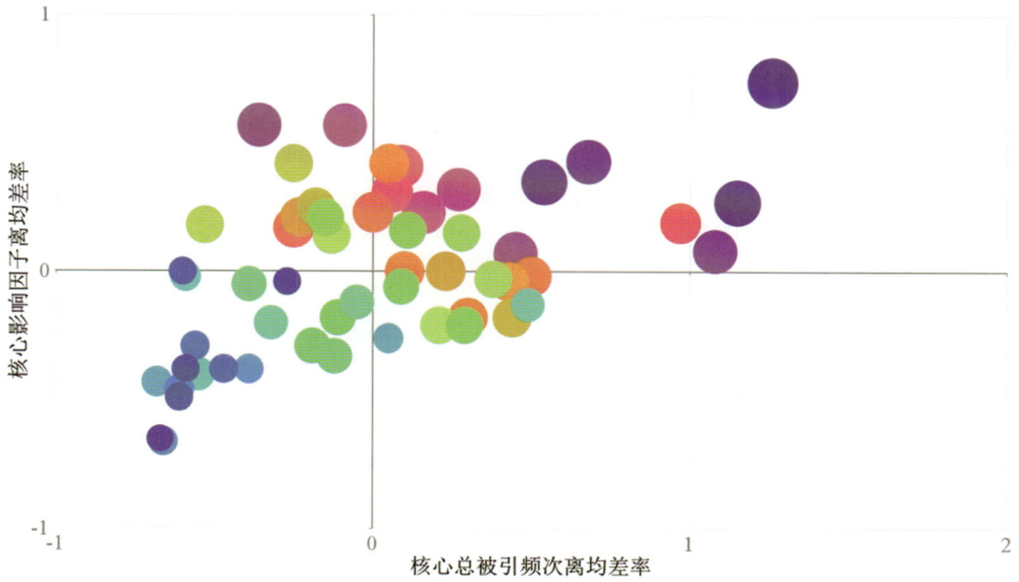

2022 年医药大学学报类期刊核心总被引频次和核心影响因子离均差率的分布图
（节点大小表示综合评价总分）

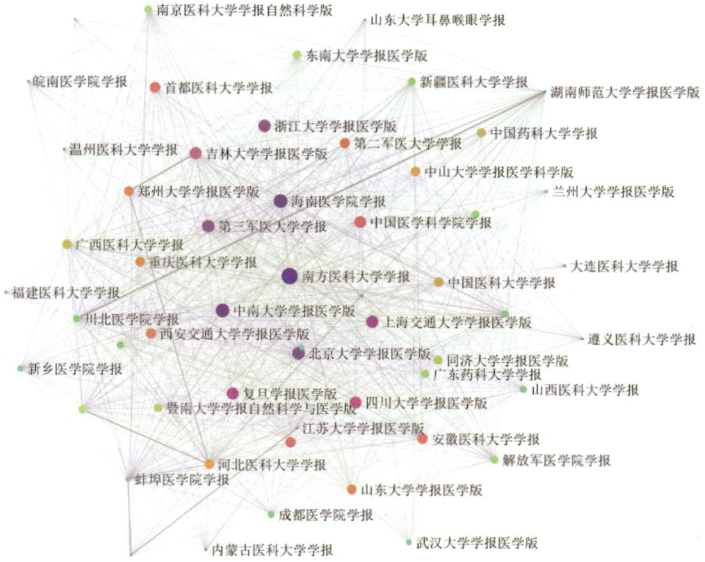

2022 年医药大学学报类期刊互引关系示意图

表 7-33　2022 年医药大学学报类期刊主要指标

CODE	刊名	核心总被引频次			核心影响因子			综合评价总分		学科扩散指标	学科影响指标	红点指标
		数值	排名	离均差率	数值	排名	离均差率	数值	排名			
G012	安徽医科大学学报	1782	4	0.97	0.826	17	0.19	60.4	13	8.65	0.69	0.71
G002	北京大学学报医学版	1520	5	0.68	0.990	4	0.43	71.7	4	10.02	0.71	0.48
G741	蚌埠医学院学报	1351	8	0.49	0.603	36	−0.13	41.1	41	6.51	0.47	0.58
G670	成都医学院学报	555	42	−0.39	0.658	33	−0.05	45.3	38	4.98	0.33	0.54
G186	重庆医科大学学报	1171	13	0.30	0.566	38	−0.18	56.4	19	7.98	0.69	0.57
G432	川北医学院学报	989	22	0.09	0.651	34	−0.06	46.9	34	5.58	0.44	0.67
G020	大连医科大学学报	350	52	−0.61	0.377	52	−0.46	32.1	47	4.31	0.29	0.62
G005	第二军医大学学报	1357	7	0.50	0.679	29	−0.02	58.9	16	9.16	0.60	0.70
G021	第三军医大学学报	1877	3	1.08	0.747	23	0.08	70.3	5	10.76	0.76	0.60
G057	东南大学学报医学版	787	32	−0.13	0.789	22	0.14	51.6	27	6.00	0.45	0.72
G024	福建医科大学学报	287	55	−0.68	0.392	51	−0.43	33.6	44	3.69	0.29	0.57
G068	复旦学报医学版	822	29	−0.09	1.090	2	0.57	68.3	8	7.60	0.67	0.55
G027	广东药科大学学报	770	33	−0.15	0.838	15	0.21	49.6	31	4.76	0.24	0.51
G028	广西医科大学学报	1303	10	0.44	0.568	37	−0.18	55.5	23	7.95	0.58	0.71
G031	贵州医科大学学报	728	35	−0.19	0.489	44	−0.29	46.2	36	6.05	0.33	0.71
G033	哈尔滨医科大学学报	295	54	−0.67	0.242	54	−0.65	25.9	55	3.51	0.36	0.58
G416	海南医学院学报	1944	2	1.15	0.879	11	0.27	77.4	2	7.85	0.65	0.74
G035	河北医科大学学报	1292	11	0.43	0.667	31	−0.04	56.3	21	7.31	0.58	0.53
G548	湖南师范大学学报医学版	945	26	0.05	0.513	43	−0.26	32.9	45	5.24	0.44	0.66
G077	华中科技大学学报医学版	676	37	−0.25	0.809	19	0.17	60.1	14	6.47	0.51	0.71
G014	吉林大学学报医学版	1147	16	0.27	0.911	9	0.32	68.2	9	7.73	0.62	0.64
A045	暨南大学学报自然科学与医学版	423	45	−0.53	0.815	18	0.18	51.6	26	5.25	0.35	0.51
G453	江苏大学学报医学版	363	50	−0.60	0.692	27	0.00	28.4	51	3.02	0.31	0.76
G187	解放军医学院学报	1161	15	0.28	0.797	21	0.15	50.1	30	7.76	0.64	0.59
G053	昆明医科大学学报	1093	18	0.21	0.546	42	−0.21	50.7	28	7.84	0.55	0.53
G395	兰州大学学报医学版	370	48	−0.59	0.682	28	−0.02	34.2	43	3.78	0.31	0.62
G047	南昌大学学报医学版	404	46	−0.55	0.419	50	−0.40	40.9	42	4.55	0.35	0.74
G023	南方医科大学学报	2041	1	1.26	1.205	1	0.74	91.2	1	11.53	0.87	0.69
G058	南京医科大学学报自然科学版	1248	12	0.38	0.674	30	−0.03	50.3	29	8.38	0.64	0.62
G513	内蒙古医科大学学报	548	43	−0.39	0.431	47	−0.38	32.2	46	4.56	0.27	0.56
G665	宁夏医科大学学报	808	30	−0.11	0.565	39	−0.18	46.7	35	6.36	0.36	0.62
G061	青岛大学学报医学版	311	53	−0.66	0.235	55	−0.66	31.0	48	3.67	0.31	0.61
G742	山东大学耳鼻喉眼学报	657	39	−0.27	0.667	31	−0.04	27.8	53	3.49	0.40	0.50
G062	山东大学学报医学版	995	21	0.10	0.694	25	0.00	56.6	18	8.13	0.58	0.65
G064	山西医科大学学报	797	31	−0.12	0.466	46	−0.33	45.8	37	6.76	0.53	0.68

表 7-33　2022 年医药大学学报类期刊主要指标（续）

CODE	刊名	核心总被引频次			核心影响因子			综合评价总分		学科扩散指标	学科影响指标	红点指标
		数值	排名	离均差率	数值	排名	离均差率	数值	排名			
G066	上海交通大学学报医学版	1308	9	0.45	0.740	24	0.07	70.0	7	9.82	0.76	0.62
G071	沈阳药科大学学报	1005	20	0.11	0.803	20	0.16	49.2	32	5.47	0.31	0.62
G073	首都医科大学学报	955	24	0.06	0.909	10	0.31	62.3	12	7.71	0.58	0.49
G045	四川大学学报医学版	1051	19	0.16	0.852	13	0.23	67.6	10	8.51	0.75	0.52
G965	同济大学学报医学版	676	37	−0.25	0.985	6	0.42	52.8	25	5.80	0.44	0.63
G996	皖南医学院学报	352	51	−0.61	0.353	53	−0.49	28.2	52	3.82	0.24	0.55
G702	温州医科大学学报	478	44	−0.47	0.428	49	−0.38	30.1	50	5.15	0.42	0.50
G038	武汉大学学报医学版	618	40	−0.32	0.553	40	−0.20	42.0	40	5.87	0.33	0.69
G081	西安交通大学学报医学版	906	27	0.00	0.852	13	0.23	59.7	15	7.69	0.58	0.59
G980	新疆医科大学学报	1168	14	0.29	0.550	41	−0.21	49.1	33	7.25	0.55	0.61
G328	新乡医学院学报	857	28	−0.05	0.608	35	−0.12	43.7	39	5.95	0.44	0.70
G565	徐州医科大学学报	370	48	−0.59	0.429	48	−0.38	27.8	54	3.49	0.35	0.70
G091	浙江大学学报医学版	579	41	−0.36	1.085	3	0.57	70.1	6	6.33	0.45	0.88
G036	郑州大学学报医学版	949	25	0.05	0.987	5	0.42	57.0	17	6.96	0.55	0.58
G120	中国药科大学学报	741	34	−0.18	0.864	12	0.25	53.5	24	4.98	0.40	0.43
G123	中国医科大学学报	1111	17	0.23	0.694	25	0.00	55.9	22	7.49	0.56	0.62
G125	中国医学科学院学报	984	23	0.09	0.976	7	0.41	66.9	11	8.11	0.64	0.56
G039	中南大学学报医学版	1392	6	0.54	0.932	8	0.35	76.5	3	9.95	0.73	0.53
G181	中山大学学报医学科学版	699	36	−0.23	0.835	16	0.21	56.3	20	6.65	0.55	0.50
G720	遵义医科大学学报	398	47	−0.56	0.489	44	−0.29	30.5	49	4.02	0.31	0.56
	55 种期刊平均值	905			0.693							

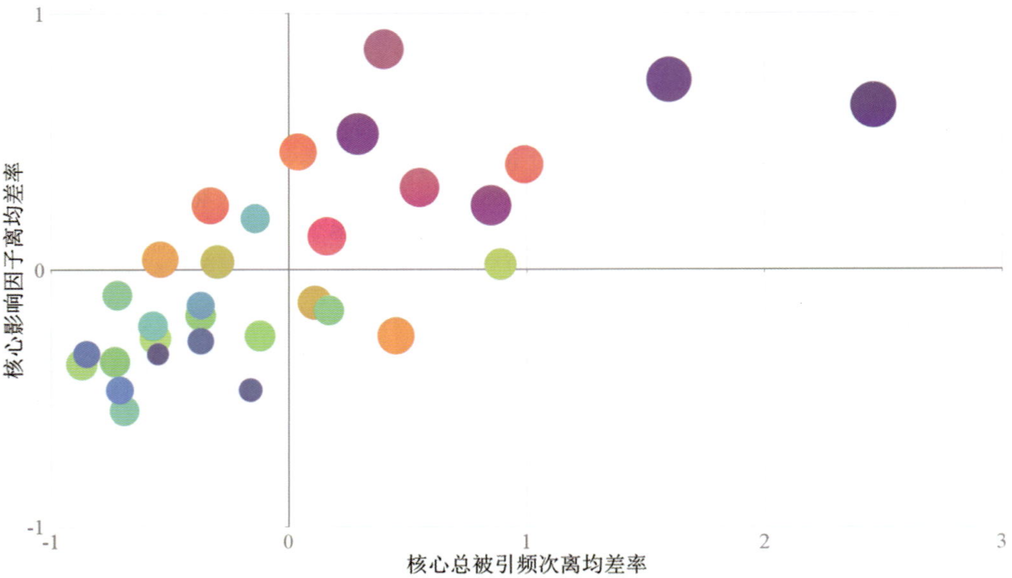

2022 年基础医学类期刊核心总被引频次和核心影响因子离均差率的分布图
（节点大小表示综合评价总分）

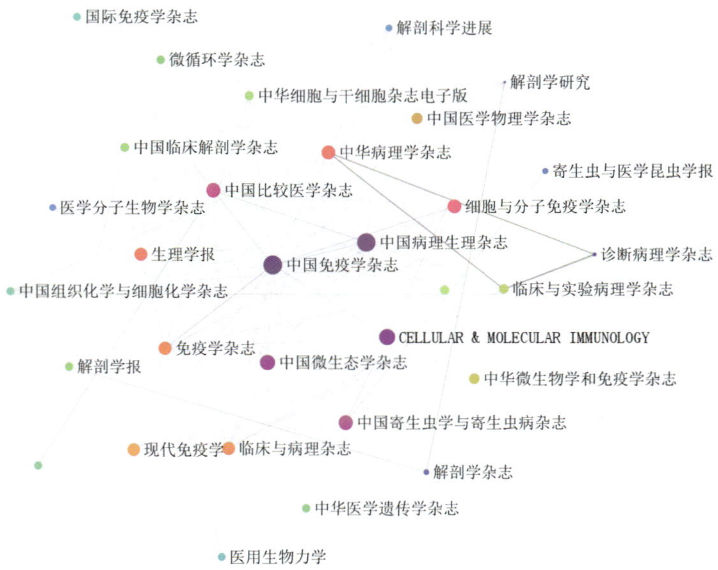

2022 年基础医学类期刊互引关系示意图

表 7-34　2022 年基础医学类期刊主要指标

CODE	刊名	核心总被引频次			核心影响因子			综合评价总分		学科扩散指标	学科影响指标	红点指标
		数值	排名	离均差率	数值	排名	离均差率	数值	排名			
I206	CELLULAR & MOLECULAR IMMUNOLOGY	1252	9	0.29	1.191	4	0.53	62.7	3	13.32	0.68	0.08
G983	国际免疫学杂志	416	25	−0.57	0.609	20	−0.22	31.8	24	6.32	0.39	0.53
G292	寄生虫与医学昆虫学报	148	30	−0.85	0.523	25	−0.33	26.0	28	1.71	0.06	0.15
G507	解剖科学进展	615	20	−0.37	0.668	17	−0.14	28.4	26	7.23	0.45	0.75
G049	解剖学报	616	19	−0.37	0.641	19	−0.18	33.9	19	8.13	0.45	0.90
G358	解剖学研究	433	23	−0.55	0.519	26	−0.33	17.0	31	5.19	0.29	0.52
G050	解剖学杂志	615	20	−0.37	0.564	24	−0.28	25.0	29	7.29	0.48	0.29
G350	临床与病理杂志	1412	7	0.45	0.579	21	−0.26	49.3	11	15.45	0.52	0.53
G274	临床与实验病理学杂志	1838	4	0.89	0.795	14	0.02	36.6	15	12.29	0.55	0.85
G056	免疫学杂志	1010	13	0.04	1.142	5	0.46	49.5	10	10.94	0.61	0.61
G070	神经解剖学杂志	431	24	−0.56	0.573	23	−0.27	35.6	16	6.10	0.52	0.77
F001	生理学报	653	18	−0.33	0.979	8	0.25	49.5	9	10.00	0.48	0.45
G387	实验动物与比较医学	274	28	−0.72	0.703	15	−0.10	32.4	22	4.39	0.16	0.53
G210	微循环学杂志	261	29	−0.73	0.496	27	−0.36	33.2	20	4.90	0.16	0.49
G188	细胞与分子免疫学杂志	1128	11	0.16	0.879	11	0.13	53.0	7	11.87	0.61	0.61
G067	现代免疫学	442	22	−0.54	0.813	12	0.04	47.4	12	7.45	0.52	0.62
G333	医学分子生物学杂志	282	27	−0.71	0.417	29	−0.47	28.2	27	3.77	0.26	0.67
G088	医用生物力学	839	15	−0.14	0.939	10	0.20	31.3	25	6.68	0.13	0.24
G259	诊断病理学杂志	813	16	−0.16	0.416	30	−0.47	20.5	30	7.77	0.29	0.63
F048	中国比较医学杂志	1508	6	0.55	1.033	7	0.32	55.5	6	12.81	0.52	0.62
G096	中国病理生理杂志	2525	2	1.60	1.356	2	0.74	73.3	2	15.39	0.65	0.66
G105	中国寄生虫学与寄生虫病杂志	1357	8	0.40	1.455	1	0.86	56.8	5	5.32	0.23	0.28
G108	中国临床解剖学杂志	854	14	−0.12	0.574	22	−0.26	34.8	18	9.32	0.39	0.25
G111	中国免疫学杂志	3355	1	2.46	1.276	3	0.64	74.9	1	18.10	0.81	0.69
G517	中国微生态学杂志	1797	5	0.85	0.972	9	0.25	58.5	4	14.97	0.45	0.67
G622	中国医学物理学杂志	1076	12	0.11	0.679	16	−0.13	42.2	13	10.23	0.10	0.38
G134	中国组织化学与细胞化学杂志	299	26	−0.69	0.349	31	−0.55	32.1	23	6.23	0.45	0.59
G135	中华病理学杂志	1931	3	0.99	1.097	6	0.41	52.7	8	13.13	0.48	0.24
G165	中华微生物学和免疫学杂志	683	17	−0.30	0.806	13	0.03	40.9	14	7.81	0.35	0.42
G470	中华细胞与干细胞杂志电子版	128	31	−0.87	0.491	28	−0.37	35.3	17	3.06	0.26	0.53
G175	中华医学遗传学杂志	1137	10	0.17	0.654	18	−0.16	32.5	21	7.94	0.32	0.38
	31 种期刊平均值	972			0.780							

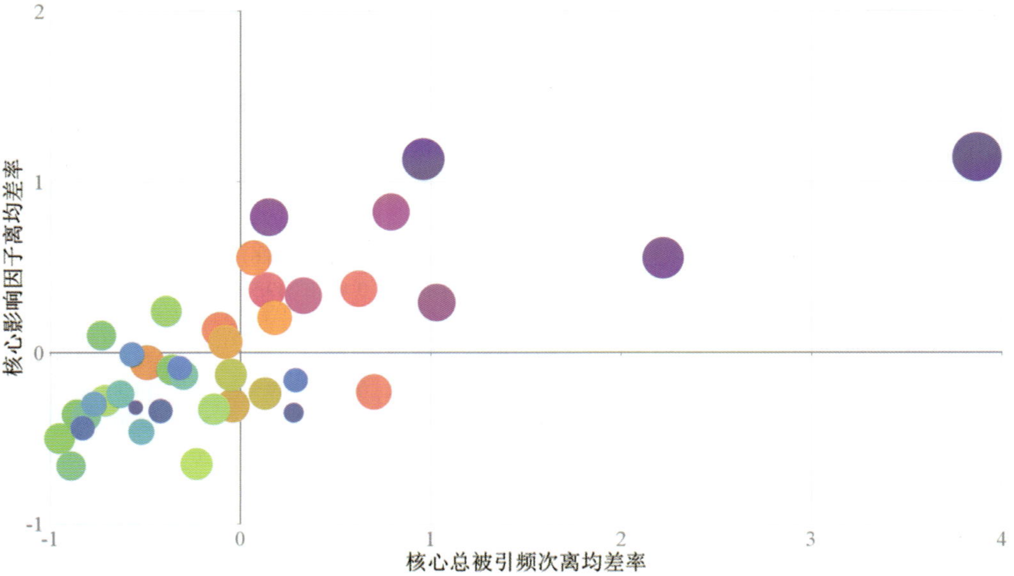

2022 年临床医学综合类期刊核心总被引频次和核心影响因子离均差率的分布图
（节点大小表示综合评价总分）

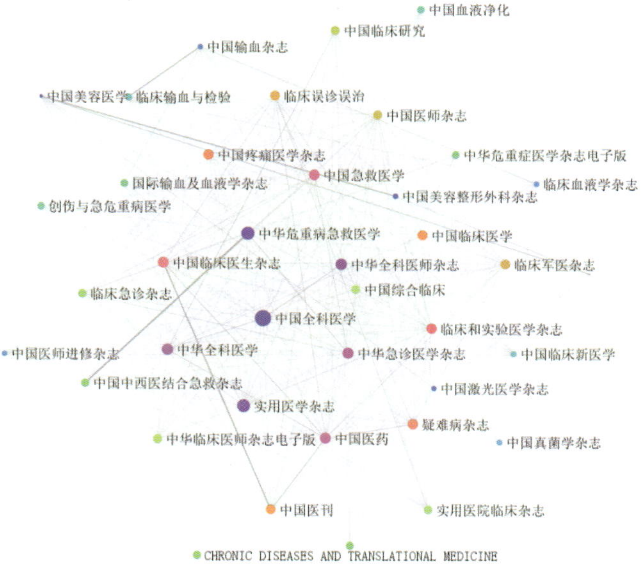

2022 年临床医学综合类期刊互引关系示意图

表 7-35　2022 年临床医学综合类期刊主要指标

CODE	刊名	核心总被引频次			核心影响因子			综合评价总分		学科扩散指标	学科影响指标	红点指标
		数值	排名	离均差率	数值	排名	离均差率	数值	排名			
G212	CHRONIC DISEASES AND TRANSLATIONAL MEDICINE	84	39	−0.95	0.460	37	−0.50	33.9	23	1.82	0.15	0.00
G085	创伤与急危重病医学	320	35	−0.81	0.587	34	−0.37	31.2	28	4.10	0.44	0.59
B525	国际输血及血液学杂志	180	38	−0.89	0.317	39	−0.66	31.3	27	2.74	0.36	0.70
G664	临床和实验医学杂志	2825	6	0.70	0.710	23	−0.23	45.2	10	14.03	0.85	0.70
G345	临床急诊杂志	1008	25	−0.39	1.148	11	0.24	34.6	22	6.85	0.69	0.71
G881	临床军医杂志	1597	16	−0.04	0.639	28	−0.31	41.2	16	10.23	0.77	0.64
G797	临床输血与检验	616	31	−0.63	0.702	25	−0.24	27.9	30	4.21	0.44	0.44
G942	临床误诊误治	1531	18	−0.08	0.983	15	0.06	41.4	15	9.56	0.77	0.86
G293	临床血液学杂志	720	30	−0.57	0.921	16	−0.01	21.8	33	5.13	0.51	0.53
G324	实用医学杂志	5342	2	2.22	1.434	5	0.55	62.1	3	17.10	0.87	0.61
G760	实用医院临床杂志	1428	20	−0.14	0.624	30	−0.33	35.6	21	10.21	0.69	0.59
G455	疑难病杂志	1480	19	−0.11	1.044	13	0.13	45.0	11	9.10	0.69	0.87
R013	中国激光医学杂志	287	36	−0.83	0.523	35	−0.44	20.9	36	2.72	0.28	0.54
G241	中国急救医学	1891	13	0.14	1.265	8	0.36	48.1	8	10.44	0.85	0.56
G583	中国临床新医学	797	28	−0.52	0.505	36	−0.46	24.4	31	8.08	0.59	0.58
G754	中国临床研究	1584	17	−0.05	0.808	20	−0.13	37.6	18	10.31	0.64	0.61
G814	中国临床医生杂志	2683	7	0.62	1.267	7	0.37	47.8	9	13.08	0.82	0.58
G974	中国临床医学	853	27	−0.49	0.873	17	−0.06	42.9	13	9.46	0.54	0.60
G428	中国美容医学	2122	10	0.28	0.600	32	−0.35	14.3	38	7.41	0.49	0.59
G297	中国美容整形外科杂志	956	26	−0.42	0.616	31	−0.34	20.8	37	4.41	0.44	0.35
G776	中国全科医学	8083	1	3.87	1.987	1	1.14	86.4	1	19.00	0.90	0.79
G796	中国输血杂志	2142	9	0.29	0.776	22	−0.16	21.1	35	6.23	0.51	0.30
G521	中国疼痛医学杂志	1774	15	0.07	1.433	6	0.55	44.8	12	8.56	0.62	0.31
G633	中国血液净化	1160	22	−0.30	0.802	21	−0.13	30.9	29	6.00	0.67	0.80
G809	中国医刊	1965	11	0.18	1.115	12	0.20	42.1	14	11.95	0.90	0.60
G306	中国医师进修杂志	1131	23	−0.32	0.840	18	−0.09	21.6	34	8.00	0.62	0.69
G313	中国医师杂志	1880	14	0.13	0.707	24	−0.24	37.6	17	11.85	0.77	0.60
G519	中国医药	2208	8	0.33	1.237	9	0.33	48.2	7	10.33	0.69	0.59
H067	中国真菌学杂志	383	34	−0.77	0.651	27	−0.30	23.6	32	3.54	0.23	0.29
G843	中国中西医结合急救杂志	1069	24	−0.36	0.836	19	−0.10	33.4	24	5.82	0.54	0.66
G667	中国综合临床	485	32	−0.71	0.667	26	−0.28	36.1	20	6.00	0.62	0.65
G555	中华急诊医学杂志	2965	5	0.79	1.683	3	0.82	50.2	6	12.21	0.90	0.52
G504	中华临床医师杂志电子版	1273	21	−0.23	0.321	38	−0.65	37.4	19	13.41	0.69	0.50
G526	中华全科医师杂志	1910	12	0.15	1.659	4	0.79	51.9	4	11.26	0.74	0.70
G515	中华全科医学	3376	3	1.03	1.199	10	0.29	50.6	5	13.74	0.85	0.59
G116	中华危重病急救医学	3259	4	0.96	1.971	2	1.13	63.5	2	12.08	0.87	0.74
G761	中华危重症医学杂志电子版	449	33	−0.73	1.017	14	0.10	31.6	26	5.18	0.51	0.38
G489	中华医学美学美容杂志	741	29	−0.55	0.634	29	−0.32	7.5	39	2.26	0.26	0.41
Q954	中华重症医学电子杂志	235	37	−0.86	0.595	33	−0.36	32.7	25	3.38	0.46	0.53
	39 种期刊平均值	1661			0.927							

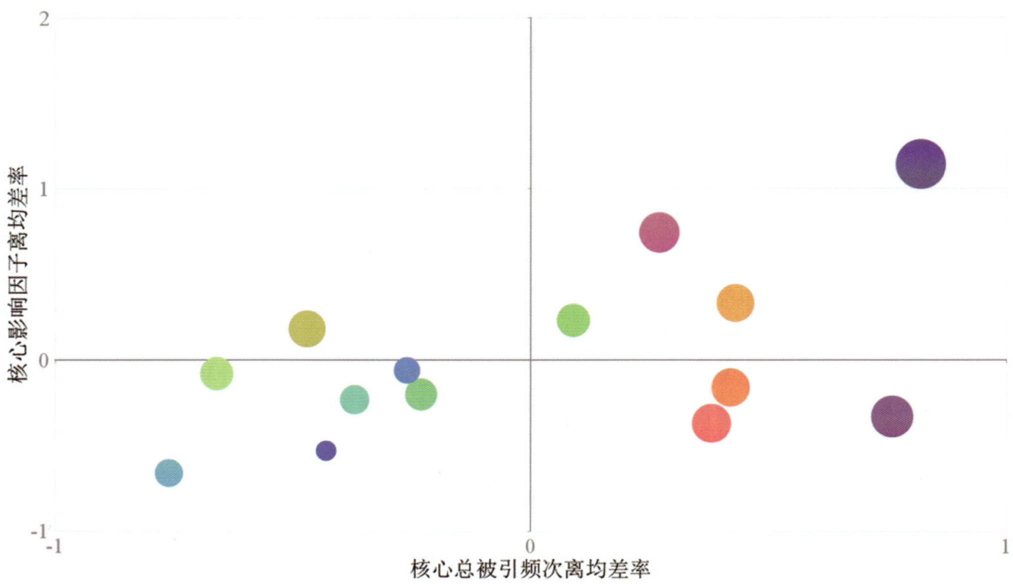

2022 年临床诊断学类期刊核心总被引频次和核心影响因子离均差率的分布图
（节点大小表示综合评价总分）

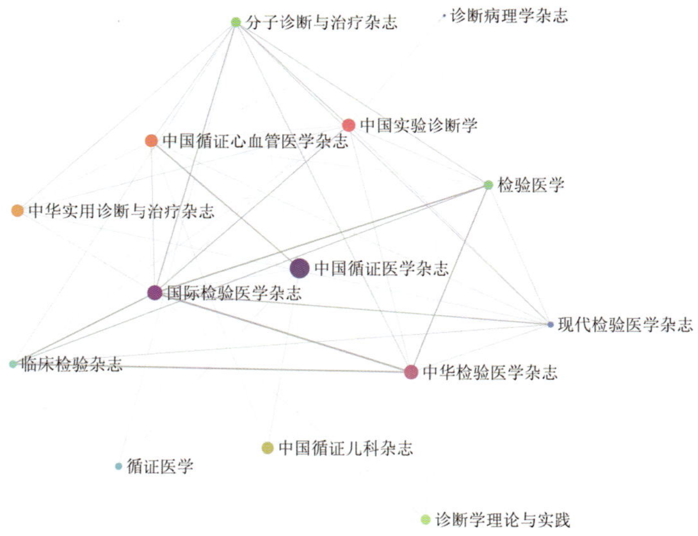

2022 年临床诊断学类期刊互引关系示意图

表 7-36　2022 年临床诊断学类期刊主要指标

CODE	刊名	核心总被引频次			核心影响因子			综合评价总分		学科扩散指标	学科影响指标	红点指标
		数值	排名	离均差率	数值	排名	离均差率	数值	排名			
G556	分子诊断与治疗杂志	1550	7	0.09	1.091	4	0.23	39.5	9	20.00	0.71	0.46
G362	国际检验医学杂志	2495	2	0.76	0.597	11	−0.33	63.2	2	39.00	0.79	0.56
G638	检验医学	1097	8	−0.23	0.714	9	−0.20	36.8	10	24.86	0.71	0.45
G204	临床检验杂志	887	10	−0.37	0.682	10	−0.23	30.9	11	22.71	0.57	0.41
G653	现代检验医学杂志	1056	9	−0.26	0.834	6	−0.06	24.9	13	20.64	0.71	0.51
G627	循证医学	339	14	−0.76	0.303	14	−0.66	28.5	12	13.86	0.50	0.64
G259	诊断病理学杂志	813	11	−0.43	0.416	13	−0.53	15.2	14	17.21	0.50	0.57
G615	诊断学理论与实践	478	13	−0.66	0.820	7	−0.08	39.7	8	18.57	0.57	0.40
G853	中国实验诊断学	1960	5	0.38	0.558	12	−0.37	54.2	4	36.79	0.71	0.27
G756	中国循证儿科杂志	747	12	−0.47	1.050	5	0.18	48.7	7	19.14	0.71	0.51
G645	中国循证心血管医学杂志	2017	4	0.42	0.746	8	−0.16	51.9	5	27.93	0.64	0.51
G396	中国循证医学杂志	2583	1	0.82	1.903	1	1.14	90.2	1	36.93	0.64	0.60
G174	中华检验医学杂志	1801	6	0.27	1.542	2	0.74	59.2	3	28.71	0.93	0.40
G367	中华实用诊断与治疗杂志	2031	3	0.43	1.178	3	0.33	50.2	6	33.14	0.86	0.47
	14 种期刊平均值	1418			0.888							

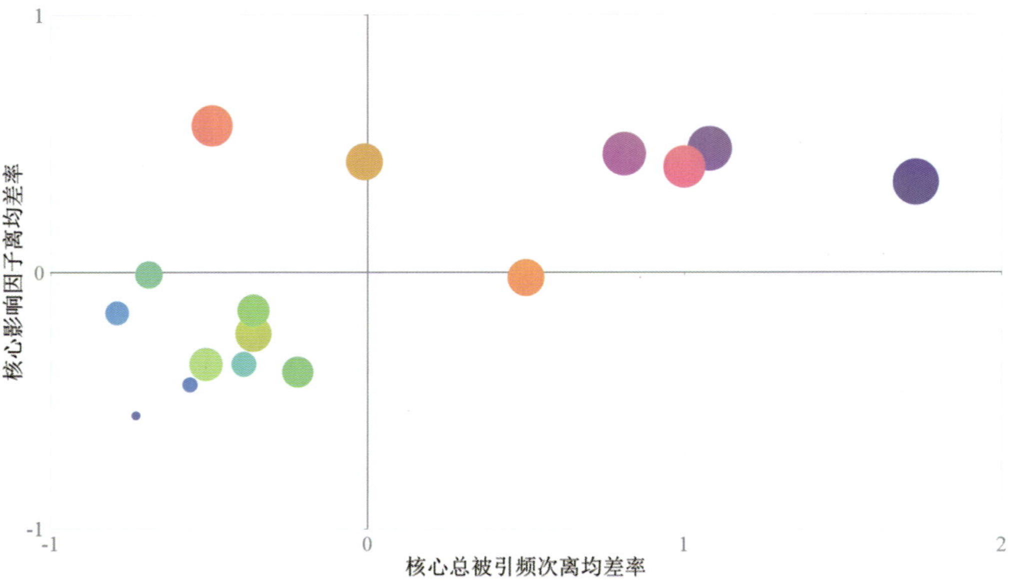

2022 年保健医学类期刊核心总被引频次和核心影响因子离均差率的分布图
（节点大小表示综合评价总分）

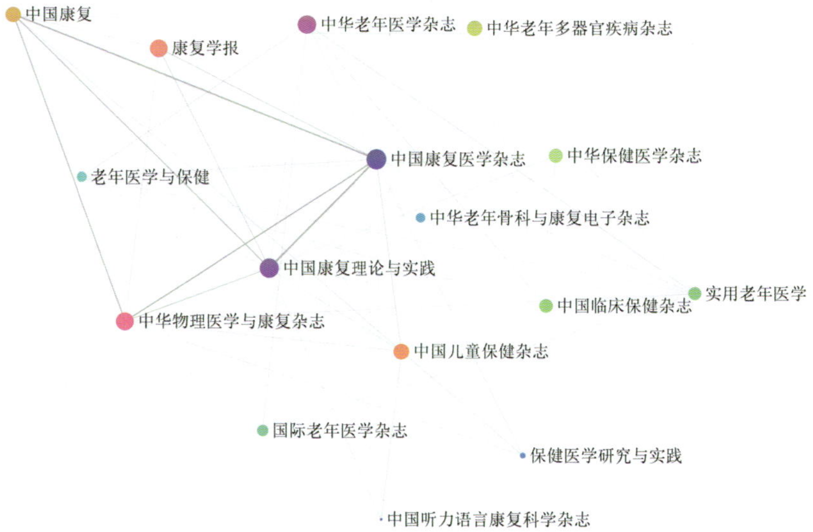

2022 年保健医学类期刊互引关系示意图

表 7-37　2022 年保健医学类期刊主要指标

CODE	刊名	核心总被引频次			核心影响因子			综合评价总分		学科扩散指标	学科影响指标	红点指标
		数值	排名	离均差率	数值	排名	离均差率	数值	排名			
Q921	保健医学研究与实践	584	13	−0.56	0.568	15	−0.44	8.5	15	7.81	0.38	0.39
G496	国际老年医学杂志	415	14	−0.69	1.000	7	−0.01	27.4	12	11.19	0.50	0.48
Q933	康复学报	685	11	−0.49	1.593	1	0.57	60.6	5	11.88	0.75	0.61
G628	老年医学与保健	811	10	−0.39	0.645	13	−0.36	23.0	13	16.00	0.81	0.89
G700	实用老年医学	1036	7	−0.22	0.620	14	−0.39	35.2	11	19.50	0.75	0.55
G825	中国儿童保健杂志	1998	5	0.50	0.998	8	−0.02	49.7	6	22.75	0.56	0.60
G323	中国康复	1323	6	−0.01	1.445	4	0.43	48.3	7	16.06	0.69	0.69
G400	中国康复理论与实践	2781	2	1.08	1.498	2	0.48	70.1	2	27.06	0.94	0.65
G106	中国康复医学杂志	3638	1	1.73	1.371	6	0.35	75.3	1	29.13	1.00	0.25
G447	中国临床保健杂志	849	9	−0.36	0.857	9	−0.15	38.1	10	18.81	0.69	0.67
G437	中国听力语言康复科学杂志	355	15	−0.73	0.449	16	−0.56	2.9	16	6.44	0.69	0.31
G502	中华保健医学杂志	660	12	−0.51	0.646	12	−0.36	40.3	9	17.69	0.63	0.49
G639	中华老年多器官疾病杂志	859	8	−0.36	0.769	11	−0.24	48.0	8	20.88	0.81	0.72
Q949	中华老年骨科与康复电子杂志	279	16	−0.79	0.849	10	−0.16	20.8	14	6.00	0.38	0.45
G150	中华老年医学杂志	2412	4	0.81	1.480	3	0.46	67.3	3	28.56	1.00	0.50
G166	中华物理医学与康复杂志	2668	3	1.00	1.433	5	0.41	63.1	4	23.19	0.94	0.64
	16 种期刊平均值	1335			1.014							

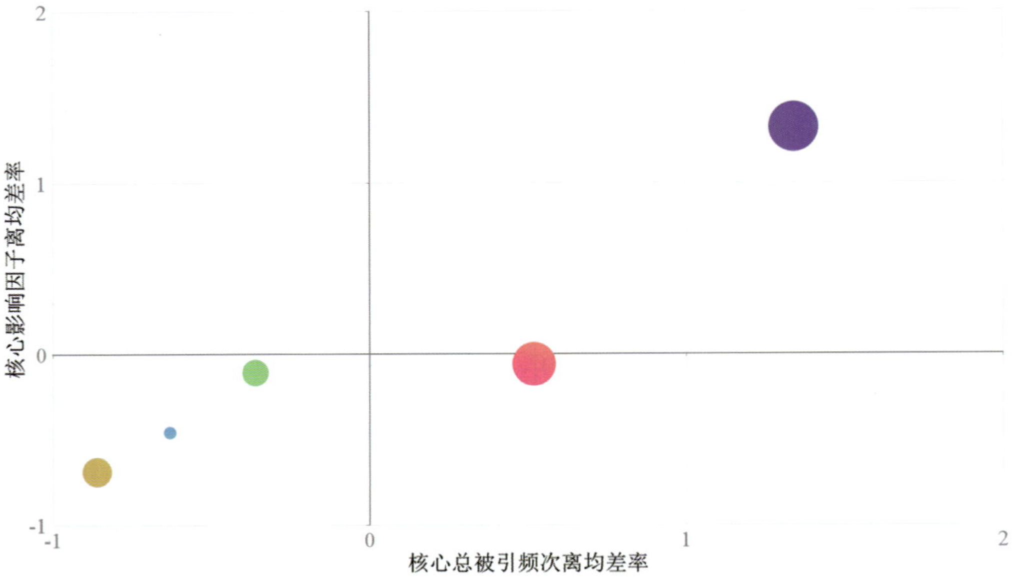

2022 年内科学综合类期刊核心总被引频次和核心影响因子离均差率的分布图
（节点大小表示综合评价总分）

2022 年内科学综合类期刊互引关系示意图

表 7-38　2022 年内科学综合类期刊主要指标

CODE	刊名	核心总被引频次			核心影响因子			综合评价总分		学科扩散指标	学科影响指标	红点指标
		数值	排名	离均差率	数值	排名	离均差率	数值	排名			
G257	临床内科杂志	1048	3	–0.36	1.119	3	–0.11	25.4	4	64.80	0.80	0.38
G662	内科急危重症杂志	596	4	–0.63	0.681	4	–0.46	5.8	5	43.80	0.60	0.38
G523	内科理论与实践	223	5	–0.86	0.384	5	–0.69	31.0	3	29.60	0.60	0.46
G267	中国实用内科杂志	2477	2	0.52	1.174	2	–0.06	68.8	2	105.80	0.80	0.43
G156	中华内科杂志	3807	1	1.34	2.902	1	1.32	89.6	1	118.40	1.00	0.33
	5 种期刊平均值	1630			1.252							

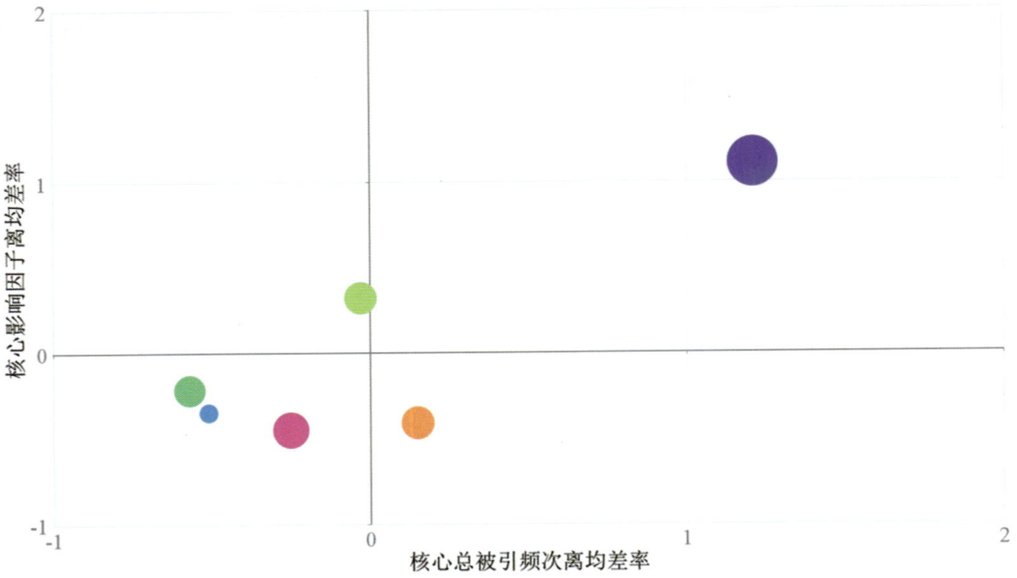

2022 年呼吸病学、结核病学类期刊核心总被引频次和核心影响因子离均差率的分布图
（节点大小表示综合评价总分）

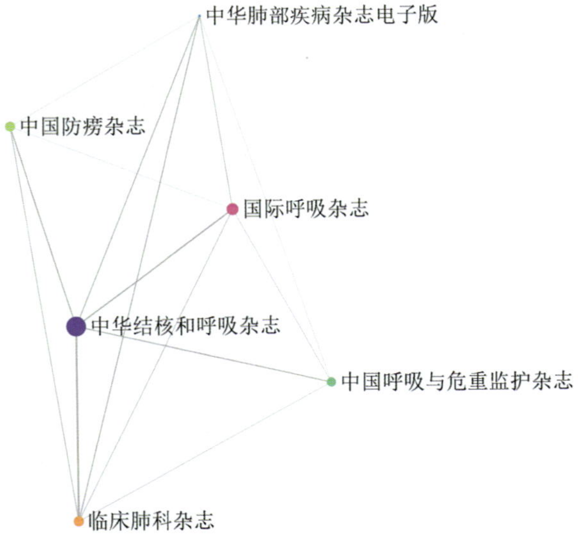

2022 年呼吸病学、结核病学类期刊互引关系示意图

表 7-39　2022 年呼吸病学、结核病学类期刊主要指标

CODE	刊名	核心总被引频次			核心影响因子			综合评价总分		学科扩散指标	学科影响指标	红点指标
		数值	排名	离均差率	数值	排名	离均差率	数值	排名			
G938	国际呼吸杂志	1457	4	–0.25	0.700	6	–0.45	46.9	2	60.50	1.00	0.64
Q908	临床肺科杂志	2218	2	0.15	0.761	5	–0.41	38.6	3	72.33	1.00	0.34
G290	中国防痨杂志	1871	3	–0.03	1.684	2	0.32	37.8	4	39.00	1.00	0.74
G973	中国呼吸与危重监护杂志	838	6	–0.57	0.997	3	–0.22	35.1	5	50.00	1.00	0.29
G474	中华肺部疾病杂志电子版	956	5	–0.51	0.833	4	–0.35	12.9	6	45.33	1.00	0.51
G147	中华结核和呼吸杂志	4277	1	1.21	2.705	1	1.11	92.0	1	86.33	1.00	0.11
	6 种期刊平均值	1936			1.280							

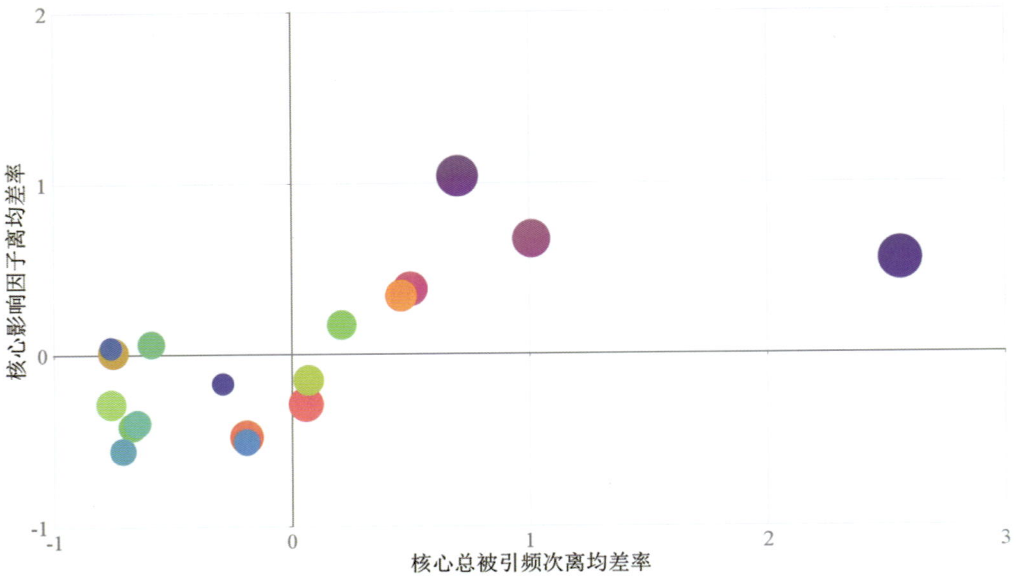

2022 年消化病学类期刊核心总被引频次和核心影响因子离均差率的分布图
（节点大小表示综合评价总分）

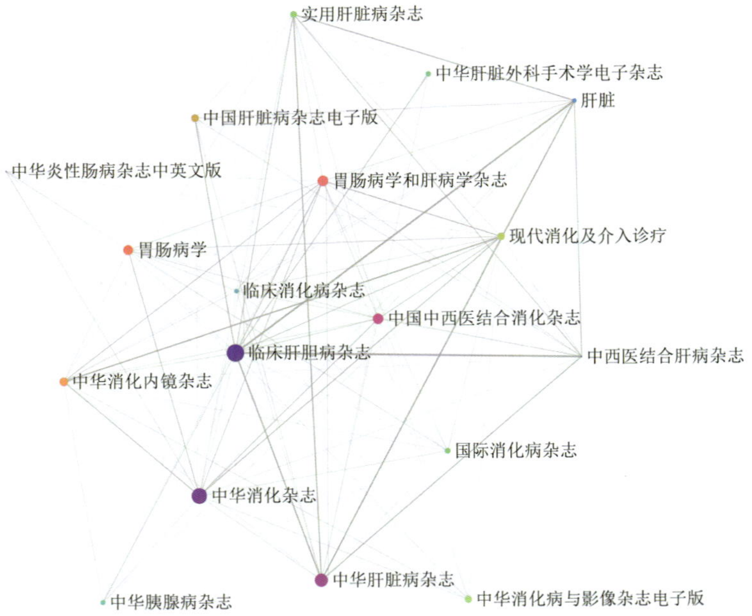

2022 年消化病学类期刊互引关系示意图

表 7-40　2022 年消化病学类期刊主要指标

CODE	刊名	核心总被引频次			核心影响因子			综合评价总分		学科扩散指标	学科影响指标	红点指标
		数值	排名	离均差率	数值	排名	离均差率	数值	排名			
G803	肝脏	984	10	−0.19	0.432	17	−0.51	25.1	16	17.61	0.78	0.71
G660	国际消化病杂志	404	14	−0.67	0.520	15	−0.42	28.5	12	10.83	0.67	0.73
G501	临床肝胆病杂志	4338	1	2.56	1.379	3	0.55	69.7	1	28.44	1.00	0.82
G855	临床消化病杂志	356	15	−0.71	0.392	18	−0.56	25.4	15	9.83	0.78	0.70
G746	实用肝脏病杂志	1467	6	0.21	1.043	6	0.17	31.4	11	19.00	0.78	0.88
G800	胃肠病学	986	9	−0.19	0.461	16	−0.48	41.0	6	16.78	0.89	0.58
G326	胃肠病学和肝病学杂志	1291	8	0.06	0.628	13	−0.29	43.4	5	20.94	1.00	0.66
G451	现代消化及介入诊疗	1297	7	0.07	0.754	10	−0.15	33.4	9	16.94	0.83	0.61
G475	中国肝脏病杂志电子版	303	16	−0.75	0.902	9	0.01	33.8	8	7.22	0.61	0.63
G528	中国中西医结合消化杂志	1829	4	0.50	1.230	4	0.38	43.5	4	15.22	0.83	0.51
G231	中华肝脏病杂志	2445	2	1.01	1.491	2	0.67	52.5	3	23.94	0.89	0.79
G054	中华肝脏外科手术学电子杂志	499	12	−0.59	0.941	7	0.06	27.3	13	7.72	0.56	0.80
G468	中华消化病与影像杂志电子版	298	17	−0.76	0.636	12	−0.29	33.1	10	9.22	0.78	0.36
G285	中华消化内镜杂志	1774	5	0.46	1.197	5	0.34	36.8	7	15.50	0.94	0.54
G168	中华消化杂志	2073	3	0.70	1.816	1	1.04	62.0	2	21.11	1.00	0.61
Q209	中华炎性肠病杂志中英文版	298	17	−0.76	0.929	8	0.04	18.1	17	6.78	0.50	0.84
G610	中华胰腺病杂志	421	13	−0.65	0.537	14	−0.40	27.1	14	8.78	0.72	0.62
G842	中西医结合肝病杂志	859	11	−0.29	0.741	11	−0.17	17.9	18	11.33	0.61	0.64
	18 种期刊平均值	1218			0.891							

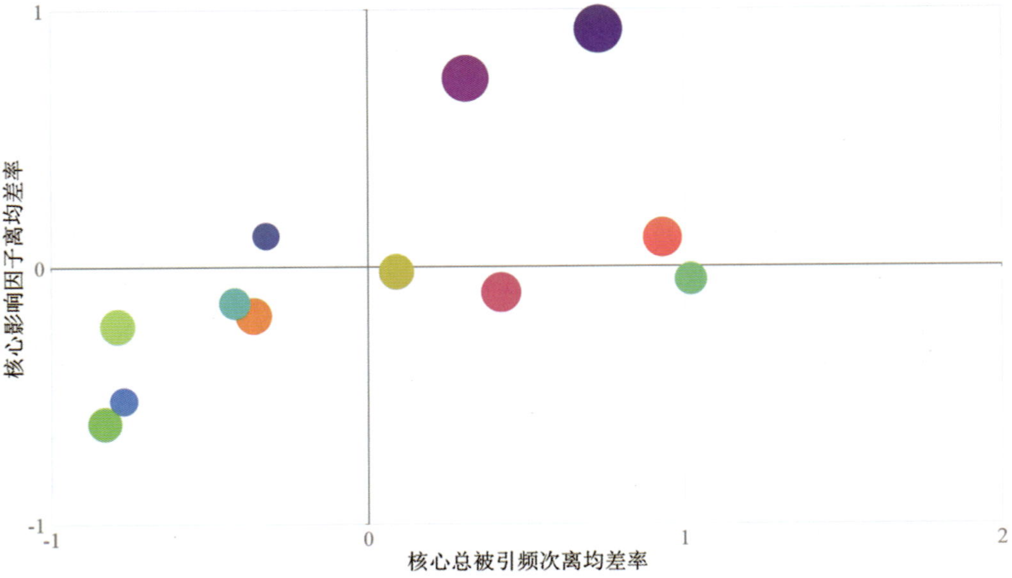

2022 年血液病学、肾脏病学类期刊核心总被引频次和核心影响因子离均差率的分布图
（节点大小表示综合评价总分）

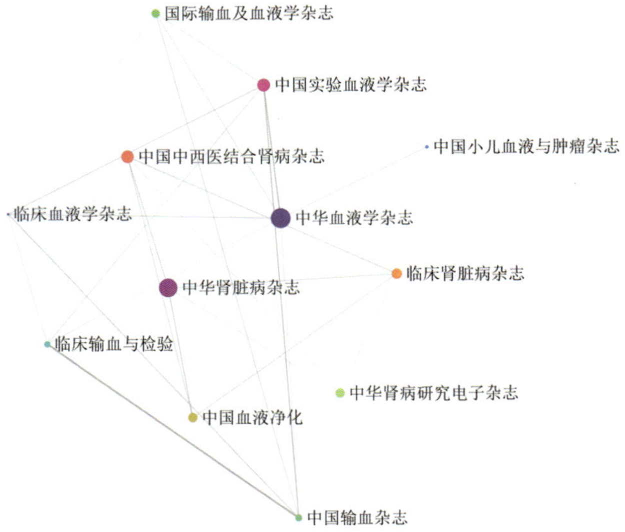

2022 年血液病学、肾脏病学类期刊互引关系示意图

表 7-41　2022 年血液病学、肾脏病学类期刊主要指标

CODE	刊名	核心总被引频次			核心影响因子			综合评价总分		学科扩散指标	学科影响指标	红点指标
		数值	排名	离均差率	数值	排名	离均差率	数值	排名			
B525	国际输血及血液学杂志	180	12	−0.83	0.317	12	−0.61	42.1	8	8.92	0.50	0.73
G423	临床肾脏病杂志	675	8	−0.36	0.667	9	−0.19	47.9	5	20.42	0.58	0.64
G797	临床输血与检验	616	9	−0.42	0.702	8	−0.14	35.7	10	13.67	0.50	0.30
G293	临床血液学杂志	720	7	−0.32	0.921	3	0.12	26.4	12	16.67	0.67	0.51
G883	中国实验血液学杂志	1503	4	0.42	0.736	7	−0.10	56.8	3	28.50	0.58	0.61
G796	中国输血杂志	2142	1	1.02	0.776	6	−0.05	37.6	9	20.25	0.50	0.33
G845	中国小儿血液与肿瘤杂志	244	10	−0.77	0.398	11	−0.52	28.4	11	11.00	0.58	0.57
G633	中国血液净化	1160	6	0.09	0.802	5	−0.02	44.7	6	19.50	0.50	0.78
G846	中国中西医结合肾病杂志	2050	2	0.93	0.910	4	0.11	55.2	4	25.17	0.58	0.40
G065	中华肾病研究电子杂志	222	11	−0.79	0.630	10	−0.23	44.6	7	9.33	0.42	0.57
G161	中华肾脏病杂志	1391	5	0.31	1.418	2	0.73	78.1	2	28.58	0.50	0.65
G172	中华血液学杂志	1842	3	0.73	1.573	1	0.92	83.4	1	30.50	0.83	0.25
	12 种期刊平均值	1062			0.821							

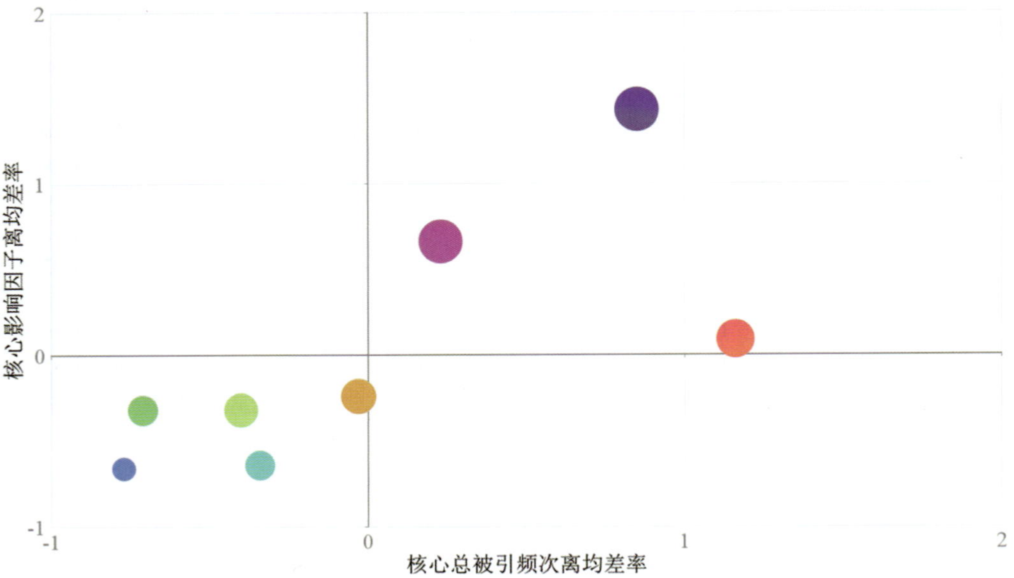

2022 年内分泌病学与代谢病学、风湿病学类期刊核心总被引频次和核心影响因子离均差率的分布图
（节点大小表示综合评价总分）

2022 年内分泌病学与代谢病学、风湿病学类期刊互引关系示意图

表 7-42　2022 年内分泌病学与代谢病学、风湿病学类期刊主要指标

CODE	刊名	核心总被引频次			核心影响因子			综合评价总分		学科扩散指标	学科影响指标	红点指标
		数值	排名	离均差率	数值	排名	离均差率	数值	排名			
G415	国际内分泌代谢杂志	488	7	–0.71	1.105	6	–0.32	32.5	6	31.13	0.75	0.37
G663	中国骨质疏松杂志	3664	1	1.16	1.758	3	0.09	51.9	3	51.38	0.88	0.76
G211	中国糖尿病杂志	1645	4	–0.03	1.226	4	–0.24	43.7	4	48.88	0.75	0.70
G286	中华风湿病学杂志	1120	5	–0.34	0.585	7	–0.64	32.3	7	41.50	0.75	0.46
G728	中华骨质疏松和骨矿盐疾病杂志	1017	6	–0.40	1.109	5	–0.32	41.6	5	36.13	0.88	0.52
G693	中华临床免疫和变态反应杂志	398	8	–0.77	0.552	8	–0.66	20.0	8	26.25	0.75	0.14
G155	中华内分泌代谢杂志	2093	3	0.23	2.694	2	0.66	69.0	2	59.38	1.00	0.38
G739	中华糖尿病杂志	3141	2	0.85	3.931	1	1.43	71.3	1	56.38	0.75	0.77
	8 种期刊平均值	1696			1.620							

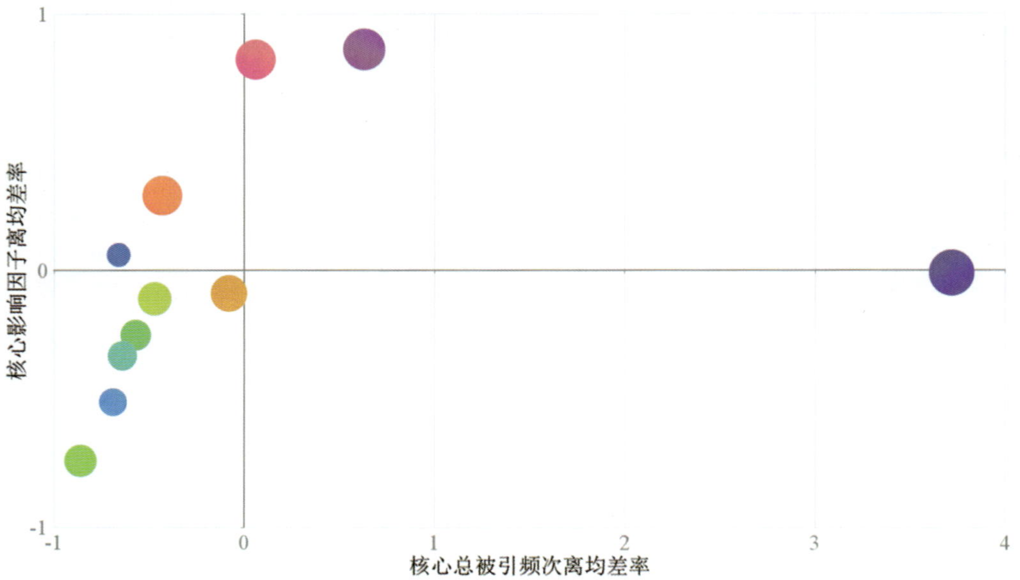

2022 年感染性疾病学、传染病学类期刊核心总被引频次和核心影响因子离均差率的分布图
（节点大小表示综合评价总分）

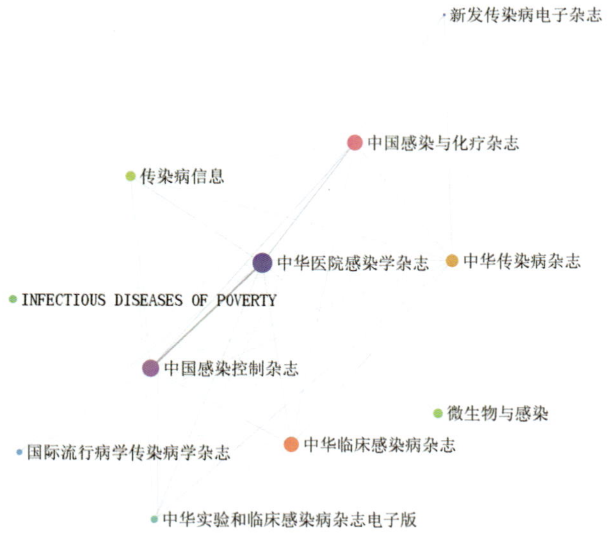

2022 年感染性疾病学、传染病学类期刊互引关系示意图

表 7-43　2022 年感染性疾病学、传染病学类期刊主要指标

CODE	刊名	核心总被引频次			核心影响因子			综合评价总分		学科扩散指标	学科影响指标	红点指标
		数值	排名	离均差率	数值	排名	离均差率	数值	排名			
Q709	INFECTIOUS DISEASES OF POVERTY	567	7	−0.57	0.950	8	−0.25	34.0	8	15.09	1.00	0.02
G458	传染病信息	693	6	−0.47	1.122	7	−0.11	39.5	6	23.27	0.91	0.66
G930	国际流行病学传染病学杂志	401	10	−0.69	0.622	10	−0.51	28.0	10	16.18	0.73	0.76
G651	微生物与感染	183	11	−0.86	0.325	11	−0.74	37.5	7	11.64	0.82	0.35
Q368	新发传染病电子杂志	453	9	−0.66	1.341	4	0.06	20.5	11	14.00	0.82	0.70
G631	中国感染控制杂志	2146	2	0.63	2.346	1	0.86	63.0	2	36.82	0.91	0.59
G337	中国感染与化疗杂志	1388	3	0.06	2.292	2	0.82	58.5	3	28.00	0.91	0.52
G136	中华传染病杂志	1206	4	−0.08	1.147	6	−0.09	47.3	5	29.09	1.00	0.58
G692	中华临床感染病杂志	746	5	−0.43	1.621	3	0.29	56.1	4	24.45	0.91	0.45
G703	中华实验和临床感染病杂志电子版	475	8	−0.64	0.850	9	−0.33	31.1	9	17.18	1.00	0.52
G194	中华医院感染学杂志	6196	1	3.72	1.247	5	−0.01	74.3	1	55.09	0.91	0.74
	11 种期刊平均值	1314			1.260							

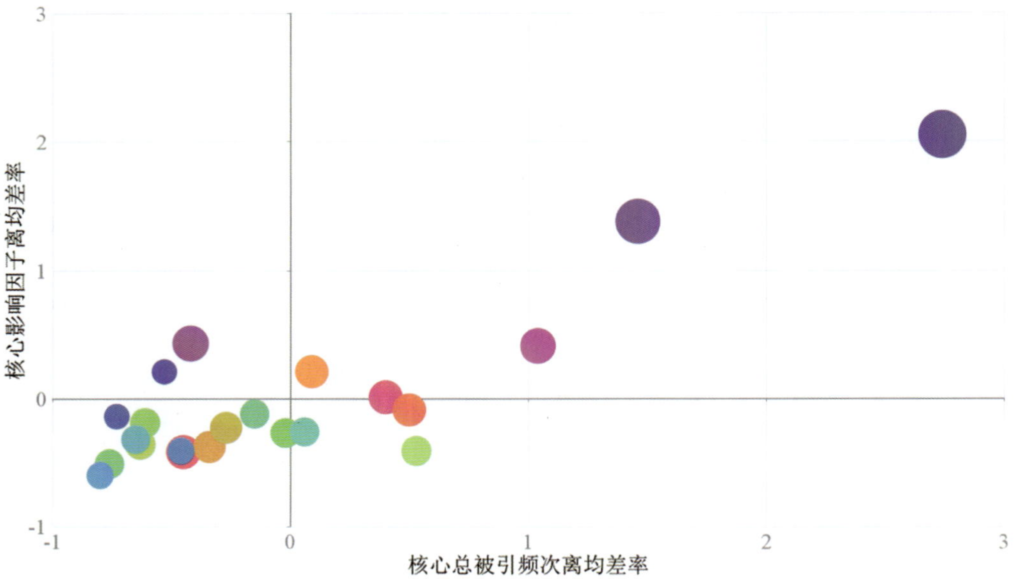

2022 年外科学综合类期刊核心总被引频次和核心影响因子离均差率的分布图
（节点大小表示综合评价总分）

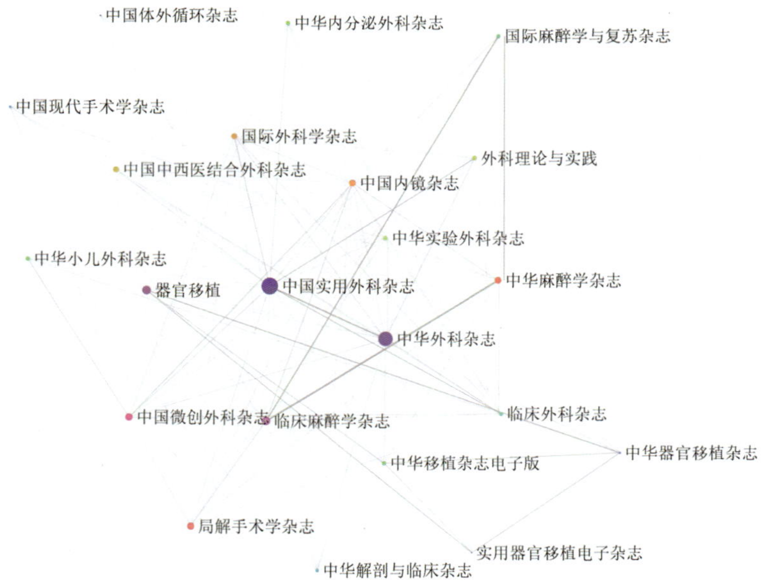

2022 年外科学综合类期刊互引关系示意图

表 7-44　2022 年外科学综合类期刊主要指标

CODE	刊名	核心总被引频次			核心影响因子			综合评价总分		学科扩散指标	学科影响指标	红点指标
		数值	排名	离均差率	数值	排名	离均差率	数值	排名			
G975	国际麻醉学与复苏杂志	1072	10	−0.15	0.871	9	−0.12	31.3	16	12.91	0.59	0.56
G954	国际外科学杂志	831	12	−0.34	0.616	17	−0.38	37.2	9	13.27	0.82	0.65
G553	局解手术学杂志	696	14	−0.45	0.571	20	−0.42	42.0	6	13.36	0.55	0.50
G222	临床麻醉学杂志	2571	3	1.04	1.397	4	0.41	46.2	4	16.45	0.73	0.47
G256	临床外科杂志	1329	8	0.06	0.735	13	−0.26	31.1	17	16.05	0.82	0.53
G595	器官移植	731	13	−0.42	1.416	3	0.43	47.1	3	8.23	0.36	0.81
G469	实用器官移植电子杂志	591	16	−0.53	1.194	6	0.21	23.1	22	5.50	0.36	0.30
G601	外科理论与实践	469	18	−0.63	0.630	16	−0.36	33.3	11	8.50	0.59	0.52
G277	中国内镜杂志	1376	7	0.09	1.198	5	0.21	39.3	8	14.09	0.73	0.51
G272	中国实用外科杂志	4708	1	2.74	3.016	1	2.05	83.0	1	21.82	1.00	0.63
G444	中国体外循环杂志	344	20	−0.73	0.853	10	−0.14	24.0	21	5.77	0.41	0.73
G373	中国微创外科杂志	1756	6	0.40	1.000	7	0.01	42.2	5	15.41	0.82	0.20
G885	中国现代手术学杂志	254	22	−0.80	0.391	22	−0.60	26.7	19	6.32	0.45	0.34
G758	中国中西医结合外科杂志	924	11	−0.27	0.764	12	−0.23	36.9	10	12.09	0.36	0.44
Q905	中华解剖与临床杂志	437	19	−0.65	0.669	15	−0.32	29.8	18	8.73	0.55	0.34
G153	中华麻醉学杂志	1882	5	0.50	0.899	8	−0.09	39.9	7	15.91	0.68	0.48
G736	中华内分泌外科杂志	485	17	−0.61	0.798	11	−0.19	32.4	13	9.68	0.64	0.59
G158	中华器官移植杂志	674	15	−0.46	0.579	18	−0.41	25.8	20	7.77	0.55	0.84
G163	中华实验外科杂志	1922	4	0.53	0.578	19	−0.41	32.8	12	19.91	0.91	0.61
G164	中华外科杂志	3091	2	1.46	2.355	2	1.38	72.5	2	22.68	1.00	0.46
G169	中华小儿外科杂志	1235	9	−0.02	0.721	14	−0.27	32.3	14	11.82	0.59	0.53
G897	中华移植杂志电子版	301	21	−0.76	0.483	21	−0.51	31.7	15	4.91	0.45	0.68
	22 种期刊平均值	1258			0.988							

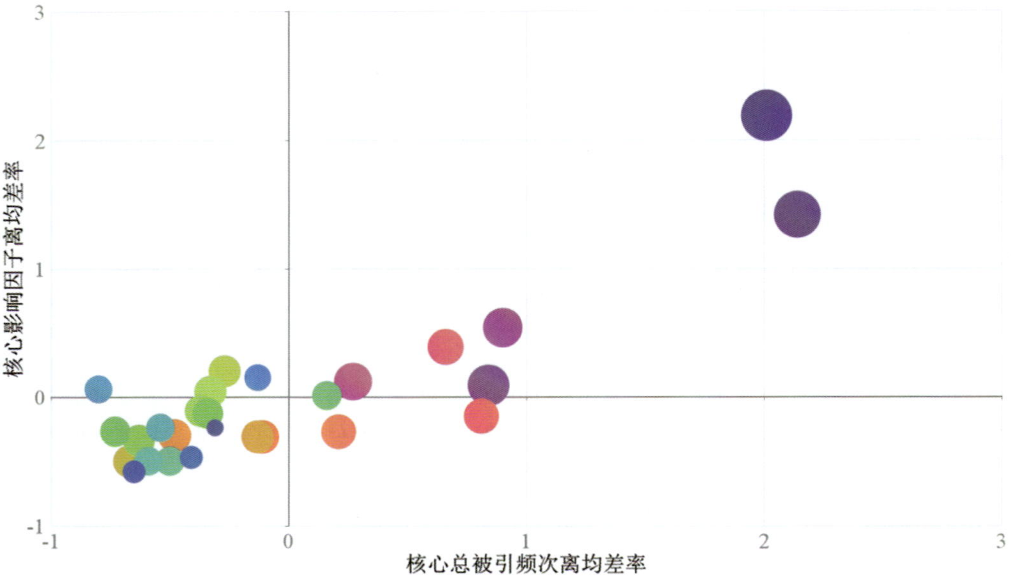

2022 年普通外科学、胸外科学、心血管外科学类期刊核心总被引频次和核心影响因子离均差率的分布图
（节点大小表示综合评价总分）

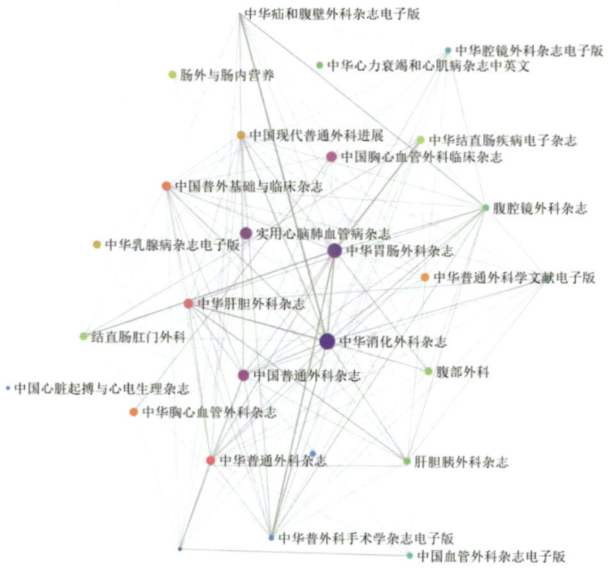

2022 年普通外科学、胸外科学、心血管外科学类期刊互引关系示意图

表 7-45　2022 年普通外科学、胸外科学、心血管外科学类期刊主要指标

CODE	刊名	核心总被引频次			核心影响因子			综合评价总分		学科扩散指标	学科影响指标	红点指标
		数值	排名	离均差率	数值	排名	离均差率	数值	排名			
G264	肠外与肠内营养	687	13	-0.27	1.167	5	0.20	37.0	14	7.93	0.41	0.27
G957	腹部外科	353	23	-0.63	0.645	22	-0.34	35.7	16	5.11	0.70	0.59
G338	腹腔镜外科杂志	1093	9	0.16	0.979	11	0.01	30.7	19	7.33	0.81	0.82
G879	肝胆外科杂志	471	20	-0.50	0.490	24	-0.50	30.4	20	6.00	0.52	0.67
G690	肝胆胰外科杂志	625	16	-0.34	0.841	13	-0.13	33.4	17	6.96	0.59	0.55
G869	结直肠肛门外科	598	17	-0.37	0.867	12	-0.11	36.7	15	7.48	0.63	0.24
G766	实用心脑肺血管病杂志	1734	4	0.84	1.063	8	0.09	61.8	3	13.85	0.30	0.70
Q958	血管与腔内血管外科杂志	333	24	-0.65	0.411	27	-0.58	18.6	26	4.41	0.33	0.47
G226	中国普通外科杂志	1786	3	0.90	1.500	3	0.54	56.3	4	13.22	0.85	0.76
G269	中国普外基础与临床杂志	1139	8	0.21	0.705	18	-0.27	42.8	8	10.85	0.85	0.60
G841	中国现代普通外科进展	816	11	-0.13	0.673	20	-0.31	38.6	11	9.22	0.78	0.66
G203	中国心脏起搏与心电生理杂志	554	18	-0.41	0.515	23	-0.47	19.0	25	6.07	0.11	0.93
G232	中国胸心血管外科临床杂志	1199	7	0.27	1.092	7	0.12	51.2	5	12.07	0.67	0.54
G464	中国血管外科杂志电子版	388	22	-0.59	0.483	26	-0.50	29.1	21	5.85	0.52	0.26
G262	中华肝胆外科杂志	1563	6	0.66	1.347	4	0.39	46.6	6	9.78	0.67	0.64
G060	中华结直肠疾病电子杂志	630	15	-0.33	1.009	10	0.04	37.0	13	7.07	0.63	0.88
G461	中华普通外科学文献电子版	488	19	-0.48	0.677	19	-0.30	38.9	10	8.04	0.74	0.59
G254	中华普通外科杂志	1707	5	0.81	0.826	14	-0.15	44.0	7	12.22	0.89	0.35
G462	中华普外科手术学杂志电子版	815	12	-0.13	1.120	6	0.15	26.0	24	5.41	0.74	0.90
G463	中华腔镜外科杂志电子版	433	21	-0.54	0.735	16	-0.24	28.5	22	4.89	0.78	0.36
G505	中华乳腺病杂志电子版	309	25	-0.67	0.487	25	-0.50	37.1	12	5.89	0.22	0.86
G472	中华疝和腹壁外科杂志电子版	650	14	-0.31	0.740	15	-0.24	10.5	27	2.93	0.41	0.85
Q952	中华胃肠内镜电子杂志	184	27	-0.80	1.027	9	0.06	28.4	23	3.48	0.22	0.28
G793	中华胃肠外科杂志	2960	1	2.14	2.352	2	1.42	79.0	2	14.67	0.81	0.69
G978	中华消化外科杂志	2836	2	2.01	3.104	1	2.19	92.4	1	13.63	0.85	0.88
Q284	中华心力衰竭和心肌病杂志中英文	257	26	-0.73	0.712	17	-0.27	32.9	18	4.48	0.11	0.45
G171	中华胸心血管外科杂志	837	10	-0.11	0.672	21	-0.31	40.4	9	9.30	0.41	0.22
	27 种期刊平均值	942			0.972							

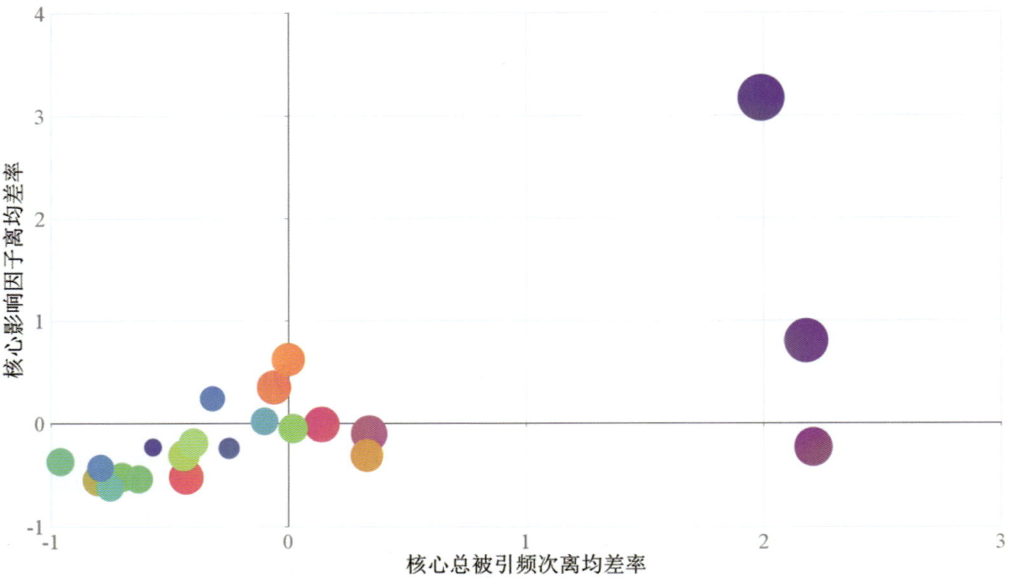

2022 年心血管病学类期刊核心总被引频次和核心影响因子离均差率的分布图
（节点大小表示综合评价总分）

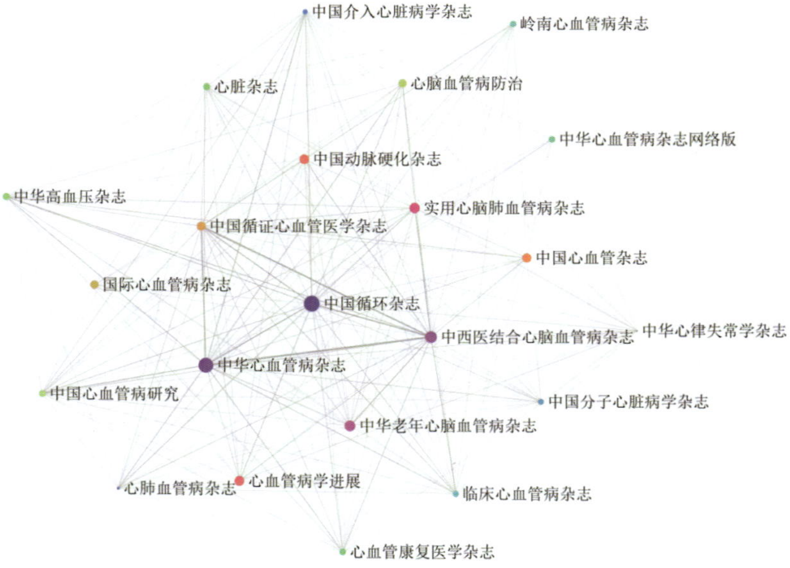

2022 年心血管病学类期刊互引关系示意图

表 7-46　2022 年心血管病学类期刊主要指标

CODE	刊名	核心总被引频次			核心影响因子			综合评价总分		学科扩散指标	学科影响指标	红点指标
		数值	排名	离均差率	数值	排名	离均差率	数值	排名			
G940	国际心血管病杂志	308	21	−0.80	0.486	21	−0.55	35.4	10	7.77	0.82	0.79
G261	临床心血管病杂志	1372	10	−0.10	1.102	6	0.02	27.4	18	13.05	1.00	0.70
G491	岭南心血管病杂志	382	19	−0.75	0.411	22	−0.62	27.8	17	7.77	0.86	0.60
G766	实用心脑肺血管病杂志	1734	6	0.14	1.063	7	−0.01	45.4	5	17.00	0.82	0.81
G083	心肺血管病杂志	1140	11	−0.25	0.821	13	−0.24	16.1	21	14.05	0.91	0.62
G476	心脑血管病防治	858	15	−0.44	0.749	14	−0.31	35.0	11	13.23	0.91	0.63
G419	心血管病学进展	861	14	−0.43	0.521	18	−0.52	43.0	6	13.59	0.95	0.71
G578	心血管康复医学杂志	560	17	−0.63	0.500	20	−0.54	28.3	15	8.77	0.68	0.88
G260	心脏杂志	451	18	−0.70	0.515	19	−0.52	30.5	14	9.32	0.91	0.59
G234	中国动脉硬化杂志	1436	9	−0.06	1.461	4	0.35	41.8	7	14.77	0.82	0.67
G402	中国分子心脏病学杂志	327	20	−0.79	0.618	17	−0.43	26.2	19	7.41	0.95	0.63
G239	中国介入心脏病学杂志	1035	12	−0.32	1.336	5	0.24	22.9	20	10.45	1.00	0.68
G718	中国心血管病研究	907	13	−0.40	0.876	10	−0.19	31.0	12	12.18	0.95	0.70
G380	中国心血管杂志	1518	8	0.00	1.746	3	0.62	39.5	8	16.86	1.00	0.75
G119	中国循环杂志	4544	3	1.99	4.495	1	3.17	78.6	1	25.77	1.00	0.70
G645	中国循证心血管医学杂志	2017	5	0.33	0.746	15	−0.31	38.5	9	17.77	0.95	0.60
G235	中华高血压杂志	1557	7	0.02	1.026	8	−0.05	30.6	13	16.82	0.95	0.55
G876	中华老年心脑血管病杂志	2036	4	0.34	0.966	9	−0.10	47.5	4	17.95	0.95	0.77
G892	中华心律失常学杂志	656	16	−0.57	0.833	11	−0.23	11.4	22	7.59	1.00	0.58
G170	中华心血管病杂志	4830	2	2.18	1.941	2	0.80	70.1	2	22.36	1.00	0.66
Q231	中华心血管病杂志网络版	62	22	−0.96	0.683	16	−0.37	28.2	16	2.05	0.55	0.21
G597	中西医结合心脑血管病杂志	4879	1	2.21	0.829	12	−0.23	53.1	3	19.82	0.95	0.80
	22 种期刊平均值	1521			1.078							

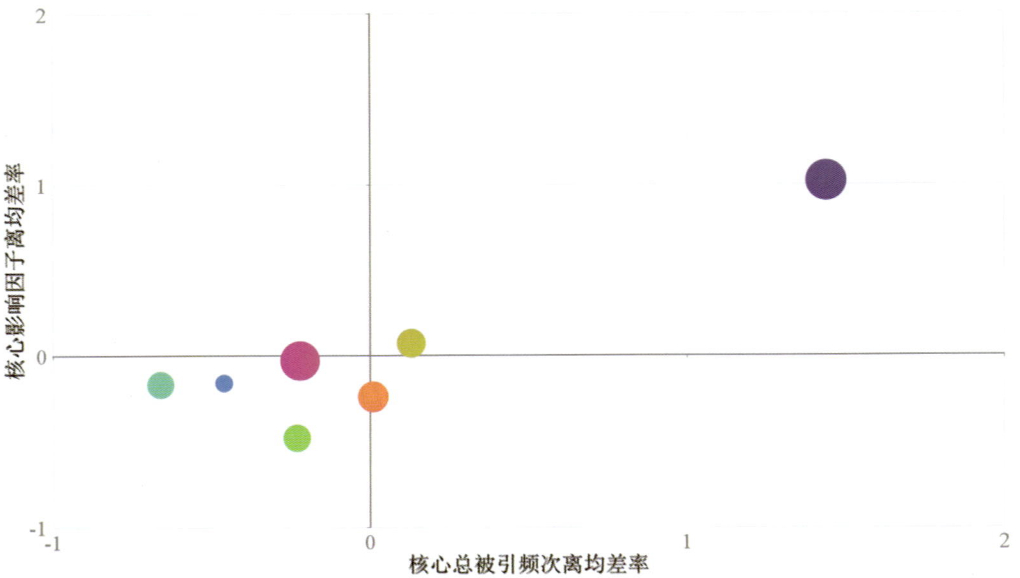

2022 年泌尿外科学类期刊核心总被引频次和核心影响因子离均差率的分布图
（节点大小表示综合评价总分）

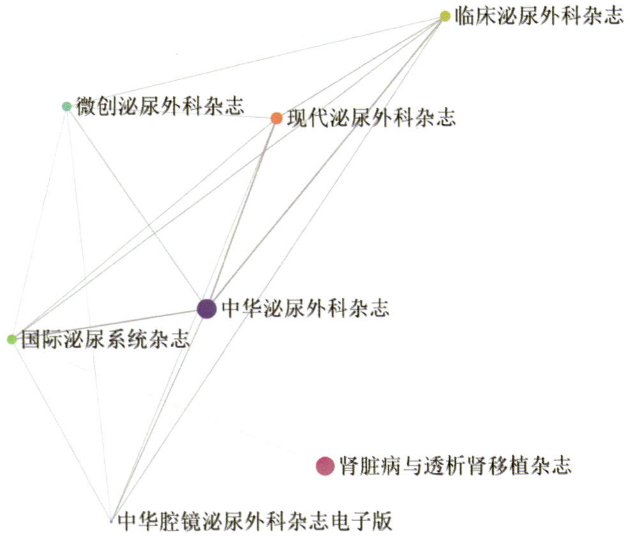

2022 年泌尿外科学类期刊互引关系示意图

表 7-47　2022 年泌尿外科学类期刊主要指标

CODE	刊名	核心总被引频次			核心影响因子			综合评价总分		学科扩散指标	学科影响指标	红点指标
		数值	排名	离均差率	数值	排名	离均差率	数值	排名			
G349	国际泌尿系统杂志	699	5	−0.23	0.411	7	−0.48	27.2	5	30.71	1.00	0.57
G317	临床泌尿外科杂志	1028	2	0.13	0.849	2	0.07	29.7	4	29.86	0.86	0.58
G202	肾脏病与透析肾移植杂志	711	4	−0.22	0.774	3	−0.03	55.7	2	34.57	0.71	0.10
G866	微创泌尿外科杂志	307	7	−0.66	0.660	5	−0.17	26.5	6	14.43	0.86	0.67
G341	现代泌尿外科杂志	917	3	0.01	0.602	6	−0.24	33.5	3	35.43	0.86	0.51
G154	中华泌尿外科杂志	2219	1	1.44	1.603	1	1.02	59.7	1	41.29	0.86	0.68
G473	中华腔镜泌尿外科杂志电子版	489	6	−0.46	0.665	4	−0.16	11.5	7	15.00	0.86	0.72
	7 种期刊平均值	910			0.795							

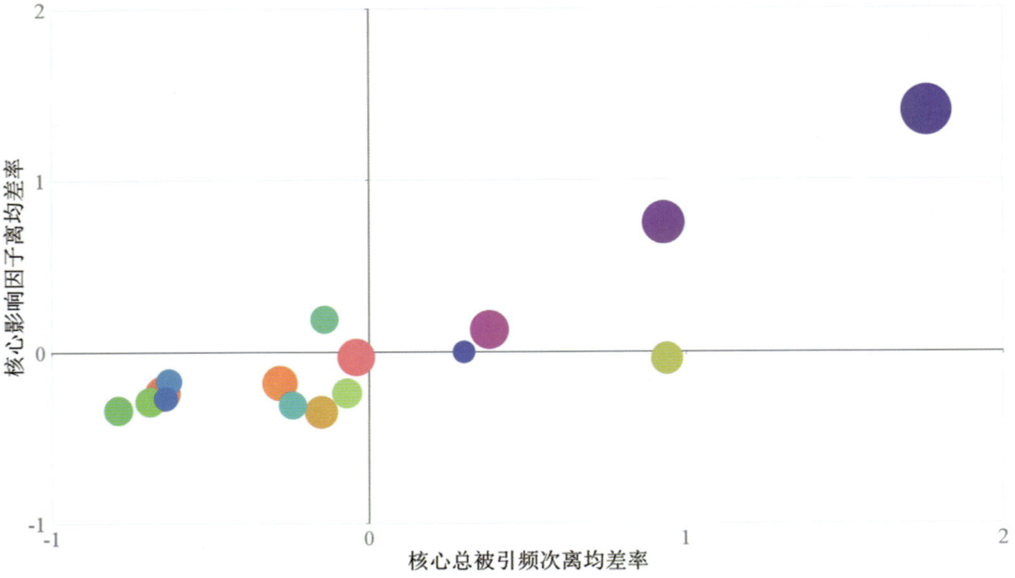

2022 年骨外科学类期刊核心总被引频次和核心影响因子离均差率的分布图
（节点大小表示综合评价总分）

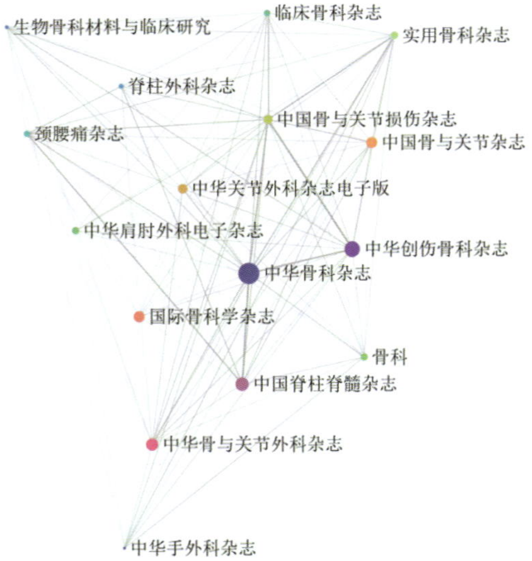

2022 年骨外科学类期刊互引关系示意图

表 7-48　2022 年骨外科学类期刊主要指标

CODE	刊名	核心总被引频次			核心影响因子			综合评价总分		学科扩散指标	学科影响指标	红点指标
		数值	排名	离均差率	数值	排名	离均差率	数值	排名			
G478	骨科	349	15	−0.69	0.668	13	−0.29	31.3	10	8.06	1.00	0.44
G498	国际骨科学杂志	385	14	−0.65	0.714	10	−0.24	44.6	5	10.75	1.00	0.54
G439	脊柱外科杂志	414	12	−0.63	0.784	8	−0.17	24.3	14	6.75	0.75	0.84
G677	颈腰痛杂志	848	10	−0.24	0.647	14	−0.31	28.4	13	12.06	0.75	0.42
G291	临床骨科杂志	952	8	−0.14	1.122	3	0.19	28.6	12	10.38	1.00	0.48
G401	生物骨科材料与临床研究	400	13	−0.64	0.686	12	−0.27	20.8	15	7.38	1.00	0.50
G457	实用骨科杂志	1039	7	−0.07	0.710	11	−0.24	32.1	9	13.75	1.00	0.36
G249	中国骨与关节损伤杂志	2161	2	0.94	0.902	7	−0.04	37.9	8	15.31	1.00	0.62
G857	中国骨与关节杂志	805	11	−0.28	0.772	9	−0.18	44.3	6	14.13	1.00	0.67
G192	中国脊柱脊髓杂志	1536	4	0.38	1.062	4	0.13	54.0	3	15.69	0.88	0.33
G408	中华创伤骨科杂志	2145	3	0.93	1.641	2	0.75	66.0	2	15.13	1.00	0.70
G143	中华骨科杂志	3065	1	1.76	2.256	1	1.40	93.3	1	22.00	1.00	0.57
G648	中华骨与关节外科杂志	1062	6	−0.04	0.916	6	−0.03	50.0	4	15.19	1.00	0.59
G691	中华关节外科杂志电子版	948	9	−0.15	0.607	16	−0.35	38.7	7	14.06	0.88	0.63
G055	中华肩肘外科电子杂志	236	16	−0.79	0.619	15	−0.34	31.0	11	4.50	0.75	0.23
G848	中华手外科杂志	1450	5	0.30	0.939	5	0.00	18.3	16	8.19	0.81	0.66
	16 种期刊平均值	1112			0.940							

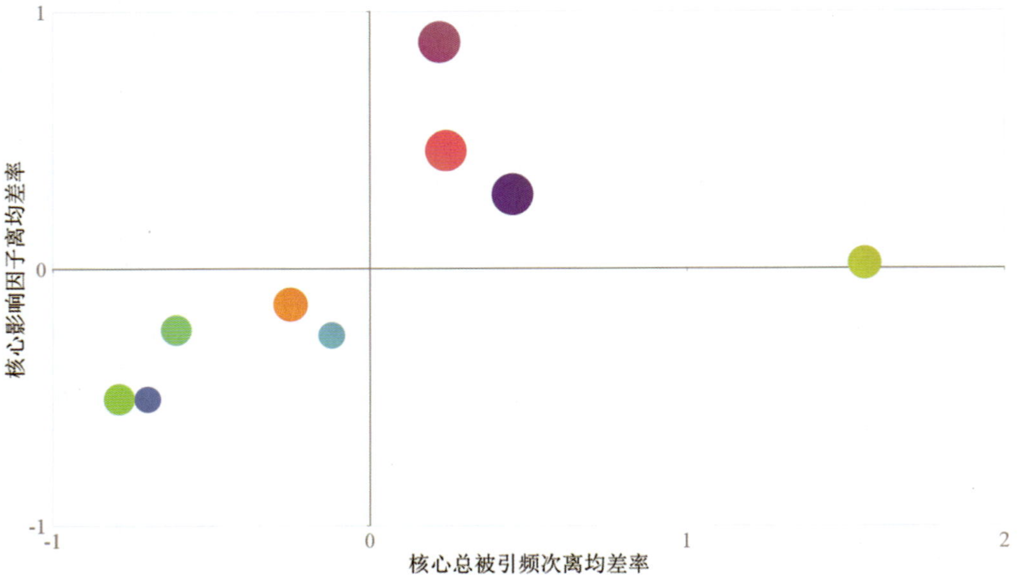

2022 年烧伤外科学、整形外科学类期刊核心总被引频次和核心影响因子离均差率的分布图
（节点大小表示综合评价总分）

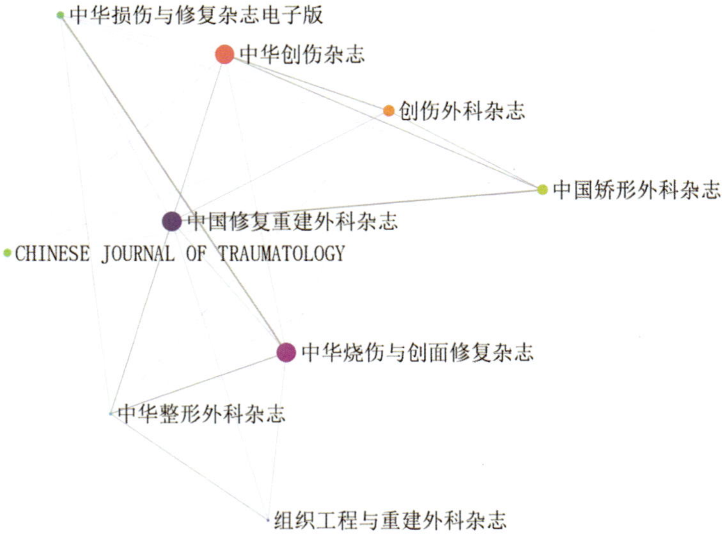

2022 年烧伤外科学、整形外科学类期刊互引关系示意图

表 7-49　2022 年烧伤外科学、整形外科学类期刊主要指标

CODE	刊名	核心总被引频次			核心影响因子			综合评价总分		学科扩散指标	学科影响指标	红点指标
		数值	排名	离均差率	数值	排名	离均差率	数值	排名			
I200	CHINESE JOURNAL OF TRAUMATOLOGY	285	9	−0.79	0.471	9	−0.51	35.2	6	16.56	0.78	0.00
G322	创伤外科杂志	999	6	−0.25	0.835	5	−0.14	41.9	4	27.67	0.78	0.46
G233	中国矫形外科杂志	3415	1	1.56	0.993	4	0.02	40.2	5	35.22	0.89	0.37
G118	中国修复重建外科杂志	1941	2	0.45	1.254	3	0.29	62.9	1	34.00	1.00	0.40
G137	中华创伤杂志	1656	3	0.24	1.414	2	0.46	61.1	3	33.56	1.00	0.56
G900	中华烧伤与创面修复杂志	1635	4	0.22	1.827	1	0.88	62.6	2	28.78	1.00	0.90
G506	中华损伤与修复杂志电子版	523	7	−0.61	0.741	6	−0.24	34.1	7	20.67	0.89	0.74
G178	中华整形外科杂志	1173	5	−0.12	0.720	7	−0.26	25.8	8	21.78	0.89	0.41
G701	组织工程与重建外科杂志	403	8	−0.70	0.473	8	−0.51	24.9	9	17.67	0.56	0.37
	9 种期刊平均值	1337			0.970							

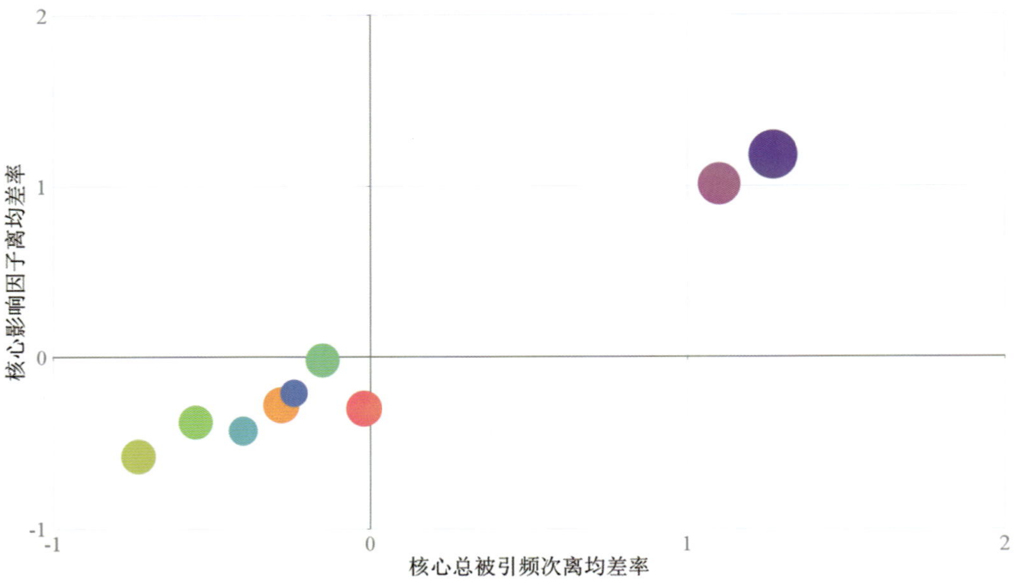

2022 年妇产科学类期刊核心总被引频次和核心影响因子离均差率的分布图
（节点大小表示综合评价总分）

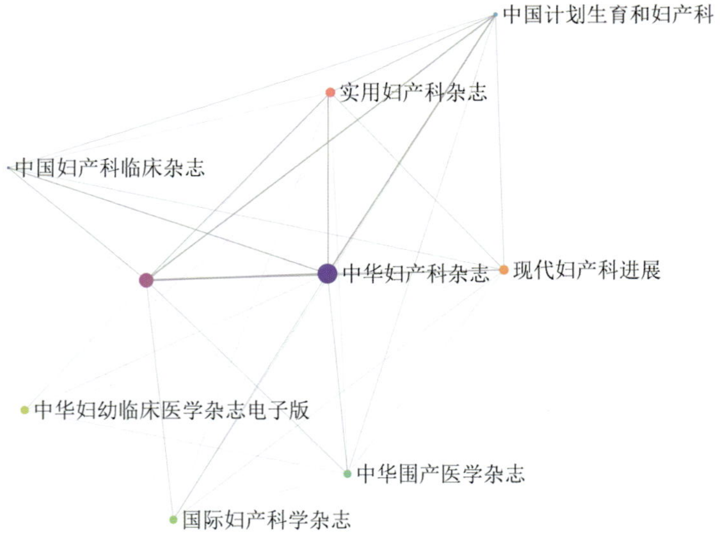

2022 年妇产科学类期刊互引关系示意图

表 7-50　2022 年妇产科学类期刊主要指标

CODE	刊名	核心总被引频次			核心影响因子			综合评价总分		学科扩散指标	学科影响指标	红点指标
		数值	排名	离均差率	数值	排名	离均差率	数值	排名			
G659	国际妇产科学杂志	759	8	−0.55	0.872	7	−0.38	41.6	6	27.56	1.00	0.82
G586	实用妇产科杂志	1653	3	−0.02	0.979	6	−0.30	46.0	3	37.56	1.00	0.31
G300	现代妇产科进展	1223	6	−0.28	1.013	5	−0.28	45.9	4	33.56	1.00	0.65
G456	中国妇产科临床杂志	1292	5	−0.24	1.110	4	−0.21	26.4	9	31.44	1.00	0.46
G560	中国计划生育和妇产科	1016	7	−0.40	0.794	8	−0.43	30.8	8	28.56	0.89	0.47
G228	中国实用妇科与产科杂志	3552	2	1.10	2.808	2	1.01	64.0	2	43.33	1.00	0.51
G142	中华妇产科杂志	3834	1	1.27	3.052	1	1.18	86.2	1	48.44	1.00	0.33
G689	中华妇幼临床医学杂志电子版	449	9	−0.73	0.592	9	−0.58	42.6	5	23.00	1.00	0.83
G296	中华围产医学杂志	1430	4	−0.15	1.368	3	−0.02	41.4	7	29.11	1.00	0.55
	9 种期刊平均值	1690			1.399							

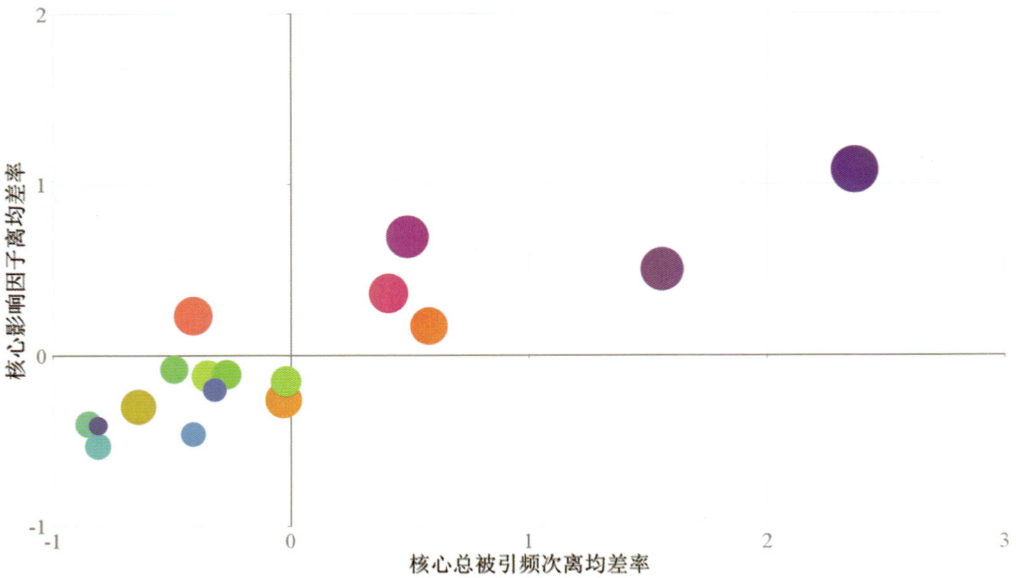

2022 年儿科学类期刊核心总被引频次和核心影响因子离均差率的分布图
（节点大小表示综合评价总分）

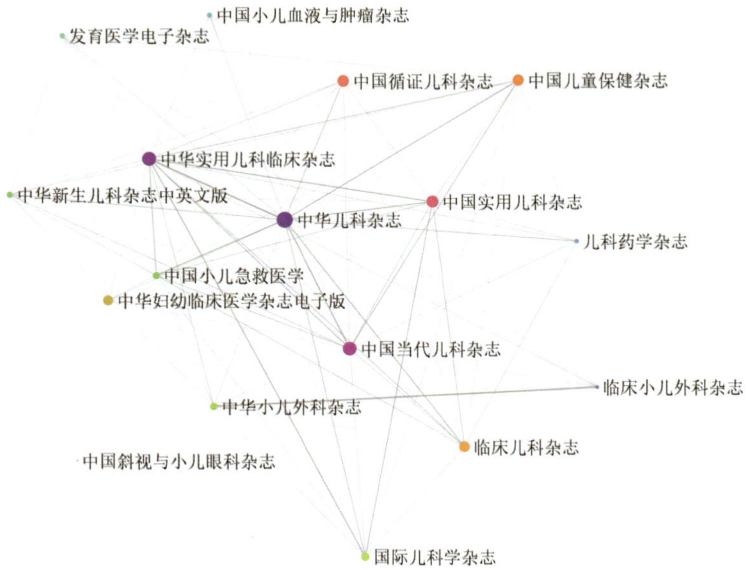

2022 年儿科学类期刊互引关系示意图

表 7-51　2022 年儿科学类期刊主要指标

CODE	刊名	核心总被引频次			核心影响因子			综合评价总分		学科扩散指标	学科影响指标	红点指标
		数值	排名	离均差率	数值	排名	离均差率	数值	排名			
G920	儿科药学杂志	747	11	−0.41	0.458	16	−0.46	22.4	15	14.94	0.76	0.51
G199	发育医学电子杂志	190	17	−0.85	0.510	14	−0.40	25.6	13	5.65	0.71	0.35
G936	国际儿科学杂志	816	10	−0.35	0.749	9	−0.12	37.0	9	16.53	0.94	0.81
G607	临床儿科杂志	1230	7	−0.03	0.630	12	−0.26	47.8	7	21.35	1.00	0.83
Q909	临床小儿外科杂志	858	9	−0.32	0.680	11	−0.20	20.1	16	12.35	0.71	0.66
G901	中国当代儿科杂志	1881	4	0.49	1.441	2	0.69	65.1	3	25.18	0.94	0.89
G825	中国儿童保健杂志	1998	3	0.58	0.998	6	0.17	50.0	6	21.41	0.82	0.65
G273	中国实用儿科杂志	1779	5	0.41	1.159	4	0.36	55.9	4	23.47	0.94	0.72
G765	中国小儿急救医学	922	8	−0.27	0.754	8	−0.11	31.4	11	14.59	1.00	0.74
G845	中国小儿血液与肿瘤杂志	244	15	−0.81	0.398	17	−0.53	25.0	14	7.76	0.76	0.57
G298	中国斜视与小儿眼科杂志	239	16	−0.81	0.500	15	−0.41	12.6	17	3.82	0.06	0.20
G756	中国循证儿科杂志	747	11	−0.41	1.050	5	0.23	52.7	5	15.76	0.94	0.60
G138	中华儿科杂志	4251	1	2.37	1.772	1	1.08	80.1	1	29.76	0.94	0.49
G689	中华妇幼临床医学杂志电子版	449	14	−0.64	0.592	13	−0.30	44.8	8	12.18	0.82	0.80
G875	中华实用儿科临床杂志	3230	2	1.56	1.281	3	0.50	67.4	2	27.94	1.00	0.71
G169	中华小儿外科杂志	1235	6	−0.02	0.721	10	−0.15	33.6	10	15.29	0.94	0.56
G082	中华新生儿科杂志中英文版	644	13	−0.49	0.785	7	−0.08	28.5	12	10.94	0.88	0.79
	17 种期刊平均值	1262			0.852							

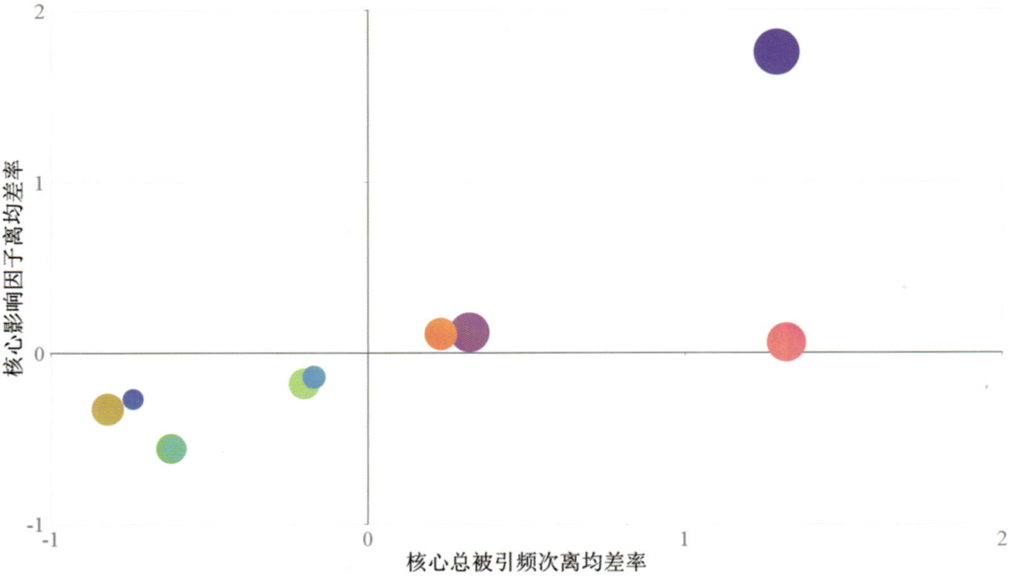

2022 年眼科学类期刊核心总被引频次和核心影响因子离均差率的分布图
（节点大小表示综合评价总分）

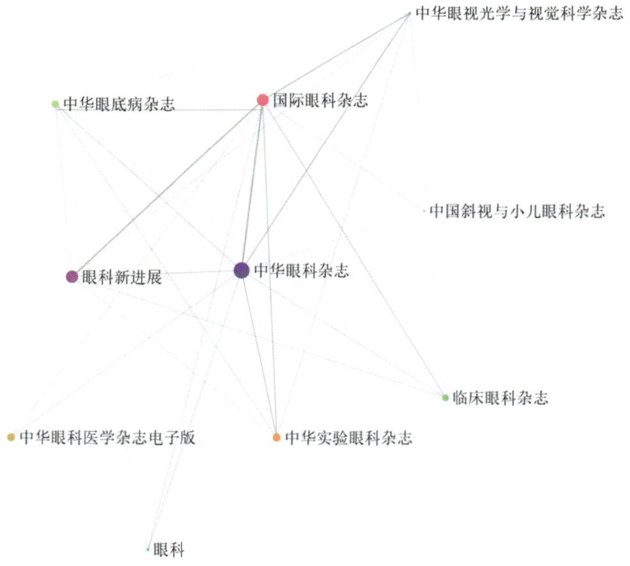

2022 年眼科学类期刊互引关系示意图

表 7-52 2022 年眼科学类期刊主要指标

CODE	刊名	核心总被引频次			核心影响因子			综合评价总分		学科扩散指标	学科影响指标	红点指标
		数值	排名	离均差率	数值	排名	离均差率	数值	排名			
Q911	国际眼科杂志	2095	1	1.32	0.728	4	0.06	55.2	3	29.40	1.00	0.59
Q913	临床眼科杂志	341	8	−0.62	0.302	9	−0.56	32.3	7	12.50	1.00	0.37
G962	眼科	355	7	−0.61	0.302	9	−0.56	21.7	8	10.50	1.00	0.34
G554	眼科新进展	1189	3	0.32	0.766	2	0.12	56.9	2	23.20	1.00	0.56
G298	中国斜视与小儿眼科杂志	239	9	−0.74	0.500	7	−0.27	15.7	10	6.50	1.00	0.39
G773	中华实验眼科杂志	1114	4	0.23	0.760	3	0.11	37.6	4	19.60	1.00	0.55
G191	中华眼底病杂志	719	6	−0.20	0.564	6	−0.18	34.6	6	14.80	1.00	0.81
G075	中华眼科医学杂志电子版	167	10	−0.82	0.458	8	−0.33	37.4	5	7.70	1.00	0.45
G173	中华眼科杂志	2068	2	1.29	1.881	1	1.75	76.2	1	28.50	1.00	0.42
G873	中华眼视光学与视觉科学杂志	753	5	−0.17	0.591	5	−0.14	19.4	9	13.00	1.00	0.44
	10 种期刊平均值	904			0.685							

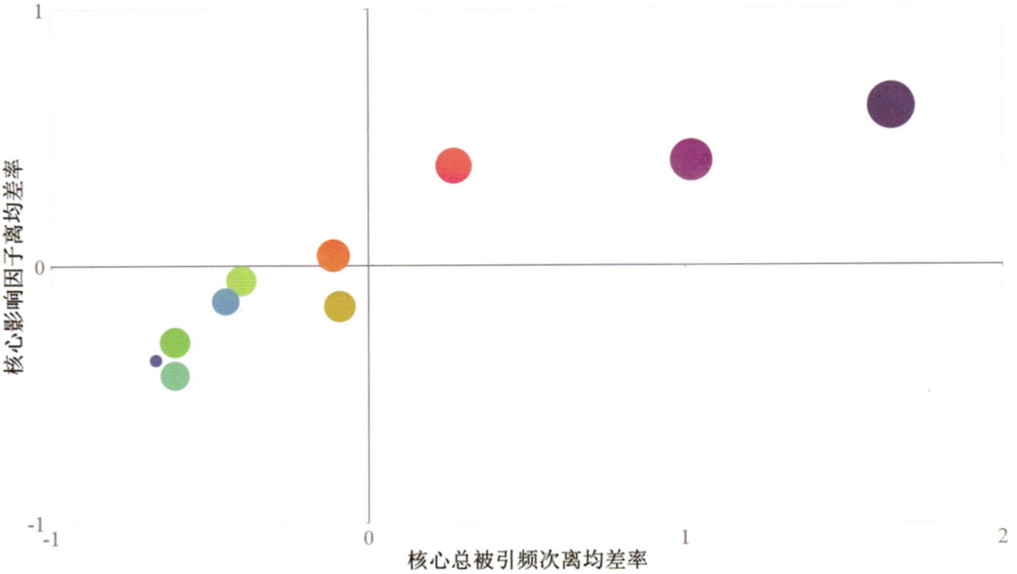

2022 年耳鼻咽喉科学类期刊核心总被引频次和核心影响因子离均差率的分布图
（节点大小表示综合评价总分）

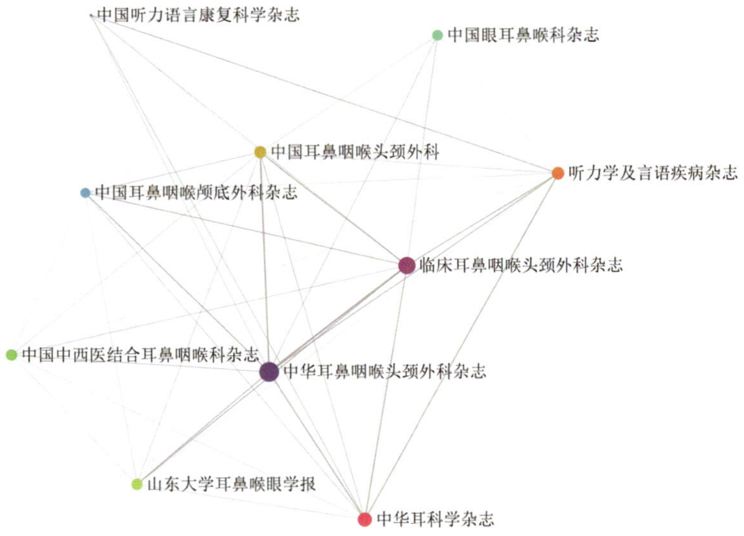

2022 年耳鼻咽喉科学类期刊互引关系示意图

表 7-53　2022 年耳鼻咽喉科学类期刊主要指标

CODE	刊名	核心总被引频次			核心影响因子			综合评价总分		学科扩散指标	学科影响指标	红点指标
		数值	排名	离均差率	数值	排名	离均差率	数值	排名			
G276	临床耳鼻咽喉头颈外科杂志	2198	2	1.02	1.006	2	0.41	64.2	2	35.10	1.00	0.58
G742	山东大学耳鼻喉眼学报	657	6	−0.40	0.667	5	−0.06	33.6	6	19.20	1.00	0.47
G238	听力学及言语疾病杂志	962	5	−0.11	0.743	4	0.04	39.0	4	17.60	1.00	0.30
G270	中国耳鼻咽喉颅底外科杂志	598	7	−0.45	0.609	6	−0.14	27.2	9	18.70	1.00	0.43
G543	中国耳鼻咽喉头颈外科	989	4	−0.09	0.597	7	−0.16	35.6	5	25.00	1.00	0.58
G437	中国听力语言康复科学杂志	355	10	−0.67	0.449	9	−0.37	5.6	10	10.30	0.80	0.35
G619	中国眼耳鼻喉科杂志	423	9	−0.61	0.409	10	−0.43	30.7	8	16.90	1.00	0.26
G347	中国中西医结合耳鼻咽喉科杂志	429	8	−0.61	0.498	8	−0.30	33.0	7	16.10	1.00	0.40
G139	中华耳鼻咽喉头颈外科杂志	2884	1	1.65	1.153	1	0.62	80.8	1	37.70	1.00	0.24
G743	中华耳科学杂志	1377	3	0.27	0.988	3	0.39	46.7	3	19.50	1.00	0.44
	10 种期刊平均值	1087			0.712							

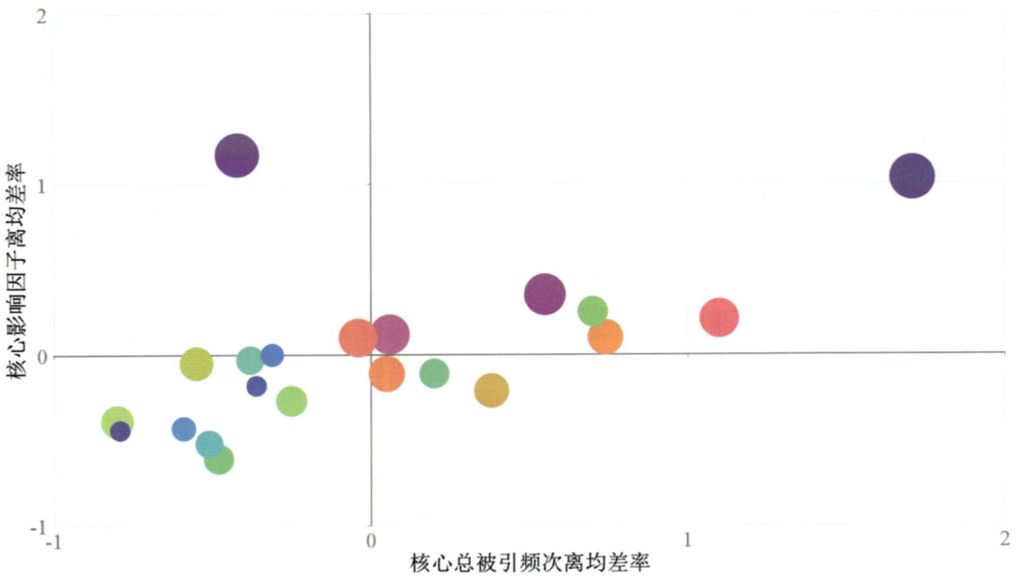

2022 年口腔医学类期刊核心总被引频次和核心影响因子离均差率的分布图
（节点大小表示综合评价总分）

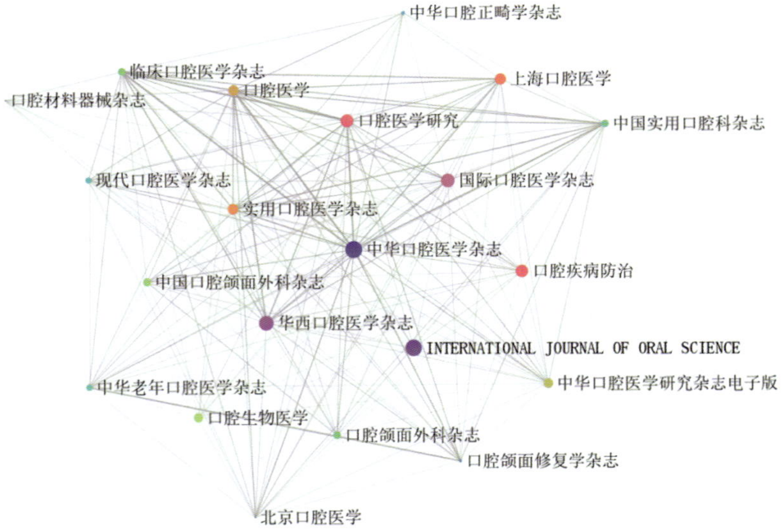

2022 年口腔医学类期刊互引关系示意图

表 7-54　2022 年口腔医学类期刊主要指标

CODE	刊名	核心总被引频次			核心影响因子			综合评价总分		学科扩散指标	学科影响指标	红点指标
		数值	排名	离均差率	数值	排名	离均差率	数值	排名			
Q213	INTERNATIONAL JOURNAL OF ORAL SCIENCE	345	15	–0.42	1.556	1	1.17	71.3	2	6.95	0.90	0.00
G500	北京口腔医学	379	13	–0.36	0.591	14	–0.18	15.7	20	4.86	0.95	0.42
G997	国际口腔医学杂志	633	8	0.06	0.806	6	0.12	57.4	4	9.00	0.95	0.47
G043	华西口腔医学杂志	923	5	0.55	0.970	3	0.35	62.1	3	10.48	1.00	0.39
G672	口腔材料器械杂志	124	20	–0.79	0.402	19	–0.44	15.1	21	2.57	0.76	0.18
G246	口腔颌面外科杂志	311	16	–0.48	0.280	21	–0.61	32.8	14	5.62	0.90	0.39
G894	口腔颌面修复学杂志	410	12	–0.31	0.719	9	0.00	19.4	19	4.24	0.86	0.39
G390	口腔疾病防治	571	10	–0.04	0.789	8	0.10	53.0	6	8.81	0.95	0.68
G594	口腔生物医学	120	21	–0.80	0.439	17	–0.39	39.1	11	3.33	0.71	0.49
G325	口腔医学	824	6	0.38	0.568	15	–0.21	43.5	9	9.19	0.95	0.54
G266	口腔医学研究	1251	2	1.10	0.865	5	0.21	55.0	5	11.76	1.00	0.44
G287	临床口腔医学杂志	1016	4	0.70	0.895	4	0.25	33.1	13	8.81	0.95	0.44
G283	上海口腔医学	628	9	0.05	0.641	12	–0.11	47.0	7	8.81	0.95	0.54
G224	实用口腔医学杂志	1039	3	0.74	0.791	7	0.10	45.2	8	9.81	0.95	0.54
G321	现代口腔医学杂志	291	17	–0.51	0.341	20	–0.52	28.4	17	5.00	0.86	0.29
G441	中国口腔颌面外科杂志	449	11	–0.25	0.527	16	–0.27	34.8	12	7.81	0.86	0.43
G867	中国实用口腔科杂志	718	7	0.20	0.638	13	–0.11	32.2	15	6.57	0.90	0.40
G579	中华口腔医学研究杂志电子版	267	18	–0.55	0.679	11	–0.05	40.6	10	4.76	0.95	0.52
G148	中华口腔医学杂志	1617	1	1.71	1.458	2	1.03	74.1	1	11.14	1.00	0.52
G280	中华口腔正畸学杂志	242	19	–0.59	0.408	18	–0.43	21.6	18	2.48	0.76	0.68
G833	中华老年口腔医学杂志	369	14	–0.38	0.698	10	–0.03	29.4	16	5.19	0.86	0.50
	21 种期刊平均值	597			0.717							

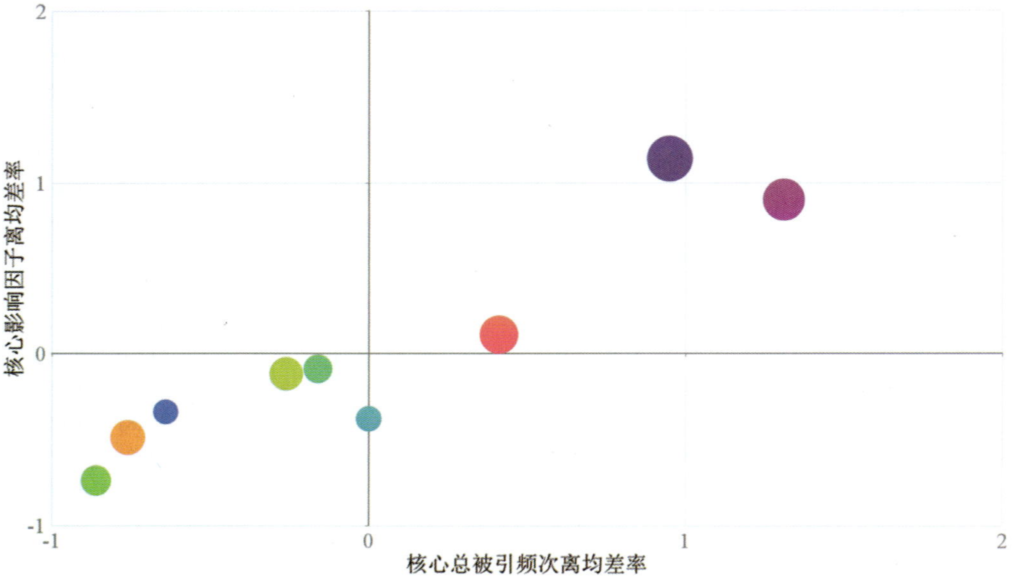

2022 年皮肤病学类期刊核心总被引频次和核心影响因子离均差率的分布图
（节点大小表示综合评价总分）

2022 年皮肤病学类期刊互引关系示意图

表 7-55　2022 年皮肤病学类期刊主要指标

CODE	刊名	核心总被引频次			核心影响因子			综合评价总分		学科扩散指标	学科影响指标	红点指标
		数值	排名	离均差率	数值	排名	离均差率	数值	排名			
G889	INTERNATIONAL JOURNAL OF DERMATOLOGY AND VENEREOLOGY	155	9	−0.86	0.165	9	−0.74	32.9	6	10.00	1.00	0.00
G230	临床皮肤科杂志	1075	4	0.00	0.397	7	−0.38	23.6	8	25.22	1.00	0.36
Q384	皮肤科学通报	262	8	−0.76	0.323	8	−0.49	42.6	4	14.11	0.89	0.66
G652	实用皮肤病学杂志	386	7	−0.64	0.418	6	−0.34	22.3	9	15.11	0.89	0.25
G985	中国艾滋病性病	2477	1	1.31	1.209	2	0.90	63.9	2	23.00	0.56	0.80
G110	中国麻风皮肤病杂志	904	5	−0.16	0.580	4	−0.09	29.5	7	25.11	0.89	0.37
G311	中国皮肤性病学杂志	1509	3	0.41	0.708	3	0.11	53.4	3	32.89	1.00	0.46
G757	中国中西医结合皮肤性病学杂志	799	6	−0.26	0.559	5	−0.12	40.0	5	20.00	0.89	0.36
G157	中华皮肤科杂志	2094	2	0.95	1.362	1	1.14	75.6	1	37.78	1.00	0.50
	9 种期刊平均值	1073			0.636							

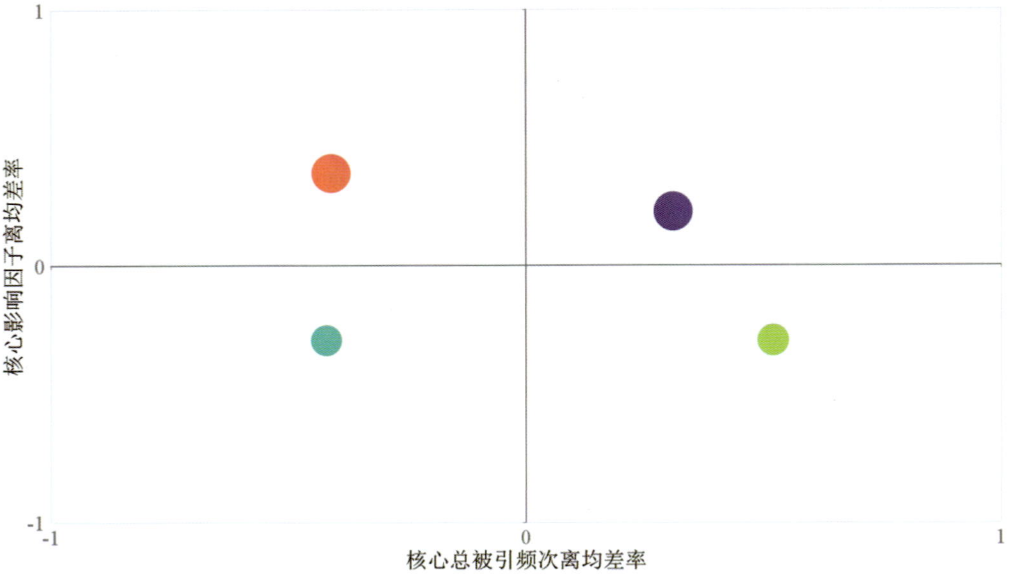

2022 年性医学类期刊核心总被引频次和核心影响因子离均差率的分布图
（节点大小表示综合评价总分）

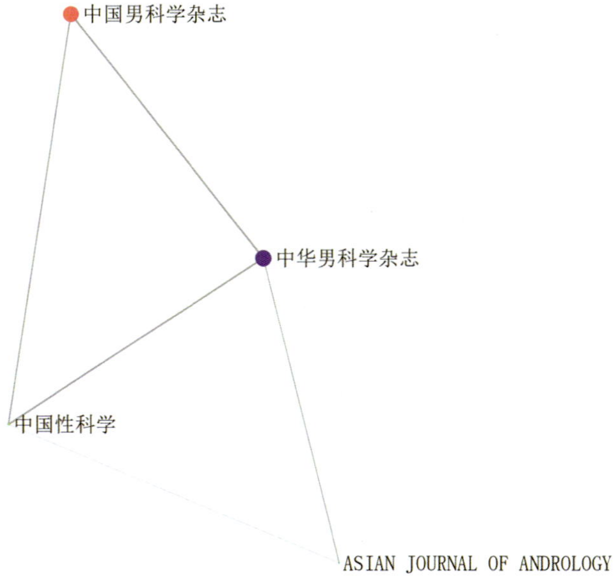

2022 年性医学类期刊互引关系示意图

表 7-56 2022 年性医学类期刊主要指标

CODE	刊名	核心总被引频次			核心影响因子			综合评价总分		学科扩散指标	学科影响指标	红点指标
		数值	排名	离均差率	数值	排名	离均差率	数值	排名			
I282	ASIAN JOURNAL OF ANDROLOGY	704	4	−0.42	0.602	3	−0.29	34.5	4	52.50	1.00	0.21
G303	中国男科学杂志	713	3	−0.41	1.150	1	0.36	54.2	2	45.25	0.75	0.60
G727	中国性科学	1839	1	0.52	0.601	4	−0.29	36.0	3	78.25	0.75	0.43
G282	中华男科学杂志	1578	2	0.31	1.024	2	0.21	55.1	1	71.00	1.00	0.53
	4 种期刊平均值	1209			0.844							

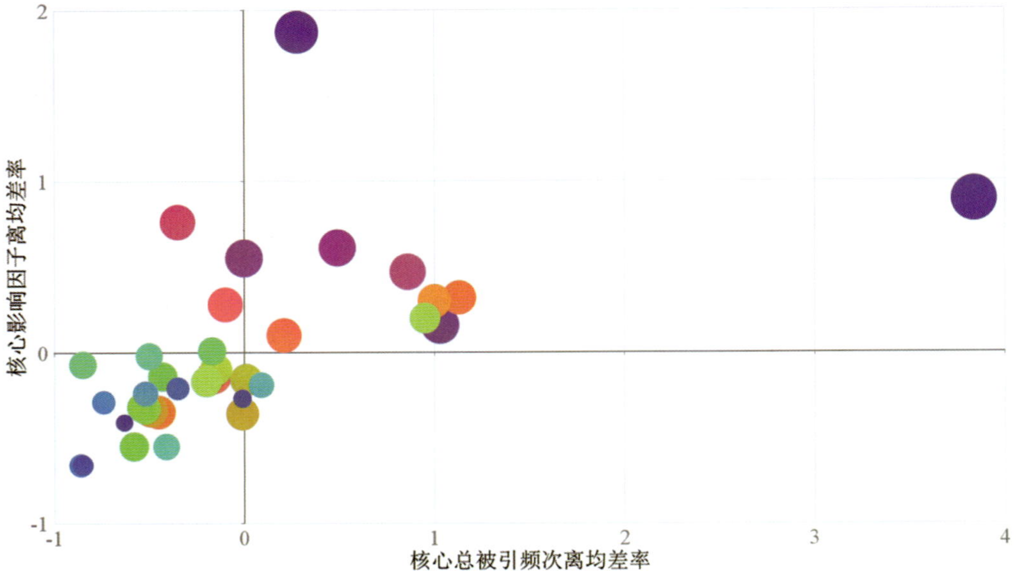

2022 年神经病学、精神病学类期刊核心总被引频次和核心影响因子离均差率的分布图
（节点大小表示综合评价总分）

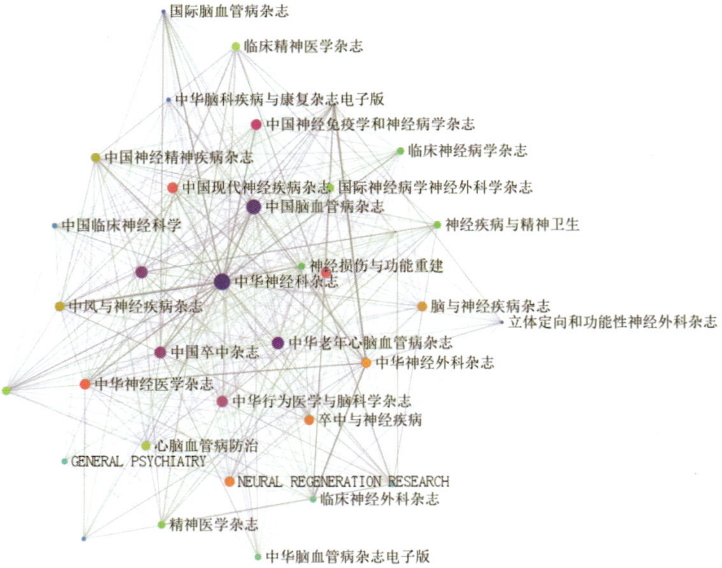

2022 年神经病学、精神病学类期刊互引关系示意图

表 7-57　2022 年神经病学、精神病学类期刊主要指标

CODE	刊名	核心总被引频次			核心影响因子			综合评价总分		学科扩散指标	学科影响指标	红点指标
		数值	排名	离均差率	数值	排名	离均差率	数值	排名			
G343	GENERAL PSYCHIATRY	589	22	−0.41	0.375	32	−0.55	25.6	27	5.74	0.46	0.00
I232	NEURAL REGENERATION RESEARCH	2136	2	1.13	1.104	7	0.32	41.5	11	13.03	0.77	0.36
G278	NEUROSCIENCE BULLETIN	903	15	−0.10	1.071	9	0.28	43.6	8	8.74	0.69	0.08
G229	卒中与神经疾病	548	24	−0.45	0.543	29	−0.35	40.1	12	6.46	0.63	0.50
G929	国际精神病学杂志	1098	10	0.09	0.676	21	−0.19	24.1	28	7.37	0.34	0.64
G939	国际脑血管病杂志	651	21	−0.35	0.656	22	−0.21	18.7	32	5.57	0.71	0.93
G426	国际神经病学神经外科学杂志	477	28	−0.52	0.556	27	−0.33	33.1	20	6.26	0.71	0.73
G953	精神医学杂志	466	29	−0.54	0.568	26	−0.32	31.2	21	4.74	0.29	0.71
G580	立体定向和功能性神经外科杂志	152	34	−0.85	0.280	35	−0.66	16.0	33	2.40	0.37	0.60
G310	临床精神医学杂志	800	19	−0.20	0.694	20	−0.17	34.6	18	6.91	0.37	0.64
G309	临床神经病学杂志	575	23	−0.43	0.721	17	−0.14	30.8	23	6.80	0.80	0.47
G802	临床神经外科杂志	500	26	−0.50	0.817	14	−0.02	26.6	26	5.49	0.60	0.62
G288	脑与神经疾病杂志	517	25	−0.49	0.553	28	−0.34	39.6	14	6.29	0.63	0.71
G329	神经疾病与精神卫生	425	30	−0.58	0.374	33	−0.55	30.9	22	5.03	0.54	0.87
G319	神经损伤与功能重建	837	18	−0.17	0.843	13	0.01	28.7	24	8.20	0.77	0.69
G710	四川精神卫生	372	31	−0.63	0.492	31	−0.41	10.7	35	3.74	0.31	0.49
G476	心脑血管病防治	858	16	−0.15	0.749	16	−0.10	37.1	17	8.31	0.37	0.59
G529	中国卒中杂志	1491	7	0.49	1.345	4	0.61	49.0	5	9.40	0.83	0.79
G536	中国临床神经科学	479	27	−0.52	0.638	23	−0.24	22.8	29	6.09	0.71	0.66
G794	中国临床神经外科杂志	991	13	−0.01	0.608	24	−0.27	12.5	34	7.14	0.66	0.78
G422	中国脑血管病杂志	1281	8	0.28	2.395	1	1.87	66.5	2	9.31	0.77	0.83
G114	中国神经精神疾病杂志	1015	11	0.01	0.703	19	−0.16	37.6	16	9.11	0.86	0.61
G242	中国神经免疫学和神经病学杂志	656	20	−0.35	1.469	3	0.76	44.7	7	7.37	0.80	0.67
G686	中国实用神经疾病杂志	1961	5	0.95	0.999	10	0.20	34.2	19	10.40	0.83	0.82
G623	中国现代神经疾病杂志	845	17	−0.16	0.715	18	−0.14	43.5	9	8.89	0.77	0.82
G159	中华精神科杂志	1005	12	0.00	1.296	5	0.55	51.1	4	8.20	0.66	0.66
G876	中华老年心脑血管病杂志	2036	3	1.03	0.966	11	0.16	52.2	3	11.29	0.77	0.82
Q926	中华脑科疾病与康复杂志电子版	141	35	−0.86	0.283	34	−0.66	19.7	31	2.51	0.43	0.57
G770	中华脑血管病杂志电子版	155	33	−0.85	0.778	15	−0.07	27.4	25	2.51	0.49	0.74
Q950	中华神经创伤外科电子杂志	260	32	−0.74	0.594	25	−0.29	19.9	30	3.14	0.54	0.49
G197	中华神经科杂志	4858	1	3.84	1.575	2	0.89	75.5	1	13.29	0.97	0.68
G160	中华神经外科杂志	2005	4	1.00	1.087	8	0.30	40.0	13	9.77	0.83	0.57
G446	中华神经医学杂志	1217	9	0.21	0.922	12	0.10	43.4	10	9.06	0.83	0.63
G263	中华行为医学与脑科学杂志	1867	6	0.86	1.231	6	0.47	46.9	6	10.89	0.80	0.59
G094	中风与神经疾病杂志	989	14	−0.01	0.537	30	−0.36	39.1	15	8.94	0.86	0.66
	35 种期刊平均值	1004			0.835							

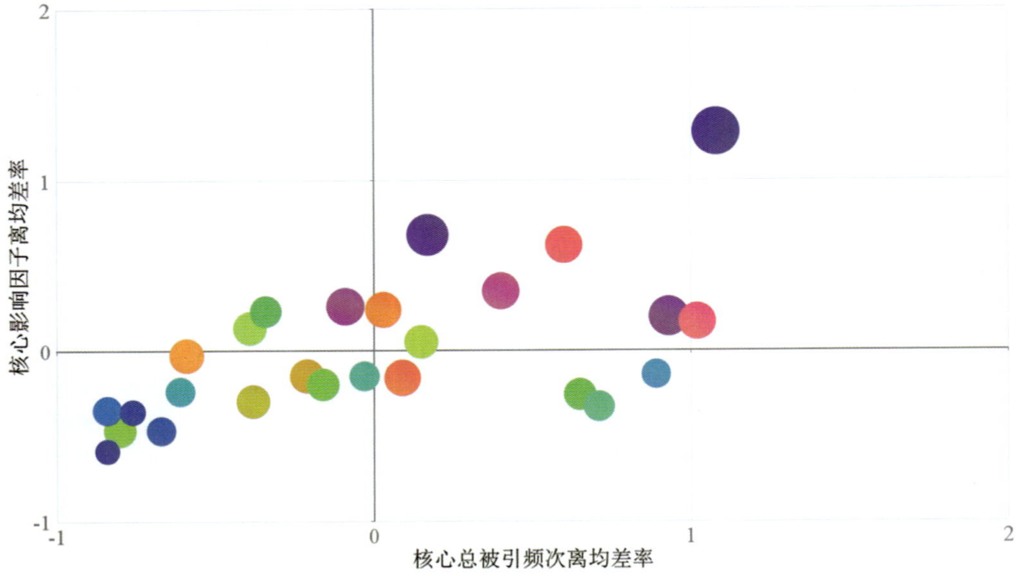

2022 年核医学、医学影像学类期刊核心总被引频次和核心影响因子离均差率的分布图
（节点大小表示综合评价总分）

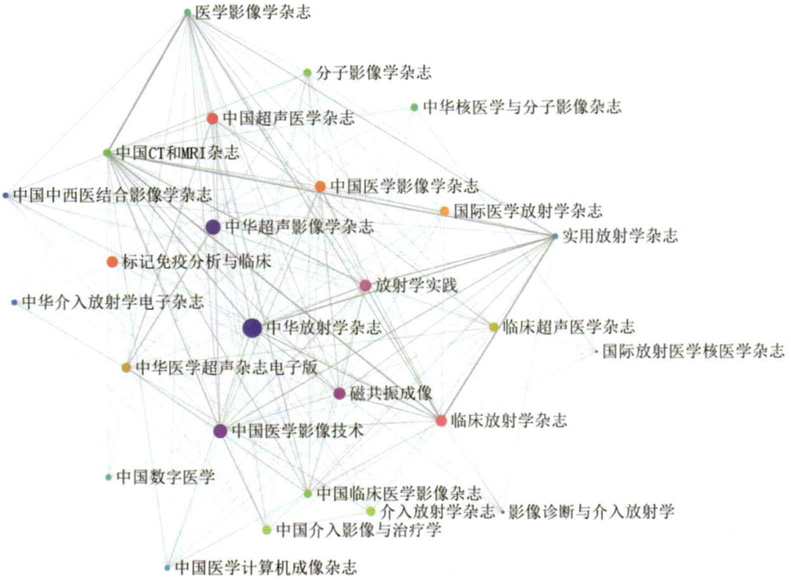

2022 年核医学、医学影像学类期刊互引关系示意图

表 7-58　2022 年核医学、医学影像学类期刊主要指标

CODE	刊名	核心总被引频次			核心影响因子			综合评价总分		学科扩散指标	学科影响指标	红点指标
		数值	排名	离均差率	数值	排名	离均差率	数值	排名			
G410	标记免疫分析与临床	1722	11	0.09	0.807	16	−0.16	48.3	8	13.73	0.42	0.26
G552	磁共振成像	1436	14	−0.09	1.206	5	0.26	51.4	4	10.81	0.77	0.94
G608	放射学实践	2218	8	0.40	1.289	4	0.35	50.1	5	12.23	1.00	0.92
Q931	分子影像学杂志	312	24	−0.80	0.511	25	−0.47	38.7	15	6.31	0.69	0.66
G497	国际放射医学核医学杂志	248	26	−0.84	0.391	26	−0.59	22.7	26	4.04	0.58	0.65
G661	国际医学放射学杂志	647	20	−0.59	0.927	12	−0.03	42.6	10	8.12	0.92	0.85
G886	介入放射学杂志	1819	10	0.15	1.005	11	0.05	41.1	13	13.00	0.96	0.39
G880	临床超声医学杂志	986	18	−0.38	0.669	20	−0.30	41.2	12	10.00	0.88	0.64
G271	临床放射学杂志	3197	2	1.02	1.118	9	0.17	50.1	6	13.54	0.96	0.70
G534	实用放射学杂志	2981	4	0.89	0.827	13	−0.14	31.5	22	11.50	0.96	0.71
G265	医学影像学杂志	2711	5	0.71	0.638	21	−0.33	34.8	19	13.69	0.92	0.84
G649	影像诊断与介入放射学	379	23	−0.76	0.613	23	−0.36	24.0	25	4.88	0.88	0.50
G546	中国 CT 和 MRI 杂志	2612	6	0.65	0.707	19	−0.26	37.9	17	13.08	0.88	0.76
G097	中国超声医学杂志	2527	7	0.60	1.549	3	0.62	49.6	7	13.62	0.92	0.64
G206	中国介入影像与治疗学	970	19	−0.39	1.086	10	0.13	41.0	14	9.85	0.88	0.76
G304	中国临床医学影像杂志	1326	15	−0.16	0.769	17	−0.20	38.2	16	10.85	0.96	0.91
G926	中国数字医学	1539	13	−0.03	0.815	14	−0.15	32.6	20	12.15	0.50	0.16
G236	中国医学计算机成像杂志	610	21	−0.61	0.731	18	−0.24	31.6	21	7.27	0.81	0.80
G127	中国医学影像技术	3051	3	0.93	1.145	8	0.20	58.3	3	16.54	0.96	0.92
G193	中国医学影像学杂志	1624	12	0.03	1.186	6	0.24	47.3	9	12.73	1.00	0.93
G678	中国中西医结合影像学杂志	525	22	−0.67	0.512	24	−0.47	30.7	24	7.19	0.77	0.90
G195	中华超声影像学杂志	1845	9	0.17	1.607	2	0.68	62.9	2	12.46	0.88	0.55
G140	中华放射学杂志	3282	1	1.08	2.182	1	1.28	81.7	1	16.42	1.00	0.92
G145	中华核医学与分子影像杂志	1043	17	−0.34	1.176	7	0.23	36.7	18	8.92	0.81	0.62
Q948	中华介入放射学电子杂志	260	25	−0.84	0.627	22	−0.35	31.4	23	4.85	0.58	0.34
Q920	中华医学超声杂志电子版	1246	16	−0.21	0.815	14	−0.15	42.1	11	11.38	0.81	0.59
	26 种期刊平均值	1581			0.958							

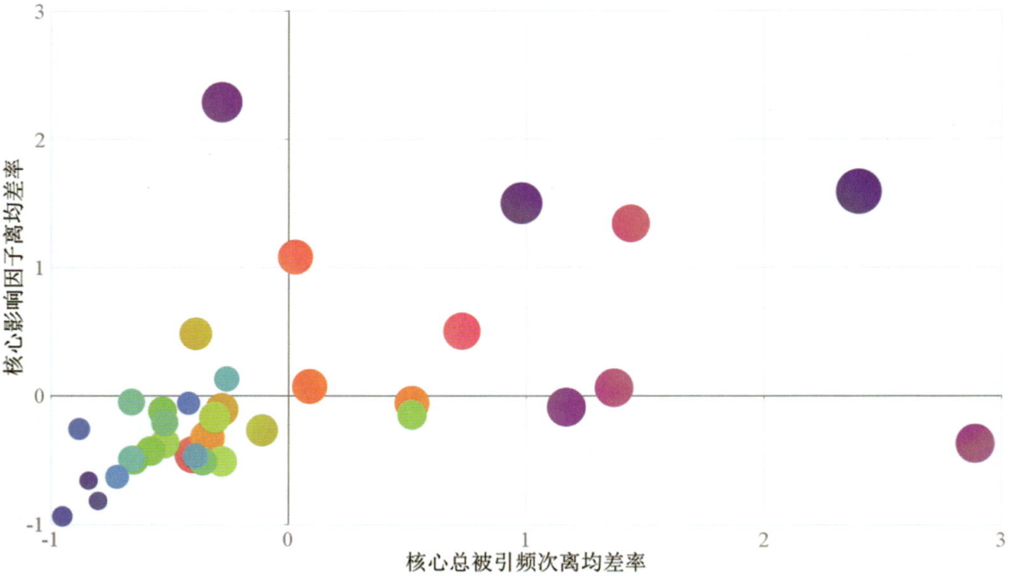

2022 年肿瘤学类期刊核心总被引频次和核心影响因子离均差率的分布图
（节点大小表示综合评价总分）

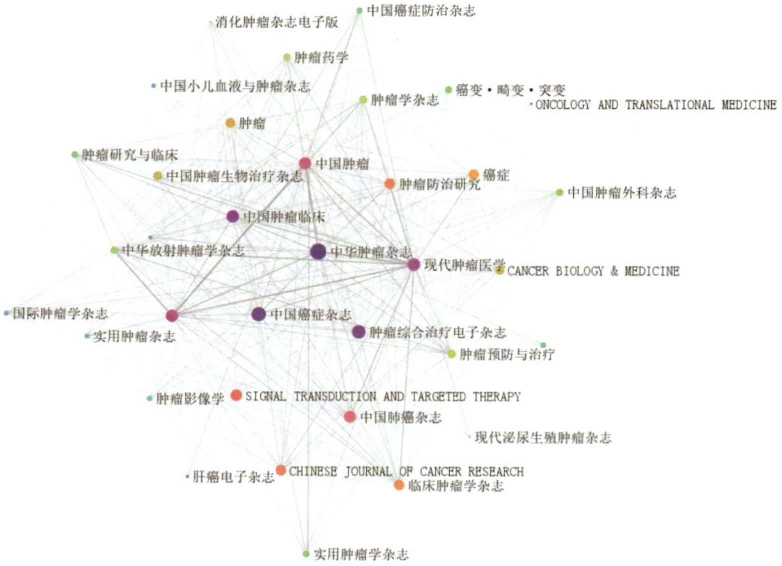

2022 年肿瘤学类期刊互引关系示意图

表 7-59　2022 年肿瘤学类期刊主要指标

CODE	刊名	核心总被引频次			核心影响因子			综合评价总分		学科扩散指标	学科影响指标	红点指标
		数值	排名	离均差率	数值	排名	离均差率	数值	排名			
G780	CANCER BIOLOGY & MEDICINE	534	20	−0.39	1.594	7	0.48	38.5	15	6.94	0.80	0.03
I037	CHINESE JOURNAL OF CANCER RESEARCH	902	11	0.03	2.239	5	1.08	44.1	10	9.97	0.89	0.00
G616	ONCOLOGY AND TRANSLATIONAL MEDICINE	46	35	−0.95	0.064	35	−0.94	15.2	33	1.09	0.17	0.00
Q718	SIGNAL TRANSDUCTION AND TARGETED THERAPY	530	22	−0.40	0.586	26	−0.46	48.7	9	7.40	0.54	0.00
G549	癌变・畸变・突变	305	28	−0.65	0.542	29	−0.50	29.7	23	5.31	0.26	0.43
G011	癌症	582	18	−0.34	0.726	22	−0.33	42.8	13	9.06	0.89	0.75
Q956	肝癌电子杂志	107	34	−0.88	0.800	20	−0.26	17.3	32	1.89	0.26	0.83
G937	国际肿瘤学杂志	532	21	−0.39	0.576	27	−0.47	22.8	29	6.11	0.51	0.81
Q910	临床肿瘤学杂志	1333	8	0.52	1.013	12	−0.06	43.3	12	11.71	0.89	0.82
G856	实用肿瘤学杂志	416	26	−0.53	0.954	16	−0.12	29.7	22	5.40	0.54	0.84
G890	实用肿瘤杂志	653	13	−0.26	1.222	8	0.13	23.3	28	7.29	0.66	0.81
G798	现代泌尿生殖肿瘤杂志	178	32	−0.80	0.198	34	−0.82	12.5	34	2.37	0.11	0.39
G826	现代肿瘤医学	3412	1	2.89	0.677	24	−0.37	53.8	5	15.37	0.89	0.76
Q937	消化肿瘤杂志电子版	138	33	−0.84	0.365	33	−0.66	12.2	35	2.26	0.17	0.66
Q940	中国癌症防治杂志	418	25	−0.52	0.856	19	−0.21	26.1	25	5.97	0.51	0.88
G538	中国癌症杂志	1737	6	0.98	2.702	3	1.50	63.5	2	11.80	0.86	0.75
G320	中国肺癌杂志	1514	7	0.73	1.613	6	0.50	49.9	8	11.29	0.86	0.84
G845	中国小儿血液与肿瘤杂志	244	31	−0.72	0.398	32	−0.63	20.8	30	3.77	0.17	0.52
G642	中国肿瘤	2136	3	1.44	2.523	4	1.34	51.8	7	12.69	0.83	0.84
G133	中国肿瘤临床	1901	5	1.17	0.977	14	−0.09	53.9	4	13.69	0.89	0.68
G255	中国肿瘤生物治疗杂志	781	12	−0.11	0.791	21	−0.27	36.5	16	8.37	0.71	0.91
G576	中国肿瘤外科杂志	368	27	−0.58	0.617	25	−0.43	30.6	21	5.71	0.46	0.71
G251	中华放射肿瘤学杂志	1331	9	0.52	0.912	17	−0.15	31.0	20	7.26	0.69	0.58
G858	中华肿瘤防治杂志	2081	4	1.37	1.147	10	0.06	53.4	6	13.11	0.91	0.83
G179	中华肿瘤杂志	2984	2	2.40	2.794	2	1.59	74.2	1	14.94	1.00	0.88
Q968	中医肿瘤学杂志	297	29	−0.66	1.020	11	−0.05	26.0	26	2.77	0.20	0.58
G184	肿瘤	632	16	−0.28	0.959	15	−0.11	39.3	14	8.23	0.71	0.79
Q929	肿瘤代谢与营养电子杂志	505	23	−0.42	1.010	13	−0.06	19.1	31	5.14	0.54	0.69
G185	肿瘤防治研究	953	10	0.09	1.151	9	0.07	44.1	11	10.46	0.74	0.83
G412	肿瘤学杂志	634	14	−0.28	0.529	31	−0.51	33.1	18	7.97	0.60	0.78
G522	肿瘤研究与临床	559	19	−0.36	0.532	30	−0.51	28.2	24	7.03	0.66	0.78
G196	肿瘤药学	422	24	−0.52	0.681	23	−0.37	31.1	19	5.83	0.43	0.72
G838	肿瘤影像学	294	30	−0.66	0.551	28	−0.49	25.0	27	3.80	0.37	0.86
G695	肿瘤预防与治疗	603	17	−0.31	0.892	18	−0.17	35.3	17	7.97	0.69	0.78
Q225	肿瘤综合治疗电子杂志	633	15	−0.28	3.546	1	2.29	59.2	3	8.20	0.74	0.76
	35 种期刊平均值	877			1.079							

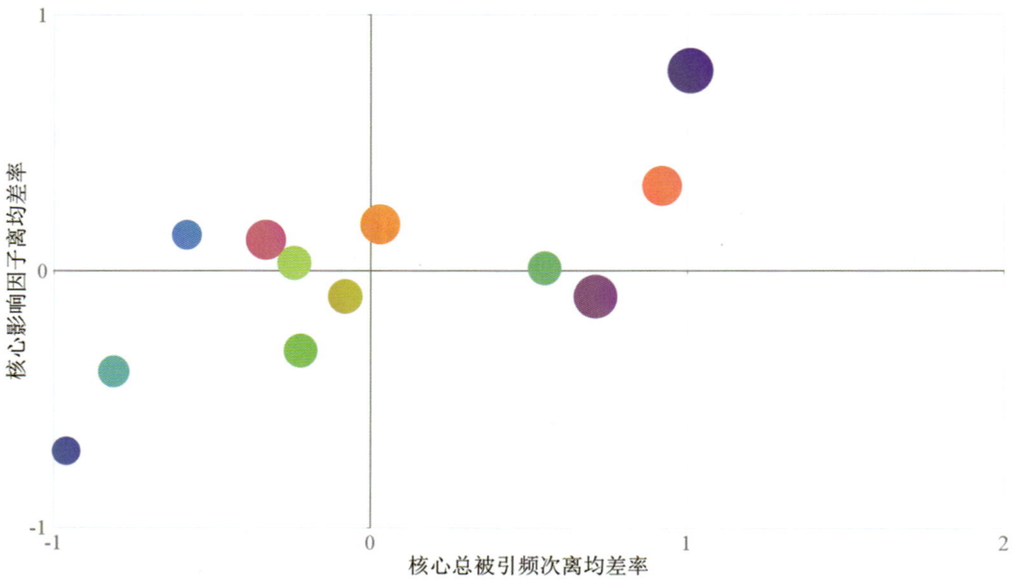

2022 年护理学类期刊核心总被引频次和核心影响因子离均差率的分布图
（节点大小表示综合评价总分）

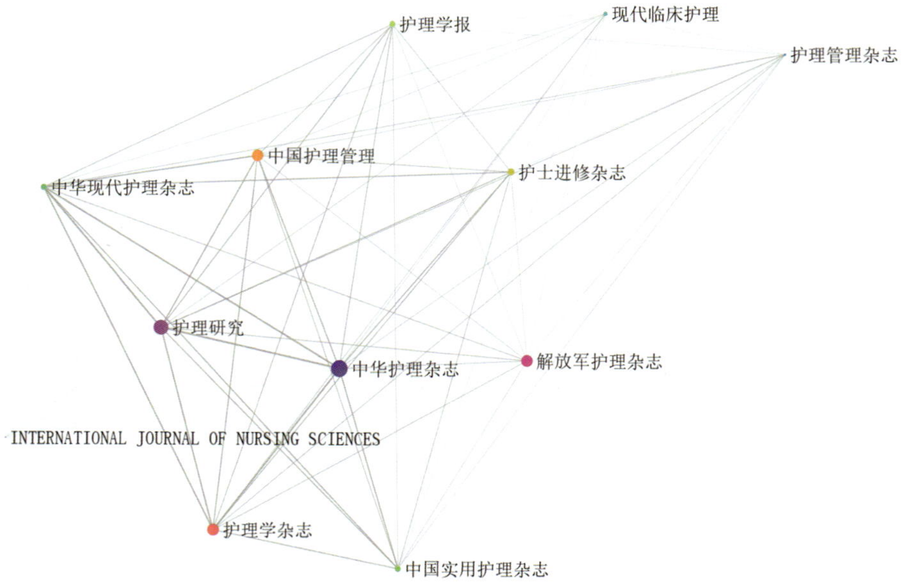

2022 年护理学类期刊互引关系示意图

表 7-60　2022 年护理学类期刊主要指标

CODE	刊名	核心总被引频次			核心影响因子			综合评价总分		学科扩散指标	学科影响指标	红点指标
		数值	排名	离均差率	数值	排名	离均差率	数值	排名			
Q748	INTERNATIONAL JOURNAL OF NURSING SCIENCES	155	12	−0.96	0.389	12	−0.70	29.1	12	5.25	1.00	0.76
G336	护理管理杂志	1622	10	−0.58	1.486	4	0.14	32.1	11	17.75	1.00	0.63
G987	护理学报	2941	8	−0.24	1.341	6	0.03	41.4	7	26.00	1.00	0.72
G503	护理学杂志	7393	2	0.92	1.725	2	0.33	57.7	3	37.42	1.00	0.81
G654	护理研究	6590	3	0.71	1.171	8	−0.10	68.1	2	43.50	1.00	0.94
G734	护士进修杂志	3529	6	−0.08	1.168	9	−0.10	42.6	6	28.42	0.92	0.86
G316	解放军护理杂志	2561	9	−0.33	1.449	5	0.12	57.7	4	26.75	1.00	0.73
G438	现代临床护理	724	11	−0.81	0.795	11	−0.39	36.3	10	13.92	1.00	0.73
G417	中国护理管理	3983	5	0.03	1.532	3	0.18	57.6	5	29.33	1.00	0.75
G305	中国实用护理杂志	2996	7	−0.22	0.897	10	−0.31	40.9	8	30.00	1.00	0.70
G146	中华护理杂志	7753	1	1.01	2.317	1	0.78	74.1	1	40.83	1.00	0.93
G847	中华现代护理杂志	5975	4	0.55	1.312	7	0.01	40.6	9	34.83	1.00	0.84
	12 种期刊平均值	3852			1.299							

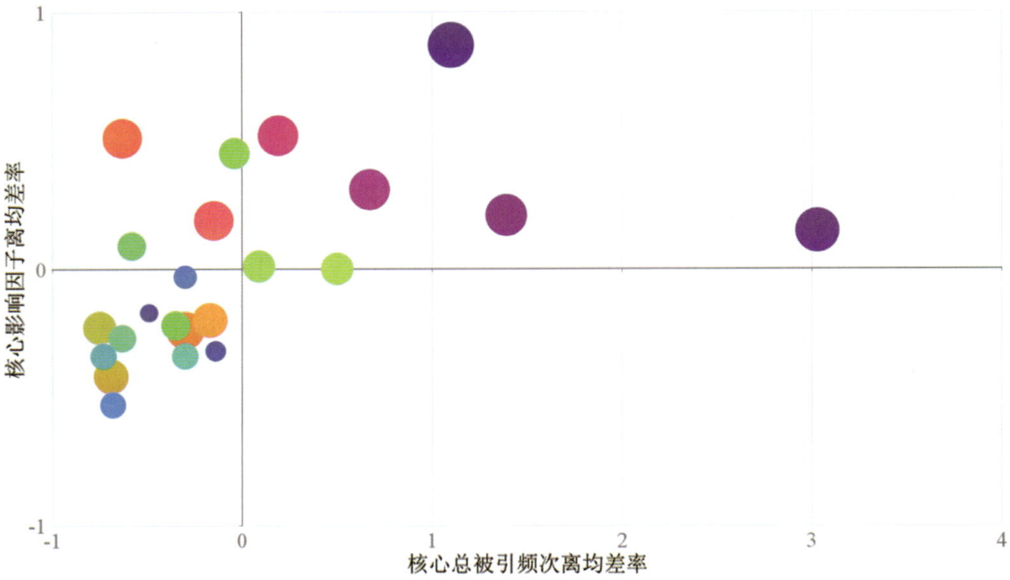

2022 年预防医学与公共卫生学综合类期刊核心总被引频次和核心影响因子离均差率的分布图
（节点大小表示综合评价总分）

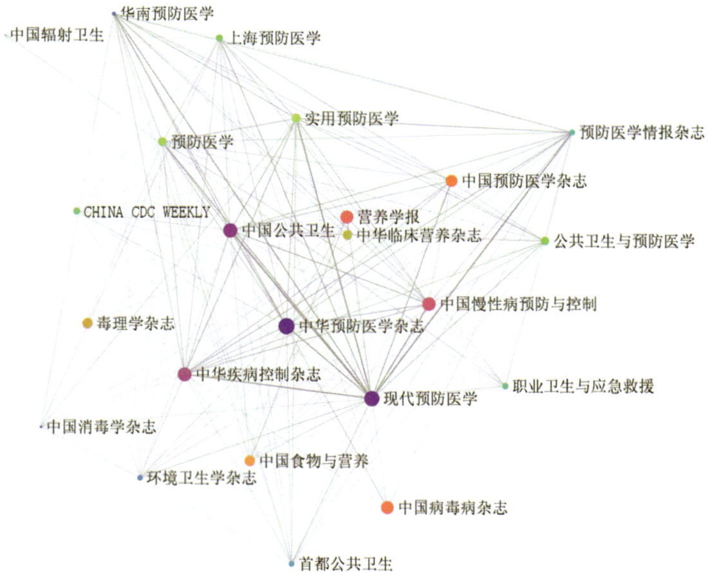

2022 年预防医学与公共卫生学综合类期刊互引关系示意图

表 7-61　2022 年预防医学与公共卫生学综合类期刊主要指标

CODE	刊名	核心总被引频次			核心影响因子			综合评价总分		学科扩散指标	学科影响指标	红点指标
		数值	排名	离均差率	数值	排名	离均差率	数值	排名			
G015	CHINA CDC WEEKLY	693	17	−0.58	1.236	9	0.09	29.3	16	6.48	0.96	0.00
G542	毒理学杂志	515	21	−0.69	0.657	22	−0.42	43.3	10	10.00	0.48	0.11
G207	公共卫生与预防医学	1600	8	−0.04	1.650	4	0.45	35.0	14	13.39	0.96	0.58
G525	华南预防医学	1173	12	−0.30	1.102	12	−0.03	19.7	21	11.04	0.87	0.78
G971	环境卫生学杂志	527	20	−0.68	0.538	23	−0.53	24.5	20	8.43	0.74	0.26
Q219	上海预防医学	1077	15	−0.35	0.892	15	−0.22	29.8	15	11.70	0.91	0.61
G768	实用预防医学	2501	5	0.50	1.140	11	0.00	37.9	12	19.96	0.96	0.71
Q957	首都公共卫生	449	22	−0.73	0.751	20	−0.34	25.3	19	5.17	0.83	0.75
G963	现代预防医学	6720	1	3.03	1.305	8	0.15	69.8	2	31.09	0.91	0.58
G089	营养学报	1414	10	−0.15	1.350	7	0.19	56.3	6	18.61	0.83	0.35
G479	预防医学	1821	7	0.09	1.145	10	0.01	37.5	13	15.39	0.91	0.60
G518	预防医学情报杂志	1169	13	−0.30	0.750	21	−0.34	25.5	18	11.52	0.87	0.65
G835	职业卫生与应急救援	619	18	−0.63	0.835	18	−0.27	27.1	17	5.17	0.65	0.35
G769	中国病毒病杂志	614	19	−0.63	1.716	3	0.51	55.7	7	9.30	0.78	0.64
G587	中国辐射卫生	845	16	−0.49	0.947	13	−0.17	12.0	23	5.43	0.30	0.09
G102	中国公共卫生	3988	2	1.39	1.377	6	0.21	63.1	3	29.13	1.00	0.60
G613	中国慢性病预防与控制	1984	6	0.19	1.727	2	0.52	59.0	5	16.57	0.83	0.76
U563	中国食物与营养	1380	11	−0.17	0.913	14	−0.20	43.4	9	15.35	0.74	0.31
G284	中国消毒学杂志	1434	9	−0.14	0.770	19	−0.32	15.4	22	11.52	0.61	0.54
G753	中国预防医学杂志	1162	14	−0.30	0.860	17	−0.24	50.9	8	15.96	0.83	0.69
G302	中华疾病控制杂志	2793	4	0.67	1.496	5	0.31	60.5	4	21.13	0.87	0.66
G824	中华临床营养杂志	416	23	−0.75	0.877	16	−0.23	39.4	11	7.35	0.35	0.41
G177	中华预防医学杂志	3507	3	1.10	2.132	1	0.87	76.2	1	24.52	0.96	0.48
	23 种期刊平均值	1670			1.138							

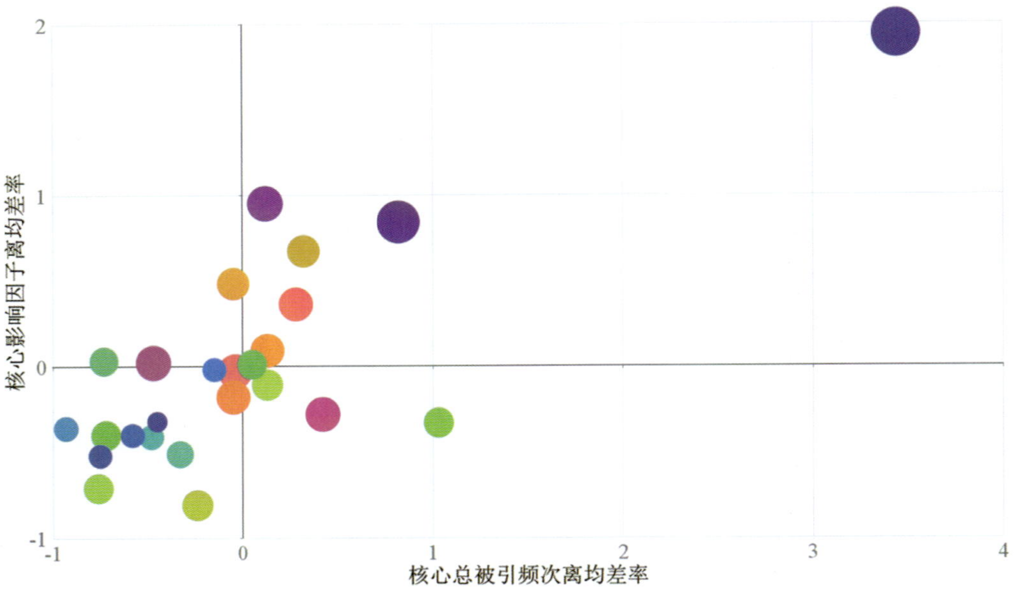

2022 年流行病学、环境医学类期刊核心总被引频次和核心影响因子离均差率的分布图
（节点大小表示综合评价总分）

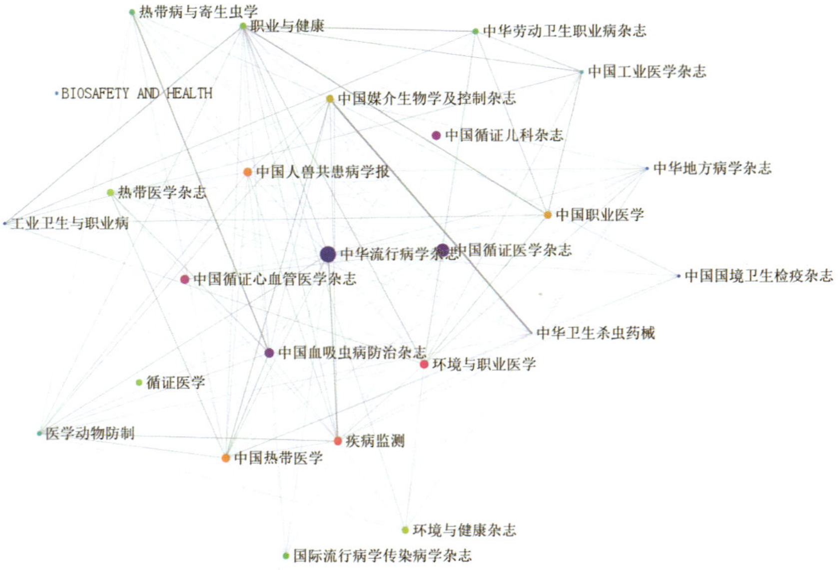

2022 年流行病学、环境医学类期刊互引关系示意图

表 7-62　2022 年流行病学、环境医学类期刊主要指标

CODE	刊名	核心总被引频次			核心影响因子			综合评价总分		学科扩散指标	学科影响指标	红点指标
		数值	排名	离均差率	数值	排名	离均差率	数值	排名			
H079	BIOSAFETY AND HEALTH	98	25	−0.93	0.659	18	−0.36	22.0	21	1.76	0.24	0.00
G025	工业卫生与职业病	595	20	−0.58	0.616	20	−0.40	20.3	23	5.44	0.40	0.54
G930	国际流行病学传染病学杂志	401	21	−0.72	0.622	19	−0.40	32.4	16	7.12	0.48	0.70
Z031	环境与健康杂志	1074	15	−0.24	0.196	25	−0.81	34.9	12	13.28	0.64	0.27
G882	环境与职业医学	1365	11	−0.04	0.998	12	−0.03	42.6	6	12.44	0.60	0.42
G452	疾病监测	1817	6	0.28	1.404	6	0.36	41.7	7	9.88	0.80	0.71
G448	热带病与寄生虫学	384	22	−0.73	1.058	8	0.03	30.2	18	3.36	0.68	0.59
G609	热带医学杂志	1613	7	0.13	0.919	13	−0.11	34.7	13	14.16	0.80	0.34
G627	循证医学	339	24	−0.76	0.303	24	−0.71	33.0	14	7.76	0.20	0.46
G482	医学动物防制	958	16	−0.33	0.508	22	−0.51	26.4	19	7.88	0.80	0.83
G884	职业与健康	2884	2	1.03	0.688	17	−0.33	32.6	15	15.88	0.84	0.62
G244	中国工业医学杂志	737	19	−0.48	0.607	21	−0.41	22.2	20	6.20	0.40	0.45
G637	中国国境卫生检疫杂志	352	23	−0.75	0.494	23	−0.52	20.3	24	4.96	0.56	0.53
G598	中国媒介生物学及控制杂志	1880	5	0.32	1.727	4	0.67	37.9	11	4.72	0.64	0.52
G629	中国热带医学	1606	8	0.13	1.123	7	0.09	40.6	9	12.84	0.80	0.52
G112	中国人兽共患病学报	1351	13	−0.05	0.846	14	−0.18	41.6	8	10.28	0.68	0.34
G675	中国血吸虫病防治杂志	1599	9	0.12	2.016	2	0.95	45.9	3	6.28	0.60	0.37
G756	中国循证儿科杂志	747	18	−0.47	1.050	9	0.02	44.2	4	10.72	0.28	0.45
G645	中国循证心血管医学杂志	2017	4	0.42	0.746	15	−0.28	43.5	5	15.64	0.40	0.40
G396	中国循证医学杂志	2583	3	0.82	1.903	3	0.84	66.0	2	20.68	0.64	0.63
G945	中国职业医学	1355	12	−0.05	1.526	5	0.48	38.1	10	8.12	0.44	0.85
G098	中华地方病学杂志	1213	14	−0.15	1.012	11	−0.02	20.6	22	8.52	0.68	0.67
G149	中华劳动卫生职业病杂志	1488	10	0.05	1.039	10	0.01	31.1	17	11.08	0.48	0.69
G152	中华流行病学杂志	6316	1	3.44	3.032	1	1.94	85.4	1	26.36	0.92	0.68
G740	中华卫生杀虫药械	789	17	−0.45	0.699	16	−0.32	14.6	25	3.20	0.52	0.60
	25 种期刊平均值	1422			1.032							

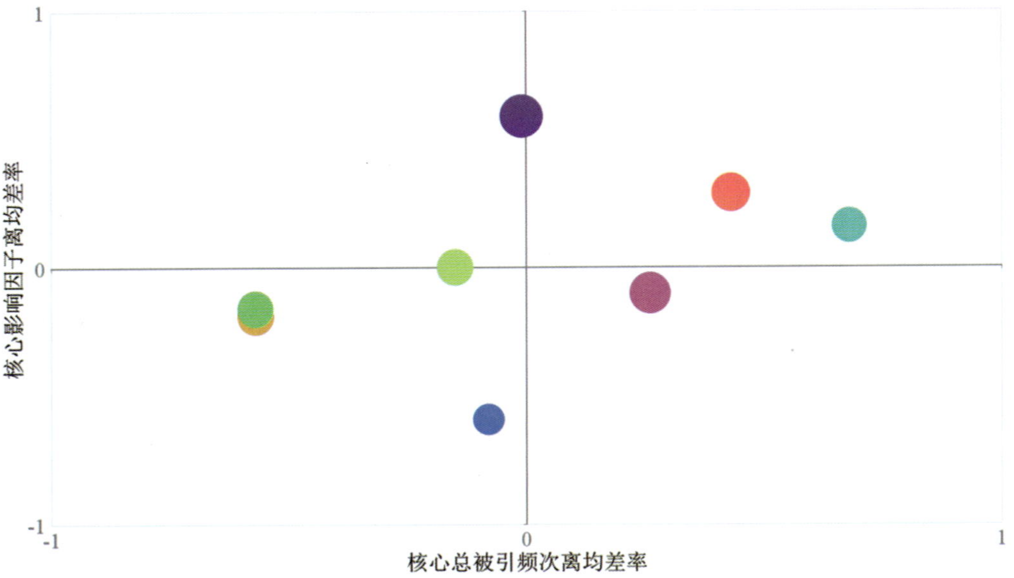

2022 年优生学、计划生育学类期刊核心总被引频次和核心影响因子离均差率的分布图
（节点大小表示综合评价总分）

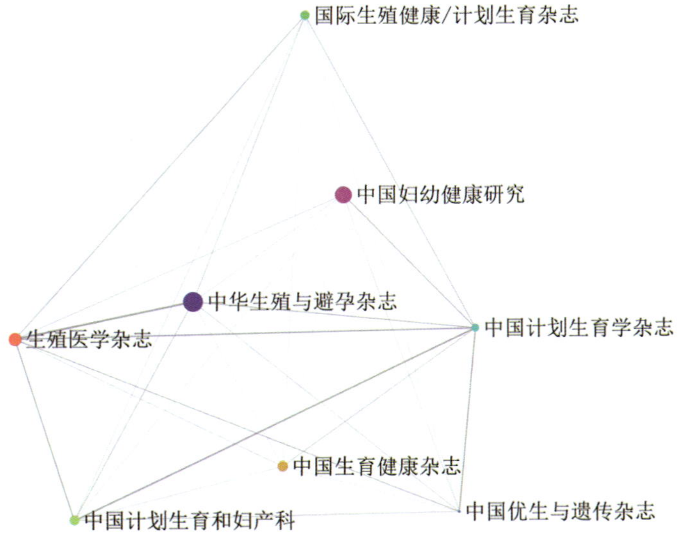

2022 年优生学、计划生育学类期刊互引关系示意图

表 7-63　2022 年优生学、计划生育学类期刊主要指标

CODE	刊名	核心总被引频次			核心影响因子			综合评价总分		学科扩散指标	学科影响指标	红点指标
		数值	排名	离均差率	数值	排名	离均差率	数值	排名			
S157	国际生殖健康 / 计划生育杂志	516	7	–0.57	0.668	6	–0.16	46.8	6	23.38	1.00	0.60
G624	生殖医学杂志	1703	2	0.43	1.020	2	0.29	53.8	3	33.75	1.00	0.58
G687	中国妇幼健康研究	1504	3	0.26	0.709	5	–0.10	61.6	2	46.13	1.00	0.64
G560	中国计划生育和妇产科	1016	6	–0.15	0.794	4	0.00	47.6	5	32.13	1.00	0.52
G907	中国计划生育学杂志	1998	1	0.68	0.918	3	0.16	44.1	7	37.50	1.00	0.70
G715	中国生育健康杂志	508	8	–0.57	0.643	7	–0.19	48.5	4	27.75	1.00	0.44
G706	中国优生与遗传杂志	1092	5	–0.08	0.322	8	–0.59	35.6	8	35.13	1.00	0.49
G072	中华生殖与避孕杂志	1181	4	–0.01	1.260	1	0.59	67.7	1	29.63	1.00	0.58
	8 种期刊平均值	1190			0.792							

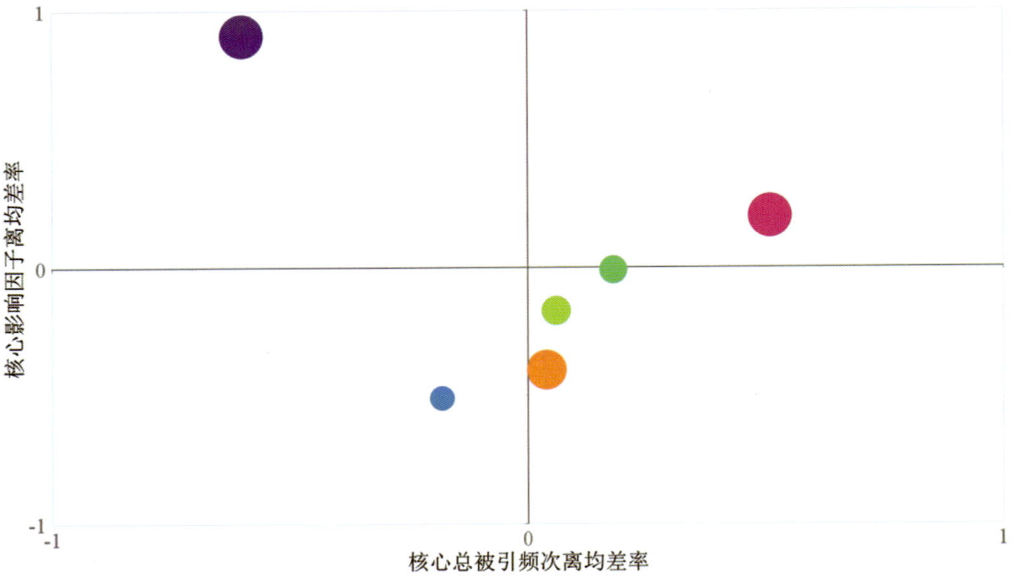

2022 年军事医学与特种医学类期刊核心总被引频次和核心影响因子离均差率的分布图
（节点大小表示综合评价总分）

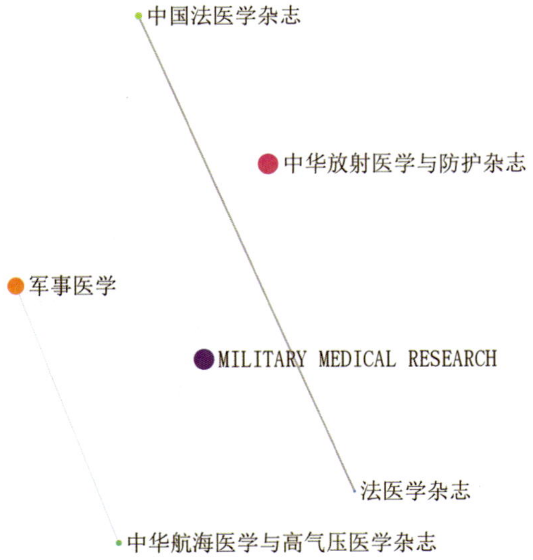

2022 年军事医学与特种医学类期刊互引关系示意图

表 7-64　2022 年军事医学与特种医学类期刊主要指标

CODE	刊名	核心总被引频次			核心影响因子			综合评价总分		学科扩散指标	学科影响指标	红点指标
		数值	排名	离均差率	数值	排名	离均差率	数值	排名			
Q716	MILITARY MEDICAL RESEARCH	294	6	–0.60	1.569	1	0.90	69.4	1	29.83	0.33	0.00
G874	法医学杂志	593	5	–0.18	0.402	6	–0.51	22.0	6	28.17	0.33	0.97
G052	军事医学	755	4	0.04	0.493	5	–0.40	56.8	3	56.00	0.50	0.14
G100	中国法医学杂志	767	3	0.06	0.686	4	–0.17	30.9	4	21.50	0.50	0.56
G141	中华放射医学与防护杂志	1100	1	0.51	0.991	2	0.20	68.9	2	39.33	0.50	0.29
G335	中华航海医学与高气压医学杂志	858	2	0.18	0.815	3	–0.01	28.3	5	26.33	0.33	0.42
	6 种期刊平均值	728			0.826							

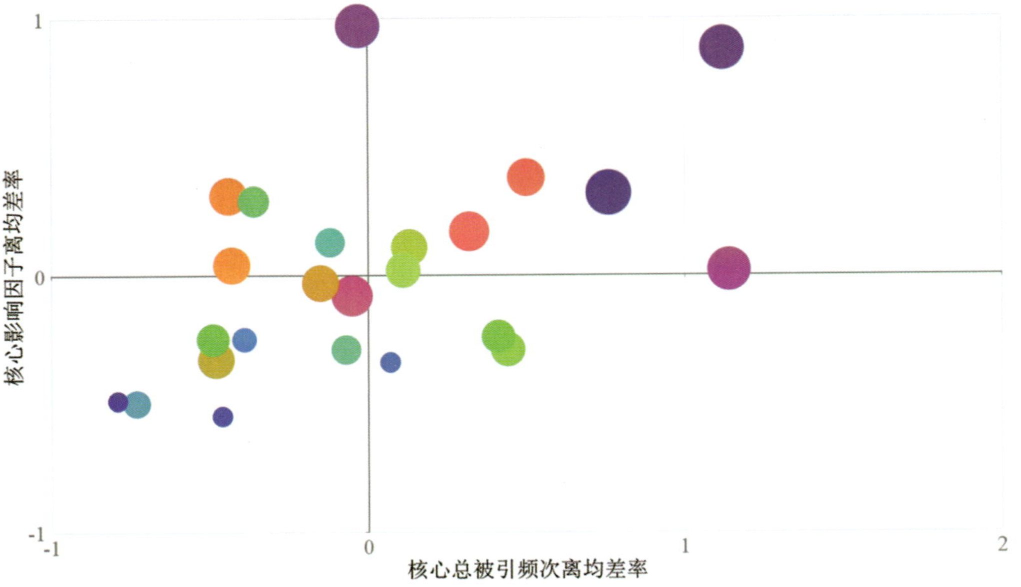

2022 年卫生管理学、健康教育学类期刊核心总被引频次和核心影响因子离均差率的分布图
（节点大小表示综合评价总分）

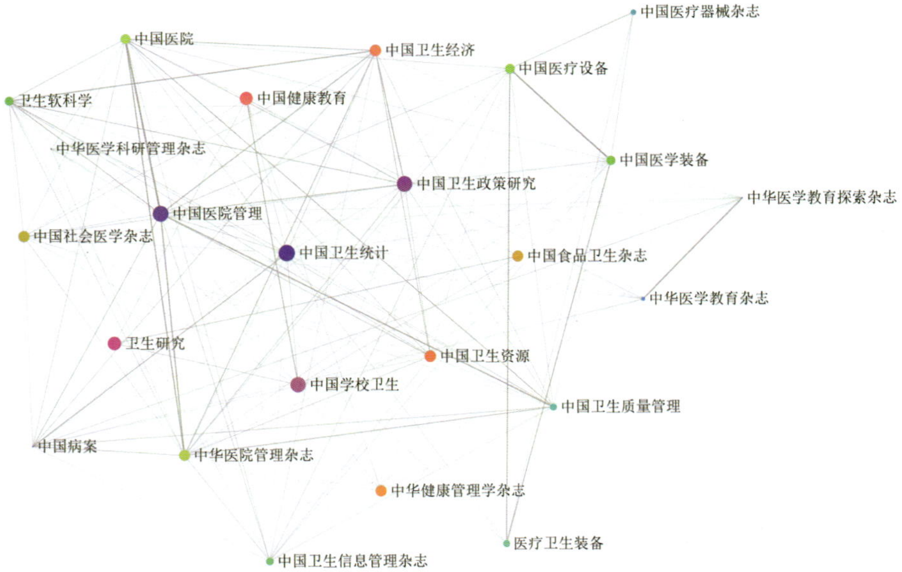

2022 年卫生管理学、健康教育学类期刊互引关系示意图

表 7-65　2022 年卫生管理学、健康教育学类期刊主要指标

CODE	刊名	核心总被引频次			核心影响因子			综合评价总分		学科扩散指标	学科影响指标	红点指标
		数值	排名	离均差率	数值	排名	离均差率	数值	排名			
S813	卫生软科学	768	22	–0.49	0.796	16	–0.25	38.6	16	7.38	0.83	0.50
G079	卫生研究	1432	12	–0.05	0.978	14	–0.08	60.1	5	16.33	0.46	0.31
G605	医疗卫生装备	1410	13	–0.07	0.759	18	–0.29	31.9	18	12.04	0.67	0.32
G750	中国病案	1625	10	0.07	0.698	21	–0.34	15.8	22	11.25	0.71	0.55
G787	中国健康教育	1997	7	0.32	1.249	7	0.17	57.2	6	12.29	0.79	0.73
G366	中国社会医学杂志	789	21	–0.48	0.712	20	–0.33	48.0	11	10.25	0.79	0.65
G429	中国食品卫生杂志	1292	15	–0.15	1.036	13	–0.03	48.6	10	9.83	0.29	0.29
S725	中国卫生经济	2278	4	0.50	1.466	3	0.38	51.2	7	10.67	0.79	0.45
G253	中国卫生统计	2664	3	0.76	1.399	4	0.32	74.0	1	22.29	0.96	0.50
G540	中国卫生信息管理杂志	974	16	–0.36	1.374	6	0.29	35.0	17	7.50	0.88	0.38
G716	中国卫生政策研究	1471	11	–0.03	2.092	1	0.97	69.4	3	10.08	0.83	0.41
G752	中国卫生质量管理	1337	14	–0.12	1.206	8	0.13	31.8	19	7.88	0.83	0.73
G541	中国卫生资源	850	19	–0.44	1.393	5	0.31	50.2	8	8.04	0.79	0.57
G908	中国学校卫生	3234	1	1.14	1.084	12	0.02	67.6	4	14.63	0.63	0.98
G124	中国医疗器械杂志	414	23	–0.73	0.527	23	–0.50	27.2	20	7.17	0.33	0.21
G679	中国医疗设备	2173	5	0.44	0.753	19	–0.29	42.9	14	16.25	0.71	0.30
S591	中国医学装备	2131	6	0.41	0.811	15	–0.24	40.6	15	16.33	0.67	0.31
Q918	中国医院	1680	9	0.11	1.086	11	0.02	44.0	13	9.17	0.88	0.68
G454	中国医院管理	3203	2	1.12	2.002	2	0.88	70.9	2	14.04	0.92	0.68
G751	中华健康管理学杂志	857	18	–0.43	1.105	10	0.04	49.5	9	11.63	0.79	0.61
S590	中华医学教育探索杂志	816	20	–0.46	0.480	24	–0.55	15.2	23	6.88	0.67	0.48
G705	中华医学教育杂志	921	17	–0.39	0.793	17	–0.25	22.2	21	6.88	0.63	0.72
G307	中华医学科研管理杂志	317	24	–0.79	0.547	22	–0.49	14.9	24	3.75	0.58	0.40
G591	中华医院管理杂志	1711	8	0.13	1.184	9	0.11	47.6	12	8.92	0.88	0.67
	24 种期刊平均值	1514			1.064							

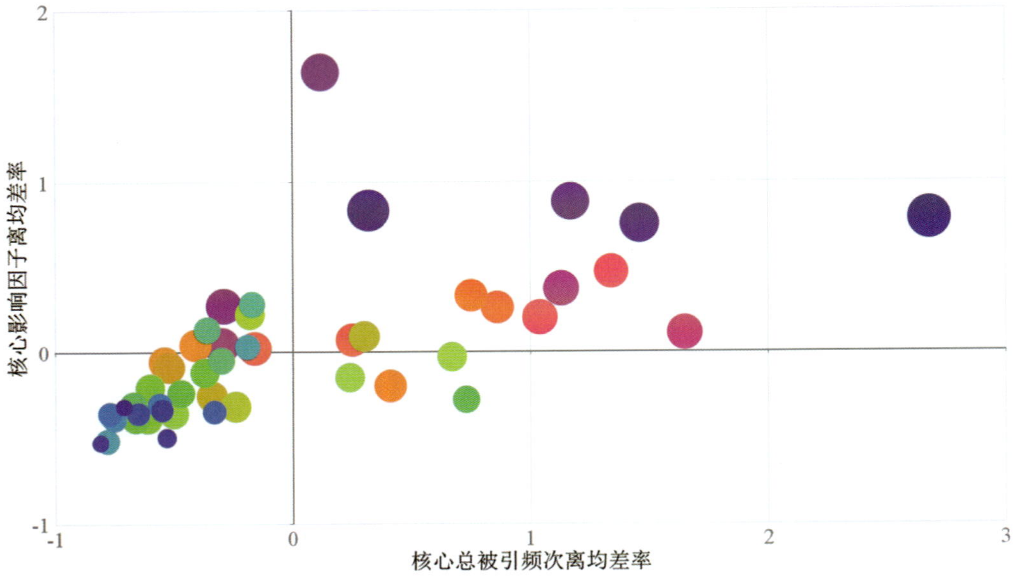

2022 年药学类期刊核心总被引频次和核心影响因子离均差率的分布图
（节点大小表示综合评价总分）

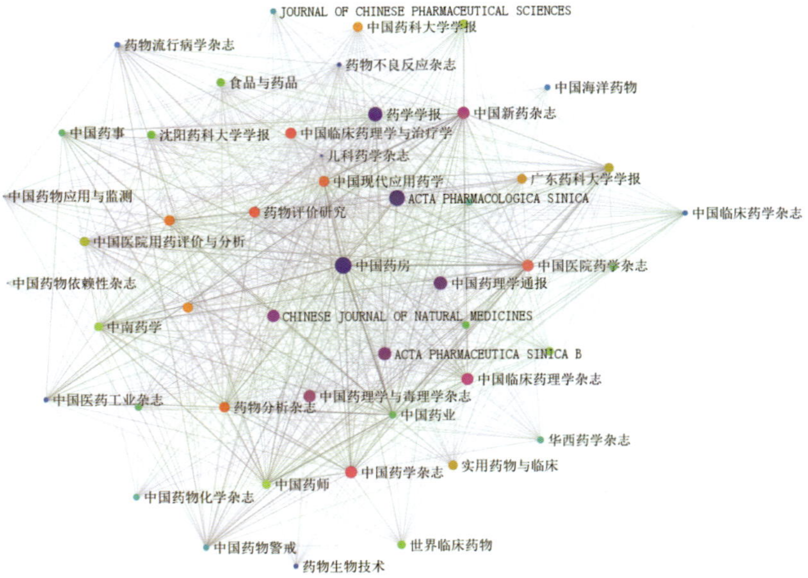

2022 年药学类期刊互引关系示意图

表 7-66　2022 年药学类期刊主要指标

CODE	刊名	核心总被引频次			核心影响因子			综合评价总分		学科扩散指标	学科影响指标	红点指标
		数值	排名	离均差率	数值	排名	离均差率	数值	排名			
G218	ACTA PHARMACEUTICA SINICA B	1786	17	0.12	2.423	1	1.64	50.6	5	8.31	0.88	0.14
G001	ACTA PHARMACOLOGICA SINICA	2108	13	0.32	1.677	3	0.83	63.6	2	11.73	0.90	0.18
G101	CHINESE JOURNAL OF NATURAL MEDICINES	1128	23	−0.29	1.167	10	0.27	46.6	6	6.35	0.83	0.16
I227	JOURNAL OF CHINESE PHARMACEUTICAL SCIENCES	343	47	−0.78	0.444	47	−0.52	22.3	39	2.63	0.52	0.53
G920	儿科药学杂志	747	34	−0.53	0.458	46	−0.50	13.3	46	5.29	0.69	0.59
G027	广东药科大学学报	770	33	−0.52	0.838	25	−0.09	34.7	19	5.46	0.83	0.67
G044	华西药学杂志	1020	28	−0.36	1.032	14	0.13	25.5	35	5.54	0.79	0.77
G673	临床药物治疗杂志	847	31	−0.47	0.701	30	−0.24	27.6	31	5.81	0.79	0.72
G071	沈阳药科大学学报	1005	29	−0.37	0.803	26	−0.12	30.6	29	6.27	0.79	0.74
G834	实用药物与临床	1046	27	−0.34	0.680	31	−0.26	34.6	20	7.21	0.85	0.69
G748	食品与药品	642	38	−0.60	0.720	29	−0.21	30.6	28	5.17	0.77	0.62
G485	世界临床药物	621	39	−0.61	0.560	45	−0.39	30.8	27	5.46	0.75	0.61
G792	西北药学杂志	1319	19	−0.17	1.170	9	0.28	25.3	36	6.33	0.77	0.70
G421	现代药物与临床	2241	12	0.41	0.732	28	−0.20	38.4	16	7.92	0.90	0.69
G403	药物不良反应杂志	713	36	−0.55	0.602	37	−0.34	18.1	45	3.54	0.67	0.68
G087	药物分析杂志	2789	9	0.75	1.222	8	0.33	38.8	15	6.79	0.81	0.69
G877	药物流行病学杂志	698	37	−0.56	0.636	33	−0.31	21.9	41	4.06	0.71	0.88
G836	药物评价研究	1988	15	0.25	0.984	17	0.07	39.8	13	7.90	0.90	0.72
G514	药物生物技术	555	40	−0.65	0.591	39	−0.36	19.0	44	4.90	0.54	0.61
G440	药学实践杂志	538	41	−0.66	0.563	43	−0.39	29.3	30	4.58	0.71	0.66
G008	药学学报	3920	3	1.46	1.602	5	0.75	55.8	3	10.98	0.96	0.65
G331	药学研究	797	32	−0.50	0.586	41	−0.36	31.1	26	5.56	0.83	0.59
G527	药学与临床研究	520	42	−0.67	0.633	34	−0.31	26.9	33	4.56	0.77	0.65
G844	医药导报	2070	14	0.30	0.997	16	0.09	34.5	21	9.17	0.85	0.69
G104	中国海洋药物	400	44	−0.75	0.561	44	−0.39	22.2	40	2.63	0.29	0.57
G107	中国抗生素杂志	1314	20	−0.18	1.120	12	0.22	33.0	23	7.27	0.81	0.56
G870	中国临床药理学与治疗学	1344	18	−0.16	0.935	21	0.02	40.9	12	8.02	0.83	0.72
G109	中国临床药理学杂志	4230	2	1.65	1.013	15	0.11	45.5	10	12.38	0.98	0.75
G544	中国临床药学杂志	360	46	−0.77	0.590	40	−0.36	20.5	42	3.15	0.75	0.76
G849	中国现代应用药学	2973	8	0.86	1.153	11	0.26	38.9	14	9.69	0.90	0.61
G250	中国新药与临床杂志	935	30	−0.41	0.950	19	0.04	37.3	17	6.65	0.85	0.69
G747	中国新药杂志	3395	6	1.13	1.258	7	0.37	45.8	8	10.96	0.96	0.54
G318	中国药房	5870	1	2.68	1.630	4	0.78	68.4	1	13.54	0.92	0.79

表 7-66　2022 年药学类期刊主要指标（续）

CODE	刊名	核心总被引频次			核心影响因子			综合评价总分		学科扩散指标	学科影响指标	红点指标
		数值	排名	离均差率	数值	排名	离均差率	数值	排名			
G120	中国药科大学学报	741	35	−0.54	0.864	24	−0.06	36.3	18	5.71	0.73	0.63
G121	中国药理学通报	3457	5	1.17	1.723	2	0.88	51.7	4	11.04	0.92	0.71
G122	中国药理学与毒理学杂志	1121	24	−0.30	0.953	18	0.04	45.9	7	7.02	0.90	0.64
G878	中国药师	2664	11	0.67	0.889	22	−0.03	31.6	24	9.10	0.88	0.76
G913	中国药事	1118	25	−0.30	0.867	23	−0.05	25.9	34	5.38	0.81	0.48
G220	中国药物化学杂志	388	45	−0.76	0.578	42	−0.37	24.3	37	3.23	0.60	0.65
G227	中国药物警戒	1292	21	−0.19	0.942	20	0.03	23.3	38	5.06	0.85	0.81
G248	中国药物依赖性杂志	307	48	−0.81	0.432	48	−0.53	10.0	47	2.42	0.29	0.29
G713	中国药物应用与监测	463	43	−0.71	0.622	35	−0.32	9.9	48	2.94	0.75	0.88
G009	中国药学杂志	3259	7	1.04	1.101	13	0.20	45.5	9	10.21	0.98	0.59
G755	中国药业	2752	10	0.73	0.662	32	−0.28	27.0	32	9.31	0.88	0.81
T019	中国医药工业杂志	1075	26	−0.33	0.594	38	−0.35	20.2	43	4.88	0.71	0.47
G243	中国医院药学杂志	3736	4	1.34	1.344	6	0.47	42.9	11	10.21	0.92	0.71
G625	中国医院用药评价与分析	1207	22	−0.24	0.621	36	−0.32	34.4	22	6.31	0.83	0.78
G599	中南药学	1978	16	0.24	0.776	27	−0.15	31.4	25	7.81	0.92	0.73
	48 种期刊平均值	1596			0.917							

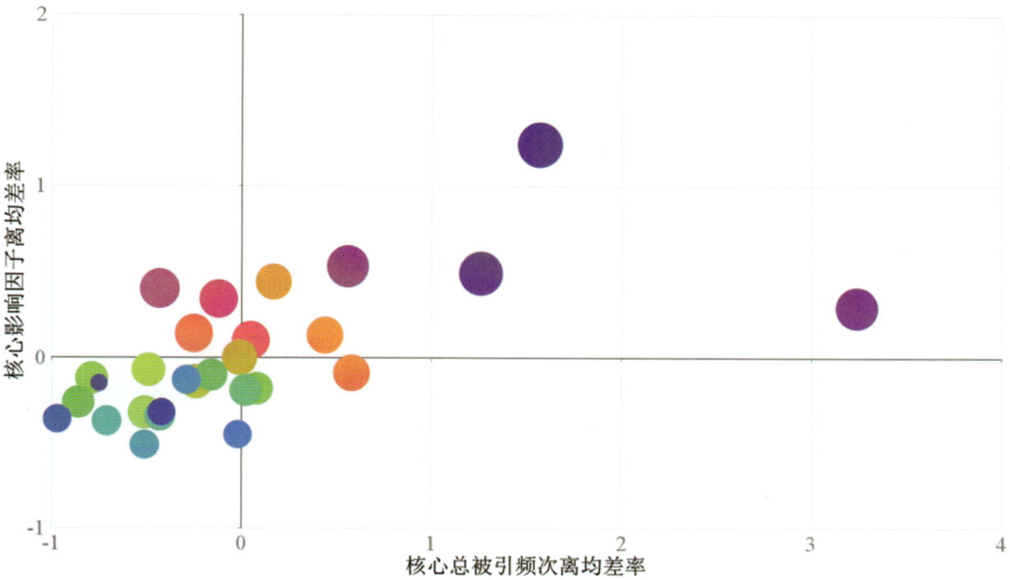

2022 年中医学类期刊核心总被引频次和核心影响因子离均差率的分布图
（节点大小表示综合评价总分）

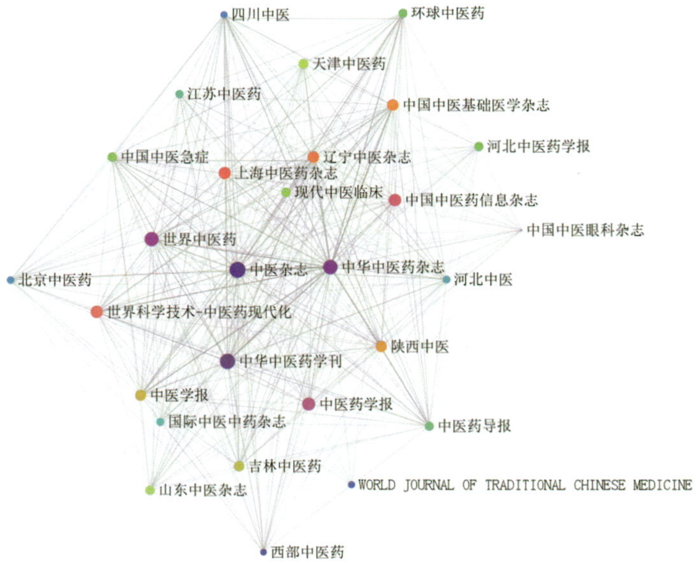

2022 年中医学类期刊互引关系示意图

表 7-67　2022 年中医学类期刊主要指标

CODE	刊名	核心总被引频次			核心影响因子			综合评价总分		学科扩散指标	学科影响指标	红点指标
		数值	排名	离均差率	数值	排名	离均差率	数值	排名			
Q707	WORLD JOURNAL OF TRADITIONAL CHINESE MEDICINE	106	28	−0.97	0.771	25	−0.36	28.9	26	1.54	0.39	0.00
G620	北京中医药	2777	17	−0.29	1.056	16	−0.13	30.5	24	9.07	1.00	0.72
G934	国际中医中药杂志	1129	24	−0.71	0.760	26	−0.37	32.8	22	8.21	1.00	0.81
G384	河北中医	1901	22	−0.51	0.590	28	−0.51	31.4	23	8.82	1.00	0.91
G301	河北中医药学报	528	27	−0.86	0.899	21	−0.26	37.8	18	5.43	0.96	0.65
G656	环球中医药	3288	14	−0.16	1.092	14	−0.10	37.5	19	10.25	0.96	0.73
G719	吉林中医药	2969	15	−0.24	1.044	17	−0.14	42.6	13	11.50	1.00	0.70
G397	江苏中医药	2199	20	−0.43	0.795	24	−0.34	33.5	21	8.89	1.00	0.84
G646	辽宁中医杂志	6141	4	0.58	1.104	13	−0.09	48.4	9	14.04	1.00	0.74
G574	山东中医杂志	1891	23	−0.51	0.826	22	−0.32	39.8	15	8.57	1.00	0.77
G725	陕西中医	4537	7	0.17	1.742	4	0.44	46.1	11	12.11	1.00	0.79
G389	上海中医药杂志	2924	16	−0.25	1.385	8	0.14	51.4	8	11.71	1.00	0.95
G906	世界科学技术－中医药现代化	4084	9	0.05	1.333	10	0.10	52.3	7	15.61	1.00	0.71
G483	世界中医药	6088	5	0.56	1.846	2	0.53	62.4	4	16.04	1.00	0.86
G745	四川中医	3810	12	−0.02	0.663	27	−0.45	28.9	25	10.93	1.00	0.70
G626	天津中医药	1993	21	−0.49	1.120	12	−0.07	40.7	14	9.57	1.00	0.69
G699	西部中医药	2261	18	−0.42	0.824	23	−0.32	27.8	27	10.96	1.00	0.77
G896	现代中医临床	827	26	−0.79	1.069	15	−0.12	38.9	16	5.14	0.96	0.79
G632	中国中医基础医学杂志	5600	6	0.44	1.366	9	0.13	47.7	10	12.29	1.00	0.69
G524	中国中医急症	4197	8	0.08	0.994	19	−0.18	38.5	17	12.57	1.00	0.79
G749	中国中医眼科杂志	973	25	−0.75	1.029	18	−0.15	10.6	28	4.57	0.86	0.60
G832	中国中医药信息杂志	3439	13	−0.12	1.617	6	0.34	53.2	6	13.64	1.00	0.85
G859	中华中医药学刊	8778	3	1.26	1.806	3	0.49	68.4	2	20.14	1.00	0.75
G910	中华中医药杂志	16521	1	3.24	1.558	7	0.29	63.8	3	21.82	1.00	0.75
G685	中医学报	3853	11	−0.01	1.206	11	0.00	45.2	12	12.79	0.96	0.72
G681	中医药导报	3961	10	0.02	0.984	20	−0.19	37.3	20	14.14	1.00	0.78
G812	中医药学报	2224	19	−0.43	1.700	5	0.40	56.3	5	10.71	0.96	0.67
G010	中医杂志	9985	2	1.57	2.707	1	1.24	73.6	1	15.04	1.00	0.71
	28 种期刊平均值	3892			1.210							

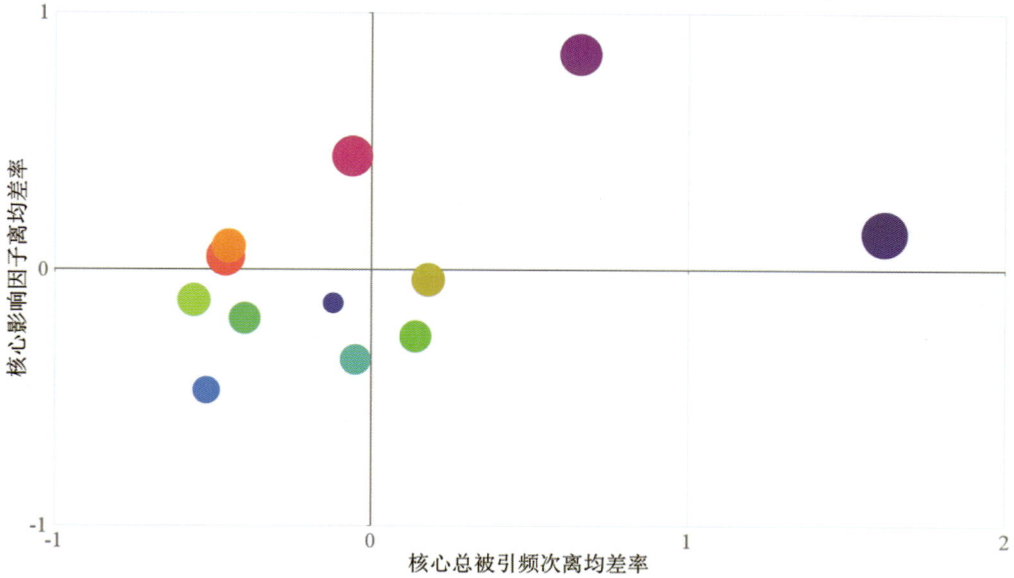

2022 年中医药大学学报类期刊核心总被引频次和核心影响因子离均差率的分布图
（节点大小表示综合评价总分）

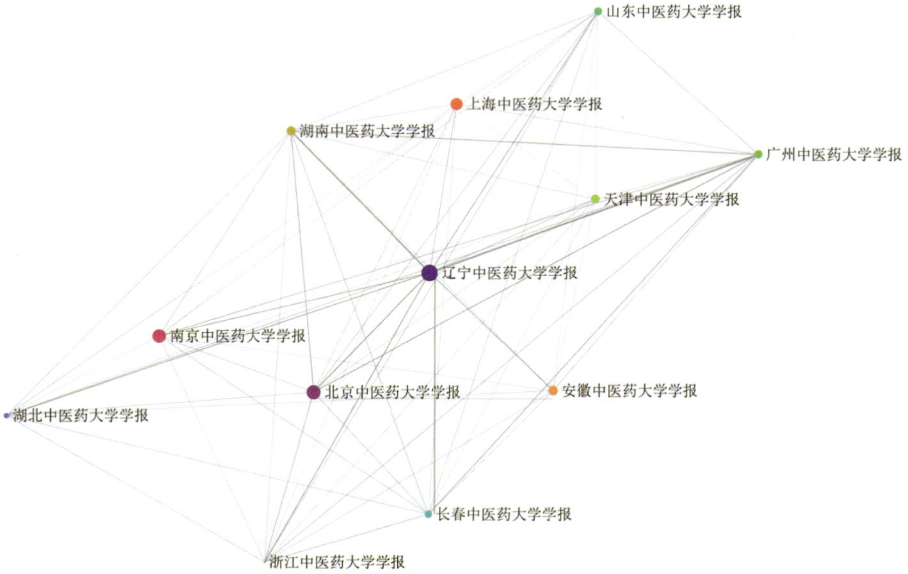

2022 年中医药大学学报类期刊互引关系示意图

表 7-68　2022 年中医药大学学报类期刊主要指标

CODE	刊名	核心总被引频次			核心影响因子			综合评价总分		学科扩散指标	学科影响指标	红点指标
		数值	排名	离均差率	数值	排名	离均差率	数值	排名			
G013	安徽中医药大学学报	1131	9	−0.45	1.354	4	0.09	41.0	5	18.75	1.00	0.57
G017	北京中医药大学学报	3390	2	0.66	2.286	1	0.84	63.1	2	24.92	1.00	0.58
G992	长春中医药大学学报	1950	5	−0.05	0.808	11	−0.35	34.0	10	24.33	1.00	0.48
G030	广州中医药大学学报	2337	4	0.14	0.918	10	−0.26	37.0	8	28.67	1.00	0.67
G334	湖北中医药大学学报	986	11	−0.52	0.664	12	−0.47	26.8	11	17.00	0.83	0.50
G041	湖南中医药大学学报	2406	3	0.18	1.196	6	−0.04	40.0	6	28.83	1.00	0.55
G850	辽宁中医药大学学报	5351	1	1.62	1.422	3	0.14	75.7	1	37.50	1.00	0.67
G059	南京中医药大学学报	1913	6	−0.06	1.789	2	0.44	60.2	3	24.67	0.92	0.49
G063	山东中医药大学学报	1231	8	−0.40	1.004	9	−0.19	36.4	9	15.58	1.00	0.56
G946	上海中医药大学学报	1112	10	−0.46	1.311	5	0.05	53.9	4	18.50	0.92	0.47
G914	天津中医药大学学报	909	12	−0.56	1.091	7	−0.12	39.5	7	18.83	1.00	0.56
G092	浙江中医药大学学报	1802	7	−0.12	1.082	8	−0.13	15.6	12	20.25	1.00	0.69
	12 种期刊平均值	2043			1.244							

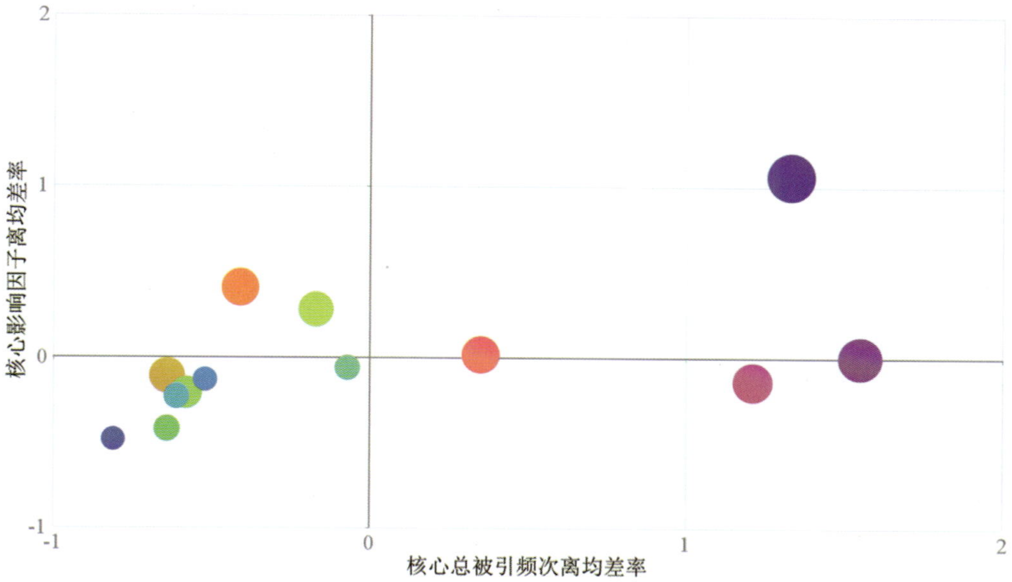

2022 年中西医结合医学类期刊核心总被引频次和核心影响因子离均差率的分布图
（节点大小表示综合评价总分）

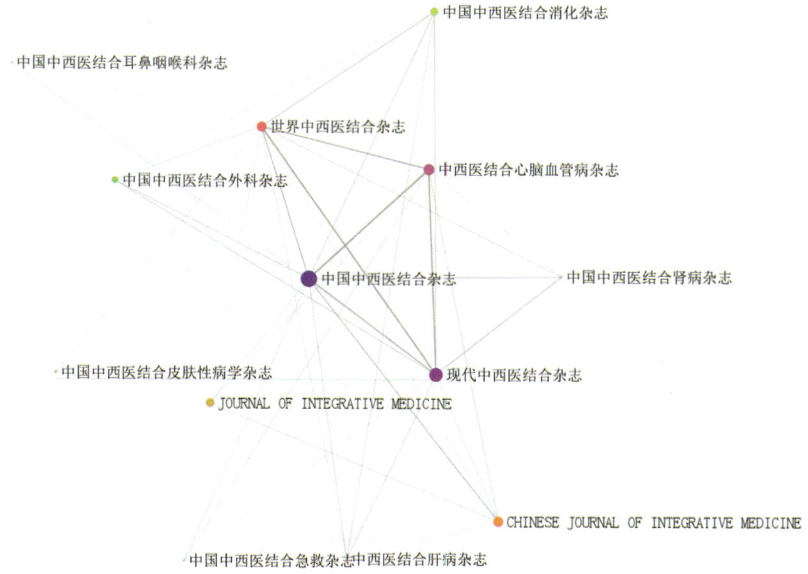

2022 年中西医结合医学类期刊互引关系示意图

表 7-69　2022 年中西医结合医学类期刊主要指标

CODE	刊名	核心总被引频次			核心影响因子			综合评价总分		学科扩散指标	学科影响指标	红点指标
		数值	排名	离均差率	数值	排名	离均差率	数值	排名			
I026	CHINESE JOURNAL OF INTEGRATIVE MEDICINE	1307	7	−0.41	1.363	2	0.41	51.6	5	24.46	0.85	0.41
G442	JOURNAL OF INTEGRATIVE MEDICINE	799	11	−0.64	0.859	7	−0.11	45.6	6	17.92	0.85	0.02
G484	世界中西医结合杂志	2988	4	0.35	0.986	4	0.02	51.6	4	23.00	0.92	0.56
G951	现代中西医结合杂志	5633	1	1.55	0.964	5	0.00	69.7	2	39.77	0.92	0.59
G347	中国中西医结合耳鼻咽喉科杂志	429	13	−0.81	0.498	13	−0.48	20.8	13	12.38	0.38	0.23
G843	中国中西医结合急救杂志	1069	8	−0.52	0.836	8	−0.13	21.4	12	17.46	0.69	0.47
G757	中国中西医结合皮肤性病学杂志	799	11	−0.64	0.559	12	−0.42	24.7	9	13.85	0.46	0.36
G846	中国中西医结合肾病杂志	2050	5	−0.07	0.910	6	−0.06	23.5	10	23.23	0.69	0.39
G758	中国中西医结合外科杂志	924	9	−0.58	0.764	10	−0.21	37.5	8	20.46	0.69	0.48
G528	中国中西医结合消化杂志	1829	6	−0.17	1.230	3	0.28	44.4	7	21.08	0.69	0.63
G182	中国中西医结合杂志	5155	2	1.33	1.986	1	1.06	83.9	1	34.00	1.00	0.57
G842	中西医结合肝病杂志	859	10	−0.61	0.741	11	−0.23	23.2	11	15.69	0.54	0.67
G597	中西医结合心脑血管病杂志	4879	3	1.21	0.829	9	−0.14	56.9	3	33.54	0.85	0.84
	13 种期刊平均值	2209			0.963							

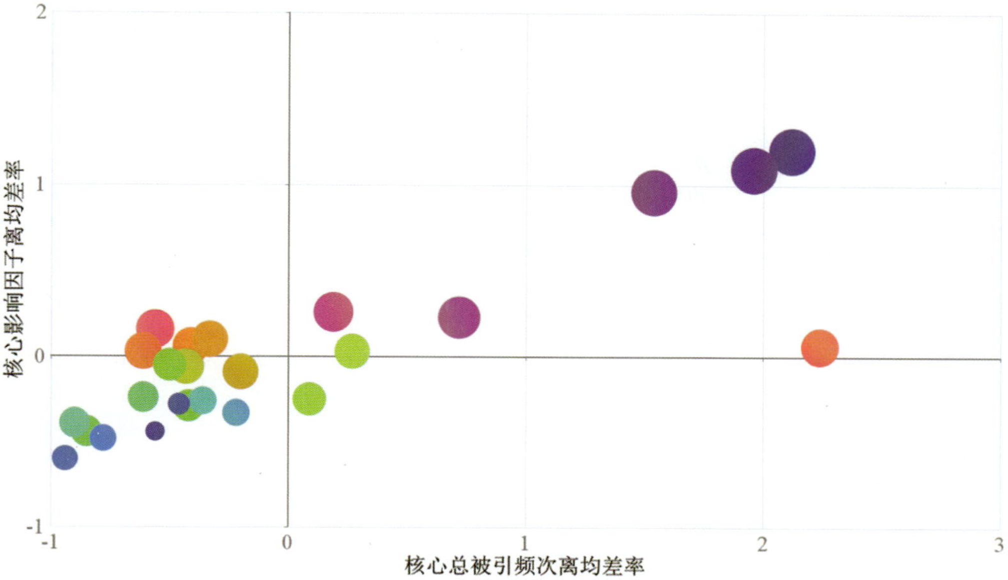

2022 年中药学类期刊核心总被引频次和核心影响因子离均差率的分布图
（节点大小表示综合评价总分）

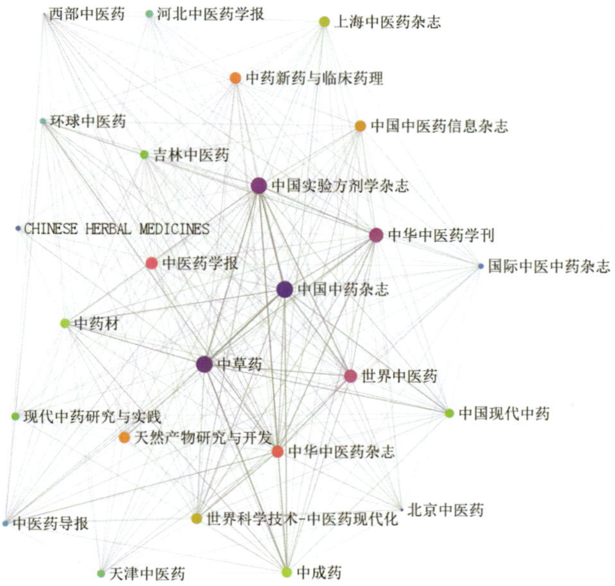

2022 年中药学类期刊互引关系示意图

表 7-70　2022 年中药学类期刊主要指标

CODE	刊名	核心总被引频次			核心影响因子			综合评价总分		学科扩散指标	学科影响指标	红点指标
		数值	排名	离均差率	数值	排名	离均差率	数值	排名			
I207	CHINESE HERBAL MEDICINES	303	25	−0.94	0.581	25	−0.60	24.0	23	4.32	0.72	0.02
G620	北京中医药	2777	16	−0.46	1.056	18	−0.28	17.3	24	10.16	1.00	0.66
G934	国际中医中药杂志	1129	22	−0.78	0.760	24	−0.48	25.5	22	9.20	0.96	0.74
G301	河北中医药学报	528	24	−0.90	0.899	21	−0.39	33.5	19	6.08	0.92	0.57
G656	环球中医药	3288	12	−0.36	1.092	17	−0.26	28.0	20	11.48	1.00	0.70
G719	吉林中医药	2969	14	−0.42	1.044	19	−0.29	36.8	16	12.88	1.00	0.65
G389	上海中医药杂志	2924	15	−0.43	1.385	13	−0.06	46.2	12	13.12	1.00	0.92
G906	世界科学技术 – 中医药现代化	4084	9	−0.20	1.333	14	−0.09	46.2	11	17.48	1.00	0.74
G483	世界中医药	6088	7	0.19	1.846	4	0.26	56.6	5	17.96	1.00	0.87
G626	天津中医药	1993	21	−0.61	1.120	15	−0.24	33.9	18	10.72	1.00	0.67
T611	天然产物研究与开发	2994	13	−0.41	1.557	9	0.06	47.7	9	18.04	0.96	0.68
G699	西部中医药	2261	18	−0.56	0.824	22	−0.44	13.4	25	12.28	1.00	0.77
G486	现代中药研究与实践	752	23	−0.85	0.823	23	−0.44	34.7	17	8.48	1.00	0.67
G007	中草药	15133	3	1.96	3.067	2	1.09	76.4	2	27.28	1.00	0.73
G520	中成药	6476	6	0.27	1.504	11	0.03	44.5	13	20.72	1.00	0.74
G604	中国实验方剂学杂志	12973	4	1.54	2.883	3	0.96	75.5	3	26.36	1.00	0.79
G377	中国现代中药	2538	17	−0.50	1.399	12	−0.05	38.7	15	13.96	1.00	0.63
G132	中国中药杂志	15944	2	2.12	3.231	1	1.20	76.8	1	30.04	1.00	0.69
G832	中国中医药信息杂志	3439	11	−0.33	1.617	7	0.10	47.1	10	15.28	1.00	0.87
G859	中华中医药学刊	8778	5	0.72	1.806	5	0.23	63.4	4	22.56	1.00	0.74
G910	中华中医药杂志	16521	1	2.24	1.558	8	0.06	51.2	7	24.44	1.00	0.74
G183	中药材	5585	8	0.09	1.104	16	−0.25	40.2	14	20.00	1.00	0.70
G564	中药新药与临床药理	2010	20	−0.61	1.509	10	0.03	48.4	8	13.48	1.00	0.87
G681	中医药导报	3961	10	−0.22	0.984	20	−0.33	26.7	21	15.84	1.00	0.77
G812	中医药学报	2224	19	−0.56	1.700	6	0.16	52.2	6	12.00	0.96	0.67
	25 种期刊平均值	5107			1.467							

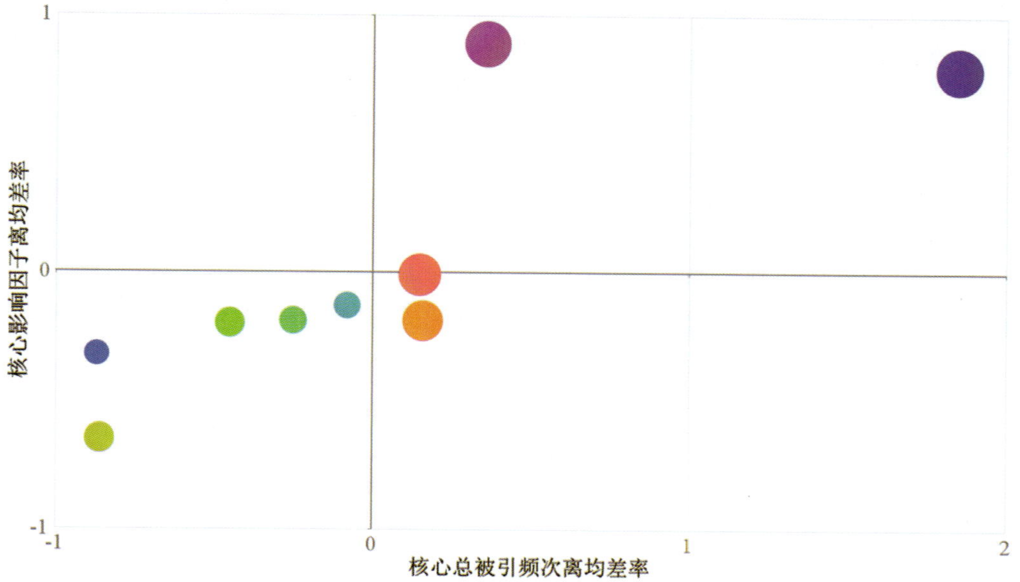

2022 年针灸、中医骨伤类期刊核心总被引频次和核心影响因子离均差率的分布图
（节点大小表示综合评价总分）

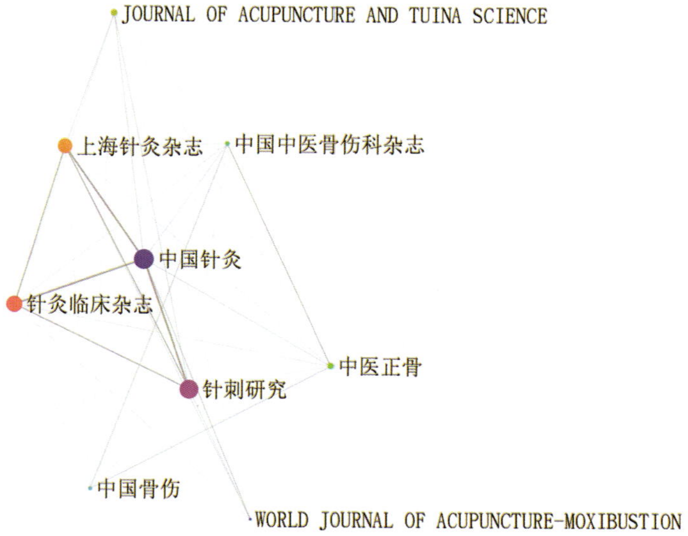

2022 年针灸、中医骨伤类期刊互引关系示意图

表 7-71　2022 年针灸、中医骨伤类期刊主要指标

CODE	刊名	核心总被引频次			核心影响因子			综合评价总分		学科扩散指标	学科影响指标	红点指标
		数值	排名	离均差率	数值	排名	离均差率	数值	排名			
I225	JOURNAL OF ACUPUNCTURE AND TUINA SCIENCE	291	8	−0.86	0.456	9	−0.65	32.8	5	11.00	0.78	1.00
I239	WORLD JOURNAL OF ACUPUNCTURE–MOXIBUSTION	278	9	−0.87	0.878	8	−0.32	22.5	9	8.56	0.89	0.49
G596	上海针灸杂志	2439	3	0.16	1.042	6	−0.19	58.2	4	26.11	1.00	0.88
G093	针刺研究	2860	2	0.36	2.426	1	0.89	75.1	2	29.33	0.89	0.72
G488	针灸临床杂志	2419	4	0.15	1.269	3	−0.01	64.3	3	24.56	1.00	0.69
G103	中国骨伤	1932	5	−0.08	1.120	4	−0.13	25.6	8	32.11	0.89	0.52
G600	中国针灸	6007	1	1.85	2.302	2	0.79	80.0	1	37.00	1.00	0.66
G240	中国中医骨伤科杂志	1583	6	−0.25	1.045	5	−0.19	27.0	7	24.33	0.89	0.36
G643	中医正骨	1163	7	−0.45	1.024	7	−0.20	31.6	6	19.67	1.00	0.74
	9 种期刊平均值	2108			1.285							

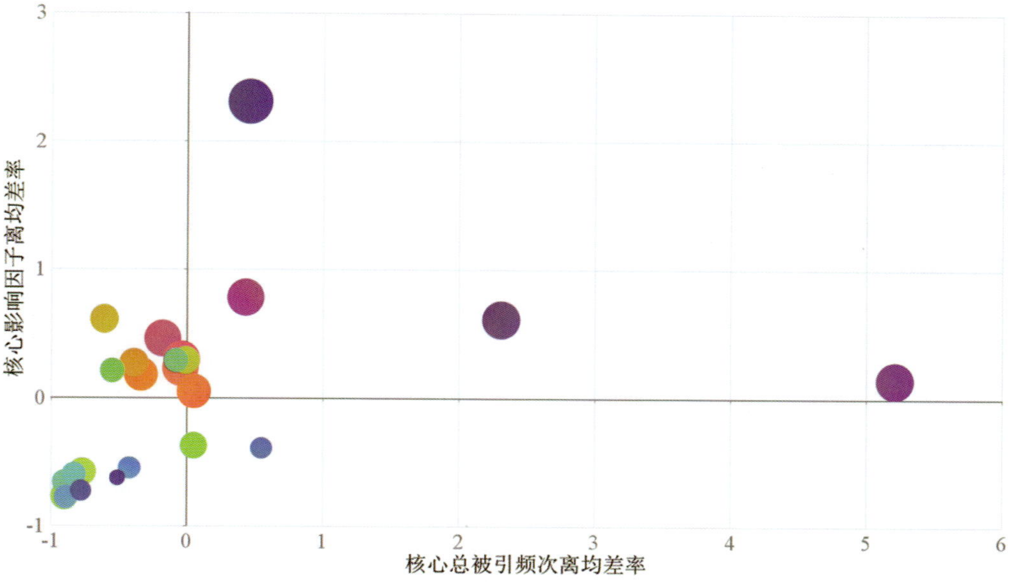

2022 年工程与技术科学基础学科类期刊核心总被引频次和核心影响因子离均差率的分布图
（节点大小表示综合评价总分）

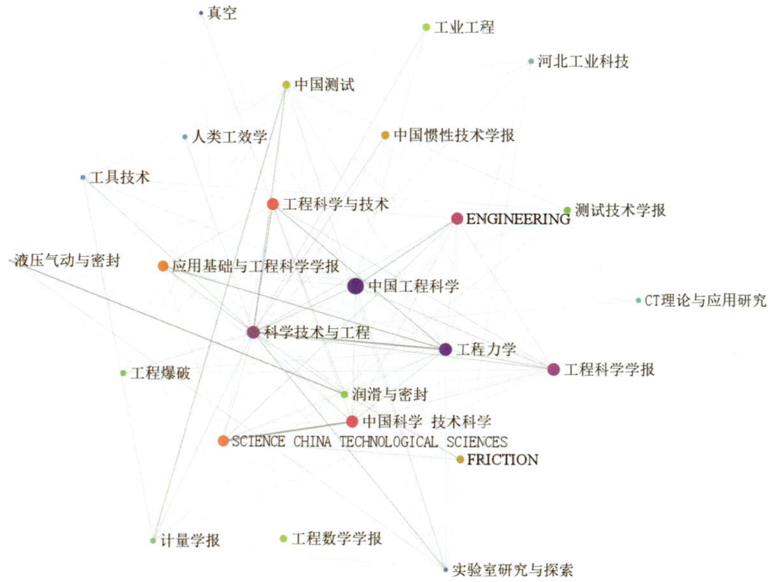

2022 年工程与技术科学基础学科类期刊互引关系示意图

表 7-72 2022 年工程与技术科学基础学科类期刊主要指标

CODE	刊名	核心总被引频次			核心影响因子			综合评价总分		学科扩散指标	学科影响指标	红点指标
		数值	排名	离均差率	数值	排名	离均差率	数值	排名			
J075	ENGINEERING	1477	12	−0.18	1.495	5	0.46	48.3	5	24.44	0.44	0.06
N092	FRICTION	711	18	−0.61	1.652	3	0.61	29.6	11	3.84	0.24	0.19
I091	SCIENCE CHINA TECHNOLOGICAL SCIENCES	1895	6	0.05	1.078	14	0.05	41.9	8	19.68	0.60	0.03
E626	CT 理论与应用研究	307	21	−0.83	0.413	19	−0.60	20.4	20	5.56	0.20	0.43
R711	测试技术学报	246	22	−0.86	0.328	22	−0.68	25.9	16	6.08	0.24	0.28
N105	工程爆破	808	17	−0.55	1.235	11	0.21	22.1	17	3.40	0.24	0.61
M030	工程科学学报	2581	5	0.43	1.820	2	0.78	50.2	4	20.24	0.52	0.39
J051	工程科学与技术	1718	10	−0.05	1.265	10	0.23	47.0	7	20.72	0.60	0.53
C002	工程力学	5964	2	2.31	1.649	4	0.61	51.4	3	18.52	0.56	0.55
B031	工程数学学报	189	24	−0.90	0.235	24	−0.77	27.6	14	4.32	0.08	0.19
N064	工具技术	1049	15	−0.42	0.465	17	−0.55	18.4	22	7.28	0.32	0.55
J057	工业工程	418	19	−0.77	0.433	18	−0.58	28.1	13	7.04	0.24	0.22
J019	河北工业科技	183	25	−0.90	0.352	21	−0.66	21.0	19	4.36	0.12	0.37
N014	计量学报	1665	11	−0.08	1.320	7	0.29	21.1	18	11.12	0.44	1.00
A537	科学技术与工程	11184	1	5.21	1.166	13	0.14	51.4	2	44.64	0.76	0.43
N106	人类工效学	206	23	−0.89	0.230	25	−0.78	19.7	21	4.04	0.16	0.79
N029	润滑与密封	1885	7	0.05	0.645	15	−0.37	26.8	15	10.68	0.40	0.63
A115	实验室研究与探索	2792	3	0.55	0.620	16	−0.39	17.4	23	20.00	0.48	0.47
N079	液压气动与密封	878	16	−0.51	0.382	20	−0.63	9.1	25	5.68	0.24	0.54
A580	应用基础与工程科学学报	1186	13	−0.34	1.211	12	0.18	40.8	9	16.08	0.44	0.45
N086	真空	397	20	−0.78	0.274	23	−0.73	16.1	24	5.08	0.24	0.27
N830	中国测试	1790	8	−0.01	1.320	7	0.29	28.3	12	17.20	0.48	0.33
N754	中国工程科学	2633	4	0.46	3.387	1	2.31	72.5	1	36.80	0.60	0.17
N104	中国惯性技术学报	1106	14	−0.39	1.297	9	0.27	30.0	10	8.40	0.24	0.17
A109	中国科学 技术科学	1733	9	−0.04	1.336	6	0.30	47.8	6	22.32	0.72	0.36
	25 种期刊平均值	1800			1.024							

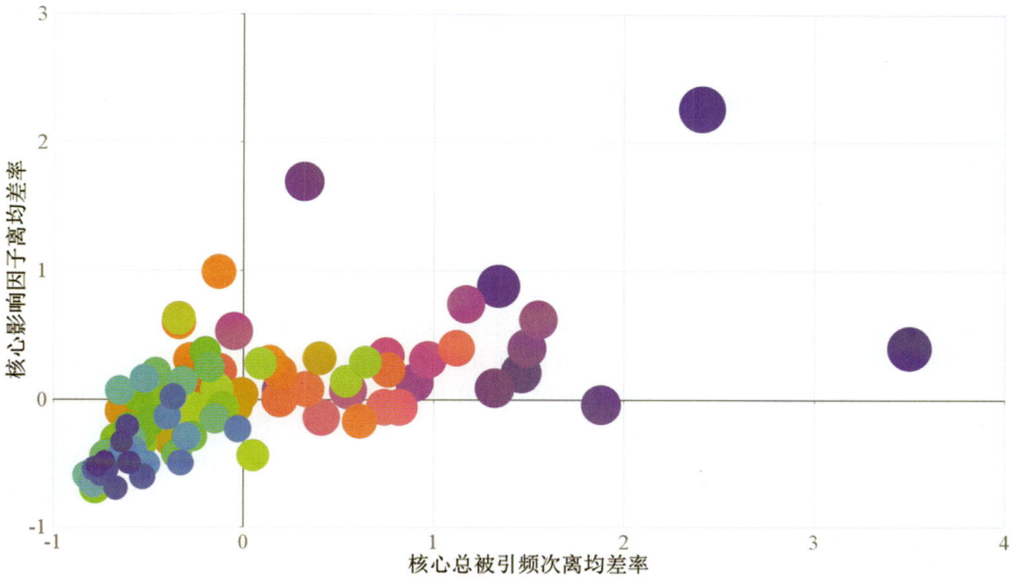

2022 年工程技术大学学报类期刊核心总被引频次和核心影响因子离均差率的分布图
（节点大小表示综合评价总分）

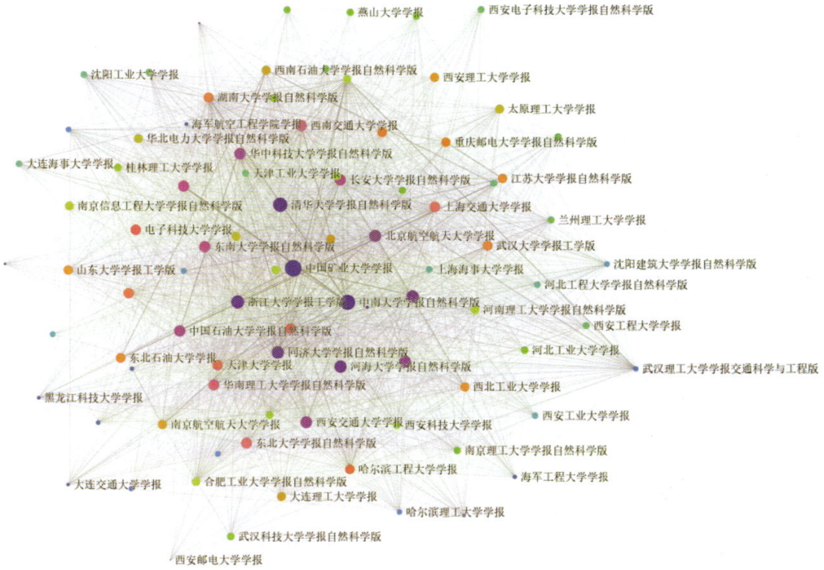

2022 年工程技术大学学报类期刊互引关系示意图

表 7-73　2022 年工程技术大学学报类期刊主要指标

CODE	刊名	核心总被引频次			核心影响因子			综合评价总分		学科扩散指标	学科影响指标	红点指标
		数值	排名	离均差率	数值	排名	离均差率	数值	排名			
I067	JOURNAL OF CENTRAL SOUTH UNIVERSITY	1987	11	0.97	1.104	16	0.31	50.5	15	5.72	0.65	0.51
I090	JOURNAL OF WUHAN UNIVERSITY OF TECHNOLOGY MATERIALS SCIENCE EDITION	679	48	−0.33	0.421	78	−0.50	25.9	78	2.43	0.24	0.13
I017	TRANSACTIONS OF NANJING UNIVERSITY OF AERONAUTICS & ASTRONAUTICS	224	86	−0.78	0.383	82	−0.55	24.9	80	1.19	0.13	0.46
J030	北京工业大学学报	1209	25	0.20	0.900	37	0.07	53.9	9	5.38	0.55	0.68
Y001	北京航空航天大学学报	2516	5	1.49	1.178	12	0.40	55.0	8	5.75	0.78	0.55
T020	北京化工大学学报自然科学版	461	65	−0.54	0.605	61	−0.28	34.4	56	2.78	0.19	0.33
X014	北京交通大学学报	822	41	−0.19	0.929	31	0.10	43.5	26	3.66	0.42	0.63
N001	北京理工大学学报	1658	17	0.64	1.084	18	0.29	37.9	47	4.82	0.53	0.49
R018	北京邮电大学学报	524	60	−0.48	0.707	56	−0.16	33.9	57	2.52	0.33	0.46
X036	长安大学学报自然科学版	956	34	−0.05	1.291	9	0.53	51.2	13	2.63	0.43	0.99
N056	长春理工大学学报自然科学版	400	70	−0.60	0.420	79	−0.50	20.4	86	1.84	0.16	0.39
J021	重庆大学学报自然科学版	1196	27	0.19	0.841	43	0.00	46.5	23	5.13	0.49	0.50
X029	重庆交通大学学报自然科学版	1549	20	0.54	0.962	29	0.14	38.1	45	4.09	0.61	0.94
R559	重庆邮电大学学报自然科学版	668	49	−0.34	1.345	8	0.60	42.2	29	2.17	0.27	0.52
X024	大连海事大学学报	409	68	−0.59	0.583	64	−0.31	32.4	66	2.00	0.17	0.27
X001	大连交通大学学报	338	77	−0.67	0.251	89	−0.70	21.4	84	1.91	0.24	0.53
J024	大连理工大学学报	623	55	−0.38	0.573	66	−0.32	41.2	36	3.62	0.35	0.52
R036	电子科技大学学报	874	36	−0.13	1.027	23	0.22	46.9	21	4.09	0.43	0.50
J023	东北大学学报自然科学版	1835	13	0.82	0.795	46	−0.06	49.1	18	5.98	0.60	0.50
L004	东北石油大学学报	873	37	−0.13	1.676	3	0.99	43.3	28	1.83	0.15	0.60
U014	东华大学学报自然科学版	493	61	−0.51	0.411	80	−0.51	29.4	74	2.27	0.15	0.41
J028	东南大学学报自然科学版	1560	19	0.55	0.902	36	0.07	51.1	14	5.43	0.62	0.60
M033	桂林理工大学学报	902	35	−0.11	0.791	50	−0.06	36.7	49	3.17	0.18	0.40
A040	国防科技大学学报	966	33	−0.04	0.802	45	−0.05	41.4	35	3.47	0.37	0.44
X025	哈尔滨工程大学学报	1628	18	0.61	0.695	57	−0.17	43.8	25	5.11	0.60	0.64
J003	哈尔滨工业大学学报	2336	8	1.32	0.917	32	0.09	55.9	7	6.79	0.78	0.51
J013	哈尔滨理工大学学报	607	56	−0.40	0.729	53	−0.13	27.6	76	2.66	0.31	0.52
J055	海军工程大学学报	479	63	−0.53	0.327	86	−0.61	24.6	81	2.20	0.24	0.36
Y029	海军航空工程学院学报	252	84	−0.75	0.342	84	−0.59	22.5	82	1.21	0.12	0.45
J053	合肥工业大学学报自然科学版	1056	30	0.05	0.472	74	−0.44	39.6	42	5.22	0.53	0.41
K032	河北工程大学学报自然科学版	185	89	−0.82	0.341	85	−0.60	32.1	68	1.51	0.18	0.60
J017	河北工业大学学报	224	86	−0.78	0.253	88	−0.70	35.6	52	1.81	0.15	0.60
W012	河海大学学报自然科学版	1333	24	0.32	2.263	2	1.69	56.1	6	3.76	0.39	0.38
U004	河南工业大学学报自然科学版	868	38	−0.14	0.910	34	0.08	39.3	44	1.88	0.06	0.19

表 7-73　2022 年工程技术大学学报类期刊主要指标（续）

CODE	刊名	核心总被引频次			核心影响因子			综合评价总分		学科扩散指标	学科影响指标	红点指标
		数值	排名	离均差率	数值	排名	离均差率	数值	排名			
K526	河南理工大学学报自然科学版	732	44	−0.27	0.786	51	−0.07	39.4	43	3.18	0.26	0.47
K505	黑龙江科技大学学报	287	81	−0.72	0.380	83	−0.55	21.9	83	1.81	0.12	0.42
A028	湖南大学学报自然科学版	1772	14	0.76	1.039	22	0.23	44.5	24	5.40	0.63	0.66
K016	湖南科技大学学报自然科学版	292	80	−0.71	0.489	72	−0.42	33.7	59	1.98	0.17	0.54
R046	华北电力大学学报自然科学版	662	50	−0.34	1.373	6	0.63	40.3	40	2.34	0.20	0.46
X003	华东交通大学学报	370	73	−0.63	0.495	71	−0.41	29.3	75	2.11	0.25	0.54
J004	华南理工大学学报自然科学版	1422	21	0.41	0.722	54	−0.14	49.5	17	5.64	0.62	0.62
J033	华中科技大学学报自然科学版	1917	12	0.90	0.949	30	0.13	52.2	11	5.91	0.69	0.52
J042	吉林大学学报工学版	2135	10	1.12	1.183	10	0.40	47.8	20	5.45	0.70	0.73
R586	吉林大学学报信息科学版	393	72	−0.61	0.665	58	−0.21	20.8	85	1.97	0.19	0.45
J035	江苏大学学报自然科学版	730	45	−0.28	1.100	17	0.31	42.0	30	3.16	0.33	0.54
J059	空军工程大学学报自然科学版	419	67	−0.58	0.508	70	−0.40	30.0	72	1.92	0.18	0.45
J008	兰州理工大学学报	652	51	−0.35	0.476	73	−0.43	33.6	61	3.31	0.27	0.53
T011	南京工业大学学报自然科学版	643	53	−0.36	0.867	39	0.03	40.6	39	3.17	0.29	0.44
Y026	南京航空航天大学学报	1000	31	−0.01	0.875	38	0.04	41.5	34	3.78	0.34	0.48
N011	南京理工大学学报自然科学版	811	42	−0.20	1.156	13	0.37	34.4	55	3.38	0.42	0.56
E120	南京信息工程大学学报自然科学版	406	69	−0.60	0.565	67	−0.33	40.2	41	2.52	0.16	0.36
R008	南京邮电大学学报自然科学版	485	62	−0.52	0.978	27	0.16	30.3	71	1.98	0.21	0.71
J001	清华大学学报自然科学版	2361	7	1.34	1.580	4	0.88	66.1	3	8.83	0.73	0.44
R086	三峡大学学报自然科学版	462	64	−0.54	0.545	69	−0.35	36.7	48	2.60	0.20	0.53
J022	山东大学学报工学版	558	58	−0.45	0.794	48	−0.06	41.8	32	3.38	0.29	0.59
X038	上海海事大学学报	358	76	−0.65	0.903	35	0.07	31.5	69	1.52	0.16	0.35
X006	上海交通大学学报	1759	16	0.74	0.795	46	−0.06	48.1	19	6.00	0.63	0.44
A515	深圳大学学报理工版	400	70	−0.60	0.659	59	−0.22	33.8	58	2.74	0.26	0.67
J052	沈阳工业大学学报	689	47	−0.32	0.963	28	0.14	32.4	67	2.91	0.33	0.63
V011	沈阳建筑大学学报自然科学版	711	46	−0.30	0.595	63	−0.29	29.5	73	2.78	0.35	0.57
X042	石家庄铁道大学学报自然科学版	233	85	−0.77	0.397	81	−0.53	16.7	88	1.19	0.16	0.68
J011	太原理工大学学报	646	52	−0.36	0.793	49	−0.06	40.8	38	3.45	0.29	0.45
A041	天津大学学报	1337	23	0.33	0.913	33	0.08	46.6	22	5.34	0.57	0.49
U017	天津工业大学学报	277	82	−0.73	0.471	75	−0.44	33.0	64	1.67	0.13	0.41
J032	同济大学学报自然科学版	2910	3	1.88	0.809	44	−0.04	56.6	5	7.01	0.78	0.56
W014	武汉大学学报工学版	1200	26	0.19	1.019	25	0.21	43.5	27	4.72	0.47	0.49
M032	武汉科技大学学报自然科学版	334	78	−0.67	0.578	65	−0.31	36.2	51	2.02	0.15	0.58
X017	武汉理工大学学报交通科学与工程版	981	32	−0.03	0.649	60	−0.23	27.1	77	3.36	0.51	0.64

表 7-73 2022 年工程技术大学学报类期刊主要指标（续）

CODE	刊名	核心总被引频次			核心影响因子			综合评价总分		学科扩散指标	学科影响指标	红点指标
		数值	排名	离均差率	数值	排名	离均差率	数值	排名			
J018	武汉理工大学学报信息与管理工程版	363	74	−0.64	0.565	67	−0.33	18.8	87	2.03	0.16	0.46
R009	西安电子科技大学学报自然科学版	831	40	−0.18	1.054	21	0.25	33.5	62	2.72	0.37	0.53
U030	西安工程大学学报	549	59	−0.46	1.023	24	0.21	33.3	63	1.73	0.15	0.46
J036	西安工业大学学报	214	88	−0.79	0.284	87	−0.66	31.3	70	1.71	0.10	0.45
V018	西安建筑科技大学学报自然科学版	733	43	−0.27	0.602	62	−0.29	33.7	60	2.94	0.40	0.44
X030	西安交通大学学报	2575	4	1.55	1.363	7	0.62	53.7	10	5.80	0.69	0.47
A150	西安科技大学学报	1099	29	0.09	1.082	20	0.28	37.9	46	3.11	0.25	0.41
J002	西安理工大学学报	363	74	−0.64	0.765	52	−0.09	41.7	33	2.55	0.20	0.45
L010	西安石油大学学报自然科学版	856	39	−0.15	0.712	55	−0.15	33.0	65	2.28	0.16	0.51
R671	西安邮电大学学报	271	83	−0.73	0.441	77	−0.48	15.1	89	1.16	0.17	0.61
Y023	西北工业大学学报	1149	28	0.14	1.083	19	0.29	41.9	31	3.87	0.47	0.41
J045	西华大学学报自然科学版	299	79	−0.70	0.464	76	−0.45	34.8	54	2.21	0.19	0.47
X032	西南交通大学学报	1770	15	0.75	1.125	14	0.34	49.7	16	4.70	0.66	0.58
L002	西南石油大学学报自然科学版	1416	22	0.40	1.113	15	0.32	40.9	37	2.27	0.18	0.52
J025	燕山大学学报	453	66	−0.55	0.858	40	0.02	34.8	53	2.30	0.16	0.43
A017	浙江大学学报工学版	2486	6	1.46	1.017	26	0.21	59.7	4	7.46	0.79	0.57
J016	浙江工业大学学报	634	54	−0.37	0.855	41	0.02	25.5	79	3.13	0.30	0.50
J012	郑州大学学报工学版	572	57	−0.43	0.851	42	0.01	36.2	50	3.30	0.38	0.58
K015	中国矿业大学学报	3444	2	2.41	2.744	1	2.26	78.4	1	4.69	0.42	0.34
L001	中国石油大学学报自然科学版	2191	9	1.17	1.465	5	0.74	51.6	12	3.55	0.31	0.43
K001	中南大学学报自然科学版	4536	1	3.50	1.179	11	0.40	70.4	2	7.89	0.76	0.60
	89 种期刊平均值	1009			0.842							

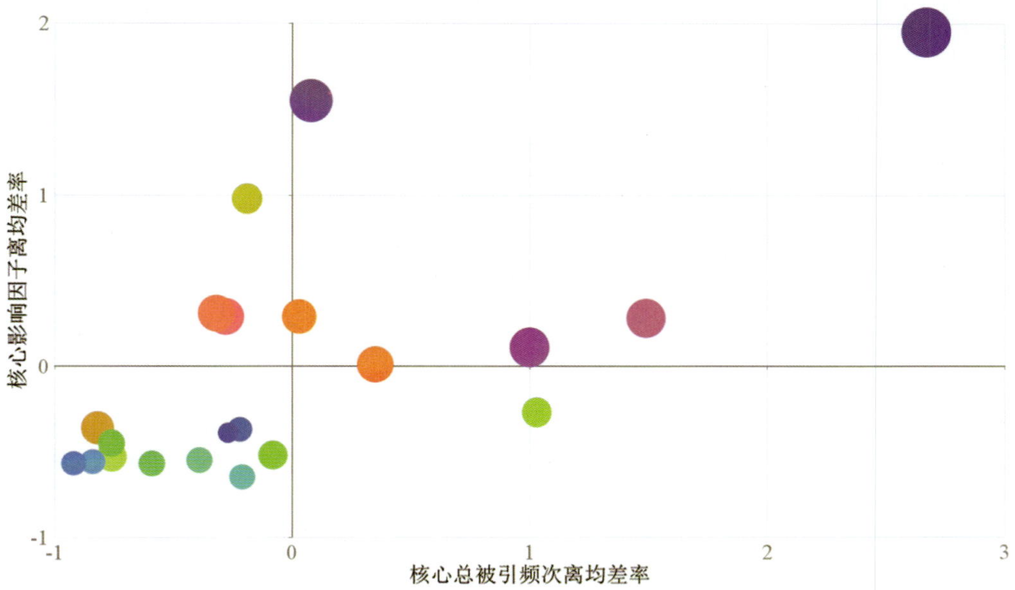

2022 年信息与系统科学相关工程与技术类期刊核心总被引频次和核心影响因子离均差率的分布图
（节点大小表示综合评价总分）

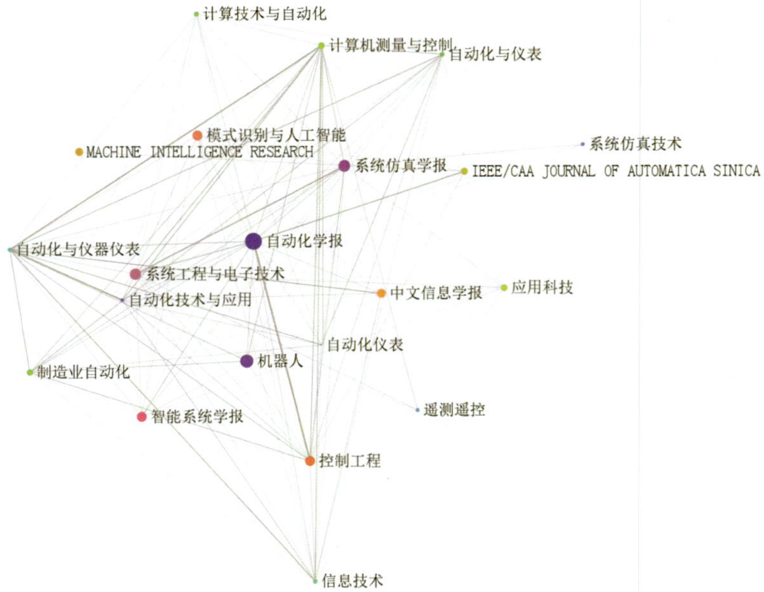

2022 年信息与系统科学相关工程与技术类期刊互引关系示意图

表 7-74　2022 年信息与系统科学相关工程与技术类期刊主要指标

CODE	刊名	核心总被引频次			核心影响因子			综合评价总分		学科扩散指标	学科影响指标	红点指标
		数值	排名	离均差率	数值	排名	离均差率	数值	排名			
R589	IEEE/CAA JOURNAL OF AUTOMATICA SINICA	1089	9	−0.19	1.860	3	0.98	33.9	10	9.33	0.67	0.00
I224	MACHINE INTELLIGENCE RESEARCH	247	19	−0.82	0.604	11	−0.36	38.7	9	6.62	0.52	0.00
S004	机器人	1450	6	0.08	2.393	2	1.55	65.6	2	13.62	0.76	0.33
S050	计算机测量与控制	2732	3	1.03	0.688	10	−0.27	32.6	12	21.38	0.67	0.52
S507	计算技术与自动化	322	18	−0.76	0.516	14	−0.45	26.6	14	6.57	0.48	0.54
S503	控制工程	1816	5	0.35	0.946	9	0.01	47.6	7	18.81	0.81	0.54
S015	模式识别与人工智能	913	14	−0.32	1.232	4	0.31	47.7	6	13.38	0.76	0.52
S505	系统仿真技术	103	21	−0.92	0.406	19	−0.57	22.4	19	3.19	0.24	0.35
S003	系统仿真学报	2684	4	1.00	1.042	8	0.11	57.4	3	27.05	0.76	0.38
R059	系统工程与电子技术	3345	2	1.49	1.204	7	0.28	54.3	4	21.00	0.86	0.37
R519	信息技术	824	15	−0.39	0.419	17	−0.55	25.1	16	11.90	0.62	0.52
S031	遥测遥控	209	20	−0.84	0.416	18	−0.56	23.2	18	4.71	0.24	0.30
X693	应用科技	327	17	−0.76	0.440	16	−0.53	33.3	11	9.00	0.48	0.54
S023	制造业自动化	1239	8	−0.08	0.448	15	−0.52	31.2	13	15.38	0.62	0.53
S052	智能系统学报	966	13	−0.28	1.207	5	0.29	48.2	5	16.62	0.86	0.71
S020	中文信息学报	1386	7	0.03	1.207	5	0.29	42.8	8	10.52	0.52	0.48
R737	自动化技术与应用	1046	11	−0.22	0.587	12	−0.37	22.0	20	12.67	0.57	0.46
S026	自动化学报	4929	1	2.67	2.765	1	1.95	88.8	1	30.29	0.86	0.51
N013	自动化仪表	986	12	−0.27	0.568	13	−0.39	14.8	21	10.67	0.52	0.61
S501	自动化与仪表	557	16	−0.59	0.403	20	−0.57	25.6	15	9.33	0.62	0.61
R611	自动化与仪器仪表	1065	10	−0.21	0.332	21	−0.65	24.2	17	12.00	0.62	0.55
	21 种期刊平均值	1345			0.937							

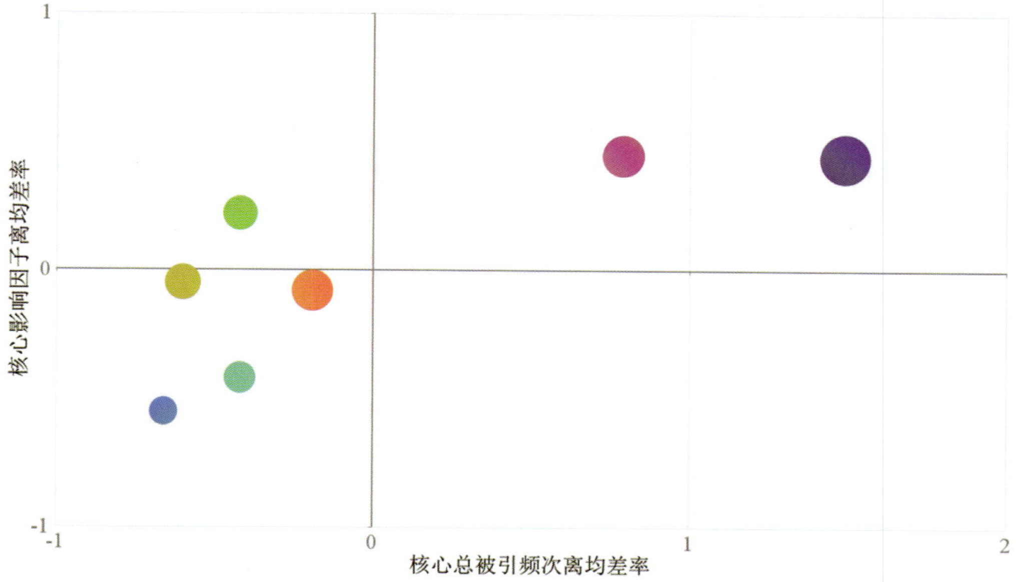

2022 年生物工程类期刊核心总被引频次和核心影响因子离均差率的分布图
（节点大小表示综合评价总分）

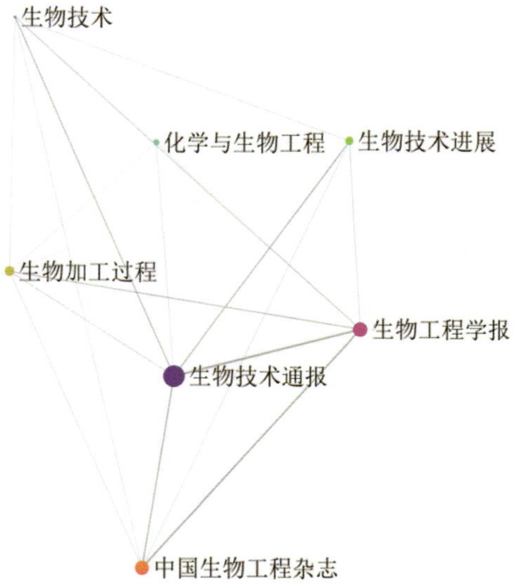

2022 年生物工程类期刊互引关系示意图

表 7-75　2022 年生物工程类期刊主要指标

CODE	刊名	核心总被引频次			核心影响因子			综合评价总分		学科扩散指标	学科影响指标	红点指标
		数值	排名	离均差率	数值	排名	离均差率	数值	排名			
T553	化学与生物工程	615	5	−0.42	0.458	6	−0.42	35.9	6	40.86	0.71	0.25
F003	生物工程学报	1901	2	0.79	1.148	1	0.45	62.8	2	67.00	1.00	0.39
F229	生物技术	363	7	−0.66	0.354	7	−0.55	28.1	7	28.14	1.00	0.29
F214	生物技术进展	617	4	−0.42	0.965	3	0.22	42.3	5	36.57	1.00	0.21
F205	生物技术通报	2642	1	1.49	1.137	2	0.44	90.9	1	65.86	1.00	0.39
F204	生物加工过程	428	6	−0.60	0.752	4	−0.05	45.9	4	27.00	1.00	0.33
F255	中国生物工程杂志	858	3	−0.19	0.726	5	−0.08	60.6	3	50.29	1.00	0.34
	7 种期刊平均值	1061			0.791							

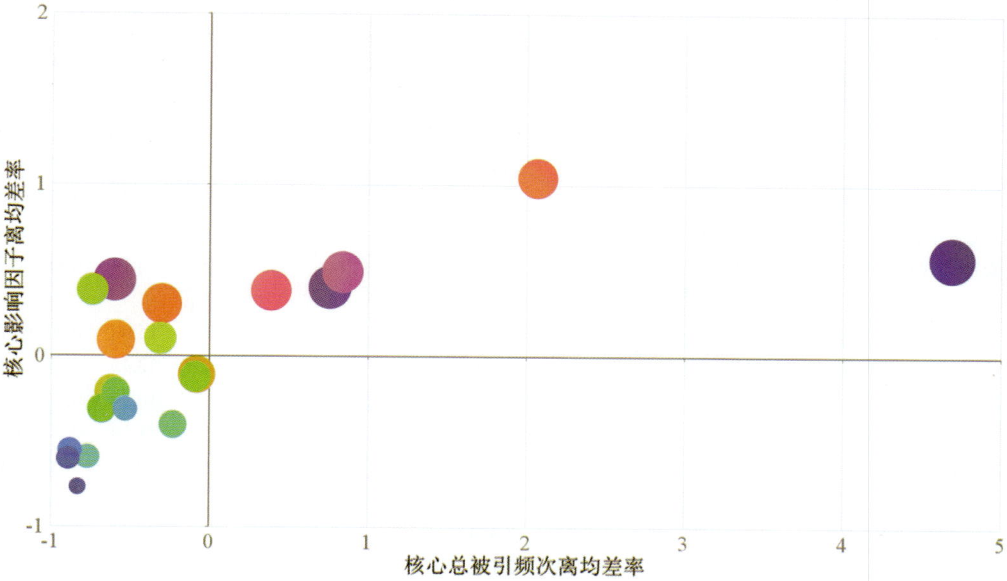

2022 年农业工程类期刊核心总被引频次和核心影响因子离均差率的分布图
（节点大小表示综合评价总分）

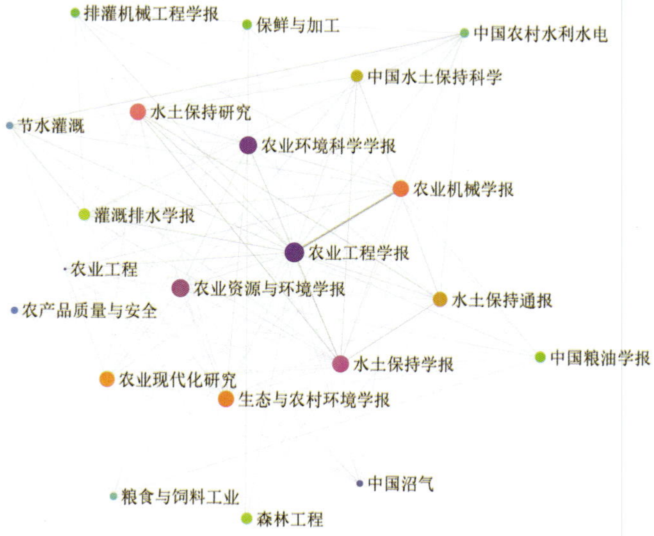

2022 年农业工程类期刊互引关系示意图

表 7-76　2022 年农业工程类期刊主要指标

CODE	刊名	核心总被引频次			核心影响因子			综合评价总分		学科扩散指标	学科影响指标	红点指标
		数值	排名	离均差率	数值	排名	离均差率	数值	排名			
U645	保鲜与加工	1127	16	−0.68	1.080	15	−0.31	30.1	14	9.48	0.48	0.46
H226	灌溉排水学报	2470	10	−0.31	1.707	9	0.10	37.0	11	14.52	0.76	0.57
W567	节水灌溉	1671	11	−0.53	1.065	16	−0.31	21.7	18	12.57	0.67	0.64
U055	粮食与饲料工业	823	18	−0.77	0.633	19	−0.59	22.7	17	7.48	0.38	0.26
H071	农产品质量与安全	445	20	−0.88	0.696	18	−0.55	21.4	19	6.33	0.48	0.48
H072	农业工程	613	19	−0.83	0.350	21	−0.77	10.3	21	9.67	0.76	0.34
H279	农业工程学报	20288	1	4.69	2.435	2	0.57	76.1	1	43.76	1.00	0.84
Z008	农业环境科学学报	6260	4	0.76	2.174	5	0.40	65.9	2	25.05	0.95	0.61
H278	农业机械学报	10937	2	2.07	3.166	1	1.04	57.5	6	34.71	1.00	0.48
H222	农业现代化研究	1462	12	−0.59	1.698	10	0.09	53.0	8	16.19	0.81	0.32
H773	农业资源与环境学报	1410	14	−0.60	2.241	4	0.44	65.4	3	15.90	0.90	0.63
H219	排灌机械工程学报	1455	13	−0.59	1.230	13	−0.21	28.7	15	12.43	0.57	0.50
H382	森林工程	934	17	−0.74	2.141	7	0.38	36.1	12	10.24	0.43	0.34
Z023	生态与农村环境学报	2481	9	−0.30	2.018	8	0.30	56.7	7	21.19	0.90	0.53
H015	水土保持通报	3265	6	−0.08	1.380	11	−0.11	49.4	9	19.62	0.76	0.65
H287	水土保持学报	6577	3	0.84	2.323	3	0.49	60.6	4	20.95	0.86	0.62
H056	水土保持研究	4945	5	0.39	2.152	6	0.38	58.7	5	22.19	0.81	0.63
U001	中国粮油学报	3231	7	−0.09	1.362	12	−0.12	33.8	13	14.67	0.48	0.28
W005	中国农村水利水电	2761	8	−0.23	0.939	17	−0.40	28.0	16	19.81	0.67	0.32
H295	中国水土保持科学	1363	15	−0.62	1.230	13	−0.21	39.3	10	12.71	0.67	0.47
H204	中国沼气	378	21	−0.89	0.628	20	−0.60	20.0	20	5.81	0.43	0.25
	21 种期刊平均值	3566			1.555							

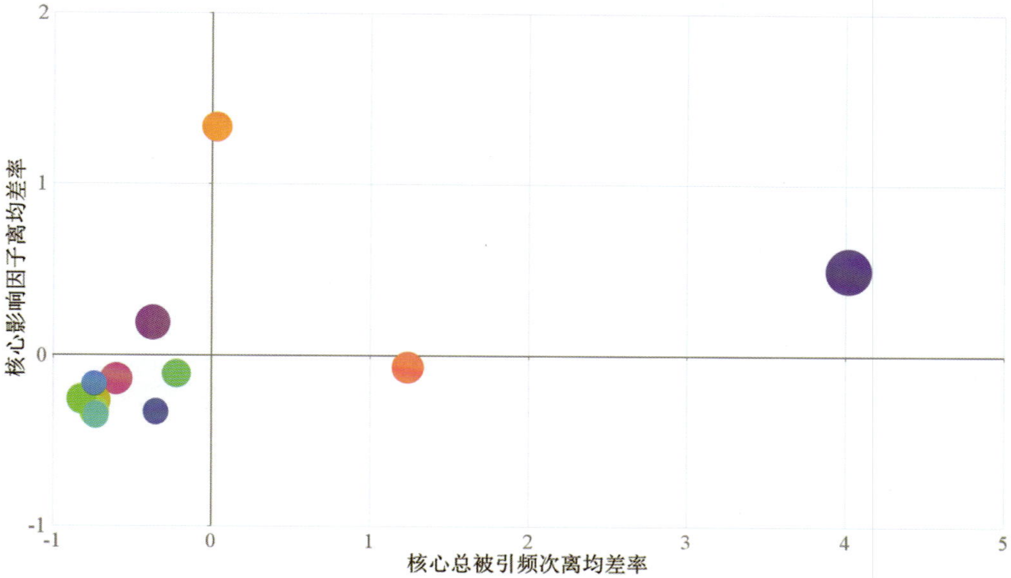

2022 年生物医学工程学类期刊核心总被引频次和核心影响因子离均差率的分布图
（节点大小表示综合评价总分）

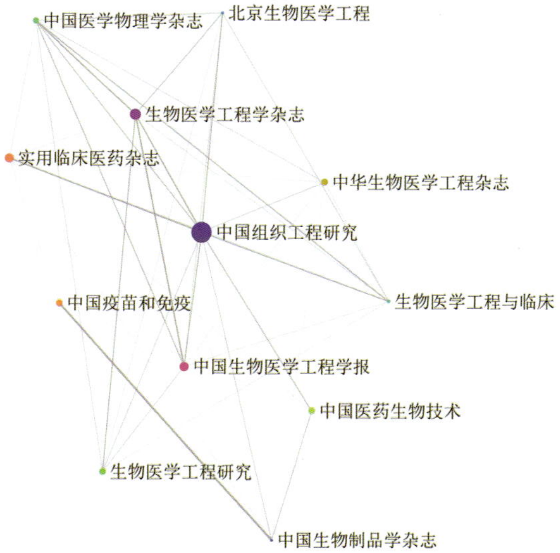

2022 年生物医学工程学类期刊互引关系示意图

表 7-77　2022 年生物医学工程学类期刊主要指标

CODE	刊名	核心总被引频次			核心影响因子			综合评价总分		学科扩散指标	学科影响指标	红点指标
		数值	排名	离均差率	数值	排名	离均差率	数值	排名			
G004	北京生物医学工程	362	10	−0.74	0.630	7	−0.17	23.2	11	14.33	0.58	0.39
G006	生物医学工程学杂志	868	6	−0.37	0.905	3	0.19	43.6	2	31.50	0.83	0.35
G332	生物医学工程研究	245	12	−0.82	0.563	8	−0.26	31.6	8	12.00	0.58	0.37
G603	生物医学工程与临床	376	8	−0.73	0.497	12	−0.35	24.7	10	18.17	0.58	0.22
Q919	实用临床医药杂志	3077	2	1.24	0.707	4	−0.07	37.3	4	41.17	0.58	0.44
G115	中国生物医学工程学报	544	7	−0.60	0.657	6	−0.14	38.5	3	22.33	0.67	0.34
G258	中国生物制品学杂志	890	5	−0.35	0.511	10	−0.33	23.1	12	22.50	0.50	0.29
G622	中国医学物理学杂志	1076	4	−0.22	0.679	5	−0.11	30.3	9	26.42	0.67	0.45
G531	中国医药生物技术	356	11	−0.74	0.508	11	−0.33	31.7	6	17.33	0.33	0.08
G314	中国疫苗和免疫	1411	3	0.03	1.768	1	1.33	32.4	5	13.75	0.33	0.49
G299	中国组织工程研究	6896	1	4.02	1.141	2	0.50	75.7	1	67.17	0.92	0.75
G737	中华生物医学工程杂志	376	8	−0.73	0.552	9	−0.27	31.7	7	15.92	0.50	0.44
	12 种期刊平均值	1373			0.760							

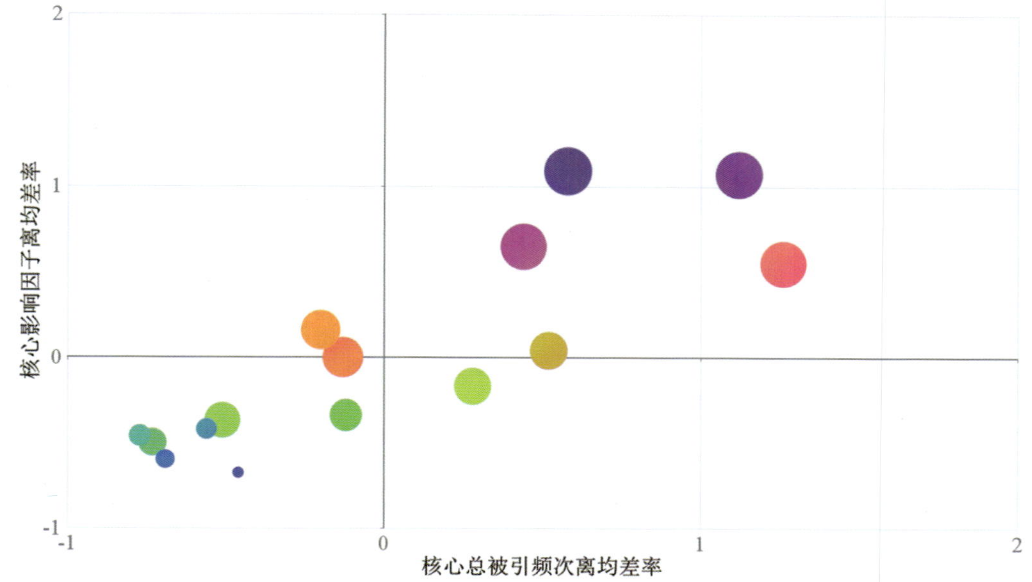

2022 年测绘科学技术类期刊核心总被引频次和核心影响因子离均差率的分布图
（节点大小表示综合评价总分）

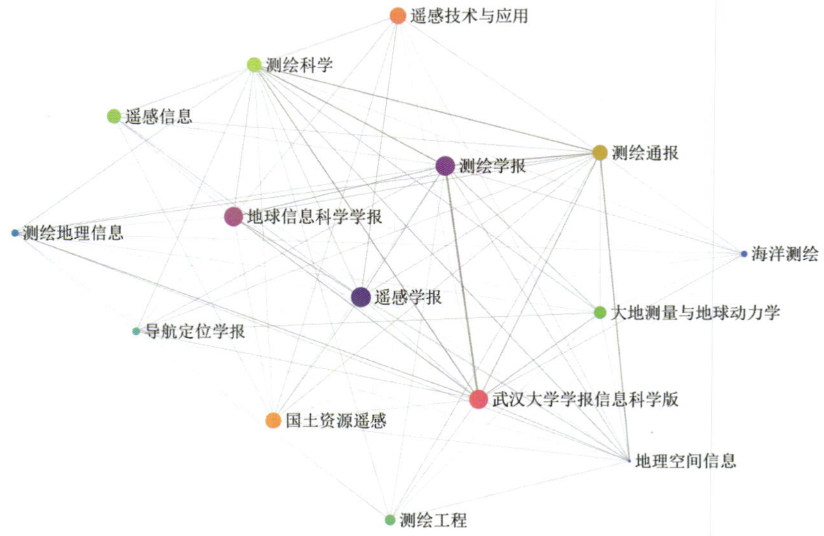

2022 年测绘科学技术类期刊互引关系示意图

表 7-78　2022 年测绘科学技术类期刊主要指标

CODE	刊名	核心总被引频次			核心影响因子			综合评价总分		学科扩散指标	学科影响指标	红点指标
		数值	排名	离均差率	数值	排名	离均差率	数值	排名			
E616	测绘地理信息	852	12	−0.56	0.759	11	−0.42	15.5	13	12.47	1.00	0.33
E543	测绘工程	534	14	−0.73	0.651	13	−0.50	28.5	11	12.33	0.93	0.48
E600	测绘科学	2485	6	0.28	1.085	8	−0.17	49.3	8	31.00	1.00	0.46
E510	测绘通报	2955	4	0.52	1.365	6	0.04	51.2	7	31.27	1.00	0.57
E152	测绘学报	4120	2	1.12	2.713	2	1.07	78.3	2	28.93	1.00	0.45
E144	大地测量与地球动力学	1702	7	−0.12	0.861	9	−0.34	37.3	10	16.93	0.93	0.34
Y591	导航定位学报	443	15	−0.77	0.702	12	−0.46	17.2	12	9.27	0.87	0.61
E639	地理空间信息	1046	10	−0.46	0.415	15	−0.68	4.7	15	17.33	1.00	0.43
E656	地球信息科学学报	2800	5	0.44	2.167	3	0.65	76.7	3	35.13	1.00	0.55
E591	国土资源遥感	1546	9	−0.20	1.516	5	0.16	54.9	6	23.40	0.93	0.71
E651	海洋测绘	593	13	−0.69	0.527	14	−0.60	13.2	14	9.27	0.93	0.28
E107	武汉大学学报信息科学版	4387	1	1.26	2.031	4	0.55	75.4	4	35.47	1.00	0.35
Z543	遥感技术与应用	1684	8	−0.13	1.306	7	0.00	58.8	5	25.00	1.00	0.59
S024	遥感信息	949	11	−0.51	0.825	10	−0.37	45.8	9	18.67	1.00	0.56
Z006	遥感学报	3070	3	0.58	2.741	1	1.09	81.1	1	30.93	0.93	0.73
	15 种期刊平均值	1944			1.311							

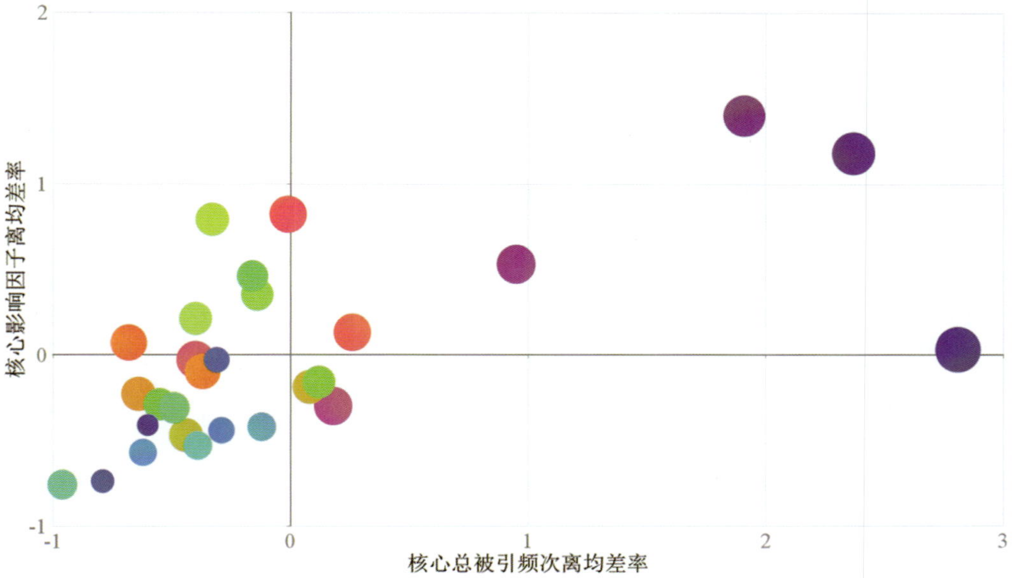

2022 年材料科学综合类期刊核心总被引频次和核心影响因子离均差率的分布图
（节点大小表示综合评价总分）

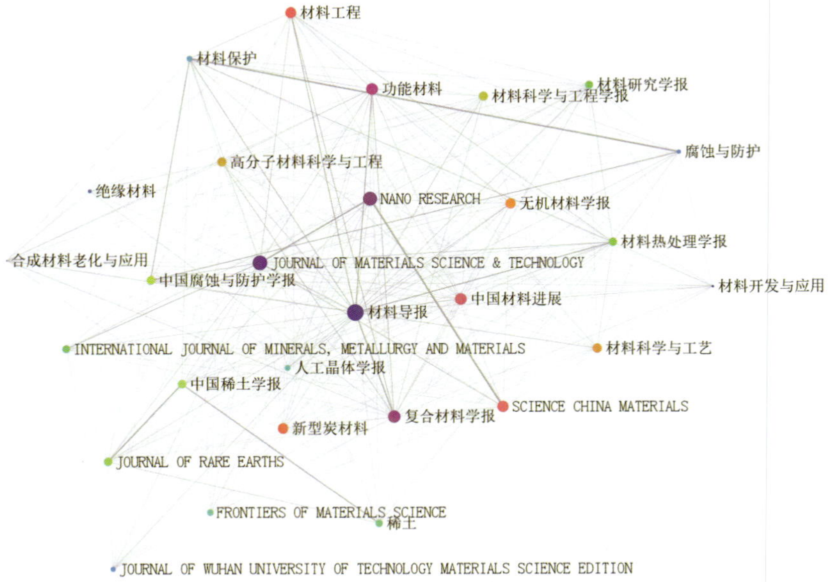

2022 年材料科学综合类期刊互引关系示意图

表 7-79　2022 年材料科学综合类期刊主要指标

CODE	刊名	核心总被引频次			核心影响因子			综合评价总分		学科扩散指标	学科影响指标	红点指标
		数值	排名	离均差率	数值	排名	离均差率	数值	排名			
I243	FRONTIERS OF MATERIALS SCIENCE	77	28	−0.96	0.237	28	−0.76	32.0	21	1.82	0.43	0.30
K045	INTERNATIONAL JOURNAL OF MINERALS, METALLURGY AND MATERIALS	1492	12	−0.16	1.431	6	0.46	36.2	19	6.57	0.79	0.36
M015	JOURNAL OF MATERIALS SCIENCE & TECHNOLOGY	5999	2	2.37	2.131	2	1.18	65.7	2	12.71	0.96	0.46
M035	JOURNAL OF RARE EARTHS	1538	11	−0.14	1.317	7	0.35	38.6	16	8.00	0.71	0.83
I090	JOURNAL OF WUHAN UNIVERSITY OF TECHNOLOGY MATERIALS SCIENCE EDITION	679	24	−0.62	0.421	26	−0.57	27.8	24	7.71	0.61	0.30
I137	NANO RESEARCH	5183	3	1.91	2.341	1	1.40	62.7	3	11.21	0.71	0.40
M114	SCIENCE CHINA MATERIALS	1755	9	−0.01	1.779	3	0.82	50.0	7	7.61	0.71	0.33
M005	材料保护	1561	10	−0.12	0.571	22	−0.42	29.3	23	8.93	0.68	0.67
M103	材料导报	6782	1	2.81	1.003	11	0.03	74.5	1	26.21	0.79	0.55
Y007	材料工程	2237	5	0.26	1.103	9	0.13	49.9	8	12.68	0.79	0.73
M010	材料开发与应用	375	27	−0.79	0.257	27	−0.74	20.2	27	5.61	0.57	0.50
M008	材料科学与工程学报	1004	20	−0.44	0.518	24	−0.47	40.9	12	11.64	0.71	0.53
M006	材料科学与工艺	649	25	−0.64	0.755	17	−0.23	41.8	11	7.79	0.68	0.64
N026	材料热处理学报	1998	7	0.12	0.819	15	−0.16	38.2	17	7.21	0.68	0.69
M009	材料研究学报	796	22	−0.55	0.690	18	−0.29	37.0	18	7.86	0.75	0.91
M505	腐蚀与防护	1255	13	−0.29	0.545	23	−0.44	25.0	25	7.43	0.50	0.61
Y019	复合材料学报	3461	4	0.95	1.495	5	0.53	55.1	4	15.64	0.79	0.64
T001	高分子材料科学与工程	1921	8	0.08	0.789	16	−0.19	40.9	13	11.07	0.61	0.58
N039	功能材料	2092	6	0.18	0.685	19	−0.30	52.2	5	16.93	0.82	0.66
T057	合成材料老化与应用	712	23	−0.60	0.578	21	−0.41	16.9	28	6.11	0.54	0.52
R016	绝缘材料	1233	14	−0.31	0.951	12	−0.03	23.8	26	5.93	0.43	0.44
T013	人工晶体学报	1079	17	−0.39	0.457	25	−0.53	29.9	22	8.89	0.82	0.58
D003	无机材料学报	1127	16	−0.37	0.884	14	−0.10	45.3	10	10.50	0.93	0.56
M041	稀土	911	21	−0.49	0.678	20	−0.31	34.8	20	6.86	0.54	0.36
M102	新型炭材料	574	26	−0.68	1.041	10	0.07	47.4	9	7.04	0.64	0.58
M053	中国材料进展	1072	18	−0.40	0.950	13	−0.03	51.7	6	10.50	0.82	0.60
M007	中国腐蚀与防护学报	1196	15	−0.33	1.754	4	0.79	40.2	14	6.50	0.50	0.63
M022	中国稀土学报	1068	19	−0.40	1.186	8	0.21	38.9	15	7.07	0.46	0.50
	28 种期刊平均值	1780			0.977							

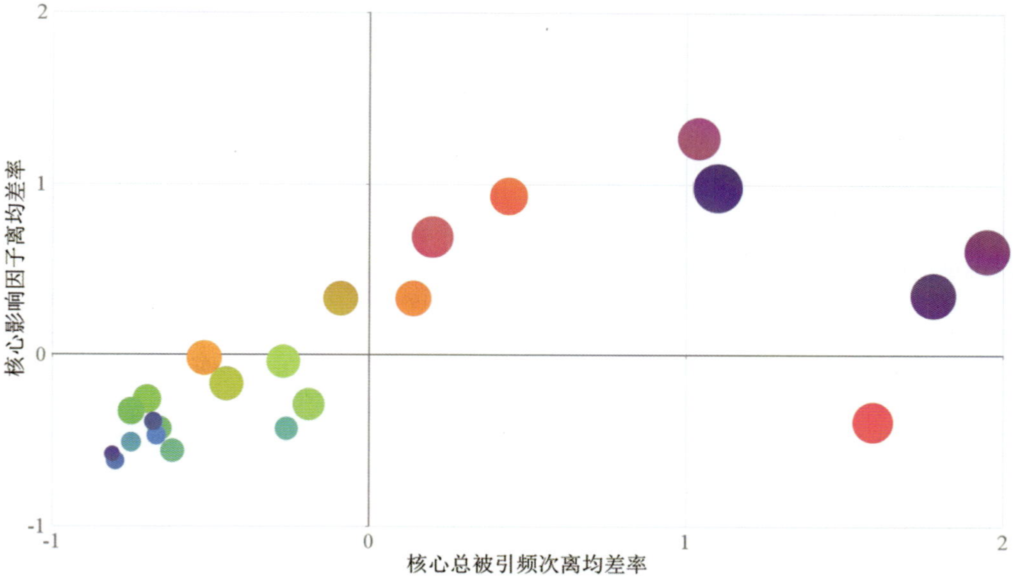

2022 年金属材料类期刊核心总被引频次和核心影响因子离均差率的分布图
（节点大小表示综合评价总分）

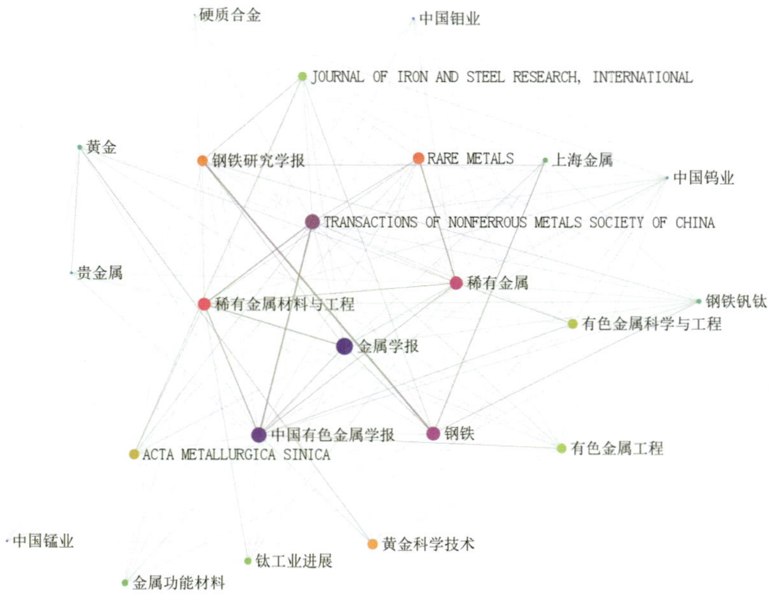

2022 年金属材料类期刊互引关系示意图

表 7-80　2022 年金属材料类期刊主要指标

CODE	刊名	核心总被引频次			核心影响因子			综合评价总分		学科扩散指标	学科影响指标	红点指标
		数值	排名	离均差率	数值	排名	离均差率	数值	排名			
M100	ACTA METALLURGICA SINICA	1336	9	−0.09	1.380	7	0.33	43.4	10	6.39	0.74	0.43
I142	JOURNAL OF IRON AND STEEL RESEARCH, INTERNATIONAL	1196	10	−0.19	0.740	13	−0.29	36.3	13	6.52	0.70	0.20
I050	RARE METALS	2128	6	0.44	1.998	3	0.93	51.0	7	8.70	0.70	0.12
M104	TRANSACTIONS OF NONFERROUS METALS SOCIETY OF CHINA	4345	1	1.95	1.668	5	0.61	73.5	3	16.17	0.96	0.59
M050	钢铁	3012	5	1.04	2.354	1	1.27	64.5	4	8.17	0.48	0.43
M013	钢铁钒钛	554	15	−0.62	0.452	21	−0.56	20.8	17	4.91	0.65	0.58
M019	钢铁研究学报	1673	8	0.14	1.373	8	0.33	45.7	8	7.35	0.70	0.53
M048	贵金属	480	17	−0.67	0.554	19	−0.47	13.5	20	4.04	0.57	0.59
M631	黄金	1093	11	−0.26	0.592	18	−0.43	19.5	18	5.30	0.48	0.30
M600	黄金科学技术	705	14	−0.52	1.011	9	−0.02	43.9	9	5.61	0.43	0.23
M051	金属功能材料	365	21	−0.75	0.697	14	−0.33	26.4	15	5.43	0.61	0.40
M012	金属学报	3089	4	1.10	2.051	2	0.98	86.0	1	11.26	0.78	0.62
M021	上海金属	497	16	−0.66	0.593	17	−0.43	20.9	16	3.74	0.52	0.46
M544	钛工业进展	447	19	−0.70	0.762	12	−0.26	28.8	14	4.78	0.43	0.68
M029	稀有金属	1773	7	0.20	1.751	4	0.69	61.9	5	10.48	0.91	0.48
M052	稀有金属材料与工程	3814	3	1.59	0.635	16	−0.39	58.6	6	15.17	0.87	0.65
M014	硬质合金	274	23	−0.81	0.433	22	−0.58	9.3	23	2.48	0.35	0.62
M036	有色金属工程	1070	12	−0.27	0.993	10	−0.04	40.7	12	10.26	0.78	0.40
M504	有色金属科学与工程	810	13	−0.45	0.860	11	−0.17	41.3	11	8.35	0.78	0.45
K036	中国锰业	470	18	−0.68	0.636	15	−0.39	12.1	22	4.96	0.52	0.28
K550	中国钼业	300	22	−0.80	0.391	23	−0.62	12.8	21	3.17	0.43	0.40
K035	中国钨业	366	20	−0.75	0.508	20	−0.51	14.3	19	3.35	0.57	0.29
M028	中国有色金属学报	4090	2	1.78	1.397	6	0.35	74.7	2	17.43	0.96	0.56
	23 种期刊平均值	1473			1.036							

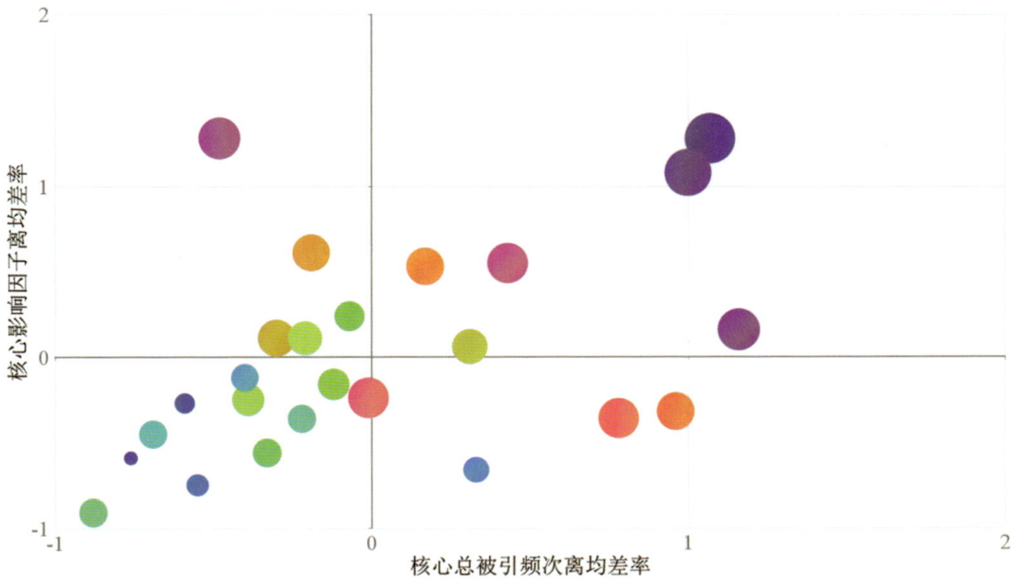

2022 年矿山工程技术类期刊核心总被引频次和核心影响因子离均差率的分布图
（节点大小表示综合评价总分）

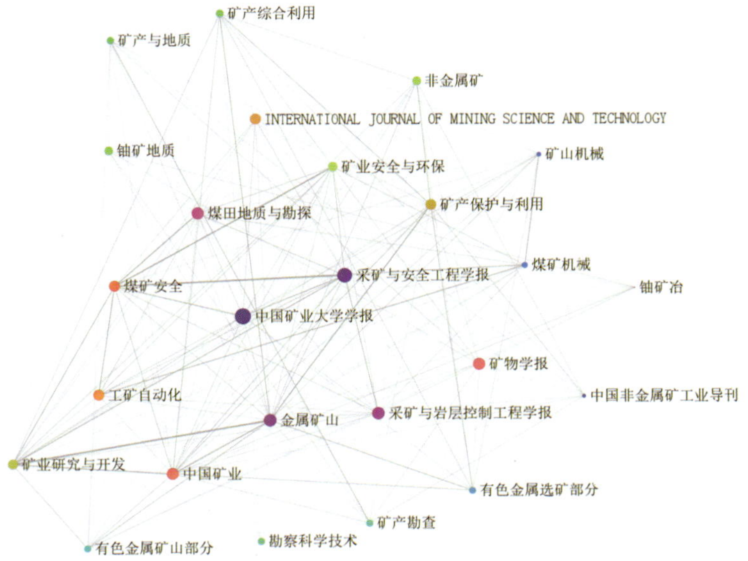

2022 年矿山工程技术类期刊互引关系示意图

表 7-81　2022 年矿山工程技术类期刊主要指标

CODE	刊名	核心总被引频次			核心影响因子			综合评价总分		学科扩散指标	学科影响指标	红点指标
		数值	排名	离均差率	数值	排名	离均差率	数值	排名			
I184	INTERNATIONAL JOURNAL OF MINING SCIENCE AND TECHNOLOGY	1352	13	−0.19	1.936	4	0.61	49.9	10	7.76	0.64	0.00
K512	采矿与安全工程学报	3326	3	1.00	2.498	3	1.08	79.6	2	6.92	0.68	0.47
K504	采矿与岩层控制工程学报	871	20	−0.48	2.735	2	1.28	62.7	4	4.04	0.64	0.44
K002	非金属矿	1020	18	−0.39	0.902	15	−0.25	37.6	14	8.20	0.56	0.60
K018	工矿自动化	1947	9	0.17	1.840	6	0.53	51.1	9	8.40	0.64	0.46
K022	金属矿山	3598	1	1.16	1.398	8	0.16	63.9	3	12.88	1.00	0.58
M018	勘察科学技术	208	25	−0.88	0.111	25	−0.91	29.2	18	4.52	0.28	0.30
K525	矿产保护与利用	1167	16	−0.30	1.331	9	0.11	49.5	11	8.28	0.68	0.75
V054	矿产勘查	1295	15	−0.22	0.765	19	−0.36	28.6	20	7.16	0.68	0.48
K025	矿产与地质	1121	17	−0.33	0.527	21	−0.56	30.1	17	4.96	0.52	0.49
K004	矿产综合利用	1553	11	−0.07	1.496	7	0.24	32.6	16	6.80	0.72	0.56
K014	矿山机械	748	21	−0.55	0.303	24	−0.75	18.2	23	6.64	0.68	0.34
E350	矿物学报	1643	10	−0.01	0.914	14	−0.24	59.2	6	8.24	0.72	0.42
K554	矿业安全与环保	1314	14	−0.21	1.329	10	0.11	41.4	13	6.12	0.68	0.59
K010	矿业研究与开发	2184	8	0.31	1.278	11	0.06	44.4	12	9.84	0.88	0.54
K558	煤矿安全	3263	4	0.96	0.817	17	−0.32	51.3	8	11.44	0.76	0.50
K517	煤矿机械	2221	7	0.33	0.404	23	−0.66	24.3	22	10.12	0.56	0.48
K009	煤田地质与勘探	2380	6	0.43	1.861	5	0.55	59.5	5	10.16	0.88	0.41
E051	铀矿地质	1461	12	−0.12	1.011	13	−0.16	35.9	15	3.68	0.44	0.44
K020	铀矿冶	396	24	−0.76	0.492	22	−0.59	7.1	25	2.80	0.28	0.42
K013	有色金属矿山部分	525	23	−0.69	0.656	20	−0.45	28.6	19	4.24	0.80	0.52
K580	有色金属选矿部分	1004	19	−0.40	1.061	12	−0.12	27.9	21	3.32	0.68	0.53
V023	中国非金属矿工业导刊	680	22	−0.59	0.876	16	−0.27	15.1	24	4.40	0.48	0.72
K030	中国矿业	2968	5	0.78	0.769	18	−0.36	58.1	7	18.28	0.96	0.48
K015	中国矿业大学学报	3444	2	1.07	2.744	1	1.28	90.4	1	16.68	0.88	0.33
	25 种期刊平均值	1668			1.202							

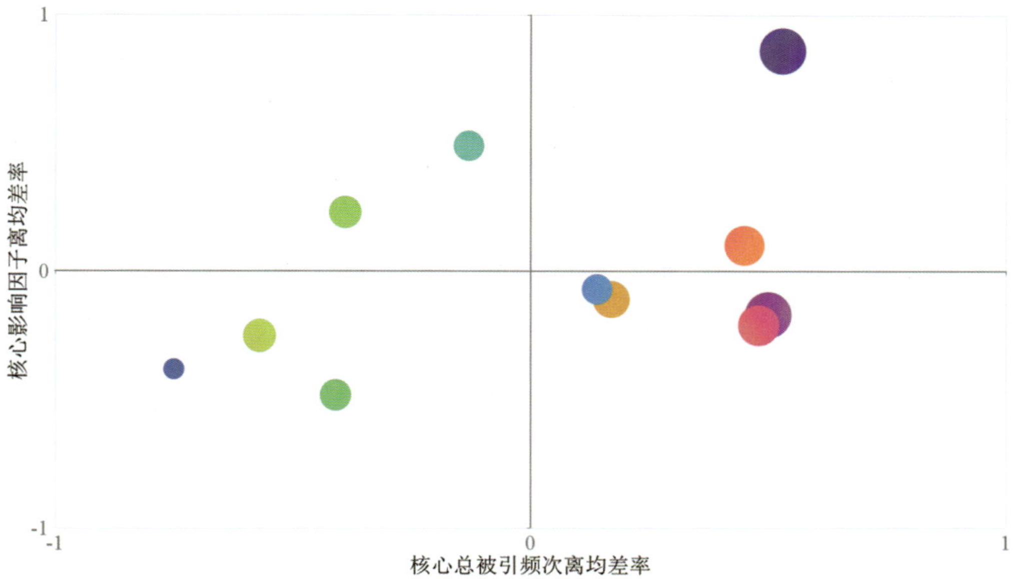

2022 年冶金工程技术类期刊核心总被引频次和核心影响因子离均差率的分布图
（节点大小表示综合评价总分）

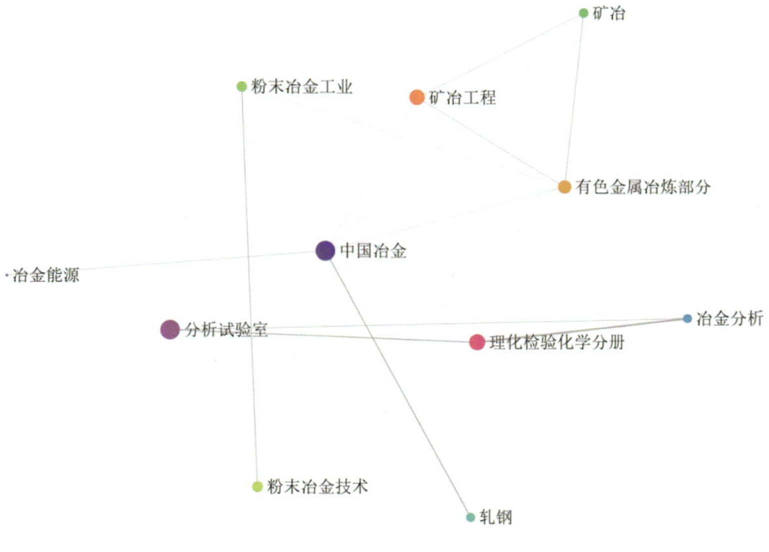

2022 年冶金工程技术类期刊互引关系示意图

表 7-82　2022 年冶金工程技术类期刊主要指标

CODE	刊名	核心总被引频次			核心影响因子			综合评价总分		学科扩散指标	学科影响指标	红点指标
		数值	排名	离均差率	数值	排名	离均差率	数值	排名			
D004	分析试验室	1574	2	0.50	0.806	7	−0.17	76.1	2	29.55	0.36	0.27
M105	粉末冶金工业	638	8	−0.39	1.188	3	0.23	37.8	7	9.73	0.55	0.45
M039	粉末冶金技术	451	10	−0.57	0.728	9	−0.25	39.6	6	9.91	0.64	0.53
M101	矿冶	615	9	−0.41	0.502	11	−0.48	35.3	8	12.45	0.64	0.34
M045	矿冶工程	1515	4	0.45	1.060	4	0.10	56.9	4	21.27	0.82	0.56
M001	理化检验化学分册	1546	3	0.48	0.766	8	−0.21	60.2	3	28.27	0.36	0.53
M023	冶金分析	1195	6	0.14	0.896	5	−0.07	32.9	10	13.91	0.64	0.59
M047	冶金能源	261	11	−0.75	0.596	10	−0.38	15.8	11	6.00	0.45	0.18
M020	有色金属冶炼部分	1226	5	0.17	0.863	6	−0.11	48.5	5	17.00	0.73	0.36
M043	轧钢	912	7	−0.13	1.440	2	0.49	33.6	9	5.64	0.27	0.35
M628	中国冶金	1601	1	0.53	1.795	1	0.86	76.8	1	12.82	0.82	0.47
	11 种期刊平均值	1049			0.967							

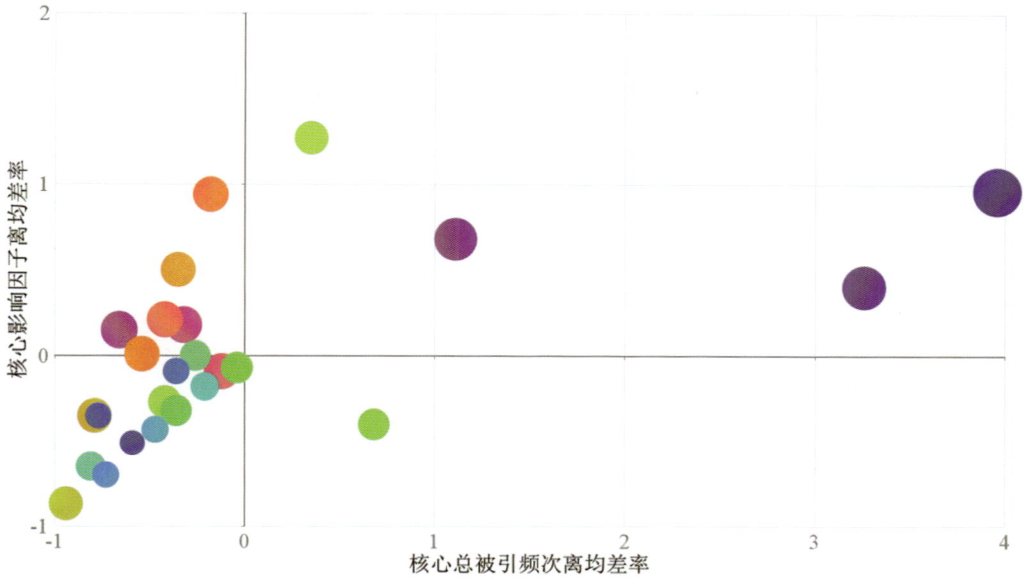

2022 年机械工程设计类期刊核心总被引频次和核心影响因子离均差率的分布图
（节点大小表示综合评价总分）

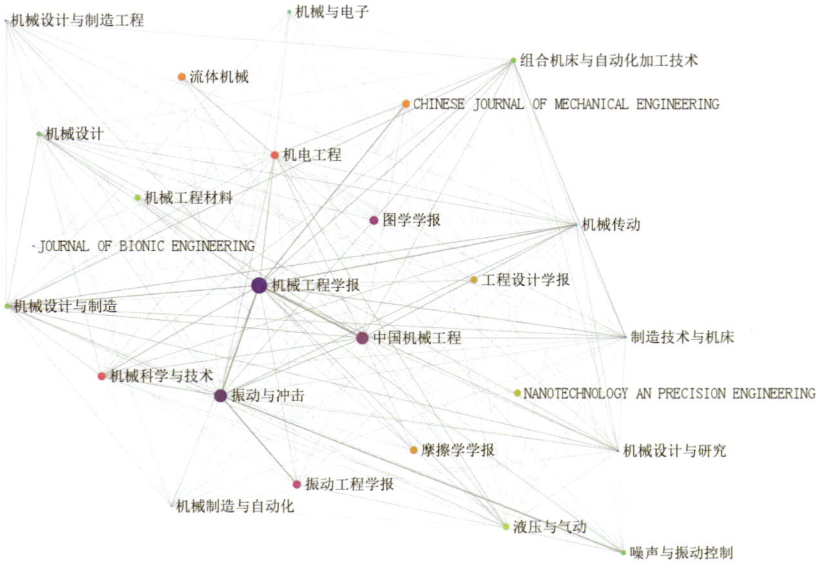

2022 年机械工程设计类期刊互引关系示意图

表 7-83　2022 年机械工程设计类期刊主要指标

CODE	刊名	核心总被引频次			核心影响因子			综合评价总分		学科扩散指标	学科影响指标	红点指标
		数值	排名	离均差率	数值	排名	离均差率	数值	排名			
I218	CHINESE JOURNAL OF MECHANICAL ENGINEERING	972	18	−0.54	0.889	10	0.01	45.2	9	9.96	0.84	0.01
N764	JOURNAL OF BIONIC ENGINEERING	486	22	−0.77	0.574	18	−0.35	24.6	24	5.76	0.52	0.00
M655	NANOTECHNOLOGY AN PRECISION ENGINEERING	135	25	−0.94	0.118	25	−0.87	41.3	12	3.52	0.40	0.00
N590	工程设计学报	439	23	−0.79	0.573	19	−0.35	42.3	11	7.52	0.84	0.55
N672	机电工程	1212	16	−0.42	1.073	7	0.21	45.9	7	11.12	0.76	0.56
N040	机械传动	1664	9	−0.21	0.722	15	−0.18	29.4	20	9.24	0.88	0.66
M004	机械工程材料	1219	15	−0.42	0.647	16	−0.27	38.8	14	9.40	0.60	0.51
N051	机械工程学报	10452	1	3.96	1.730	2	0.96	84.5	1	26.60	0.96	0.49
N050	机械科学与技术	1858	7	−0.12	0.802	14	−0.09	46.8	6	14.56	0.84	0.60
N047	机械设计	1549	10	−0.26	0.887	11	0.00	33.9	18	12.44	0.88	0.60
N054	机械设计与研究	1354	13	−0.36	0.807	13	−0.09	25.4	23	10.40	0.88	0.54
N028	机械设计与制造	3538	4	0.68	0.529	20	−0.40	35.9	15	18.84	0.92	0.61
N063	机械设计与制造工程	559	21	−0.73	0.262	24	−0.70	25.6	22	9.32	0.76	0.49
N053	机械与电子	396	24	−0.81	0.307	23	−0.65	32.1	19	7.64	0.64	0.40
N515	机械制造与自动化	854	19	−0.59	0.432	22	−0.51	23.0	25	10.28	0.76	0.58
N023	流体机械	1722	8	−0.18	1.709	3	0.94	45.6	8	8.96	0.80	0.49
N084	摩擦学学报	1363	12	−0.35	1.324	5	0.50	43.8	10	9.52	0.76	0.51
N061	图学学报	711	20	−0.66	1.012	9	0.15	49.4	4	10.16	0.60	0.33
N035	液压与气动	2844	5	0.35	2.001	1	1.27	40.7	13	8.84	0.80	0.56
C100	噪声与振动控制	1353	14	−0.36	0.600	17	−0.32	35.1	17	12.16	0.92	1.00
Y004	振动工程学报	1433	11	−0.32	1.042	8	0.18	47.8	5	11.64	0.72	0.51
N030	振动与冲击	8974	2	3.26	1.234	6	0.40	68.4	2	24.08	0.96	0.52
N046	制造技术与机床	1121	17	−0.47	0.501	21	−0.43	26.4	21	7.92	0.72	0.60
N059	中国机械工程	4452	3	1.11	1.486	4	0.68	65.1	3	22.28	0.92	0.48
N088	组合机床与自动化加工技术	2017	6	−0.04	0.819	12	−0.07	35.8	16	12.12	0.88	0.58
	25 种期刊平均值	2107			0.883							

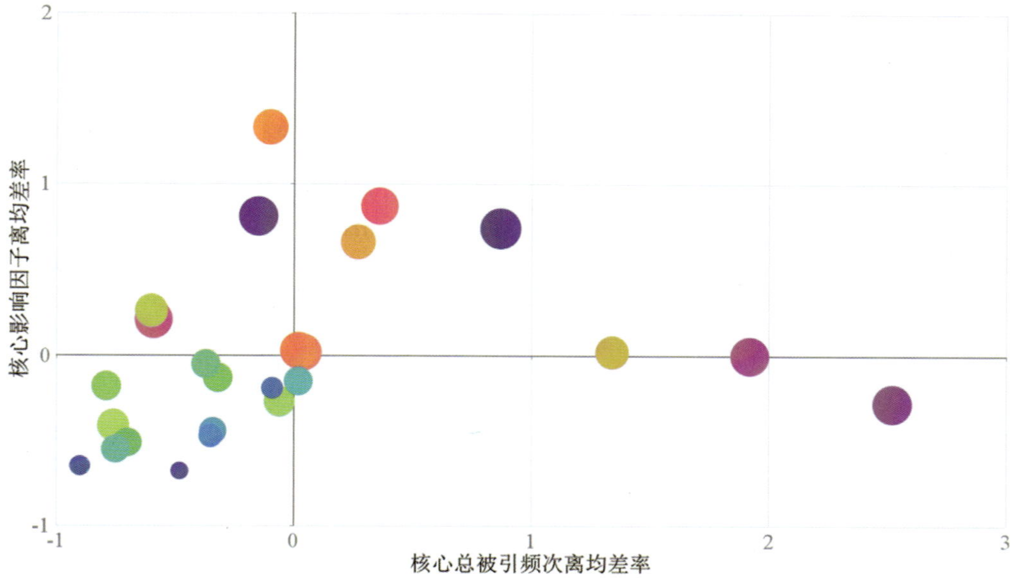

2022 年机械制造工艺与设备类期刊核心总被引频次和核心影响因子离均差率的分布图（节点大小表示综合评价总分）

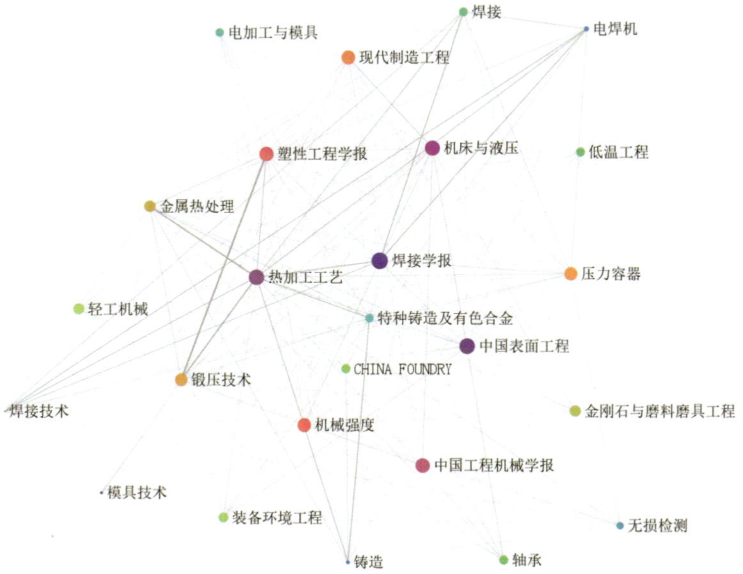

2022 年机械制造工艺与设备类期刊互引关系示意图

表 7-84　2022 年机械制造工艺与设备类期刊主要指标

CODE	刊名	核心总被引频次			核心影响因子			综合评价总分		学科扩散指标	学科影响指标	红点指标
		数值	排名	离均差率	数值	排名	离均差率	数值	排名			
I165	CHINA FOUNDRY	262	24	−0.79	0.567	15	−0.18	31.6	15	2.20	0.28	0.37
N019	低温工程	374	21	−0.70	0.336	22	−0.51	31.1	17	5.32	0.36	0.17
N067	电焊机	805	16	−0.35	0.364	21	−0.47	20.1	22	5.16	0.68	0.62
N027	电加工与模具	309	22	−0.75	0.310	23	−0.55	29.9	20	3.40	0.44	0.33
N070	锻压技术	1561	6	0.27	1.146	5	0.66	43.0	10	7.12	0.84	0.51
N076	焊接	777	17	−0.37	0.651	12	−0.05	30.8	18	4.76	0.64	0.77
N624	焊接技术	641	18	−0.48	0.218	25	−0.68	11.7	25	5.00	0.64	0.63
N021	焊接学报	2306	4	0.87	1.201	4	0.74	59.7	1	8.64	0.80	0.66
N069	机床与液压	3589	2	1.92	0.688	11	0.00	53.7	4	15.84	0.88	0.41
N057	机械强度	1283	7	0.04	0.703	9	0.02	48.7	7	11.68	0.84	0.54
N048	金刚石与磨料磨具工程	497	20	−0.60	0.867	6	0.26	38.4	12	3.76	0.48	0.46
N083	金属热处理	2884	3	1.34	0.703	9	0.02	39.7	11	8.56	0.92	0.82
N107	模具技术	122	25	−0.90	0.243	24	−0.65	15.4	24	1.40	0.32	0.30
U535	轻工机械	291	23	−0.76	0.406	19	−0.41	37.6	13	5.72	0.56	0.43
N071	热加工工艺	4328	1	2.52	0.493	18	−0.28	55.4	3	14.24	0.92	0.71
T580	塑性工程学报	1680	5	0.36	1.288	2	0.87	50.1	6	6.96	0.76	0.66
N065	特种铸造及有色合金	1251	8	0.02	0.588	14	−0.15	29.9	19	5.64	0.80	0.69
N044	无损检测	809	15	−0.34	0.384	20	−0.44	26.8	21	8.16	0.64	0.33
N111	现代制造工程	1251	8	0.02	0.712	8	0.03	48.4	8	11.36	0.72	0.45
N052	压力容器	1105	12	−0.10	1.608	1	1.33	45.5	9	5.84	0.72	0.46
N103	中国表面工程	1046	13	−0.15	1.247	3	0.81	55.9	2	7.60	0.72	0.51
N089	中国工程机械学报	503	19	−0.59	0.834	7	0.21	51.3	5	7.04	0.36	0.50
N022	轴承	842	14	−0.32	0.601	13	−0.13	31.6	15	6.80	0.60	0.99
N075	铸造	1115	11	−0.09	0.557	16	−0.19	17.2	23	5.68	0.64	0.60
N034	装备环境工程	1160	10	−0.06	0.506	17	−0.27	33.9	14	10.12	0.64	0.36
	25 种期刊平均值	1232			0.689							

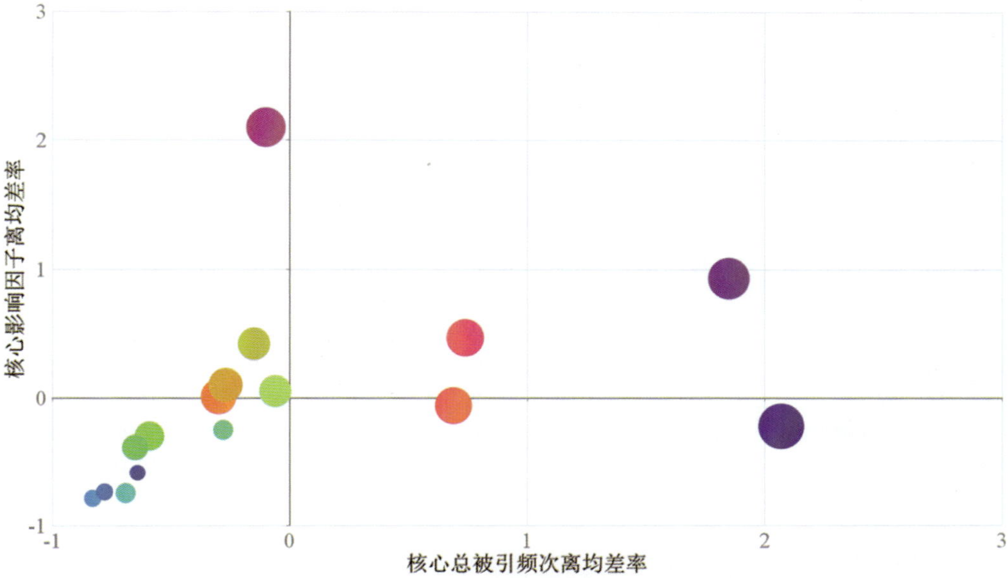

2022 年动力工程类期刊核心总被引频次和核心影响因子离均差率的分布图
（节点大小表示综合评价总分）

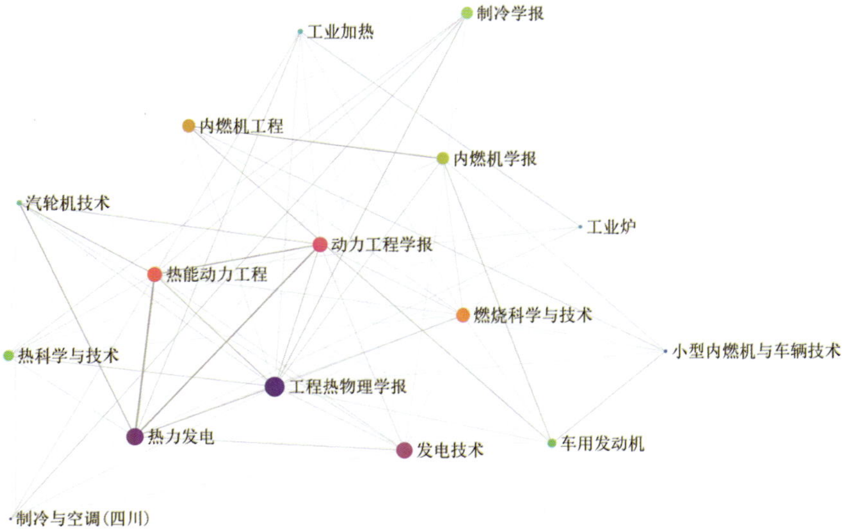

2022 年动力工程类期刊互引关系示意图

表 7-85　2022 年动力工程类期刊主要指标

CODE	刊名	核心总被引频次			核心影响因子			综合评价总分		学科扩散指标	学科影响指标	红点指标
		数值	排名	离均差率	数值	排名	离均差率	数值	排名			
N024	车用发动机	266	13	−0.65	0.453	12	−0.39	24.8	11	5.56	0.50	0.69
P003	动力工程学报	1315	3	0.74	1.087	3	0.47	50.0	4	16.00	0.63	0.47
R575	发电技术	681	6	−0.10	2.294	1	2.10	56.3	3	7.44	0.50	0.51
C073	工程热物理学报	2326	1	2.07	0.576	9	−0.22	74.7	1	26.38	1.00	0.40
P009	工业加热	234	14	−0.69	0.184	15	−0.75	14.5	13	6.06	0.63	0.28
P005	工业炉	128	16	−0.83	0.155	16	−0.79	10.7	14	2.81	0.31	0.28
R533	内燃机工程	551	8	−0.27	0.811	5	0.10	41.1	7	7.88	0.63	0.69
P004	内燃机学报	643	7	−0.15	1.049	4	0.42	38.2	8	8.25	0.50	0.54
P001	汽轮机技术	546	9	−0.28	0.555	10	−0.25	14.6	12	6.31	0.50	0.53
P011	燃烧科学与技术	529	10	−0.30	0.746	7	0.01	44.8	6	9.31	0.88	0.34
C134	热科学与技术	308	11	−0.59	0.518	11	−0.30	31.3	10	8.19	0.69	0.40
R501	热力发电	2157	2	1.85	1.429	2	0.93	61.2	2	17.94	0.75	0.52
P006	热能动力工程	1278	4	0.69	0.698	8	−0.06	48.7	5	16.44	0.81	0.56
P010	小型内燃机与车辆技术	166	15	−0.78	0.193	14	−0.74	10.6	15	4.56	0.38	0.34
U011	制冷学报	713	5	−0.06	0.776	6	0.05	37.0	9	10.31	0.44	0.50
U640	制冷与空调（四川）	272	12	−0.64	0.303	13	−0.59	9.0	16	5.19	0.38	0.45
	16 种期刊平均值	757			0.739							

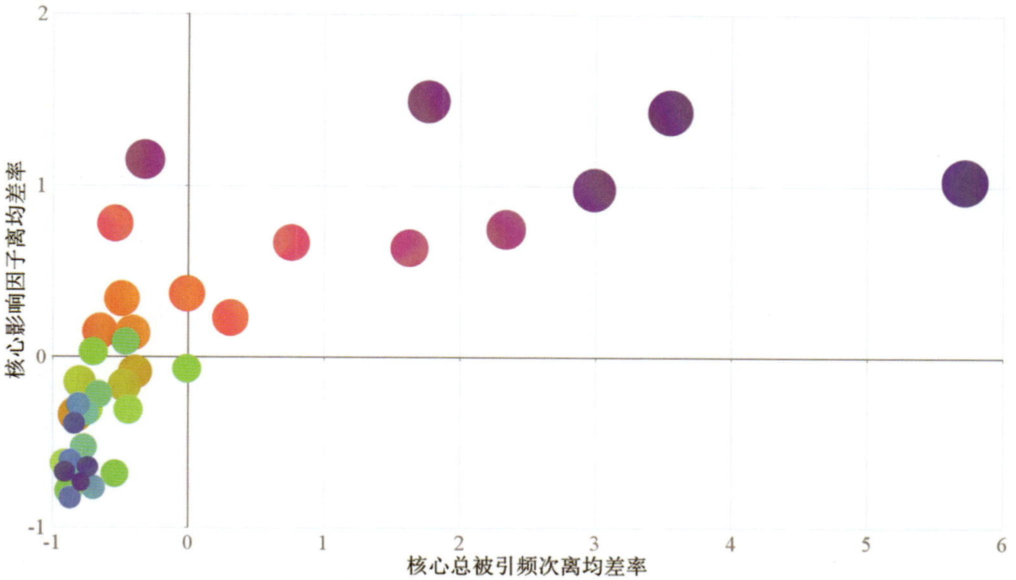

2022 年电气工程类期刊核心总被引频次和核心影响因子离均差率的分布图
（节点大小表示综合评价总分）

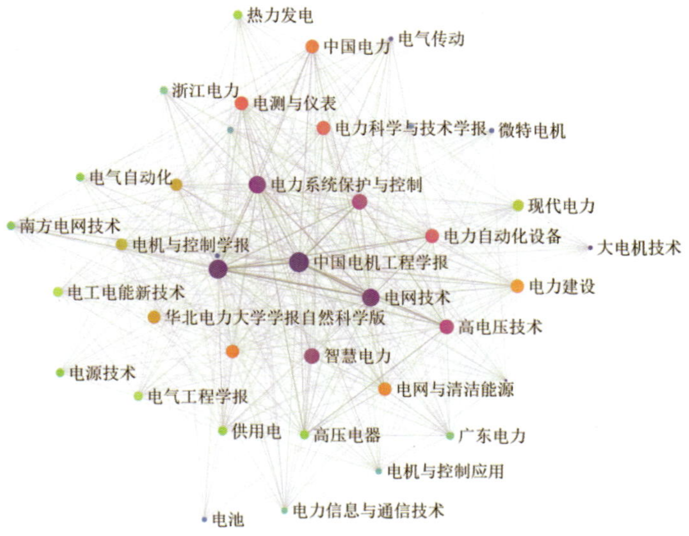

2022 年电气工程类期刊互引关系示意图

表 7-86　2022 年电气工程类期刊主要指标

CODE	刊名	核心总被引频次			核心影响因子			综合评价总分		学科扩散指标	学科影响指标	红点指标
		数值	排名	离均差率	数值	排名	离均差率	数值	排名			
I720	CSEE JOURNAL OF POWER AND ENERGY SYSTEMS	740	31	−0.81	1.488	22	−0.28	20.0	32	2.26	0.89	0.00
R051	大电机技术	357	37	−0.91	0.659	32	−0.68	16.0	37	2.37	0.61	0.39
R673	电测与仪表	4994	8	0.31	2.548	12	0.23	47.6	10	8.66	1.00	0.55
R003	电池	511	34	−0.87	0.818	29	−0.61	18.2	33	4.11	0.53	0.58
R010	电工电能新技术	1012	24	−0.74	1.444	23	−0.31	31.9	19	4.50	0.92	0.55
R043	电工技术学报	12759	4	2.34	3.648	7	0.75	55.4	6	12.16	1.00	0.48
R088	电机与控制学报	2018	16	−0.47	1.722	20	−0.17	39.4	17	7.18	0.92	0.61
R045	电机与控制应用	776	29	−0.80	0.637	34	−0.69	21.6	30	4.26	0.66	0.66
R011	电力电子技术	1159	22	−0.70	0.485	36	−0.77	21.1	31	5.05	0.95	0.62
R769	电力工程技术	1354	20	−0.65	2.382	13	0.15	45.9	12	4.08	0.97	0.63
A199	电力建设	2273	13	−0.41	2.365	14	0.14	45.3	14	7.08	0.92	0.65
R654	电力科学与技术学报	1752	18	−0.54	3.702	6	0.78	47.8	9	4.24	0.89	0.71
N102	电力系统保护与控制	10582	5	1.77	5.170	1	1.49	64.8	4	9.58	0.97	0.67
R071	电力系统及其自动化学报	2335	12	−0.39	1.901	18	−0.09	41.2	16	6.45	0.97	0.67
S019	电力系统自动化	17403	2	3.55	5.052	2	1.43	73.2	2	10.53	1.00	0.81
R745	电力信息与通信技术	956	26	−0.75	1.399	25	−0.33	22.3	29	4.00	0.76	0.51
R750	电力需求侧管理	603	33	−0.84	1.270	27	−0.39	17.2	35	2.47	0.71	0.64
R090	电力自动化设备	6741	7	0.76	3.465	8	0.67	48.6	8	9.05	0.97	0.74
R044	电气传动	1004	25	−0.74	0.730	31	−0.65	16.4	36	4.50	0.87	0.62
R428	电气工程学报	329	38	−0.91	0.767	30	−0.63	30.6	20	3.03	0.84	0.64
R058	电气自动化	451	36	−0.88	0.438	37	−0.79	28.2	25	3.87	0.84	0.58
R039	电网技术	15268	3	2.99	4.110	5	0.98	65.7	3	12.21	0.97	0.66
R116	电网与清洁能源	1948	17	−0.49	2.787	11	0.34	45.7	13	5.53	0.87	0.60
R019	电源技术	1744	19	−0.54	0.641	33	−0.69	28.2	24	8.39	0.95	0.51
R038	高电压技术	10059	6	1.63	3.418	9	0.64	51.4	7	12.76	1.00	0.58
R037	高压电器	3804	9	−0.01	1.940	17	−0.07	30.3	23	6.92	0.87	0.46
R095	供用电	1156	23	−0.70	2.140	16	0.03	30.3	22	3.34	0.89	0.71
R547	广东电力	1316	21	−0.66	1.620	21	−0.22	26.4	27	4.58	0.84	0.61
R046	华北电力大学学报自然科学版	662	32	−0.83	1.373	26	−0.34	44.1	15	5.47	0.92	0.53
R117	南方电网技术	2051	15	−0.46	2.277	15	0.09	27.8	26	4.82	0.92	0.64
R501	热力发电	2157	14	−0.44	1.429	24	−0.31	30.4	21	7.55	0.74	0.45
R057	微电机	815	28	−0.79	0.549	35	−0.74	11.9	38	4.29	0.53	0.62
R085	微特电机	503	35	−0.87	0.355	38	−0.83	17.7	34	3.58	0.63	0.58
R089	现代电力	754	30	−0.80	1.774	19	−0.15	37.2	18	4.11	0.87	0.82
R777	浙江电力	881	27	−0.77	0.978	28	−0.53	26.1	28	3.89	0.87	0.59
R072	智慧电力	2598	11	−0.32	4.473	3	1.15	56.3	5	5.18	0.92	0.68
R040	中国电机工程学报	25694	1	5.72	4.228	4	1.03	78.4	1	16.55	1.00	0.51
R511	中国电力	3804	9	−0.01	2.856	10	0.37	46.9	11	9.37	0.97	0.65
	38 种期刊平均值	3824			2.080							

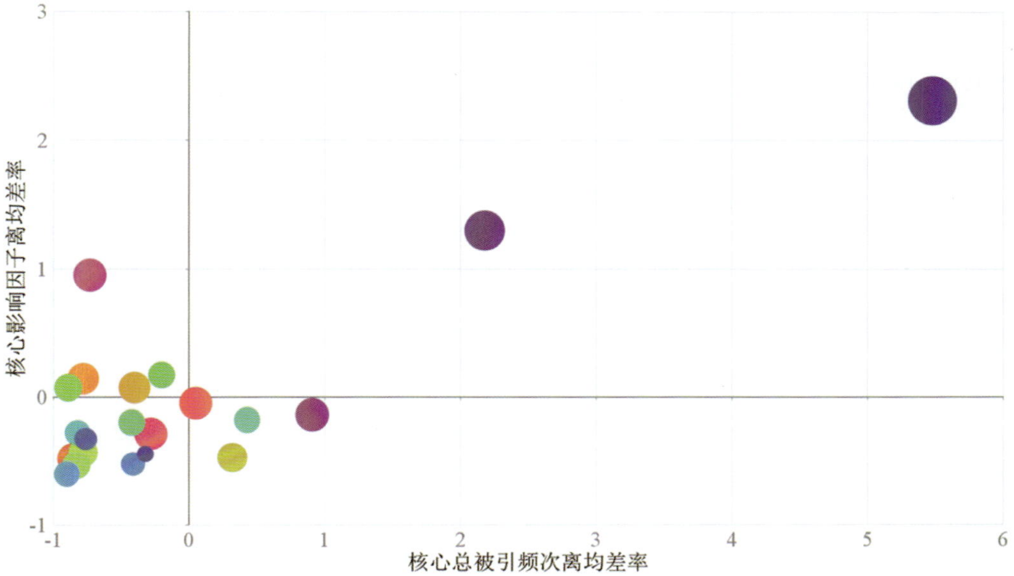

2022 年能源科学综合类期刊核心总被引频次和核心影响因子离均差率的分布图
（节点大小表示综合评价总分）

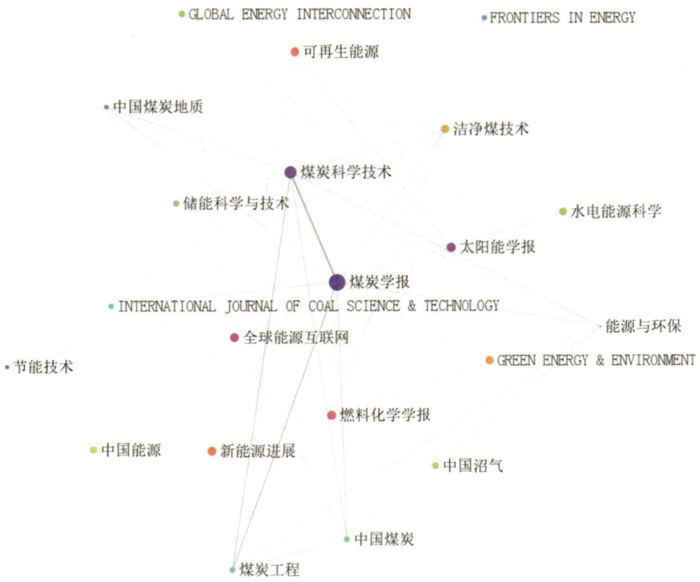

2022 年能源科学综合类期刊互引关系示意图

表 7-87　2022 年能源科学综合类期刊主要指标

CODE	刊名	核心总被引频次			核心影响因子			综合评价总分		学科扩散指标	学科影响指标	红点指标
		数值	排名	离均差率	数值	排名	离均差率	数值	排名			
I249	FRONTIERS IN ENERGY	214	21	−0.90	0.542	21	−0.61	23.4	18	4.52	0.33	0.00
Q744	GLOBAL ENERGY INTERCONNECTION	235	20	−0.89	1.466	6	0.07	27.9	13	2.33	0.29	0.34
Z037	GREEN ENERGY & ENVIRONMENT	478	16	−0.78	1.569	5	0.14	36.0	8	4.38	0.29	0.00
I168	INTERNATIONAL JOURNAL OF COAL SCIENCE & TECHNOLOGY	400	17	−0.82	0.989	12	−0.28	24.1	17	5.33	0.43	0.00
L508	储能科学与技术	1759	7	−0.20	1.600	4	0.17	26.1	14	12.14	0.62	0.58
L587	节能技术	528	14	−0.76	0.926	14	−0.33	18.8	20	5.95	0.33	0.42
K553	洁净煤技术	1305	10	−0.40	1.465	7	0.07	35.8	9	8.90	0.57	0.45
L516	可再生能源	2307	6	0.05	1.307	8	−0.05	38.8	6	22.10	0.81	0.51
K038	煤炭工程	3132	4	0.43	1.123	10	−0.18	25.3	16	13.10	0.57	0.46
K005	煤炭科学技术	6964	2	2.18	3.156	2	1.30	58.4	2	17.52	0.62	0.45
K017	煤炭学报	14210	1	5.48	4.547	1	2.31	86.3	1	26.52	0.67	0.39
K570	能源与环保	1489	9	−0.32	0.754	16	−0.45	10.3	21	9.33	0.43	0.37
L044	全球能源互联网	601	13	−0.73	2.674	3	0.95	40.0	4	4.57	0.33	0.45
D002	燃料化学学报	1569	8	−0.28	0.979	13	−0.29	39.4	5	11.05	0.57	0.37
P007	水电能源科学	2904	5	0.32	0.713	17	−0.48	32.8	10	23.00	0.48	0.31
L009	太阳能学报	4188	3	0.91	1.184	9	−0.14	40.6	3	24.14	0.81	0.79
R516	新能源进展	326	19	−0.85	0.696	18	−0.49	38.7	7	7.71	0.38	0.52
K579	中国煤炭	1264	12	−0.42	1.096	11	−0.20	25.5	15	10.76	0.52	0.39
K037	中国煤炭地质	1300	11	−0.41	0.649	19	−0.53	20.8	19	9.05	0.43	0.26
R524	中国能源	481	15	−0.78	0.767	15	−0.44	30.6	11	10.67	0.67	0.51
H204	中国沼气	378	18	−0.83	0.628	20	−0.54	28.5	12	5.81	0.38	0.24
	21 种期刊平均值	2192			1.373							

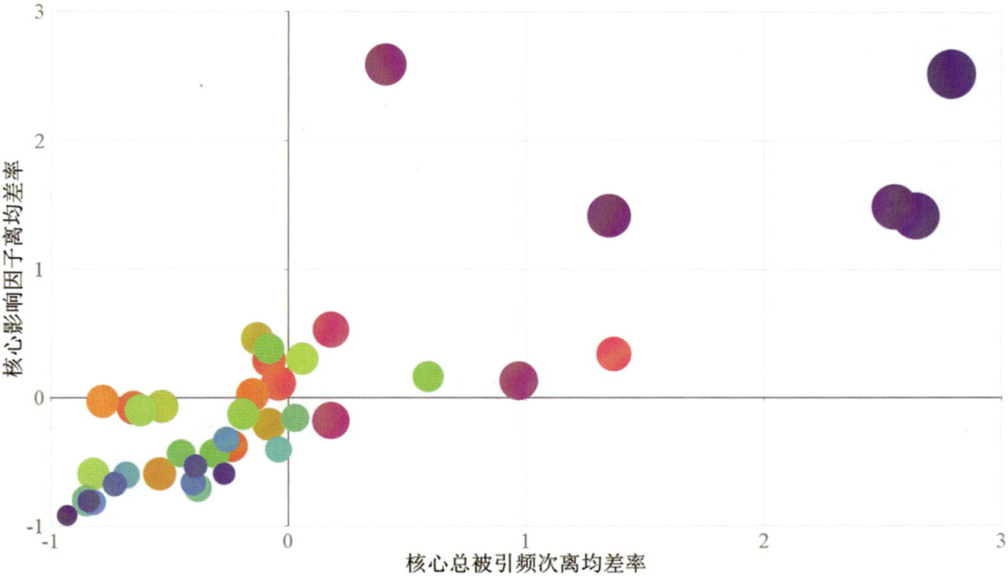

2022 年石油天然气工程类期刊核心总被引频次和核心影响因子离均差率的分布图
（节点大小表示综合评价总分）

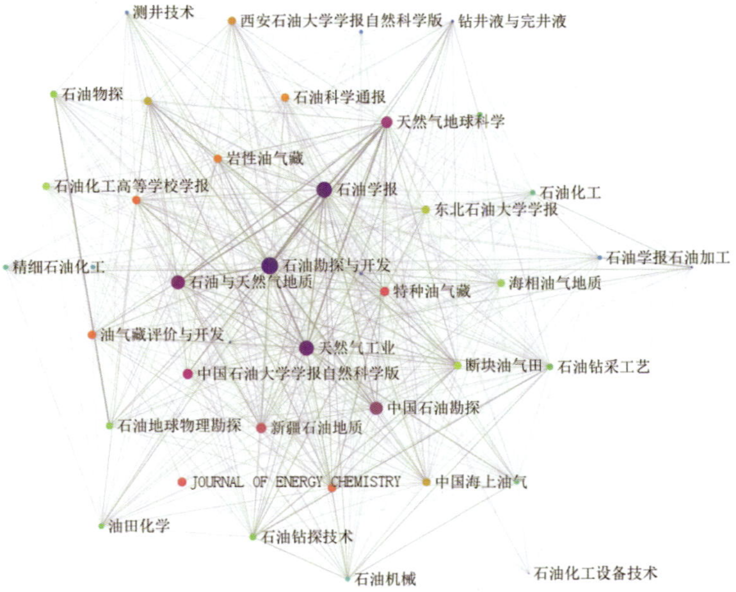

2022 年石油天然气工程类期刊互引关系示意图

表 7-88 2022 年石油天然气工程类期刊主要指标

CODE	刊名	核心总被引频次			核心影响因子			综合评价总分		学科扩散指标	学科影响指标	红点指标
		数值	排名	离均差率	数值	排名	离均差率	数值	排名			
I105	JOURNAL OF ENERGY CHEMISTRY	4406	4	1.37	2.404	9	0.34	44.0	9	5.61	0.29	0.32
L017	测井技术	1110	27	−0.40	0.593	34	−0.67	22.7	35	3.37	0.68	0.56
L512	大庆石油地质与开发	1625	18	−0.13	2.610	7	0.46	38.6	18	3.37	0.85	0.68
L004	东北石油大学学报	873	29	−0.53	1.676	17	−0.07	38.3	19	3.98	0.85	0.67
T241	断块油气田	1981	11	0.06	2.323	10	0.30	37.8	20	3.61	0.83	0.60
L037	海相油气地质	701	31	−0.62	1.610	19	−0.10	36.5	22	2.24	0.63	0.84
T542	精细石油化工	285	39	−0.85	0.322	39	−0.82	27.8	30	2.59	0.51	0.38
T501	能源化工	281	40	−0.85	0.357	37	−0.80	29.0	28	2.95	0.34	0.41
T933	石化技术与应用	303	38	−0.84	0.335	38	−0.81	18.4	39	1.98	0.24	0.52
L016	石油地球物理勘探	2960	7	0.59	2.079	12	0.16	34.9	24	4.63	0.68	0.33
L015	石油化工	1154	25	−0.38	0.520	36	−0.71	27.8	30	4.95	0.59	0.36
L034	石油化工高等学校学报	342	37	−0.82	0.718	30	−0.60	36.8	21	2.98	0.76	0.37
L021	石油化工设备技术	135	41	−0.93	0.141	41	−0.92	15.2	41	1.34	0.24	0.20
L019	石油机械	1794	13	−0.04	1.053	26	−0.41	26.1	32	5.39	0.71	0.43
L031	石油勘探与开发	7063	1	2.79	6.308	2	2.52	85.8	1	7.17	0.90	0.78
L043	石油科学通报	412	35	−0.78	1.736	16	−0.03	39.1	15	2.76	0.88	0.65
L030	石油炼制与化工	1352	23	−0.27	0.711	32	−0.60	17.9	40	3.71	0.39	0.42
L005	石油物探	1514	20	−0.19	1.563	20	−0.13	35.8	23	3.39	0.66	0.40
L028	石油学报	6778	2	2.64	4.339	5	1.42	79.4	2	7.98	0.93	0.71
L012	石油学报石油加工	1378	22	−0.26	1.207	24	−0.33	24.9	34	4.76	0.59	0.37
L006	石油与天然气地质	4371	5	1.35	4.342	4	1.42	68.1	4	4.17	0.83	0.87
L008	石油钻采工艺	1289	24	−0.31	0.996	27	−0.44	32.5	26	4.00	0.85	0.59
L025	石油钻探技术	1707	16	−0.08	2.482	8	0.38	33.4	25	4.05	0.83	0.60
L505	特种油气藏	1792	14	−0.04	1.993	14	0.11	43.7	10	4.00	0.83	0.71
L518	天然气地球科学	3661	6	0.97	2.030	13	0.13	53.9	6	4.29	0.78	0.79
L029	天然气工业	6619	3	2.55	4.461	3	1.49	73.9	3	8.95	0.98	0.81
T074	天然气化工	591	33	−0.68	0.699	33	−0.61	25.6	33	2.98	0.34	0.40
L507	天然气与石油	505	34	−0.73	0.574	35	−0.68	21.3	37	3.32	0.78	0.37
L010	西安石油大学学报自然科学版	856	30	−0.54	0.712	31	−0.60	38.9	16	4.95	0.88	0.51
L002	西南石油大学学报自然科学版	1416	21	−0.24	1.113	25	−0.38	39.9	13	4.93	0.88	0.62
L007	新疆石油地质	2195	9	0.18	2.741	6	0.53	47.6	8	3.61	0.78	0.89
E163	岩性油气藏	1579	19	−0.15	1.830	15	0.02	39.5	14	3.17	0.76	0.84
L027	油气储运	1923	12	0.03	1.500	21	−0.16	28.2	29	6.34	0.80	0.47
L504	油气地质与采收率	1704	17	−0.08	2.316	11	0.29	40.4	11	3.54	0.85	0.78
L359	油气藏评价与开发	648	32	−0.65	1.651	18	−0.08	40.0	12	2.24	0.80	0.71
L033	油田化学	1032	28	−0.45	0.996	27	−0.44	29.6	27	2.59	0.71	0.67

表 7-88　2022 年石油天然气工程类期刊主要指标（续）

CODE	刊名	核心总被引频次			核心影响因子			综合评价总分		学科扩散指标	学科影响指标	红点指标
		数值	排名	离均差率	数值	排名	离均差率	数值	排名			
L013	中国海上油气	1709	15	−0.08	1.422	23	−0.21	38.8	17	5.24	0.90	0.48
L026	中国海洋平台	343	36	−0.82	0.319	40	−0.82	22.7	36	2.44	0.20	0.14
L001	中国石油大学学报自然科学版	2191	10	0.18	1.465	22	−0.18	49.9	7	7.71	0.95	0.46
L532	中国石油勘探	2633	8	0.41	6.444	1	2.59	62.4	5	3.24	0.73	0.71
L018	钻井液与完井液	1136	26	−0.39	0.833	29	−0.54	20.3	38	2.27	0.66	0.57
	41 种期刊平均值	1862			1.793							

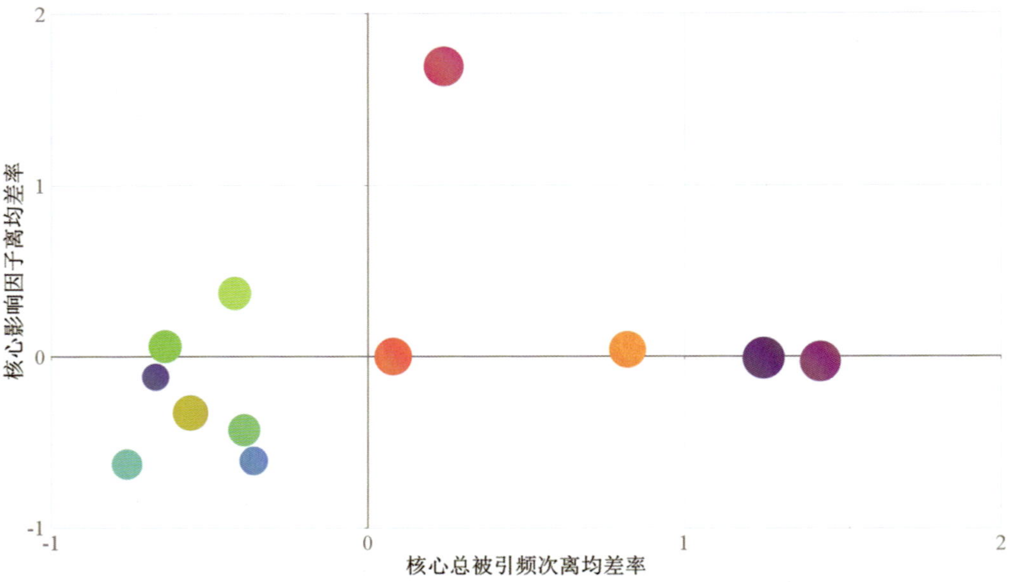

2022 年核科学技术类期刊核心总被引频次和核心影响因子离均差率的分布图
（节点大小表示综合评价总分）

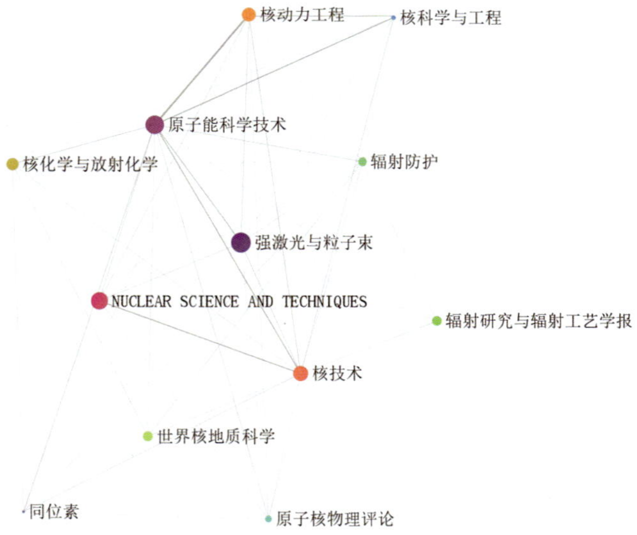

2022 年核科学技术类期刊互引关系示意图

表 7-89　2022 年核科学技术类期刊主要指标

CODE	刊名	核心总被引频次			核心影响因子			综合评价总分		学科扩散指标	学科影响指标	红点指标
		数值	排名	离均差率	数值	排名	离均差率	数值	排名			
I074	NUCLEAR SCIENCE AND TECHNIQUES	828	4	0.24	1.366	1	1.69	57.1	3	6.75	0.67	0.06
Q006	辐射防护	406	7	−0.39	0.290	10	−0.43	37.7	9	9.67	1.00	0.36
Q005	辐射研究与辐射工艺学报	239	10	−0.64	0.536	3	0.06	39.6	8	9.00	0.75	0.25
Q004	核动力工程	1216	3	0.82	0.527	4	0.04	49.0	5	19.42	0.92	0.36
Q002	核化学与放射化学	295	9	−0.56	0.338	9	−0.33	44.7	6	8.33	0.75	0.39
Q001	核技术	721	5	0.08	0.510	5	0.00	51.3	4	17.67	1.00	0.31
Q009	核科学与工程	426	6	−0.36	0.198	11	−0.61	29.9	11	11.08	0.92	0.44
C007	强激光与粒子束	1498	2	1.25	0.504	6	−0.01	63.0	1	19.50	0.83	0.29
E054	世界核地质科学	386	8	−0.42	0.695	2	0.37	39.9	7	7.08	0.42	0.11
Q003	同位素	221	11	−0.67	0.447	8	−0.12	26.6	12	6.58	0.92	0.25
C108	原子核物理评论	159	12	−0.76	0.188	12	−0.63	33.5	10	5.25	1.00	0.17
Q008	原子能科学技术	1618	1	1.43	0.495	7	−0.03	60.0	2	22.50	1.00	0.33
	12 种期刊平均值	668			0.508							

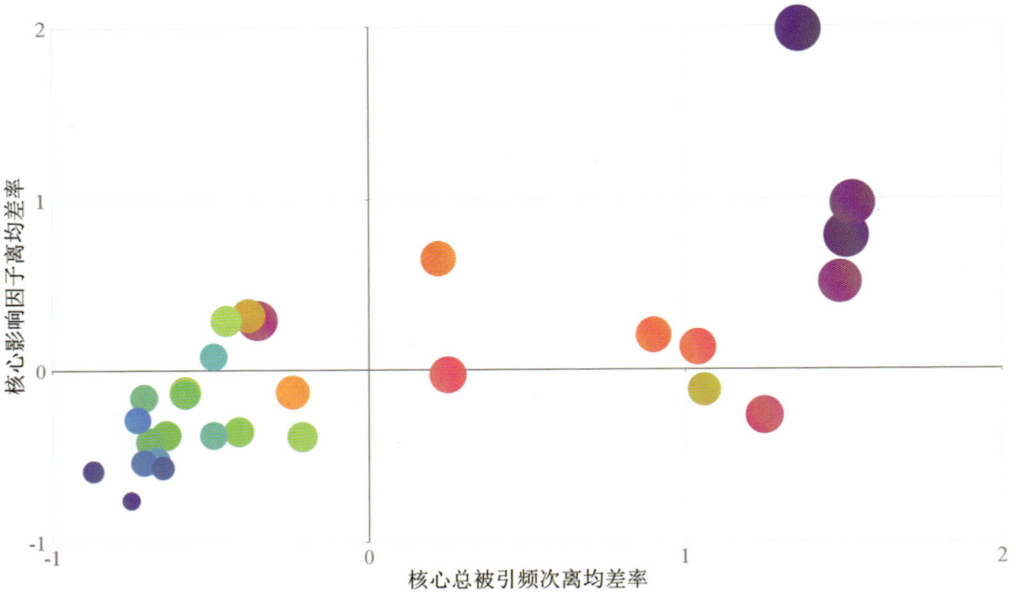

2022 年电子技术类期刊核心总被引频次和核心影响因子离均差率的分布图
（节点大小表示综合评价总分）

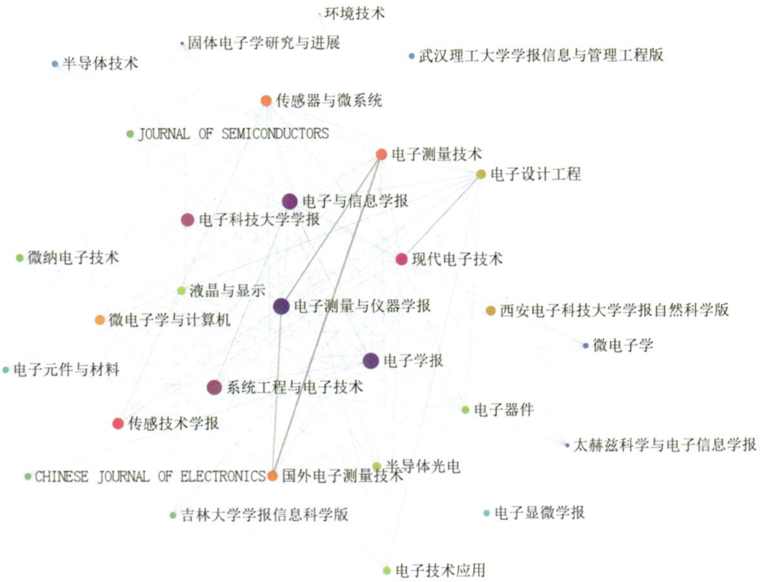

2022 年电子技术类期刊互引关系示意图

表 7-90　2022 年电子技术类期刊主要指标

CODE	刊名	核心总被引频次			核心影响因子			综合评价总分		学科扩散指标	学科影响指标	红点指标
		数值	排名	离均差率	数值	排名	离均差率	数值	排名			
I116	CHINESE JOURNAL OF ELECTRONICS	420	24	−0.69	0.459	24	−0.42	30.0	20	5.14	0.62	0.03
R062	JOURNAL OF SEMICONDUCTORS	559	20	−0.58	0.686	16	−0.14	31.3	19	4.76	0.76	0.03
R024	半导体光电	568	19	−0.58	0.690	14	−0.13	36.4	14	5.79	0.66	0.36
R063	半导体技术	450	23	−0.67	0.373	25	−0.53	27.3	24	4.90	0.72	0.28
N060	传感技术学报	1682	9	0.25	0.772	12	−0.03	48.9	7	12.86	0.72	0.58
R532	传感器与微系统	2561	8	0.90	0.958	9	0.20	46.7	9	15.55	0.83	0.54
R055	电子测量技术	2750	7	1.04	0.901	10	0.13	48.1	8	14.03	0.79	0.61
R021	电子测量与仪器学报	3176	4	1.36	2.375	1	1.98	76.6	1	12.79	0.72	0.59
R067	电子技术应用	1057	11	−0.21	0.483	23	−0.39	33.4	16	9.07	0.76	0.46
R036	电子科技大学学报	874	13	−0.35	1.027	7	0.29	58.2	5	12.55	0.76	0.47
R512	电子器件	793	15	−0.41	0.511	20	−0.36	32.7	17	7.07	0.69	0.53
R724	电子设计工程	2776	6	1.06	0.704	13	−0.12	39.6	13	13.10	0.72	0.51
R001	电子显微学报	680	18	−0.49	0.862	11	0.08	27.7	23	7.97	0.28	0.16
R006	电子学报	3384	2	1.51	1.414	3	0.78	74.1	2	16.69	0.90	0.46
R022	电子与信息学报	3409	1	1.53	1.569	2	0.97	73.5	3	15.14	0.79	0.54
R020	电子元件与材料	692	17	−0.49	0.491	22	−0.38	27.9	22	6.41	0.72	0.45
R047	固体电子学研究与进展	173	29	−0.87	0.324	28	−0.59	17.1	28	2.14	0.62	0.47
R683	国外电子测量技术	1645	10	0.22	1.315	4	0.65	44.5	10	8.28	0.52	0.61
Z500	环境技术	336	28	−0.75	0.189	29	−0.76	12.1	29	4.90	0.34	0.26
R586	吉林大学学报信息科学版	393	25	−0.71	0.665	17	−0.16	28.0	21	6.03	0.52	0.47
R652	太赫兹科学与电子信息学报	474	22	−0.65	0.341	27	−0.57	19.0	27	5.21	0.69	0.51
R064	微电子学	390	26	−0.71	0.365	26	−0.54	24.4	26	3.90	0.69	0.40
R004	微电子学与计算机	1018	12	−0.24	0.690	14	−0.13	41.4	11	8.93	0.76	0.56
R098	微纳电子技术	478	21	−0.64	0.494	21	−0.38	32.0	18	5.59	0.59	0.41
J018	武汉理工大学学报信息与管理工程版	363	27	−0.73	0.565	19	−0.29	25.6	25	6.24	0.17	0.32
R009	西安电子科技大学学报自然科学版	831	14	−0.38	1.054	6	0.32	41.4	12	8.34	0.66	0.59
R059	系统工程与电子技术	3345	3	1.49	1.204	5	0.51	67.9	4	15.21	0.76	0.42
R748	现代电子技术	3024	5	1.25	0.580	18	−0.27	52.4	6	16.93	0.86	0.67
C503	液晶与显示	740	16	−0.45	1.026	8	0.29	35.6	15	5.31	0.48	0.40
	29 种期刊平均值	1346			0.796							

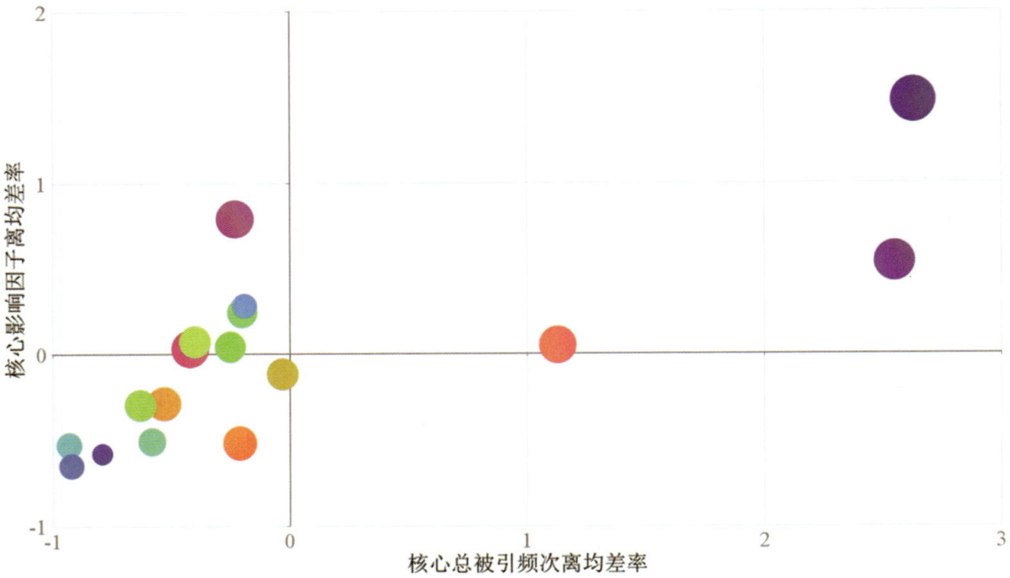

2022 年光电子学与激光技术类期刊核心总被引频次和核心影响因子离均差率的分布图
（节点大小表示综合评价总分）

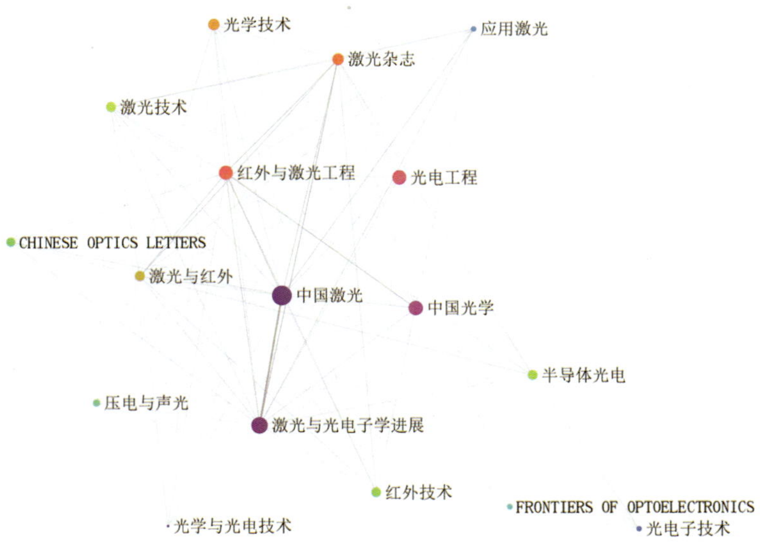

2022 年光电子学与激光技术类期刊互引关系示意图

表 7-91　2022 年光电子学与激光技术类期刊主要指标

CODE	刊名	核心总被引频次			核心影响因子			综合评价总分		学科扩散指标	学科影响指标	红点指标
		数值	排名	离均差率	数值	排名	离均差率	数值	排名			
I071	CHINESE OPTICS LETTERS	1229	6	−0.20	1.224	5	0.24	33.5	12	6.76	0.82	0.00
I132	FRONTIERS OF OPTOELECTRONICS	108	17	−0.93	0.460	15	−0.53	23.9	14	2.65	0.41	0.00
R024	半导体光电	568	14	−0.63	0.690	12	−0.30	35.7	10	9.88	0.82	0.33
R026	光电工程	883	11	−0.42	1.018	9	0.03	50.9	4	13.12	0.82	0.46
R082	光电子技术	130	16	−0.92	0.343	17	−0.65	22.8	16	4.24	0.47	0.25
N015	光学技术	717	12	−0.53	0.701	11	−0.29	41.1	7	13.59	0.82	0.52
R097	光学与光电技术	328	15	−0.79	0.416	16	−0.58	16.4	17	6.76	0.71	0.34
R535	红外技术	1149	9	−0.25	1.023	8	0.04	35.0	11	14.71	0.76	0.52
R084	红外与激光工程	3266	3	1.13	1.036	7	0.05	50.3	5	23.00	0.82	0.42
R025	激光技术	921	10	−0.40	1.059	6	0.07	36.0	9	11.00	0.82	0.91
R514	激光与光电子学进展	5446	2	2.55	1.524	3	0.54	60.9	2	32.18	0.94	0.82
R521	激光与红外	1486	4	−0.03	0.866	10	−0.12	36.3	8	17.82	0.88	0.48
R028	激光杂志	1218	7	−0.21	0.471	14	−0.52	41.8	6	20.24	0.88	0.45
R069	压电与声光	642	13	−0.58	0.482	13	−0.51	27.8	13	10.88	0.71	0.21
R033	应用激光	1243	5	−0.19	1.263	4	0.28	23.4	15	10.71	0.53	0.66
C099	中国光学	1175	8	−0.23	1.770	2	0.79	52.6	3	12.00	0.82	0.37
R066	中国激光	5563	1	2.63	2.455	1	1.48	75.2	1	23.88	1.00	0.97
	17 种期刊平均值	1534			0.988							

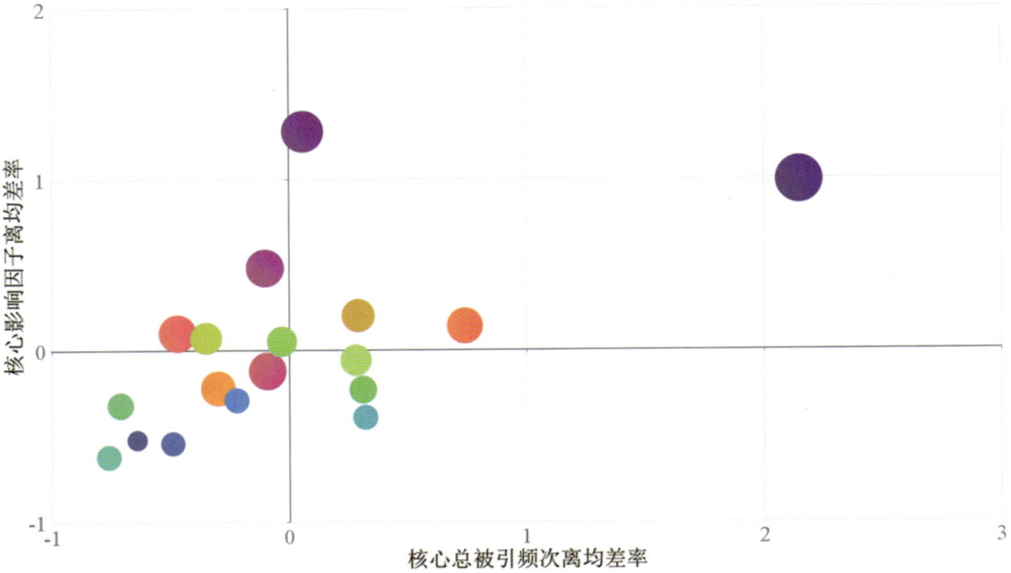

2022 年通信技术类期刊核心总被引频次和核心影响因子离均差率的分布图
（节点大小表示综合评价总分）

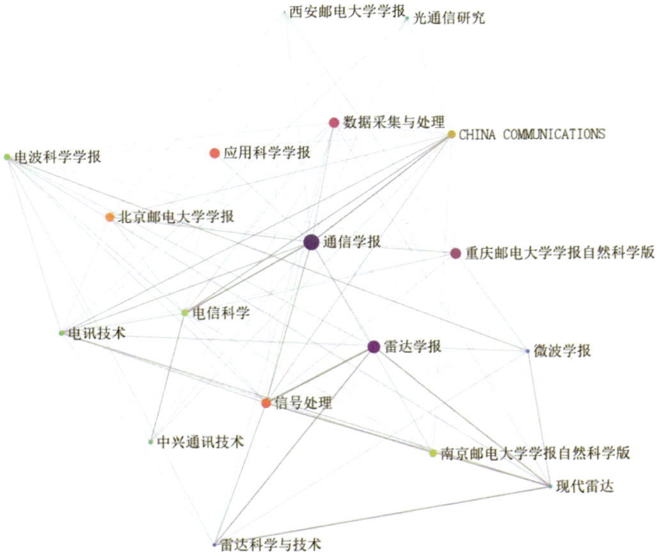

2022 年通信技术类期刊互引关系示意图

表 7-92　2022 年通信技术类期刊主要指标

CODE	刊名	核心总被引频次			核心影响因子			综合评价总分		学科扩散指标	学科影响指标	红点指标
		数值	排名	离均差率	数值	排名	离均差率	数值	排名			
I710	CHINA COMMUNICATIONS	964	5	0.29	1.093	4	0.20	38.8	8	10.17	0.89	0.17
R018	北京邮电大学学报	524	12	−0.30	0.707	11	−0.22	43.1	7	12.44	0.72	0.43
R559	重庆邮电大学学报自然科学版	668	10	−0.10	1.345	3	0.48	52.0	3	10.72	0.44	0.42
R007	电波科学学报	723	8	−0.03	0.952	8	0.05	32.4	11	9.33	0.78	0.31
R684	电信科学	950	6	0.28	0.860	9	−0.06	34.6	10	11.56	0.72	0.44
R754	电讯技术	977	4	0.31	0.704	12	−0.23	27.4	12	11.56	0.89	0.34
R688	光通信研究	176	18	−0.76	0.343	18	−0.62	22.9	14	3.89	0.22	0.27
R096	雷达科学与技术	383	15	−0.49	0.422	17	−0.54	21.1	17	4.89	0.50	0.28
R758	雷达学报	792	7	0.06	2.072	1	1.28	63.1	2	7.67	0.61	0.40
R008	南京邮电大学学报自然科学版	485	13	−0.35	0.978	7	0.07	36.3	9	9.78	0.67	0.60
R005	数据采集与处理	680	9	−0.09	0.800	10	−0.12	50.6	4	15.33	0.72	0.45
R065	通信学报	2350	1	2.15	1.812	2	0.99	81.9	1	18.11	1.00	0.54
R070	微波学报	580	11	−0.22	0.643	13	−0.29	22.5	16	8.17	0.56	0.32
R671	西安邮电大学学报	271	16	−0.64	0.441	16	−0.52	14.7	18	5.72	0.44	0.44
R087	现代雷达	980	3	0.32	0.556	15	−0.39	22.6	15	9.33	0.56	0.33
R034	信号处理	1298	2	0.74	1.035	5	0.14	46.0	6	14.67	0.72	0.44
A015	应用科学学报	393	14	−0.47	1.006	6	0.10	49.9	5	11.83	0.50	0.34
R775	中兴通讯技术	219	17	−0.71	0.623	14	−0.32	25.0	13	5.11	0.56	0.44
	18 种期刊平均值	745			0.911							

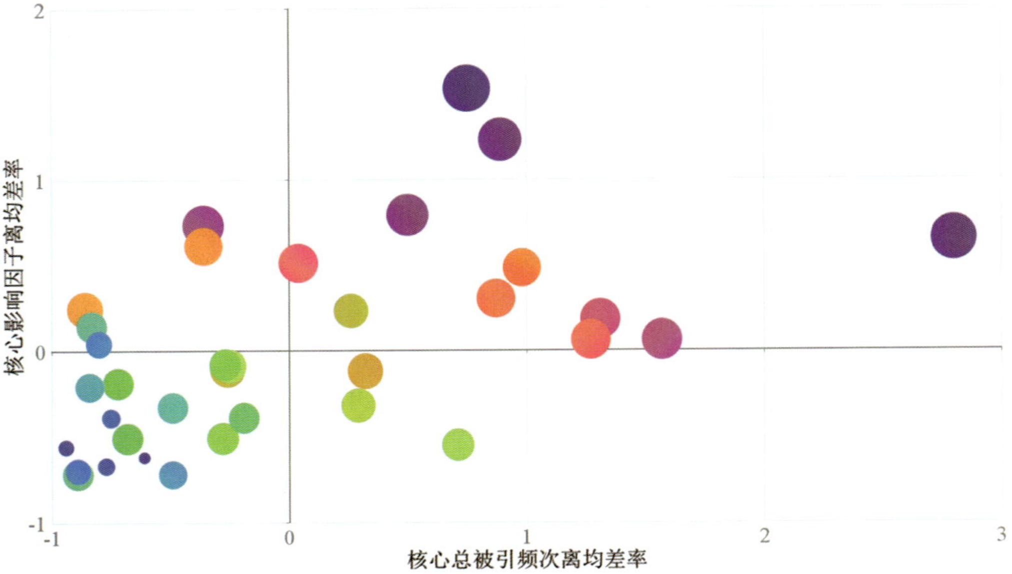

2022 年计算机科学技术类期刊核心总被引频次和核心影响因子离均差率的分布图
（节点大小表示综合评价总分）

2022 年计算机科学技术类期刊互引关系示意图

表 7-93　2022 年计算机科学技术类期刊主要指标

CODE	刊名	核心总被引频次			核心影响因子			综合评价总分		学科扩散指标	学科影响指标	红点指标
		数值	排名	离均差率	数值	排名	离均差率	数值	排名			
I735	FRONTIERS OF COMPUTER SCIENCE	230	33	−0.89	0.314	33	−0.70	23.4	31	3.11	0.86	0.06
S051	JOURNAL OF COMPUTER SCIENCE AND TECHNOLOGY	214	34	−0.89	0.286	35	−0.72	33.9	25	2.74	0.77	0.05
A146	SCIENCE CHINA INFORMATION SCIENCES	1471	18	−0.27	0.956	17	−0.08	35.7	21	8.80	0.91	0.04
I009	TSINGHUA SCIENCE AND TECHNOLOGY	400	29	−0.80	1.082	16	0.04	25.1	30	4.54	0.74	0.03
S055	大数据	336	30	−0.83	1.177	13	0.14	33.9	26	4.00	0.63	0.54
S086	单片机与嵌入式系统应用	464	28	−0.77	0.340	32	−0.67	11.2	33	3.49	0.34	0.44
S049	计算机仿真	3447	9	0.71	0.462	29	−0.55	37.5	19	16.80	0.71	0.48
S013	计算机辅助设计与图形学学报	1483	17	−0.26	0.918	19	−0.11	44.5	15	10.03	0.86	0.59
S012	计算机工程	3754	7	0.87	1.349	9	0.30	53.6	10	16.11	0.89	0.75
S034	计算机工程与科学	1504	16	−0.25	0.939	18	−0.09	40.2	18	10.69	0.80	0.63
S022	计算机工程与设计	2656	11	0.32	0.914	20	−0.12	45.7	14	14.69	0.83	0.75
S025	计算机工程与应用	7651	1	2.80	1.713	5	0.65	75.9	2	24.03	0.94	0.74
S030	计算机集成制造系统	3993	5	0.98	1.534	8	0.48	53.2	11	13.17	0.66	0.42
S520	计算机技术与发展	1457	19	−0.28	0.508	28	−0.51	36.7	20	11.43	0.86	0.73
S006	计算机科学	5168	2	1.57	1.100	15	0.06	59.6	6	19.57	0.91	0.74
S085	计算机科学与探索	1286	20	−0.36	1.673	6	0.61	52.0	12	8.69	0.91	0.66
S509	计算机系统应用	1620	15	−0.19	0.634	25	−0.39	34.6	24	12.46	0.77	0.77
S018	计算机学报	3529	8	0.75	2.620	1	1.53	79.9	1	15.89	0.97	0.65
S021	计算机研究与发展	3010	10	0.50	1.855	3	0.79	63.4	4	14.11	0.94	0.64
S029	计算机应用	4644	3	1.31	1.220	12	0.18	57.9	7	19.29	0.91	0.75
S016	计算机应用研究	4570	4	1.27	1.101	14	0.06	55.8	9	18.11	0.89	0.65
S009	计算机应用与软件	2593	12	0.29	0.705	23	−0.32	41.5	17	15.86	0.86	0.55
S048	计算机与数字工程	1022	22	−0.49	0.295	34	−0.72	28.9	29	9.71	0.74	0.61
S500	计算机与现代化	646	25	−0.68	0.509	27	−0.51	34.8	23	7.29	0.63	0.75
S011	软件学报	3799	6	0.89	2.307	2	1.23	68.1	3	14.26	0.97	0.59
S017	网络新媒体技术	120	35	−0.94	0.459	30	−0.56	8.9	34	1.46	0.34	0.57
S082	网络与信息安全学报	325	31	−0.84	0.819	22	−0.21	29.9	28	2.97	0.80	0.71
R004	微电子学与计算机	1018	23	−0.49	0.690	24	−0.33	33.4	27	7.40	0.74	0.57
S033	微型电脑应用	777	24	−0.61	0.396	31	−0.62	5.0	35	4.89	0.51	0.43
S027	小型微型计算机系统	2530	13	0.26	1.279	11	0.23	42.3	16	10.74	0.91	0.66
S081	信息安全学报	284	32	−0.86	1.289	10	0.24	45.9	13	2.60	0.71	0.62
S087	信息安全研究	496	27	−0.75	0.628	26	−0.39	12.7	32	4.26	0.77	0.74
S046	信息网络安全	570	26	−0.72	0.837	21	−0.19	35.1	22	4.60	0.77	0.70
Z317	中国科学 信息科学	1282	21	−0.36	1.790	4	0.73	61.4	5	11.83	0.94	0.48
R083	中国图象图形学报	2093	14	0.04	1.569	7	0.51	55.9	8	12.54	0.83	0.72
	35 种期刊平均值	2013			1.036							

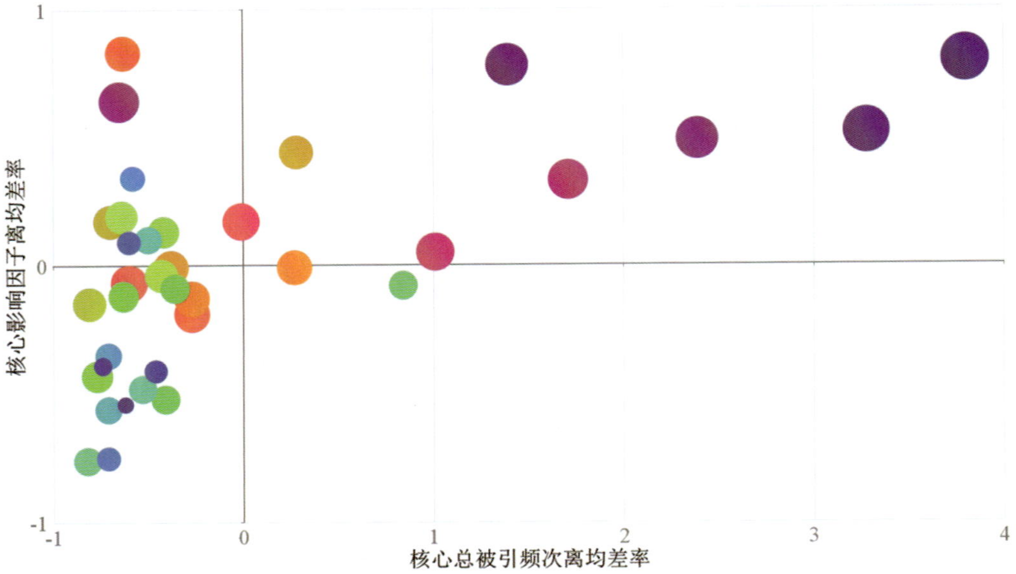

2022 年化学工程综合类期刊核心总被引频次和核心影响因子离均差率的分布图
（节点大小表示综合评价总分）

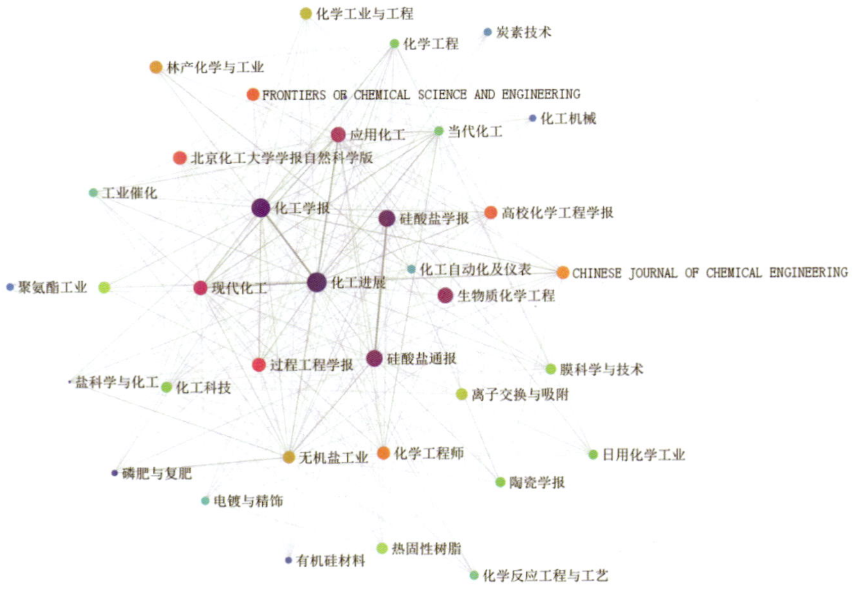

2022 年化学工程综合类期刊互引关系示意图

表 7-94　2022 年化学工程综合类期刊主要指标

CODE	刊名	核心总被引频次			核心影响因子			综合评价总分		学科扩散指标	学科影响指标	红点指标
		数值	排名	离均差率	数值	排名	离均差率	数值	排名			
T100	CHINESE JOURNAL OF CHEMICAL ENGINEERING	1460	9	0.27	0.644	17	−0.01	44.2	13	9.11	0.83	0.14
I248	FRONTIERS OF CHEMICAL SCIENCE AND ENGINEERING	421	26	−0.63	1.191	1	0.83	44.6	11	3.31	0.50	0.04
I202	PARTICUOLOGY	657	17	−0.43	0.627	19	−0.04	39.5	18	6.08	0.61	0.02
T020	北京化工大学学报自然科学版	461	22	−0.60	0.605	20	−0.07	49.1	9	6.86	0.56	0.29
T941	当代化工	2114	7	0.84	0.598	21	−0.08	29.9	25	10.78	0.86	0.43
T508	电镀与精饰	580	19	−0.50	0.717	14	0.10	26.8	28	3.61	0.31	0.40
T016	高校化学工程学报	840	11	−0.27	0.526	26	−0.19	46.0	10	8.22	0.89	0.50
T563	工业催化	535	20	−0.53	0.336	31	−0.48	28.3	27	3.86	0.53	0.91
T004	硅酸盐通报	3898	3	2.39	0.969	6	0.49	64.1	4	13.19	0.75	0.63
T005	硅酸盐学报	2750	5	1.39	1.155	3	0.78	66.2	3	10.83	0.64	0.52
T008	过程工程学报	1134	10	−0.01	0.761	12	0.17	50.3	8	8.61	0.81	0.51
T006	化工机械	332	31	−0.71	0.164	35	−0.75	21.3	32	3.75	0.50	0.25
T101	化工进展	5520	1	3.80	1.170	2	0.80	83.4	1	17.06	1.00	0.74
T532	化工科技	261	34	−0.77	0.370	30	−0.43	35.4	21	3.89	0.50	0.58
T146	化工设备与管道	298	33	−0.74	0.397	28	−0.39	12.3	35	2.33	0.25	0.21
T007	化工学报	4915	2	3.28	0.989	5	0.52	78.2	2	17.61	0.97	0.81
T066	化工自动化及仪表	336	30	−0.71	0.285	34	−0.56	26.7	29	4.67	0.31	0.08
T009	化学反应工程与工艺	203	36	−0.82	0.158	36	−0.76	29.2	26	2.64	0.50	0.40
T025	化学工程	673	15	−0.41	0.310	32	−0.52	29.9	24	6.36	0.75	0.51
T567	化学工程师	838	12	−0.27	0.563	24	−0.13	44.5	12	8.92	0.58	0.44
T076	化学工业与工程	340	29	−0.70	0.763	11	0.17	41.1	16	4.11	0.50	0.48
T512	聚氨酯工业	478	21	−0.58	0.868	8	0.34	22.8	31	2.28	0.31	0.56
T010	离子交换与吸附	223	35	−0.81	0.552	25	−0.15	39.7	17	3.44	0.39	0.55
T017	林产化学与工业	718	14	−0.38	0.643	18	−0.01	44.0	14	6.28	0.50	0.57
T231	磷肥与复肥	619	18	−0.46	0.385	29	−0.41	19.2	34	4.44	0.42	0.30
T077	膜科学与技术	661	16	−0.42	0.737	13	0.13	35.8	20	4.06	0.50	0.60
T105	热固性树脂	411	27	−0.64	0.771	10	0.19	37.8	19	3.36	0.42	0.77
T070	日用化学工业	741	13	−0.36	0.591	22	−0.09	30.5	23	5.22	0.44	0.41
H083	生物质化学工程	400	28	−0.65	1.067	4	0.64	59.1	5	4.83	0.44	0.48
T015	炭素技术	328	32	−0.71	0.425	27	−0.35	25.8	30	3.53	0.42	0.56
V531	陶瓷学报	423	25	−0.63	0.570	23	−0.12	33.2	22	4.14	0.31	0.37
T072	无机盐工业	1476	8	0.28	0.937	7	0.44	41.4	15	7.53	0.78	0.55
T063	现代化工	2310	6	1.01	0.685	16	0.05	52.6	7	13.22	0.92	0.54
T054	盐科学与化工	437	24	−0.62	0.298	33	−0.54	9.5	36	3.97	0.50	0.32
T949	应用化工	3114	4	1.71	0.864	9	0.33	58.0	6	14.47	0.89	0.57
T916	有机硅材料	459	23	−0.60	0.708	15	0.09	20.1	33	2.47	0.42	0.60
	36 种期刊平均值	1149			0.650							

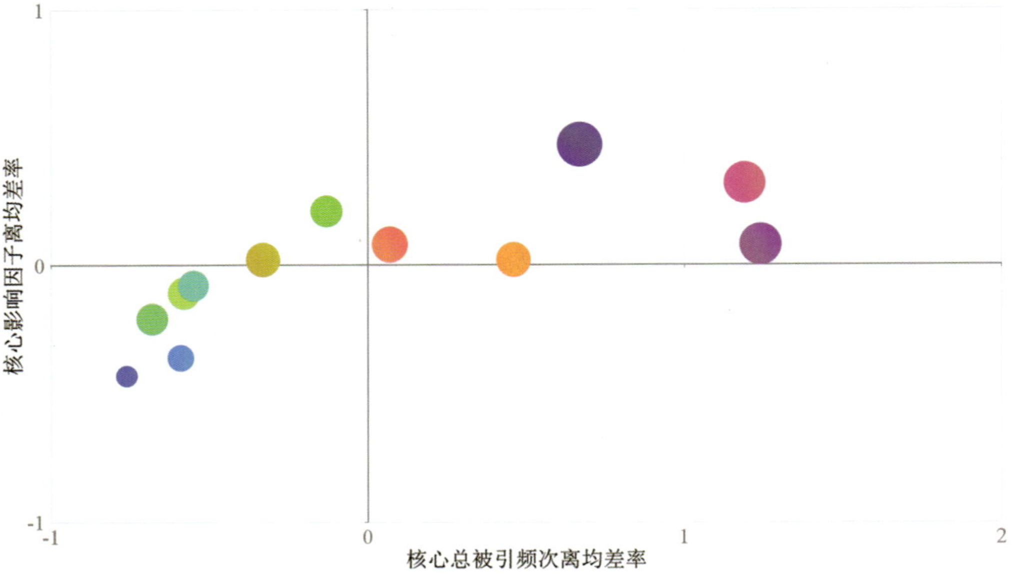

2022 年高聚物工程类期刊核心总被引频次和核心影响因子离均差率的分布图
（节点大小表示综合评价总分）

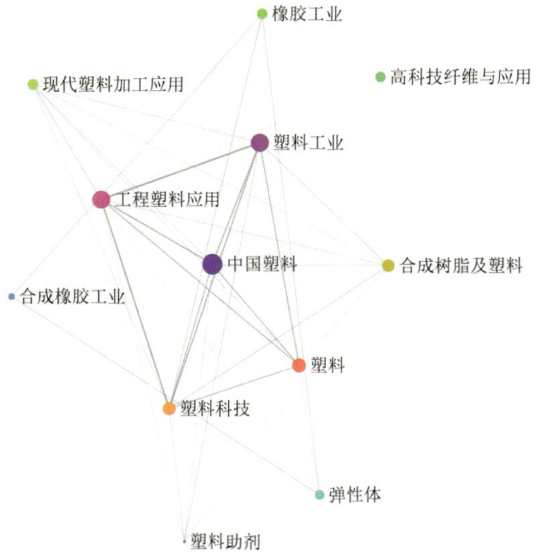

2022 年高聚物工程类期刊互引关系示意图

表 7-95　2022 年高聚物工程类期刊主要指标

CODE	刊名	核心总被引频次			核心影响因子			综合评价总分		学科扩散指标	学科影响指标	红点指标
		数值	排名	离均差率	数值	排名	离均差率	数值	排名			
T078	高科技纤维与应用	288	11	−0.68	0.560	10	−0.21	36.2	9	9.17	0.75	0.44
T003	工程塑料应用	1964	2	1.19	0.939	2	0.32	62.4	3	20.92	1.00	0.63
T505	合成树脂及塑料	601	7	−0.33	0.724	6	0.02	42.5	6	10.50	1.00	0.52
T018	合成橡胶工业	364	10	−0.59	0.456	11	−0.36	25.4	11	7.83	0.92	0.68
T106	塑料	961	5	0.07	0.767	4	0.08	47.3	4	14.33	1.00	0.67
T014	塑料工业	2010	1	1.24	0.766	5	0.08	63.3	2	21.42	0.92	0.59
T536	塑料科技	1308	4	0.46	0.723	7	0.02	43.5	5	16.67	0.92	0.65
T079	塑料助剂	215	12	−0.76	0.405	12	−0.43	16.8	12	5.75	0.83	0.45
T500	弹性体	407	8	−0.55	0.652	8	−0.08	34.0	10	8.58	0.92	0.53
T929	现代塑料加工应用	376	9	−0.58	0.634	9	−0.11	37.2	7	7.67	0.83	0.63
T064	橡胶工业	781	6	−0.13	0.862	3	0.21	37.0	8	13.25	0.75	0.51
T022	中国塑料	1494	3	0.67	1.047	1	0.47	73.3	1	19.42	0.92	0.60
	12 种期刊平均值	897			0.711							

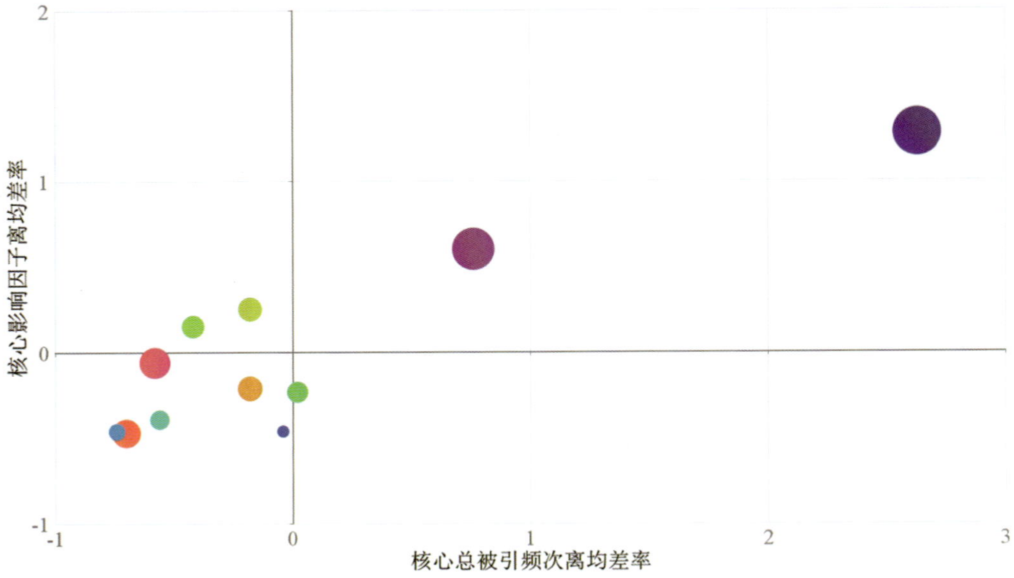

2022 年精细化学工程类期刊核心总被引频次和核心影响因子离均差率的分布图
（节点大小表示综合评价总分）

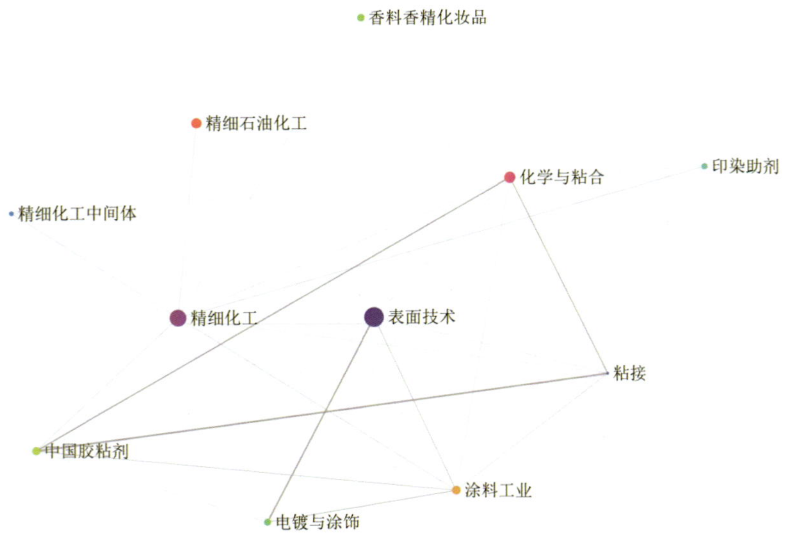

2022 年精细化学工程类期刊互引关系示意图

表 7-96　2022 年精细化学工程类期刊主要指标

CODE	刊名	核心总被引频次			核心影响因子			综合评价总分		学科扩散指标	学科影响指标	红点指标
		数值	排名	离均差率	数值	排名	离均差率	数值	排名			
T098	表面技术	3503	1	2.63	1.377	1	1.28	85.0	1	33.82	0.73	0.54
T598	电镀与涂饰	982	3	0.02	0.462	7	−0.23	16.1	8	15.27	0.82	0.73
T931	化学与粘合	403	9	−0.58	0.564	5	−0.06	33.9	3	12.55	0.73	0.52
T102	精细化工	1697	2	0.76	0.963	2	0.60	63.9	2	29.45	1.00	0.71
T955	精细化工中间体	247	11	−0.74	0.326	9	−0.46	10.1	10	9.64	0.64	0.32
T542	精细石油化工	285	10	−0.70	0.322	11	−0.47	29.1	4	9.64	0.64	0.19
T103	涂料工业	788	5	−0.18	0.477	6	−0.21	22.2	5	14.45	0.91	0.46
T073	香料香精化妆品	563	7	−0.42	0.695	4	0.15	18.3	7	11.91	0.36	0.44
T104	印染助剂	426	8	−0.56	0.365	8	−0.39	13.8	9	10.18	0.45	0.30
T569	粘接	924	4	−0.04	0.326	9	−0.46	5.5	11	15.00	0.64	0.24
T075	中国胶粘剂	787	6	−0.18	0.753	3	0.25	20.9	6	11.73	0.55	0.54
	11 种期刊平均值	964			0.603							

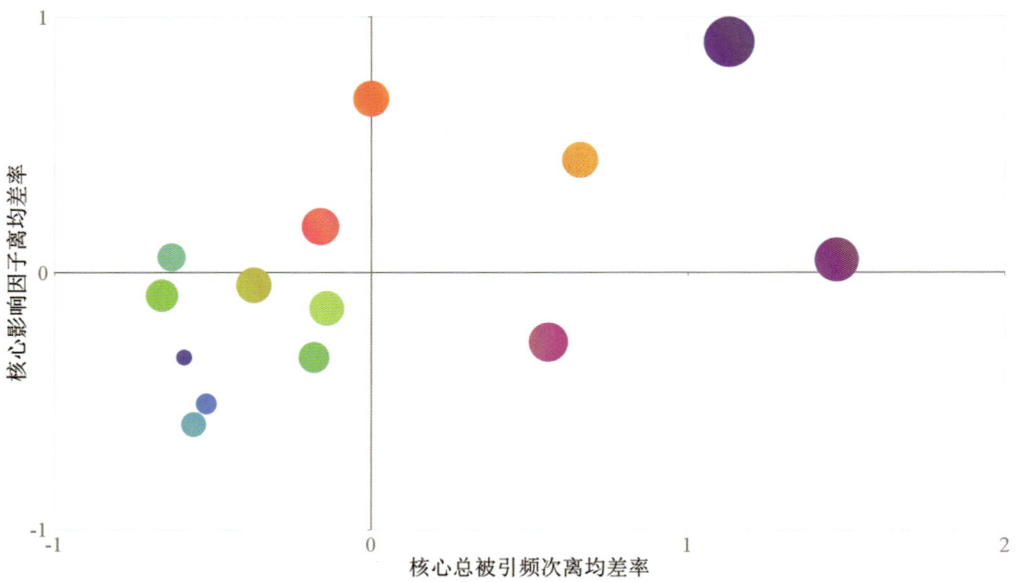

2022 年应用化学工程类期刊核心总被引频次和核心影响因子离均差率的分布图
（节点大小表示综合评价总分）

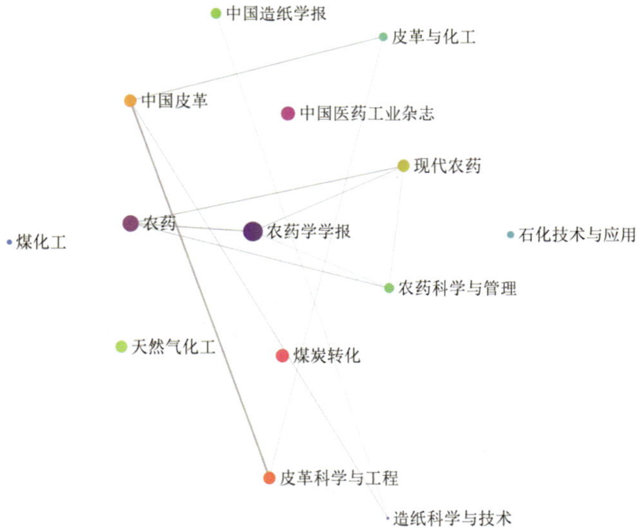

2022 年应用化学工程类期刊互引关系示意图

表 7-97　2022 年应用化学工程类期刊主要指标

CODE	刊名	核心总被引频次			核心影响因子			综合评价总分		学科扩散指标	学科影响指标	红点指标
		数值	排名	离均差率	数值	排名	离均差率	数值	排名			
T060	煤化工	331	10	−0.52	0.399	13	−0.51	15.7	13	6.71	0.29	0.15
D027	煤炭转化	577	7	−0.16	0.957	4	0.18	50.3	4	8.71	0.29	0.16
T034	农药	1698	1	1.47	0.852	6	0.05	69.7	2	17.43	0.50	0.61
T924	农药科学与管理	565	8	−0.18	0.541	12	−0.33	34.0	10	9.93	0.29	0.66
H404	农药学学报	1467	2	1.13	1.543	1	0.90	91.3	1	17.50	0.29	0.69
U602	皮革科学与工程	688	5	0.00	1.362	2	0.68	46.9	5	5.36	0.29	0.21
U604	皮革与化工	253	13	−0.63	0.860	5	0.06	28.7	11	4.14	0.21	0.29
T933	石化技术与应用	303	11	−0.56	0.335	14	−0.59	22.4	12	5.79	0.29	0.29
T074	天然气化工	591	6	−0.14	0.699	9	−0.14	43.1	8	8.71	0.29	0.24
H417	现代农药	431	9	−0.37	0.771	7	−0.05	45.5	7	9.21	0.29	0.80
U643	造纸科学与技术	279	12	−0.59	0.542	11	−0.33	9.1	14	5.86	0.29	0.15
U020	中国皮革	1141	3	0.66	1.169	3	0.44	46.3	6	7.21	0.36	0.37
T019	中国医药工业杂志	1075	4	0.56	0.594	10	−0.27	55.0	3	16.71	0.29	0.25
U033	中国造纸学报	234	14	−0.66	0.740	8	−0.09	37.6	9	6.43	0.21	0.38
	14 种期刊平均值	688			0.812							

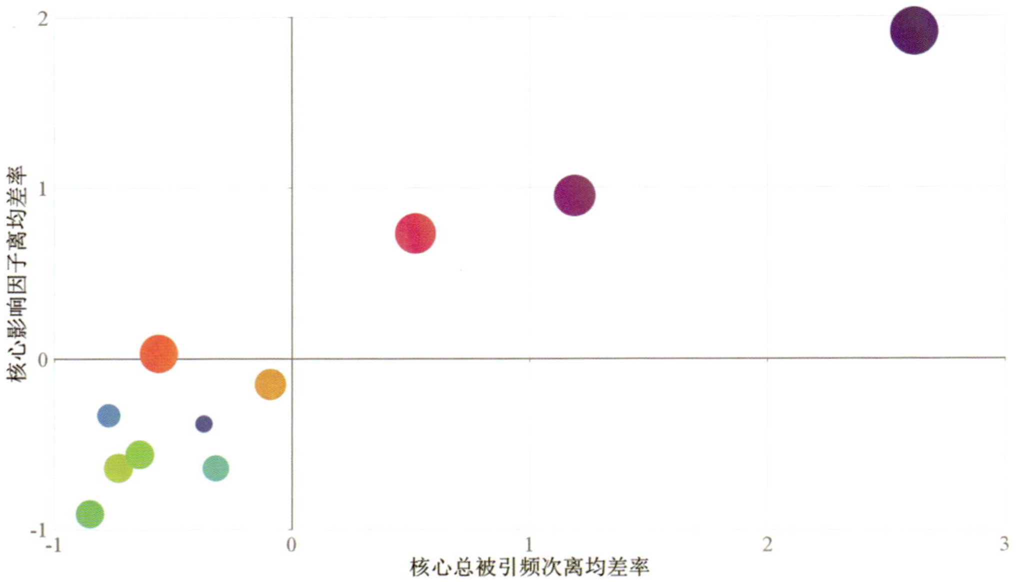

2022 年仪器仪表技术类期刊核心总被引频次和核心影响因子离均差率的分布图
（节点大小表示综合评价总分）

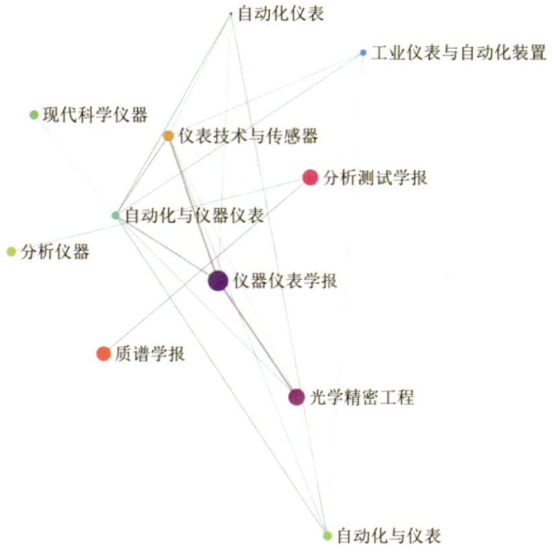

2022 年仪器仪表技术类期刊互引关系示意图

表 7-98　2022 年仪器仪表技术类期刊主要指标

CODE	刊名	核心总被引频次			核心影响因子			综合评价总分		学科扩散指标	学科影响指标	红点指标
		数值	排名	离均差率	数值	排名	离均差率	数值	排名			
D022	分析测试学报	2362	3	0.52	1.583	3	0.73	59.5	3	36.00	0.45	0.18
D062	分析仪器	413	9	–0.73	0.327	10	–0.64	30.8	6	18.00	0.36	0.17
N037	工业仪表与自动化装置	357	10	–0.77	0.612	6	–0.33	19.9	10	10.82	0.64	0.59
N033	光学精密工程	3406	2	1.19	1.782	2	0.95	62.0	2	38.64	0.73	0.26
N100	现代科学仪器	234	11	–0.85	0.079	11	–0.91	28.9	8	13.36	0.55	0.22
N074	仪表技术与传感器	1408	4	–0.09	0.782	5	–0.15	35.2	5	26.55	0.82	0.52
N066	仪器仪表学报	5630	1	2.62	2.661	1	1.91	83.8	1	53.18	0.73	0.33
C034	质谱学报	689	7	–0.56	0.939	4	0.03	52.4	4	19.64	0.27	0.08
N013	自动化仪表	986	6	–0.37	0.568	7	–0.38	10.9	11	20.36	0.73	0.53
S501	自动化与仪表	557	8	–0.64	0.403	8	–0.56	29.5	7	17.82	0.55	0.54
R611	自动化与仪器仪表	1065	5	–0.32	0.332	9	–0.64	25.4	9	22.91	0.91	0.51
	11 种期刊平均值	1555			0.915							

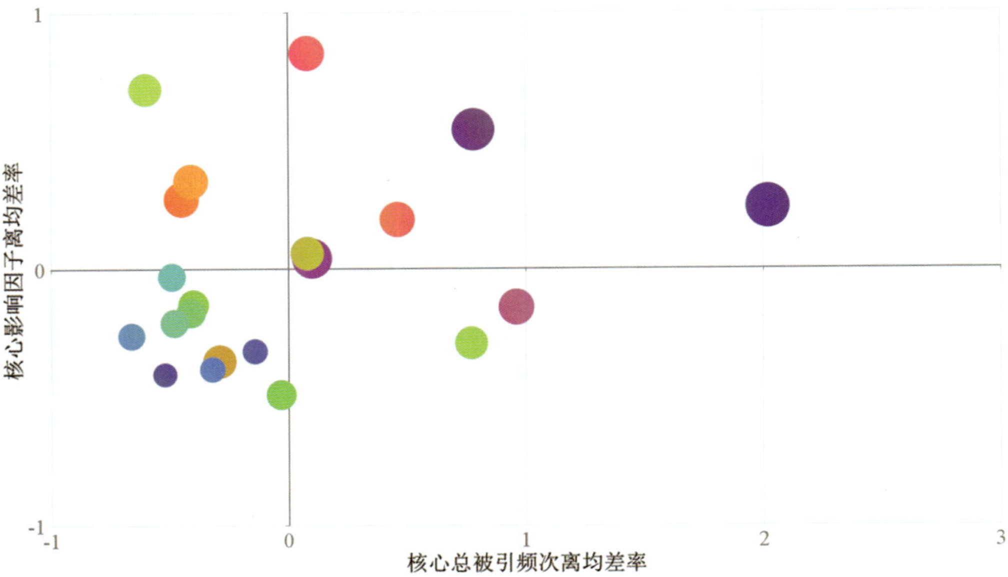

2022 年兵器科学与技术类期刊核心总被引频次和核心影响因子离均差率的分布图
（节点大小表示综合评价总分）

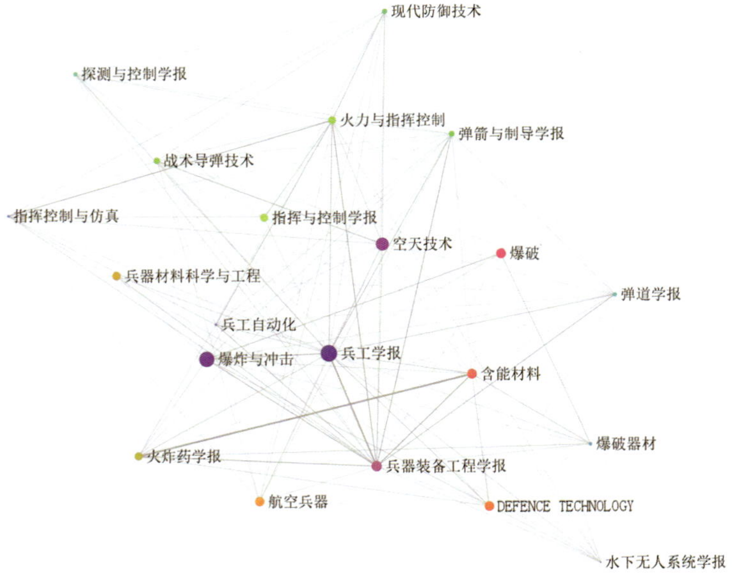

2022 年兵器科学与技术类期刊互引关系示意图

表 7-99 2022 年兵器科学与技术类期刊主要指标

CODE	刊名	核心总被引频次			核心影响因子			综合评价总分		学科扩散指标	学科影响指标	红点指标
		数值	排名	离均差率	数值	排名	离均差率	数值	排名			
I226	DEFENCE TECHNOLOGY	582	16	–0.45	1.088	5	0.27	44.3	7	7.67	0.81	0.09
N017	爆破	1142	8	0.08	1.578	1	0.84	45.3	5	6.05	0.48	0.42
N012	爆破器材	359	21	–0.66	0.634	15	–0.26	26.0	18	3.67	0.62	0.44
N006	爆炸与冲击	1884	3	0.78	1.318	3	0.54	64.8	2	12.14	0.81	0.43
N008	兵工学报	3199	1	2.02	1.064	6	0.24	70.3	1	19.52	1.00	0.25
R730	兵工自动化	912	10	–0.14	0.582	17	–0.32	22.8	20	9.95	0.95	0.34
N085	兵器材料科学与工程	752	11	–0.29	0.545	18	–0.36	40.0	9	9.19	0.52	0.45
T094	兵器装备工程学报	2083	2	0.96	0.732	12	–0.15	46.6	4	17.71	1.00	0.50
N004	弹道学报	536	18	–0.49	0.835	10	–0.03	27.9	17	4.71	0.90	0.37
N009	弹箭与制导学报	1025	9	–0.03	0.434	21	–0.49	32.5	14	9.52	0.90	0.54
L586	含能材料	1551	5	0.46	1.023	7	0.19	44.4	6	6.24	0.81	0.41
Y556	航空兵器	622	15	–0.41	1.145	4	0.34	43.4	8	7.52	0.86	0.62
N005	火力与指挥控制	1879	4	0.77	0.607	16	–0.29	38.7	12	12.71	0.86	0.39
N007	火炸药学报	1149	7	0.08	0.908	8	0.06	39.4	10	5.05	0.76	0.84
Y571	空天技术	1164	6	0.10	0.894	9	0.04	56.8	3	9.38	0.81	0.53
N907	水下无人系统学报	505	19	–0.52	0.505	20	–0.41	20.7	21	5.71	0.57	0.53
N043	探测与控制学报	547	17	–0.48	0.678	14	–0.21	28.2	16	7.19	0.76	0.39
Y561	现代防御技术	628	14	–0.41	0.714	13	–0.17	31.1	15	7.33	0.90	0.44
Y521	战术导弹技术	634	13	–0.40	0.736	11	–0.14	34.0	13	6.19	0.76	0.58
N091	指挥控制与仿真	721	12	–0.32	0.527	19	–0.39	23.5	19	6.71	0.71	0.43
N094	指挥与控制学报	427	20	–0.60	1.455	2	0.70	39.1	11	4.33	0.57	0.40
	21 种期刊平均值	1062			0.857							

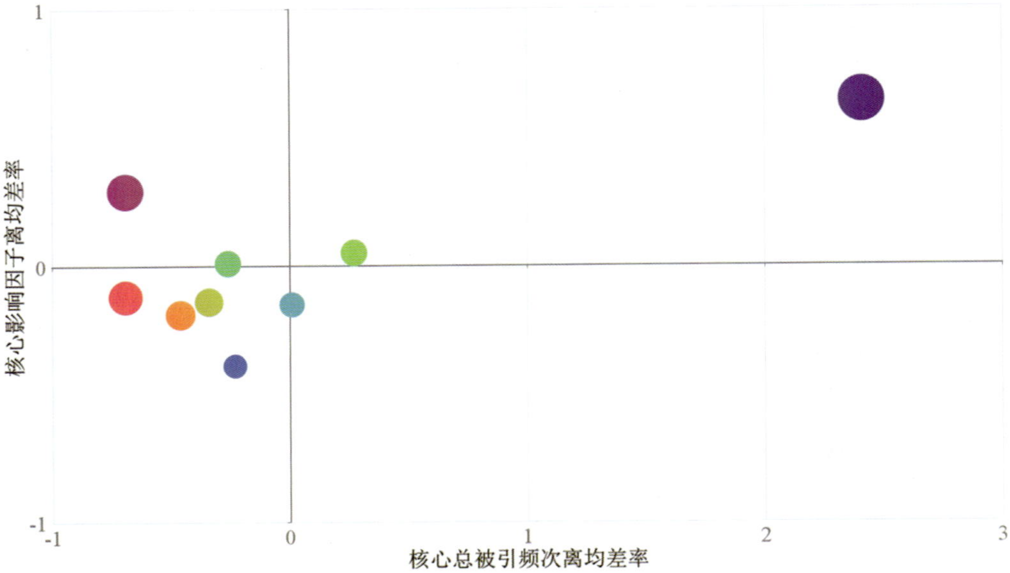

2022 年纺织科学技术类期刊核心总被引频次和核心影响因子离均差率的分布图
（节点大小表示综合评价总分）

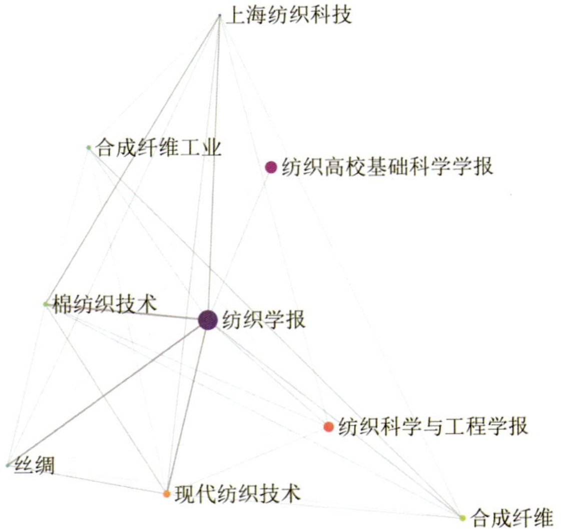

2022 年纺织科学技术类期刊互引关系示意图

表 7-100　2022 年纺织科学技术类期刊主要指标

CODE	刊名	核心总被引频次			核心影响因子			综合评价总分		学科扩散指标	学科影响指标	红点指标
		数值	排名	离均差率	数值	排名	离均差率	数值	排名			
U013	纺织高校基础科学学报	220	8	−0.69	0.816	2	0.29	47.5	2	7.11	0.89	0.37
Q418	纺织科学与工程学报	219	9	−0.69	0.560	5	−0.12	41.3	3	10.22	0.89	0.45
U053	纺织学报	2413	1	2.41	1.037	1	0.64	76.7	1	31.67	1.00	0.40
T067	合成纤维	465	6	−0.34	0.545	6	−0.14	29.0	5	11.44	1.00	0.45
T065	合成纤维工业	521	5	−0.26	0.637	4	0.01	25.1	7	11.78	1.00	0.61
U036	棉纺织技术	897	2	0.27	0.667	3	0.05	25.3	6	11.33	1.00	0.43
U528	上海纺织科技	547	4	−0.23	0.387	9	−0.39	20.8	9	11.56	1.00	0.71
U056	丝绸	715	3	0.01	0.536	7	−0.15	22.9	8	12.22	1.00	0.23
U634	现代纺织技术	383	7	−0.46	0.515	8	−0.19	31.4	4	9.44	1.00	0.38
	9 种期刊平均值	709			0.633							

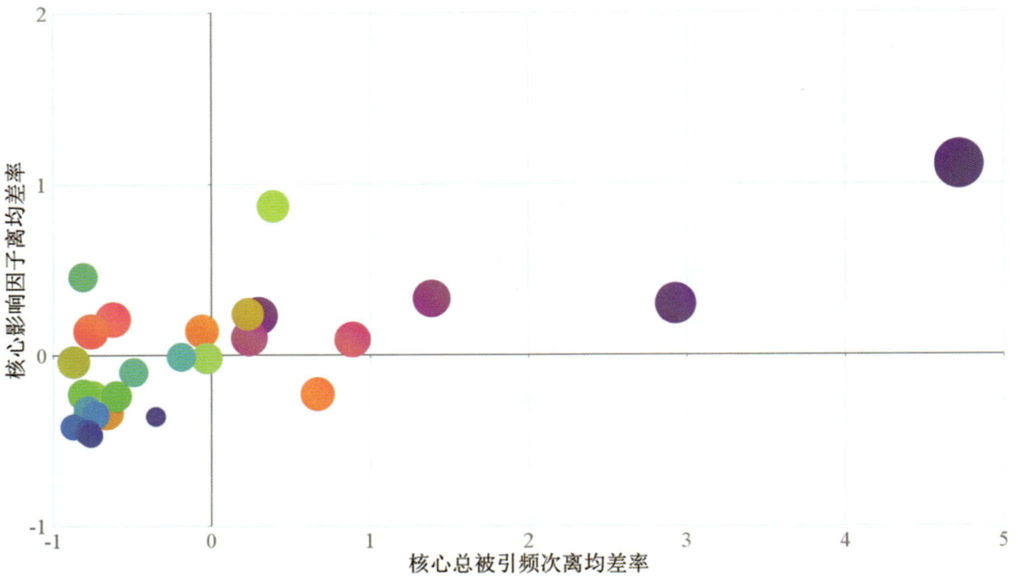

2022 年食品科学技术类期刊核心总被引频次和核心影响因子离均差率的分布图
（节点大小表示综合评价总分）

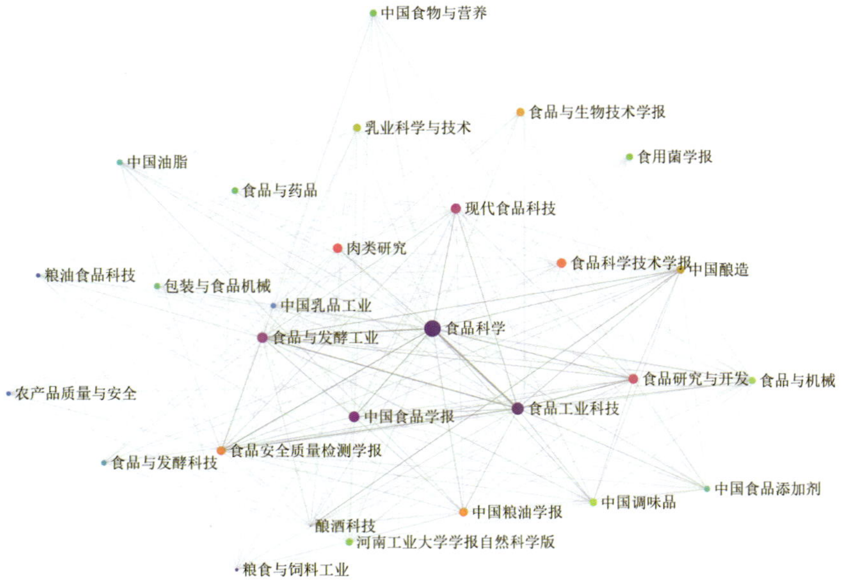

2022 年食品科学技术类期刊互引关系示意图

表 7-101　2022 年食品科学技术类期刊主要指标

CODE	刊名	核心总被引频次			核心影响因子			综合评价总分		学科扩散指标	学科影响指标	红点指标
		数值	排名	离均差率	数值	排名	离均差率	数值	排名			
U521	包装与食品机械	643	25	−0.81	1.747	3	0.46	30.9	20	4.50	0.89	0.32
U004	河南工业大学学报自然科学版	868	19	−0.75	0.910	20	−0.24	34.7	16	5.96	0.93	0.59
U055	粮食与饲料工业	823	20	−0.76	0.633	28	−0.47	20.8	27	5.61	0.86	0.48
U626	粮油食品科技	753	23	−0.78	0.662	27	−0.45	24.0	26	5.18	0.82	0.53
U504	酿酒科技	2248	13	−0.35	0.763	24	−0.36	14.3	28	4.93	0.86	0.59
H071	农产品质量与安全	445	28	−0.87	0.696	26	−0.42	24.6	25	4.75	0.71	0.45
U515	肉类研究	1321	16	−0.62	1.445	8	0.21	46.1	7	4.54	0.82	0.83
H097	乳业科学与技术	463	27	−0.87	1.145	15	−0.04	38.1	13	2.86	0.79	0.67
U049	食品安全质量检测学报	5754	5	0.67	0.917	18	−0.23	41.4	9	18.61	1.00	0.62
U005	食品工业科技	13569	2	2.93	1.563	5	0.30	61.6	2	22.00	1.00	0.75
U006	食品科学	19746	1	4.72	2.527	1	1.11	87.8	1	23.71	1.00	0.65
A117	食品科学技术学报	815	21	−0.76	1.371	9	0.14	45.1	8	6.79	0.93	0.61
U617	食品研究与开发	6510	4	0.89	1.311	12	0.09	46.9	6	17.71	1.00	0.82
U035	食品与发酵工业	8266	3	1.39	1.592	4	0.33	50.8	4	16.07	1.00	0.70
U641	食品与发酵科技	774	22	−0.78	0.815	21	−0.32	28.6	23	5.96	0.93	0.61
U547	食品与机械	3333	10	−0.03	1.170	14	−0.02	35.2	15	14.64	1.00	0.62
U029	食品与生物技术学报	1186	17	−0.66	0.790	22	−0.34	40.4	11	8.18	0.96	0.66
G748	食品与药品	642	26	−0.81	0.720	25	−0.40	32.3	19	8.86	0.71	0.56
H838	食用菌学报	656	24	−0.81	0.927	17	−0.23	34.4	17	4.96	0.68	0.38
U010	现代食品科技	4265	8	0.24	1.318	11	0.10	48.7	5	15.00	1.00	0.68
U001	中国粮油学报	3231	11	−0.06	1.362	10	0.14	41.0	10	11.00	0.96	0.63
U609	中国酿造	4233	9	0.23	1.484	6	0.24	38.3	12	10.75	1.00	0.81
U052	中国乳品工业	929	18	−0.73	0.779	23	−0.35	27.9	24	5.21	0.93	0.56
U635	中国食品添加剂	1770	14	−0.49	1.080	16	−0.10	30.6	21	9.68	1.00	0.72
U007	中国食品学报	4471	7	0.30	1.475	7	0.23	52.5	3	14.79	1.00	0.64
U563	中国食物与营养	1380	15	−0.60	0.913	19	−0.24	34.4	17	12.61	1.00	0.36
U501	中国调味品	4784	6	0.39	2.238	2	0.87	37.9	14	8.39	0.93	0.82
U032	中国油脂	2796	12	−0.19	1.188	13	−0.01	30.5	22	10.89	0.96	0.53
	28 种期刊平均值	3453			1.198							

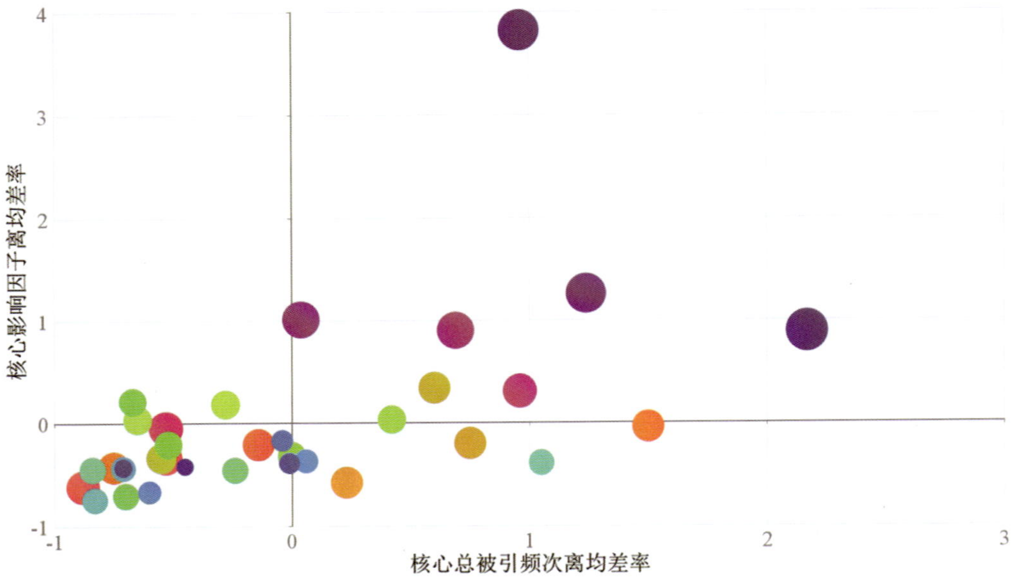

2022 年建筑科学与技术类期刊核心总被引频次和核心影响因子离均差率的分布图
（节点大小表示综合评价总分）

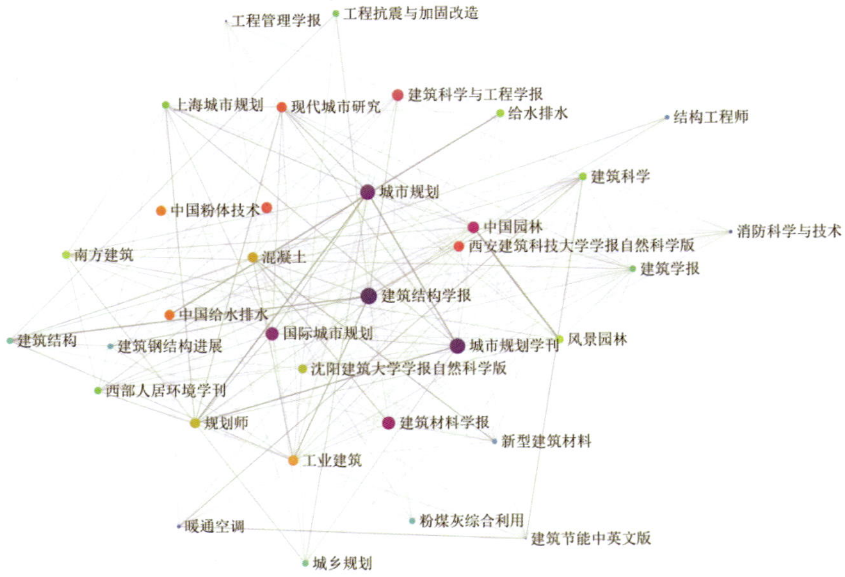

2022 年建筑科学与技术类期刊互引关系示意图

表 7-102 2022 年建筑科学与技术类期刊主要指标

CODE	刊名	核心总被引频次			核心影响因子			综合评价总分		学科扩散指标	学科影响指标	红点指标
		数值	排名	离均差率	数值	排名	离均差率	数值	排名			
V050	城市规划	3512	3	1.24	2.051	2	1.26	58.2	3	9.29	0.68	0.41
V028	城市规划学刊	3069	6	0.96	4.373	1	3.82	60.8	2	6.32	0.59	0.49
V062	城乡规划	255	33	−0.84	0.500	28	−0.45	24.5	25	2.32	0.41	0.46
V052	粉煤灰综合利用	274	32	−0.83	0.224	34	−0.75	23.6	27	3.12	0.35	0.50
V048	风景园林	1128	19	−0.28	1.069	9	0.18	30.5	17	4.12	0.53	0.57
V021	给水排水	2225	10	0.42	0.937	10	0.03	29.6	19	9.09	0.53	0.26
S712	工程管理学报	447	30	−0.71	0.520	25	−0.43	12.3	33	3.88	0.41	0.29
V033	工程抗震与加固改造	475	28	−0.70	0.260	33	−0.71	25.4	23	3.35	0.38	0.65
V010	工业建筑	1928	11	0.23	0.380	30	−0.58	36.7	13	9.53	0.74	0.55
V572	规划师	2513	9	0.60	1.218	6	0.34	36.6	15	7.41	0.56	0.56
V529	国际城市规划	1627	13	0.04	1.825	3	1.01	50.2	4	6.65	0.59	0.50
K032	河北工程大学学报自然科学版	185	34	−0.88	0.341	31	−0.62	40.4	8	3.94	0.29	0.43
V560	混凝土	2744	7	0.75	0.726	15	−0.20	36.6	14	7.62	0.59	0.76
V051	建筑材料学报	2648	8	0.69	1.727	4	0.90	49.9	5	8.18	0.59	0.54
V057	建筑钢结构进展	448	29	−0.71	0.506	27	−0.44	22.1	28	2.85	0.41	0.80
V523	建筑节能中英文版	855	20	−0.45	0.526	24	−0.42	10.8	34	4.97	0.56	0.53
V014	建筑结构	3209	4	1.05	0.553	22	−0.39	24.2	26	8.85	0.71	0.57
V044	建筑结构学报	4974	1	2.17	1.712	5	0.89	65.2	1	8.26	0.59	0.71
V005	建筑科学	1572	14	0.00	0.621	18	−0.32	28.4	20	8.26	0.74	0.50
V013	建筑科学与工程学报	738	22	−0.53	0.864	13	−0.05	42.7	7	5.32	0.59	0.65
V047	建筑学报	1189	18	−0.24	0.490	29	−0.46	25.1	24	4.53	0.74	0.11
V049	结构工程师	631	25	−0.60	0.299	32	−0.67	19.1	30	4.44	0.44	0.55
V089	南方建筑	541	26	−0.65	0.932	11	0.03	29.6	18	3.18	0.53	0.39
V032	暖通空调	1500	16	−0.04	0.751	14	−0.17	16.8	31	6.35	0.56	0.54
V088	上海城市规划	749	21	−0.52	0.714	16	−0.21	27.7	21	3.44	0.50	0.43
V011	沈阳建筑大学学报自然科学版	711	24	−0.55	0.595	20	−0.34	32.5	16	7.26	0.65	0.51
V018	西安建筑科技大学学报自然科学版	733	23	−0.53	0.602	19	−0.34	38.6	9	7.71	0.71	0.51
V573	西部人居环境学刊	523	27	−0.67	1.095	8	0.21	27.4	22	3.21	0.59	0.55
V087	现代城市研究	1341	17	−0.14	0.713	17	−0.21	37.3	10	6.88	0.53	0.38
T953	消防科学与技术	1546	15	−0.01	0.553	22	−0.39	16.0	32	7.88	0.59	0.34
V056	新型建筑材料	1666	12	0.06	0.574	21	−0.37	20.6	29	6.76	0.53	0.63
V568	中国粉体技术	385	31	−0.75	0.516	26	−0.43	36.9	12	5.74	0.15	0.19
V036	中国给水排水	3924	2	1.50	0.870	12	−0.04	37.1	11	10.91	0.44	0.27
V039	中国园林	3073	5	0.96	1.192	7	0.31	43.0	6	8.09	0.59	0.96
	34 种期刊平均值	1569			0.907							

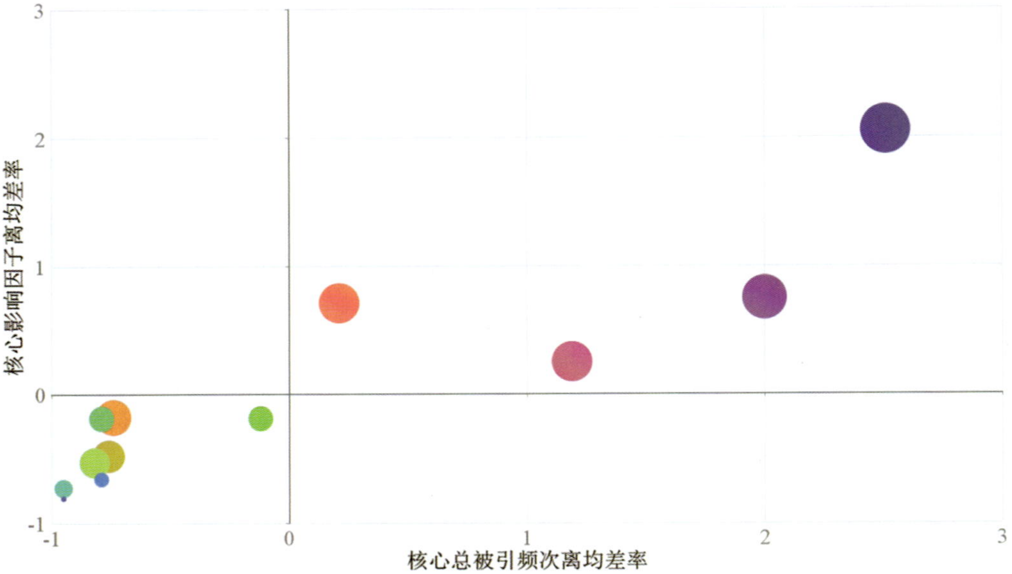

2022 年土木工程类期刊核心总被引频次和核心影响因子离均差率的分布图
（节点大小表示综合评价总分）

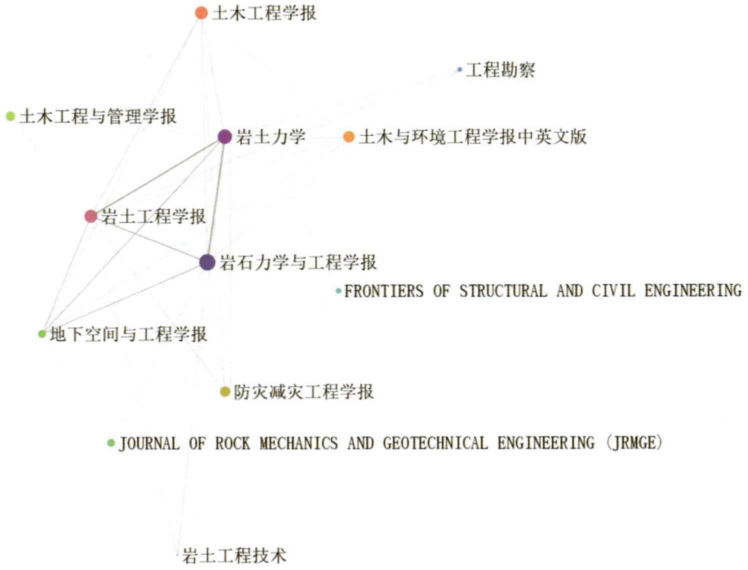

2022 年土木工程类期刊互引关系示意图

表 7-103　2022 年土木工程类期刊主要指标

CODE	刊名	核心总被引频次			核心影响因子			综合评价总分		学科扩散指标	学科影响指标	红点指标
		数值	排名	离均差率	数值	排名	离均差率	数值	排名			
I725	FRONTIERS OF STRUCTURAL AND CIVIL ENGINEERING	201	12	−0.95	0.351	11	−0.73	12.1	10	7.58	0.92	0.06
C010	JOURNAL OF ROCK MECHANICS AND GEOTECHNICAL ENGINEERING（JRMGE）	895	8	−0.79	1.066	7	−0.19	22.6	9	14.50	0.83	0.07
V031	地下空间与工程学报	3719	5	−0.12	1.075	6	−0.19	22.7	8	28.33	0.92	0.55
Z544	防灾减灾工程学报	1010	7	−0.76	0.690	8	−0.48	37.1	6	21.33	0.83	0.47
V030	工程勘察	881	9	−0.79	0.444	10	−0.66	7.8	11	18.58	0.92	0.33
V029	土木工程学报	5130	4	0.21	2.263	3	0.71	58.3	4	32.08	1.00	0.42
V035	土木工程与管理学报	743	10	−0.82	0.618	9	−0.53	32.4	7	19.58	0.58	0.28
V019	土木与环境工程学报中英文版	1113	6	−0.74	1.088	5	−0.18	45.4	5	27.08	0.83	0.38
C005	岩石力学与工程学报	14860	1	2.51	4.047	1	2.06	89.2	1	41.75	1.00	0.95
V574	岩土工程技术	216	11	−0.95	0.245	12	−0.81	1.1	12	7.75	0.75	0.52
V037	岩土工程学报	9275	3	1.19	1.654	4	0.25	58.6	3	35.08	1.00	0.47
C004	岩土力学	12700	2	2.00	2.307	2	0.75	71.2	2	41.42	1.00	0.49
	12 种期刊平均值	4229			1.321							

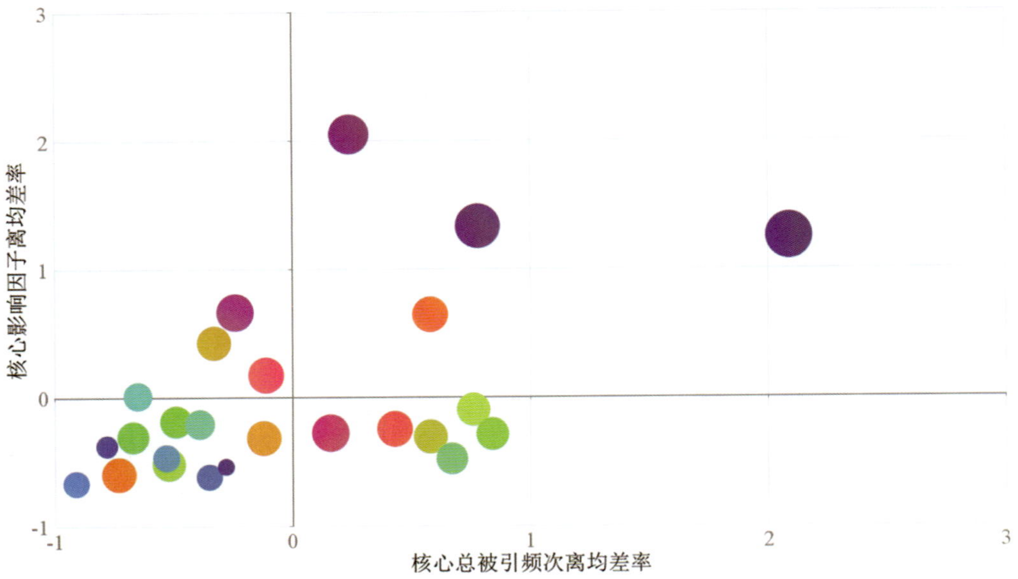

2022 年水利工程类期刊核心总被引频次和核心影响因子离均差率的分布图
（节点大小表示综合评价总分）

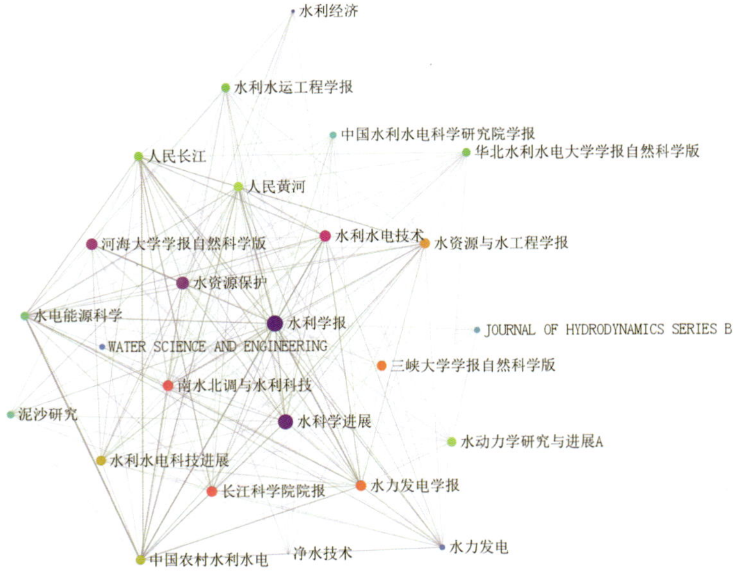

2022 年水利工程类期刊互引关系示意图

表 7-104 2022 年水利工程类期刊主要指标

CODE	刊名	核心总被引频次			核心影响因子			综合评价总分		学科扩散指标	学科影响指标	红点指标
		数值	排名	离均差率	数值	排名	离均差率	数值	排名			
W015	JOURNAL OF HYDRODYNAMICS SERIES B	818	20	−0.53	0.719	19	−0.47	26.3	21	8.08	0.88	0.00
W030	WATER SCIENCE AND ENGINEERING	155	25	−0.91	0.451	25	−0.67	24.7	22	3.16	0.60	0.00
W010	长江科学院院报	2488	8	0.43	1.013	12	−0.25	46.1	7	18.16	0.96	0.54
W012	河海大学学报自然科学版	1333	13	−0.24	2.263	4	0.66	50.9	4	13.40	0.88	0.46
W543	华北水利水电大学学报自然科学版	570	22	−0.67	0.941	15	−0.31	36.2	17	8.12	0.84	0.53
Z553	净水技术	1248	14	−0.28	0.631	22	−0.54	10.4	25	8.56	0.56	0.41
W590	南水北调与水利科技	1559	11	−0.11	1.585	7	0.17	46.6	6	12.32	0.92	0.60
W002	泥沙研究	1057	17	−0.39	1.072	11	−0.21	31.9	19	6.36	0.84	0.24
W555	人民黄河	3059	4	0.76	1.223	9	−0.10	40.1	13	15.84	0.92	0.61
W504	人民长江	3206	2	0.84	0.965	14	−0.29	38.2	15	17.60	0.96	0.50
R086	三峡大学学报自然科学版	462	23	−0.73	0.545	23	−0.60	43.4	9	9.24	0.68	0.35
P007	水电能源科学	2904	5	0.67	0.713	20	−0.48	36.0	18	19.32	0.92	0.52
W004	水动力学研究与进展 A	830	19	−0.52	0.656	21	−0.52	39.3	14	9.12	0.96	0.38
W013	水科学进展	3111	3	0.78	3.169	2	1.33	71.8	2	14.00	1.00	0.48
R050	水力发电	1129	16	−0.35	0.516	24	−0.62	24.5	23	10.76	0.84	0.60
R049	水力发电学报	2758	7	0.58	2.231	5	0.64	45.9	8	12.64	0.96	0.46
R587	水利经济	376	24	−0.78	0.839	18	−0.38	17.4	24	4.24	0.76	0.45
W011	水利水电技术	2015	10	0.16	0.977	13	−0.28	50.0	5	15.64	0.96	0.67
W502	水利水电科技进展	1164	15	−0.33	1.924	6	0.42	41.8	11	10.60	0.96	0.55
W006	水利水运工程学报	889	18	−0.49	1.100	10	−0.19	36.9	16	8.40	0.92	0.50
W003	水利学报	5379	1	2.09	3.063	3	1.25	80.2	1	20.24	1.00	0.39
R566	水资源保护	2160	9	0.24	4.152	1	2.05	57.6	3	11.64	0.96	0.57
W570	水资源与水工程学报	1540	12	−0.12	0.928	17	−0.32	42.9	10	14.56	0.92	0.57
W005	中国农村水利水电	2761	6	0.58	0.939	16	−0.31	40.8	12	16.64	0.92	0.52
W557	中国水利水电科学研究院学报	613	21	−0.65	1.368	8	0.01	29.3	20	7.32	0.92	0.55
	25 种期刊平均值	1743			1.359							

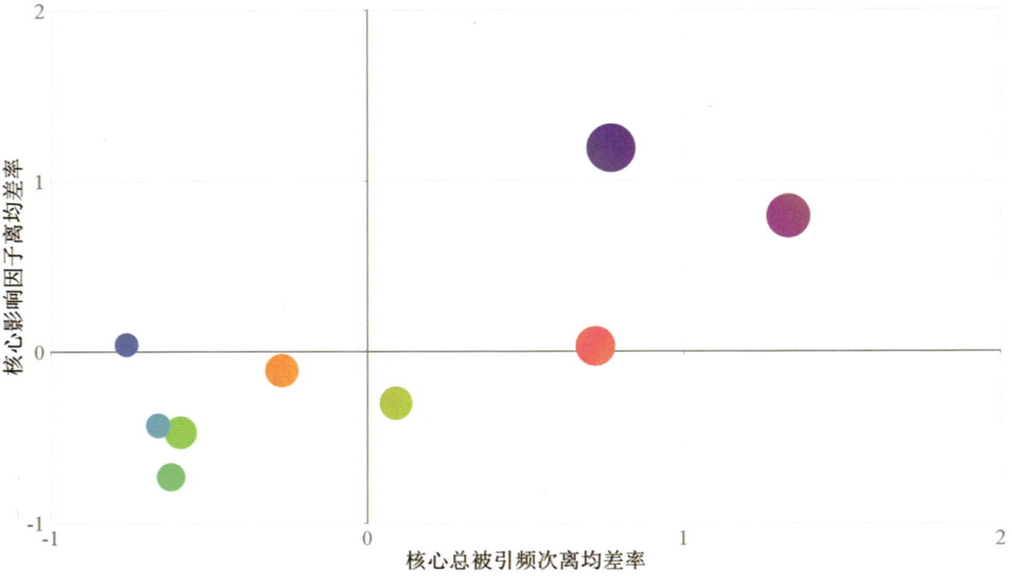

2022 年交通运输工程类期刊核心总被引频次和核心影响因子离均差率的分布图
（节点大小表示综合评价总分）

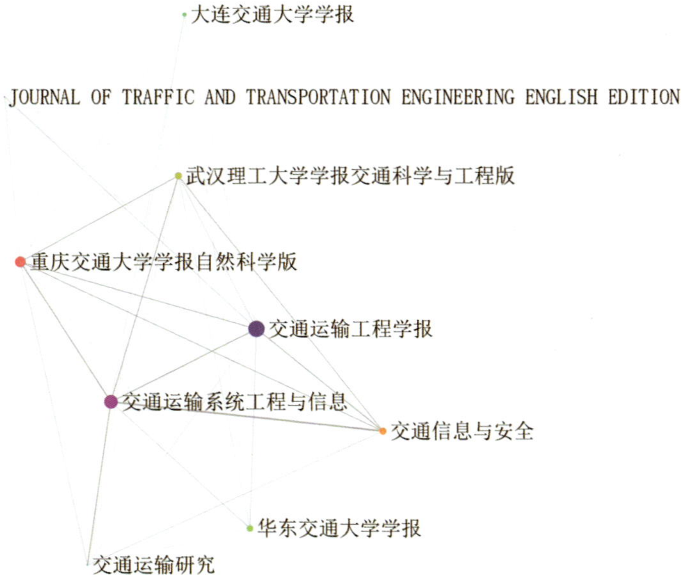

2022 年交通运输工程类期刊互引关系示意图

表 7-105　2022 年交通运输工程类期刊主要指标

CODE	刊名	核心总被引频次			核心影响因子			综合评价总分		学科扩散指标	学科影响指标	红点指标
		数值	排名	离均差率	数值	排名	离均差率	数值	排名			
X053	JOURNAL OF TRAFFIC AND TRANSPORTATION ENGINEERING ENGLISH EDITION	216	9	−0.76	0.965	3	0.04	20.4	9	8.78	0.89	0.11
X029	重庆交通大学学报自然科学版	1549	3	0.72	0.962	4	0.03	56.4	3	40.44	1.00	0.95
X001	大连交通大学学报	338	7	−0.62	0.251	9	−0.73	29.6	7	18.89	0.67	0.30
X003	华东交通大学学报	370	6	−0.59	0.495	8	−0.47	37.9	6	20.89	0.89	0.30
X020	交通信息与安全	660	5	−0.27	0.825	5	−0.11	40.0	4	20.89	0.78	0.79
X672	交通运输工程学报	1597	2	0.77	2.036	1	1.19	85.2	1	36.67	1.00	0.75
X685	交通运输系统工程与信息	2096	1	1.33	1.668	2	0.79	70.1	2	32.00	1.00	0.96
X516	交通运输研究	308	8	−0.66	0.527	7	−0.43	22.0	8	14.44	1.00	0.45
X017	武汉理工大学学报交通科学与工程版	981	4	0.09	0.649	6	−0.30	39.5	5	33.22	1.00	0.43
	9 种期刊平均值	902			0.931							

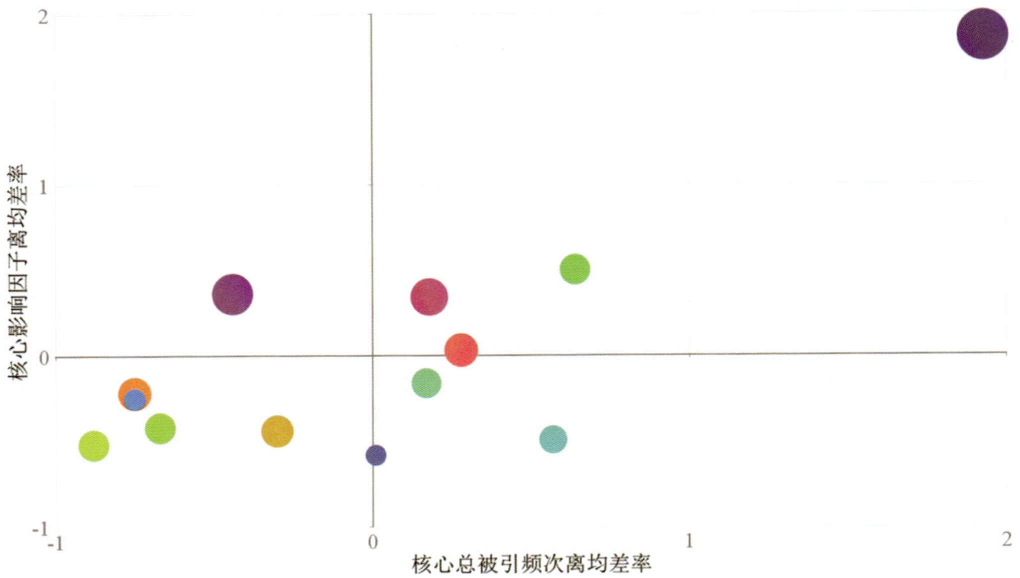

2022 年公路运输类期刊核心总被引频次和核心影响因子离均差率的分布图
（节点大小表示综合评价总分）

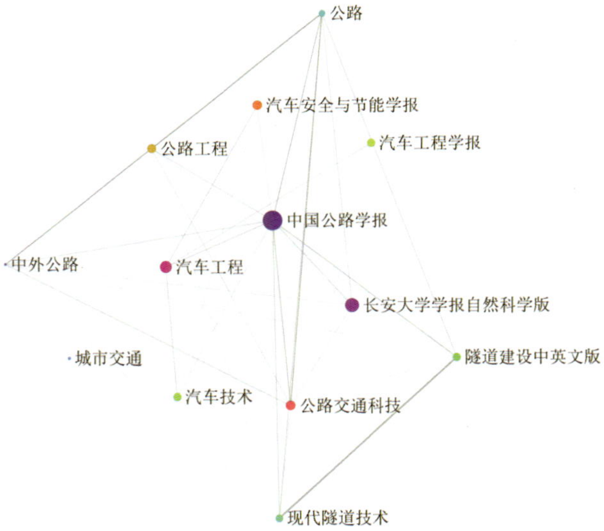

2022 年公路运输类期刊互引关系示意图

表 7-106 2022 年公路运输类期刊主要指标

CODE	刊名	核心总被引频次			核心影响因子			综合评价总分		学科扩散指标	学科影响指标	红点指标
		数值	排名	离均差率	数值	排名	离均差率	数值	排名			
X036	长安大学学报自然科学版	956	9	−0.44	1.291	3	0.36	61.5	2	18.00	0.77	0.99
X046	城市交通	435	11	−0.75	0.711	8	−0.25	16.9	12	7.85	0.38	0.44
X579	公路	2697	3	0.57	0.486	11	−0.49	28.4	11	26.38	0.69	0.63
X022	公路工程	1209	8	−0.30	0.535	10	−0.44	37.3	6	18.69	0.69	0.60
X026	公路交通科技	2195	4	0.28	0.976	5	0.03	40.4	4	27.46	1.00	0.97
X532	汽车安全与节能学报	430	12	−0.75	0.740	7	−0.22	39.4	5	11.92	0.62	0.48
X018	汽车工程	2022	5	0.18	1.275	4	0.34	50.9	3	21.38	0.54	0.41
X500	汽车工程学报	202	13	−0.88	0.455	12	−0.52	34.6	7	8.00	0.54	0.35
X013	汽车技术	561	10	−0.67	0.550	9	−0.42	34.3	8	13.38	0.54	0.32
X634	隧道建设中英文版	2824	2	0.64	1.427	2	0.50	33.8	9	20.15	0.62	0.51
X673	现代隧道技术	2017	6	0.17	0.799	6	−0.16	32.2	10	17.23	0.62	0.64
X031	中国公路学报	5033	1	1.93	2.721	1	1.86	94.4	1	32.77	1.00	1.00
X539	中外公路	1740	7	0.01	0.401	13	−0.58	15.9	13	17.54	0.62	0.52
	13 种期刊平均值	1717			0.951							

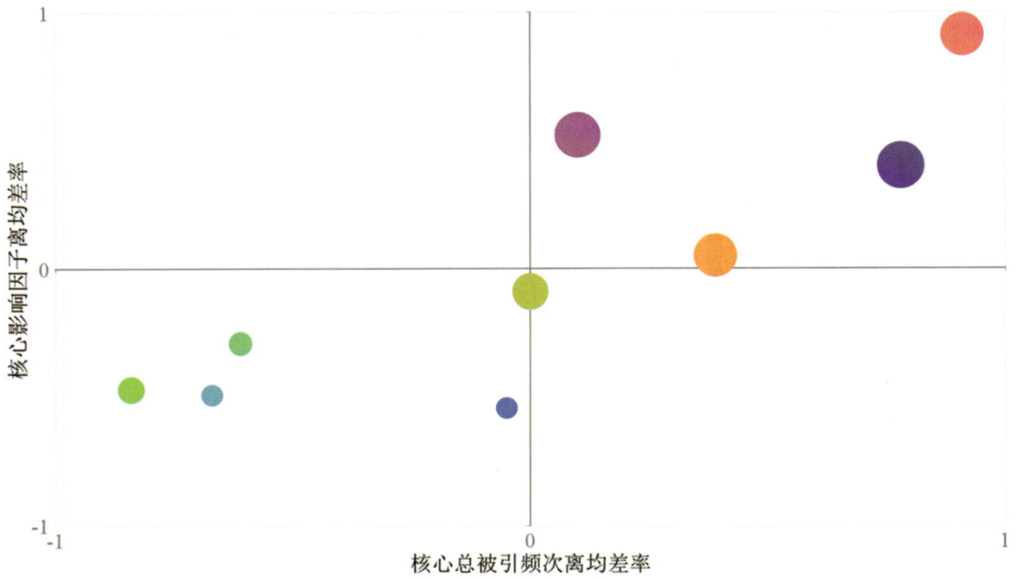

2022 年铁路运输类期刊核心总被引频次和核心影响因子离均差率的分布图
（节点大小表示综合评价总分）

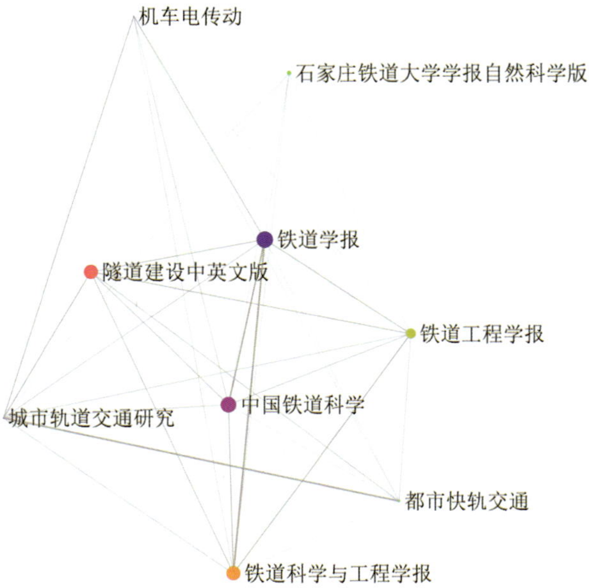

2022 年铁路运输类期刊互引关系示意图

表 7-107　2022 年铁路运输类期刊主要指标

CODE	刊名	核心总被引频次			核心影响因子			综合评价总分		学科扩散指标	学科影响指标	红点指标
		数值	排名	离均差率	数值	排名	离均差率	数值	排名			
X043	城市轨道交通研究	1403	6	−0.05	0.345	9	−0.54	17.1	9	27.22	1.00	0.72
X034	都市快轨交通	578	7	−0.61	0.527	6	−0.29	20.7	7	13.44	0.78	0.84
X011	机车电传动	495	8	−0.67	0.381	8	−0.49	17.3	8	13.89	0.89	0.79
X042	石家庄铁道大学学报自然科学版	233	9	−0.84	0.397	7	−0.47	25.9	6	11.78	0.78	0.47
X634	隧道建设中英文版	2824	1	0.91	1.427	1	0.91	66.6	3	29.11	0.89	0.49
X521	铁道工程学报	1482	5	0.00	0.680	5	−0.09	47.4	5	26.44	1.00	0.39
X007	铁道科学与工程学报	2058	3	0.39	0.781	4	0.05	66.5	4	37.67	1.00	0.37
X005	铁道学报	2632	2	0.78	1.047	3	0.40	80.1	1	40.44	1.00	0.41
X004	中国铁道科学	1636	4	0.10	1.135	2	0.52	74.9	2	32.78	1.00	0.57
	9 种期刊平均值	1482			0.747							

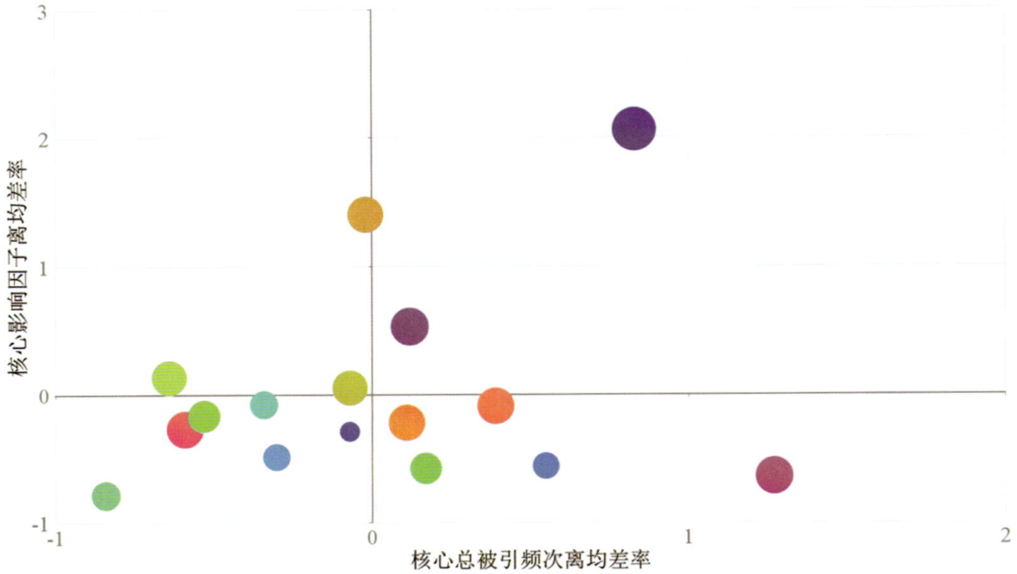

2022 年水路运输类期刊核心总被引频次和核心影响因子离均差率的分布图
（节点大小表示综合评价总分）

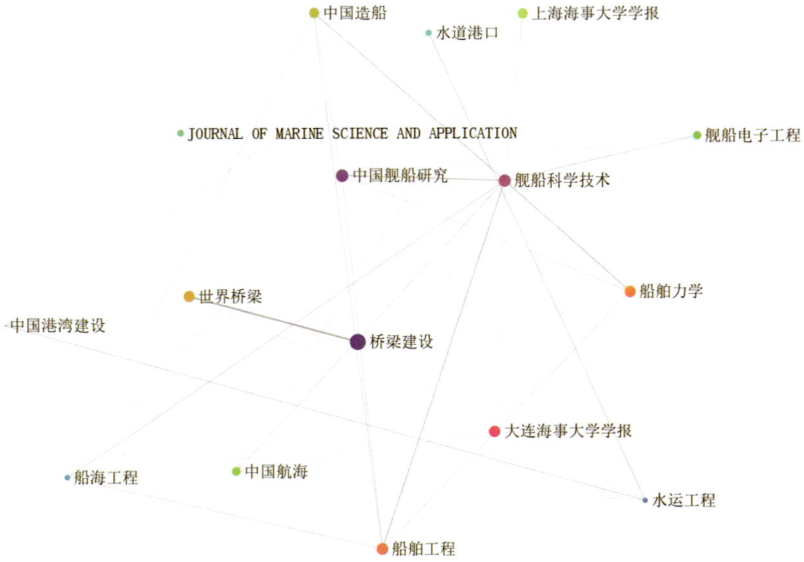

2022 年水路运输类期刊互引关系示意图

表 7-108　2022 年水路运输类期刊主要指标

CODE	刊名	核心总被引频次			核心影响因子			综合评价总分		学科扩散指标	学科影响指标	红点指标
		数值	排名	离均差率	数值	排名	离均差率	数值	排名			
I229	JOURNAL OF MARINE SCIENCE AND APPLICATION	165	16	−0.84	0.167	16	−0.79	30.6	12	4.31	0.63	0.00
X010	船舶工程	1397	4	0.39	0.729	7	−0.09	48.6	5	18.25	0.88	0.40
X633	船舶力学	1115	7	0.11	0.621	9	−0.22	47.4	6	12.88	0.81	0.43
X635	船海工程	703	11	−0.30	0.410	12	−0.49	27.0	14	10.81	0.88	0.34
X024	大连海事大学学报	409	14	−0.59	0.583	10	−0.27	49.0	4	11.13	0.94	0.18
Y522	舰船电子工程	1179	5	0.17	0.334	14	−0.58	36.3	11	16.88	0.44	0.25
Y564	舰船科学技术	2290	1	1.27	0.290	15	−0.64	50.9	3	22.88	0.81	0.44
X021	桥梁建设	1846	2	0.83	2.443	1	2.06	69.2	1	9.88	0.50	0.82
X038	上海海事大学学报	358	15	−0.64	0.903	4	0.13	43.9	9	8.44	0.81	0.18
X538	世界桥梁	988	8	−0.02	1.913	2	1.40	46.2	7	6.13	0.31	0.93
X533	水道港口	665	12	−0.34	0.734	6	−0.08	28.9	13	6.75	0.75	0.42
X528	水运工程	1562	3	0.55	0.355	13	−0.56	25.9	15	13.25	0.81	0.34
X035	中国港湾建设	934	9	−0.07	0.565	11	−0.29	14.7	16	6.81	0.75	0.28
X039	中国航海	469	13	−0.53	0.665	8	−0.17	37.3	10	8.56	0.81	0.28
N108	中国舰船研究	1125	6	0.12	1.224	3	0.53	51.9	2	14.25	0.88	0.45
X012	中国造船	934	9	−0.07	0.842	5	0.05	44.1	8	11.63	0.94	0.50
	16 种期刊平均值	1009			0.799							

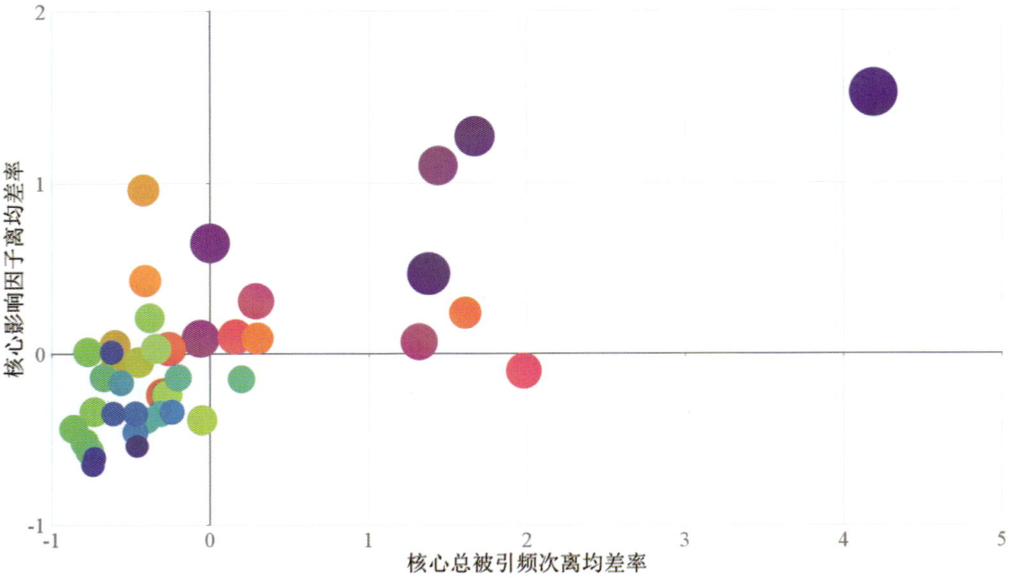

2022 年航空、航天科学技术类期刊核心总被引频次和核心影响因子离均差率的分布图
（节点大小表示综合评价总分）

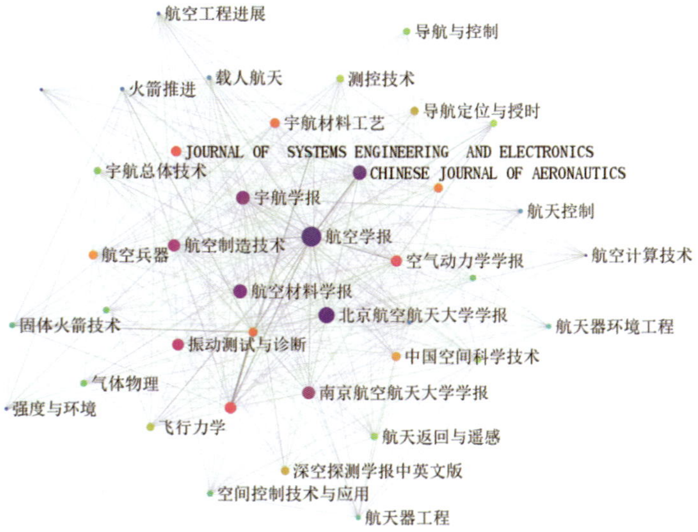

2022 年航空、航天科学技术类期刊互引关系示意图

表 7-109　2022 年航空、航天科学技术类期刊主要指标

CODE	刊名	核心总被引频次			核心影响因子			综合评价总分		学科扩散指标	学科影响指标	红点指标
		数值	排名	离均差率	数值	排名	离均差率	数值	排名			
I122	CHINESE JOURNAL OF AERONAUTICS	2828	3	1.67	1.818	2	1.27	57.1	3	8.10	0.93	0.03
I144	JOURNAL OF SYSTEMS ENGINEERING AND ELECTRONICS	781	17	–0.26	0.825	16	0.03	42.4	11	5.17	0.43	0.00
I017	TRANSACTIONS OF NANJING UNIVERSITY OF AERONAUTICS & ASTRONAUTICS	224	41	–0.79	0.383	38	–0.52	29.4	27	2.52	0.43	0.32
Y001	北京航空航天大学学报	2516	6	1.38	1.178	6	0.47	66.2	2	12.19	0.98	0.43
Y022	测控技术	1003	13	–0.05	0.488	34	–0.39	33.0	20	7.17	0.67	0.37
Y503	导弹与航天运载技术	804	16	–0.24	0.526	30	–0.34	22.8	36	3.93	0.88	0.40
Y563	导航定位与授时	431	31	–0.59	0.754	21	–0.06	34.4	18	3.29	0.45	0.28
Y585	导航与控制	290	36	–0.73	0.531	29	–0.34	31.6	24	3.10	0.40	0.21
R740	电光与控制	1373	8	0.30	0.877	12	0.09	37.3	14	6.24	0.67	0.44
Y006	飞行力学	585	26	–0.45	0.760	20	–0.05	33.5	19	3.19	0.67	0.56
Y013	固体火箭技术	1270	10	0.20	0.680	25	–0.15	28.0	30	3.64	0.60	0.44
Y029	海军航空工程学院学报	252	39	–0.76	0.342	40	–0.57	29.0	28	2.57	0.45	0.38
Y556	航空兵器	622	24	–0.41	1.145	7	0.43	37.2	15	3.76	0.71	0.62
Y027	航空材料学报	1059	12	0.00	1.321	5	0.65	56.4	4	5.31	0.55	0.47
Y017	航空动力学报	3161	2	1.98	0.719	22	–0.10	47.0	9	7.29	0.83	0.46
Y554	航空发动机	726	20	–0.31	0.518	33	–0.35	24.8	33	3.55	0.50	0.89
Y052	航空工程进展	411	33	–0.61	0.523	31	–0.35	21.4	38	3.21	0.57	0.51
Y031	航空计算技术	571	27	–0.46	0.370	39	–0.54	18.8	42	3.79	0.52	0.29
Y012	航空精密制造技术	290	36	–0.73	0.311	41	–0.61	19.8	40	2.62	0.50	0.37
Y002	航空学报	5500	1	4.19	2.019	1	1.52	84.1	1	11.79	1.00	0.49
Y014	航空制造技术	2460	7	1.32	0.861	14	0.07	49.4	7	7.07	0.69	0.51
Y034	航天返回与遥感	660	22	–0.38	0.971	10	0.21	31.9	23	3.71	0.57	0.52
Y015	航天控制	464	30	–0.56	0.669	26	–0.17	23.8	34	2.98	0.67	0.51
Y033	航天器工程	852	15	–0.20	0.693	24	–0.14	26.1	31	4.79	0.62	0.54
Y032	航天器环境工程	639	23	–0.40	0.488	34	–0.39	25.7	32	4.05	0.71	0.47
Y040	火箭推进	564	28	–0.47	0.519	32	–0.35	22.6	37	2.55	0.57	0.51
Y051	空间控制技术与应用	351	35	–0.67	0.694	23	–0.14	28.7	29	2.81	0.60	0.47
Y016	空气动力学学报	1230	11	0.16	0.881	11	0.10	45.4	10	5.48	0.69	0.44
Y026	南京航空航天大学学报	1000	14	–0.06	0.875	13	0.09	51.7	6	8.00	0.88	0.54
Y504	气体物理	151	42	–0.86	0.452	36	–0.44	30.2	26	1.19	0.36	0.51
Y009	强度与环境	406	34	–0.62	0.809	19	0.01	21.0	39	2.40	0.55	0.39
Y555	上海航天中英文版	701	21	–0.34	0.823	17	0.03	32.2	22	4.40	0.71	0.45
T763	深空探测学报中英文版	419	32	–0.60	0.840	15	0.05	34.4	17	2.33	0.45	0.33

表 7-109　2022 年航空、航天科学技术类期刊主要指标（续）

CODE	刊名	核心总被引频次			核心影响因子			综合评价总分		学科扩散指标	学科影响指标	红点指标
		数值	排名	离均差率	数值	排名	离均差率	数值	排名			
Y018	实验流体力学	770	18	−0.27	0.611	27	−0.24	32.7	21	4.33	0.64	0.60
Y025	推进技术	2766	4	1.61	0.995	9	0.24	37.4	13	5.86	0.86	0.68
Y020	宇航材料工艺	740	19	−0.30	0.611	27	−0.24	39.8	12	4.83	0.60	0.51
Y008	宇航计测技术	276	38	−0.74	0.280	42	−0.65	19.7	41	2.79	0.38	0.32
Y024	宇航学报	2587	5	1.44	1.682	3	1.10	54.8	5	7.00	0.98	0.57
Y054	宇航总体技术	242	40	−0.77	0.811	18	0.01	31.3	25	2.12	0.64	0.38
Y057	载人航天	557	29	−0.47	0.432	37	−0.46	23.7	35	3.79	0.67	0.31
Y010	振动测试与诊断	1366	9	0.29	1.049	8	0.31	48.0	8	7.60	0.48	0.53
Y003	中国空间科学技术	615	25	−0.42	1.577	4	0.96	36.2	16	3.69	0.62	0.47
	42 种期刊平均值	1060			0.803							

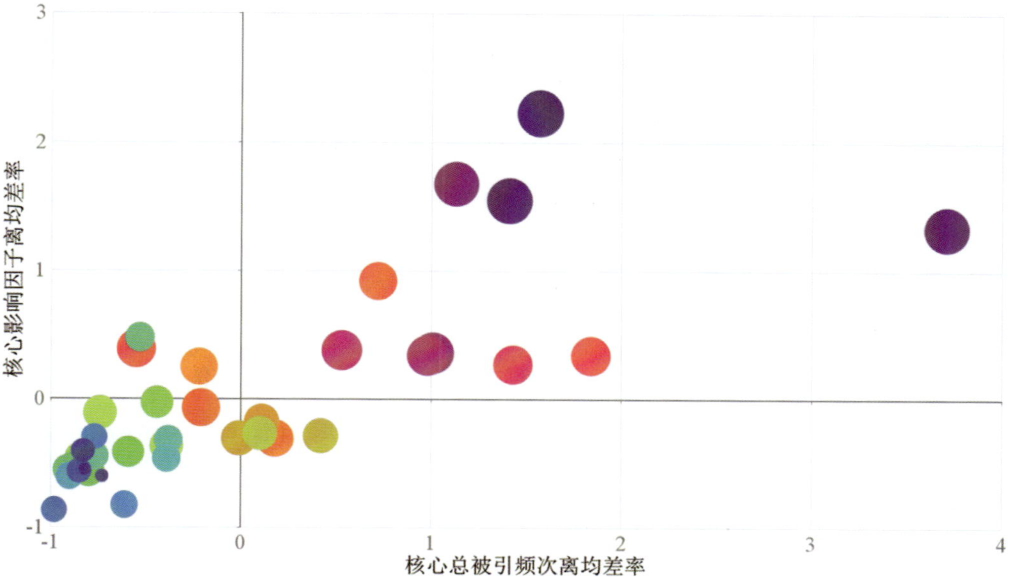

2022 年环境科学技术及资源科学技术类期刊核心总被引频次和核心影响因子离均差率的分布图
（节点大小表示综合评价总分）

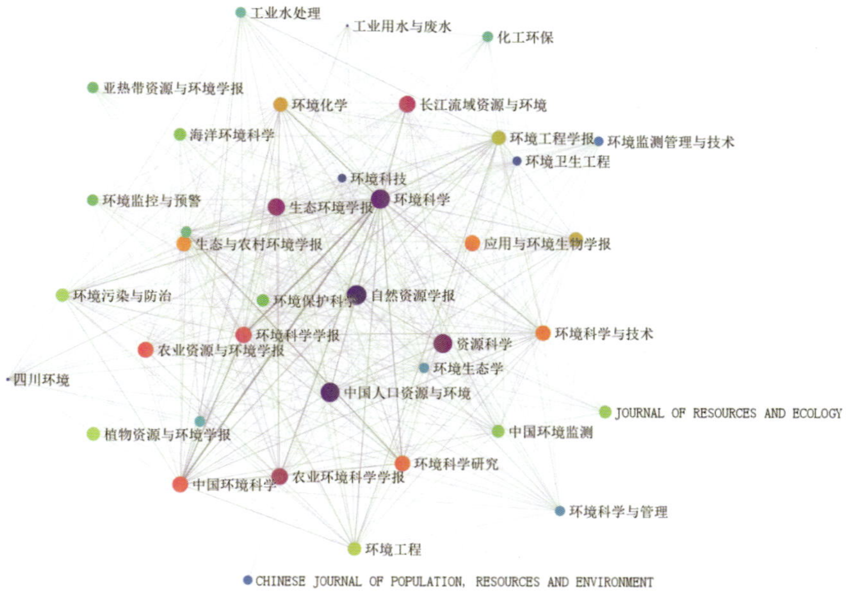

2022 年环境科学技术及资源科学技术类期刊互引关系示意图

表 7-110　2022 年环境科学技术及资源科学技术类期刊主要指标

CODE	刊名	核心总被引频次			核心影响因子			综合评价总分		学科扩散指标	学科影响指标	红点指标
		数值	排名	离均差率	数值	排名	离均差率	数值	排名			
I219	CHINESE JOURNAL OF POPULATION, RESOURCES AND ENVIRONMENT	59	38	−0.98	0.205	38	−0.87	24.0	34	1.00	0.18	0.02
Z027	JOURNAL OF ENVIRONMENTAL SCIENCES	3144	15	−0.01	1.111	22	−0.31	45.2	16	14.26	0.97	0.05
F208	JOURNAL OF RESOURCES AND ECOLOGY	514	33	−0.84	0.862	28	−0.47	38.3	21	5.21	0.61	0.41
Z029	长江流域资源与环境	4836	10	0.53	2.233	8	0.38	59.1	7	14.24	0.87	0.58
Z013	工业水处理	1946	18	−0.38	1.092	23	−0.32	29.3	29	7.92	0.74	0.55
Z032	工业用水与废水	569	31	−0.82	0.711	31	−0.56	5.4	38	3.05	0.61	0.49
Z010	海洋环境科学	1284	24	−0.59	0.937	26	−0.42	36.7	24	7.11	0.74	0.56
Z009	化工环保	740	28	−0.77	0.889	27	−0.45	30.2	28	5.68	0.63	0.52
Z017	环境保护科学	644	30	−0.80	0.700	33	−0.57	36.7	23	6.50	0.92	0.60
Z005	环境工程	3481	14	0.10	1.184	18	−0.27	42.5	18	15.11	0.95	0.62
Z550	环境工程技术学报	1499	22	−0.53	2.397	6	0.48	30.7	27	7.16	0.87	0.58
Z021	环境工程学报	4497	11	0.42	1.144	19	−0.29	44.5	17	14.76	0.87	0.56
D024	环境化学	3516	13	0.11	1.332	17	−0.18	45.4	15	13.00	0.84	0.62
Z554	环境监测管理与技术	715	29	−0.77	1.127	20	−0.30	24.5	33	5.29	0.74	0.58
Z525	环境监控与预警	386	35	−0.88	0.743	30	−0.54	32.0	25	3.87	0.66	0.68
Z506	环境科技	526	32	−0.83	0.950	25	−0.41	20.9	36	4.21	0.74	0.64
Z004	环境科学	14897	1	3.71	3.759	4	1.33	74.0	3	20.00	0.97	0.80
Z003	环境科学学报	7680	4	1.43	2.048	12	0.27	56.3	8	19.18	0.97	0.67
Z002	环境科学研究	5428	9	0.72	3.110	5	0.92	52.9	11	16.61	1.00	0.69
Z521	环境科学与管理	1230	25	−0.61	0.271	37	−0.83	27.0	31	10.63	0.89	0.56
Z025	环境科学与技术	3720	12	0.18	1.117	21	−0.31	51.1	13	16.92	0.95	0.70
Z518	环境生态学	329	36	−0.90	0.627	36	−0.61	27.0	32	4.05	0.79	0.53
Z035	环境卫生工程	465	34	−0.85	0.689	34	−0.57	22.6	35	3.08	0.55	0.51
Z019	环境污染与防治	1929	20	−0.39	1.014	24	−0.37	40.3	20	11.00	0.87	0.65
Z008	农业环境科学学报	6260	8	0.98	2.174	10	0.34	59.2	6	13.84	0.97	0.67
H773	农业资源与环境学报	1410	23	−0.55	2.241	7	0.39	54.5	10	8.79	0.84	0.63
H784	生态环境学报	6342	7	1.01	2.200	9	0.36	62.7	5	16.24	0.95	0.71
Z023	生态与农村环境学报	2481	17	−0.22	2.018	13	0.25	49.9	14	11.71	0.95	0.67
Z016	水处理技术	1941	19	−0.39	0.860	29	−0.47	29.1	30	8.08	0.74	0.52
Z007	四川环境	865	26	−0.73	0.634	35	−0.61	6.6	37	5.87	0.76	0.50
E047	亚热带资源与环境学报	292	37	−0.91	0.705	32	−0.56	31.7	26	3.68	0.29	0.47
F100	应用与环境生物学报	2486	16	−0.21	1.511	15	−0.07	52.0	12	11.00	0.82	0.35
Z551	植物资源与环境学报	812	27	−0.74	1.432	16	−0.11	41.3	19	5.71	0.34	0.18
Z030	中国环境监测	1785	21	−0.44	1.561	14	−0.03	37.9	22	8.92	0.84	0.54
Z001	中国环境科学	8978	2	1.84	2.173	11	0.34	56.0	9	21.16	0.97	0.64
Z546	中国人口资源与环境	7630	5	1.41	4.120	3	1.55	75.5	2	17.68	0.84	0.38
Z022	资源科学	6737	6	1.13	4.336	2	1.68	72.0	4	17.13	0.95	0.57
Z012	自然资源学报	8136	3	1.57	5.214	1	2.23	77.9	1	16.42	0.84	0.54
	38 种期刊平均值	3163			1.617							

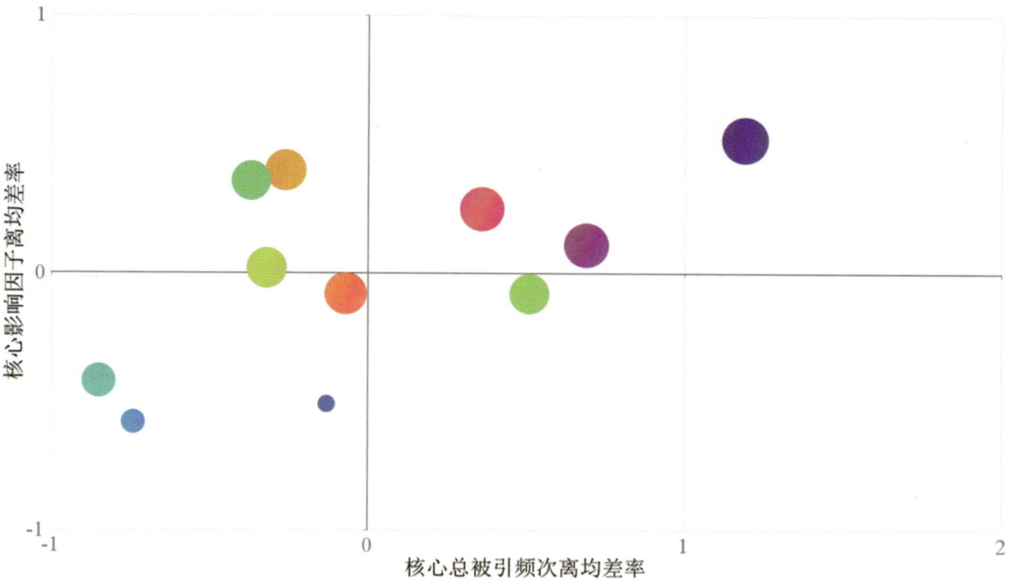

2022 年安全科学技术类期刊核心总被引频次和核心影响因子离均差率的分布图
（节点大小表示综合评价总分）

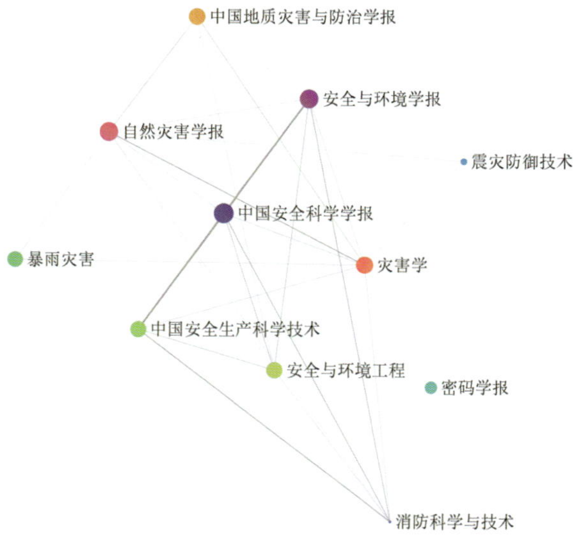

2022 年安全科学技术类期刊互引关系示意图

表 7-111　2022 年安全科学技术类期刊主要指标

CODE	刊名	核心总被引频次			核心影响因子			综合评价总分		学科扩散指标	学科影响指标	红点指标
		数值	排名	离均差率	数值	排名	离均差率	数值	排名			
E625	安全与环境工程	1217	8	−0.32	1.153	6	0.02	59.1	6	34.55	0.73	0.36
Z549	安全与环境学报	3022	2	0.69	1.256	5	0.11	71.3	2	58.91	0.73	0.97
E045	暴雨灾害	1125	9	−0.37	1.546	3	0.36	56.3	8	9.64	0.36	0.13
R119	密码学报	263	11	−0.85	0.658	9	−0.42	41.3	9	7.36	0.09	0.12
T953	消防科学与技术	1546	6	−0.13	0.553	10	−0.51	10.8	11	24.36	0.64	0.47
E148	灾害学	1654	5	−0.07	1.043	8	−0.08	63.7	4	35.64	0.91	0.48
E316	震灾防御技术	464	10	−0.74	0.474	11	−0.58	20.8	10	8.82	0.27	0.15
G129	中国安全科学学报	3914	1	1.19	1.727	1	0.52	77.5	1	49.36	0.73	0.40
Z552	中国安全生产科学技术	2689	3	0.51	1.048	7	−0.08	57.7	7	42.18	0.73	0.43
E604	中国地质灾害与防治学报	1330	7	−0.26	1.591	2	0.40	60.4	5	22.00	0.73	0.47
E137	自然灾害学报	2423	4	0.36	1.419	4	0.25	70.5	3	37.18	0.91	0.36
	11 种期刊平均值	1786			1.133							

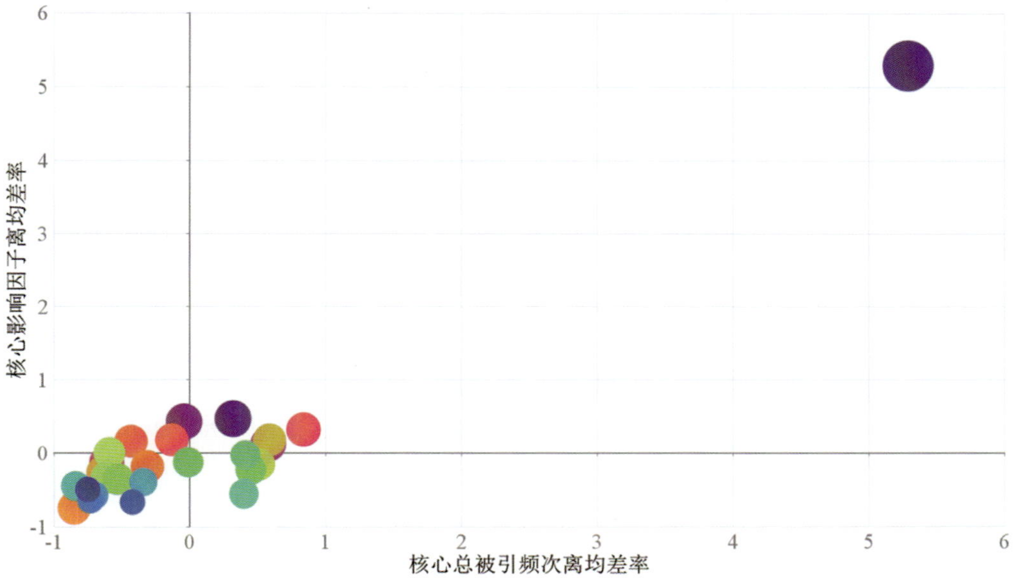

2022 年管理学类期刊核心总被引频次和核心影响因子离均差率的分布图
（节点大小表示综合评价总分）

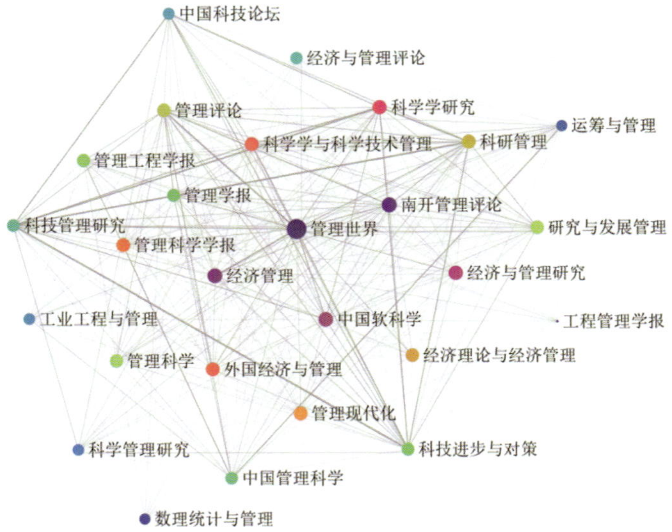

2022 年管理学类期刊互引关系示意图

表 7-112　2022 年管理学类期刊主要指标

CODE	刊名	核心总被引频次			核心影响因子			综合评价总分		学科扩散指标	学科影响指标	红点指标
		数值	排名	离均差率	数值	排名	离均差率	数值	排名			
S230	经济与管理评论	481	25	−0.84	1.161	20	−0.45	31.0	21	7.70	0.74	0.44
S712	工程管理学报	447	26	−0.85	0.520	26	−0.75	0.0	27	4.89	0.30	0.41
N110	工业工程与管理	915	22	−0.70	0.888	23	−0.58	26.9	23	8.78	0.74	0.19
W007	管理工程学报	1398	17	−0.53	1.357	18	−0.36	35.8	16	10.04	1.00	0.36
W018	管理科学	1165	20	−0.61	1.397	17	−0.34	36.8	15	8.96	0.96	0.41
W008	管理科学学报	2062	13	−0.31	1.707	14	−0.19	39.8	9	11.30	1.00	0.35
W025	管理评论	4543	5	0.51	1.769	13	−0.16	38.5	13	17.63	1.00	0.33
S744	管理世界	18868	1	5.29	13.251	1	5.29	92.6	1	21.22	1.00	0.30
S745	管理现代化	439	27	−0.85	0.518	27	−0.75	39.1	10	8.22	0.78	0.44
W016	管理学报	2957	10	−0.01	1.827	11	−0.13	33.5	18	13.67	1.00	0.42
S759	经济管理	2895	11	−0.04	3.003	3	0.43	47.7	3	12.00	1.00	0.57
S762	经济理论与经济管理	1071	21	−0.64	1.537	16	−0.27	38.8	11	9.33	0.96	0.40
S773	经济与管理研究	1174	19	−0.61	1.805	12	−0.14	44.9	5	10.81	0.96	0.58
S812	科技管理研究	4199	8	0.40	0.930	22	−0.56	31.9	20	24.04	1.00	0.57
R588	科技进步与对策	4362	6	0.45	1.626	15	−0.23	35.0	17	17.30	0.96	0.56
S816	科学管理研究	809	23	−0.73	0.761	24	−0.64	25.7	24	8.78	0.70	0.48
W514	科学学研究	5525	2	0.84	2.775	4	0.32	43.0	6	22.44	1.00	0.45
S818	科学学与科学技术管理	2623	12	−0.13	2.493	5	0.18	40.2	7	12.41	0.96	0.55
W531	科研管理	4775	3	0.59	2.490	6	0.18	38.6	12	15.26	1.00	0.59
S776	南开管理评论	3972	9	0.32	3.086	2	0.47	49.0	2	11.00	1.00	0.43
W009	数理统计与管理	738	24	−0.75	1.057	21	−0.50	23.0	26	11.11	0.67	0.29
S795	外国经济与管理	1703	16	−0.43	2.450	7	0.16	39.9	8	11.22	1.00	0.37
S821	研究与发展管理	1233	18	−0.59	2.099	9	0.00	37.0	14	8.41	0.96	0.65
B522	运筹与管理	1745	15	−0.42	0.705	25	−0.67	23.2	25	12.37	0.78	0.35
W021	中国管理科学	4223	7	0.41	2.044	10	−0.03	32.7	19	17.67	1.00	0.36
A098	中国科技论坛	1983	14	−0.34	1.260	19	−0.40	28.1	22	14.15	0.96	0.49
S825	中国软科学	4738	4	0.58	2.352	8	0.12	46.1	4	20.52	1.00	0.42
	27 种期刊平均值	3002			2.106							

8 2022 年中国科技核心期刊综合评价

表 8-1 2022 年中国科技核心期刊综合评价总分排名（自然科学）

CODE	刊名	核心总被引频次		核心影响因子		综合评价总分	
		数值	排名	数值	排名	数值	排名
A103	中国科学 物理学 力学 天文学	903	1205	0.661	1461	40.3; 49.8; 96.2	1
H527	草业学报	5526	91	2.414	108	95.1	2
X031	中国公路学报	5033	109	2.721	73	94.4	3
G143	中华骨科杂志	3065	285	2.256	145	93.3	4
H034	作物学报	6462	70	2.447	101	93.3	4
E305	地理学报	13674	15	5.951	4	93.2	6
S744	管理世界	18868	5	13.251	1	92.6	7
G978	中华消化外科杂志	2836	329	3.104	47	92.4	8
A010	北京师范大学学报自然科学版	979	1139	1.086	731	92.0	9
G147	中华结核和呼吸杂志	4277	154	2.705	76	92.0	9
H404	农药学学报	1467	778	1.543	350	60.3; 91.3	11
H030	中国农业科学	12538	21	2.388	114	91.3	11
G023	南方医科大学学报	2041	504	1.205	590	91.2	13
F205	生物技术通报	2642	364	1.137	666	90.9	14
K015	中国矿业大学学报	3444	222	2.744	69	78.4; 90.4	15
G396	中国循证医学杂志	2583	376	1.903	209	66.0; 90.2	16
G156	中华内科杂志	3807	186	2.902	60	89.6	17
C005	岩石力学与工程学报	14860	12	4.047	22	88.7; 89.2	18
S026	自动化学报	4929	115	2.765	68	88.8	19
U006	食品科学	19746	4	2.527	91	87.8	20
E046	心理学报	3044	292	1.407	435	86.8	21
G776	中国全科医学	8083	42	1.987	196	86.4	22
K017	煤炭学报	14210	14	4.547	8	86.3	23
G142	中华妇产科杂志	3834	182	3.052	53	86.2	24
M012	金属学报	3089	278	2.051	178	86.0	25
L031	石油勘探与开发	7063	53	6.308	3	85.8	26
G152	中华流行病学杂志	6316	72	3.032	55	85.4	27
X672	交通运输工程学报	1597	709	2.036	183	85.2	28
T098	表面技术	3503	216	1.377	454	85.0	29
N051	机械工程学报	10452	26	1.730	264	84.5	30
H008	水产学报	2748	349	1.404	437	84.4	31
Y002	航空学报	5500	94	2.019	187	84.1	32
G182	中国中西医结合杂志	5155	106	1.986	197	83.9	33
N066	仪器仪表学报	5630	86	2.661	81	83.8	34
T101	化工进展	5520	93	1.170	629	83.4	35
G172	中华血液学杂志	1842	593	1.573	336	83.4	35
F011	微生物学通报	3399	229	1.322	500	83.3	37
Z014	生态学报	30106	1	3.505	35	83.0	38
G272	中国实用外科杂志	4708	127	3.016	56	83.0	38

表 8-1　2022 年中国科技核心期刊综合评价总分排名（自然科学）（续）

CODE	刊名	核心总被引频次		核心影响因子		综合评价总分	
		数值	排名	数值	排名	数值	排名
G176	中华医学杂志	9546	29	2.114	169	82.8	40
E111	湖泊科学	3855	180	3.003	57	82.5	41
R065	通信学报	2350	426	1.812	234	81.9	42
G140	中华放射学杂志	3282	246	2.182	155	81.7	43
Z006	遥感学报	3070	283	2.741	70	81.1	44
F009	植物生态学报	5166	105	2.627	85	81.1	44
G139	中华耳鼻咽喉头颈外科杂志	2884	320	1.153	645	80.8	46
B025	系统工程理论与实践	4434	141	2.158	162	80.4	47
W003	水利学报	5379	98	3.063	51	80.2	48
X005	铁道学报	2632	367	1.047	782	80.1	49
H577	植物保护	3804	187	1.534	354	80.1	49
G138	中华儿科杂志	4251	158	1.772	248	80.1	49
G600	中国针灸	6007	79	2.302	135	80.0	52
S018	计算机学报	3529	209	2.620	87	79.9	53
K512	采矿与安全工程学报	3326	243	2.498	93	79.6	54
H039	园艺学报	4766	124	2.149	164	79.5	55
L028	石油学报	6778	58	4.339	14	79.4	56
G793	中华胃肠外科杂志	2960	310	2.352	121	79.0	57
S919	心理科学进展	3776	192	1.072	752	78.6	58
G119	中国循环杂志	4544	131	4.495	9	78.6	58
R040	中国电机工程学报	25694	2	4.228	16	78.4	60
E152	测绘学报	4120	166	2.713	74	78.3	61
T007	化工学报	4915	116	0.989	868	78.2	62
H012	土壤学报	5531	90	3.579	33	78.2	62
G161	中华肾脏病杂志	1391	818	1.418	429	78.1	64
A108	中国科学 地球科学	6206	74	2.303	134	77.9	65
Z012	自然资源学报	8136	41	5.214	5	77.9	65
F231	动物营养学报	7147	51	2.100	170	77.6	67
G129	中国安全科学学报	3914	178	1.727	265	77.5	68
G416	海南医学院学报	1944	545	0.879	1025	77.4	69
H018	西北农林科技大学学报自然科学版	3143	270	1.358	475	77.1	70
H555	中国生态农业学报中英文版	4777	122	2.473	98	76.9	71
E357	地学前缘	7156	50	2.239	147	76.8	72
M628	中国冶金	1601	706	1.795	240	76.8	72
G132	中国中药杂志	15944	8	3.231	41	76.8	72
E656	地球信息科学学报	2800	333	2.167	159	76.7	75
U053	纺织学报	2413	416	1.037	797	76.7	75
R021	电子测量与仪器学报	3176	265	2.375	116	76.6	77
G039	中南大学学报医学版	1392	817	0.932	954	76.5	78
G007	中草药	15133	10	3.067	50	76.4	79
E153	地球物理学报	11536	22	2.354	119	76.3	80
C050	光学学报	6194	76	2.165	160	76.3	80
G173	中华眼科杂志	2068	496	1.881	215	76.2	82
G177	中华预防医学杂志	3507	215	2.132	167	76.2	82

表 8-1　2022 年中国科技核心期刊综合评价总分排名（自然科学）（续）

CODE	刊名	核心总被引频次		核心影响因子		综合评价总分	
		数值	排名	数值	排名	数值	排名
D004	分析试验室	1574	719	0.806	1157	38.4; 76.1	84
H279	农业工程学报	20288	3	2.435	105	76.1	84
S025	计算机工程与应用	7651	45	1.713	275	75.9	86
G850	辽宁中医药大学学报	5351	99	1.422	423	75.7	87
G299	中国组织工程研究	6896	55	1.141	663	75.7	87
G157	中华皮肤科杂志	2094	487	1.362	472	75.6	89
Z546	中国人口资源与环境	7630	46	4.120	18	75.5	90
G604	中国实验方剂学杂志	12973	17	2.883	61	75.5	90
G197	中华神经科杂志	4858	118	1.575	335	75.5	90
E107	武汉大学学报信息科学版	4387	145	2.031	184	73.4; 75.4	93
G106	中国康复医学杂志	3638	200	1.371	461	75.3	94
H280	林业科学	4480	137	1.282	526	75.2	95
R066	中国激光	5563	89	2.455	99	75.2	95
G093	针刺研究	2860	325	2.426	106	75.1	97
F015	昆虫学报	2051	500	1.010	839	75.0	98
H027	中国农业大学学报	2968	306	1.527	357	75.0	98
G111	中国免疫学杂志	3355	238	1.276	532	74.9	100
X004	中国铁道科学	1636	689	1.135	667	74.9	100
C073	工程热物理学报	2326	430	0.576	1649	47.7; 74.7	102
M028	中国有色金属学报	4090	167	1.397	444	74.7	102
M103	材料导报	6782	57	1.003	848	74.5	104
S001	控制与决策	4267	155	1.695	283	74.5	104
F035	应用昆虫学报	2102	484	0.959	913	74.5	104
I072	CELL RESEARCH	3242	255	2.436	104	74.4	107
G194	中华医院感染学杂志	6196	75	1.247	554	74.3	108
G179	中华肿瘤杂志	2984	302	2.794	65	74.2	109
R006	电子学报	3384	233	1.414	433	74.1	110
G146	中华护理杂志	7753	43	2.317	128	74.1	110
G148	中华口腔医学杂志	1617	702	1.458	397	74.1	110
H053	中南林业科技大学学报	2844	327	2.023	186	70.9; 74.1	110
Z004	环境科学	14897	11	3.759	27	74.0	114
G253	中国卫生统计	2664	360	1.399	440	74.0	114
L029	天然气工业	6619	62	4.461	11	73.9	116
F047	中国实验动物学报	891	1217	1.291	520	73.9	116
E310	地理研究	8676	37	3.983	23	73.6	118
G010	中医杂志	9985	28	2.707	75	73.6	118
M104	TRANSACTIONS OF NONFERROUS METALS SOCIETY OF CHINA	4345	148	1.668	293	73.5	120
R022	电子与信息学报	3409	227	1.569	337	73.5	120
G096	中国病理生理杂志	2525	388	1.356	478	73.3	122
T022	中国塑料	1494	760	1.047	782	73.3	122
S019	电力系统自动化	17403	6	5.052	7	73.2	124
F004	微生物学报	2033	506	1.120	675	73.2	124
E309	岩石学报	12858	18	2.621	86	73.1	126

表 8-1 2022 年中国科技核心期刊综合评价总分排名（自然科学）（续）

CODE	刊名	核心总被引频次		核心影响因子		综合评价总分	
		数值	排名	数值	排名	数值	排名
N754	中国工程科学	2633	365	3.387	39	72.5	127
G164	中华外科杂志	3091	277	2.355	118	72.5	127
D013	CHINESE JOURNAL OF CATALYSIS	3370	236	3.730	28	72.0	129
Z022	资源科学	6737	60	4.336	15	72.0	129
W013	水科学进展	3111	275	3.169	43	71.8	131
G002	北京大学学报医学版	1520	747	0.990	867	71.7	132
Z018	应用生态学报	14666	13	3.055	52	71.7	132
H033	南京林业大学学报自然科学版	2431	411	1.759	253	68.0; 71.4	134
Q213	INTERNATIONAL JOURNAL OF ORAL SCIENCE	345	1881	1.556	346	71.3	135
Z549	安全与环境学报	3022	295	1.256	547	71.3	135
G739	中华糖尿病杂志	3141	271	3.931	24	71.3	135
A075	科学通报	8277	39	1.434	412	71.2	138
C004	岩土力学	12700	20	2.307	132	70.9; 71.2	138
H890	植物营养与肥料学报	7197	49	2.974	59	71.2	138
G454	中国医院管理	3203	261	2.002	191	70.9	141
A004	华中师范大学学报自然科学版	691	1429	0.751	1256	70.7	142
F049	生物多样性	4339	149	2.073	175	70.5	143
E137	自然灾害学报	2423	414	1.419	428	32.5; 70.5	143
K001	中南大学学报自然科学版	4536	134	1.179	621	70.4	145
N008	兵工学报	3199	263	1.064	763	70.3	146
G021	第三军医大学学报	1877	581	0.747	1264	70.3	146
F019	MOLECULAR PLANT	4412	142	3.347	40	70.1	148
X685	交通运输系统工程与信息	2096	485	1.668	293	70.1	148
G091	浙江大学学报医学版	579	1556	1.085	734	70.1	148
G400	中国康复理论与实践	2781	338	1.498	369	70.1	148
G170	中华心血管病杂志	4830	120	1.941	202	70.1	148
G066	上海交通大学学报医学版	1308	874	0.740	1276	70.0	153
H020	中国水稻科学	1838	596	2.207	152	69.9	154
G963	现代预防医学	6720	61	1.305	516	69.8	155
G501	临床肝胆病杂志	4338	150	1.379	453	69.7	156
T034	农药	1698	661	0.852	1071	33.7; 69.7	156
G951	现代中西医结合杂志	5633	85	0.964	906	69.7	156
E584	地理科学进展	6516	66	4.071	21	69.5	159
E010	地质学报	8765	36	2.652	82	69.5	159
Q716	MILITARY MEDICAL RESEARCH	294	1959	1.569	337	69.4	161
G716	中国卫生政策研究	1471	776	2.092	172	69.4	161
A107	中国科学 生命科学	1706	654	1.640	307	69.3	163
E116	吉林大学学报地球科学版	3395	230	2.072	176	49.9; 69.2	164
E599	经济地理	9284	30	4.077	20	69.2	164
X021	桥梁建设	1846	590	2.443	103	69.2	164
A066	陕西师范大学学报自然科学版	563	1576	0.769	1215	69.1	167
Z317	中国科学 信息科学	1282	898	1.790	241	61.4; 69.0	168
G155	中华内分泌代谢杂志	2093	488	2.694	78	69.0	168
G141	中华放射医学与防护杂志	1100	1030	0.991	866	68.9	170

表 8-1　2022 年中国科技核心期刊综合评价总分排名（自然科学）（续）

CODE	刊名	核心总被引频次		核心影响因子		综合评价总分	
		数值	排名	数值	排名	数值	排名
H025	北京林业大学学报	2775	341	1.439	410	63.6; 68.8	171
G267	中国实用内科杂志	2477	402	1.174	626	68.8	171
H290	中国水产科学	2053	499	1.272	535	68.8	171
C091	光谱学与光谱分析	4697	128	1.004	846	68.2; 68.7	174
N030	振动与冲击	8974	33	1.234	560	68.4	175
G318	中国药房	5870	83	1.630	311	68.4	175
G859	中华中医药学刊	8778	35	1.806	238	63.4; 68.4	175
G068	复旦学报医学版	822	1290	1.090	726	68.3	178
E001	气象学报	3046	291	2.632	84	68.3	178
G014	吉林大学学报医学版	1147	992	0.911	982	68.2	180
G654	护理研究	6590	63	1.171	628	68.1	181
S011	软件学报	3799	190	2.307	132	68.1	181
L006	石油与天然气地质	4371	146	4.342	13	68.1	181
R059	系统工程与电子技术	3345	239	1.204	591	54.3; 67.9	184
E130	地理科学	7280	48	3.926	25	67.7	185
G072	中华生殖与避孕杂志	1181	961	1.260	544	67.7	185
G045	四川大学学报医学版	1051	1064	0.852	1071	67.6	187
G908	中国学校卫生	3234	256	1.084	736	67.6	187
G875	中华实用儿科临床杂志	3230	258	1.281	527	67.4	189
G150	中华老年医学杂志	2412	417	1.480	382	67.3	190
C006	物理学报	6495	68	0.837	1095	67.0	191
G125	中国医学科学院学报	984	1133	0.976	892	66.9	192
X634	隧道建设中英文版	2824	332	1.427	422	33.8; 66.6	193
X007	铁道科学与工程学报	2058	498	0.781	1197	66.5	194
G422	中国脑血管病杂志	1281	899	2.395	111	66.5	194
Y001	北京航空航天大学学报	2516	389	1.178	622	55.0; 66.2	196
T005	硅酸盐学报	2750	347	1.155	644	66.2	196
J001	清华大学学报自然科学版	2361	425	1.580	332	66.1	198
G408	中华创伤骨科杂志	2145	472	1.641	306	66.0	199
Z008	农业环境科学学报	6260	73	2.174	156	59.2; 65.9	200
M015	JOURNAL OF MATERIALS SCIENCE & TECHNOLOGY	5999	80	2.131	168	65.7	201
R039	电网技术	15268	9	4.110	19	65.7	201
S004	机器人	1450	789	2.393	112	65.6	203
H773	农业资源与环境学报	1410	810	2.241	146	54.5; 65.4	204
H014	植物保护学报	2427	412	1.527	357	65.3	205
V044	建筑结构学报	4974	112	1.712	276	65.2	206
E115	地球科学进展	3786	191	1.676	289	65.1	207
G901	中国当代儿科杂志	1881	577	1.441	408	65.1	207
N059	中国机械工程	4452	140	1.486	379	65.1	207
N006	爆炸与冲击	1884	575	1.318	504	64.8	210
N102	电力系统保护与控制	10582	25	5.170	6	64.8	210
A636	中国科学院院刊	3419	224	3.394	38	64.6	212
M050	钢铁	3012	297	2.354	119	64.5	213
E142	地球科学	7084	52	3.086	48	64.4	214

表 8-1 2022 年中国科技核心期刊综合评价总分排名（自然科学）（续）

CODE	刊名	核心总被引频次		核心影响因子		综合评价总分	
		数值	排名	数值	排名	数值	排名
E005	高原气象	3519	212	2.870	62	64.4	214
E021	气候变化研究进展	1579	716	3.042	54	64.4	214
G488	针灸临床杂志	2419	415	1.269	537	64.3	217
G276	临床耳鼻咽喉头颈外科杂志	2198	459	1.006	843	64.2	218
T004	硅酸盐通报	3898	179	0.969	900	64.1	219
G228	中国实用妇科与产科杂志	3552	207	2.808	64	64.0	220
K022	金属矿山	3598	202	1.398	443	63.9	221
T102	精细化工	1697	662	0.963	909	63.9	221
E122	应用气象学报	2484	400	3.203	42	63.9	221
G985	中国艾滋病性病	2477	402	1.209	582	63.9	221
G910	中华中医药杂志	16521	7	1.558	344	51.2; 63.8	225
E148	灾害学	1654	682	1.043	788	46.4; 63.7	226
G001	ACTA PHARMACOLOGICA SINICA	2108	483	1.677	288	63.6	227
G538	中国癌症杂志	1737	642	2.702	77	63.5	228
G116	中华危重病急救医学	3259	251	1.971	199	63.5	228
F022	ZOOLOGICAL RESEARCH	752	1358	1.057	771	63.4	230
H049	环境昆虫学报	1531	744	0.964	906	44.3; 63.4	230
S021	计算机研究与发展	3010	298	1.855	221	63.4	230
T014	塑料工业	2010	515	0.766	1224	63.3	233
G362	国际检验医学杂志	2495	395	0.597	1600	63.2	234
G017	北京中医药大学学报	3390	232	2.286	140	63.1	235
R758	雷达学报	792	1322	2.072	176	63.1	235
G102	中国公共卫生	3988	171	1.377	454	63.1	235
G166	中华物理医学与康复杂志	2668	359	1.433	414	63.1	235
C007	强激光与粒子束	1498	759	0.504	1794	63.0	239
G631	中国感染控制杂志	2146	471	2.346	124	63.0	239
G118	中国修复重建外科杂志	1941	547	1.254	549	62.9	241
G195	中华超声影像学杂志	1845	591	1.607	321	62.9	241
F003	生物工程学报	1901	566	1.148	651	62.8	243
I206	CELLULAR & MOLECULAR IMMUNOLOGY	1252	909	1.191	605	62.7	244
I137	NANO RESEARCH	5183	103	2.341	125	62.7	244
K504	采矿与岩层控制工程学报	871	1231	2.735	72	62.7	244
H784	生态环境学报	6342	71	2.200	154	54.3; 62.7	244
G117	中国心理卫生杂志	3051	289	1.251	550	62.7	244
G900	中华烧伤与创面修复杂志	1635	691	1.827	226	62.6	249
H238	植物遗传资源学报	2879	323	1.754	255	62.5	250
T003	工程塑料应用	1964	537	0.939	942	62.4	251
H013	华南农业大学学报	1279	901	1.354	479	62.4	251
E352	气象	4158	165	2.204	153	62.4	251
G483	世界中医药	6088	78	1.846	222	56.6; 62.4	251
L532	中国石油勘探	2633	365	6.444	2	62.4	251
G073	首都医科大学学报	955	1161	0.909	985	62.3	256
G043	华西口腔医学杂志	923	1183	0.970	898	62.1	257
G324	实用医学杂志	5342	100	1.434	412	62.1	257

表 8-1　2022 年中国科技核心期刊综合评价总分排名（自然科学）（续）

CODE	刊名	核心总被引频次		核心影响因子		综合评价总分	
		数值	排名	数值	排名	数值	排名
B522	运筹与管理	1745	637	0.705	1354	23.2; 62.1	257
N033	光学精密工程	3406	228	1.782	244	62.0	260
G168	中华消化杂志	2073	494	1.816	232	62.0	260
M029	稀有金属	1773	626	1.751	257	61.9	262
H958	中国农学通报	8949	34	0.908	987	61.9	262
G766	实用心脑肺血管病杂志	1734	644	1.063	764	45.4; 61.8	264
U005	食品工业科技	13569	16	1.563	341	61.6	265
G687	中国妇幼健康研究	1504	754	0.709	1344	61.6	265
X036	长安大学学报自然科学版	956	1156	1.291	520	51.2; 61.5	267
H052	植物病理学报	1396	816	1.024	813	61.3	268
R501	热力发电	2157	470	1.429	420	30.4; 61.2	269
G137	中华创伤杂志	1656	681	1.414	433	61.1	270
E154	水文地质工程地质	2514	390	2.051	178	50.6; 61.0	271
H270	西南林业大学学报	1439	792	1.783	243	44.4; 61.0	271
H202	作物杂志	2180	465	1.515	362	61.0	271
H028	果树学报	3556	206	1.693	284	60.9	274
R514	激光与光电子学进展	5446	95	1.524	360	60.9	274
V028	城市规划学刊	3069	284	4.373	12	60.8	276
Q933	康复学报	685	1435	1.593	326	60.6	277
H287	水土保持学报	6577	64	2.323	126	60.6	277
F255	中国生物工程杂志	858	1244	0.726	1303	60.6	277
H845	分子植物育种	4728	126	0.893	1008	60.5	280
G302	中华疾病控制杂志	2793	335	1.496	370	60.5	280
G012	安徽医科大学学报	1782	620	0.826	1115	60.4	282
E604	中国地质灾害与防治学报	1330	861	1.591	328	36.7; 60.4	282
M001	理化检验化学分册	1546	735	0.766	1224	60.2	284
G059	南京中医药大学学报	1913	563	1.789	242	60.2	284
G077	华中科技大学学报医学版	676	1443	0.809	1148	60.1	286
G079	卫生研究	1432	801	0.978	887	60.1	286
H223	热带作物学报	3081	279	1.070	757	60.0	288
Q008	原子能科学技术	1618	701	0.495	1809	60.0	288
N021	焊接学报	2306	434	1.201	595	59.7	290
H281	林业科学研究	2136	475	1.466	388	59.7	290
G081	西安交通大学学报医学版	906	1202	0.852	1071	59.7	290
A017	浙江大学学报工学版	2486	397	1.017	826	59.7	290
G154	中华泌尿外科杂志	2219	453	1.603	322	59.7	290
H042	核农学报	3812	184	1.928	205	59.6	295
S006	计算机科学	5168	104	1.100	709	59.6	295
D001	物理化学学报	2255	445	2.277	141	59.6	295
D022	分析测试学报	2362	424	1.583	331	48.3; 59.5	298
K009	煤田地质与勘探	2380	422	1.861	218	59.5	298
H224	西北林学院学报	2751	346	1.318	504	46.1; 59.4	300
A064	西南师范大学学报自然科学版	1056	1061	0.548	1707	59.4	300
I150	SCIENCE CHINA LIFE SCIENCES	1942	546	1.652	299	59.3	302

表 8-1　2022 年中国科技核心期刊综合评价总分排名（自然科学）（续）

CODE	刊名	核心总被引频次		核心影响因子		综合评价总分	
		数值	排名	数值	排名	数值	排名
E109	大气科学	3060	287	1.809	236	59.3	302
E350	矿物学报	1643	686	0.914	976	59.2	304
H019	浙江农林大学学报	1428	803	1.151	648	45.4; 59.2	304
G174	中华检验医学杂志	1801	611	1.542	351	59.2	304
Q225	肿瘤综合治疗电子杂志	633	1496	3.546	34	59.2	304
E625	安全与环境工程	1217	936	1.153	645	59.1	308
Z029	长江流域资源与环境	4836	119	2.233	150	59.1	308
H083	生物质化学工程	400	1795	1.067	760	59.1	308
I129	PROTEIN & CELL	913	1193	1.863	217	59.0	311
F018	菌物学报	2199	457	1.711	277	59.0	311
G613	中国慢性病预防与控制	1984	527	1.727	265	59.0	311
G005	第二军医大学学报	1357	839	0.679	1424	58.9	314
F100	应用与环境生物学报	2486	397	1.511	364	52.0; 58.9	314
Z543	遥感技术与应用	1684	670	1.306	514	58.8	316
H056	水土保持研究	4945	114	2.152	163	58.7	317
H525	草地学报	4392	144	2.690	79	58.6	318
M052	稀有金属材料与工程	3814	183	0.635	1519	58.6	318
V037	岩土工程学报	9275	31	1.654	298	58.6	318
G337	中国感染与化疗杂志	1388	819	2.292	139	58.5	321
G517	中国微生态学杂志	1797	613	0.972	896	24.6; 58.5	321
K005	煤炭科学技术	6964	54	3.156	45	58.4	323
H021	南京农业大学学报	1692	664	1.214	578	58.4	323
A062	广西师范大学学报自然科学版	532	1613	0.958	916	58.3	325
H748	麦类作物学报	2961	309	1.479	383	58.3	325
V029	土木工程学报	5130	107	2.263	143	58.3	325
G127	中国医学影像技术	3051	289	1.145	657	58.3	325
V050	城市规划	3512	214	2.051	178	58.2	329
R036	电子科技大学学报	874	1228	1.027	809	46.9; 58.2	329
G596	上海针灸杂志	2439	409	1.042	790	58.2	329
H262	东北林业大学学报	2446	406	0.988	870	45.1; 58.1	332
K030	中国矿业	2968	306	0.769	1215	58.1	332
I083	SCIENCE BULLETIN	5000	110	1.810	235	58.0	334
T949	应用化工	3114	274	0.864	1047	58.0	334
S029	计算机应用	4644	129	1.220	575	57.9	336
H051	森林与环境学报	935	1174	1.657	297	57.9	336
I201	CHINESE MEDICAL JOURNAL	4327	153	1.168	634	57.8	338
D024	环境化学	3516	213	1.332	495	45.4; 57.8	338
G503	护理学杂志	7393	47	1.725	269	57.7	340
G316	解放军护理杂志	2561	380	1.449	402	57.7	340
H057	土壤通报	3592	203	1.676	289	57.7	340
Z552	中国安全生产科学技术	2689	356	1.048	780	57.7	340
R566	水资源保护	2160	468	4.152	17	57.6	344
G417	中国护理管理	3983	173	1.532	356	57.6	344
H278	农业机械学报	10937	24	3.166	44	57.5	346

表 8-1 2022 年中国科技核心期刊综合评价总分排名（自然科学）（续）

CODE	刊名	核心总被引频次		核心影响因子		综合评价总分	
		数值	排名	数值	排名	数值	排名
W009	数理统计与管理	738	1377	1.057	771	23.0; 57.5	346
G997	国际口腔医学杂志	633	1496	0.806	1157	57.4	348
S003	系统仿真学报	2684	357	1.042	790	57.4	348
B015	数学的实践与认识	1853	588	0.284	2065	57.3	350
E113	沉积学报	3528	211	2.169	158	57.2	351
H068	南方水产科学	1016	1097	1.422	423	57.2	351
G787	中国健康教育	1997	522	1.249	552	57.2	351
I122	CHINESE JOURNAL OF AERONAUTICS	2828	330	1.818	231	57.1	354
I074	NUCLEAR SCIENCE AND TECHNIQUES	828	1283	1.366	466	57.1	354
A005	北京大学学报自然科学版	1686	667	1.072	752	57.1	354
I237	FRONTIERS OF MEDICINE	591	1543	1.407	435	57.0	357
A055	湖南师范大学自然科学学报	372	1842	0.819	1128	57.0	357
G036	郑州大学学报医学版	949	1166	0.987	872	57.0	357
H700	江苏农业科学	6862	56	0.761	1234	56.9	360
M045	矿冶工程	1515	749	1.060	768	56.9	360
G554	眼科新进展	1189	956	0.766	1224	56.9	360
G597	中西医结合心脑血管病杂志	4879	117	0.829	1112	53.1; 56.9	360
Y571	空天技术	1164	976	0.894	1007	56.8	364
H199	江苏农业学报	1994	523	1.542	351	56.8	364
G052	军事医学	755	1354	0.493	1815	56.8	364
G105	中国寄生虫学与寄生虫病杂志	1357	839	1.455	399	56.8	364
G883	中国实验血液学杂志	1503	756	0.736	1285	56.8	364
Z023	生态与农村环境学报	2481	401	2.018	188	49.9; 56.7	369
G062	山东大学学报医学版	995	1121	0.694	1391	56.6	370
J032	同济大学学报自然科学版	2910	317	0.809	1148	56.6	370
H205	中国油料作物学报	1806	609	1.416	431	56.6	370
X029	重庆交通大学学报自然科学版	1549	733	0.962	911	38.1; 56.4	373
G186	重庆医科大学学报	1171	970	0.566	1670	56.4	373
Y027	航空材料学报	1059	1057	1.321	501	56.4	373
Z028	生态学杂志	8588	38	2.080	173	56.4	373
E313	中国海洋大学学报自然科学版	1772	627	0.663	1457	47.4; 53.7; 56.4	373
E045	暴雨灾害	1125	1010	1.546	348	30.3; 56.3	378
R575	发电技术	681	1437	2.294	137	56.3	378
G035	河北医科大学学报	1292	886	0.667	1448	56.3	378
Z003	环境科学学报	7680	44	2.048	181	56.3	378
G089	营养学报	1414	807	1.350	481	56.3	378
R072	智慧电力	2598	371	4.473	10	56.3	378
G226	中国普通外科杂志	1786	617	1.500	367	56.3	378
G181	中山大学学报医学科学版	699	1422	0.835	1098	56.3	378
G812	中医药学报	2224	451	1.700	281	52.2; 56.3	378
W012	河海大学学报自然科学版	1333	857	2.263	143	50.9; 56.1	387
G692	中华临床感染病杂志	746	1366	1.621	314	56.1	387
Z001	中国环境科学	8978	32	2.173	157	56.0	389
J003	哈尔滨工业大学学报	2336	428	0.917	973	55.9	390

表 8-1　2022 年中国科技核心期刊综合评价总分排名（自然科学）（续）

CODE	刊名	核心总被引频次		核心影响因子		综合评价总分	
		数值	排名	数值	排名	数值	排名
N103	中国表面工程	1046	1068	1.247	554	55.9	390
G273	中国实用儿科杂志	1779	623	1.159	642	55.9	390
R083	中国图象图形学报	2093	488	1.569	337	55.9	390
G123	中国医科大学学报	1111	1024	0.694	1391	55.9	390
S016	计算机应用研究	4570	130	1.101	706	55.8	395
H266	经济林研究	1385	821	1.733	263	55.8	395
G008	药学学报	3920	177	1.602	323	55.8	395
G202	肾脏病与透析肾移植杂志	711	1411	0.774	1206	55.7	398
G769	中国病毒病杂志	614	1524	1.716	274	55.7; 55.7	398
E126	石油实验地质	2548	383	3.772	26	55.6	400
G028	广西医科大学学报	1303	879	0.568	1663	55.5	401
F048	中国比较医学杂志	1508	753	1.033	803	55.5	401
E654	中国地质	5210	102	2.646	83	55.5	401
R043	电工技术学报	12759	19	3.648	31	55.4	404
D506	化学进展	1622	698	0.895	1004	55.4	404
N071	热加工工艺	4328	152	0.493	1815	55.4	404
H850	水生态学杂志	1327	864	1.391	449	27.9; 55.4	404
C099	中国光学	1175	965	1.770	249	52.6; 55.4	404
Q911	国际眼科杂志	2095	486	0.728	1301	55.2	409
A105	中国科学 数学	453	1710	0.446	1886	55.2	409
H044	中国生物防治学报	1851	589	1.429	420	55.2	409
G846	中国中西医结合肾病杂志	2050	502	0.910	983	23.5; 55.2	409
Y019	复合材料学报	3461	219	1.495	372	55.1	413
G282	中华男科学杂志	1578	718	1.024	813	55.1	413
G266	口腔医学研究	1251	910	0.865	1046	55.0	415
T019	中国医药工业杂志	1075	1045	0.594	1607	20.2; 55.0	415
E591	国土资源遥感	1546	735	1.516	361	54.9	417
H003	华中农业大学学报	1461	781	1.463	393	54.9	417
H037	棉花学报	978	1140	1.633	310	54.8	419
H382	森林工程	934	1176	2.141	165	36.1; 54.8	419
Y024	宇航学报	2587	374	1.682	287	54.8	419
A061	南京师大学报自然科学版	444	1730	0.611	1567	54.7	422
F029	JOURNAL OF INTEGRATIVE PLANT BIOLOGY	2388	420	1.815	233	54.5	423
H017	JOURNAL OF INTEGRATIVE AGRICULTURE	2513	391	1.117	682	54.4	424
A058	河南师范大学学报自然科学版	455	1708	0.795	1171	54.3	425
G303	中国男科学杂志	713	1407	1.150	650	54.2	426
G853	中国实验诊断学	1960	539	0.558	1688	54.2	426
G192	中国脊柱脊髓杂志	1536	742	1.062	766	54.0	428
J030	北京工业大学学报	1209	942	0.900	999	53.9	429
G946	上海中医药大学学报	1112	1023	1.311	510	53.9	429
L518	天然气地球科学	3661	198	2.030	185	53.9	429
H043	土壤	3334	241	1.971	199	53.9	429
G133	中国肿瘤临床	1901	566	0.977	890	53.9	429
G624	生殖医学杂志	1703	658	1.020	821	53.8	434

表 8-1　2022 年中国科技核心期刊综合评价总分排名（自然科学）（续）

CODE	刊名	核心总被引频次		核心影响因子		综合评价总分	
		数值	排名	数值	排名	数值	排名
G826	现代肿瘤医学	3412	226	0.677	1431	53.8	434
N069	机床与液压	3589	204	0.688	1404	53.7	436
F215	生命科学	1125	1010	0.608	1573	53.7	436
X030	西安交通大学学报	2575	378	1.363	470	53.7	436
H909	玉米科学	2293	436	1.476	385	53.7	436
S012	计算机工程	3754	193	1.349	482	53.6	440
G120	中国药科大学学报	741	1368	0.864	1047	36.3; 53.5	441
E003	海洋学报	2253	446	0.884	1022	53.4	442
F038	植物生理学报	3589	204	1.456	398	53.4	442
G311	中国皮肤性病学杂志	1509	752	0.708	1346	53.4	442
G858	中华肿瘤防治杂志	2081	493	1.147	653	53.4	442
F033	兽类学报	1033	1085	1.401	439	53.3	446
H004	西南大学学报自然科学版	1946	543	1.174	626	53.3	446
E300	地球学报	3035	293	2.310	130	53.2	448
S030	计算机集成制造系统	3993	170	1.534	354	53.2	448
A106	中国科学 化学	1173	967	0.649	1487	53.2	448
G832	中国中医药信息杂志	3439	223	1.617	316	47.1; 53.2	448
R060	控制理论与应用	2292	437	1.372	460	53.0	452
G390	口腔疾病防治	571	1565	0.789	1187	53.0	452
H222	农业现代化研究	1462	780	1.698	282	53.0	452
G188	细胞与分子免疫学杂志	1128	1005	0.879	1025	53.0	452
Z002	环境科学研究	5428	97	3.110	46	52.9	456
F020	西北植物学报	4055	169	1.333	493	52.9	456
E146	大地构造与成矿学	2158	469	1.953	201	52.8	458
G965	同济大学学报医学版	676	1443	0.985	874	52.8	458
H035	浙江大学学报农业与生命科学版	999	1117	1.193	602	52.7	460
G756	中国循证儿科杂志	747	1364	1.050	777	44.2; 48.7; 52.7	460
G135	中华病理学杂志	1931	551	1.097	713	52.7	460
T063	现代化工	2310	432	0.685	1413	52.6	463
E106	矿床地质	3490	217	2.007	190	52.5	464
H567	中国农业科技导报	1983	529	1.249	552	52.5	464
U007	中国食品学报	4471	138	1.475	386	52.5	464
G231	中华肝脏病杂志	2445	407	1.491	375	52.5	464
R748	现代电子技术	3024	294	0.580	1640	52.4	468
C034	质谱学报	689	1430	0.939	942	38.5; 52.4	468
G906	世界科学技术 - 中医药现代化	4084	168	1.333	493	46.2; 52.3	470
N039	功能材料	2092	490	0.685	1413	52.2	471
J033	华中科技大学学报自然科学版	1917	561	0.949	932	52.2	471
G876	中华老年心脑血管病杂志	2036	505	0.966	901	47.5; 52.2	471
H069	南方农业学报	3156	268	1.262	543	52.1	474
R559	重庆邮电大学学报自然科学版	668	1450	1.345	484	42.2; 52.0	475
S085	计算机科学与探索	1286	894	1.673	292	52.0	475
I254	LIGHT SCIENCE & APPLICATIONS	1929	552	1.808	237	51.9	477
H045	干旱地区农业研究	3133	272	1.430	419	51.9	477

表 8-1　2022 年中国科技核心期刊综合评价总分排名（自然科学）（续）

CODE	刊名	核心总被引频次		核心影响因子		综合评价总分	
		数值	排名	数值	排名	数值	排名
F225	微生物学杂志	665	1452	0.746	1266	51.9	477
G663	中国骨质疏松杂志	3664	197	1.758	254	51.9	477
N108	中国舰船研究	1125	1010	1.224	570	51.9	477
G645	中国循证心血管医学杂志	2017	511	0.746	1266	38.5; 43.5; 51.9	477
G526	中华全科医师杂志	1910	564	1.659	296	51.9	477
I157	SCIENCE CHINA PHYSICS, MECHANICS & ASTRONOMY	1249	913	1.422	423	51.8	484
H385	西部林业科学	1034	1084	1.490	376	51.8	484
F024	遗传	1452	788	1.030	805	51.8	484
G642	中国肿瘤	2136	475	2.523	92	51.8	484
C059	CHINESE PHYSICS LETTERS	1725	646	1.181	618	51.7	488
D005	分析化学	2426	413	1.198	597	51.7	488
Y026	南京航空航天大学学报	1000	1116	0.875	1033	41.5; 51.7	488
S002	信息与控制	717	1402	1.306	514	51.7	488
M053	中国材料进展	1072	1049	0.950	928	51.7	488
G121	中国药理学通报	3457	220	1.723	270	51.7	488
I026	CHINESE JOURNAL OF INTEGRATIVE MEDICINE	1307	876	1.363	470	51.6	494
G057	东南大学学报医学版	787	1328	0.789	1187	51.6	494
A045	暨南大学学报自然科学与医学版	423	1757	0.815	1139	40.6; 51.6	494
G484	世界中西医结合杂志	2988	301	0.986	873	51.6	494
L001	中国石油大学学报自然科学版	2191	463	1.465	391	49.9; 51.6	494
H245	基因组学与应用生物学	2301	435	0.497	1806	51.5	499
G552	磁共振成像	1436	796	1.206	586	51.4	500
E549	地球与环境	1438	794	1.718	273	51.4	500
E009	地质论评	3984	172	2.294	137	51.4	500
R038	高电压技术	10059	27	3.418	37	51.4	500
C002	工程力学	5964	82	1.649	304	45.0; 51.4	500
E008	海洋与湖沼	1965	535	0.848	1079	51.4	500
A537	科学技术与工程	11184	23	1.166	638	51.4	500
G389	上海中医药杂志	2924	316	1.385	450	46.2; 51.4	500
A527	贵州师范大学学报自然科学版	433	1741	0.670	1440	51.3	508
Q001	核技术	721	1395	0.510	1778	51.3	508
K558	煤矿安全	3263	250	0.817	1135	51.3	508
N089	中国工程机械学报	503	1645	0.834	1104	51.3	508
E510	测绘通报	2955	313	1.365	469	51.2	512
H283	江西农业大学学报	1439	792	1.128	668	51.2	512
S725	中国卫生经济	2278	439	1.466	388	51.2	512
G232	中国胸心血管外科临床杂志	1199	949	1.092	721	51.2	512
G644	中国医药导报	6523	65	0.835	1098	51.2	512
J028	东南大学学报自然科学版	1560	727	0.902	994	51.1	517
K018	工矿自动化	1947	542	1.840	223	51.1	517
Z025	环境科学与技术	3720	195	1.117	682	51.1	517
G159	中华精神科杂志	1005	1108	1.296	519	51.1	517
I050	RARE METALS	2128	480	1.998	193	51.0	521
E145	海洋科学	1743	640	0.724	1308	51.0	521

表 8-1 2022 年中国科技核心期刊综合评价总分排名（自然科学）（续）

CODE	刊名	核心总被引频次		核心影响因子		综合评价总分	
		数值	排名	数值	排名	数值	排名
G048	解放军医学杂志	1636	689	1.629	312	51.0	521
A032	西北大学学报自然科学版	965	1149	0.886	1018	51.0	521
H061	西南农业学报	3634	201	1.023	816	51.0	521
R026	光电工程	883	1222	1.018	824	50.9	526
Y564	舰船科学技术	2290	438	0.290	2059	50.9	526
X018	汽车工程	2022	509	1.275	533	50.9	526
B020	应用数学和力学	759	1352	0.831	1110	27.7; 50.9	526
G753	中国预防医学杂志	1162	979	0.860	1058	50.9	526
G225	重庆医学	4950	113	0.724	1308	50.8	531
U035	食品与发酵工业	8266	40	1.592	327	50.8	531
G053	昆明医科大学学报	1093	1035	0.546	1710	50.7	533
G218	ACTA PHARMACEUTICA SINICA B	1786	617	2.423	107	50.6	534
A078	福建师范大学学报自然科学版	351	1877	0.488	1829	50.6	534
R005	数据采集与处理	680	1439	0.800	1165	50.6	534
G515	中华全科医学	3376	234	1.199	596	50.6	534
I067	JOURNAL OF CENTRAL SOUTH UNIVERSITY	1987	526	1.104	698	50.5	538
H201	浙江农业学报	1895	570	1.116	686	50.5	538
T008	过程工程学报	1134	1000	0.761	1234	50.3	540
R084	红外与激光工程	3266	247	1.036	798	50.3	540
D027	煤炭转化	577	1559	0.957	918	50.3	540
G058	南京医科大学学报自然科学版	1248	914	0.674	1435	50.3	540
G511	山东医药	5436	96	0.765	1227	50.3	540
M030	工程科学学报	2581	377	1.820	230	50.2	545
V529	国际城市规划	1627	694	1.825	228	50.2	545
G541	中国卫生资源	850	1259	1.393	448	50.2	545
G555	中华急诊医学杂志	2965	308	1.683	286	50.2	545
G367	中华实用诊断与治疗杂志	2031	507	1.178	622	50.2	545
D031	CHINESE CHEMICAL LETTERS	4482	136	1.885	214	50.1	550
G608	放射学实践	2218	454	1.289	523	50.1	550
G187	解放军医学院学报	1161	980	0.797	1169	50.1	550
H740	林业工程学报	1287	893	1.280	529	50.1	550
G271	临床放射学杂志	3197	264	1.118	681	50.1	550
T580	塑性工程学报	1680	672	1.288	525	50.1	550
H288	西北农业学报	2538	384	1.138	665	50.1	550
M114	SCIENCE CHINA MATERIALS	1755	634	1.779	246	50.0	557
P003	动力工程学报	1315	871	1.087	729	50.0	557
W011	水利水电技术	2015	514	0.977	890	50.0	557
G825	中国儿童保健杂志	1998	518	0.998	854	49.7; 50.0	557
G648	中华骨与关节外科杂志	1062	1056	0.916	975	50.0	557
I184	INTERNATIONAL JOURNAL OF MINING SCIENCE AND TECHNOLOGY	1352	845	1.936	204	49.9	562
Y007	材料工程	2237	449	1.103	703	49.9	562
V051	建筑材料学报	2648	363	1.727	265	49.9	562
A015	应用科学学报	393	1809	1.006	843	49.9	562

表 8-1 2022 年中国科技核心期刊综合评价总分排名（自然科学）（续）

CODE	刊名	核心总被引频次		核心影响因子		综合评价总分	
		数值	排名	数值	排名	数值	排名
G320	中国肺癌杂志	1514	750	1.613	317	49.9	562
X032	西南交通大学学报	1770	629	1.125	670	49.7	567
E127	地质通报	5214	101	1.639	308	49.6	568
G027	广东药科大学学报	770	1346	0.838	1094	34.7; 49.6	568
G097	中国超声医学杂志	2527	387	1.549	347	49.6	568
A054	华东师范大学学报自然科学版	505	1641	0.430	1901	49.5	571
J004	华南理工大学学报自然科学版	1422	805	0.722	1312	49.5	571
K525	矿产保护与利用	1167	974	1.331	496	49.5	571
G056	免疫学杂志	1010	1104	1.142	662	49.5	571
F001	生理学报	653	1467	0.979	882	35.2; 49.5	571
G751	中华健康管理学杂志	857	1248	1.105	696	49.5	571
Y014	航空制造技术	2460	405	0.861	1056	49.4	577
A052	华南师范大学学报自然科学版	452	1715	0.707	1348	49.4	577
H015	水土保持通报	3265	249	1.380	451	49.4	577
N061	图学学报	711	1411	1.012	835	49.4	577
B028	系统工程	1036	1079	0.927	962	49.4	577
E600	测绘科学	2485	399	1.085	734	49.3	582
F043	动物学杂志	1036	1079	0.545	1711	49.3	582
C325	菌物研究	325	1912	1.203	594	41.7; 49.3	582
G350	临床与病理杂志	1412	808	0.579	1642	49.3	582
H356	河南农业科学	2586	375	1.245	556	49.2	586
A645	科技导报	2591	373	0.906	990	49.2	586
G071	沈阳药科大学学报	1005	1108	0.803	1160	30.6; 49.2	586
H269	云南农业大学学报	1373	830	1.084	736	49.2	586
T020	北京化工大学学报自然科学版	461	1702	0.605	1582	34.4; 49.1	590
J023	东北大学学报自然科学版	1835	599	0.795	1171	49.1	590
G980	新疆医科大学学报	1168	973	0.550	1704	49.1	590
H221	中国农业资源与区划	3367	237	1.589	329	49.1	590
X024	大连海事大学学报	409	1782	0.583	1632	32.4; 49.0	594
Q004	核动力工程	1216	938	0.527	1738	49.0	594
S776	南开管理评论	3972	174	3.086	48	49.0	594
G529	中国卒中杂志	1491	764	1.345	484	49.0	594
V039	中国园林	3073	282	1.192	604	43.0; 49.0	594
N060	传感技术学报	1682	671	0.772	1208	48.9	599
C037	光子学报	1842	593	1.003	848	48.9	599
A036	中山大学学报自然科学版	1001	1115	0.767	1219	48.9	599
H234	草业科学	4253	157	1.514	363	48.8	602
H001	茶叶科学	1181	961	1.545	349	48.8	602
D030	化学学报	1813	608	1.828	225	48.8	602
Q718	SIGNAL TRANSDUCTION AND TARGETED THERAPY	530	1615	0.586	1627	48.7	605
H064	THE CROP JOURNAL	740	1372	1.206	586	48.7	605
N057	机械强度	1283	896	0.703	1363	48.7	605
P006	热能动力工程	1278	902	0.698	1380	48.7	605
U010	现代食品科技	4265	156	1.318	504	48.7	605

表 8-1　2022 年中国科技核心期刊综合评价总分排名（自然科学）（续）

CODE	刊名	核心总被引频次		核心影响因子		综合评价总分	
		数值	排名	数值	排名	数值	排名
X010	船舶工程	1397	815	0.729	1299	48.6	610
R090	电力自动化设备	6741	59	3.465	36	48.6	610
H210	中国农业气象	1616	703	1.747	258	43.2; 48.6	610
G429	中国食品卫生杂志	1292	886	1.036	798	48.6	610
M020	有色金属冶炼部分	1226	931	0.863	1051	48.5	614
G715	中国生育健康杂志	508	1639	0.643	1500	48.5	614
I159	JOURNAL OF ZHEJIANG UNIVERSITY SCIENCE B	905	1203	1.093	719	46.6; 48.4	616
G646	辽宁中医杂志	6141	77	1.104	698	48.4	616
N111	现代制造工程	1251	910	0.712	1335	48.4	616
G564	中药新药与临床药理	2010	515	1.509	365	48.4	616
J075	ENGINEERING	1477	774	1.495	372	48.3	620
H029	JOURNAL OF ANIMAL SCIENCE AND BIOTECHNOLOGY	958	1154	1.451	401	48.3	620
G410	标记免疫分析与临床	1722	647	0.807	1155	48.3	620
G323	中国康复	1323	867	1.445	403	48.3	620
G237	中国现代医学杂志	2931	315	1.021	820	48.3	620
G095	VIROLOGICA SINICA	538	1606	0.852	1071	48.2	625
S052	智能系统学报	966	1147	1.207	583	48.2	625
G519	中国医药	2208	456	1.237	557	48.2	625
R055	电子测量技术	2750	347	0.901	998	48.1	628
X006	上海交通大学学报	1759	631	0.795	1171	48.1	628
G241	中国急救医学	1891	572	1.265	539	48.1	628
H292	上海海洋大学学报	1226	931	1.311	510	35.5; 48.0	631
Y010	振动测试与诊断	1366	834	1.049	778	48.0	631
G366	中国社会医学杂志	789	1324	0.712	1335	48.0	631
G639	中华老年多器官疾病杂志	859	1242	0.769	1215	48.0	631
G423	临床肾脏病杂志	675	1445	0.667	1448	47.9	635
E308	地球物理学进展	5039	108	1.879	216	47.8	636
R654	电力科学与技术学报	1752	635	3.702	30	47.8	636
H032	华北农学报	2690	355	0.993	863	47.8	636
J042	吉林大学学报工学版	2135	478	1.183	617	47.8	636
G607	临床儿科杂志	1230	925	0.630	1530	47.8	636
D012	色谱	1978	532	1.445	403	47.8	636
F027	四川动物	886	1221	0.847	1080	47.8	636
Y004	振动工程学报	1433	800	1.042	790	36.4; 47.8	636
A109	中国科学 技术科学	1733	645	1.336	491	47.8	636
G814	中国临床医生杂志	2683	358	1.267	538	47.8	636
S759	经济管理	2895	319	3.003	57	47.7	646
S015	模式识别与人工智能	913	1193	1.232	561	47.7	646
T611	天然产物研究与开发	2994	300	1.557	345	47.7	646
A022	西北师范大学学报自然科学版	386	1817	0.451	1879	47.7	646
G632	中国中医基础医学杂志	5600	87	1.366	466	47.7	646
H005	大连海洋大学学报	1206	945	1.180	620	37.7; 47.6	651
E004	地球科学与环境学报	1015	1100	1.722	271	47.6	651
R673	电测与仪表	4994	111	2.548	90	47.6	651

表 8-1　2022 年中国科技核心期刊综合评价总分排名（自然科学）（续）

CODE	刊名	核心总被引频次		核心影响因子		综合评价总分	
		数值	排名	数值	排名	数值	排名
S503	控制工程	1816	606	0.946	936	47.6	651
L007	新疆石油地质	2195	460	2.741	70	47.6	651
G560	中国计划生育和妇产科	1016	1097	0.794	1177	30.8; 47.6	651
H350	中国土地科学	3343	240	3.704	29	47.6	651
G591	中华医院管理杂志	1711	650	1.184	614	47.6	651
U013	纺织高校基础科学学报	220	2057	0.816	1138	47.5	659
X633	船舶力学	1115	1018	0.621	1548	21.7; 47.4	660
X521	铁道工程学报	1482	771	0.680	1420	47.4	660
G067	现代免疫学	442	1732	0.813	1144	47.4	660
M102	新型炭材料	574	1561	1.041	793	47.4	660
E150	地震地质	2257	444	1.366	466	47.3	664
H024	沈阳农业大学学报	1045	1073	0.970	898	47.3	664
T106	塑料	961	1152	0.767	1219	47.3	664
G193	中国医学影像学杂志	1624	697	1.186	612	47.3	664
G136	中华传染病杂志	1206	945	1.147	653	47.3	664
G595	器官移植	731	1386	1.416	431	47.1	669
H103	种子	2442	408	1.008	842	47.1	669
A512	重庆师范大学学报自然科学版	419	1765	0.519	1757	47.0	671
J051	工程科学与技术	1718	649	1.265	539	47.0	671
Y017	航空动力学报	3161	267	0.719	1319	47.0	671
G283	上海口腔医学	628	1503	0.641	1503	47.0	671
B021	系统科学与数学	648	1473	0.605	1582	19.7; 47.0	671
G432	川北医学院学报	989	1125	0.651	1482	46.9	676
G938	国际呼吸杂志	1457	784	0.700	1374	46.9	676
U602	皮革科学与工程	688	1432	1.362	472	46.9	676
U617	食品研究与开发	6510	67	1.311	510	46.9	676
R511	中国电力	3804	187	2.856	63	46.9	676
H294	中国畜牧兽医	3203	261	0.984	876	46.9	676
G263	中华行为医学与脑科学杂志	1867	585	1.231	562	46.9	676
D020	高等学校化学学报	1829	600	0.857	1066	46.8	683
S157	国际生殖健康 / 计划生育杂志	516	1631	0.668	1444	46.8	683
N050	机械科学与技术	1858	587	0.802	1162	46.8	683
R532	传感器与微系统	2561	380	0.958	916	46.7	686
G665	宁夏医科大学学报	808	1307	0.565	1671	46.7	686
G743	中华耳科学杂志	1377	826	0.988	870	46.7	686
G101	CHINESE JOURNAL OF NATURAL MEDICINES	1128	1005	1.167	636	46.6	689
T094	兵器装备工程学报	2083	492	0.732	1294	46.6	689
W590	南水北调与水利科技	1559	728	1.585	330	46.6	689
A041	天津大学学报	1337	854	0.913	978	46.6	689
G262	中华肝胆外科杂志	1563	723	1.347	483	46.6	689
J021	重庆大学学报自然科学版	1196	950	0.841	1087	46.5	694
E360	工程地质学报	4460	139	3.605	32	46.4	695
F250	现代生物医学进展	4329	151	0.758	1243	46.4	695
A025	南京大学学报自然科学版	844	1268	0.734	1290	46.3	697

表 8-1　2022 年中国科技核心期刊综合评价总分排名（自然科学）（续）

CODE	刊名	核心总被引频次		核心影响因子		综合评价总分	
		数值	排名	数值	排名	数值	排名
U020	中国皮革	1141	994	1.169	632	46.3	697
G031	贵州医科大学学报	728	1389	0.489	1825	46.2	699
G222	临床麻醉学杂志	2571	379	1.397	444	46.2	699
X538	世界桥梁	988	1128	1.913	207	46.2	699
W010	长江科学院院报	2488	396	1.013	831	46.1	702
U515	肉类研究	1321	868	1.445	403	46.1	702
E101	山地学报	1530	746	1.358	475	46.1	702
G725	陕西中医	4537	133	1.742	261	46.1	702
S825	中国软科学	4738	125	2.352	121	46.1	702
T016	高校化学工程学报	840	1270	0.526	1746	46.0	707
G586	实用妇产科杂志	1653	683	0.979	882	46.0	707
R034	信号处理	1298	881	1.035	800	46.0	707
E091	大气科学学报	1328	863	1.768	251	45.9	710
R769	电力工程技术	1354	842	2.382	115	45.9	710
N672	机电工程	1212	940	1.073	751	45.9	710
F204	生物加工过程	428	1749	0.752	1254	45.9	710
R049	水力发电学报	2758	344	2.231	151	45.9	710
G300	现代妇产科进展	1223	933	1.013	831	45.9	710
G817	协和医学杂志	850	1259	1.264	541	45.9	710
S081	信息安全学报	284	1979	1.289	523	45.9	710
G675	中国血吸虫病防治杂志	1599	708	2.016	189	45.9	710
G122	中国药理学与毒理学杂志	1121	1013	0.953	924	45.9	710
G064	山西医科大学学报	797	1316	0.466	1856	45.8	720
S024	遥感信息	949	1166	0.825	1118	45.8	720
G747	中国新药杂志	3395	230	1.258	546	45.8	720
H208	中国烟草科学	1659	679	1.898	212	45.8	720
R116	电网与清洁能源	1948	541	2.787	66	45.7	724
M019	钢铁研究学报	1673	674	1.373	458	45.7	724
H243	吉林农业大学学报	1206	945	1.377	454	45.7	724
S022	计算机工程与设计	2656	362	0.914	976	45.7	724
H804	山东农业科学	2144	473	0.771	1210	45.7	724
G442	JOURNAL OF INTEGRATIVE MEDICINE	799	1314	0.859	1064	45.6	729
N023	流体机械	1722	647	1.709	278	45.6	729
H417	现代农药	431	1744	0.771	1210	26.0; 45.5	731
N052	压力容器	1105	1029	1.608	320	45.5	731
G109	中国临床药理学杂志	4230	160	1.013	831	45.5	731
H242	中国畜牧杂志	3301	244	1.052	776	45.5	731
G009	中国药学杂志	3259	251	1.101	706	45.5	731
E155	海洋地质与第四纪地质	1844	592	0.830	1111	37.2; 45.4	736
H011	河南农业大学学报	1352	845	1.460	396	45.4	736
Y016	空气动力学学报	1230	925	0.881	1024	45.4	736
F010	水生生物学报	2029	508	1.117	682	45.4	736
V019	土木与环境工程学报中英文版	1113	1022	1.088	727	45.4	736
N017	爆破	1142	993	1.578	333	45.3	741

表 8-1 2022 年中国科技核心期刊综合评价总分排名（自然科学）（续）

CODE	刊名	核心总被引频次		核心影响因子		综合评价总分	
		数值	排名	数值	排名	数值	排名
G670	成都医学院学报	555	1590	0.658	1470	45.3	741
A199	电力建设	2273	440	2.365	117	45.3	741
H228	广东农业科学	3013	296	1.163	639	45.3	741
D003	无机材料学报	1127	1008	0.884	1022	45.3	741
I218	CHINESE JOURNAL OF MECHANICAL ENGINEERING	972	1145	0.889	1013	45.2	746
Z027	JOURNAL OF ENVIRONMENTAL SCIENCES	3144	269	1.111	690	45.2	746
G664	临床和实验医学杂志	2825	331	0.710	1342	45.2	746
G224	实用口腔医学杂志	1039	1077	0.791	1182	45.2	746
G685	中医学报	3853	181	1.206	586	45.2	746
I255	NATIONAL SCIENCE REVIEW	1984	527	1.910	208	45.1	751
A117	食品科学技术学报	815	1296	1.371	461	45.1	751
A038	云南大学学报自然科学版	951	1164	1.048	780	45.1	751
F023	植物学报	1745	637	1.368	463	45.1	751
G455	疑难病杂志	1480	773	1.044	786	45.0	755
G471	中国医学前沿杂志电子版	1704	656	1.078	746	45.0	755
G026	广东医学	3266	247	0.755	1244	44.9	757
S773	经济与管理研究	1174	966	1.805	239	44.9	757
H286	农业生物技术学报	1296	883	0.845	1083	44.9	757
E027	现代地质	2387	421	1.193	602	44.9	757
F025	中国细胞生物学学报	1035	1082	0.582	1634	44.9	757
E504	矿物岩石地球化学通报	1816	606	1.417	430	44.8	762
P011	燃烧科学与技术	529	1616	0.746	1266	44.8	762
G521	中国疼痛医学杂志	1774	624	1.433	414	44.8	762
G689	中华妇幼临床医学杂志电子版	449	1722	0.592	1612	42.6; 44.8	762
Q002	核化学与放射化学	295	1956	0.338	2014	21.7; 44.7	766
G242	中国神经免疫学和神经病学杂志	656	1463	1.469	387	44.7	766
G633	中国血液净化	1160	981	0.802	1162	30.9; 44.7	766
I248	FRONTIERS OF CHEMICAL SCIENCE AND ENGINEERING	421	1762	1.191	605	44.6	769
G498	国际骨科学杂志	385	1821	0.714	1328	44.6	769
H023	畜牧兽医学报	2391	419	1.041	793	44.6	769
E157	岩石矿物学杂志	1695	663	1.647	305	44.6	769
G065	中华肾病研究电子杂志	222	2054	0.630	1530	44.6	769
R683	国外电子测量技术	1645	684	1.315	508	44.5	774
A028	湖南大学学报自然科学版	1772	627	1.039	795	44.5	774
T567	化学工程师	838	1273	0.563	1679	44.5	774
Z021	环境工程学报	4497	135	1.144	661	44.5	774
S013	计算机辅助设计与图形学学报	1483	770	0.918	970	44.5	774
G520	中成药	6476	69	1.504	366	44.5	774
G018	病毒学报	867	1235	0.909	985	44.4	780
E601	古地理学报	1903	565	1.821	229	44.4	780
L586	含能材料	1551	731	1.023	816	44.4	780
K010	矿业研究与开发	2184	464	1.278	531	44.4	780
G221	中国临床心理学杂志	3079	280	1.228	566	44.4	780

表 8-1 2022 年中国科技核心期刊综合评价总分排名（自然科学）（续）

CODE	刊名	核心总被引频次		核心影响因子		综合评价总分	
		数值	排名	数值	排名	数值	排名
G528	中国中西医结合消化杂志	1829	600	1.230	563	43.5; 44.4	780
I226	DEFENCE TECHNOLOGY	582	1552	1.088	727	44.3	786
E105	干旱区研究	2851	326	2.349	123	44.3	786
H939	中国稻米	1361	838	1.290	522	44.3	786
G857	中国骨与关节杂志	805	1310	0.772	1208	44.3	786
T100	CHINESE JOURNAL OF CHEMICAL ENGINEERING	1460	783	0.644	1498	44.2	790
I037	CHINESE JOURNAL OF CANCER RESEARCH	902	1208	2.239	147	44.1	791
R046	华北电力大学学报自然科学版	662	1454	1.373	458	40.3; 44.1	791
G907	中国计划生育学杂志	1998	518	0.918	970	44.1	791
X012	中国造船	934	1176	0.842	1086	44.1	791
G185	肿瘤防治研究	953	1162	1.151	648	44.1	791
I726	FRONTIERS OF PHYSICS	560	1581	1.493	374	44.0	796
H062	HORTICULTURAL PLANT JOURNAL	408	1783	2.618	88	44.0	796
I105	JOURNAL OF ENERGY CHEMISTRY	4406	143	2.404	109	44.0	796
T017	林产化学与工业	718	1399	0.643	1500	39.7; 44.0	796
H998	渔业科学进展	1377	826	1.190	607	44.0	796
Q918	中国医院	1680	672	1.086	731	44.0	796
G254	中华普通外科杂志	1707	652	0.826	1115	44.0	796
M600	黄金科学技术	705	1416	1.011	837	43.9	803
X038	上海海事大学学报	358	1866	0.903	993	31.5; 43.9	803
H847	水产科学	1289	891	0.933	953	43.9	803
X025	哈尔滨工程大学学报	1628	693	0.695	1386	43.8	806
N084	摩擦学学报	1363	836	1.324	499	43.8	806
A102	中国科学院大学学报	613	1525	0.745	1270	43.8	806
A016	兰州大学学报自然科学版	1028	1088	1.028	808	43.7	809
L505	特种油气藏	1792	615	1.993	194	43.7	809
G328	新乡医学院学报	857	1248	0.608	1573	43.7	809
G211	中国糖尿病杂志	1645	684	1.226	568	43.7	809
H063	ANIMAL NUTRITION	591	1543	1.160	641	43.6	813
I154	CHINESE GEOGRAPHICAL SCIENCE	624	1506	0.821	1124	43.6	813
G278	NEUROSCIENCE BULLETIN	903	1205	1.071	755	43.6	813
I146	SCIENCE CHINA CHEMISTRY	1686	667	1.438	411	43.6	813
E026	地质力学学报	1494	760	2.484	96	43.1; 43.6	813
H006	东北农业大学学报	1438	794	0.980	881	43.6	813
G006	生物医学工程学杂志	868	1233	0.905	991	43.6	813
F034	ACTA BIOCHIMICA ET BIOPHYSICA SINICA	960	1153	0.793	1179	43.5	820
X014	北京交通大学学报	822	1290	0.929	959	43.5	820
E527	地理与地理信息科学	1927	555	1.902	210	43.5	820
E131	海洋工程	1449	791	0.784	1194	43.5	820
G325	口腔医学	824	1286	0.568	1663	43.5	820
E563	热带地理	1372	832	1.662	295	43.5	820
T536	塑料科技	1308	874	0.723	1311	43.5	820
W014	武汉大学学报工学版	1200	948	1.019	823	43.5	820
G623	中国现代神经疾病杂志	845	1265	0.715	1325	43.5	820

表 8-1 2022 年中国科技核心期刊综合评价总分排名（自然科学）（续）

CODE	刊名	核心总被引频次		核心影响因子		综合评价总分	
		数值	排名	数值	排名	数值	排名
M100	ACTA METALLURGICA SINICA	1336	856	1.380	451	43.4	829
Y556	航空兵器	622	1509	1.145	657	37.2; 43.4	829
R086	三峡大学学报自然科学版	462	1701	0.545	1711	36.7; 43.4	829
G326	胃肠病学和肝病学杂志	1291	890	0.628	1535	43.4	829
A063	厦门大学学报自然科学版	748	1362	0.602	1588	43.4	829
U563	中国食物与营养	1380	823	0.913	978	34.4; 43.4	829
G446	中华神经医学杂志	1217	936	0.922	966	43.4	829
A030	东北师大学报自然科学版	335	1898	0.391	1957	43.3	836
L004	东北石油大学学报	873	1229	1.676	289	38.3; 43.3	836
G542	毒理学杂志	515	1632	0.657	1472	43.3	836
H265	福建农业学报	1229	928	0.739	1281	43.3	836
Q910	临床肿瘤学杂志	1333	857	1.013	831	43.3	836
A029	福州大学学报自然科学版	549	1597	0.715	1325	43.2	841
B027	系统管理学报	924	1180	0.983	879	43.2	841
R018	北京邮电大学学报	524	1623	0.707	1348	33.9; 43.1	843
T074	天然气化工	591	1543	0.699	1376	25.6; 43.1	843
N070	锻压技术	1561	725	1.146	655	43.0	845
W514	科学学研究	5525	92	2.775	67	43.0	845
G419	心血管病学进展	861	1241	0.521	1753	43.0	845
H038	大豆科学	1490	765	1.074	750	42.9	848
F203	生理科学进展	642	1484	0.839	1091	42.9	848
W570	水资源与水工程学报	1540	738	0.928	961	42.9	848
H213	中国草地学报	2266	441	2.444	102	42.9	848
G974	中国临床医学	853	1256	0.873	1035	42.9	848
G679	中国医疗设备	2173	466	0.753	1252	42.9	848
G243	中国医院药学杂志	3736	194	1.344	486	42.9	848
G011	癌症	582	1552	0.726	1303	42.8	855
F016	生物化学与生物物理进展	715	1404	0.721	1314	42.8	855
G269	中国普外基础与临床杂志	1139	996	0.705	1354	42.8	855
S020	中文信息学报	1386	820	1.207	583	42.8	855
V013	建筑科学与工程学报	738	1377	0.864	1047	42.7	859
G661	国际医学放射学杂志	647	1475	0.927	962	42.6	860
G734	护士进修杂志	3529	209	1.168	634	42.6	860
G882	环境与职业医学	1365	835	0.998	854	42.6	860
G719	吉林中医药	2969	305	1.044	786	36.8; 42.6	860
Q384	皮肤科学通报	262	2008	0.323	2033	42.6	860
T505	合成树脂及塑料	601	1534	0.724	1308	42.5	865
Z005	环境工程	3481	218	1.184	614	42.5	865
E123	应用海洋学学报	736	1382	0.966	901	42.5	865
I144	JOURNAL OF SYSTEMS ENGINEERING AND ELECTRONICS	781	1334	0.825	1118	42.4	868
H203	湖北农业科学	3642	199	0.416	1918	42.4	868
E139	地质科学	1798	612	1.340	489	42.3	870
N590	工程设计学报	439	1735	0.573	1656	42.3	870

表 8-1　2022 年中国科技核心期刊综合评价总分排名（自然科学）（续）

CODE	刊名	核心总被引频次		核心影响因子		综合评价总分	
		数值	排名	数值	排名	数值	排名
F214	生物技术进展	617	1516	0.965	903	42.3	870
S027	小型微型计算机系统	2530	386	1.279	530	42.3	870
I012	INSECT SCIENCE	555	1590	0.746	1266	42.2	874
I063	JOURNAL OF GEOGRAPHICAL SCIENCES	1686	667	1.046	784	42.2	874
G373	中国微创外科杂志	1756	633	1.000	850	42.2	874
G622	中国医学物理学杂志	1076	1044	0.679	1424	30.3; 42.2	874
E143	地震学报	1590	713	1.094	718	42.1	878
B525	国际输血及血液学杂志	180	2090	0.317	2040	31.3; 42.1	878
G809	中国医刊	1965	535	1.115	687	42.1	878
Q920	中华医学超声杂志电子版	1246	916	0.815	1139	42.1	878
J035	江苏大学学报自然科学版	730	1387	1.100	709	42.0	882
G553	局解手术学杂志	696	1425	0.571	1659	42.0	882
J020	昆明理工大学学报自然科学版	512	1636	0.577	1648	42.0	882
E361	气候与环境研究	1059	1057	1.110	691	42.0	882
D002	燃料化学学报	1569	721	0.979	882	39.4; 42.0	882
G038	武汉大学学报医学版	618	1514	0.553	1696	42.0	882
I091	SCIENCE CHINA TECHNOLOGICAL SCIENCES	1895	570	1.078	746	41.9	888
G322	创伤外科杂志	999	1117	0.835	1098	41.9	888
Y023	西北工业大学学报	1149	988	1.083	739	41.9	888
I071	CHINESE OPTICS LETTERS	1229	928	1.224	570	33.5; 41.8	891
M006	材料科学与工艺	649	1472	0.755	1244	41.8	891
R028	激光杂志	1218	935	0.471	1853	41.8	891
J022	山东大学学报工学版	558	1587	0.794	1177	41.8	891
W502	水利水电科技进展	1164	976	1.924	206	41.8	891
G234	中国动脉硬化杂志	1436	796	1.461	395	41.8	891
E362	地质科技通报	2616	369	2.308	131	41.7	897
G775	动物医学进展	1540	738	0.644	1498	41.7	897
G452	疾病监测	1817	604	1.404	437	41.7	897
E655	世界地理研究	1238	919	1.992	195	41.7	897
J002	西安理工大学学报	363	1857	0.765	1227	41.7	897
G659	国际妇产科学杂志	759	1352	0.872	1036	41.6	902
G112	中国人兽共患病学报	1351	848	0.846	1081	41.6	902
G728	中华骨质疏松和骨矿盐疾病杂志	1017	1096	1.109	693	41.6	902
I232	NEURAL REGENERATION RESEARCH	2136	475	1.104	698	41.5	905
D021	高分子学报	1257	906	1.210	581	41.5	905
S009	计算机应用与软件	2593	372	0.705	1354	41.5	905
E642	热带海洋学报	1002	1114	0.930	956	41.5	905
E053	岩矿测试	1643	686	2.164	161	41.5	905
A040	国防科技大学学报	966	1147	0.802	1162	41.4	910
Z010	海洋环境科学	1284	895	0.937	949	36.7; 41.4	910
G987	护理学报	2941	314	1.341	487	41.4	910
K554	矿业安全与环保	1314	872	1.329	498	41.4	910
G942	临床误诊误治	1531	744	0.983	879	41.4	910
U049	食品安全质量检测学报	5754	84	0.917	973	41.4	910

表 8-1 2022 年中国科技核心期刊综合评价总分排名（自然科学）（续）

CODE	刊名	核心总被引频次		核心影响因子		综合评价总分	
		数值	排名	数值	排名	数值	排名
R004	微电子学与计算机	1018	1095	0.690	1399	33.4; 41.4	910
T072	无机盐工业	1476	775	0.937	949	41.4	910
R009	西安电子科技大学学报自然科学版	831	1279	1.054	774	33.5; 41.4	910
G296	中华围产医学杂志	1430	802	1.368	463	41.4	910
M655	NANOTECHNOLOGY AN PRECISION ENGINEERING	135	2118	0.118	2138	41.3	920
Q418	纺织科学与工程学报	219	2058	0.560	1684	41.3	920
R119	密码学报	263	2007	0.658	1470	41.3	920
M504	有色金属科学与工程	810	1304	0.860	1058	41.3	920
Z551	植物资源与环境学报	812	1300	1.432	416	41.3	920
J024	大连理工大学学报	623	1508	0.573	1656	41.2	925
R071	电力系统及其自动化学报	2335	429	1.901	211	41.2	925
E020	干旱区地理	2512	393	2.299	136	41.2	925
G880	临床超声医学杂志	986	1129	0.669	1441	41.2	925
G881	临床军医杂志	1597	709	0.639	1507	41.2	925
G682	中南医学科学杂志	1032	1086	1.337	490	41.2	925
G741	蚌埠医学院学报	1351	848	0.603	1586	41.1	931
N015	光学技术	717	1402	0.701	1372	37.7; 41.1	931
T076	化学工业与工程	340	1891	0.763	1231	41.1	931
G886	介入放射学杂志	1819	603	1.005	845	41.1	931
R533	内燃机工程	551	1595	0.811	1145	41.1	931
H007	四川农业大学学报	845	1265	1.000	850	41.1	931
G013	安徽中医药大学学报	1131	1001	1.354	479	41.0	937
E358	高校地质学报	1781	621	0.846	1081	41.0	937
H862	饲料工业	2088	491	0.885	1019	41.0	937
G800	胃肠病学	986	1129	0.461	1861	41.0	937
G206	中国介入影像与治疗学	970	1146	1.086	731	41.0	937
U001	中国粮油学报	3231	257	1.362	472	33.8; 41.0	937
M008	材料科学与工程学报	1004	1110	0.518	1760	40.9	943
C071	发光学报	918	1189	1.081	743	40.9	943
T001	高分子材料科学与工程	1921	559	0.789	1187	40.9	943
A656	济南大学学报自然科学版	313	1920	0.653	1479	40.9	943
G047	南昌大学学报医学版	404	1790	0.419	1912	40.9	943
L002	西南石油大学学报自然科学版	1416	806	1.113	689	39.9; 40.9	943
G870	中国临床药理学与治疗学	1344	851	0.935	952	40.9	943
G305	中国实用护理杂志	2996	299	0.897	1002	40.9	943
G165	中华微生物学和免疫学杂志	683	1436	0.806	1157	40.9	943
J011	太原理工大学学报	646	1476	0.793	1179	40.8	952
A580	应用基础与工程科学学报	1186	959	1.211	579	40.8	952
W005	中国农村水利水电	2761	343	0.939	942	28.0; 40.8	952
F002	中国生物化学与分子生物学报	854	1253	0.640	1506	40.8	952
F013	JOURNAL OF GENETICS AND GENOMICS	912	1195	0.730	1297	40.7	956
H701	江西农业学报	1706	654	0.695	1386	40.7	956
G626	天津中医药	1993	524	1.120	675	33.9; 40.7	956
N035	液压与气动	2844	327	2.001	192	40.7	956

表 8-1 2022 年中国科技核心期刊综合评价总分排名（自然科学）（续）

CODE	刊名	核心总被引频次		核心影响因子		综合评价总分	
		数值	排名	数值	排名	数值	排名
M036	有色金属工程	1070	1052	0.993	863	40.7	956
T011	南京工业大学学报自然科学版	643	1480	0.867	1040	40.6	961
L009	太阳能学报	4188	164	1.184	614	40.6	961
S918	心理科学	2193	462	0.742	1273	40.6	961
G629	中国热带医学	1606	705	1.123	671	40.6	961
S591	中国医学装备	2131	479	0.811	1145	40.6	961
G579	中华口腔医学研究杂志电子版	267	2004	0.679	1424	40.6	961
G847	中华现代护理杂志	5975	81	1.312	509	40.6	961
E024	地球化学	1873	583	0.596	1603	40.5	968
E311	海洋通报	996	1120	0.893	1008	40.5	968
A024	武汉大学学报理学版	405	1789	0.817	1135	40.5	968
G964	医学与社会	1837	598	1.228	566	40.5	968
X026	公路交通科技	2195	460	0.976	892	40.4	972
K032	河北工程大学学报自然科学版	185	2085	0.341	2010	32.1; 40.4	972
U029	食品与生物技术学报	1186	959	0.790	1185	40.4	972
L504	油气地质与采收率	1704	656	2.316	129	40.4	972
G171	中华胸心血管外科杂志	837	1275	0.672	1437	40.4	972
Z019	环境污染与防治	1929	552	1.014	828	40.3	977
E124	中国沙漠	3246	254	1.981	198	40.3	977
G502	中华保健医学杂志	660	1457	0.646	1494	40.3	977
E135	冰川冻土	3259	251	1.462	394	40.2	980
S034	计算机工程与科学	1504	754	0.939	942	40.2	980
S818	科学学与科学技术管理	2623	368	2.493	94	40.2	980
E120	南京信息工程大学学报自然科学版	406	1786	0.565	1671	40.2	980
M007	中国腐蚀与防护学报	1196	950	1.754	255	40.2	980
G233	中国矫形外科杂志	3415	225	0.993	863	40.2	980
G183	中药材	5585	88	1.104	698	40.2	980
G229	卒中与神经疾病	548	1599	0.543	1716	40.1	987
W555	人民黄河	3059	288	1.223	572	40.1	987
G630	陕西医学杂志	2697	353	1.301	517	40.1	987
N085	兵器材料科学与工程	752	1358	0.545	1711	40.0	990
G041	湖南中医药大学学报	2406	418	1.196	600	40.0	990
X020	交通信息与安全	660	1457	0.825	1118	40.0	990
L044	全球能源互联网	601	1534	2.674	80	40.0	990
L359	油气藏评价与开发	648	1473	1.651	301	40.0	990
A002	浙江大学学报理学版	480	1669	0.608	1573	40.0	990
G757	中国中西医结合皮肤性病学杂志	799	1314	0.559	1687	24.7; 40.0	990
G160	中华神经外科杂志	2005	517	1.087	729	40.0	990
E301	第四纪研究	3107	276	2.391	113	39.9	998
E054	世界核地质科学	386	1817	0.695	1386	39.9	998
S795	外国经济与管理	1703	658	2.450	100	39.9	998
G153	中华麻醉学杂志	1882	576	0.899	1000	39.9	998
I041	JOURNAL OF ZHEJIANG UNIVERSITY SCIENCE A	634	1492	0.930	956	39.8	1002
W008	管理科学学报	2062	497	1.707	279	39.8	1002

表 8-1 2022 年中国科技核心期刊综合评价总分排名（自然科学）（续）

CODE	刊名	核心总被引频次		核心影响因子		综合评价总分*	
		数值	排名	数值	排名	数值	排名
F028	广西植物	1737	642	1.096	714	39.8	1002
G574	山东中医杂志	1891	572	0.826	1115	39.8	1002
G836	药物评价研究	1988	525	0.984	876	39.8	1002
Y020	宇航材料工艺	740	1372	0.611	1567	39.8	1002
N083	金属热处理	2884	320	0.703	1363	39.7	1008
T010	离子交换与吸附	223	2052	0.552	1700	39.7	1008
A056	上海大学学报自然科学版	385	1821	0.455	1874	39.7	1008
G615	诊断学理论与实践	478	1674	0.820	1127	39.7	1008
H002	安徽农业大学学报	1093	1035	0.747	1264	39.6	1012
R724	电子设计工程	2776	340	0.704	1361	39.6	1012
M039	粉末冶金技术	451	1716	0.728	1301	39.6	1012
Q005	辐射研究与辐射工艺学报	239	2035	0.536	1725	39.6	1012
J053	合肥工业大学学报自然科学版	1056	1061	0.472	1851	39.6	1012
G641	河北医学	1817	604	0.773	1207	39.6	1012
G288	脑与神经疾病杂志	517	1630	0.553	1696	39.6	1012
I202	PARTICUOLOGY	657	1461	0.627	1538	39.5	1019
G458	传染病信息	693	1426	1.122	673	39.5	1019
G556	分子诊断与治疗杂志	1550	732	1.091	724	39.5	1019
A112	江西师范大学学报自然科学版	370	1845	0.719	1319	39.5	1019
G914	天津中医药大学学报	909	1200	1.091	724	39.5	1019
X017	武汉理工大学学报交通科学与工程版	981	1137	0.649	1487	27.1; 39.5	1019
E163	岩性油气藏	1579	716	1.830	224	39.5	1019
G380	中国心血管杂志	1518	748	1.746	260	39.5	1019
R088	电机与控制学报	2018	510	1.722	271	39.4	1027
G816	广西医学	1898	569	0.508	1783	39.4	1027
K526	河南理工大学学报自然科学版	732	1385	0.786	1191	39.4	1027
N007	火炸药学报	1149	988	0.908	987	39.4	1027
X532	汽车安全与节能学报	430	1747	0.740	1276	39.4	1027
G824	中华临床营养杂志	416	1770	0.877	1029	39.4	1027
U004	河南工业大学学报自然科学版	868	1233	0.910	983	34.7; 39.3	1033
D018	化学通报	783	1333	0.587	1624	39.3	1033
H240	家畜生态学报	1253	908	0.827	1113	39.3	1033
Z512	生态科学	1690	665	1.146	655	39.3	1033
W004	水动力学研究与进展 A	830	1281	0.656	1474	39.3	1033
G277	中国内镜杂志	1376	828	1.198	597	39.3	1033
H295	中国水土保持科学	1363	836	1.230	563	39.3	1033
G184	肿瘤	632	1498	0.959	913	39.3	1033
E312	海洋湖沼通报	829	1282	0.695	1386	39.2	1041
S745	管理现代化	439	1735	0.518	1760	39.1	1042
H665	花生学报	518	1629	1.029	806	39.1	1042
G594	口腔生物医学	120	2126	0.439	1891	39.1	1042
L043	石油科学通报	412	1778	1.736	262	39.1	1042
G281	医学研究生学报	1690	665	1.211	579	39.1	1042
N094	指挥与控制学报	427	1750	1.455	399	39.1	1042

表 8-1　2022 年中国科技核心期刊综合评价总分排名（自然科学）（续）

CODE	刊名	核心总被引频次		核心影响因子		综合评价总分*	
		数值	排名	数值	排名	数值	排名
G094	中风与神经疾病杂志	989	1125	0.537	1722	39.1	1042
I065	RICE SCIENCE	364	1855	0.819	1128	39.0	1049
H275	贵州农业科学	1967	534	0.449	1882	39.0	1049
G238	听力学及言语疾病杂志	962	1151	0.743	1271	39.0	1049
E102	成都理工大学学报自然科学版	1227	930	0.913	978	33.1; 38.9	1052
A001	复旦学报自然科学版	441	1734	0.659	1464	38.9	1052
A615	石河子大学学报自然科学版	579	1556	0.532	1729	38.9	1052
L010	西安石油大学学报自然科学版	856	1250	0.712	1335	33.0; 38.9	1052
G896	现代中医临床	827	1284	1.069	758	38.9	1052
M022	中国稀土学报	1068	1054	1.186	612	38.9	1052
G849	中国现代应用药学	2973	304	1.153	645	38.9	1052
G461	中华普通外科学文献电子版	488	1659	0.677	1431	38.9	1052
I710	CHINA COMMUNICATIONS	964	1150	1.093	719	38.8	1060
H082	HORTICULTURE RESEARCH	621	1510	0.660	1462	38.8	1060
E006	海洋科学进展	681	1437	0.597	1600	38.8	1060
C035	红外与毫米波学报	643	1480	0.622	1545	38.8	1060
M004	机械工程材料	1219	934	0.647	1492	38.8	1060
S762	经济理论与经济管理	1071	1051	1.537	353	38.8	1060
L516	可再生能源	2307	433	1.307	513	38.8	1060
G387	实验动物与比较医学	274	1993	0.703	1363	32.4; 38.8	1060
G087	药物分析杂志	2789	337	1.222	573	38.8	1060
L013	中国海上油气	1709	651	1.422	423	38.8	1060
I224	MACHINE INTELLIGENCE RESEARCH	247	2028	0.604	1585	38.7	1070
Q931	分子影像学杂志	312	1923	0.511	1775	38.7	1070
N005	火力与指挥控制	1879	580	0.607	1578	38.7	1070
H282	上海农业学报	770	1346	0.581	1638	38.7	1070
F046	生命科学研究	424	1754	0.702	1368	38.7	1070
R516	新能源进展	326	1910	0.696	1384	38.7	1070
H218	畜牧与兽医	1487	768	0.699	1376	38.7	1070
D016	应用化学	840	1270	0.860	1058	38.7	1070
G377	中国现代中药	2538	384	1.399	440	38.7	1070
G691	中华关节外科杂志电子版	948	1168	0.607	1578	38.7	1070
M035	JOURNAL OF RARE EARTHS	1538	741	1.317	507	38.6	1080
L512	大庆石油地质与开发	1625	695	2.610	89	38.6	1080
W531	科研管理	4775	123	2.490	95	38.6	1080
Q908	临床肺科杂志	2218	454	0.761	1234	38.6	1080
S813	卫生软科学	768	1349	0.796	1170	38.6	1080
V018	西安建筑科技大学学报自然科学版	733	1384	0.602	1588	33.7; 38.6	1080
G841	中国现代普通外科进展	816	1293	0.673	1436	38.6	1080
G780	CANCER BIOLOGY & MEDICINE	534	1610	1.594	325	38.5	1087
W025	管理评论	4543	132	1.769	250	38.5	1087
E363	世界地震工程	737	1379	0.714	1328	38.5	1087
G115	中国生物医学工程学报	544	1604	0.657	1472	38.5	1087
G524	中国中医急症	4197	163	0.994	861	38.5	1087

表 8-1 2022 年中国科技核心期刊综合评价总分排名（自然科学）（续）

CODE	刊名	核心总被引频次		核心影响因子		综合评价总分	
		数值	排名	数值	排名	数值	排名
I062	ADVANCES IN ATMOSPHERIC SCIENCES	1492	762	1.188	608	38.4	1092
N048	金刚石与磨料磨具工程	497	1651	0.867	1040	38.4	1092
H105	农学学报	1137	997	0.706	1353	38.4	1092
G421	现代药物与临床	2241	448	0.732	1294	38.4	1092
F208	JOURNAL OF RESOURCES AND ECOLOGY	514	1633	0.862	1053	38.3	1096
F213	生物学杂志	847	1263	0.636	1515	38.3	1096
U609	中国酿造	4233	159	1.484	381	38.3	1096
N026	材料热处理学报	1998	518	0.819	1128	38.2	1099
P004	内燃机学报	643	1480	1.049	778	38.2	1099
W504	人民长江	3206	260	0.965	903	38.2	1099
G304	中国临床医学影像杂志	1326	865	0.769	1215	38.2	1099
H097	乳业科学与技术	463	1699	1.145	657	38.1	1103
H390	山西农业科学	1862	586	0.779	1199	38.1	1103
G076	天津医药	1114	1020	0.733	1292	38.1	1103
G447	中国临床保健杂志	849	1261	0.857	1066	38.1	1103
H225	中国兽医学报	1924	556	0.832	1109	38.1	1103
G945	中国职业医学	1355	841	1.526	359	38.1	1103
H048	土壤与作物	460	1703	1.421	427	38.0	1109
A905	自然杂志	641	1487	0.614	1563	38.0	1109
I189	SCIENCE CHINA MATHEMATICS	479	1671	0.153	2129	37.9	1111
N001	北京理工大学学报	1658	680	1.084	736	37.9	1111
X003	华东交通大学学报	370	1845	0.495	1809	29.3; 37.9	1111
G768	实用预防医学	2501	394	1.140	664	37.9	1111
A150	西安科技大学学报	1099	1031	1.082	740	37.9	1111
G546	中国 CT 和 MRI 杂志	2612	370	0.707	1348	37.9	1111
G249	中国骨与关节损伤杂志	2161	467	0.902	994	37.9	1111
Z030	中国环境监测	1785	619	1.561	343	37.9	1111
G598	中国媒介生物学及控制杂志	1880	578	1.727	265	37.9	1111
U501	中国调味品	4784	121	2.238	149	37.9	1111
E133	地层学杂志	869	1232	0.975	895	37.8	1121
T241	断块油气田	1981	531	2.323	126	37.8	1121
M105	粉末冶金工业	638	1491	1.188	608	37.8	1121
E149	海洋学研究	379	1829	0.456	1871	37.8	1121
G301	河北中医药学报	528	1617	0.899	1000	33.5; 37.8	1121
T105	热固性树脂	411	1779	0.771	1210	37.8	1121
G290	中国防痨杂志	1871	584	1.684	285	37.8	1121
Q006	辐射防护	406	1786	0.290	2059	37.7	1128
K008	辽宁工程技术大学学报自然科学版	811	1301	0.679	1424	37.7	1128
H070	山地农业生物学报	563	1576	0.767	1219	37.7	1128
C054	声学学报	1158	984	0.725	1307	37.7	1128
C503	液晶与显示	740	1372	1.026	811	35.6; 37.7	1128
K002	非金属矿	1020	1093	0.902	994	37.6	1133
G294	华西医学	1326	865	0.656	1474	37.6	1133
U535	轻工机械	291	1965	0.406	1936	37.6	1133

表 8-1 2022 年中国科技核心期刊综合评价总分排名（自然科学）（续）

CODE	刊名	核心总被引频次		核心影响因子		综合评价总分	
		数值	排名	数值	排名	数值	排名
G754	中国临床研究	1584	714	0.808	1151	37.6	1133
G114	中国神经精神疾病杂志	1015	1100	0.703	1363	37.6	1133
G796	中国输血杂志	2142	474	0.776	1202	21.1; 37.6	1133
G313	中国医师杂志	1880	578	0.707	1348	37.6	1133
U033	中国造纸学报	234	2042	0.740	1276	37.6	1133
G773	中华实验眼科杂志	1114	1020	0.760	1238	37.6	1133
H410	作物研究	856	1250	0.672	1437	37.6	1133
G656	环球中医药	3288	245	1.092	721	28.0; 37.5	1143
S049	计算机仿真	3447	221	0.462	1859	37.5	1143
G651	微生物与感染	183	2087	0.325	2030	37.5	1143
G479	预防医学	1821	602	1.145	657	37.5	1143
G758	中国中西医结合外科杂志	924	1180	0.764	1230	36.9; 37.5	1143
C056	高压物理学报	574	1561	0.702	1368	37.4	1148
Y025	推进技术	2766	342	0.995	860	37.4	1148
C052	应用声学	736	1382	0.594	1607	37.4	1148
G504	中华临床医师杂志电子版	1273	903	0.321	2036	37.4	1148
G075	中华眼科医学杂志电子版	167	2098	0.458	1867	37.4	1148
E144	大地测量与地球动力学	1702	660	0.861	1056	33.4; 37.3	1153
R740	电光与控制	1373	830	0.877	1029	37.3	1153
X022	公路工程	1209	942	0.535	1728	37.3	1153
Q919	实用临床医药杂志	3077	281	0.707	1348	37.3	1153
V087	现代城市研究	1341	853	0.713	1333	37.3	1153
X039	中国航海	469	1689	0.665	1453	37.3	1153
G250	中国新药与临床杂志	935	1174	0.950	928	37.3	1153
G681	中医药导报	3961	175	0.984	876	26.7; 37.3	1153
A042	广西大学学报自然科学版	669	1449	0.395	1954	37.2	1161
G954	国际外科学杂志	831	1279	0.616	1559	37.2	1161
R089	现代电力	754	1355	1.774	247	37.2	1161
T929	现代塑料加工应用	376	1835	0.634	1521	37.2	1161
Z544	防灾减灾工程学报	1010	1104	0.690	1399	37.1	1165
H393	山西农业大学学报自然科学版	661	1455	0.951	926	37.1	1165
G476	心脑血管病防治	858	1244	0.749	1261	35.0; 37.1	1165
B001	应用数学学报	233	2045	0.319	2038	37.1	1165
V036	中国给水排水	3924	176	0.870	1038	37.1	1165
G505	中华乳腺病杂志电子版	309	1932	0.487	1832	37.1	1165
M009	材料研究学报	796	1319	0.690	1399	37.0	1171
G264	肠外与肠内营养	687	1433	1.167	636	37.0	1171
H226	灌溉排水学报	2470	404	1.707	279	37.0	1171
G030	广州中医药大学学报	2337	427	0.918	970	37.0	1171
G936	国际儿科学杂志	816	1293	0.749	1261	37.0	1171
T064	橡胶工业	781	1334	0.862	1053	37.0	1171
S821	研究与发展管理	1233	922	2.099	171	37.0	1171
U011	制冷学报	713	1407	0.776	1202	37.0	1171
H207	中国蔬菜	1916	562	0.780	1198	37.0	1171

表 8-1 2022 年中国科技核心期刊综合评价总分排名（自然科学）（续）

CODE	刊名	核心总被引频次		核心影响因子		综合评价总分	
		数值	排名	数值	排名	数值	排名
G060	中华结直肠疾病电子杂志	630	1501	1.009	841	37.0	1171
W006	水利水运工程学报	889	1219	1.100	709	36.9	1181
V568	中国粉体技术	385	1821	0.516	1765	36.9	1181
W018	管理科学	1165	975	1.397	444	36.8	1183
T553	化学与生物工程	615	1519	0.458	1867	35.9; 36.8	1183
G638	检验医学	1097	1033	0.714	1328	36.8	1183
L034	石油化工高等学校学报	342	1888	0.718	1323	36.8	1183
H106	智慧农业中英文	238	2037	1.479	383	36.8	1183
A079	中国基础科学	310	1930	0.408	1933	36.8	1183
G285	中华消化内镜杂志	1774	624	1.197	599	36.8	1183
V010	工业建筑	1928	554	0.380	1973	36.7	1190
M033	桂林理工大学学报	902	1208	0.791	1182	36.7	1190
Z017	环境保护科学	644	1478	0.700	1374	36.7	1190
S520	计算机技术与发展	1457	784	0.508	1783	36.7	1190
G869	结直肠肛门外科	598	1537	0.867	1040	36.7	1190
G145	中华核医学与分子影像杂志	1043	1075	1.176	625	36.7	1190
G162	中华实验和临床病毒学杂志	584	1550	0.748	1263	36.7	1190
V572	规划师	2513	391	1.218	577	36.6	1197
H060	湖南农业大学学报自然科学版	1075	1045	0.954	922	36.6	1197
V560	混凝土	2744	350	0.726	1303	36.6	1197
G274	临床与实验病理学杂志	1838	596	0.795	1171	36.6	1197
F008	植物科学学报	1095	1034	0.864	1047	36.6	1197
L037	海相油气地质	701	1419	1.610	318	36.5	1202
E114	天文学进展	89	2140	0.148	2131	36.5	1202
G255	中国肿瘤生物治疗杂志	781	1334	0.791	1182	36.5	1202
C106	CHINESE PHYSICS B	3374	235	0.562	1682	36.4	1205
R024	半导体光电	568	1570	0.690	1399	35.7; 36.4	1205
J058	河北科技大学学报	311	1926	0.659	1464	36.4	1205
G063	山东中医药大学学报	1231	924	1.004	846	36.4	1205
A007	中国科学技术大学学报	398	1803	0.192	2115	36.4	1205
I142	JOURNAL OF IRON AND STEEL RESEARCH, INTERNATIONAL	1196	950	0.740	1276	36.3	1210
R521	激光与红外	1486	769	0.866	1044	36.3	1210
Y522	舰船电子工程	1179	963	0.334	2020	36.3	1210
R008	南京邮电大学学报自然科学版	485	1663	0.978	887	30.3; 36.3	1210
G438	现代临床护理	724	1393	0.795	1171	36.3	1210
U647	中国烟草学报	1384	822	1.181	618	36.3	1210
K045	INTERNATIONAL JOURNAL OF MINERALS, METALLURGY AND MATERIALS	1492	762	1.431	418	36.2	1216
T078	高科技纤维与应用	288	1973	0.560	1684	36.2	1216
W543	华北水利水电大学学报自然科学版	570	1567	0.941	940	36.2	1216
M032	武汉科技大学学报自然科学版	334	1899	0.578	1644	36.2	1216
J012	郑州大学学报工学版	572	1563	0.851	1075	36.2	1216
Y003	中国空间科学技术	615	1519	1.577	334	36.2	1216
E578	国土资源科技管理	236	2038	0.377	1976	36.1	1222

表 8-1 2022 年中国科技核心期刊综合评价总分排名（自然科学）（续）

CODE	刊名	核心总被引频次		核心影响因子		综合评价总分	
		数值	排名	数值	排名	数值	排名
G480	医学研究杂志	1629	692	0.482	1841	36.1	1222
G667	中国综合临床	485	1663	0.667	1448	36.1	1222
Z037	GREEN ENERGY & ENVIRONMENT	478	1674	1.569	337	36.0	1225
E092	JOURNAL OF METEOROLOGICAL RESEARCH	589	1547	0.959	913	36.0	1225
R025	激光技术	921	1187	1.059	769	36.0	1225
P007	水电能源科学	2904	318	0.713	1333	32.8; 36.0	1225
H233	中国土壤与肥料	3163	266	1.897	213	36.0	1225
G727	中国性科学	1839	595	0.601	1593	36.0	1225
E049	JOURNAL OF ARID LAND	442	1732	0.605	1582	35.9	1231
N028	机械设计与制造	3538	208	0.529	1735	35.9	1231
C109	应用光学	1109	1026	0.985	874	35.9	1231
E051	铀矿地质	1461	781	1.011	837	35.9	1231
W007	管理工程学报	1398	814	1.357	477	35.8	1235
K553	洁净煤技术	1305	878	1.465	391	35.8	1235
T077	膜科学与技术	661	1455	0.737	1284	35.8	1235
L005	石油物探	1514	750	1.563	341	35.8	1235
N088	组合机床与自动化加工技术	2017	511	0.819	1128	35.8	1235
H046	PEDOSPHERE	896	1213	0.739	1281	35.7	1240
A146	SCIENCE CHINA INFORMATION SCIENCES	1471	776	0.956	919	35.7	1240
G957	腹部外科	353	1874	0.645	1495	35.7	1240
G797	临床输血与检验	616	1517	0.702	1368	27.9; 35.7	1240
H284	海洋渔业	862	1239	1.095	716	35.6	1244
J017	河北工业大学学报	224	2050	0.253	2086	35.6	1244
G070	神经解剖学杂志	431	1744	0.573	1656	35.6	1244
G760	实用医院临床杂志	1428	803	0.624	1541	35.6	1244
G543	中国耳鼻咽喉头颈外科	989	1125	0.597	1600	35.6	1244
G706	中国优生与遗传杂志	1092	1039	0.322	2034	35.6	1244
N757	重庆理工大学学报自然科学版	1482	771	0.821	1124	35.5	1250
I018	JOURNAL OF FORESTRY RESEARCH	786	1332	0.451	1879	35.4	1251
G940	国际心血管病杂志	308	1934	0.486	1834	35.4	1251
T532	化工科技	261	2010	0.370	1983	35.4	1251
C001	力学学报	1998	518	1.281	527	35.4	1251
F044	生物资源	498	1649	0.754	1247	35.4	1251
E118	地震工程与工程振动	1921	559	0.895	1004	35.3	1256
H268	福建农林大学学报自然科学版	956	1156	0.818	1133	35.3	1256
M101	矿冶	615	1519	0.502	1798	35.3	1256
G470	中华细胞与干细胞杂志电子版	128	2122	0.491	1821	35.3	1256
G695	肿瘤预防与治疗	603	1532	0.892	1011	35.3	1256
I200	CHINESE JOURNAL OF TRAUMATOLOGY	285	1977	0.471	1853	35.2	1261
G700	实用老年医学	1036	1079	0.620	1552	35.2	1261
U547	食品与机械	3333	242	1.170	629	35.2	1261
N074	仪表技术与传感器	1408	812	0.782	1196	35.2	1261
F007	PLANT DIVERSITY	1046	1068	1.035	800	35.1	1265
E048	干旱气象	1638	688	1.256	547	29.9; 35.1	1265

表 8-1　2022 年中国科技核心期刊综合评价总分排名（自然科学）（续）

CODE	刊名	核心总被引频次		核心影响因子		综合评价总分	
		数值	排名	数值	排名	数值	排名
A035	吉林大学学报理学版	728	1389	0.686	1409	35.1	1265
E354	矿物岩石	923	1183	0.775	1205	35.1	1265
F042	生命的化学	892	1216	0.575	1651	35.1	1265
S046	信息网络安全	570	1567	0.837	1095	35.1	1265
C008	应用力学学报	1108	1027	0.514	1772	35.1	1265
C100	噪声与振动控制	1353	844	0.600	1595	35.1	1265
G973	中国呼吸与危重监护杂志	838	1273	0.997	856	35.1	1265
G207	公共卫生与预防医学	1600	707	1.650	303	35.0	1274
R535	红外技术	1149	988	1.023	816	35.0	1274
R588	科技进步与对策	4362	147	1.626	313	35.0	1274
G540	中国卫生信息管理杂志	974	1142	1.374	457	35.0	1274
E306	地震	897	1211	0.648	1491	34.9	1278
D036	电化学	296	1955	0.556	1690	34.9	1278
G898	河北医药	3061	286	0.608	1573	34.9	1278
Z031	环境与健康杂志	1074	1048	0.196	2112	34.9	1278
L016	石油地球物理勘探	2960	310	2.079	174	34.9	1278
E540	水文	1026	1090	0.938	948	34.9	1278
H041	特产研究	550	1596	0.699	1376	34.9	1278
S500	计算机与现代化	646	1476	0.509	1781	34.8	1285
J045	西华大学学报自然科学版	299	1948	0.464	1858	34.8	1285
M041	稀土	911	1198	0.678	1429	34.8	1285
J025	燕山大学学报	453	1710	0.858	1065	34.8	1285
G265	医学影像学杂志	2711	352	0.638	1508	34.8	1285
E169	中国地质调查	534	1610	1.188	608	34.8	1285
G441	中国口腔颌面外科杂志	449	1722	0.527	1738	34.8	1285
G108	中国临床解剖学杂志	854	1253	0.574	1652	34.8	1285
G609	热带医学杂志	1613	704	0.919	969	34.7	1293
A014	山西大学学报自然科学版	359	1864	0.333	2021	34.7	1293
G486	现代中药研究与实践	752	1358	0.823	1122	34.7	1293
R684	电信科学	950	1165	0.860	1058	34.6	1296
S509	计算机系统应用	1620	700	0.634	1521	34.6	1296
G345	临床急诊杂志	1008	1106	1.148	651	34.6	1296
G310	临床精神医学杂志	800	1313	0.694	1391	34.6	1296
X500	汽车工程学报	202	2072	0.455	1874	34.6	1296
G834	实用药物与临床	1046	1068	0.680	1420	34.6	1296
G308	医学与哲学	2439	409	0.948	933	34.6	1296
B013	运筹学学报	106	2132	0.273	2076	34.6	1296
G810	浙江医学	1746	636	0.500	1801	34.6	1296
G339	中国病原生物学杂志	1374	829	0.649	1487	34.6	1296
G191	中华眼底病杂志	719	1398	0.564	1676	34.6	1296
I282	ASIAN JOURNAL OF ANDROLOGY	704	1417	0.602	1588	34.5	1307
G844	医药导报	2070	495	0.997	856	34.5	1307
Y563	导航定位与授时	431	1744	0.754	1247	34.4	1309
E112	地震研究	794	1320	0.863	1051	34.4	1309

表 8-1 2022 年中国科技核心期刊综合评价总分排名（自然科学）（续）

CODE	刊名	核心总被引频次		核心影响因子		综合评价总分	
		数值	排名	数值	排名	数值	排名
N011	南京理工大学学报自然科学版	811	1301	1.156	643	34.4	1309
T763	深空探测学报中英文版	419	1765	0.840	1089	34.4	1309
H838	食用菌学报	656	1463	0.927	962	31.4; 34.4	1309
E351	中国地震	1045	1073	1.035	800	34.4	1309
G625	中国医院用药评价与分析	1207	944	0.621	1548	34.4	1309
E570	地球环境学报	343	1883	0.615	1562	34.3	1316
X013	汽车技术	561	1579	0.550	1704	34.3	1316
D026	分析科学学报	727	1391	0.808	1151	34.2	1318
A031	河北大学学报自然科学版	299	1948	0.380	1973	34.2	1318
G395	兰州大学学报医学版	370	1845	0.682	1416	34.2	1318
A006	四川大学学报自然科学版	737	1379	0.750	1259	34.2	1318
G686	中国实用神经疾病杂志	1961	538	0.999	853	34.2	1318
G506	中华损伤与修复杂志电子版	523	1625	0.741	1274	34.1	1323
Q709	INFECTIOUS DISEASES OF POVERTY	567	1571	0.950	928	34.0	1324
G992	长春中医药大学学报	1950	540	0.808	1151	34.0	1324
T924	农药科学与管理	565	1573	0.541	1720	13.6; 34.0	1324
T500	弹性体	407	1785	0.652	1480	34.0	1324
Y521	战术导弹技术	634	1492	0.736	1285	34.0	1324
G212	CHRONIC DISEASES AND TRANSLATIONAL MEDICINE	84	2142	0.460	1862	33.9	1329
R589	IEEE/CAA JOURNAL OF AUTOMATICA SINICA	1089	1040	1.860	219	33.9	1329
S051	JOURNAL OF COMPUTER SCIENCE AND TECHNOLOGY	214	2063	0.286	2062	33.9	1329
S055	大数据	336	1895	1.177	624	33.9	1329
T931	化学与粘合	403	1792	0.564	1676	22.9; 33.9	1329
N047	机械设计	1549	733	0.887	1017	33.9	1329
G049	解剖学报	616	1517	0.641	1503	33.9	1329
H414	中国家禽	1877	581	0.866	1044	33.9	1329
N034	装备环境工程	1160	981	0.506	1790	33.9	1329
I222	GENOMICS PROTEOMICS & BIOINFORMATICS	478	1674	1.104	698	33.8	1338
A515	深圳大学学报理工版	400	1795	0.659	1464	33.8	1338
G475	中国肝脏病杂志电子版	303	1943	0.902	994	33.8	1338
K016	湖南科技大学学报自然科学版	292	1962	0.489	1825	33.7	1341
G588	西部医学	1454	787	0.703	1363	33.7	1341
H276	新疆农业科学	1934	549	0.803	1160	33.7	1341
E151	地质与勘探	2313	431	1.639	308	33.6	1344
G024	福建医科大学学报	287	1974	0.392	1955	33.6	1344
J008	兰州理工大学学报	652	1469	0.476	1846	33.6	1344
G742	山东大学耳鼻喉眼学报	657	1461	0.667	1448	27.8; 33.6	1344
E138	物探与化探	2363	423	1.101	706	33.6	1344
M043	轧钢	912	1195	1.440	409	33.6	1344
G169	中华小儿外科杂志	1235	920	0.721	1314	32.3; 33.6	1344
I250	FRONTIERS OF MATHEMATICS IN CHINA	83	2143	0.087	2144	33.5	1351
Y006	飞行力学	585	1549	0.760	1238	33.5	1351
W016	管理学报	2957	312	1.827	226	33.5	1351
G397	江苏中医药	2199	457	0.795	1171	33.5	1351

表 8-1　2022 年中国科技核心期刊综合评价总分排名（自然科学）（续）

CODE	刊名	核心总被引频次		核心影响因子		综合评价总分	
		数值	排名	数值	排名	数值	排名
D023	无机化学学报	1042	1076	0.668	1444	33.5	1351
G341	现代泌尿外科杂志	917	1190	0.602	1588	33.5	1351
C108	原子核物理评论	159	2104	0.188	2118	25.7; 33.5	1351
R067	电子技术应用	1057	1059	0.483	1837	33.4	1358
G690	肝胆胰外科杂志	625	1505	0.841	1087	33.4	1358
G069	上海医学	659	1460	0.612	1565	33.4	1358
L025	石油钻探技术	1707	652	2.482	97	33.4	1358
E548	世界地质	781	1334	0.688	1404	33.4	1358
G451	现代消化及介入诊疗	1297	882	0.754	1247	33.4	1358
G843	中国中西医结合急救杂志	1069	1053	0.836	1097	21.4; 33.4	1358
G601	外科理论与实践	469	1689	0.630	1530	33.3	1365
U030	西安工程大学学报	549	1597	1.023	816	33.3	1365
X693	应用科技	327	1908	0.440	1890	33.3	1365
V531	陶瓷学报	423	1757	0.570	1662	33.2	1368
G210	微循环学杂志	261	2010	0.496	1808	33.2	1368
B031	工程数学学报	189	2082	0.235	2097	27.6; 33.1	1370
G426	国际神经病学神经外科学杂志	477	1680	0.556	1690	33.1	1370
G287	临床口腔医学杂志	1016	1097	0.895	1004	33.1	1370
G468	中华消化病与影像杂志电子版	298	1951	0.636	1515	33.1	1370
G412	肿瘤学杂志	634	1492	0.529	1735	33.1	1370
F014	ZOOLOGICAL SYSTEMATICS	290	1969	0.211	2106	33.0	1375
Y022	测控技术	1003	1113	0.488	1829	33.0	1375
C003	计算力学学报	862	1239	0.635	1519	33.0	1375
U017	天津工业大学学报	277	1990	0.471	1853	33.0	1375
G627	循证医学	339	1893	0.303	2049	28.5; 33.0	1375
G107	中国抗生素杂志	1314	872	1.120	675	33.0	1375
G347	中国中西医结合耳鼻咽喉科杂志	429	1748	0.498	1805	20.8; 33.0	1375
G889	INTERNATIONAL JOURNAL OF DERMATOLOGY AND VENEREOLOGY	155	2105	0.165	2124	32.9	1382
G495	国际病毒学杂志	451	1716	1.117	682	32.9	1382
G548	湖南师范大学学报医学版	945	1172	0.513	1773	32.9	1382
M023	冶金分析	1195	953	0.896	1003	32.9	1382
Q284	中华心力衰竭和心肌病杂志中英文	257	2017	0.712	1335	32.9	1382
I225	JOURNAL OF ACUPUNCTURE AND TUINA SCIENCE	291	1965	0.456	1871	32.8	1387
G934	国际中医中药杂志	1129	1003	0.760	1238	25.5; 32.8	1387
G246	口腔颌面外科杂志	311	1926	0.280	2068	32.8	1387
F257	实验动物科学	379	1829	0.344	2006	32.8	1387
H247	畜牧与饲料科学	741	1368	0.502	1798	32.8	1387
G163	中华实验外科杂志	1922	558	0.578	1644	32.8	1387
A652	北华大学学报自然科学版	424	1754	0.325	2030	32.7	1393
R512	电子器件	793	1321	0.511	1775	32.7	1393
Y018	实验流体力学	770	1346	0.611	1567	32.7	1393
W021	中国管理科学	4223	161	2.044	182	32.7	1393
G582	中国煤炭工业医学杂志	641	1487	0.585	1630	32.7	1393

表 8-1 2022 年中国科技核心期刊综合评价总分排名（自然科学）（续）

CODE	刊名	核心总被引频次		核心影响因子		综合评价总分	
		数值	排名	数值	排名	数值	排名
Q954	中华重症医学电子杂志	235	2040	0.595	1605	32.7	1393
S050	计算机测量与控制	2732	351	0.688	1404	32.6	1399
E140	空间科学学报	453	1710	0.489	1825	16.9; 32.6	1399
K004	矿产综合利用	1553	730	1.496	370	32.6	1399
G884	职业与健康	2884	320	0.688	1404	32.6	1399
G926	中国数字医学	1539	740	0.815	1139	32.6	1399
N009	弹箭与制导学报	1025	1091	0.434	1893	32.5	1404
G415	国际内分泌代谢杂志	488	1659	1.105	696	32.5	1404
V011	沈阳建筑大学学报自然科学版	711	1411	0.595	1605	29.5; 32.5	1404
L008	石油钻采工艺	1289	891	0.996	858	32.5	1404
A033	四川师范大学学报自然科学版	271	1999	0.364	1991	32.5	1404
G175	中华医学遗传学杂志	1137	997	0.654	1478	32.5	1404
R007	电波科学学报	723	1394	0.952	925	32.4	1410
G930	国际流行病学传染病学杂志	401	1794	0.622	1545	28.0; 32.4	1410
J052	沈阳工业大学学报	689	1430	0.963	909	32.4	1410
V035	土木工程与管理学报	743	1367	0.618	1556	32.4	1410
G314	中国疫苗和免疫	1411	809	1.768	251	32.4	1410
G736	中华内分泌外科杂志	485	1663	0.798	1168	32.4	1410
D017	CHINESE JOURNAL OF POLYMER SCIENCE	771	1345	0.922	966	32.3	1416
F021	JOURNAL OF MOLECULAR CELL BIOLOGY	424	1754	0.516	1765	32.3	1416
A003	安徽大学学报自然科学版	273	1997	0.509	1781	32.3	1416
H395	北方农业学报	624	1506	0.504	1794	32.3	1416
Q913	临床眼科杂志	341	1889	0.302	2052	32.3	1416
G748	食品与药品	642	1484	0.720	1317	30.6; 32.3	1416
G286	中华风湿病学杂志	1120	1016	0.585	1630	32.3	1416
I059	ACTA GEOLOGICA SINICA ENGLISH EDITION	1235	920	0.705	1354	32.2	1423
Q906	安徽医药	2550	382	0.677	1431	32.2	1423
H272	广东海洋大学学报	764	1351	1.014	828	27.1; 32.2	1423
G513	内蒙古医科大学学报	548	1599	0.431	1900	32.2	1423
Y555	上海航天中英文版	701	1419	0.823	1122	32.2	1423
X673	现代隧道技术	2017	511	0.799	1167	32.2	1423
G867	中国实用口腔科杂志	718	1399	0.638	1508	32.2	1423
G020	大连医科大学学报	350	1879	0.377	1976	32.1	1430
D503	功能高分子学报	390	1813	1.109	693	32.1	1430
G336	护理管理杂志	1622	698	1.486	379	32.1	1430
N053	机械与电子	396	1807	0.307	2047	32.1	1430
G457	实用骨科杂志	1039	1077	0.710	1342	32.1	1430
B007	数学进展	200	2077	0.089	2143	32.1	1430
G134	中国组织化学与细胞化学杂志	299	1948	0.349	2004	32.1	1430
I243	FRONTIERS OF MATERIALS SCIENCE	77	2145	0.237	2096	32.0	1437
R062	JOURNAL OF SEMICONDUCTORS	559	1584	0.686	1409	31.3; 32.0	1437
C103	固体力学学报	514	1633	0.688	1404	32.0	1437
Z525	环境监控与预警	386	1817	0.743	1271	32.0	1437
F045	激光生物学报	310	1930	0.420	1910	32.0	1437

表 8-1 2022 年中国科技核心期刊综合评价总分排名（自然科学）（续）

CODE	刊名	核心总被引频次		核心影响因子		综合评价总分	
		数值	排名	数值	排名	数值	排名
R098	微纳电子技术	478	1674	0.494	1812	32.0	1437
H989	杂草学报	477	1680	1.204	591	32.0	1437
R010	电工电能新技术	1012	1103	1.444	406	31.9	1444
Y034	航天返回与遥感	660	1457	0.971	897	31.9	1444
S812	科技管理研究	4199	162	0.930	956	31.9	1444
W002	泥沙研究	1057	1059	1.072	752	31.9	1444
H415	热带生物学报	312	1923	0.474	1848	31.9	1444
F228	热带亚热带植物学报	876	1227	0.994	861	31.9	1444
G605	医疗卫生装备	1410	810	0.759	1241	31.9	1444
C058	CHINESE PHYSICS C	788	1326	0.586	1627	31.8	1451
C072	RESEARCH IN ASTRONOMY AND ASTROPHYSICS	181	2089	0.070	2148	31.8	1451
G983	国际免疫学杂志	416	1770	0.609	1570	31.8	1451
A067	河南大学学报自然科学版	367	1852	0.790	1185	31.8	1451
C033	声学技术	612	1529	0.483	1837	31.8	1451
A019	郑州大学学报理学版	343	1883	0.904	992	31.8	1451
H793	中国森林病虫	560	1581	0.789	1187	31.8	1451
G752	中国卫生质量管理	1337	854	1.206	586	31.8	1451
A021	华侨大学学报自然科学版	343	1883	0.369	1985	31.7	1459
E047	亚热带资源与环境学报	292	1962	0.705	1354	31.7	1459
G531	中国医药生物技术	356	1870	0.508	1783	31.7	1459
G737	中华生物医学工程杂志	376	1835	0.552	1700	31.7	1459
G897	中华移植杂志电子版	301	1946	0.483	1837	31.7	1459
I139	CHEMICAL RESEARCH IN CHINESE UNIVERSITIES	408	1783	0.607	1578	31.6	1464
I165	CHINA FOUNDRY	262	2008	0.567	1669	31.6	1464
Y585	导航与控制	290	1969	0.531	1731	31.6	1464
T002	高分子通报	992	1123	0.839	1091	31.6	1464
C097	光散射学报	173	2095	0.259	2084	31.6	1464
G332	生物医学工程研究	245	2031	0.563	1679	31.6	1464
G878	中国药师	2664	360	0.889	1013	31.6	1464
G236	中国医学计算机成像杂志	610	1530	0.731	1296	31.6	1464
G761	中华危重症医学杂志电子版	449	1722	1.017	826	31.6	1464
G643	中医正骨	1163	978	1.024	813	31.6	1464
N022	轴承	842	1269	0.601	1593	31.6	1464
D011	化学试剂	718	1399	0.493	1815	31.5	1475
G534	实用放射学杂志	2981	303	0.827	1113	31.5	1475
G384	河北中医	1901	566	0.590	1620	31.4	1477
A084	黑龙江大学自然科学学报	251	2024	0.265	2079	31.4	1477
H080	生物安全学报	422	1760	1.063	764	31.4	1477
G746	实用肝脏病杂志	1467	778	1.043	788	31.4	1477
U634	现代纺织技术	383	1825	0.515	1769	31.4	1477
G765	中国小儿急救医学	922	1186	0.754	1247	31.4	1477
Q948	中华介入放射学电子杂志	260	2014	0.627	1538	31.4	1477
G599	中南药学	1978	532	0.776	1202	31.4	1477
G478	骨科	349	1880	0.668	1444	31.3	1485

表 8-1　2022 年中国科技核心期刊综合评价总分排名（自然科学）（续）

CODE	刊名	核心总被引频次		核心影响因子		综合评价总分	
		数值	排名	数值	排名	数值	排名
G975	国际麻醉学与复苏杂志	1072	1049	0.871	1037	31.3	1485
C032	量子电子学报	281	1982	0.478	1844	31.3	1485
C134	热科学与技术	308	1934	0.518	1760	29.9; 31.3	1485
J036	西安工业大学学报	214	2063	0.284	2065	31.3	1485
G088	医用生物力学	839	1272	0.939	942	15.5; 31.3	1485
Y054	宇航总体技术	242	2033	0.811	1145	31.3	1485
H326	中国兽医科学	1007	1107	0.786	1191	31.3	1485
I173	CHINESE JOURNAL OF CHEMISTRY	1344	851	1.100	709	31.2	1493
G085	创伤与急危重病医学	320	1916	0.587	1624	31.2	1493
G953	精神医学杂志	466	1692	0.568	1663	31.2	1493
S023	制造业自动化	1239	918	0.448	1884	31.2	1493
G786	安徽医学	1594	712	0.679	1424	31.1	1497
N019	低温工程	374	1840	0.336	2017	31.1	1497
G256	临床外科杂志	1329	862	0.735	1287	31.1	1497
Y561	现代防御技术	628	1503	0.714	1328	31.1	1497
G331	药学研究	797	1316	0.586	1627	31.1	1497
G149	中华劳动卫生职业病杂志	1488	767	1.039	795	31.1	1497
G703	中华实验和临床感染病杂志电子版	475	1682	0.850	1076	31.1	1497
G196	肿瘤药学	422	1760	0.681	1418	31.1	1497
B029	复杂系统与复杂性科学	295	1956	0.726	1303	31.0	1505
G523	内科理论与实践	223	2052	0.384	1967	31.0	1505
G061	青岛大学学报医学版	311	1926	0.235	2097	31.0	1505
G718	中国心血管病研究	907	1201	0.876	1031	31.0	1505
G251	中华放射肿瘤学杂志	1331	860	0.912	981	31.0	1505
G055	中华肩肘外科电子杂志	236	2038	0.619	1555	31.0	1505
U521	包装与食品机械	643	1480	1.747	258	30.9	1511
E307	地震工程学报	1307	876	0.735	1287	30.9	1511
G204	临床检验杂志	887	1220	0.682	1416	30.9	1511
A141	山东科技大学学报自然科学版	495	1654	0.671	1439	30.9	1511
G329	神经疾病与精神卫生	425	1753	0.374	1980	30.9	1511
G100	中国法医学杂志	767	1350	0.686	1409	30.9	1511
S741	地域研究与开发	2263	442	1.860	219	30.8	1517
D062	分析仪器	413	1777	0.327	2025	30.8	1517
N076	焊接	777	1340	0.651	1482	30.8	1517
G309	临床神经病学杂志	575	1560	0.721	1314	30.8	1517
G485	世界临床药物	621	1510	0.560	1684	30.8	1517
A081	中国科学基金	997	1119	1.396	447	30.8	1517
G338	腹腔镜外科杂志	1093	1035	0.979	882	30.7	1523
A191	杭州师范大学学报自然科学版	226	2049	0.241	2093	30.7	1523
Z550	环境工程技术学报	1499	758	2.397	110	30.7	1523
A060	西南民族大学学报自然科学版	292	1962	0.401	1943	30.7	1523
G619	中国眼耳鼻喉科杂志	423	1757	0.409	1932	30.7	1523
G678	中国中西医结合影像学杂志	525	1621	0.512	1774	30.7	1523
I229	JOURNAL OF MARINE SCIENCE AND APPLICATION	165	2100	0.167	2122	30.6	1529

表 8-1　2022 年中国科技核心期刊综合评价总分排名（自然科学）（续）

CODE	刊名	核心总被引频次		核心影响因子		综合评价总分*	
		数值	排名	数值	排名	数值	排名
R428	电气工程学报	329	1904	0.767	1219	30.6	1529
H289	林业与生态科学	276	1991	0.523	1749	30.6	1529
E359	气象科学	1177	964	0.893	1008	30.6	1529
A504	天津师范大学学报自然科学版	256	2019	0.565	1671	30.6	1529
R524	中国能源	481	1668	0.767	1219	30.6	1529
U635	中国食品添加剂	1770	629	1.080	744	30.6	1529
G576	中国肿瘤外科杂志	368	1850	0.617	1558	30.6	1529
G235	中华高血压杂志	1557	729	1.026	811	30.6	1529
G620	北京中医药	2777	339	1.056	773	17.3; 30.5	1538
H009	蚕业科学	618	1514	0.475	1847	30.5	1538
D015	分子催化	506	1640	1.651	301	30.5	1538
V048	风景园林	1128	1005	1.069	758	30.5	1538
T070	日用化学工业	741	1368	0.591	1615	30.5	1538
E023	天文学报	201	2074	0.331	2023	30.5	1538
G260	心脏杂志	451	1716	0.515	1769	30.5	1538
U032	中国油脂	2796	334	1.188	608	30.5	1538
G720	遵义医科大学学报	398	1803	0.489	1825	30.5	1538
G879	肝胆外科杂志	471	1685	0.490	1823	30.4	1547
R037	高压电器	3804	187	1.940	203	30.3	1548
R095	供用电	1156	985	2.140	166	30.3	1548
H200	亚热带农业研究	278	1987	0.638	1508	30.3	1548
Z009	化工环保	740	1372	0.889	1013	30.2	1551
Y504	气体物理	151	2111	0.452	1877	29.3; 30.2	1551
G448	热带病与寄生虫学	384	1824	1.058	770	30.2	1551
A023	首都师范大学学报自然科学版	312	1923	0.366	1987	30.2	1551
E052	微体古生物学报	434	1740	0.354	1997	30.2	1551
U645	保鲜与加工	1127	1008	1.080	744	29.2; 30.1	1556
H244	河北农业大学学报	948	1168	0.738	1283	30.1	1556
K025	矿产与地质	1121	1013	0.527	1738	30.1	1556
G702	温州医科大学学报	478	1674	0.428	1904	30.1	1556
I116	CHINESE JOURNAL OF ELECTRONICS	420	1764	0.459	1865	30.0	1560
J059	空军工程大学学报自然科学版	419	1765	0.508	1783	30.0	1560
B004	数学年刊 A	108	2129	0.136	2135	30.0	1560
N104	中国惯性技术学报	1106	1028	1.297	518	30.0	1560
T941	当代化工	2114	482	0.598	1599	29.9	1564
N027	电加工与模具	309	1932	0.310	2044	29.9	1564
Q009	核科学与工程	426	1751	0.198	2110	29.9	1564
T025	化学工程	673	1447	0.310	2044	29.9	1564
G003	基础医学与临床	1333	857	0.582	1634	29.9	1564
B017	模糊系统与数学	371	1844	0.386	1963	29.9	1564
T013	人工晶体学报	1079	1041	0.457	1870	29.9	1564
N065	特种铸造及有色合金	1251	910	0.588	1623	29.9	1564
S082	网络与信息安全学报	325	1912	0.819	1128	29.9	1564
A077	贵州大学学报自然科学版	379	1829	0.419	1912	29.8	1573

表 8-1　2022 年中国科技核心期刊综合评价总分排名（自然科学）（续）

CODE	刊名	核心总被引频次		核心影响因子		综合评价总分	
		数值	排名	数值	排名	数值	排名
Q219	上海预防医学	1077	1043	0.892	1011	29.8	1573
Q905	中华解剖与临床杂志	437	1737	0.669	1441	29.8	1573
G549	癌变·畸变·突变	305	1942	0.542	1717	29.7	1576
J014	河南科技大学学报自然科学版	510	1638	0.942	937	29.7	1576
H333	经济动物学报	259	2016	0.583	1632	29.7	1576
G317	临床泌尿外科杂志	1028	1088	0.849	1077	29.7	1576
A008	南开大学学报自然科学版	221	2055	0.320	2037	29.7	1576
G856	实用肿瘤学杂志	416	1770	0.954	922	29.7	1576
N092	FRICTION	711	1411	1.652	299	29.6	1582
X001	大连交通大学学报	338	1894	0.251	2088	21.4; 29.6	1582
V021	给水排水	2225	450	0.937	949	29.6	1582
V089	南方建筑	541	1605	0.932	954	29.6	1582
H031	山东农业大学学报自然科学版	827	1284	0.492	1818	29.6	1582
L033	油田化学	1032	1086	0.996	858	29.6	1582
A111	内蒙古师范大学学报自然科学汉文版	198	2078	0.234	2099	29.5	1588
G110	中国麻风皮肤病杂志	904	1204	0.580	1640	29.5	1588
S501	自动化与仪表	557	1588	0.403	1940	25.6; 29.5	1588
I017	TRANSACTIONS OF NANJING UNIVERSITY OF AERONAUTICS & ASTRONAUTICS	224	2050	0.383	1969	24.9; 29.4	1591
U014	东华大学学报自然科学版	493	1656	0.411	1926	29.4	1591
N040	机械传动	1664	678	0.722	1312	29.4	1591
G833	中华老年口腔医学杂志	369	1849	0.698	1380	29.4	1591
G015	CHINA CDC WEEKLY	693	1426	1.236	558	29.3	1595
M005	材料保护	1561	725	0.571	1659	29.3	1595
Z013	工业水处理	1946	543	1.092	721	29.3	1595
G440	药学实践杂志	538	1606	0.563	1679	29.3	1595
W557	中国水利水电科学研究院学报	613	1525	1.368	463	29.3	1595
T009	化学反应工程与工艺	203	2071	0.158	2127	29.2	1600
M018	勘察科学技术	208	2068	0.111	2139	29.2	1600
Q748	INTERNATIONAL JOURNAL OF NURSING SCIENCES	155	2105	0.389	1961	29.1	1602
H047	甘肃农业大学学报	1187	958	0.942	937	29.1	1602
T542	精细石油化工	285	1977	0.322	2034	27.8; 29.1	1602
Z016	水处理技术	1941	547	0.860	1058	29.1	1602
H864	饲料研究	2872	324	1.169	632	29.1	1602
F050	植物研究	1210	941	1.114	688	29.1	1602
G464	中国血管外科杂志电子版	388	1815	0.483	1837	29.1	1602
Y029	海军航空工程学院学报	252	2023	0.342	2009	22.5; 29.0	1609
T067	合成纤维	465	1693	0.545	1711	29.0	1609
T501	能源化工	281	1982	0.357	1994	29.0	1609
E302	湿地科学	1293	885	1.432	416	29.0	1609
C095	COMMUNICATIONS IN THEORETICAL PHYSICS	368	1850	0.260	2082	28.9	1613
Q707	WORLD JOURNAL OF TRADITIONAL CHINESE MEDICINE	106	2132	0.771	1210	28.9	1613
C060	波谱学杂志	249	2026	0.875	1033	28.9	1613

表 8-1　2022 年中国科技核心期刊综合评价总分排名（自然科学）（续）

CODE	刊名	核心总被引频次		核心影响因子		综合评价总分*	
		数值	排名	数值	排名	数值	排名
D501	化学研究	284	1979	0.362	1993	28.9	1613
S048	计算机与数字工程	1022	1092	0.295	2056	28.9	1613
A020	山东大学学报理学版	470	1687	0.368	1986	28.9	1613
X533	水道港口	665	1452	0.734	1290	28.9	1613
G745	四川中医	3810	185	0.663	1457	28.9	1613
N100	现代科学仪器	234	2042	0.079	2146	28.9	1613
H099	中国预防兽医学报	1171	970	0.755	1244	28.9	1613
Q784	FOREST ECOSYSTEMS	164	2101	0.413	1923	28.8	1623
A080	高技术通讯	564	1574	0.709	1344	28.8	1623
U055	粮食与饲料工业	823	1289	0.633	1526	20.8; 22.7; 28.8	1623
M544	钛工业进展	447	1727	0.762	1233	28.8	1623
E303	中国岩溶	1435	798	1.018	824	28.8	1623
Y051	空间控制技术与应用	351	1877	0.694	1391	28.7	1628
H219	排灌机械工程学报	1455	786	1.230	563	28.7	1628
U604	皮革与化工	253	2022	0.860	1058	28.7	1628
G319	神经损伤与功能重建	837	1275	0.843	1084	28.7	1628
B006	数学学报	202	2072	0.097	2142	28.7	1628
A076	河北师范大学学报自然科学版	152	2109	0.225	2101	28.6	1633
V054	矿产勘查	1295	884	0.765	1227	28.6	1633
G291	临床骨科杂志	952	1163	1.122	673	28.6	1633
U641	食品与发酵科技	774	1344	0.815	1139	28.6	1633
K013	有色金属矿山部分	525	1621	0.656	1474	28.6	1633
G130	中国应用生理学杂志	910	1199	1.204	591	28.6	1633
E543	测绘工程	534	1610	0.651	1482	28.5	1639
H364	广西林业科学	513	1635	0.531	1731	28.5	1639
G660	国际消化病杂志	404	1790	0.520	1754	28.5	1639
H204	中国沼气	378	1834	0.628	1535	20.0; 28.5	1639
G463	中华腔镜外科杂志电子版	433	1741	0.735	1287	28.5	1639
G082	中华新生儿科杂志中英文版	644	1478	0.785	1193	28.5	1639
X579	公路	2697	353	0.486	1834	28.4	1645
V005	建筑科学	1572	720	0.621	1548	28.4	1645
G453	江苏大学学报医学版	363	1857	0.692	1397	28.4	1645
G507	解剖科学进展	615	1519	0.668	1444	28.4	1645
G677	颈腰痛杂志	848	1262	0.647	1492	28.4	1645
G321	现代口腔医学杂志	291	1965	0.341	2010	28.4	1645
A510	信阳师范学院学报自然科学版	363	1857	0.547	1708	28.4	1645
G845	中国小儿血液与肿瘤杂志	244	2032	0.398	1949	20.8; 25.0; 28.4	1645
Q952	中华胃肠内镜电子杂志	184	2086	1.027	809	28.4	1645
T563	工业催化	535	1609	0.336	2017	28.3	1654
A110	宁夏大学学报自然科学版	144	2114	0.161	2126	28.3	1654
G578	心血管康复医学杂志	560	1581	0.500	1801	28.3	1654
N830	中国测试	1790	616	1.320	502	28.3	1654
H891	中国动物传染病学报	654	1466	1.071	755	28.3	1654
G335	中华航海医学与高气压医学杂志	858	1244	0.815	1139	28.3	1654

表 8-1 2022 年中国科技核心期刊综合评价总分排名（自然科学）（续）

CODE	刊名	核心总被引频次		核心影响因子		综合评价总分	
		数值	排名	数值	排名	数值	排名
A009	安徽师范大学学报自然科学版	187	2083	0.217	2104	28.2	1660
R058	电气自动化	451	1716	0.438	1892	28.2	1660
R019	电源技术	1744	639	0.641	1503	28.2	1660
N043	探测与控制学报	547	1601	0.678	1429	28.2	1660
G996	皖南医学院学报	352	1875	0.353	1999	28.2	1660
E159	新疆地质	903	1205	0.589	1622	28.2	1660
G333	医学分子生物学杂志	282	1981	0.417	1917	28.2	1660
L027	油气储运	1923	557	1.500	367	28.2	1660
Q231	中华心血管病杂志网络版	62	2148	0.683	1415	28.2	1660
G522	肿瘤研究与临床	559	1584	0.532	1729	28.2	1660
J057	工业工程	418	1768	0.433	1894	28.1	1670
F229	生物技术	363	1857	0.354	1997	28.1	1670
A098	中国科技论坛	1983	529	1.260	544	28.1	1670
B030	ACTA MATHEMATICA SINICA ENGLISH SERIES	232	2047	0.125	2136	28.0	1673
Y013	固体火箭技术	1270	904	0.680	1420	28.0	1673
R586	吉林大学学报信息科学版	393	1809	0.665	1453	20.8; 28.0	1673
Q744	GLOBAL ENERGY INTERCONNECTION	235	2040	1.466	388	27.9	1676
N004	弹道学报	536	1608	0.835	1098	27.9	1676
R020	电子元件与材料	692	1428	0.491	1821	27.9	1676
U037	林产工业	787	1328	1.219	576	27.9	1676
K580	有色金属选矿部分	1004	1110	1.061	767	27.9	1676
U052	中国乳品工业	929	1179	0.779	1199	27.9	1676
G126	CHINESE MEDICAL SCIENCES JOURNAL	164	2101	0.385	1964	27.8	1682
I090	JOURNAL OF WUHAN UNIVERSITY OF TECHNOLOGY MATERIALS SCIENCE EDITION	679	1442	0.421	1908	25.9; 27.8	1682
G491	岭南心血管病杂志	382	1828	0.411	1926	27.8	1682
R117	南方电网技术	2051	500	2.277	141	27.8	1682
L015	石油化工	1154	986	0.520	1754	27.8	1682
G699	西部中医药	2261	443	0.824	1121	13.4; 27.8	1682
G565	徐州医科大学学报	370	1845	0.429	1902	27.8	1682
R069	压电与声光	642	1484	0.482	1841	27.8	1682
H016	扬州大学学报农业与生命科学版	666	1451	0.691	1398	27.8	1682
R001	电子显微学报	680	1439	0.862	1053	27.7	1691
V088	上海城市规划	749	1361	0.714	1328	27.7	1691
G575	四川医学	915	1191	0.413	1923	27.7	1691
I120	JOURNAL OF OCEAN UNIVERSITY OF CHINA	485	1663	0.327	2025	25.8; 27.6	1694
J013	哈尔滨理工大学学报	607	1531	0.729	1299	27.6	1694
G673	临床药物治疗杂志	847	1263	0.701	1372	27.6	1694
H516	热带农业科学	1281	899	0.510	1778	27.6	1694
H261	辽宁农业科学	457	1706	0.279	2072	27.5	1698
R754	电讯技术	977	1141	0.704	1361	27.4	1699
G496	国际老年医学杂志	415	1773	1.000	850	27.4	1699
G261	临床心血管病杂志	1372	832	1.102	704	27.4	1699
V573	西部人居环境学刊	523	1625	1.095	716	27.4	1699

表 8-1 2022 年中国科技核心期刊综合评价总分排名（自然科学）（续）

CODE	刊名	核心总被引频次		核心影响因子		综合评价总分*	
		数值	排名	数值	排名	数值	排名
D014	影像科学与光化学	450	1720	0.885	1019	27.4	1699
B011	应用数学	149	2112	0.153	2129	27.4	1699
G770	中华脑血管病杂志电子版	155	2105	0.778	1201	27.4	1699
I230	JOURNAL OF MOUNTAIN SCIENCE	938	1173	0.508	1783	27.3	1706
R063	半导体技术	450	1720	0.373	1981	27.3	1706
G054	中华肝脏外科手术学电子杂志	499	1648	0.941	940	27.3	1706
E525	地质与资源	835	1278	1.330	497	27.2	1709
G349	国际泌尿系统杂志	699	1422	0.411	1926	27.2	1709
G270	中国耳鼻咽喉颅底外科杂志	598	1537	0.609	1570	27.2	1709
G124	中国医疗器械杂志	414	1775	0.527	1738	27.2	1709
U562	烟草科技	2050	502	1.163	639	27.1	1713
C038	真空与低温	313	1920	0.494	1812	27.1	1713
G835	职业卫生与应急救援	619	1512	0.835	1098	27.1	1713
G610	中华胰腺病杂志	421	1762	0.537	1722	27.1	1713
I166	CHINESE JOURNAL OF ACOUSTICS	78	2144	0.120	2137	27.0	1717
E012	JOURNAL OF OCEANOLOGY AND LIMNOLOGY	670	1448	0.287	2061	27.0	1717
X635	船海工程	703	1418	0.410	1931	27.0	1717
Z521	环境科学与管理	1230	925	0.271	2077	27.0	1717
Z518	环境生态学	329	1904	0.627	1538	27.0	1717
E110	热带气象学报	1148	991	0.908	987	27.0	1717
G755	中国药业	2752	345	0.662	1459	27.0	1717
G240	中国中医骨伤科杂志	1583	715	1.045	785	27.0	1717
N110	工业工程与管理	915	1191	0.888	1016	26.9	1725
G527	药学与临床研究	520	1628	0.633	1526	26.9	1725
T508	电镀与精饰	580	1554	0.717	1324	26.8	1727
A535	广西科学	465	1693	0.609	1570	26.8	1727
G334	湖北中医药大学学报	986	1129	0.664	1456	26.8	1727
N029	润滑与密封	1885	574	0.645	1495	26.8	1727
N044	无损检测	809	1305	0.384	1967	26.8	1727
T066	化工自动化及仪表	336	1895	0.285	2064	26.7	1732
A013	南昌大学学报理科版	313	1920	0.351	2001	26.7	1732
A506	宁波大学学报理工版	269	2003	0.277	2074	26.7	1732
C009	实验力学	710	1415	0.621	1548	26.7	1732
G885	中国现代手术学杂志	254	2021	0.391	1957	26.7	1732
G016	北京医学	1047	1067	0.528	1737	26.6	1737
S507	计算技术与自动化	322	1915	0.516	1765	26.6	1737
G802	临床神经外科杂志	500	1647	0.817	1135	26.6	1737
Q003	同位素	221	2055	0.447	1885	26.6	1737
E096	CHINA GEOLOGY	415	1773	1.782	244	26.5	1741
C036	数学物理学报	264	2006	0.292	2058	24.6; 26.5	1741
G866	微创泌尿外科杂志	307	1939	0.660	1462	26.5	1741
E125	西北地质	1378	824	1.107	695	26.5	1741
R547	广东电力	1316	870	1.620	315	26.4	1745
A039	湖北大学学报自然科学版	270	2001	0.423	1906	26.4	1745

表 8-1　2022 年中国科技核心期刊综合评价总分排名（自然科学）（续）

CODE	刊名	核心总被引频次		核心影响因子		综合评价总分	
		数值	排名	数值	排名	数值	排名
M051	金属功能材料	365	1854	0.697	1383	26.4	1745
G293	临床血液学杂志	720	1397	0.921	968	21.8; 26.4	1745
C093	现代应用物理	161	2103	0.421	1908	26.4	1745
G482	医学动物防制	958	1154	0.508	1783	26.4	1745
D025	有机化学	1596	711	0.568	1663	26.4	1745
N046	制造技术与机床	1121	1013	0.501	1800	26.4	1745
G456	中国妇产科临床杂志	1292	886	1.110	691	26.4	1745
W015	JOURNAL OF HYDRODYNAMICS SERIES B	818	1292	0.719	1319	26.3	1754
H040	淡水渔业	894	1215	0.955	920	26.2	1755
C101	力学季刊	400	1795	0.503	1796	26.2	1755
G402	中国分子心脏病学杂志	327	1908	0.618	1556	26.2	1755
L508	储能科学与技术	1759	631	1.600	324	26.1	1758
Y033	航天器工程	852	1257	0.693	1395	26.1	1758
F040	生物信息学	177	2092	0.556	1690	26.1	1758
L019	石油机械	1794	614	1.053	775	26.1	1758
R777	浙江电力	881	1223	0.978	887	26.1	1758
Q940	中国癌症防治杂志	418	1768	0.856	1068	26.1	1758
N012	爆破器材	359	1864	0.634	1521	26.0	1764
G292	寄生虫与医学昆虫学报	148	2113	0.523	1749	26.0	1764
G462	中华普外科手术学杂志电子版	815	1296	1.120	675	26.0	1764
Q968	中医肿瘤学杂志	297	1954	1.020	821	26.0	1764
R711	测试技术学报	246	2030	0.328	2024	25.9	1768
G033	哈尔滨医科大学学报	295	1956	0.242	2091	25.9	1768
D037	化学研究与应用	1194	954	0.638	1508	25.9	1768
X042	石家庄铁道大学学报自然科学版	233	2045	0.397	1950	16.7; 25.9	1768
X528	水运工程	1562	724	0.355	1995	25.9	1768
G913	中国药事	1118	1017	0.867	1040	25.9	1768
I209	ACTA OCEANOLOGICA SINICA	779	1338	0.400	1946	25.8	1774
C070	CHINESE JOURNAL OF CHEMICAL PHYSICS	175	2094	0.166	2123	25.8	1774
C094	计算物理	482	1667	0.623	1542	25.8	1774
T015	炭素技术	328	1906	0.425	1905	25.8	1774
G158	中华器官移植杂志	674	1446	0.579	1642	25.8	1774
G178	中华整形外科杂志	1173	967	0.720	1317	25.8	1774
I051	ACTA MATHEMATICAE APPLICATAE SINICA	104	2134	0.074	2147	25.7	1780
Y032	航天器环境工程	639	1490	0.488	1829	25.7	1780
S816	科学管理研究	809	1305	0.761	1234	25.7	1780
G343	GENERAL PSYCHIATRY	589	1547	0.375	1979	25.6	1783
E132	地质找矿论丛	686	1434	0.517	1764	25.6	1783
G199	发育医学电子杂志	190	2080	0.510	1778	25.6	1783
N063	机械设计与制造工程	559	1584	0.262	2081	25.6	1783
J018	武汉理工大学学报信息与管理工程版	363	1857	0.565	1671	18.8; 25.6	1783
G103	中国骨伤	1932	550	1.120	675	25.6	1783
G044	华西药学杂志	1020	1093	1.032	804	25.5	1789
A637	山东科学	289	1972	0.337	2015	25.5	1789

表 8-1　2022 年中国科技核心期刊综合评价总分排名（自然科学）（续）

CODE	刊名	核心总被引频次		核心影响因子		综合评价总分	
		数值	排名	数值	排名	数值	排名
G518	预防医学情报杂志	1169	972	0.750	1259	25.5	1789
J016	浙江工业大学学报	634	1492	0.855	1069	25.5	1789
K579	中国煤炭	1264	905	1.096	714	25.5	1789
V033	工程抗震与加固改造	475	1682	0.260	2082	25.4	1794
T018	合成橡胶工业	364	1855	0.456	1871	25.4	1794
N054	机械设计与研究	1354	842	0.807	1155	25.4	1794
G257	临床内科杂志	1048	1066	1.119	680	25.4	1794
G855	临床消化病杂志	356	1870	0.392	1955	25.4	1794
A074	沈阳大学学报自然科学版	195	2079	0.401	1943	25.4	1794
R611	自动化与仪器仪表	1065	1055	0.332	2022	24.2; 25.4	1794
K038	煤炭工程	3132	273	1.123	671	25.3	1801
U036	棉纺织技术	897	1211	0.667	1448	25.3	1801
Q957	首都公共卫生	449	1722	0.751	1256	25.3	1801
G792	西北药学杂志	1319	869	1.170	629	25.3	1801
A011	河南科学	572	1563	0.279	2072	25.2	1805
A053	云南师范大学学报自然科学版	251	2024	0.503	1796	25.2	1805
I009	TSINGHUA SCIENCE AND TECHNOLOGY	400	1795	1.082	740	25.1	1807
G803	肝脏	984	1133	0.432	1896	25.1	1807
T065	合成纤维工业	521	1627	0.637	1513	25.1	1807
B014	计算数学	104	2134	0.194	2113	25.1	1807
V047	建筑学报	1189	956	0.490	1823	25.1	1807
R519	信息技术	824	1286	0.419	1912	25.1	1807
M505	腐蚀与防护	1255	907	0.545	1711	25.0	1813
G050	解剖学杂志	615	1519	0.564	1676	25.0	1813
R775	中兴通讯技术	219	2058	0.623	1542	25.0	1813
G838	肿瘤影像学	294	1959	0.551	1703	25.0	1813
L012	石油学报石油加工	1378	824	1.207	583	24.9	1817
G653	现代检验医学杂志	1056	1061	0.834	1104	24.9	1817
G701	组织工程与重建外科杂志	403	1792	0.473	1850	24.9	1817
N024	车用发动机	266	2005	0.453	1876	24.8	1820
Y554	航空发动机	726	1392	0.518	1760	24.8	1820
W030	WATER SCIENCE AND ENGINEERING	155	2105	0.451	1879	24.7	1822
G603	生物医学工程与临床	376	1835	0.497	1806	24.7	1822
N764	JOURNAL OF BIONIC ENGINEERING	486	1661	0.574	1652	24.6	1824
J055	海军工程大学学报	479	1671	0.327	2025	24.6	1824
E569	海洋地质前沿	863	1238	0.979	882	24.6	1824
A083	科技通报	923	1183	0.286	2062	24.6	1824
H071	农产品质量与安全	445	1729	0.696	1384	21.4; 23.2; 24.6	1824
G180	中日友好医院学报	326	1910	0.571	1659	24.6	1824
V062	城乡规划	255	2020	0.500	1801	24.5	1830
E141	华北地震科学	270	2001	0.381	1971	24.5	1830
Z554	环境监测管理与技术	715	1404	1.127	669	24.5	1830
G971	环境卫生学杂志	527	1619	0.538	1721	24.5	1830
R050	水力发电	1129	1003	0.516	1765	24.5	1830

表 8-1 2022 年中国科技核心期刊综合评价总分排名（自然科学）（续）

CODE	刊名	核心总被引频次		核心影响因子		综合评价总分	
		数值	排名	数值	排名	数值	排名
H081	中国热带农业	498	1649	0.693	1395	24.5	1830
R064	微电子学	390	1813	0.365	1988	24.4	1836
G583	中国临床新医学	797	1316	0.505	1792	24.4	1836
Q440	RESEARCH	393	1809	1.014	828	24.3	1838
G439	脊柱外科杂志	414	1775	0.784	1194	24.3	1838
K517	煤矿机械	2221	452	0.404	1939	24.3	1838
H317	中国兽药杂志	524	1623	0.418	1915	24.3	1838
G220	中国药物化学杂志	388	1815	0.578	1644	24.3	1838
D602	合成化学	281	1982	0.211	2106	24.2	1843
V014	建筑结构	3209	259	0.553	1696	24.2	1843
I168	INTERNATIONAL JOURNAL OF COAL SCIENCE & TECHNOLOGY	400	1795	0.989	868	24.1	1845
G929	国际精神病学杂志	1098	1032	0.676	1434	24.1	1845
I207	CHINESE HERBAL MEDICINES	303	1943	0.581	1638	24.0	1847
I219	CHINESE JOURNAL OF POPULATION, RESOURCES AND ENVIRONMENT	59	2149	0.205	2109	24.0	1847
D035	分子科学学报	204	2070	0.252	2087	24.0	1847
U626	粮油食品科技	753	1356	0.662	1459	24.0	1847
G649	影像诊断与介入放射学	379	1829	0.613	1564	24.0	1847
H215	中国果树	1283	896	0.976	892	24.0	1847
G444	中国体外循环杂志	344	1882	0.853	1070	24.0	1847
B023	CHINESE ANNALS OF MATHEMATICS SERIES B	104	2134	0.139	2134	23.9	1854
I132	FRONTIERS OF OPTOELECTRONICS	108	2129	0.460	1862	23.9	1854
Y015	航天控制	464	1696	0.669	1441	23.8	1856
R016	绝缘材料	1233	922	0.951	926	23.8	1856
E050	GEOSCIENCE FRONTIERS	993	1122	0.964	906	23.7	1858
E564	海洋技术学报	491	1657	0.293	2057	23.7	1858
A026	内蒙古大学学报自然科学版	308	1934	0.429	1902	23.7	1858
E500	盐湖研究	459	1704	0.600	1595	23.7	1858
B008	应用概率统计	115	2128	0.207	2108	23.7	1858
Y057	载人航天	557	1588	0.432	1896	23.7	1858
V052	粉煤灰综合利用	274	1993	0.224	2102	23.6	1864
G230	临床皮肤科杂志	1075	1045	0.397	1950	23.6	1864
E566	气象科技	1780	622	1.609	319	23.6	1864
H067	中国真菌学杂志	383	1825	0.651	1482	23.6	1864
E633	气象与环境学报	1191	955	1.444	406	23.5	1868
G223	现代医学	806	1309	0.408	1933	23.5	1868
N091	指挥控制与仿真	721	1395	0.527	1738	23.5	1868
I249	FRONTIERS IN ENERGY	214	2063	0.542	1717	23.4	1871
I735	FRONTIERS OF COMPUTER SCIENCE	230	2048	0.314	2042	23.4	1871
C055	低温物理学报	64	2147	0.070	2148	23.4	1871
R033	应用激光	1243	917	1.263	542	23.4	1871
B003	高校应用数学学报	101	2138	0.172	2121	23.3	1875
G890	实用肿瘤杂志	653	1467	1.222	573	23.3	1875

表 8-1 2022 年中国科技核心期刊综合评价总分排名（自然科学）（续）

CODE	刊名	核心总被引频次		核心影响因子		综合评价总分	
		数值	排名	数值	排名	数值	排名
G227	中国药物警戒	1292	886	0.942	937	23.3	1875
G004	北京生物医学工程	362	1862	0.630	1530	23.2	1878
S031	遥测遥控	209	2067	0.416	1918	23.2	1878
G842	中西医结合肝病杂志	859	1242	0.741	1274	17.9; 23.2	1878
G469	实用器官移植电子杂志	591	1543	1.194	601	23.1	1881
B018	系统工程学报	775	1343	0.659	1464	23.1	1881
G258	中国生物制品学杂志	890	1218	0.511	1775	23.1	1881
N515	机械制造与自动化	854	1253	0.432	1896	23.0	1884
G628	老年医学与保健	811	1301	0.645	1495	23.0	1884
F206	微生物学免疫学进展	341	1889	0.371	1982	23.0	1884
R688	光通信研究	176	2093	0.343	2007	22.9	1887
U056	丝绸	715	1404	0.536	1725	22.9	1887
G239	中国介入心脏病学杂志	1035	1082	1.336	491	22.9	1887
R730	兵工自动化	912	1195	0.582	1634	22.8	1890
Y503	导弹与航天运载技术	804	1312	0.526	1746	22.8	1890
R082	光电子技术	130	2121	0.343	2007	22.8	1890
G937	国际肿瘤学杂志	532	1613	0.576	1649	22.8	1890
T512	聚氨酯工业	478	1674	0.868	1039	22.8	1890
G536	中国临床神经科学	479	1671	0.638	1508	22.8	1890
L017	测井技术	1110	1025	0.593	1610	22.7	1896
V031	地下空间与工程学报	3719	196	1.075	748	22.7	1896
G497	国际放射医学核医学杂志	248	2027	0.391	1957	22.7	1896
E521	气象与环境科学	982	1135	1.487	378	22.7	1896
L026	中国海洋平台	343	1883	0.319	2038	22.7	1896
G407	转化医学杂志	291	1965	0.733	1292	22.7	1896
C010	JOURNAL OF ROCK MECHANICS AND GEOTECHNICAL ENGINEERING (JRMGE)	895	1214	1.066	761	22.6	1902
Z035	环境卫生工程	465	1693	0.689	1403	22.6	1902
Y040	火箭推进	564	1574	0.519	1757	22.6	1902
R087	现代雷达	980	1138	0.556	1690	22.6	1902
I239	WORLD JOURNAL OF ACUPUNCTURE-MOXIBUSTION	278	1987	0.878	1027	22.5	1906
B012	数学杂志	86	2141	0.060	2151	22.5	1906
R070	微波学报	580	1554	0.643	1500	22.5	1906
G920	儿科药学杂志	747	1364	0.458	1867	13.3; 22.4	1909
T933	石化技术与应用	303	1943	0.335	2019	18.4; 22.4	1909
S505	系统仿真技术	103	2137	0.406	1936	22.4	1909
I227	JOURNAL OF CHINESE PHARMACEUTICAL SCIENCES	343	1883	0.444	1887	22.3	1912
R745	电力信息与通信技术	956	1156	1.399	440	22.3	1912
B002	高等学校计算数学学报	32	2151	0.098	2141	22.3	1912
G340	华南国防医学杂志	629	1502	0.377	1976	22.3	1912
G652	实用皮肤病学杂志	386	1817	0.418	1915	22.3	1912
E022	古生物学报	824	1286	0.460	1862	22.2	1917
T103	涂料工业	788	1326	0.477	1845	22.2	1917
G244	中国工业医学杂志	737	1379	0.607	1578	22.2	1917

表 8-1 2022 年中国科技核心期刊综合评价总分排名（自然科学）（续）

CODE	刊名	核心总被引频次		核心影响因子		综合评价总分	
		数值	排名	数值	排名	数值	排名
G104	中国海洋药物	400	1795	0.561	1683	22.2	1917
G705	中华医学教育杂志	921	1187	0.793	1179	22.2	1917
N105	工程爆破	808	1307	1.235	559	22.1	1922
V057	建筑钢结构进展	448	1726	0.506	1790	22.1	1922
H217	陕西农业科学	872	1230	0.304	2048	22.1	1922
E136	物探化探计算技术	567	1571	0.309	2046	22.1	1922
A654	云南民族大学学报自然科学版	190	2080	0.317	2040	22.1	1922
H273	中国南方果树	1532	743	0.955	920	22.1	1922
H079	BIOSAFETY AND HEALTH	98	2139	0.659	1464	22.0	1928
G874	法医学杂志	593	1541	0.402	1941	22.0	1928
X516	交通运输研究	308	1934	0.527	1738	22.0	1928
R737	自动化技术与应用	1046	1068	0.587	1624	22.0	1928
E537	JOURNAL OF EARTH SCIENCE	900	1210	1.273	534	21.9	1932
K505	黑龙江科技大学学报	287	1974	0.380	1973	21.9	1932
G877	药物流行病学杂志	698	1424	0.636	1515	21.9	1932
H293	杂交水稻	1078	1042	0.620	1552	21.9	1932
W567	节水灌溉	1671	675	1.065	762	21.7	1936
G962	眼科	355	1872	0.302	2052	21.7	1936
R045	电机与控制应用	776	1342	0.637	1513	21.6	1938
G306	中国医师进修杂志	1131	1001	0.840	1089	21.6	1938
G280	中华口腔正畸学杂志	242	2033	0.408	1933	21.6	1938
C096	ACTA MATHEMATICA SCIENTIA	278	1987	0.217	2104	16.0; 21.5	1941
F005	ENTOMOTAXONOMIA	131	2120	0.147	2132	21.5	1941
Y052	航空工程进展	411	1779	0.523	1749	21.4	1943
T006	化工机械	332	1901	0.164	2125	21.3	1944
L507	天然气与石油	505	1641	0.574	1652	21.3	1944
G721	新医学	631	1499	0.495	1809	21.3	1944
R011	电力电子技术	1159	983	0.485	1836	21.1	1947
N014	计量学报	1665	677	1.320	502	21.1	1947
R096	雷达科学与技术	383	1825	0.422	1907	21.1	1947
J019	河北工业科技	183	2087	0.352	2000	21.0	1950
Y009	强度与环境	406	1786	0.809	1148	21.0	1950
G944	东南国防医药	613	1525	0.705	1354	20.9	1952
Z506	环境科技	526	1620	0.950	928	20.9	1952
M021	上海金属	497	1651	0.593	1610	20.9	1952
R013	中国激光医学杂志	287	1974	0.523	1749	20.9	1952
T075	中国胶粘剂	787	1328	0.753	1252	20.9	1952
M013	钢铁钒钛	554	1593	0.452	1877	20.8	1957
U533	木材工业	471	1685	0.835	1098	20.8	1957
U528	上海纺织科技	547	1601	0.387	1962	20.8	1957
G401	生物骨科材料与临床研究	400	1795	0.686	1409	20.8	1957
E316	震灾防御技术	464	1696	0.474	1848	16.7; 20.8	1957
K037	中国煤炭地质	1300	880	0.649	1487	20.8	1957
G297	中国美容整形外科杂志	956	1156	0.616	1559	20.8	1957

表 8-1　2022 年中国科技核心期刊综合评价总分排名（自然科学）（续）

CODE	刊名	核心总被引频次		核心影响因子		综合评价总分	
		数值	排名	数值	排名	数值	排名
Q949	中华老年骨科与康复电子杂志	279	1985	0.849	1077	20.8	1957
X034	都市快轨交通	578	1558	0.527	1738	20.7	1965
N907	水下无人系统学报	505	1641	0.505	1792	20.7	1965
R097	光学与光电技术	328	1906	0.416	1918	16.4; 20.6	1967
V056	新型建筑材料	1666	676	0.574	1652	20.6	1967
G098	中华地方病学杂志	1213	939	1.012	835	20.6	1967
Q368	新发传染病电子杂志	453	1710	1.341	487	20.5	1970
G259	诊断病理学杂志	813	1299	0.416	1918	15.2; 20.5	1970
G544	中国临床药学杂志	360	1863	0.590	1620	20.5	1970
X053	JOURNAL OF TRAFFIC AND TRANSPORTATION ENGINEERING ENGLISH EDITION	216	2060	0.965	903	20.4	1973
E626	CT 理论与应用研究	307	1939	0.413	1923	20.4	1973
N056	长春理工大学学报自然科学版	400	1795	0.420	1910	20.4	1973
G025	工业卫生与职业病	595	1540	0.616	1559	20.3	1976
G637	中国国境卫生检疫杂志	352	1875	0.494	1812	20.3	1976
L018	钻井液与完井液	1136	999	0.833	1106	20.3	1976
M010	材料开发与应用	375	1839	0.257	2085	20.2	1979
T012	青岛科技大学学报自然科学版	311	1926	0.531	1731	20.2	1979
H212	中国麻业科学	340	1891	0.537	1722	20.2	1979
N067	电焊机	805	1310	0.364	1991	20.1	1982
Q909	临床小儿外科杂志	858	1244	0.680	1420	20.1	1982
T916	有机硅材料	459	1704	0.708	1346	20.1	1982
I720	CSEE JOURNAL OF POWER AND ENERGY SYSTEMS	740	1372	1.488	377	20.0	1985
G693	中华临床免疫和变态反应杂志	398	1803	0.552	1700	20.0	1985
N037	工业仪表与自动化装置	357	1868	0.612	1565	19.9	1987
Q950	中华神经创伤外科电子杂志	260	2014	0.594	1607	19.9	1987
Y012	航空精密制造技术	290	1969	0.311	2043	19.8	1989
G525	华南预防医学	1173	967	1.102	704	19.7	1990
N106	人类工效学	206	2069	0.230	2100	19.7	1990
Y008	宇航计测技术	276	1991	0.280	2068	19.7	1990
Q926	中华脑科疾病与康复杂志电子版	141	2115	0.283	2067	19.7	1990
P018	动力学与控制学报	316	1918	0.603	1586	19.5	1994
M631	黄金	1093	1035	0.592	1612	19.5	1994
G894	口腔颌面修复学杂志	410	1781	0.719	1319	19.4	1996
G873	中华眼视光学与视觉科学杂志	753	1356	0.591	1615	19.4	1996
F041	人类学学报	787	1328	0.591	1615	19.3	1998
H102	林业调查规划	456	1707	0.239	2095	19.2	1999
T231	磷肥与复肥	619	1512	0.385	1964	19.2	1999
H026	竹子学报	325	1912	0.280	2068	19.2	1999
V049	结构工程师	631	1499	0.299	2054	19.1	2002
Q929	肿瘤代谢与营养电子杂志	505	1641	1.010	839	19.1	2002
Z034	生态毒理学报	1567	722	1.075	748	19.0	2004
R652	太赫兹科学与电子信息学报	474	1684	0.341	2010	19.0	2004
G514	药物生物技术	555	1590	0.591	1615	19.0	2004

表 8-1　2022 年中国科技核心期刊综合评价总分排名（自然科学）（续）

CODE	刊名	核心总被引频次		核心影响因子		综合评价总分	
		数值	排名	数值	排名	数值	排名
G203	中国心脏起搏与心电生理杂志	554	1593	0.515	1769	19.0	2004
D604	化学分析计量	836	1277	0.650	1486	18.9	2008
A586	沈阳师范大学学报自然科学版	187	2083	0.271	2077	18.9	2008
Y031	航空计算技术	571	1565	0.370	1983	18.8	2010
L587	节能技术	528	1617	0.926	965	18.8	2010
A018	湘潭大学学报自然科学版	168	2097	0.190	2116	18.8	2010
E304	古脊椎动物学报	308	1934	0.081	2145	18.7	2013
G939	国际脑血管病杂志	651	1470	0.656	1474	18.7	2013
Q958	血管与腔内血管外科杂志	333	1900	0.411	1926	18.6	2015
G707	武警医学	701	1419	0.400	1946	18.5	2016
N064	工具技术	1049	1065	0.465	1857	18.4	2017
T073	香料香精化妆品	563	1576	0.695	1386	18.3	2018
G848	中华手外科杂志	1450	789	0.939	942	18.3	2018
R003	电池	511	1637	0.818	1133	18.2	2020
K014	矿山机械	748	1362	0.303	2049	18.2	2020
G403	药物不良反应杂志	713	1407	0.602	1588	18.1	2022
Q209	中华炎性肠病杂志中英文版	298	1951	0.929	959	18.1	2022
H584	植物检疫	791	1323	0.623	1542	18.0	2024
L030	石油炼制与化工	1352	845	0.711	1339	17.9	2025
R085	微特电机	503	1645	0.355	1995	17.7	2026
A115	实验室研究与探索	2792	336	0.620	1552	17.4	2027
R587	水利经济	376	1835	0.839	1091	17.4	2027
Q956	肝癌电子杂志	107	2131	0.800	1165	17.3	2029
X011	机车电传动	495	1654	0.381	1971	17.3	2029
H211	中国棉花	946	1170	0.752	1254	17.3	2029
Y591	导航定位学报	443	1731	0.702	1368	17.2	2032
R750	电力需求侧管理	603	1532	1.270	536	17.2	2032
G852	中国急救复苏与灾害医学杂志	1346	850	0.808	1151	17.2	2032
N075	铸造	1115	1018	0.557	1689	17.2	2032
X043	城市轨道交通研究	1403	813	0.345	2005	17.1	2036
R047	固体电子学研究与进展	173	2095	0.324	2032	17.1	2036
E007	极地研究	358	1866	0.629	1534	17.0	2038
G358	解剖学研究	433	1741	0.519	1757	17.0	2038
X046	城市交通	435	1739	0.711	1339	16.9	2040
A034	甘肃科学学报	257	2017	0.242	2091	16.9	2040
T057	合成材料老化与应用	712	1410	0.578	1644	16.9	2040
H227	东北农业科学	1154	986	0.705	1354	16.8	2043
V032	暖通空调	1500	757	0.751	1256	16.8	2043
T079	塑料助剂	215	2062	0.405	1938	16.8	2043
R044	电气传动	1004	1110	0.730	1297	16.4	2046
Q907	空军航空医学	561	1579	0.652	1480	16.4	2046
E635	沙漠与绿洲气象	1015	1100	1.250	551	13.6; 16.3	2048
G899	海军医学杂志	946	1170	0.843	1084	16.2	2049
A087	新疆大学学报自然科学版中英文版	294	1959	0.531	1731	16.2	2049

表 8-1　2022 年中国科技核心期刊综合评价总分排名（自然科学）（续）

CODE	刊名	核心总被引频次		核心影响因子		综合评价总分	
		数值	排名	数值	排名	数值	排名
E158	CHINA OCEAN ENGINEERING	373	1841	0.385	1964	16.1	2051
I220	FRONTIERS OF EARTH SCIENCE	261	2010	0.411	1926	16.1	2051
T598	电镀与涂饰	982	1135	0.462	1859	16.1	2051
G083	心肺血管病杂志	1140	995	0.821	1124	16.1	2051
N086	真空	397	1806	0.274	2075	16.1	2051
R051	大电机技术	357	1868	0.659	1464	16.0	2056
G580	立体定向和功能性神经外科杂志	152	2109	0.280	2068	16.0	2056
T953	消防科学与技术	1546	735	0.553	1696	10.8; 16.0	2056
C105	ACTA MECHANICA SINICA	730	1387	0.947	934	15.9	2059
X539	中外公路	1740	641	0.401	1943	15.9	2059
M047	冶金能源	261	2010	0.596	1603	15.8	2061
G750	中国病案	1625	695	0.698	1380	15.8	2061
G500	北京口腔医学	379	1829	0.591	1615	15.7	2063
E103	华南地震	391	1812	0.264	2080	15.7	2063
T060	煤化工	331	1903	0.399	1948	15.7	2063
G298	中国斜视与小儿眼科杂志	239	2035	0.500	1801	12.6; 15.7	2063
I008	WUHAN UNIVERSITY JOURNAL OF NATURAL SCIENCES	72	2146	0.109	2140	15.6	2067
G092	浙江中医药大学学报	1802	610	1.082	740	15.6	2067
E616	测绘地理信息	852	1257	0.759	1241	15.5	2069
C092	核聚变与等离子体物理	141	2115	0.185	2119	15.4	2070
N107	模具技术	122	2125	0.243	2090	15.4	2070
G284	中国消毒学杂志	1434	799	0.770	1214	15.4	2070
E315	地理信息世界	486	1661	0.487	1832	15.3	2073
G616	ONCOLOGY AND TRANSLATIONAL MEDICINE	46	2150	0.064	2150	15.2	2074
E108	海洋预报	453	1710	0.592	1612	15.2	2074
L021	石油化工设备技术	135	2118	0.141	2133	15.2	2074
S590	中华医学教育探索杂志	816	1293	0.480	1843	15.2	2074
G672	口腔材料器械杂志	124	2124	0.402	1941	15.1	2078
R671	西安邮电大学学报	271	1999	0.441	1889	14.7; 15.1	2078
V023	中国非金属矿工业导刊	680	1439	0.876	1031	15.1	2078
G307	中华医学科研管理杂志	317	1917	0.547	1708	14.9	2081
N013	自动化仪表	986	1129	0.568	1663	10.9; 14.8	2082
X035	中国港湾建设	934	1176	0.565	1671	14.7	2083
P001	汽轮机技术	546	1603	0.555	1694	14.6	2084
G740	中华卫生杀虫药械	789	1324	0.699	1376	14.6	2084
P009	工业加热	234	2042	0.184	2120	14.5	2086
U504	酿酒科技	2248	447	0.763	1231	14.3	2087
G428	中国美容医学	2122	481	0.600	1595	14.3	2087
K035	中国钨业	366	1853	0.508	1783	14.3	2087
H128	北方水稻	314	1919	0.240	2094	14.1	2090
T104	印染助剂	426	1751	0.365	1988	13.8	2091
M048	贵金属	480	1669	0.554	1695	13.5	2092
E651	海洋测绘	593	1541	0.527	1738	5.4; 13.2	2093

表 8-1　2022 年中国科技核心期刊综合评价总分排名（自然科学）（续）

CODE	刊名	核心总被引频次		核心影响因子		综合评价总分	
		数值	排名	数值	排名	数值	排名
G474	中华肺部疾病杂志电子版	956	1156	0.833	1106	12.9	2094
K550	中国钼业	300	1947	0.391	1957	12.8	2095
S087	信息安全研究	496	1653	0.628	1535	12.7	2096
G798	现代泌尿生殖肿瘤杂志	178	2091	0.198	2110	12.5	2097
G794	中国临床神经外科杂志	991	1124	0.608	1573	12.5	2097
S712	工程管理学报	447	1727	0.520	1754	0.0; 12.3	2099
T146	化工设备与管道	298	1951	0.397	1950	12.3	2099
Q937	消化肿瘤杂志电子版	138	2117	0.365	1988	12.2	2101
I725	FRONTIERS OF STRUCTURAL AND CIVIL ENGINEERING	201	2074	0.351	2001	12.1	2102
Z500	环境技术	336	1895	0.189	2117	12.1	2102
H220	渔业现代化	600	1536	0.885	1019	12.1	2102
K036	中国锰业	470	1687	0.636	1515	12.1	2102
G587	中国辐射卫生	845	1265	0.947	934	12.0	2106
E574	工程地球物理学报	974	1142	0.960	912	11.9	2107
R057	微电机	815	1296	0.549	1706	11.9	2107
N624	焊接技术	641	1487	0.218	2103	11.7	2109
G473	中华腔镜泌尿外科杂志电子版	489	1658	0.665	1453	11.5	2110
G892	中华心律失常学杂志	656	1463	0.833	1106	11.4	2111
S086	单片机与嵌入式系统应用	464	1696	0.340	2013	11.2	2112
C104	力学与实践	779	1338	0.582	1634	11.1	2113
H340	桉树科技	201	2074	0.472	1851	10.9	2114
V523	建筑节能中英文版	855	1252	0.526	1746	10.8	2115
P005	工业炉	128	2122	0.155	2128	10.7	2116
G710	四川精神卫生	372	1842	0.492	1818	10.7	2116
P010	小型内燃机与车辆技术	166	2099	0.193	2114	10.6	2118
G749	中国中医眼科杂志	973	1144	1.029	806	10.6	2118
G472	中华疝和腹壁外科杂志电子版	650	1471	0.740	1276	10.5	2120
Z553	净水技术	1248	914	0.631	1529	10.4	2121
K570	能源与环保	1489	766	0.754	1247	10.3	2122
H072	农业工程	613	1525	0.350	2003	10.3	2122
F039	JOURNAL OF SYSTEMATICS AND EVOLUTION	880	1225	0.878	1027	10.2	2124
H538	草原与草坪	866	1236	1.226	568	10.1	2125
T955	精细化工中间体	247	2028	0.326	2028	10.1	2125
G248	中国药物依赖性杂志	307	1939	0.432	1896	10.0	2127
G713	中国药物应用与监测	463	1699	0.622	1545	9.9	2128
T054	盐科学与化工	437	1737	0.298	2055	9.5	2129
M014	硬质合金	274	1993	0.433	1894	9.3	2130
N079	液压气动与密封	878	1226	0.382	1970	9.1	2131
U643	造纸科学与技术	279	1985	0.542	1717	9.1	2131
U640	制冷与空调（四川）	272	1998	0.303	2049	9.0	2133
H844	甘蔗糖业	455	1708	0.600	1595	8.9	2134
S017	网络新媒体技术	120	2126	0.459	1865	8.9	2134
Q921	保健医学研究与实践	584	1550	0.568	1663	8.5	2136

表 8-1 2022 年中国科技核心期刊综合评价总分排名（自然科学）（续）

CODE	刊名	核心总被引频次		核心影响因子		综合评价总分*	
		数值	排名	数值	排名	数值	排名
V030	工程勘察	881	1223	0.444	1887	7.8	2137
C509	物理与工程	274	1993	0.337	2015	7.5	2138
G489	中华医学美学美容杂志	741	1368	0.634	1521	7.5	2138
K020	铀矿冶	396	1807	0.492	1818	7.1	2140
Z007	四川环境	865	1237	0.634	1521	6.6	2141
G662	内科急危重症杂志	596	1539	0.681	1418	5.8	2142
E639	地理空间信息	1046	1068	0.415	1922	4.7; 5.7	2143
G437	中国听力语言康复科学杂志	355	1872	0.449	1882	2.9; 5.6	2144
T569	粘接	924	1180	0.326	2028	5.5	2145
Z032	工业用水与废水	569	1569	0.711	1339	5.4	2146
S033	微型电脑应用	777	1340	0.396	1953	5.0	2147
E546	高原山地气象研究	469	1689	0.633	1526	4.5	2148
E636	湿地科学与管理	332	1901	0.715	1325	3.2	2149
Q442	中国科学数据中英文网络版	213	2066	0.536	1725	2.5	2150
V574	岩土工程技术	216	2060	0.245	2089	1.1	2151

*注：对复分入多个学科的期刊，在不同学科内计算的综合评价总分不同，以自然科学领域学科较高的一个总分分值参加排名。

9 2022 年中国科技核心期刊目录

9.1 2022 年中国科技核心期刊（中文）目录

表 9-1 2022 年中国科技核心期刊（中文）目录

CODE	刊名	学科分类	主编
E626	CT 理论与应用研究	工程与技术科学基础学科	丁志峰
G549	癌变 · 畸变 · 突变	肿瘤学	程书钧
G011	癌症	肿瘤学	曾益新
A003	安徽大学学报自然科学版	自然科学综合大学学报	胡舒合
H002	安徽农业大学学报	农业大学学报	宛晓春
A009	安徽师范大学学报自然科学版	自然科学师范大学学报	王伦
G012	安徽医科大学学报	医药大学学报	曹云霞
G786	安徽医学	医学综合	高开焰
Q906	安徽医药	医学综合	徐恒秋
G013	安徽中医药大学学报	中医药大学学报	马宗华
E625	安全与环境工程	安全科学技术	王焰新
Z549	安全与环境学报	安全科学技术	冯长根
H340	桉树科技	林学	谢耀坚
R024	半导体光电	电子技术；光电子学与激光技术	蒋志伟
R063	半导体技术	电子技术	赵小宁
U521	包装与食品机械	食品科学技术	李善为
Q921	保健医学研究与实践	保健医学	吴宗辉
U645	保鲜与加工	园艺学；农业工程	王莉
E045	暴雨灾害	大气科学；安全科学技术	宇如聪
N017	爆破	兵器科学与技术	梁开水
N012	爆破器材	兵器科学与技术	吕春绪
N006	爆炸与冲击	兵器科学与技术	刘仓理
H395	北方农业学报	农业综合	路战远
H128	北方水稻	农艺学	李振宇
A652	北华大学学报自然科学版	自然科学综合大学学报	吕洪斌
G002	北京大学学报医学版	医药大学学报	韩启德
A005	北京大学学报自然科学版	自然科学综合大学学报	赵光达
J030	北京工业大学学报	工程技术大学学报	隋允康
Y001	北京航空航天大学学报	工程技术大学学报；航空、航天科学技术	赵沁平
T020	北京化工大学学报自然科学版	工程技术大学学报；化学工程综合	汪文川
X014	北京交通大学学报	工程技术大学学报	宁滨
G500	北京口腔医学	口腔医学	王邦康
N001	北京理工大学学报	工程技术大学学报	梅凤翔
H025	北京林业大学学报	农业大学学报；林学	贺庆棠
G004	北京生物医学工程	生物医学工程学	孙衍庆
A010	北京师范大学学报自然科学版	自然科学师范大学学报	陈浩元

表 9-1　2022 年中国科技核心期刊（中文）目录（续）

CODE	刊名	学科分类	主编
G016	北京医学	医学综合	金大鹏
R018	北京邮电大学学报	工程技术大学学报；通信技术	刘杰
G620	北京中医药	中医学；中药学	屠志涛
G017	北京中医药大学学报	中医药大学学报	王永炎
G741	蚌埠医学院学报	医药大学学报	祝延
G410	标记免疫分析与临床	核医学、医学影像学	田亚平
T098	表面技术	精细化学工程	吴护林
E135	冰川冻土	地理学	程国栋
N008	兵工学报	兵器科学与技术	高修柱
R730	兵工自动化	兵器科学与技术	黄荔
N085	兵器材料科学与工程	兵器科学与技术	赵宝荣
T094	兵器装备工程学报	兵器科学与技术	彭熙
G018	病毒学报	微生物学、病毒学	侯云德
C060	波谱学杂志	物理学	刘买利
M005	材料保护	材料科学综合	张建设
M103	材料导报	材料科学综合	黄维
Y007	材料工程	材料科学综合	曹春晓
M010	材料开发与应用	材料科学综合	王其红
M008	材料科学与工程学报	材料科学综合	赵新兵
M006	材料科学与工艺	材料科学综合	冯吉才
N026	材料热处理学报	材料科学综合	周敬恩
M009	材料研究学报	材料科学综合	叶恒强
K512	采矿与安全工程学报	矿山工程技术	曹胜根
K504	采矿与岩层控制工程学报	矿山工程技术	宁宇
H009	蚕业科学	畜牧、兽医科学	郭锡杰
H525	草地学报	草原学	洪绂曾
H234	草业科学	草原学	侯扶江
H527	草业学报	草原学	南志标
H538	草原与草坪	草原学	师尚礼
E616	测绘地理信息	测绘科学技术	李清泉
E543	测绘工程	测绘科学技术	顾建高
E600	测绘科学	测绘科学技术	林宗坚
E510	测绘通报	测绘科学技术	陈平
E152	测绘学报	测绘科学技术	陈俊勇
L017	测井技术	石油天然气工程	陆大卫
Y022	测控技术	航空、航天科学技术	金钢
R711	测试技术学报	工程与技术科学基础学科	温廷敦
H001	茶叶科学	园艺学	陈宗懋
X036	长安大学学报自然科学版	工程技术大学学报；公路运输	马建
N056	长春理工大学学报自然科学版	工程技术大学学报	于光伟
G992	长春中医药大学学报	中医药大学学报	仝小林
W010	长江科学院院报	水利工程	徐平
Z029	长江流域资源与环境	环境科学技术及资源科学技术	许厚泽

表 9-1　2022 年中国科技核心期刊（中文）目录（续）

CODE	刊名	学科分类	主编
G264	肠外与肠内营养	普通外科学、胸外科学、心血管外科学	黎介寿
N024	车用发动机	动力工程	段金栋
E113	沉积学报	地质学	孙枢
E102	成都理工大学学报自然科学版	自然科学综合大学学报；地球科学综合	刘家铎
G670	成都医学院学报	医药大学学报	余小平
V050	城市规划	建筑科学与技术	吴良镛
V028	城市规划学刊	建筑科学与技术	董鉴泓
X043	城市轨道交通研究	铁路运输	孙章
X046	城市交通	公路运输	王静霞
V062	城乡规划	建筑科学与技术	陈秉钊
J021	重庆大学学报自然科学版	工程技术大学学报	孙才新
X029	重庆交通大学学报自然科学版	工程技术大学学报；交通运输工程	唐伯明
N757	重庆理工大学学报自然科学版	自然科学综合大学学报	刘全利
A512	重庆师范大学学报自然科学版	自然科学师范大学学报	杨新民
G186	重庆医科大学学报	医药大学学报	黄爱龙
G225	重庆医学	医学综合	汪应钦
R559	重庆邮电大学学报自然科学版	工程技术大学学报；通信技术	李银国
L508	储能科学与技术	能源科学综合	黄学杰
G432	川北医学院学报	医药大学学报	康健
N060	传感技术学报	电子技术	黄庆安
R532	传感器与微系统	电子技术	刘学林
G458	传染病信息	感染性疾病学、传染病学	王福生
X010	船舶工程	水路运输	闻雪友
X633	船舶力学	力学；水路运输	沈泓萃
X635	船海工程	水路运输	刘祖源
G322	创伤外科杂志	烧伤外科学、整形外科学	蒋耀光
G085	创伤与急危重病医学	临床医学综合	侯明晓
G552	磁共振成像	核医学、医学影像学	戴建平
G229	卒中与神经疾病	神经病学、精神病学	曾庆杏；张兆辉
E144	大地测量与地球动力学	地球物理学；测绘科学技术	姚运生
E146	大地构造与成矿学	地质学	徐义刚
R051	大电机技术	电气工程	陶星明
H038	大豆科学	农艺学	刘忠堂
X024	大连海事大学学报	工程技术大学学报；水路运输	袁林新
H005	大连海洋大学学报	农业大学学报；水产学	姚杰
X001	大连交通大学学报	工程技术大学学报；交通运输工程	杨德新
J024	大连理工大学学报	工程技术大学学报	程耿东
G020	大连医科大学学报	医药大学学报	赵杰
E109	大气科学	大气科学	黄荣辉
E091	大气科学学报	大气科学	管兆勇
L512	大庆石油地质与开发	石油天然气工程	吴河勇
S055	大数据	计算机科学技术	郑纬民
S086	单片机与嵌入式系统应用	计算机科学技术	何立民

表 9-1　2022 年中国科技核心期刊（中文）目录（续）

CODE	刊名	学科分类	主编
H040	淡水渔业	水产学	魏开金
N004	弹道学报	兵器科学与技术	王中原
N009	弹箭与制导学报	兵器科学与技术	王东
T941	当代化工	化学工程综合	王雪丽
Y503	导弹与航天运载技术	航空、航天科学技术	樊灵芳
Y591	导航定位学报	测绘科学技术	王权
Y563	导航定位与授时	航空、航天科学技术	曲蕴杰
Y585	导航与控制	航空、航天科学技术	陈东生
N019	低温工程	机械制造工艺与设备	杨思锋
C055	低温物理学报	物理学	赵忠贤
E133	地层学杂志	地质学	周志炎
E130	地理科学	地理学	陈发虎
E584	地理科学进展	地理学	廖小罕
E639	地理空间信息	地理学；测绘科学技术	张建仁
E315	地理信息世界	地理学	陈军
E305	地理学报	地理学	刘昌明
E310	地理研究	地理学	封志明
E527	地理与地理信息科学	地理学	孙立汉
E024	地球化学	地球科学综合	彭平安
E570	地球环境学报	地球科学综合	安芷生
E142	地球科学	地球科学综合	王亨君
E115	地球科学进展	地球科学综合	程国栋
E004	地球科学与环境学报	地球科学综合	刘建明
E153	地球物理学报	地球物理学	潘永信
E308	地球物理学进展	地球物理学	刘光鼎
E656	地球信息科学学报	测绘科学技术	陈述彭
E300	地球学报	地球科学综合	严光生
E549	地球与环境	地球科学综合	欧阳自远
V031	地下空间与工程学报	土木工程	张永兴
E357	地学前缘	地球科学综合	翟裕生
S741	地域研究与开发	地理学	冯德显
E306	地震	地球物理学	张国民
E150	地震地质	地球物理学	马瑾
E307	地震工程学报	地球物理学	王兰民
E118	地震工程与工程振动	地球物理学	谢礼立
E143	地震学报	地球物理学	陈运泰
E112	地震研究	地球物理学	晏凤桐
E362	地质科技通报	地质学	王华
E139	地质科学	地质学	刘嘉麒
E026	地质力学学报	力学；地质学	邢树文
E009	地质论评	地质学	任纪舜
E127	地质通报	地质学	肖序常
E010	地质学报	地质学	陈毓川

表 9-1 2022 年中国科技核心期刊（中文）目录（续）

CODE	刊名	学科分类	主编
E151	地质与勘探	地质学	王京彬
E525	地质与资源	地质学	马德有
E132	地质找矿论丛	地质学	余和勇
G005	第二军医大学学报	医药大学学报	吴孟超
G021	第三军医大学学报	医药大学学报	卞修武
E301	第四纪研究	地质学	丁仲礼
R007	电波科学学报	通信技术	董庆生
R673	电测与仪表	电气工程	刘献成
R003	电池	电气工程	文力
T508	电镀与精饰	化学工程综合	赵达均
T598	电镀与涂饰	精细化学工程	谢素玲
R010	电工电能新技术	电气工程	林良真
R043	电工技术学报	电气工程	马伟明
R740	电光与控制	航空、航天科学技术	刘红漫
N067	电焊机	机械制造工艺与设备	彭亚萍
D036	电化学	化学	田昭武
R088	电机与控制学报	电气工程	戈宝军
R045	电机与控制应用	电气工程	黄坚
N027	电加工与模具	机械制造工艺与设备	吴强
R011	电力电子技术	电气工程	吕庆敏
R769	电力工程技术	电气工程	李群
A199	电力建设	电气工程	郑宝森
R654	电力科学与技术学报	电气工程	曾祥君
N102	电力系统保护与控制	电气工程	姚志清
R071	电力系统及其自动化学报	电气工程	李林川
S019	电力系统自动化	电气工程	薛禹胜
R745	电力信息与通信技术	电气工程	郭剑波
R750	电力需求侧管理	电气工程	陈江华
R090	电力自动化设备	电气工程	郭效军
R044	电气传动	电气工程	王建峰
R428	电气工程学报	电气工程	程明
R058	电气自动化	电气工程	黄建民
R039	电网技术	电气工程	吴玉生
R116	电网与清洁能源	电气工程	衣立东
R684	电信科学	通信技术	梁海滨
R754	电讯技术	通信技术	雷历
R019	电源技术	电气工程	黄才勇
R055	电子测量技术	电子技术	孙圣和
R021	电子测量与仪器学报	电子技术	彭喜元
R067	电子技术应用	电子技术	余莲
R036	电子科技大学学报	工程技术大学学报；电子技术	周小佳
R512	电子器件	电子技术	雷威
R724	电子设计工程	电子技术	金戈

表 9-1　2022 年中国科技核心期刊（中文）目录（续）

CODE	刊名	学科分类	主编
R001	电子显微学报	电子技术	张泽
R006	电子学报	电子技术	郝跃
R022	电子与信息学报	电子技术	朱敏慧
R020	电子元件与材料	电子技术	钟彩霞
J023	东北大学学报自然科学版	工程技术大学学报	左良
H262	东北林业大学学报	农业大学学报；林学	李坚
H006	东北农业大学学报	农业大学学报	李庆章
H227	东北农业科学	农业综合	王立春
A030	东北师大学报自然科学版	自然科学师范大学学报	薛康
L004	东北石油大学学报	工程技术大学学报；石油天然气工程	阎铁
U014	东华大学学报自然科学版	工程技术大学学报	孙福良
G057	东南大学学报医学版	医药大学学报	朱正娥
J028	东南大学学报自然科学版	工程技术大学学报	毛善锋
G944	东南国防医药	医学综合	曹文献
P003	动力工程学报	动力工程	严宏强
P018	动力学与控制学报	力学	赵跃宇
F043	动物学杂志	昆虫学、动物学	孙悦华
G775	动物医学进展	畜牧、兽医科学	张彦明
F231	动物营养学报	畜牧、兽医科学	计成
X034	都市快轨交通	铁路运输	施仲衡
G542	毒理学杂志	预防医学与公共卫生学综合	高星
T241	断块油气田	石油天然气工程	孔凡群
N070	锻压技术	机械制造工艺与设备	陆辛
G920	儿科药学杂志	儿科学；药学	李廷玉
R575	发电技术	动力工程	彭桂云
C071	发光学报	物理学	申德振
G199	发育医学电子杂志	儿科学	封志纯
G874	法医学杂志	军事医学与特种医学	朱广友
Z544	防灾减灾工程学报	土木工程	欧进萍
U013	纺织高校基础科学学报	纺织科学技术	李鹏飞
Q418	纺织科学与工程学报	纺织科学技术	夏平
U053	纺织学报	纺织科学技术	刘军
G608	放射学实践	核医学、医学影像学	朱文珍；胡道予；夏黎明
Y006	飞行力学	航空、航天科学技术	张东卫
K002	非金属矿	矿山工程技术	贾茂荣
D022	分析测试学报	化学；仪器仪表技术	程志青
D005	分析化学	化学	汪尔康
D026	分析科学学报	化学	程介克
D004	分析试验室	化学；冶金工程技术	屠海令
D062	分析仪器	仪器仪表技术	毛兰群
D015	分子催化	化学	李树本
D035	分子科学学报	化学	孙家钟
Q931	分子影像学杂志	核医学、医学影像学	黎孟枫

表 9-1　2022 年中国科技核心期刊（中文）目录（续）

CODE	刊名	学科分类	主编
G556	分子诊断与治疗杂志	临床诊断学	李明
H845	分子植物育种	农艺学	张启发
V052	粉煤灰综合利用	建筑科学与技术	王长荣
M105	粉末冶金工业	冶金工程技术	杨树森
M039	粉末冶金技术	冶金工程技术	王尔德
V048	风景园林	建筑科学与技术	王向荣
Q006	辐射防护	核科学技术	李德平
Q005	辐射研究与辐射工艺学报	核科学技术	李景烨
H268	福建农林大学学报自然科学版	农业大学学报	郑金贵
H265	福建农业学报	农业综合	王景辉
A078	福建师范大学学报自然科学版	自然科学师范大学学报	朱鹤健
G024	福建医科大学学报	医药大学学报	林建银
A029	福州大学学报自然科学版	自然科学综合大学学报	魏可镁
M505	腐蚀与防护	材料科学综合	杨武
G068	复旦学报医学版	医药大学学报	曹世龙
A001	复旦学报自然科学版	自然科学综合大学学报	杨福家
Y019	复合材料学报	材料科学综合	章明秋
B029	复杂系统与复杂性科学	信息科学与系统科学	李天恒
G957	腹部外科	普通外科学、胸外科学、心血管外科学	陈孝平
G338	腹腔镜外科杂志	普通外科学、胸外科学、心血管外科学	姜希宏；寿楠海
A034	甘肃科学学报	自然科学综合	李枝葱
H047	甘肃农业大学学报	农业大学学报	赵兴绪
H844	甘蔗糖业	农艺学	安玉兴
Q956	肝癌电子杂志	肿瘤学	蔡建强；董家鸿
G879	肝胆外科杂志	普通外科学、胸外科学、心血管外科学	吴孟超
G690	肝胆胰外科杂志	普通外科学、胸外科学、心血管外科学	夏景林
G803	肝脏	消化病学	姚光弼
H045	干旱地区农业研究	农业综合	贾志宽
E048	干旱气象	大气科学；地理学	张书余
E020	干旱区地理	地理学	黄文房
E105	干旱区研究	地理学	夏训诚
M050	钢铁	金属材料	田志凌
M013	钢铁钒钛	金属材料	古隆建
M019	钢铁研究学报	金属材料	干勇
D020	高等学校化学学报	化学	于吉红
B002	高等学校计算数学学报	数学	陈志明
R038	高电压技术	电气工程	杨迎建
T001	高分子材料科学与工程	材料科学综合	徐僖
T002	高分子通报	化学	黄志镗
D021	高分子学报	化学	王佛松
A080	高技术通讯	自然科学综合	张旭
T078	高科技纤维与应用	高聚物工程	罗益锋
E358	高校地质学报	地质学	王德滋

表 9-1 2022 年中国科技核心期刊（中文）目录（续）

CODE	刊名	学科分类	主编
T016	高校化学工程学报	化学工程综合	岑沛霖
B003	高校应用数学学报	数学	李大潜；林正炎
R037	高压电器	电气工程	薛晔
C056	高压物理学报	物理学	邹广田
E005	高原气象	大气科学	文军
E546	高原山地气象研究	大气科学	李跃清
V021	给水排水	建筑科学与技术	关兴旺
N105	工程爆破	工程与技术科学基础学科	张梅花
E574	工程地球物理学报	地球物理学	何继善
E360	工程地质学报	地质学	王思敬
S712	工程管理学报	建筑科学与技术；管理学	王要武
V030	工程勘察	土木工程	方鸿琪
V033	工程抗震与加固改造	建筑科学与技术	王亚勇
M030	工程科学学报	工程与技术科学基础学科	徐金梧
J051	工程科学与技术	工程与技术科学基础学科	谢和平
C002	工程力学	力学；工程与技术科学基础学科	袁驷
C073	工程热物理学报	物理学；动力工程	蔡睿贤
N590	工程设计学报	机械工程设计	冯培恩
B031	工程数学学报	数学；工程与技术科学基础学科	李大潜
T003	工程塑料应用	高聚物工程	孙安垣
N064	工具技术	工程与技术科学基础学科	辛节之
K018	工矿自动化	矿山工程技术	胡穗延
T563	工业催化	化学工程综合	房根祥
J057	工业工程	工程与技术科学基础学科	孙友松
N110	工业工程与管理	管理学	饶芳权
P009	工业加热	动力工程	范超英
V010	工业建筑	建筑科学与技术	白云
P005	工业炉	动力工程	曹田力
Z013	工业水处理	环境科学技术及资源科学技术	刘燕飞
G025	工业卫生与职业病	流行病学、环境医学	李涛
N037	工业仪表与自动化装置	仪器仪表技术	印建安
Z032	工业用水与废水	环境科学技术及资源科学技术	韩玲
G207	公共卫生与预防医学	预防医学与公共卫生学综合	孙昌松
X579	公路	公路运输	谭昌富
X022	公路工程	公路运输	龚赛群
X026	公路交通科技	公路运输	陈国靖
N039	功能材料	材料科学综合	赵光明
D503	功能高分子学报	化学	林嘉平
R095	供用电	电气工程	余贻鑫
E601	古地理学报	地质学	冯增昭
E304	古脊椎动物学报	地质学	张弥曼
E022	古生物学报	地质学	李星学
G478	骨科	骨外科学	陈安民

表 9-1　2022 年中国科技核心期刊（中文）目录（续）

CODE	刊名	学科分类	主编
R047	固体电子学研究与进展	电子技术	林金庭
Y013	固体火箭技术	航空、航天科学技术	何晓兴
C103	固体力学学报	力学	郑泉水
W007	管理工程学报	管理学	许庆瑞
W018	管理科学	管理学	于渤
W008	管理科学学报	管理学	郭重庆
W025	管理评论	管理学	石勇
S744	管理世界	管理学	李志军
S745	管理现代化	管理学	周子康
W016	管理学报	管理学	张金隆
H226	灌溉排水学报	农业工程	庞鸿宾
R026	光电工程	光电子学与激光技术	罗先刚
R082	光电子技术	光电子学与激光技术	陈向真
C091	光谱学与光谱分析	物理学；化学	高松
C097	光散射学报	物理学	杨经国
R688	光通信研究	通信技术	余少华
N015	光学技术	物理学；光电子学与激光技术	揭德尔
N033	光学精密工程	仪器仪表技术	曹健林
C050	光学学报	物理学	龚旗煌
R097	光学与光电技术	物理学；光电子学与激光技术	潘德彬
C037	光子学报	物理学	郝跃
R547	广东电力	电气工程	何宏明
H272	广东海洋大学学报	农业大学学报；水产学	刘楚吾
H228	广东农业科学	农业综合	蒋宗勇
G027	广东药科大学学报	医药大学学报；药学	朱家勇
G026	广东医学	医学综合	苏焕群
A042	广西大学学报自然科学版	自然科学综合大学学报	戴牧民
A535	广西科学	自然科学综合	罗海鹏
H364	广西林业科学	林学	袁铁象
A062	广西师范大学学报自然科学版	自然科学师范大学学报	梁宏
G028	广西医科大学学报	医药大学学报	黄光武
G816	广西医学	医学综合	杨光业
F028	广西植物	植物学	李锋
G030	广州中医药大学学报	中医药大学学报	陈蔚文
V572	规划师	建筑科学与技术	雷翔
T004	硅酸盐通报	化学工程综合	缪昌文
T005	硅酸盐学报	化学工程综合	黄勇
M048	贵金属	金属材料	侯树谦
A077	贵州大学学报自然科学版	自然科学综合大学学报	李坚石
H275	贵州农业科学	农业综合	刘远坤
A527	贵州师范大学学报自然科学版	自然科学师范大学学报	卢家鑫
G031	贵州医科大学学报	医药大学学报	梁贵友
M033	桂林理工大学学报	工程技术大学学报	阮百尧

表 9-1　2022 年中国科技核心期刊（中文）目录（续）

CODE	刊名	学科分类	主编
A040	国防科技大学学报	工程技术大学学报	卢锡城
G495	国际病毒学杂志	微生物学、病毒学	王全意
V529	国际城市规划	建筑科学与技术	夏宗轩
G936	国际儿科学杂志	儿科学	李书琴
G497	国际放射医学核医学杂志	核医学、医学影像学	樊飞跃
G659	国际妇产科学杂志	妇产科学	郎景和
G498	国际骨科学杂志	骨外科学	杨庆铭
G938	国际呼吸杂志	呼吸病学、结核病学	阎锡新
G362	国际检验医学杂志	临床诊断学	府伟灵
G929	国际精神病学杂志	神经病学、精神病学	陈晓岗
G997	国际口腔医学杂志	口腔医学	巢永烈
G496	国际老年医学杂志	保健医学	王放
G930	国际流行病学传染病学杂志	感染性疾病学、传染病学；流行病学、环境医学	毛江森
G975	国际麻醉学与复苏杂志	外科学综合	曾因明
G349	国际泌尿系统杂志	泌尿外科学	朱冬三
G983	国际免疫学杂志	基础医学	李殿俊
G939	国际脑血管病杂志	神经病学、精神病学	田增民
G415	国际内分泌代谢杂志	内分泌病学与代谢病学、风湿病学	陆再英
G426	国际神经病学神经外科学杂志	神经病学、精神病学	刘运生；杨期东
S157	国际生殖健康 / 计划生育杂志	优生学、计划生育学	王一飞；周福刚
B525	国际输血及血液学杂志	临床医学综合；血液病学、肾脏病学	廖清奎
G954	国际外科学杂志	外科学综合	刘建
G660	国际消化病杂志	消化病学	邱德凯
G940	国际心血管病杂志	心血管病学	沈卫峰
Q911	国际眼科杂志	眼科学	惠延年
G661	国际医学放射学杂志	核医学、医学影像学	刘筠
G934	国际中医中药杂志	中医学；中药学	曹洪欣
G937	国际肿瘤学杂志	肿瘤学	李宝生
E578	国土资源科技管理	地理学	黄宗理
E591	国土资源遥感	测绘科学技术	张炳熹
R683	国外电子测量技术	电子技术	陈光(礻禹)
H028	果树学报	园艺学	王宇霖
T008	过程工程学报	化学工程综合	刘会洲
X025	哈尔滨工程大学学报	工程技术大学学报	杨士莪
J003	哈尔滨工业大学学报	工程技术大学学报	段广仁
J013	哈尔滨理工大学学报	工程技术大学学报	刘献礼
G033	哈尔滨医科大学学报	医药大学学报	杨宝峰
J055	海军工程大学学报	工程技术大学学报	李泽良
Y029	海军航空工程学院学报	工程技术大学学报；航空、航天科学技术	钟阳春
G899	海军医学杂志	医学综合	管柏林
G416	海南医学院学报	医药大学学报	刘军保
L037	海相油气地质	石油天然气工程	熊湘华
E651	海洋测绘	海洋科学、水文学；测绘科学技术	申家双

表 9-1　2022 年中国科技核心期刊（中文）目录（续）

CODE	刊名	学科分类	主编
E569	海洋地质前沿	海洋科学、水文学	张训华
E155	海洋地质与第四纪地质	地质学；海洋科学、水文学	张光威
E131	海洋工程	海洋科学、水文学	左其华
E312	海洋湖沼通报	海洋科学、水文学	王彬华
Z010	海洋环境科学	海洋科学、水文学；环境科学技术及资源科学技术	丁德文
E564	海洋技术学报	海洋科学、水文学	罗续业
E145	海洋科学	海洋科学、水文学	周百成
E006	海洋科学进展	海洋科学、水文学	袁业立
E311	海洋通报	海洋科学、水文学	王宏
E003	海洋学报	海洋科学、水文学	巢纪平
E149	海洋学研究	海洋科学、水文学	王康墡
H284	海洋渔业	水产学	庄平
E008	海洋与湖沼	海洋科学、水文学	相建海
E108	海洋预报	海洋科学、水文学	余宙文
L586	含能材料	兵器科学与技术	黄辉
N076	焊接	机械制造工艺与设备	王守业
N624	焊接技术	机械制造工艺与设备	胡胜
N021	焊接学报	机械制造工艺与设备	王亚
A191	杭州师范大学学报自然科学版	自然科学师范大学学报	叶高翔
Y556	航空兵器	兵器科学与技术；航空、航天科学技术	樊会涛
Y027	航空材料学报	航空、航天科学技术	颜鸣皋
Y017	航空动力学报	航空、航天科学技术	陶智
Y554	航空发动机	航空、航天科学技术	蔚夺魁
Y052	航空工程进展	航空、航天科学技术	唐长红
Y031	航空计算技术	航空、航天科学技术	牛文生
Y012	航空精密制造技术	航空、航天科学技术	吴晓峰
Y002	航空学报	航空、航天科学技术	孙晓峰
Y014	航空制造技术	航空、航天科学技术	刘柱
Y034	航天返回与遥感	航空、航天科学技术	王小勇
Y015	航天控制	航空、航天科学技术	齐春棠
Y033	航天器工程	航空、航天科学技术	彭成荣
Y032	航天器环境工程	航空、航天科学技术	张润卿
T057	合成材料老化与应用	材料科学综合	杨育农
D602	合成化学	化学	彭宇行
T505	合成树脂及塑料	高聚物工程	洪定一
T067	合成纤维	纺织科学技术	金立国
T065	合成纤维工业	纺织科学技术	戴立平
T018	合成橡胶工业	高聚物工程	朱景芬
J053	合肥工业大学学报自然科学版	工程技术大学学报	何晓雄
A031	河北大学学报自然科学版	自然科学综合大学学报	孙汉文
K032	河北工程大学学报自然科学版	工程技术大学学报；建筑科学与技术	李万庆
J017	河北工业大学学报	工程技术大学学报	夏巨敏
J019	河北工业科技	工程与技术科学基础学科	靳占忠

表 9-1 2022 年中国科技核心期刊（中文）目录（续）

CODE	刊名	学科分类	主编
J058	河北科技大学学报	自然科学综合大学学报	李强
H244	河北农业大学学报	农业大学学报	王慧军
A076	河北师范大学学报自然科学版	自然科学师范大学学报	李有成
G035	河北医科大学学报	医药大学学报	温进坤
G641	河北医学	医学综合	孟庆仁
G898	河北医药	医学综合	狄岩
G384	河北中医	中医学	李立
G301	河北中医药学报	中医学；中药学	宗全和
W012	河海大学学报自然科学版	工程技术大学学报；水利工程	郭志平
A067	河南大学学报自然科学版	自然科学综合大学学报	李小建
U004	河南工业大学学报自然科学版	工程技术大学学报；食品科学技术	吴成福
J014	河南科技大学学报自然科学版	自然科学综合大学学报	苏娟华
A011	河南科学	自然科学综合	姜俊
K526	河南理工大学学报自然科学版	工程技术大学学报	邹友峰
H011	河南农业大学学报	农业大学学报	王艳玲
H356	河南农业科学	农业综合	张新友
A058	河南师范大学学报自然科学版	自然科学师范大学学报	刘科
Q004	核动力工程	核科学技术	罗琦
Q002	核化学与放射化学	化学；核科学技术	沈兴海
Q001	核技术	核科学技术	马余刚
C092	核聚变与等离子体物理	物理学	李正武
Q009	核科学与工程	核科学技术	阮可强
H042	核农学报	农业综合	温贤芳
A084	黑龙江大学自然科学学报	自然科学综合大学学报	陈念陔
K505	黑龙江科技大学学报	工程技术大学学报	孟上九
R535	红外技术	光电子学与激光技术	苏君红
C035	红外与毫米波学报	物理学	褚君浩
R084	红外与激光工程	光电子学与激光技术	孙再龙
A039	湖北大学学报自然科学版	自然科学综合大学学报	吴传喜
H203	湖北农业科学	农业综合	昌炎新
G334	湖北中医药大学学报	中医药大学学报	王华
A028	湖南大学学报自然科学版	工程技术大学学报	王道平
K016	湖南科技大学学报自然科学版	工程技术大学学报	许中坚
H060	湖南农业大学学报自然科学版	农业大学学报	官春云
G548	湖南师范大学学报医学版	医药大学学报	符晓华
A055	湖南师范大学自然科学学报	自然科学师范大学学报	杨春明
G041	湖南中医药大学学报	中医药大学学报	尤昭玲
E111	湖泊科学	海洋科学、水文学	秦伯强
G336	护理管理杂志	护理学	张秀英
G987	护理学报	护理学	周春兰
G503	护理学杂志	护理学	刘义兰
G654	护理研究	护理学	王斌全；王益锵
G734	护士进修杂志	护理学	过慧谨

表 9-1　2022 年中国科技核心期刊（中文）目录（续）

CODE	刊名	学科分类	主编
H665	花生学报	农艺学	段淑芬
E141	华北地震科学	地球物理学	罗兰格
R046	华北电力大学学报自然科学版	工程技术大学学报；电气工程	阎维平
H032	华北农学报	农业综合	李广敏
W543	华北水利水电大学学报自然科学版	水利工程	李宝萍
X003	华东交通大学学报	工程技术大学学报；交通运输工程	王全金
A054	华东师范大学学报自然科学版	自然科学师范大学学报	王建磐
E103	华南地震	地球物理学	王正尚
G340	华南国防医学杂志	医学综合	江建荣
J004	华南理工大学学报自然科学版	工程技术大学学报	李元元
H013	华南农业大学学报	农业大学学报	庞雄飞
A052	华南师范大学学报自然科学版	自然科学师范大学学报	翁佩萱
G525	华南预防医学	预防医学与公共卫生学综合	杨杏芬
A021	华侨大学学报自然科学版	自然科学综合大学学报	吴承业
G043	华西口腔医学杂志	口腔医学	周学东
G044	华西药学杂志	药学	张志荣
G294	华西医学	医学综合	李为民
G077	华中科技大学学报医学版	医药大学学报	田玉科
J033	华中科技大学学报自然科学版	工程技术大学学报	李培根
H003	华中农业大学学报	农业大学学报	邓秀新
A004	华中师范大学学报自然科学版	自然科学师范大学学报	邱紫华
Z009	化工环保	环境科学技术及资源科学技术	杨再鹏
T006	化工机械	化学工程综合	张志远
T101	化工进展	化学工程综合	黄丽娟
T532	化工科技	化学工程综合	鲁建春
T146	化工设备与管道	化学工程综合	叶文邦
T007	化工学报	化学工程综合	李静海
T066	化工自动化及仪表	化学工程综合	张志远
T009	化学反应工程与工艺	化学工程综合	洪定一
D604	化学分析计量	化学	孙安恒
T025	化学工程	化学工程综合	程惠亭
T567	化学工程师	化学工程综合	尚影
T076	化学工业与工程	化学工程综合	韩金玉
D506	化学进展	化学	王夔
D011	化学试剂	化学	李建华
D018	化学通报	化学	朱道本
D030	化学学报	化学	沈延昌
D501	化学研究	化学	倪嘉缵
D037	化学研究与应用	化学	赵华明
T931	化学与粘合	化学；精细化学工程	白雪峰
T553	化学与生物工程	化学；生物工程	刘安强
Z017	环境保护科学	环境科学技术及资源科学技术	王振宇
Z005	环境工程	环境科学技术及资源科学技术	翁仲颖

表 9-1　2022 年中国科技核心期刊（中文）目录（续）

CODE	刊名	学科分类	主编
Z550	环境工程技术学报	环境科学技术及资源科学技术	孟伟
Z021	环境工程学报	环境科学技术及资源科学技术	冯宗炜
D024	环境化学	化学；环境科学技术及资源科学技术	汪桂斌
Z500	环境技术	电子技术	康志萍
Z554	环境监测管理与技术	环境科学技术及资源科学技术	喻义勇
Z525	环境监控与预警	环境科学技术及资源科学技术	张涛
Z506	环境科技	环境科学技术及资源科学技术	孙菱
Z004	环境科学	环境科学技术及资源科学技术	赵进才
Z003	环境科学学报	环境科学技术及资源科学技术	汤鸿宵
Z002	环境科学研究	环境科学技术及资源科学技术	刘鸿亮
Z521	环境科学与管理	环境科学技术及资源科学技术	王泽斌
Z025	环境科学与技术	环境科学技术及资源科学技术	纪洪盛
H049	环境昆虫学报	昆虫学、动物学；植物保护学	庞雄飞
Z518	环境生态学	环境科学技术及资源科学技术	高吉喜
Z035	环境卫生工程	环境科学技术及资源科学技术	张范
G971	环境卫生学杂志	预防医学与公共卫生学综合	金银龙
Z019	环境污染与防治	环境科学技术及资源科学技术	李全胜
Z031	环境与健康杂志	流行病学、环境医学	王撷秀
G882	环境与职业医学	流行病学、环境医学	张胜年
G656	环球中医药	中医学；中药学	张伯礼
M631	黄金	金属材料	韦华南
M600	黄金科学技术	金属材料	陈玉民
V560	混凝土	建筑科学与技术	张彤
Y040	火箭推进	航空、航天科学技术	旷武岳
N005	火力与指挥控制	兵器科学与技术	高英武
N007	火炸药学报	兵器科学与技术	覃光明
X011	机车电传动	铁路运输	丁荣军
N069	机床与液压	机械制造工艺与设备	闵新和
N672	机电工程	机械工程设计	赵群
S004	机器人	信息与系统科学相关工程与技术	于海斌
N040	机械传动	机械工程设计	王长路
M004	机械工程材料	机械工程设计	杨武
N051	机械工程学报	机械工程设计	宋天虎
N050	机械科学与技术	机械工程设计	周宗锡
N057	机械强度	机械制造工艺与设备	王长路
N047	机械设计	机械工程设计	王庆禹
N054	机械设计与研究	机械工程设计	邹慧君
N028	机械设计与制造	机械工程设计	甄星耀
N063	机械设计与制造工程	机械工程设计	汤文成
N053	机械与电子	机械工程设计	付建平
N515	机械制造与自动化	机械工程设计	易红
G003	基础医学与临床	医学综合	陈孟勤
H245	基因组学与应用生物学	生物学基础学科	李宁

表 9-1 2022 年中国科技核心期刊（中文）目录（续）

CODE	刊名	学科分类	主编
R025	激光技术	光电子学与激光技术	曹三松
F045	激光生物学报	生物学基础学科	胡能书
R514	激光与光电子学进展	光电子学与激光技术	范滇元
R521	激光与红外	光电子学与激光技术	耿林
R028	激光杂志	光电子学与激光技术	程正学
E116	吉林大学学报地球科学版	自然科学综合大学学报；地球科学综合	林学钰
J042	吉林大学学报工学版	工程技术大学学报	任露泉
A035	吉林大学学报理学版	自然科学综合大学学报	裘式纶
R586	吉林大学学报信息科学版	工程技术大学学报；电子技术	刘大有
G014	吉林大学学报医学版	医药大学学报	李玉林
H243	吉林农业大学学报	农业大学学报	肖振铎
G719	吉林中医药	中医学；中药学	仝小林
E007	极地研究	海洋科学、水文学	刘瑞源
G452	疾病监测	流行病学、环境医学	祁国明
A656	济南大学学报自然科学版	自然科学综合大学学报	赵锡平
G439	脊柱外科杂志	骨外科学	贾连顺
N014	计量学报	工程与技术科学基础学科	赵晓娜
S050	计算机测量与控制	信息与系统科学相关工程与技术	苟永明
S049	计算机仿真	计算机科学技术	吴连伟
S013	计算机辅助设计与图形学学报	计算机科学技术	吴恩华
S012	计算机工程	计算机科学技术	游小明
S034	计算机工程与科学	计算机科学技术	王志英
S022	计算机工程与设计	计算机科学技术	沈志达
S025	计算机工程与应用	计算机科学技术	怀进鹏
S030	计算机集成制造系统	计算机科学技术	杨海成
S520	计算机技术与发展	计算机科学技术	王守智
S006	计算机科学	计算机科学技术	陈国良
S085	计算机科学与探索	计算机科学技术	何新贵
S509	计算机系统应用	计算机科学技术	苏振泽
S018	计算机学报	计算机科学技术	高文
S021	计算机研究与发展	计算机科学技术	樊建平
S029	计算机应用	计算机科学技术	张景中
S016	计算机应用研究	计算机科学技术	刘营
S009	计算机应用与软件	计算机科学技术	朱三元
S048	计算机与数字工程	计算机科学技术	马中
S500	计算机与现代化	计算机科学技术	刘波平
S507	计算技术与自动化	信息与系统科学相关工程与技术	罗安
C003	计算力学学报	力学	钟万勰
B014	计算数学	数学	石钟慈
C094	计算物理	物理学	江松
G292	寄生虫与医学昆虫学报	基础医学	吴厚永
A045	暨南大学学报自然科学与医学版	自然科学综合大学学报；医药大学学报	陈光潮
H240	家畜生态学报	畜牧、兽医科学	陈玉林

表 9-1　2022 年中国科技核心期刊（中文）目录（续）

CODE	刊名	学科分类	主编
G638	检验医学	临床诊断学	吕元
V051	建筑材料学报	建筑科学与技术	王培铭
V057	建筑钢结构进展	建筑科学与技术	孙飞飞
V523	建筑节能中英文版	建筑科学与技术	邹庆堂
V014	建筑结构	建筑科学与技术	张幼启
V044	建筑结构学报	建筑科学与技术	聂建国
V005	建筑科学	建筑科学与技术	黄世敏
V013	建筑科学与工程学报	建筑科学与技术	周绪红
V047	建筑学报	建筑科学与技术	周畅
Y522	舰船电子工程	水路运输	王小非
Y564	舰船科学技术	水路运输	张素芳
G453	江苏大学学报医学版	医药大学学报	许化溪
J035	江苏大学学报自然科学版	工程技术大学学报	杨继昌
H700	江苏农业科学	农业综合	常有宏
H199	江苏农业学报	农业综合	严少华
G397	江苏中医药	中医学	黄亚博
H283	江西农业大学学报	农业大学学报	石庆华
H701	江西农业学报	农业综合	戴星照
A112	江西师范大学学报自然科学版	自然科学师范大学学报	颜长青
X020	交通信息与安全	交通运输工程	徐凯声
X672	交通运输工程学报	交通运输工程	陈荫三
X685	交通运输系统工程与信息	交通运输工程	毛保华
X516	交通运输研究	交通运输工程	王先进
L587	节能技术	能源科学综合	尚德敏
W567	节水灌溉	农业工程	燕在华
K553	洁净煤技术	能源科学综合	解强
V049	结构工程师	建筑科学与技术	吕西林
G869	结直肠肛门外科	普通外科学、胸外科学、心血管外科学	高枫
G316	解放军护理杂志	护理学	李树贞
G187	解放军医学院学报	医药大学学报	周定标
G048	解放军医学杂志	医学综合	盛志勇
G507	解剖科学进展	基础医学	方秀斌
G049	解剖学报	基础医学	章静波
G358	解剖学研究	基础医学	姚志彬
G050	解剖学杂志	基础医学	黄瀛
G886	介入放射学杂志	核医学、医学影像学	陈星荣
N048	金刚石与磨料磨具工程	机械制造工艺与设备	王琴
M051	金属功能材料	金属材料	王新林
K022	金属矿山	矿山工程技术	王运敏
N083	金属热处理	机械制造工艺与设备	徐跃明
M012	金属学报	金属材料	柯俊
E599	经济地理	地理学	樊杰
H333	经济动物学报	畜牧、兽医科学	刘忠军

表 9-1　2022 年中国科技核心期刊（中文）目录（续）

CODE	刊名	学科分类	主编
S759	经济管理	管理学；经济学综合	黄群慧
S762	经济理论与经济管理	管理学；经济学综合	方福前
H266	经济林研究	林学	谭晓风
S773	经济与管理研究	管理学；经济学综合	戚聿东
G953	精神医学杂志	神经病学、精神病学	卢传华
T102	精细化工	精细化学工程	邵玉昌
T955	精细化工中间体	精细化学工程	王晓光
T542	精细石油化工	石油天然气工程；精细化学工程	王立新
G677	颈腰痛杂志	骨外科学	李嘉寿
Z553	净水技术	水利工程	吴今明
G553	局解手术学杂志	外科学综合	张绍祥
T512	聚氨酯工业	化学工程综合	张骥红
R016	绝缘材料	材料科学综合	祝晚华
G052	军事医学	军事医学与特种医学	吴祖泽
F018	菌物学报	微生物学、病毒学	戴玉成
C325	菌物研究	微生物学、病毒学；园艺学	李玉
M018	勘察科学技术	矿山工程技术	杨书涛
Q933	康复学报	保健医学	陈立典
A645	科技导报	自然科学综合	冯长根
S812	科技管理研究	管理学	蔡齐祥；黎懋明
R588	科技进步与对策	管理学	穆荣平
A083	科技通报	自然科学综合	温树伟
S816	科学管理研究	管理学	云涛
A537	科学技术与工程	工程与技术科学基础学科	马阳
A075	科学通报	自然科学综合	周光召；朱作言
W514	科学学研究	管理学	方新
S818	科学学与科学技术管理	管理学	柳卸林
W531	科研管理	管理学	穆荣平
L516	可再生能源	能源科学综合	张大雷
E140	空间科学学报	天文学；地球物理学	肖佐
Y051	空间控制技术与应用	航空、航天科学技术	张笃周
J059	空军工程大学学报自然科学版	工程技术大学学报	张建业
Q907	空军航空医学	医学综合	马中立
Y016	空气动力学学报	航空、航天科学技术	唐志共
Y571	空天技术	兵器科学与技术	李文杰
S503	控制工程	信息与系统科学相关工程与技术	柴天佑
R060	控制理论与应用	信息科学与系统科学	陈翰馥
S001	控制与决策	信息科学与系统科学	张嗣瀛
G672	口腔材料器械杂志	口腔医学	薛淼
G246	口腔颌面外科杂志	口腔医学	王佐林
G894	口腔颌面修复学杂志	口腔医学	王邦康
G390	口腔疾病防治	口腔医学	邵龙泉
G594	口腔生物医学	口腔医学	陈宁；王松灵

表 9-1　2022 年中国科技核心期刊（中文）目录（续）

CODE	刊名	学科分类	主编
G325	口腔医学	口腔医学	王林
G266	口腔医学研究	口腔医学	樊明文
K525	矿产保护与利用	矿山工程技术	张克仁
V054	矿产勘查	矿山工程技术	王思敬
K025	矿产与地质	矿山工程技术	贾国相
K004	矿产综合利用	矿山工程技术	陈炳炎
E106	矿床地质	地质学	宋叔和
K014	矿山机械	矿山工程技术	刘汉卿
E350	矿物学报	矿山工程技术	涂光炽
E354	矿物岩石	地质学	兰江华
E504	矿物岩石地球化学通报	地球科学综合	欧阳自远
M101	矿冶	冶金工程技术	朱穗玲
M045	矿冶工程	冶金工程技术	曾维勇
K554	矿业安全与环保	矿山工程技术	谢和平
K010	矿业研究与开发	矿山工程技术	周爱民
F015	昆虫学报	昆虫学、动物学	黄大卫
J020	昆明理工大学学报自然科学版	自然科学综合大学学报	王华
G053	昆明医科大学学报	医药大学学报	冯忠堂
G395	兰州大学学报医学版	医药大学学报	陈晓峰
A016	兰州大学学报自然科学版	自然科学综合大学学报	苏力
J008	兰州理工大学学报	工程技术大学学报	孙品一
G628	老年医学与保健	保健医学	王传馥
R096	雷达科学与技术	通信技术	朱庆明
R758	雷达学报	通信技术	丁赤飚
T010	离子交换与吸附	化学工程综合	张全兴
M001	理化检验化学分册	冶金工程技术	吴诚
C101	力学季刊	力学	范立础
C001	力学学报	力学	杨卫
C104	力学与实践	力学	李俊峰
G580	立体定向和功能性神经外科杂志	神经病学、精神病学	汪业汉
U055	粮食与饲料工业	畜牧、兽医科学；农业工程；食品科学技术	王杭
U626	粮油食品科技	食品科学技术	孙辉
C032	量子电子学报	物理学	龚和本
K008	辽宁工程技术大学学报自然科学版	自然科学综合大学学报	邵良杉
H261	辽宁农业科学	农业综合	李正德
G850	辽宁中医药大学学报	中医药大学学报	康廷国
G646	辽宁中医杂志	中医学	康廷国
U037	林产工业	林学	张建辉
T017	林产化学与工业	林学；化学工程综合	宋湛谦
H740	林业工程学报	林学	蒋剑春
H280	林业科学	林学	沈国舫
H281	林业科学研究	林学	盛炜彤
H102	林业调查规划	林学	曹善寿

表 9-1　2022 年中国科技核心期刊（中文）目录（续）

CODE	刊名	学科分类	主编
H289	林业与生态科学	林学	王志刚
T231	磷肥与复肥	化学工程综合	汤建伟
G880	临床超声医学杂志	核医学、医学影像学	杨浩
G607	临床儿科杂志	儿科学	吴圣楣
G276	临床耳鼻咽喉头颈外科杂志	耳鼻咽喉科学	孔维佳；黄选兆
G271	临床放射学杂志	核医学、医学影像学	冯敢生
Q908	临床肺科杂志	呼吸病学、结核病学	孙耕耘
G501	临床肝胆病杂志	消化病学	贾继东
G291	临床骨科杂志	骨外科学	戴尅戎；江曙
G664	临床和实验医学杂志	临床医学综合	刘建
G345	临床急诊杂志	临床医学综合	彭南生
G204	临床检验杂志	临床诊断学	武建国
G310	临床精神医学杂志	神经病学、精神病学	侯钢
G881	临床军医杂志	临床医学综合	薛蓬
G287	临床口腔医学杂志	口腔医学	陈卫民
G222	临床麻醉学杂志	外科学综合	于布为；黄宇光
G317	临床泌尿外科杂志	泌尿外科学	肖传国
G257	临床内科杂志	内科学综合	宋善俊
G230	临床皮肤科杂志	皮肤病学	赵辨
G309	临床神经病学杂志	神经病学、精神病学	张贞浏
G802	临床神经外科杂志	神经病学、精神病学	刘宏毅
G423	临床肾脏病杂志	血液病学、肾脏病学	徐钢
G797	临床输血与检验	临床医学综合；血液病学、肾脏病学	权循珍
G256	临床外科杂志	外科学综合	邹声泉
G942	临床误诊误治	临床医学综合	陈晓红
G855	临床消化病杂志	消化病学	易粹琼
Q909	临床小儿外科杂志	儿科学	梅海波
G261	临床心血管病杂志	心血管病学	廖玉华
G293	临床血液学杂志	临床医学综合；血液病学、肾脏病学	宋善俊；陆道培；胡丽华
Q913	临床眼科杂志	眼科学	陈逊
G673	临床药物治疗杂志	药学	方来英
G350	临床与病理杂志	基础医学	李元建
G274	临床与实验病理学杂志	基础医学	孟刚；步宏
Q910	临床肿瘤学杂志	肿瘤学	秦叔逵
G491	岭南心血管病杂志	心血管病学	林曙光
N023	流体机械	机械工程设计	宋东岚
H748	麦类作物学报	农艺学	吉万全
T060	煤化工	应用化学工程	闫少伟
K558	煤矿安全	矿山工程技术	罗海珠
K517	煤矿机械	矿山工程技术	卢盛春
K038	煤炭工程	能源科学综合	任有福
K005	煤炭科学技术	能源科学综合	王金华
K017	煤炭学报	能源科学综合	刘峰

表 9-1　2022 年中国科技核心期刊（中文）目录（续）

CODE	刊名	学科分类	主编
D027	煤炭转化	应用化学工程	谢克昌
K009	煤田地质与勘探	矿山工程技术	王丽
R119	密码学报	安全科学技术	裴定一
U036	棉纺织技术	纺织科学技术	阎磊
H037	棉花学报	农艺学	李付广
G056	免疫学杂志	基础医学	朱锡华
B017	模糊系统与数学	数学	刘应明
S015	模式识别与人工智能	信息与系统科学相关工程与技术	戴汝为
T077	膜科学与技术	化学工程综合	刘宪秋
N084	摩擦学学报	机械工程设计	薛群基
N107	模具技术	机械制造工艺与设备	阮雪榆
U533	木材工业	林学	姜征
A013	南昌大学学报理科版	自然科学综合大学学报	徐冬荣
G047	南昌大学学报医学版	医药大学学报	傅克刚
R117	南方电网技术	电气工程	饶宏
V089	南方建筑	建筑科学与技术	何镜堂
H069	南方农业学报	农业综合	李杨瑞
H068	南方水产科学	水产学	徐泽智
G023	南方医科大学学报	医药大学学报	黎孟枫
A025	南京大学学报自然科学版	自然科学综合大学学报	龚昌德
T011	南京工业大学学报自然科学版	工程技术大学学报	陆小华
Y026	南京航空航天大学学报	工程技术大学学报；航空、航天科学技术	宣益民
N011	南京理工大学学报自然科学版	工程技术大学学报	宣益民
H033	南京林业大学学报自然科学版	农业大学学报；林学	余世袁
H021	南京农业大学学报	农业大学学报	郑小波
A061	南京师大学报自然科学版	自然科学师范大学学报	陈凌孚
E120	南京信息工程大学学报自然科学版	工程技术大学学报	李刚
G058	南京医科大学学报自然科学版	医药大学学报	陈琪
R008	南京邮电大学学报自然科学版	工程技术大学学报；通信技术	汪联辉
G059	南京中医药大学学报	中医药大学学报	范欣生
A008	南开大学学报自然科学版	自然科学综合大学学报	程津培
S776	南开管理评论	管理学	李维安
W590	南水北调与水利科技	水利工程	徐振辞
G288	脑与神经疾病杂志	神经病学、精神病学	毛俊雄
G662	内科急危重症杂志	内科学综合	陆再英
G523	内科理论与实践	内科学综合	王振义；陈家伦
A026	内蒙古大学学报自然科学版	自然科学综合大学学报	罗辽复
A111	内蒙古师范大学学报自然科学汉文版	自然科学师范大学学报	董祥林
G513	内蒙古医科大学学报	医药大学学报	程立新
R533	内燃机工程	动力工程	金东寒
P004	内燃机学报	动力工程	苏万华
T501	能源化工	石油天然气工程	单居正
K570	能源与环保	能源科学综合	王春林

表 9-1 2022 年中国科技核心期刊（中文）目录（续）

CODE	刊名	学科分类	主编
W002	泥沙研究	水利工程	杜国翰
U504	酿酒科技	食品科学技术	黄平
A506	宁波大学学报理工版	自然科学综合大学学报	冯志敏
A110	宁夏大学学报自然科学版	自然科学综合大学学报	李星
G665	宁夏医科大学学报	医药大学学报	孙涛
H071	农产品质量与安全	农业综合；农业工程；食品科学技术	翟虎渠
H105	农学学报	农业综合	刘旭
T034	农药	植物保护学；应用化学工程	刘长令
T924	农药科学与管理	植物保护学；应用化学工程	隋鹏飞
H404	农药学学报	植物保护学；应用化学工程	王道全
H072	农业工程	农业工程	张品纯
H279	农业工程学报	农业工程	朱明
Z008	农业环境科学学报	农业工程；环境科学技术及资源科学技术	李文华
H278	农业机械学报	农业工程	诸慎友
H286	农业生物技术学报	农业综合	武维华
H222	农业现代化研究	农业工程	王克林
H773	农业资源与环境学报	农业工程；环境科学技术及资源科学技术	高尚宾
V032	暖通空调	建筑科学与技术	王曙明
H219	排灌机械工程学报	农业工程	袁寿其
Q384	皮肤科学通报	皮肤病学	肖生祥
U602	皮革科学与工程	应用化学工程	单志华
U604	皮革与化工	应用化学工程	贾宏春
G595	器官移植	外科学综合	陈规划
E021	气候变化研究进展	大气科学	秦大河
E361	气候与环境研究	大气科学	曾庆存
Y504	气体物理	物理学；航空、航天科学技术	沈清
E352	气象	大气科学	矫梅燕
E566	气象科技	大气科学	徐祥德
E359	气象科学	大气科学	余志豪
E001	气象学报	大气科学	丁一汇
E521	气象与环境科学	大气科学	王建国
E633	气象与环境学报	大气科学	刘晶淼
X532	汽车安全与节能学报	公路运输	柳百成
X018	汽车工程	公路运输	葛松林
X500	汽车工程学报	公路运输	郭正康
X013	汽车技术	公路运输	朱兴泽
P001	汽轮机技术	动力工程	张秋鸿
Y009	强度与环境	航空、航天科学技术	王梦魁
C007	强激光与粒子束	核科学技术	张维岩
X021	桥梁建设	水路运输	彭旭民
G061	青岛大学学报医学版	医药大学学报	谢俊霞
T012	青岛科技大学学报自然科学版	自然科学综合大学学报	马连湘
U535	轻工机械	机械制造工艺与设备	李德芳

表 9-1　2022 年中国科技核心期刊（中文）目录（续）

CODE	刊名	学科分类	主编
J001	清华大学学报自然科学版	工程技术大学学报	梁恩忠
L044	全球能源互联网	能源科学综合	周舟
D002	燃料化学学报	化学；能源科学综合	房倚天
P011	燃烧科学与技术	动力工程	尧命发
G448	热带病与寄生虫学	流行病学、环境医学	汪天平
E563	热带地理	地理学	张虹鸥；黄光庆
E642	热带海洋学报	海洋科学、水文学	施平
H516	热带农业科学	农业综合	邱小强
E110	热带气象学报	大气科学	薛纪善
H415	热带生物学报	生物学基础学科	许文深
F228	热带亚热带植物学报	植物学	黄宏文
G609	热带医学杂志	流行病学、环境医学	余新炳
H223	热带作物学报	农艺学	邹学校；郭安平
T105	热固性树脂	化学工程综合	王永红
N071	热加工工艺	机械制造工艺与设备	张社会
C134	热科学与技术	物理学；动力工程	王补宣
R501	热力发电	动力工程；电气工程	苏立新
P006	热能动力工程	动力工程	邹积国
T013	人工晶体学报	材料科学综合	祝世宁
N106	人类工效学	工程与技术科学基础学科	金会庆
F041	人类学学报	生物学基础学科	吴新智
W555	人民黄河	水利工程	薛松贵
W504	人民长江	水利工程	金兴平
T070	日用化学工业	化学工程综合	曹玉英
U515	肉类研究	食品科学技术	孙勇
H097	乳业科学与技术	食品科学技术	郭本恒
S011	软件学报	计算机科学技术	李明树
N029	润滑与密封	工程与技术科学基础学科	贺石中
R086	三峡大学学报自然科学版	工程技术大学学报；水利工程	王康平
D012	色谱	化学	卢佩章
H382	森林工程	林学；农业工程	王立海
H051	森林与环境学报	林学	洪伟
E635	沙漠与绿洲气象	大气科学；地理学	魏文寿
H070	山地农业生物学报	农业综合	金道超
E101	山地学报	地理学	钟祥浩
G742	山东大学耳鼻喉眼学报	医药大学学报；耳鼻咽喉科学	栾信庸
J022	山东大学学报工学版	工程技术大学学报	李术才
A020	山东大学学报理学版	自然科学综合大学学报	靳光华
G062	山东大学学报医学版	医药大学学报	陈子江
A141	山东科技大学学报自然科学版	自然科学综合大学学报	张士强
A637	山东科学	自然科学综合	王英龙
H031	山东农业大学学报自然科学版	农业大学学报	温孚江
H804	山东农业科学	农业综合	仲崇高

表 9-1　2022 年中国科技核心期刊（中文）目录（续）

CODE	刊名	学科分类	主编
G511	山东医药	医学综合	邱源
G063	山东中医药大学学报	中医药大学学报	皋永利
G574	山东中医杂志	中医学	皋永利
A014	山西大学学报自然科学版	自然科学综合大学学报	陈兆斌
H393	山西农业大学学报自然科学版	农业大学学报	董常生
H390	山西农业科学	农业综合	袁锁成
G064	山西医科大学学报	医药大学学报	郭政
H217	陕西农业科学	农业综合	夏显力
A066	陕西师范大学学报自然科学版	自然科学师范大学学报	黄春长
G630	陕西医学杂志	医学综合	杨世兴
G725	陕西中医	中医学	杨世兴
V088	上海城市规划	建筑科学与技术	张玉鑫
A056	上海大学学报自然科学版	自然科学综合大学学报	周邦新
U528	上海纺织科技	纺织科学技术	胡申伟
X038	上海海事大学学报	工程技术大学学报；水路运输	黄有方
H292	上海海洋大学学报	农业大学学报；水产学	程裕东
Y555	上海航天中英文版	航空、航天科学技术	李同顺
X006	上海交通大学学报	工程技术大学学报	郑杭
G066	上海交通大学学报医学版	医药大学学报	沈晓明
M021	上海金属	金属材料	翟启杰
G283	上海口腔医学	口腔医学	张志愿
H282	上海农业学报	农业综合	徐新春
G069	上海医学	医学综合	樊嘉
Q219	上海预防医学	预防医学与公共卫生学综合	吴凡
G596	上海针灸杂志	针灸、中医骨伤	黄琴峰
G946	上海中医药大学学报	中医药大学学报	谢建群
G389	上海中医药杂志	中医学；中药学	谢建群
T763	深空探测学报中英文版	航空、航天科学技术	吴伟仁
A515	深圳大学学报理工版	工程技术大学学报	毛军发
G329	神经疾病与精神卫生	神经病学、精神病学	崔德华；吴中学；贾建平
G070	神经解剖学杂志	基础医学	李云庆
G319	神经损伤与功能重建	神经病学、精神病学	王伟
A074	沈阳大学学报自然科学版	自然科学综合大学学报	原忠虎
J052	沈阳工业大学学报	工程技术大学学报	郭雨梅
V011	沈阳建筑大学学报自然科学版	工程技术大学学报；建筑科学与技术	谭静文
H024	沈阳农业大学学报	农业大学学报	张玉龙
A586	沈阳师范大学学报自然科学版	自然科学师范大学学报	张辉
G071	沈阳药科大学学报	医药大学学报；药学	吴春福
G202	肾脏病与透析肾移植杂志	泌尿外科学	黎磊石
F203	生理科学进展	生物学基础学科	范少光
F001	生理学报	生物学基础学科；基础医学	管又飞
F042	生命的化学	生物学基础学科	祁国荣
F215	生命科学	生物学基础学科	赵国屏

表 9-1　2022 年中国科技核心期刊（中文）目录（续）

CODE	刊名	学科分类	主编
F046	生命科学研究	生物学基础学科	梁宋平
Z034	生态毒理学报	生态学	王子健
H784	生态环境学报	生态学；环境科学技术及资源科学技术	李芳柏
Z512	生态科学	生态学	段舜山
Z014	生态学报	生态学	冯宗炜
Z028	生态学杂志	生态学	孙铁珩
Z023	生态与农村环境学报	农业工程；环境科学技术及资源科学技术	蔡道基
H080	生物安全学报	农业综合	龙民生；万方浩；Geoff M.Gurr
F049	生物多样性	生物学基础学科	马克平
F003	生物工程学报	生物工程	邓子新
G401	生物骨科材料与临床研究	骨外科学	陈安民
F016	生物化学与生物物理进展	生物学基础学科	王大成
F229	生物技术	生物工程	张介池
F214	生物技术进展	生物工程	林敏
F205	生物技术通报	生物工程	路铁刚
F204	生物加工过程	生物工程	欧阳平凯
F040	生物信息学	生物学基础学科	任南琪
F213	生物学杂志	生物学基础学科	罗家騄
G006	生物医学工程学杂志	生物医学工程学	李虹
G332	生物医学工程研究	生物医学工程学	王勤；康永军
G603	生物医学工程与临床	生物医学工程学	宋继昌
H083	生物质化学工程	化学工程综合	周永红
F044	生物资源	生物学基础学科	何光存
G624	生殖医学杂志	优生学、计划生育学	肖碧莲
C033	声学技术	物理学	张淑英
C054	声学学报	物理学	马大猷
E302	湿地科学	地理学	吕宪国
E636	湿地科学与管理	地理学	彭镇华
A615	石河子大学学报自然科学版	自然科学综合大学学报	向本春
T933	石化技术与应用	石油天然气工程；应用化学工程	殷茜
X042	石家庄铁道大学学报自然科学版	工程技术大学学报；铁路运输	王岳森
L016	石油地球物理勘探	石油天然气工程	钱荣钧
L015	石油化工	石油天然气工程	乔金樑
L034	石油化工高等学校学报	石油天然气工程	仲崇民
L021	石油化工设备技术	石油天然气工程	尹朝曦
L019	石油机械	石油天然气工程	贺会群
L031	石油勘探与开发	石油天然气工程	戴金星
L043	石油科学通报	石油天然气工程	陈勉
L030	石油炼制与化工	石油天然气工程	汪燮卿
E126	石油实验地质	地质学	叶德燎
L005	石油物探	石油天然气工程	管路平
L028	石油学报	石油天然气工程	赵宗举
L012	石油学报石油加工	石油天然气工程	汪燮卿

表 9-1　2022 年中国科技核心期刊（中文）目录（续）

CODE	刊名	学科分类	主编
L006	石油与天然气地质	石油天然气工程	王庭斌
L008	石油钻采工艺	石油天然气工程	董范
L025	石油钻探技术	石油天然气工程	马开华
U049	食品安全质量检测学报	食品科学技术	吴永宁
F257	实验动物科学	昆虫学、动物学	荣瑞章
G387	实验动物与比较医学	昆虫学、动物学；基础医学	刘瑞三
C009	实验力学	力学	方如华
Y018	实验流体力学	航空、航天科学技术	乐嘉陵
A115	实验室研究与探索	工程与技术科学基础学科	夏有为
G534	实用放射学杂志	核医学、医学影像学	鱼博浪；宦怡
G586	实用妇产科杂志	妇产科学	王世阆
G746	实用肝脏病杂志	消化病学	周天仇
G457	实用骨科杂志	骨外科学	卫小春
G224	实用口腔医学杂志	口腔医学	赵铱民
G700	实用老年医学	保健医学	许家仁
Q919	实用临床医药杂志	生物医学工程学	史宏灿
G652	实用皮肤病学杂志	皮肤病学	杨蓉娅
G469	实用器官移植电子杂志	外科学综合	沈中阳
G766	实用心脑肺血管病杂志	心血管病学；普通外科学、胸外科学、心血管外科学	王拥军
G834	实用药物与临床	药学	滕卫平
G324	实用医学杂志	临床医学综合	苏焕群
G760	实用医院临床杂志	临床医学综合	韩盛玺
G768	实用预防医学	预防医学与公共卫生学综合	罗普泉
G856	实用肿瘤学杂志	肿瘤学	庞达
G890	实用肿瘤杂志	肿瘤学	张苏展
U005	食品工业科技	食品科学技术	张铁鹰
U006	食品科学	食品科学技术	孙勇
A117	食品科学技术学报	食品科学技术	孙宝国
U617	食品研究与开发	食品科学技术	赵丽
U035	食品与发酵工业	食品科学技术	朱庆裴
U641	食品与发酵科技	食品科学技术	陈功
U547	食品与机械	食品科学技术	黄寿恩
U029	食品与生物技术学报	食品科学技术	裘松良
G748	食品与药品	药学；食品科学技术	凌沛学
H838	食用菌学报	园艺学；食品科学技术	吴爱忠
E655	世界地理研究	地理学	杜德斌
E363	世界地震工程	地球物理学	孙柏涛
E548	世界地质	地质学	孙革
E054	世界核地质科学	核科学技术	李子颖
G906	世界科学技术－中医药现代化	中医学；中药学	陈凯先
G485	世界临床药物	药学	周斌
X538	世界桥梁	水路运输	彭旭民
G484	世界中西医结合杂志	中西医结合医学	路志正

表 9-1 2022 年中国科技核心期刊（中文）目录（续）

CODE	刊名	学科分类	主编
G483	世界中医药	中医学；中药学	吴以岭
Q957	首都公共卫生	预防医学与公共卫生学综合	徐建国
A023	首都师范大学学报自然科学版	自然科学师范大学学报	郭长彬
G073	首都医科大学学报	医药大学学报	王晓民
F033	兽类学报	昆虫学、动物学	王德华
R005	数据采集与处理	通信技术	贲德
W009	数理统计与管理	数学；管理学	杨振海
B015	数学的实践与认识	数学	林群
B007	数学进展	数学	李亦
B004	数学年刊 A	数学	李大潜
C036	数学物理学报	数学；物理学	丁夏畦
B006	数学学报	数学	王跃飞；张立群
B012	数学杂志	数学	齐民友
H847	水产科学	水产学	周遵春
H008	水产学报	水产学	黄硕琳
Z016	水处理技术	环境科学技术及资源科学技术	高从堦
X533	水道港口	水路运输	赵冲久
P007	水电能源科学	能源科学综合；水利工程	邴凤山；张勇传
W004	水动力学研究与进展 A	水利工程	周连第
W013	水科学进展	水利工程	刘国纬
R050	水力发电	水利工程	徐方军
R049	水力发电学报	水利工程	谷兆祺
R587	水利经济	水利工程	郑垂勇
W011	水利水电技术	水利工程	王海锋
W502	水利水电科技进展	水利工程	顾冲时
W006	水利水运工程学报	水利工程	张瑞凯
W003	水利学报	水利工程	程晓陶
F010	水生生物学报	生物学基础学科	桂建芳
H850	水生态学杂志	生态学；水产学	常剑波
H015	水土保持通报	农业工程	李锐
H287	水土保持学报	农业工程	刘宝元
H056	水土保持研究	农业工程	刘国彬
E540	水文	海洋科学、水文学	邓坚
E154	水文地质工程地质	地质学；海洋科学、水文学	陈梦熊
N907	水下无人系统学报	兵器科学与技术	董春鹏
X528	水运工程	水路运输	吴澎
R566	水资源保护	水利工程	王沛芳
W570	水资源与水工程学报	水利工程	蔡焕杰
U056	丝绸	纺织科学技术	宣友木
G045	四川大学学报医学版	医药大学学报	张肇达
A006	四川大学学报自然科学版	自然科学综合大学学报	刘应明
F027	四川动物	昆虫学、动物学	岳碧松
Z007	四川环境	环境科学技术及资源科学技术	叶宏

表 9-1　2022 年中国科技核心期刊（中文）目录（续）

CODE	刊名	学科分类	主编
G710	四川精神卫生	神经病学、精神病学	唐向东
H007	四川农业大学学报	农业大学学报	李明洲
A033	四川师范大学学报自然科学版	自然科学师范大学学报	周一阳
G575	四川医学	医学综合	卓凯星
G745	四川中医	中医学	方连举
H862	饲料工业	畜牧、兽医科学	聂春宵
H864	饲料研究	畜牧、兽医科学	李寰旭
T106	塑料	高聚物工程	杨明锦
T014	塑料工业	高聚物工程	陈敏剑
T536	塑料科技	高聚物工程	于文杰
T079	塑料助剂	高聚物工程	杨明
T580	塑性工程学报	机械制造工艺与设备	陆辛
X634	隧道建设中英文版	公路运输；铁路运输	张炜
R652	太赫兹科学与电子信息学报	电子技术	毛军发
L009	太阳能学报	能源科学综合	石定寰
J011	太原理工大学学报	工程技术大学学报	谢克昌
M544	钛工业进展	金属材料	周廉
T500	弹性体	高聚物工程	蔡小平
T015	炭素技术	化学工程综合	解治友
N043	探测与控制学报	兵器科学与技术	张龙山
V531	陶瓷学报	化学工程综合	秦锡麟
H041	特产研究	农业综合	沈育杰
L505	特种油气藏	石油天然气工程	张方礼
N065	特种铸造及有色合金	机械制造工艺与设备	袁振国
A041	天津大学学报	工程技术大学学报	龚克
U017	天津工业大学学报	工程技术大学学报	杨庆新
A504	天津师范大学学报自然科学版	自然科学师范大学学报	高玉葆
G076	天津医药	医学综合	张愈
G626	天津中医药	中医学；中药学	张伯礼
G914	天津中医药大学学报	中医药大学学报	张伯礼
T611	天然产物研究与开发	中药学	李伯刚
L518	天然气地球科学	石油天然气工程	戴金星
L029	天然气工业	石油天然气工程	杨雨
T074	天然气化工	石油天然气工程；应用化学工程	古共伟
L507	天然气与石油	石油天然气工程	郭成华
E023	天文学报	天文学	甘为群
E114	天文学进展	天文学	袁峰
X521	铁道工程学报	铁路运输	何宁
X007	铁道科学与工程学报	铁路运输	余志武
X005	铁道学报	铁路运输	赵国堂
G238	听力学及言语疾病杂志	耳鼻咽喉科学	陶泽璋；韩德民；韩东一
R065	通信学报	通信技术	张平
G965	同济大学学报医学版	医药大学学报	陈义汉

表 9-1　2022 年中国科技核心期刊（中文）目录（续）

CODE	刊名	学科分类	主编
J032	同济大学学报自然科学版	工程技术大学学报	李杰
Q003	同位素	核科学技术	罗顺忠
N061	图学学报	机械工程设计	童秉枢
T103	涂料工业	精细化学工程	竺玉书
V029	土木工程学报	土木工程	徐培福
V035	土木工程与管理学报	土木工程	丁烈云
V019	土木与环境工程学报中英文版	土木工程	黄宗明
H043	土壤	土壤学	赵其国
H057	土壤通报	土壤学	须湘成
H012	土壤学报	土壤学	史学正
H048	土壤与作物	土壤学	张福锁
Y025	推进技术	航空、航天科学技术	郑日恒
S795	外国经济与管理	管理学；经济学综合	郑少华
G601	外科理论与实践	外科学综合	林言箴；李宏为
G996	皖南医学院学报	医药大学学报	李朝品
S017	网络新媒体技术	计算机科学技术	倪宏
S082	网络与信息安全学报	计算机科学技术	方滨兴
R070	微波学报	通信技术	杨乃恒
G866	微创泌尿外科杂志	泌尿外科学	张旭；孙颖浩
R057	微电机	电气工程	牒正文
R064	微电子学	电子技术	成福康
R004	微电子学与计算机	电子技术；计算机科学技术	唐磊
R098	微纳电子技术	电子技术	李和委
F004	微生物学报	微生物学、病毒学	李季伦
F206	微生物学免疫学进展	微生物学、病毒学	朱莉萍
F011	微生物学通报	微生物学、病毒学	何忠效
F225	微生物学杂志	微生物学、病毒学	张忠泽
G651	微生物与感染	感染性疾病学、传染病学	闻玉梅
R085	微特电机	电气工程	施进浩
E052	微体古生物学报	地质学	穆西南
S033	微型电脑应用	计算机科学技术	朱仲英
G210	微循环学杂志	基础医学	李艳
S813	卫生软科学	卫生管理学、健康教育学	蔡仁华
G079	卫生研究	卫生管理学、健康教育学	段国兴
G800	胃肠病学	消化病学	萧树东
G326	胃肠病学和肝病学杂志	消化病学	段芳龄
G702	温州医科大学学报	医药大学学报	吕帆
D003	无机材料学报	材料科学综合	陈立东
D023	无机化学学报	化学	游效曾
T072	无机盐工业	化学工程综合	刘红光
N044	无损检测	机械制造工艺与设备	王务同
W014	武汉大学学报工学版	工程技术大学学报	刘经南
A024	武汉大学学报理学版	自然科学综合大学学报	邓子新

表 9-1 2022 年中国科技核心期刊（中文）目录（续）

CODE	刊名	学科分类	主编
E107	武汉大学学报信息科学版	自然科学综合大学学报；测绘科学技术	李建成
G038	武汉大学学报医学版	医药大学学报	黄从新
M032	武汉科技大学学报自然科学版	工程技术大学学报	刘光临
X017	武汉理工大学学报交通科学与工程版	工程技术大学学报；交通运输工程	李腊元
J018	武汉理工大学学报信息与管理工程版	工程技术大学学报；电子技术	程森成
G707	武警医学	医学综合	李小萍
D001	物理化学学报	化学	唐有祺
C006	物理学报	物理学	高鸿钧
C509	物理与工程	物理学；高等教育学	顾牡；王青
E136	物探化探计算技术	地质学	贺振华
E138	物探与化探	地质学	熊盛青
R009	西安电子科技大学学报自然科学版	工程技术大学学报；电子技术	梁昌洪
U030	西安工程大学学报	工程技术大学学报	高岭
J036	西安工业大学学报	工程技术大学学报	刘卫国
V018	西安建筑科技大学学报自然科学版	工程技术大学学报；建筑科学与技术	赵鸿铁
X030	西安交通大学学报	工程技术大学学报	陶文铨
G081	西安交通大学学报医学版	医药大学学报	闫剑群
A150	西安科技大学学报	工程技术大学学报	伍永平
J002	西安理工大学学报	工程技术大学学报	刘宏昭
L010	西安石油大学学报自然科学版	工程技术大学学报；石油天然气工程	屈展
R671	西安邮电大学学报	工程技术大学学报；通信技术	温小郑
A032	西北大学学报自然科学版	自然科学综合大学学报	赵重远
E125	西北地质	地质学	夏林圻
Y023	西北工业大学学报	工程技术大学学报	胡沛泉
H224	西北林学院学报	农业大学学报；林学	范升才
H018	西北农林科技大学学报自然科学版	农业大学学报	张涌
H288	西北农业学报	农业综合	宋继学
A022	西北师范大学学报自然科学版	自然科学师范大学学报	赵更吉
G792	西北药学杂志	药学	杨世民
F020	西北植物学报	植物学	胡正海
H385	西部林业科学	林学	郎南军
V573	西部人居环境学刊	建筑科学与技术	赵万民
G588	西部医学	医学综合	李光明
G699	西部中医药	中医学；中药学	潘文
J045	西华大学学报自然科学版	工程技术大学学报	罗中先
H004	西南大学学报自然科学版	自然科学综合大学学报	向仲怀
X032	西南交通大学学报	工程技术大学学报	翟婉明
H270	西南林业大学学报	农业大学学报；林学	刘惠民
A060	西南民族大学学报自然科学版	自然科学综合大学学报	曾明
H061	西南农业学报	农业综合	李跃建
A064	西南师范大学学报自然科学版	自然科学师范大学学报	李明
L002	西南石油大学学报自然科学版	工程技术大学学报；石油天然气工程	杜志敏
M041	稀土	材料科学综合	杨占峰

表 9-1　2022 年中国科技核心期刊（中文）目录（续）

CODE	刊名	学科分类	主编
M029	稀有金属	金属材料	屠海令
M052	稀有金属材料与工程	金属材料	殷为宏
S505	系统仿真技术	信息与系统科学相关工程与技术	万钢
S003	系统仿真学报	信息与系统科学相关工程与技术	李伯虎；赵沁平
B028	系统工程	信息科学与系统科学	陈收
B025	系统工程理论与实践	信息科学与系统科学	陈光亚
B018	系统工程学报	信息科学与系统科学	刘豹
R059	系统工程与电子技术	信息与系统科学相关工程与技术；电子技术	施荣
B027	系统管理学报	信息科学与系统科学	王浣尘
B021	系统科学与数学	数学；信息科学与系统科学	陈翰馥
G188	细胞与分子免疫学杂志	基础医学	金伯泉
A063	厦门大学学报自然科学版	自然科学综合大学学报	张鸿斌
V087	现代城市研究	建筑科学与技术	叶菊华
E027	现代地质	地质学	邓军
R089	现代电力	电气工程	宋永华
R748	现代电子技术	电子技术	郝跃；许蒲；李明远
Y561	现代防御技术	兵器科学与技术	李文军
U634	现代纺织技术	纺织科学技术	陈建勇
G300	现代妇产科进展	妇产科学	江森
T063	现代化工	化学工程综合	揭玉斌
G653	现代检验医学杂志	临床诊断学	宋张骏
N100	现代科学仪器	仪器仪表技术	胡柏顺
G321	现代口腔医学杂志	口腔医学	俞光岩
R087	现代雷达	通信技术	陈玲
G438	现代临床护理	护理学	成守珍
G798	现代泌尿生殖肿瘤杂志	肿瘤学	那彦群；叶章群
G341	现代泌尿外科杂志	泌尿外科学	贺大林
G067	现代免疫学	基础医学	周光炎
H417	现代农药	植物保护学；应用化学工程	张湘宁
F250	现代生物医学进展	医学综合	徐万海
U010	现代食品科技	食品科学技术	李琳
T929	现代塑料加工应用	高聚物工程	顾越峰
X673	现代隧道技术	公路运输	梅志荣
G451	现代消化及介入诊疗	消化病学	张万岱
G421	现代药物与临床	药学	杨宝峰
G223	现代医学	医学综合	孙载阳
C093	现代应用物理	物理学	邱爱慈
G963	现代预防医学	预防医学与公共卫生学综合	张本
N111	现代制造工程	机械制造工艺与设备	徐大湧
G951	现代中西医结合杂志	中西医结合医学	李月梅
G486	现代中药研究与实践	中药学	胡世林；赵国胜
G896	现代中医临床	中医学	王永炎
G826	现代肿瘤医学	肿瘤学	李树业

表 9-1　2022 年中国科技核心期刊（中文）目录（续）

CODE	刊名	学科分类	主编
T073	香料香精化妆品	精细化学工程	金其璋
A018	湘潭大学学报自然科学版	自然科学综合大学学报	黄云清
T064	橡胶工业	高聚物工程	何晓玫
T953	消防科学与技术	建筑科学与技术；安全科学技术	王铁强
Q937	消化肿瘤杂志电子版	肿瘤学	何裕隆
P010	小型内燃机与车辆技术	动力工程	何海生
S027	小型微型计算机系统	计算机科学技术	林浒
G817	协和医学杂志	医学综合	赵玉沛
G083	心肺血管病杂志	心血管病学	陈宝田
S918	心理科学	心理学	李其维
S919	心理科学进展	心理学	蒋毅
E046	心理学报	心理学	傅小兰
G476	心脑血管病防治	心血管病学；神经病学、精神病学	金宏义
G419	心血管病学进展	心血管病学	徐俊波
G578	心血管康复医学杂志	心血管病学	刘江生
G260	心脏杂志	心血管病学	裴建明
Q368	新发传染病电子杂志	感染性疾病学、传染病学	陆普选
A087	新疆大学学报自然科学版中英文版	自然科学综合大学学报	蒋海军
E159	新疆地质	地质学	李向东
H276	新疆农业科学	农业综合	戴健
L007	新疆石油地质	石油天然气工程	夏明生
G980	新疆医科大学学报	医药大学学报	哈木拉提·吾甫尔
R516	新能源进展	能源科学综合	李小森
G328	新乡医学院学报	医药大学学报	乔汉臣
V056	新型建筑材料	建筑科学与技术	张美强
M102	新型炭材料	材料科学综合	成会明
G721	新医学	医学综合	陈规划
R034	信号处理	通信技术	龙腾
S081	信息安全学报	计算机科学技术	方滨兴
S087	信息安全研究	计算机科学技术	李新友
R519	信息技术	信息与系统科学相关工程与技术	张丽丽
S046	信息网络安全	计算机科学技术	关非
S002	信息与控制	信息科学与系统科学	王天然
A510	信阳师范学院学报自然科学版	自然科学师范大学学报	李俊
G565	徐州医科大学学报	医药大学学报	郑骏年
H023	畜牧兽医学报	畜牧、兽医科学	文杰
H218	畜牧与兽医	畜牧、兽医科学	石放雄
H247	畜牧与饲料科学	畜牧、兽医科学	金海
Q958	血管与腔内血管外科杂志	普通外科学、胸外科学、心血管外科学	刘昌伟
G627	循证医学	临床诊断学；流行病学、环境医学	吴一龙
R069	压电与声光	光电子学与激光技术	胡少勤
N052	压力容器	机械制造工艺与设备	王冰
H200	亚热带农业研究	农业综合	林文雄

表 9-1 2022 年中国科技核心期刊（中文）目录（续）

CODE	刊名	学科分类	主编
E047	亚热带资源与环境学报	环境科学技术及资源科学技术	张新时
U562	烟草科技	园艺学	谢剑平
J025	燕山大学学报	工程技术大学学报	张福成
E053	岩矿测试	地质学	尹明
E157	岩石矿物学杂志	地质学	沈其韩
C005	岩石力学与工程学报	力学；土木工程	冯夏庭
E309	岩石学报	地质学	从柏林
V574	岩土工程技术	土木工程	常士骠
V037	岩土工程学报	土木工程	蔡正银
C004	岩土力学	力学；土木工程	孔令伟
E163	岩性油气藏	石油天然气工程	刘金新
S821	研究与发展管理	管理学	骆品亮
E500	盐湖研究	海洋科学、水文学	高世扬
T054	盐科学与化工	化学工程综合	夏万顺
G962	眼科	眼科学	徐亮
G554	眼科新进展	眼科学	余涵
H016	扬州大学学报农业与生命科学版	农业大学学报	顾铭洪
S031	遥测遥控	信息与系统科学相关工程与技术	李艳华
Z543	遥感技术与应用	测绘科学技术	姜景山
S024	遥感信息	测绘科学技术	陈述彭
Z006	遥感学报	测绘科学技术	顾行发
G403	药物不良反应杂志	药学	程经华
G087	药物分析杂志	药学	涂国士
G877	药物流行病学杂志	药学	曾繁典
G836	药物评价研究	药学	汤立达
G514	药物生物技术	药学	吴梧桐
G440	药学实践杂志	药学	姜远英
G008	药学学报	药学	王晓良
G331	药学研究	药学	李军
G527	药学与临床研究	药学	王明时
M023	冶金分析	冶金工程技术	贾云海
M047	冶金能源	冶金工程技术	罗文泉
C503	液晶与显示	物理学；电子技术	郭海成
N079	液压气动与密封	工程与技术科学基础学科	李运华
N035	液压与气动	机械工程设计	宋京其
G605	医疗卫生装备	卫生管理学、健康教育学	孙景工
G482	医学动物防制	流行病学、环境医学	段利国
G333	医学分子生物学杂志	基础医学	邓耀祖
G281	医学研究生学报	医学综合	何子安
G480	医学研究杂志	医学综合	赵瑞芹
G265	医学影像学杂志	核医学、医学影像学	武乐斌
G964	医学与社会	医学综合	刘建凡
G308	医学与哲学	医学综合；哲学	张大庆；赵明杰

表 9-1　2022 年中国科技核心期刊（中文）目录（续）

CODE	刊名	学科分类	主编
G844	医药导报	药学	曾繁典
G088	医用生物力学	力学；基础医学	戴克戎
N074	仪表技术与传感器	仪器仪表技术	刘凯
N066	仪器仪表学报	仪器仪表技术	张钟华
F024	遗传	生物学基础学科	黄勋
G455	疑难病杂志	临床医学综合	马智
T104	印染助剂	精细化学工程	许关荣
G089	营养学报	预防医学与公共卫生学综合	郭长江
D014	影像科学与光化学	化学	佟振合
G649	影像诊断与介入放射学	核医学、医学影像学	孟悛非
B008	应用概率统计	数学	陈希孺
C109	应用光学	物理学	王小鹏
E123	应用海洋学学报	海洋科学、水文学	张金标
T949	应用化工	化学工程综合	朱明道
D016	应用化学	化学	黄葆同
A580	应用基础与工程科学学报	工程与技术科学基础学科	杨卫
R033	应用激光	光电子学与激光技术	王之江
X693	应用科技	信息与系统科学相关工程与技术	朱齐丹
A015	应用科学学报	通信技术	黄宏嘉
F035	应用昆虫学报	昆虫学、动物学	王琛柱
C008	应用力学学报	力学	陈宜亨
E122	应用气象学报	大气科学	张人禾
Z018	应用生态学报	生态学	沈善敏
C052	应用声学	物理学	应崇福
B011	应用数学	数学	陈庆益
B020	应用数学和力学	数学；力学	周哲玮
B001	应用数学学报	数学	丁夏畦
F100	应用与环境生物学报	生物学基础学科；环境科学技术及资源科学技术	吴宁
M014	硬质合金	金属材料	张忠健
L027	油气储运	石油天然气工程	杨祖佩
L504	油气地质与采收率	石油天然气工程	刘中云
L359	油气藏评价与开发	石油天然气工程	吴聿元
L033	油田化学	石油天然气工程	徐僖
E051	铀矿地质	矿山工程技术	李子颖
K020	铀矿冶	矿山工程技术	张飞凤
T916	有机硅材料	化学工程综合	杨晓勇
D025	有机化学	化学	陈庆云
M036	有色金属工程	金属材料	金开生
M504	有色金属科学与工程	金属材料	罗嗣海
K013	有色金属矿山部分	矿山工程技术	朱穗玲
K580	有色金属选矿部分	矿山工程技术	朱穗玲
M020	有色金属冶炼部分	冶金工程技术	朱穗玲
H998	渔业科学进展	水产学	金显仕

表 9-1　2022 年中国科技核心期刊（中文）目录（续）

CODE	刊名	学科分类	主编
H220	渔业现代化	水产学	徐皓
Y020	宇航材料工艺	航空、航天科学技术	顾兆栴
Y008	宇航计测技术	航空、航天科学技术	孙海燕
Y024	宇航学报	航空、航天科学技术	杜善义
Y054	宇航总体技术	航空、航天科学技术	张兵
H909	玉米科学	农艺学	才卓
G479	预防医学	预防医学与公共卫生学综合	丛黎明
G518	预防医学情报杂志	预防医学与公共卫生学综合	康均行
H039	园艺学报	园艺学	张友军
C108	原子核物理评论	物理学；核科学技术	靳根明
Q008	原子能科学技术	核科学技术	赵志祥
A038	云南大学学报自然科学版	自然科学综合大学学报	张克勤
A654	云南民族大学学报自然科学版	自然科学综合大学学报	张桥贵
H269	云南农业大学学报	农业大学学报	朱有勇
A053	云南师范大学学报自然科学版	自然科学师范大学学报	曾华
B013	运筹学学报	数学	越民义
B522	运筹与管理	数学；管理学	俞嘉第
H989	杂草学报	植物保护学	强胜
H293	杂交水稻	农艺学	廖伏明
E148	灾害学	地球物理学；安全科学技术	胡斌
Y057	载人航天	航空、航天科学技术	周建平
U643	造纸科学与技术	应用化学工程	陈嘉翔
C100	噪声与振动控制	机械工程设计	严济宽
M043	轧钢	冶金工程技术	张海军
T569	粘接	精细化学工程	章锋
Y521	战术导弹技术	兵器科学与技术	张冬青
A017	浙江大学学报工学版	工程技术大学学报	岑可法
A002	浙江大学学报理学版	自然科学综合大学学报	郑小明
H035	浙江大学学报农业与生命科学版	农业大学学报	张国平
G091	浙江大学学报医学版	医药大学学报	周天华
R777	浙江电力	电气工程	宣晓华
J016	浙江工业大学学报	工程技术大学学报	马淳安
H019	浙江农林大学学报	农业大学学报；林学	周国模
H201	浙江农业学报	农业综合	陈剑平
G810	浙江医学	医学综合	李兰娟
G092	浙江中医药大学学报	中医药大学学报	肖鲁伟
G093	针刺研究	针灸、中医骨伤	朱兵
G488	针灸临床杂志	针灸、中医骨伤	孙申田
N086	真空	工程与技术科学基础学科	李玉英
C038	真空与低温	物理学	罗崇泰
G259	诊断病理学杂志	基础医学；临床诊断学	李维华
G615	诊断学理论与实践	临床诊断学	王鸿利
Y010	振动测试与诊断	航空、航天科学技术	赵淳生

表 9-1 2022 年中国科技核心期刊（中文）目录（续）

CODE	刊名	学科分类	主编
Y004	振动工程学报	力学；机械工程设计	刘人怀
N030	振动与冲击	机械工程设计	恽伟君
E316	震灾防御技术	地球物理学；安全科学技术	高孟潭
J012	郑州大学学报工学版	工程技术大学学报	辛世俊
A019	郑州大学学报理学版	自然科学综合大学学报	辛世俊
G036	郑州大学学报医学版	医药大学学报	辛世俊
G835	职业卫生与应急救援	预防医学与公共卫生学综合	王祖兵
G884	职业与健康	流行病学、环境医学	王撷秀
H577	植物保护	植物保护学	吴孔明
H014	植物保护学报	植物保护学	彩万志
H052	植物病理学报	植物保护学	曾士迈
H584	植物检疫	植物保护学	张立
F008	植物科学学报	植物学	李绍华
F038	植物生理学报	植物学	张景六
F009	植物生态学报	植物学	方精云
F023	植物学报	植物学	种康
F050	植物研究	植物学	祖元刚
H238	植物遗传资源学报	农艺学	刘旭
H890	植物营养与肥料学报	土壤学	白由路
Z551	植物资源与环境学报	环境科学技术及资源科学技术	薛建辉
N091	指挥控制与仿真	兵器科学与技术	何佳洲
N094	指挥与控制学报	兵器科学与技术	王飞跃
U011	制冷学报	动力工程	吴元炜
U640	制冷与空调（四川）	动力工程	雷波
N046	制造技术与机床	机械工程设计	梁玉
S023	制造业自动化	信息与系统科学相关工程与技术	黎晓东
C034	质谱学报	化学；仪器仪表技术	赵墨田
R072	智慧电力	电气工程	张剑
H106	智慧农业中英文	农业综合	赵春江
S052	智能系统学报	信息与系统科学相关工程与技术	李德毅
G007	中草药	中药学	汤立达
G520	中成药	中药学	陶建生
G546	中国 CT 和 MRI 杂志	核医学、医学影像学	王成林
Q940	中国癌症防治杂志	肿瘤学	唐卫中
G538	中国癌症杂志	肿瘤学	沈镇宙
G985	中国艾滋病性病	皮肤病学	沈洁
G129	中国安全科学学报	安全科学技术	马骏
Z552	中国安全生产科学技术	安全科学技术	邢娟娟
F048	中国比较医学杂志	基础医学	秦川
N103	中国表面工程	机械制造工艺与设备	刘世参
G750	中国病案	卫生管理学、健康教育学	刘爱民
G769	中国病毒病杂志	微生物学、病毒学；预防医学与公共卫生学综合	庄辉
G096	中国病理生理杂志	基础医学	陆大祥

表 9-1　2022 年中国科技核心期刊（中文）目录（续）

CODE	刊名	学科分类	主编
G339	中国病原生物学杂志	微生物学、病毒学	庄辉
M053	中国材料进展	材料科学综合	周廉
H213	中国草地学报	草原学	侯向阳
N830	中国测试	工程与技术科学基础学科	高洁
G097	中国超声医学杂志	核医学、医学影像学	李建国
G529	中国卒中杂志	神经病学、精神病学	王拥军
G901	中国当代儿科杂志	儿科学	杨于嘉
H939	中国稻米	农艺学	钱前
E351	中国地震	地球物理学	王海涛
E654	中国地质	地质学	李廷栋
E169	中国地质调查	地质学	刘延明
E604	中国地质灾害与防治学报	地质学；安全科学技术	张咸恭
R040	中国电机工程学报	电气工程	郑健超
R511	中国电力	电气工程	刘建明
G234	中国动脉硬化杂志	心血管病学	杨永宗
H891	中国动物传染病学报	畜牧、兽医科学	童光志
G825	中国儿童保健杂志	保健医学；儿科学	杨玉凤
G270	中国耳鼻咽喉颅底外科杂志	耳鼻咽喉科学	孙虹；赵素萍
G543	中国耳鼻咽喉头颈外科	耳鼻咽喉科学	韩德民
G100	中国法医学杂志	军事医学与特种医学	刘耀
G290	中国防痨杂志	呼吸病学、结核病学	王黎霞
V023	中国非金属矿工业导刊	矿山工程技术	李志威
G320	中国肺癌杂志	肿瘤学	周清华
G402	中国分子心脏病学杂志	心血管病学	惠汝太
V568	中国粉体技术	建筑科学与技术	胡荣泽
G587	中国辐射卫生	预防医学与公共卫生学综合	苏旭
M007	中国腐蚀与防护学报	材料科学综合	柯伟
G456	中国妇产科临床杂志	妇产科学	魏丽惠
G687	中国妇幼健康研究	优生学、计划生育学	李旭
G475	中国肝脏病杂志电子版	消化病学	毛羽；张永利；成军
G631	中国感染控制杂志	感染性疾病学、传染病学	吴安华
G337	中国感染与化疗杂志	感染性疾病学、传染病学	汪复
X035	中国港湾建设	水路运输	刘亚平
V036	中国给水排水	建筑科学与技术	吴凡松
N089	中国工程机械学报	机械制造工艺与设备	徐宝富
N754	中国工程科学	工程与技术科学基础学科	吴曼青
G244	中国工业医学杂志	流行病学、环境医学	周安寿；阎波
G102	中国公共卫生	预防医学与公共卫生学综合	王宇
X031	中国公路学报	公路运输	沙爱民
G103	中国骨伤	针灸、中医骨伤	尚天裕
G249	中国骨与关节损伤杂志	骨外科学	刘大雄；郭林新
G857	中国骨与关节杂志	骨外科学	徐万鹏
G663	中国骨质疏松杂志	内分泌病学与代谢病学、风湿病学	张萌萌

表 9-1　2022 年中国科技核心期刊（中文）目录（续）

CODE	刊名	学科分类	主编
W021	中国管理科学	管理学	蔡晨
N104	中国惯性技术学报	工程与技术科学基础学科	赵小明
C099	中国光学	物理学；光电子学与激光技术	王家骐
G637	中国国境卫生检疫杂志	流行病学、环境医学	罗荣杰
H215	中国果树	园艺学	米文广
L013	中国海上油气	石油天然气工程	姜伟
E313	中国海洋大学学报自然科学版	自然科学综合大学学报；海洋科学、水文学；水产学	李华军
L026	中国海洋平台	石油天然气工程	陈祖宇
G104	中国海洋药物	药学	关美君
X039	中国航海	水路运输	黄蕴和
G973	中国呼吸与危重监护杂志	呼吸病学、结核病学	刘春涛
G417	中国护理管理	护理学	严谓然
Z030	中国环境监测	环境科学技术及资源科学技术	丁中元
Z001	中国环境科学	环境科学技术及资源科学技术	王文兴
N059	中国机械工程	机械工程设计	周佑启
A079	中国基础科学	自然科学综合	林泉
R066	中国激光	光电子学与激光技术	李儒新
R013	中国激光医学杂志	临床医学综合	顾瑛
G852	中国急救复苏与灾害医学杂志	医学综合	李宗浩
G241	中国急救医学	临床医学综合	单静
G192	中国脊柱脊髓杂志	骨外科学	吕国华；李中实
G105	中国寄生虫学与寄生虫病杂志	基础医学	汤林华
H414	中国家禽	畜牧、兽医科学	周新民
G560	中国计划生育和妇产科	妇产科学；优生学、计划生育学	甘华平
G907	中国计划生育学杂志	优生学、计划生育学	付伟
G787	中国健康教育	卫生管理学、健康教育学	陶茂萱
N108	中国舰船研究	水路运输	徐青
T075	中国胶粘剂	精细化学工程	朱胤
G233	中国矫形外科杂志	烧伤外科学、整形外科学	宁志杰
G239	中国介入心脏病学杂志	心血管病学	霍勇
G206	中国介入影像与治疗学	核医学、医学影像学	邹英华
G323	中国康复	保健医学	黄晓琳
G400	中国康复理论与实践	保健医学	吴弦光；李建军
G106	中国康复医学杂志	保健医学	励建安
G107	中国抗生素杂志	药学	谭仁祥
A098	中国科技论坛	管理学	王元；潘令珊
A108	中国科学 地球科学	地球科学综合	周光召；孙枢
A106	中国科学 化学	化学	周光召；徐光宪
A109	中国科学 技术科学	工程与技术科学基础学科	周光召；严陆光
A107	中国科学 生命科学	生物学基础学科	周光召；梁栋材
A105	中国科学 数学	数学	周光召；杨乐
A103	中国科学 物理学 力学 天文学	力学；物理学；天文学	周光召
Z317	中国科学 信息科学	信息科学与系统科学；计算机科学技术	李未

表 9-1 2022 年中国科技核心期刊（中文）目录（续）

CODE	刊名	学科分类	主编
A081	中国科学基金	自然科学综合	高福
A007	中国科学技术大学学报	自然科学综合大学学报	王水
Q442	中国科学数据中英文网络版	信息科学与系统科学	郭华东
A102	中国科学院大学学报	自然科学综合大学学报	石耀霖
A636	中国科学院院刊	自然科学综合	侯建国
Y003	中国空间科学技术	航空、航天科学技术	杨孟飞
G441	中国口腔颌面外科杂志	口腔医学	邱蔚六
K030	中国矿业	矿山工程技术	赵奎涛
K015	中国矿业大学学报	工程技术大学学报；矿山工程技术	赵奎涛
U001	中国粮油学报	农业工程；食品科学技术	胡承森
G447	中国临床保健杂志	保健医学	胡世莲
G108	中国临床解剖学杂志	基础医学	徐达传
G536	中国临床神经科学	神经病学、精神病学	蒋雨平
G794	中国临床神经外科杂志	神经病学、精神病学	马廉亭
G221	中国临床心理学杂志	心理学	姚树桥
G583	中国临床新医学	临床医学综合	杨建荣
G754	中国临床研究	临床医学综合	王琦
G870	中国临床药理学与治疗学	药学	黄志力
G109	中国临床药理学杂志	药学	韩启德
G544	中国临床药学杂志	药学	王永铭
G814	中国临床医生杂志	临床医学综合	杨普
G974	中国临床医学	临床医学综合	樊嘉
G304	中国临床医学影像杂志	核医学、医学影像学	樊嘉
G110	中国麻风皮肤病杂志	皮肤病学	张福仁
H212	中国麻业科学	农艺学	熊和平
G613	中国慢性病预防与控制	预防医学与公共卫生学综合	王撷秀
G598	中国媒介生物学及控制杂志	流行病学、环境医学	刘起勇
K579	中国煤炭	能源科学综合	贺佑国
K037	中国煤炭地质	能源科学综合	赵克荣
G582	中国煤炭工业医学杂志	医学综合	栾奕
G428	中国美容医学	临床医学综合	朱宏亮
G297	中国美容整形外科杂志	临床医学综合	高景恒
K036	中国锰业	金属材料	周柳霞
H211	中国棉花	农艺学	喻树迅
G111	中国免疫学杂志	基础医学	田志刚
K550	中国钼业	金属材料	刘晓辉
G303	中国男科学杂志	性医学	江鱼
H273	中国南方果树	园艺学	王应旭
G422	中国脑血管病杂志	神经病学、精神病学	焦力群
G277	中国内镜杂志	外科学综合	雷光华
R524	中国能源	能源科学综合	韩文科
U609	中国酿造	食品科学技术	赵燕
W005	中国农村水利水电	农业工程；水利工程	茆智

表 9-1　2022 年中国科技核心期刊（中文）目录（续）

CODE	刊名	学科分类	主编
H958	中国农学通报	农业综合	石元春
H027	中国农业大学学报	农业大学学报	段若兰
H567	中国农业科技导报	农业综合	范云六
H030	中国农业科学	农业综合	万建民
H210	中国农业气象	大气科学；农业综合	张厚瑄
H221	中国农业资源与区划	农业综合；生态农业经济学	唐华俊
G311	中国皮肤性病学杂志	皮肤病学	彭振辉
U020	中国皮革	应用化学工程	谢衡
G226	中国普通外科杂志	普通外科学、胸外科学、心血管外科学	王志明
G269	中国普外基础与临床杂志	普通外科学、胸外科学、心血管外科学	严律南
G776	中国全科医学	临床医学综合	梁万年
H081	中国热带农业	农业综合	吴恩熙
G629	中国热带医学	流行病学、环境医学	潘先海
Z546	中国人口资源与环境	环境科学技术及资源科学技术	王伟中
G112	中国人兽共患病学报	流行病学、环境医学	严延生
U052	中国乳品工业	食品科学技术	刘鹏
S825	中国软科学	管理学	赵志耘
H793	中国森林病虫	林学	闫峻
E124	中国沙漠	地理学	王涛
G366	中国社会医学杂志	卫生管理学、健康教育学	卢祖洵
G114	中国神经精神疾病杂志	神经病学、精神病学	曾进胜
G242	中国神经免疫学和神经病学杂志	神经病学、精神病学	陈海波；胡学强
H555	中国生态农业学报中英文版	农业综合	刘昌明
H044	中国生物防治学报	植物保护学	杨怀文
F255	中国生物工程杂志	生物工程	张树庸
F002	中国生物化学与分子生物学报	生物学基础学科	张迺蘅
G115	中国生物医学工程学报	生物医学工程学	刘德培
G258	中国生物制品学杂志	生物医学工程学	封多佳
G715	中国生育健康杂志	优生学、计划生育学	刘建蒙
L001	中国石油大学学报自然科学版	工程技术大学学报；石油天然气工程	陈淑娴
L532	中国石油勘探	石油天然气工程	赵文智
F047	中国实验动物学报	昆虫学、动物学	秦川
G604	中国实验方剂学杂志	中药学	吴以岭
G883	中国实验血液学杂志	血液病学、肾脏病学	唐佩弦
G853	中国实验诊断学	临床诊断学	孙荣武；高忠礼；王鸿利
G273	中国实用儿科杂志	儿科学	薛辛东
G228	中国实用妇科与产科杂志	妇产科学	张淑兰
G305	中国实用护理杂志	护理学	王国强
G867	中国实用口腔科杂志	口腔医学	路振富
G267	中国实用内科杂志	内科学综合	康健
G686	中国实用神经疾病杂志	神经病学、精神病学	李楠
G272	中国实用外科杂志	外科学综合	刘永锋
U635	中国食品添加剂	食品科学技术	齐庆中

表 9-1 2022 年中国科技核心期刊（中文）目录（续）

CODE	刊名	学科分类	主编
G429	中国食品卫生杂志	卫生管理学、健康教育学	李小芳
U007	中国食品学报	食品科学技术	罗云波
U563	中国食物与营养	预防医学与公共卫生学综合；食品科学技术	许世卫
H317	中国兽药杂志	畜牧、兽医科学	刘业兵
H326	中国兽医科学	畜牧、兽医科学	才学鹏
H225	中国兽医学报	畜牧、兽医科学	王哲
H207	中国蔬菜	园艺学	孙日飞
G796	中国输血杂志	临床医学综合；血液病学、肾脏病学	王憬惺
G926	中国数字医学	核医学、医学影像学	李包罗；李华才
H290	中国水产科学	水产学	曾一本
H020	中国水稻科学	农艺学	程式华
W557	中国水利水电科学研究院学报	水利工程	陈厚群
H295	中国水土保持科学	农业工程	关君蔚
T022	中国塑料	高聚物工程	杨惠娣
G211	中国糖尿病杂志	内分泌病学与代谢病学、风湿病学	纪立农
G521	中国疼痛医学杂志	临床医学综合	韩济生
G444	中国体外循环杂志	外科学综合	龙村
U501	中国调味品	食品科学技术	杨旭
X004	中国铁道科学	铁路运输	阳建鸣
G437	中国听力语言康复科学杂志	保健医学；耳鼻咽喉科学	聂滨
R083	中国图象图形学报	计算机科学技术	李小文
H350	中国土地科学	土壤学	程烨
H233	中国土壤与肥料	土壤学	徐明岗
G373	中国微创外科杂志	外科学综合	乔杰
G517	中国微生态学杂志	生态学；基础医学	康白
S725	中国卫生经济	卫生管理学、健康教育学	傅卫
G253	中国卫生统计	卫生管理学、健康教育学	陈育德
G540	中国卫生信息管理杂志	卫生管理学、健康教育学	张学高
G716	中国卫生政策研究	卫生管理学、健康教育学	代涛
G752	中国卫生质量管理	卫生管理学、健康教育学	曹荣桂
G541	中国卫生资源	卫生管理学、健康教育学	郝模
K035	中国钨业	金属材料	孔昭庆
M022	中国稀土学报	材料科学综合	严纯华
F025	中国细胞生物学学报	生物学基础学科	郭礼和
G841	中国现代普通外科进展	普通外科学、胸外科学、心血管外科学	寿楠海
G623	中国现代神经疾病杂志	神经病学、精神病学	只达石
G885	中国现代手术学杂志	外科学综合	李永国
G237	中国现代医学杂志	医学综合	陈子华
G849	中国现代应用药学	药学	郑裕国
G377	中国现代中药	中药学	赵润怀
G284	中国消毒学杂志	预防医学与公共卫生学综合	张文福
G765	中国小儿急救医学	儿科学	赵群
G845	中国小儿血液与肿瘤杂志	血液病学、肾脏病学；儿科学；肿瘤学	胡亚美；袁伯伦

表 9-1 2022 年中国科技核心期刊（中文）目录（续）

CODE	刊名	学科分类	主编
G298	中国斜视与小儿眼科杂志	儿科学；眼科学	任华明
G117	中国心理卫生杂志	心理学	周东丰
G718	中国心血管病研究	心血管病学	屈正
G380	中国心血管杂志	心血管病学	何青
G203	中国心脏起搏与心电生理杂志	普通外科学、胸外科学、心血管外科学	黄从新
G250	中国新药与临床杂志	药学	唐希灿
G747	中国新药杂志	药学	桑国卫
G727	中国性科学	性医学	胡佩诚
G232	中国胸心血管外科临床杂志	普通外科学、胸外科学、心血管外科学	石应康
G118	中国修复重建外科杂志	烧伤外科学、整形外科学	杨志明
H294	中国畜牧兽医	畜牧、兽医科学	李琍
H242	中国畜牧杂志	畜牧、兽医科学	呙于明
G908	中国学校卫生	卫生管理学、健康教育学	陶芳标
G464	中国血管外科杂志电子版	普通外科学、胸外科学、心血管外科学	王深明
G675	中国血吸虫病防治杂志	流行病学、环境医学	周晓农
G633	中国血液净化	临床医学综合；血液病学、肾脏病学	王梅
G119	中国循环杂志	心血管病学	胡盛寿
G756	中国循证儿科杂志	临床诊断学；儿科学；流行病学、环境医学	桂永浩
G645	中国循证心血管医学杂志	临床诊断学；心血管病学；流行病学、环境医学	魏万林；胡大一
G396	中国循证医学杂志	临床诊断学；流行病学、环境医学	李幼平
H208	中国烟草科学	园艺学	王元英
U647	中国烟草学报	园艺学	袁行思
E303	中国岩溶	地质学	刘再华
G619	中国眼耳鼻喉科杂志	耳鼻咽喉科学	王正敏；王文吉；张重华
G318	中国药房	药学	胡欣
G120	中国药科大学学报	医药大学学报；药学	彭司勋
G121	中国药理学通报	药学	魏伟；李俊
G122	中国药理学与毒理学杂志	药学	张永祥
G878	中国药师	药学	江德元
G913	中国药事	药学	桑国卫
G220	中国药物化学杂志	药学	张礼和
G227	中国药物警戒	药学	沈传勇
G248	中国药物依赖性杂志	药学	陆林
G713	中国药物应用与监测	药学	郭代红
G009	中国药学杂志	药学	周海钧
G755	中国药业	药学	刘斌
M628	中国冶金	冶金工程技术	洪及鄙
G809	中国医刊	临床医学综合	杜贤
G123	中国医科大学学报	医药大学学报	闻德亮
G124	中国医疗器械杂志	卫生管理学、健康教育学	胡宗泰
G679	中国医疗设备	卫生管理学、健康教育学	姜远海
G306	中国医师进修杂志	临床医学综合	林三仁
G313	中国医师杂志	临床医学综合	周智广

表 9-1　2022 年中国科技核心期刊（中文）目录（续）

CODE	刊名	学科分类	主编
G236	中国医学计算机成像杂志	核医学、医学影像学	陈星荣
G125	中国医学科学院学报	医药大学学报	刘德培
G471	中国医学前沿杂志电子版	医学综合	张烜；宁光
G622	中国医学物理学杂志	基础医学；生物医学工程学	胡逸民
G127	中国医学影像技术	核医学、医学影像学	李坤成；姜玉新
G193	中国医学影像学杂志	核医学、医学影像学	马林；陈敏
S591	中国医学装备	卫生管理学、健康教育学	崔泽实
G519	中国医药	临床医学综合	杨秋
G644	中国医药导报	医学综合	张虎林
T019	中国医药工业杂志	药学；应用化学工程	周伟澄
G531	中国医药生物技术	生物医学工程学	赵铠
Q918	中国医院	卫生管理学、健康教育学	张宝库
G454	中国医院管理	卫生管理学、健康教育学	刘国栋
G243	中国医院药学杂志	药学	张玉
G625	中国医院用药评价与分析	药学	张相林
G314	中国疫苗和免疫	生物医学工程学	訾维廉
G130	中国应用生理学杂志	生物学基础学科	范明
G706	中国优生与遗传杂志	优生学、计划生育学	左伋
H205	中国油料作物学报	农艺学	王汉中
U032	中国油脂	食品科学技术	秦长泽
M028	中国有色金属学报	金属材料	黄伯云
H099	中国预防兽医学报	畜牧、兽医科学	孔宪刚
G753	中国预防医学杂志	预防医学与公共卫生学综合	庄辉
V039	中国园林	林学；建筑科学与技术	王绍增
X012	中国造船	水路运输	吴有生
U033	中国造纸学报	应用化学工程	朱尹策
H204	中国沼气	农业工程；能源科学综合	王锡吾
G600	中国针灸	针灸、中医骨伤	刘保延
H067	中国真菌学杂志	临床医学综合	温海
G945	中国职业医学	流行病学、环境医学	黄汉林
G347	中国中西医结合耳鼻咽喉科杂志	耳鼻咽喉科学；中西医结合医学	杨和钧；唐有法
G843	中国中西医结合急救杂志	临床医学综合；中西医结合医学	王今达
G757	中国中西医结合皮肤性病学杂志	皮肤病学；中西医结合医学	秦万章
G846	中国中西医结合肾病杂志	血液病学、肾脏病学；中西医结合医学	陈孝文
G758	中国中西医结合外科杂志	外科学综合；中西医结合医学	吴咸中
G528	中国中西医结合消化杂志	消化病学；中西医结合医学	危北海；李乾构；陈泽民
G678	中国中西医结合影像学杂志	核医学、医学影像学	杨培民
G182	中国中西医结合杂志	中西医结合医学	陈可冀
G132	中国中药杂志	中药学	黄璐琦
G240	中国中医骨伤科杂志	针灸、中医骨伤	李同生
G632	中国中医基础医学杂志	中医学	孟庆云
G524	中国中医急症	中医学	晁恩祥
G749	中国中医眼科杂志	中医学	亢泽峰

表 9-1　2022 年中国科技核心期刊（中文）目录（续）

CODE	刊名	学科分类	主编
G832	中国中医药信息杂志	中医学；中药学	叶祖光
G642	中国肿瘤	肿瘤学	赵平
G133	中国肿瘤临床	肿瘤学	郝希山
G255	中国肿瘤生物治疗杂志	肿瘤学	曹雪涛
G576	中国肿瘤外科杂志	肿瘤学	唐金海；曾庆琪
G667	中国综合临床	临床医学综合	孙国贵
G299	中国组织工程研究	生物医学工程学	唐佩福
G134	中国组织化学与细胞化学杂志	基础医学	熊希凯
G502	中华保健医学杂志	保健医学	范利
G135	中华病理学杂志	基础医学	陈杰
G195	中华超声影像学杂志	核医学、医学影像学	张运
G136	中华传染病杂志	感染性疾病学、传染病学	张文宏
G408	中华创伤骨科杂志	骨外科学	裴国献
G137	中华创伤杂志	烧伤外科学、整形外科学	王正国
G098	中华地方病学杂志	流行病学、环境医学	孙殿军
G138	中华儿科杂志	儿科学	杨锡强
G139	中华耳鼻咽喉头颈外科杂志	耳鼻咽喉科学	韩德民
G743	中华耳科学杂志	耳鼻咽喉科学	杨伟炎；韩东一
G140	中华放射学杂志	核医学、医学影像学	戴建平
G141	中华放射医学与防护杂志	军事医学与特种医学	孙全富
G251	中华放射肿瘤学杂志	肿瘤学	徐国镇
G474	中华肺部疾病杂志电子版	呼吸病学、结核病学	钱桂生
G286	中华风湿病学杂志	内分泌病学与代谢病学、风湿病学	栗占国
G142	中华妇产科杂志	妇产科学	郎景和
G689	中华妇幼临床医学杂志电子版	妇产科学；儿科学	毛萌
G262	中华肝胆外科杂志	普通外科学、胸外科学、心血管外科学	赵玉沛
G231	中华肝脏病杂志	消化病学	任红
G054	中华肝脏外科手术学电子杂志	消化病学	陈规划
G235	中华高血压杂志	心血管病学	胡大一
G143	中华骨科杂志	骨外科学	邱贵兴
G648	中华骨与关节外科杂志	骨外科学	邱贵兴
G728	中华骨质疏松和骨矿盐疾病杂志	内分泌病学与代谢病学、风湿病学	孟迅吾
G691	中华关节外科杂志电子版	骨外科学	邱贵兴；余楠生
G335	中华航海医学与高气压医学杂志	军事医学与特种医学	褚新奇
G145	中华核医学与分子影像杂志	核医学、医学影像学	匡安仁
G146	中华护理杂志	护理学	刘苏君
G555	中华急诊医学杂志	临床医学综合	江观玉
G302	中华疾病控制杂志	预防医学与公共卫生学综合	叶冬青
G055	中华肩肘外科电子杂志	骨外科学	姜保国
G174	中华检验医学杂志	临床诊断学	尚红
G751	中华健康管理学杂志	卫生管理学、健康教育学	白书忠
G147	中华结核和呼吸杂志	呼吸病学、结核病学	钟南山
G060	中华结直肠疾病电子杂志	普通外科学、胸外科学、心血管外科学	王锡山

表 9-1　2022 年中国科技核心期刊（中文）目录（续）

CODE	刊名	学科分类	主编
Q905	中华解剖与临床杂志	外科学综合	周建生
Q948	中华介入放射学电子杂志	核医学、医学影像学	单鸿
G159	中华精神科杂志	神经病学、精神病学	张明园
G579	中华口腔医学研究杂志电子版	口腔医学	凌均棨
G148	中华口腔医学杂志	口腔医学	王兴
G280	中华口腔正畸学杂志	口腔医学	傅民魁
G149	中华劳动卫生职业病杂志	流行病学、环境医学	王生
G639	中华老年多器官疾病杂志	保健医学	范利
Q949	中华老年骨科与康复电子杂志	保健医学	张英泽
G833	中华老年口腔医学杂志	口腔医学	刘洪臣
G876	中华老年心脑血管病杂志	心血管病学；神经病学、精神病学	林运昌
G150	中华老年医学杂志	保健医学	王建业
G692	中华临床感染病杂志	感染性疾病学、传染病学	李兰娟
G693	中华临床免疫和变态反应杂志	内分泌病学与代谢病学、风湿病学	张宏誉；张奉春
G504	中华临床医师杂志电子版	临床医学综合	顾晋
G824	中华临床营养杂志	预防医学与公共卫生学综合	蒋朱明
G152	中华流行病学杂志	流行病学、环境医学	李立明
G153	中华麻醉学杂志	外科学综合	罗爱伦
G154	中华泌尿外科杂志	泌尿外科学	孙颖浩
G282	中华男科学杂志	性医学	黄宇峰
Q926	中华脑科疾病与康复杂志电子版	神经病学、精神病学	徐如祥
G770	中华脑血管病杂志电子版	神经病学、精神病学	樊东升
G155	中华内分泌代谢杂志	内分泌病学与代谢病学、风湿病学	潘长玉
G736	中华内分泌外科杂志	外科学综合	任国胜
G156	中华内科杂志	内科学综合	贾伟平
G157	中华皮肤科杂志	皮肤病学	陈洪铎
G461	中华普通外科学文献电子版	普通外科学、胸外科学、心血管外科学	王深明
G254	中华普通外科杂志	普通外科学、胸外科学、心血管外科学	杜如昱
G462	中华普外科手术学杂志电子版	普通外科学、胸外科学、心血管外科学	李世拥
G158	中华器官移植杂志	外科学综合	陈孝平
G473	中华腔镜泌尿外科杂志电子版	泌尿外科学	高新；孙颖浩
G463	中华腔镜外科杂志电子版	普通外科学、胸外科学、心血管外科学	刘荣；郑民华
G526	中华全科医师杂志	临床医学综合	戴玉华
G515	中华全科医学	临床医学综合	王福生
G505	中华乳腺病杂志电子版	普通外科学、胸外科学、心血管外科学	孙燕；姜军
G472	中华疝和腹壁外科杂志电子版	普通外科学、胸外科学、心血管外科学	陈杰
G900	中华烧伤与创面修复杂志	烧伤外科学、整形外科学	黄跃生
Q950	中华神经创伤外科电子杂志	神经病学、精神病学	徐如祥
G197	中华神经科杂志	神经病学、精神病学	秦震
G160	中华神经外科杂志	神经病学、精神病学	王忠诚
G446	中华神经医学杂志	神经病学、精神病学	徐如祥
G065	中华肾病研究电子杂志	血液病学、肾脏病学	刘志红
G161	中华肾脏病杂志	血液病学、肾脏病学	余学清

表 9-1　2022 年中国科技核心期刊（中文）目录（续）

CODE	刊名	学科分类	主编
G737	中华生物医学工程杂志	生物医学工程学	钟南山
G072	中华生殖与避孕杂志	优生学、计划生育学	高尔生
G162	中华实验和临床病毒学杂志	微生物学、病毒学	洪涛
G703	中华实验和临床感染病杂志电子版	感染性疾病学、传染病学	毛羽；张永利；成军
G163	中华实验外科杂志	外科学综合	杨镇
G773	中华实验眼科杂志	眼科学	王丽娅
G875	中华实用儿科临床杂志	儿科学	郭学鹏
G367	中华实用诊断与治疗杂志	临床诊断学	马保根
G848	中华手外科杂志	骨外科学	顾玉东
G506	中华损伤与修复杂志电子版	烧伤外科学、整形外科学	夏照帆
G739	中华糖尿病杂志	内分泌病学与代谢病学、风湿病学	杨文英
G164	中华外科杂志	外科学综合	赵玉沛
G165	中华微生物学和免疫学杂志	基础医学	沈心亮
G116	中华危重病急救医学	临床医学综合	沈中阳
G761	中华危重症医学杂志电子版	临床医学综合	郑树森
G296	中华围产医学杂志	妇产科学	杨慧霞
G740	中华卫生杀虫药械	流行病学、环境医学	姜志宽
Q952	中华胃肠内镜电子杂志	普通外科学、胸外科学、心血管外科学	令狐恩强
G793	中华胃肠外科杂志	普通外科学、胸外科学、心血管外科学	汪建平
G166	中华物理医学与康复杂志	保健医学	郭正成
G470	中华细胞与干细胞杂志电子版	基础医学	谭建明
G847	中华现代护理杂志	护理学	沈黎
G468	中华消化病与影像杂志电子版	消化病学	王宝成；孙钢
G285	中华消化内镜杂志	消化病学	张齐联
G978	中华消化外科杂志	普通外科学、胸外科学、心血管外科学	董家鸿
G168	中华消化杂志	消化病学	谢渭芬
G169	中华小儿外科杂志	外科学综合；儿科学	冯杰雄
Q284	中华心力衰竭和心肌病杂志中英文	普通外科学、胸外科学、心血管外科学	张健
G892	中华心律失常学杂志	心血管病学	张澍
G170	中华心血管病杂志	心血管病学	胡大一
Q231	中华心血管病杂志网络版	心血管病学	霍勇
G082	中华新生儿科杂志中英文版	儿科学	冯琪
G263	中华行为医学与脑科学杂志	神经病学、精神病学	白波
G171	中华胸心血管外科杂志	普通外科学、胸外科学、心血管外科学	朱晓东
G172	中华血液学杂志	血液病学、肾脏病学	阮长耿
Q209	中华炎性肠病杂志中英文版	消化病学	胡品津；吴小剑
G191	中华眼底病杂志	眼科学	严密
G075	中华眼科医学杂志电子版	眼科学	王宁利；谢立信
G173	中华眼科杂志	眼科学	姚克
G873	中华眼视光学与视觉科学杂志	眼科学	瞿佳
S590	中华医学教育探索杂志	卫生管理学、健康教育学	雷寒
Q920	中华医学超声杂志电子版	核医学、医学影像学	姜玉新；唐杰
G705	中华医学教育杂志	卫生管理学、健康教育学	王维民

表 9-1　2022 年中国科技核心期刊（中文）目录（续）

CODE	刊名	学科分类	主编
G307	中华医学科研管理杂志	卫生管理学、健康教育学	罗长坤
G489	中华医学美学美容杂志	临床医学综合	张其亮
G175	中华医学遗传学杂志	基础医学	张思仲
G176	中华医学杂志	医学综合	高润霖
G194	中华医院感染学杂志	感染性疾病学、传染病学	刘运喜
G591	中华医院管理杂志	卫生管理学、健康教育学	金大鹏
G610	中华胰腺病杂志	消化病学	许国铭
G897	中华移植杂志电子版	外科学综合	郑树森
G177	中华预防医学杂志	预防医学与公共卫生学综合	陈君石
G178	中华整形外科杂志	烧伤外科学、整形外科学	栾杰
G859	中华中医药学刊	中医学；中药学	康廷国
G910	中华中医药杂志	中医学；中药学	佘靖
G858	中华肿瘤防治杂志	肿瘤学	于金明
G179	中华肿瘤杂志	肿瘤学	赵平
Q954	中华重症医学电子杂志	临床医学综合	邱海波
G039	中南大学学报医学版	医药大学学报	李桂源
K001	中南大学学报自然科学版	工程技术大学学报	黄伯云
H053	中南林业科技大学学报	农业大学学报；林学	吴义强
G599	中南药学	药学	李焕德
G682	中南医学科学杂志	医学综合	文格波
G180	中日友好医院学报	医学综合	谌贻璞
G181	中山大学学报医学科学版	医药大学学报	徐杰
A036	中山大学学报自然科学版	自然科学综合大学学报	王建华
X539	中外公路	公路运输	刘玉兰
S020	中文信息学报	信息与系统科学相关工程与技术	孙茂松
G842	中西医结合肝病杂志	消化病学；中西医结合医学	王伯祥
G597	中西医结合心脑血管病杂志	心血管病学；中西医结合医学	吴宗贵
R775	中兴通讯技术	通信技术	谢大雄
G183	中药材	中药学	元四辉
G564	中药新药与临床药理	中药学	王宁生
G685	中医学报	中医学	郑玉玲；李俊德
G681	中医药导报	中医学；中药学	袁长津
G812	中医药学报	中医学；中药学	匡海学
G010	中医杂志	中医学	曹洪欣
G643	中医正骨	针灸、中医骨伤	郭维淮
Q968	中医肿瘤学杂志	肿瘤学	周岱翰
G184	肿瘤	肿瘤学	高玉堂
Q929	肿瘤代谢与营养电子杂志	肿瘤学	石汉平；李薇
G185	肿瘤防治研究	肿瘤学	陈焕朝
G412	肿瘤学杂志	肿瘤学	毛伟敏
G522	肿瘤研究与临床	肿瘤学	梁小波
G196	肿瘤药学	肿瘤学	任华益
G838	肿瘤影像学	肿瘤学	常才；刘士远；章英剑

表 9-1　2022 年中国科技核心期刊（中文）目录（续）

CODE	刊名	学科分类	主编
G695	肿瘤预防与治疗	肿瘤学	郎锦义
Q225	肿瘤综合治疗电子杂志	肿瘤学	沈琳
H103	种子	农艺学	张太平
G094	中风与神经疾病杂志	神经病学、精神病学	史玉泉
N022	轴承	机械制造工艺与设备	杜迎辉
H026	竹子学报	林学	王树东
N075	铸造	机械制造工艺与设备	葛晨光
G407	转化医学杂志	医学综合	钱阳明
N034	装备环境工程	机械制造工艺与设备	唐伦科
Z022	资源科学	环境科学技术及资源科学技术	成升魁
R737	自动化技术与应用	信息与系统科学相关工程与技术	吴冈
S026	自动化学报	信息与系统科学相关工程与技术	王飞跃
N013	自动化仪表	信息与系统科学相关工程与技术；仪器仪表技术	孙叔平
S501	自动化与仪表	信息与系统科学相关工程与技术；仪器仪表技术	高明璋
R611	自动化与仪器仪表	信息与系统科学相关工程与技术；仪器仪表技术	孙怀义
A905	自然杂志	自然科学综合	董远达
E137	自然灾害学报	地球科学综合；安全科学技术	谢礼立
Z012	自然资源学报	环境科学技术及资源科学技术	李文华
N088	组合机床与自动化加工技术	机械工程设计	宋鸿升
G701	组织工程与重建外科杂志	烧伤外科学、整形外科学	章一新
L018	钻井液与完井液	石油天然气工程	张健庚
G720	遵义医科大学学报	医药大学学报	李春鸣
H034	作物学报	农艺学	万建民
H410	作物研究	农艺学	官春云
H202	作物杂志	农艺学	赵明

9.2 2022 年中国科技核心期刊（英文）目录

表 9-2 2022 年中国科技核心期刊（英文）目录

CODE	刊名	学科分类	主编
F034	ACTA BIOCHIMICA ET BIOPHYSICA SINICA	生物学基础学科	张友尚
I059	ACTA GEOLOGICA SINICA ENGLISH EDITION	地质学	侯增谦
C096	ACTA MATHEMATICA SCIENTIA	数学；物理学	丁夏畦
B030	ACTA MATHEMATICA SINICA ENGLISH SERIES	数学	李炳仁
I051	ACTA MATHEMATICAE APPLICATAE SINICA	数学	丁夏畦
C105	ACTA MECHANICA SINICA	力学	程耿东
M100	ACTA METALLURGICA SINICA	金属材料	柯俊
I209	ACTA OCEANOLOGICA SINICA	海洋科学、水文学	陈大可
G218	ACTA PHARMACEUTICA SINICA B	药学	蒋建东
G001	ACTA PHARMACOLOGICA SINICA	药学	陈凯先
I062	ADVANCES IN ATMOSPHERIC SCIENCES	大气科学	吕达仁；朱江；Ming Xue
H063	ANIMAL NUTRITION	畜牧、兽医科学	印遇龙；Mingan Choct
I282	ASIAN JOURNAL OF ANDROLOGY	性医学	王一飞
H079	BIOSAFETY AND HEALTH	流行病学、环境医学	武桂珍
G780	CANCER BIOLOGY & MEDICINE	肿瘤学	郝希山
I072	CELL RESEARCH	生物学基础学科	姚鑫
I206	CELLULAR & MOLECULAR IMMUNOLOGY	基础医学	曹雪涛；田志刚
I139	CHEMICAL RESEARCH IN CHINESE UNIVERSITIES	化学	周其凤
G015	CHINA CDC WEEKLY	预防医学与公共卫生学综合	高福
I710	CHINA COMMUNICATIONS	通信技术	陈俊亮
I165	CHINA FOUNDRY	机械制造工艺与设备	娄延春
E096	CHINA GEOLOGY	地质学	郝梓国
E158	CHINA OCEAN ENGINEERING	海洋科学、水文学	柯俊
B023	CHINESE ANNALS OF MATHEMATICS SERIES B	数学	李大潜
D031	CHINESE CHEMICAL LETTERS	化学	梁晓天
I154	CHINESE GEOGRAPHICAL SCIENCE	地理学	朱颜明
I207	CHINESE HERBAL MEDICINES	中药学	肖培根
I166	CHINESE JOURNAL OF ACOUSTICS	物理学	王小民
I122	CHINESE JOURNAL OF AERONAUTICS	航空、航天科学技术	朱自强
I037	CHINESE JOURNAL OF CANCER RESEARCH	肿瘤学	鄂征
D013	CHINESE JOURNAL OF CATALYSIS	化学	林励吾
T100	CHINESE JOURNAL OF CHEMICAL ENGINEERING	化学工程综合	廖叶华
C070	CHINESE JOURNAL OF CHEMICAL PHYSICS	化学	杨学明
I173	CHINESE JOURNAL OF CHEMISTRY	化学	麻生明
I116	CHINESE JOURNAL OF ELECTRONICS	电子技术	王守觉
I026	CHINESE JOURNAL OF INTEGRATIVE MEDICINE	中西医结合医学	陈可冀
I218	CHINESE JOURNAL OF MECHANICAL ENGINEERING	机械工程设计	董仕节
G101	CHINESE JOURNAL OF NATURAL MEDICINES	药学	吴晓明
D017	CHINESE JOURNAL OF POLYMER SCIENCE	化学	冯新德

表 9-2　2022 年中国科技核心期刊（英文）目录（续）

CODE	刊名	学科分类	主编
I219	CHINESE JOURNAL OF POPULATION, RESOURCES AND ENVIRONMENT	环境科学技术及资源科学技术	刘燕华
I200	CHINESE JOURNAL OF TRAUMATOLOGY	烧伤外科学、整形外科学	王正国
I201	CHINESE MEDICAL JOURNAL	医学综合	钱贻简
G126	CHINESE MEDICAL SCIENCES JOURNAL	医学综合	刘德培
I071	CHINESE OPTICS LETTERS	物理学；光电子学与激光技术	徐至展
C106	CHINESE PHYSICS B	物理学	欧阳钟灿
C058	CHINESE PHYSICS C	物理学	马基茂
C059	CHINESE PHYSICS LETTERS	物理学	朱邦芬
G212	CHRONIC DISEASES AND TRANSLATIONAL MEDICINE	临床医学综合	王俊
C095	COMMUNICATIONS IN THEORETICAL PHYSICS	物理学	何祚庥
I720	CSEE JOURNAL OF POWER AND ENERGY SYSTEMS	电气工程	周孝信
I226	DEFENCE TECHNOLOGY	兵器科学与技术	冯长根
J075	ENGINEERING	工程与技术科学基础学科	周济；Reddy Raj
F005	ENTOMOTAXONOMIA	昆虫学、动物学	张雅林
Q784	FOREST ECOSYSTEMS	林学	尹伟仑
N092	FRICTION	工程与技术科学基础学科	雒建斌
I249	FRONTIERS IN ENERGY	能源科学综合	翁史烈；倪维斗；苏义脑；彭苏萍
I248	FRONTIERS OF CHEMICAL SCIENCE AND ENGINEERING	化学工程综合	王静康；薛群基；曹湘洪
I735	FRONTIERS OF COMPUTER SCIENCE	计算机科学技术	李未；陆汝钤
I220	FRONTIERS OF EARTH SCIENCE	地球科学综合	高炜
I243	FRONTIERS OF MATERIALS SCIENCE	材料科学综合	顾秉林
I250	FRONTIERS OF MATHEMATICS IN CHINA	数学	张恭庆
I237	FRONTIERS OF MEDICINE	医学综合	陈赛娟；杨宝峰；陈孝平
I132	FRONTIERS OF OPTOELECTRONICS	光电子学与激光技术	周炳坤
I726	FRONTIERS OF PHYSICS	物理学	赵光达
I725	FRONTIERS OF STRUCTURAL AND CIVIL ENGINEERING	土木工程	崔俊芝；张建云
G343	GENERAL PSYCHIATRY	神经病学、精神病学	徐一峰
I222	GENOMICS PROTEOMICS & BIOINFORMATICS	生物学基础学科	于军
E050	GEOSCIENCE FRONTIERS	地球科学综合	莫宣学
Q744	GLOBAL ENERGY INTERCONNECTION	能源科学综合	刘振亚
Z037	GREEN ENERGY & ENVIRONMENT	能源科学综合	张锁江
H062	HORTICULTURAL PLANT JOURNAL	园艺学	孙日飞
H082	HORTICULTURE RESEARCH	园艺学	程宗明
R589	IEEE/CAA JOURNAL OF AUTOMATICA SINICA	信息与系统科学相关工程与技术	周孟初
Q709	INFECTIOUS DISEASES OF POVERTY	感染性疾病学、传染病学	周晓农
I012	INSECT SCIENCE	昆虫学、动物学	王牧牧
I168	INTERNATIONAL JOURNAL OF COAL SCIENCE & TECHNOLOGY	能源科学综合	彭苏萍
G889	INTERNATIONAL JOURNAL OF DERMATOLOGY AND VENEREOLOGY	皮肤病学	王宝玺
K045	INTERNATIONAL JOURNAL OF MINERALS, METALLURGY AND MATERIALS	材料科学综合	吴爱祥
I184	INTERNATIONAL JOURNAL OF MINING SCIENCE AND TECHNOLOGY	矿山工程技术	贺靖峰
Q748	INTERNATIONAL JOURNAL OF NURSING SCIENCES	护理学	刘华平

表 9-2 2022 年中国科技核心期刊（英文）目录（续）

CODE	刊名	学科分类	主编
Q213	INTERNATIONAL JOURNAL OF ORAL SCIENCE	口腔医学	周学东
I225	JOURNAL OF ACUPUNCTURE AND TUINA SCIENCE	针灸、中医骨伤	陈汉平
H029	JOURNAL OF ANIMAL SCIENCE AND BIOTECHNOLOGY	畜牧、兽医科学	李德发
E049	JOURNAL OF ARID LAND	地理学	陈曦
N764	JOURNAL OF BIONIC ENGINEERING	机械工程设计	任露泉
I067	JOURNAL OF CENTRAL SOUTH UNIVERSITY	工程技术大学学报	黄伯云
I227	JOURNAL OF CHINESE PHARMACEUTICAL SCIENCES	药学	张礼和
S051	JOURNAL OF COMPUTER SCIENCE AND TECHNOLOGY	计算机科学技术	李国杰
E537	JOURNAL OF EARTH SCIENCE	地球科学综合	王亨君
I105	JOURNAL OF ENERGY CHEMISTRY	石油天然气工程	包信和；ALEXIS T. BELL
Z027	JOURNAL OF ENVIRONMENTAL SCIENCES	环境科学技术及资源科学技术	汤鸿霄
I018	JOURNAL OF FORESTRY RESEARCH	林学	杨传平
F013	JOURNAL OF GENETICS AND GENOMICS	生物学基础学科	左建儒
I063	JOURNAL OF GEOGRAPHICAL SCIENCES	地理学	郑度
W015	JOURNAL OF HYDRODYNAMICS SERIES B	水利工程	周连第
H017	JOURNAL OF INTEGRATIVE AGRICULTURE	农业综合	王汉中
G442	JOURNAL OF INTEGRATIVE MEDICINE	中西医结合医学	赵伟康
F029	JOURNAL OF INTEGRATIVE PLANT BIOLOGY	植物学	刘春明
I142	JOURNAL OF IRON AND STEEL RESEARCH, INTERNATIONAL	金属材料	田志凌
I229	JOURNAL OF MARINE SCIENCE AND APPLICATION	水路运输	边信黔
M015	JOURNAL OF MATERIALS SCIENCE & TECHNOLOGY	材料科学综合	杨锐
E092	JOURNAL OF METEOROLOGICAL RESEARCH	大气科学	丁一汇
F021	JOURNAL OF MOLECULAR CELL BIOLOGY	生物学基础学科	李党生
I230	JOURNAL OF MOUNTAIN SCIENCE	地理学	崔鹏
I120	JOURNAL OF OCEAN UNIVERSITY OF CHINA	自然科学综合大学学报；海洋科学、水文学	文圣常
E012	JOURNAL OF OCEANOLOGY AND LIMNOLOGY	海洋科学、水文学	曾呈奎
M035	JOURNAL OF RARE EARTHS	材料科学综合	严纯华
F208	JOURNAL OF RESOURCES AND ECOLOGY	环境科学技术及资源科学技术	李文华
C010	JOURNAL OF ROCK MECHANICS AND GEOTECHNICAL ENGINEERING (JRMGE)	土木工程	钱七虎
R062	JOURNAL OF SEMICONDUCTORS	物理学；电子技术	王守武
F039	JOURNAL OF SYSTEMATICS AND EVOLUTION	植物学	杨亲二
I144	JOURNAL OF SYSTEMS ENGINEERING AND ELECTRONICS	航空、航天科学技术	施荣
X053	JOURNAL OF TRAFFIC AND TRANSPORTATION ENGINEERING ENGLISH EDITION	交通运输工程	Richard Kim
I090	JOURNAL OF WUHAN UNIVERSITY OF TECHNOLOGY MATERIALS SCIENCE EDITION	工程技术大学学报；材料科学综合	张清杰
I041	JOURNAL OF ZHEJIANG UNIVERSITY SCIENCE A	自然科学综合大学学报	杨卫
I159	JOURNAL OF ZHEJIANG UNIVERSITY SCIENCE B	自然科学综合大学学报；生物学基础学科	段树民；巴德年
I254	LIGHT SCIENCE & APPLICATIONS	物理学	曹健林
I224	MACHINE INTELLIGENCE RESEARCH	信息与系统科学相关工程与技术	谭铁牛
Q716	MILITARY MEDICAL RESEARCH	军事医学与特种医学	付小兵

表 9-2 2022 年中国科技核心期刊（英文）目录（续）

CODE	刊名	学科分类	主编
F019	MOLECULAR PLANT	植物学	许大全
I137	NANO RESEARCH	材料科学综合	戴宏杰；薛其坤
M655	NANOTECHNOLOGY AN PRECISION ENGINEERING	机械工程设计	胡小唐
I255	NATIONAL SCIENCE REVIEW	自然科学综合	白春礼
I232	NEURAL REGENERATION RESEARCH	神经病学、精神病学	苏国辉；徐晓明
G278	NEUROSCIENCE BULLETIN	神经病学、精神病学	路长林
I074	NUCLEAR SCIENCE AND TECHNIQUES	核科学技术	马余刚
G616	ONCOLOGY AND TRANSLATIONAL MEDICINE	肿瘤学	陈安民；于世英；A.D.Ho
I202	PARTICUOLOGY	化学工程综合	郭慕孙
H046	PEDOSPHERE	土壤学	周健民
F007	PLANT DIVERSITY	植物学	Sergei Volis；周浙昆
I129	PROTEIN & CELL	生物学基础学科	饶子和
I050	RARE METALS	金属材料	屠海令
Q440	RESEARCH	自然科学综合	崔天宏
C072	RESEARCH IN ASTRONOMY AND ASTROPHYSICS	天文学	汪景琇；景益鹏
I065	RICE SCIENCE	农艺学	程式华
I083	SCIENCE BULLETIN	自然科学综合	王恩哥
I146	SCIENCE CHINA CHEMISTRY	化学	万立骏
A146	SCIENCE CHINA INFORMATION SCIENCES	计算机科学技术	梅宏
I150	SCIENCE CHINA LIFE SCIENCES	生物学基础学科	李家洋
M114	SCIENCE CHINA MATERIALS	材料科学综合	李亚栋
I189	SCIENCE CHINA MATHEMATICS	数学	袁亚湘
I157	SCIENCE CHINA PHYSICS, MECHANICS & ASTRONOMY	物理学	谢心澄
I091	SCIENCE CHINA TECHNOLOGICAL SCIENCES	工程与技术科学基础学科	张统一
Q718	SIGNAL TRANSDUCTION AND TARGETED THERAPY	肿瘤学	魏于全；张康
H064	THE CROP JOURNAL	农艺学	万建民
I017	TRANSACTIONS OF NANJING UNIVERSITY OF AERONAUTICS & ASTRONAUTICS	工程技术大学学报；航空、航天科学技术	宣益民
M104	TRANSACTIONS OF NONFERROUS METALS SOCIETY OF CHINA	金属材料	黄伯云
I009	TSINGHUA SCIENCE AND TECHNOLOGY	计算机科学技术	孙家广
G095	VIROLOGICA SINICA	微生物学、病毒学	陈新文
W030	WATER SCIENCE AND ENGINEERING	水利工程	吴中如；Vijay P. SINGH
I239	WORLD JOURNAL OF ACUPUNCTURE-MOXIBUSTION	针灸、中医骨伤	喻晓春
Q707	WORLD JOURNAL OF TRADITIONAL CHINESE MEDICINE	中医学	果德安；韩晶岩
I008	WUHAN UNIVERSITY JOURNAL OF NATURAL SCIENCES	自然科学综合大学学报	舒红兵
F022	ZOOLOGICAL RESEARCH	昆虫学、动物学	张亚平
F014	ZOOLOGICAL SYSTEMATICS	昆虫学、动物学	冯祚建

10 期刊变更情况

表 10-1　自然科学领域期刊名称变更情况

CODE	2023 年版刊名	2022 年版刊名
Y571	空天技术	飞航导弹
A018	湘潭大学学报自然科学版	湘潭大学自然科学学报
G900	中华烧伤与创面修复杂志	中华烧伤杂志
G082	中华新生儿科杂志中英文版	中华新生儿科杂志